KRITISCH-EXEGETISCHER KOMMENTAR
ÜBER DAS NEUE TESTAMENT
BEGRÜNDET VON H. A. W. MEYER
HERAUSGEGEBEN VON FERDINAND HAHN

BAND IX/2

Die Briefe an die Kolosser und an Philemon

Übersetzt und erklärt von

Eduard Lohse

2., um einen Anhang erweiterte Auflage dieser Neuauslegung

GÖTTINGEN · VANDENHOECK & RUPRECHT · 1977

Auflagen dieses Kommentars:

1. Aufl. von H. A. W. Meyer . . . . 1847 u. 1848
2. Aufl. von H. A. W. Meyer 1859
3. Aufl. von H. A. W. Meyer 1865
4. Aufl. von H. A. W. Meyer 1874
5. Aufl. neubearbeitet von A. H. Franke 1886
6. Aufl. neubearbeitet von Erich Haupt 1897
7. Aufl. von Erich Haupt 1902
8. Aufl. neubearbeitet von Ernst Lohmeyer 1930
9. Aufl. von Ernst Lohmeyer 1953
10. Aufl. von Ernst Lohmeyer 1954
11. Aufl. von Ernst Lohmeyer 1959
12. Aufl. von Ernst Lohmeyer 1961
13. Aufl. von Ernst Lohmeyer 1964
14. Aufl. von Eduard Lohse 1968
15. Aufl. von Eduard Lohse 1977

CIP-Kurztitelaufnahme der Deutschen Bibliothek

Kritisch-exegetischer Kommentar über das Neue Testament / begr. von
Heinrich August Wilhelm Meyer.
Göttingen : Vandenhoeck & Ruprecht.

NE : Meyer , Heinrich August Wilhelm [Begr.];
    Hahn, Ferdinand [Hrsg.]

Abt. 9. Bd. 2. —
Lohse , Eduard : Die Briefe an die Kolosser und an Philemon

Lohse , Eduard
Die Briefe an die Kolosser und an Philemon. — 15 Aufl., 2. um
e. Anh. erw. Aufl. — Göttingen : Vandenhoeck & Ruprecht , 1977.
  (Kritisch-exegetischer Kommentar über das Neue Testament ;
  Abt. 9 , Bd. 2)
ISBN 3-525-51636-3

MEMORIAE
FRATRIS DILECTISSIMI

WALTER LOIISE

QUI
EREPTUS EST NOBIS PRAEMATURA MORTE
ANNO SUAE AETATIS XVIII
VOCATUS ULTIMAM IN HORAM
ANNO DOMINI MCMXLIIII

ΧΡΙΣΤΟΣ Η ΖΩΗ ΗΜΩΝ

Inhalt

Der Brief an Philemon

Literatur- und Abkürzungsverzeichnis*

1. Kommentare

a) *Zum Kolosserbrief*[1].

Alte Kirche:

Ambrosiaster, Das Corpus Paulinum des Ambrosiaster, ed. H. J. Vogels, BBB 13, Bonn 1957, S. 138—144 (Phm: S. 176—178).

Johannes Chrysostomus, MPG 62, Sp. 299—392 (Phm: Sp. 701—720).

Theodor von Mopsueste, Theodori episcopi Mopsuesteni in epistolas B. Pauli commentarii. The Latin Version with the Greek Fragments. With an Introduction, Notes and Indices by H. B. Swete, I, Cambridge 1880, S. 253—312 (Phm: II, Cambridge 1882, S. 258—285).

Severian von Gabala, Pauluskommentare aus der griechischen Kirche, aus Katenenhandschriften gesammelt und herausgegeben von K. Staab, NTAbh 15, Münster i. W. 1933, S. 314—328 (Phm: S. 345).

Theodoret, MPG 82, Sp. 591—628 (Phm: Sp. 871—878).

Oecumenius, MPG 119, Sp. 9—56 und Staab, Pauluskommentare, S. 453—455 (Phm: Sp. 263—278 bzw. S. 462).

Johannes Diaconus (Ps.-Hieronymus), MPL 30, Sp. 853—862 und Clavis Patrum Latinorum, ed. E. Dekkers, ²Steenbrugge 1961, Nr. 952 (= S. 209) (Phm: Sp. 899—902).

Mittelalter:

Cassiodor (Ps.-Primasius), MPL 68, Sp. 651—660 und 70, Sp. 1351f. (Phm: Sp. 683—686 bzw. Sp. 1355—1358).

Johannes Damascenus, MPG 95, Sp. 883—904 (Phm: Sp. 1029—1034).

Sedulius Scotus, MPL 103, Sp. 223—230 (Phm: Sp. 249—252).

Photius von Konstantinopel, Staab, Pauluskommentare, S. 631—633 (Phm: S. 637).

Haimo von Auxerre, MPL 117, Sp. 753—766 (Phm: Sp. 813—820).

Hrabanus Maurus, MPL 112, Sp. 507—540 (Phm: Sp. 693—712).

Florus Diaconus, MPL 119, Sp. 389—394 (Phm: Sp. 411f.).

---

* Herrn Dr. P. von der Osten-Sacken sei aufrichtiger Dank gesagt für seine treue Hilfe und stets zuverlässige Unterstützung bei der Nachprüfung von Belegstellen, der kritischen Durchsicht des Manuskriptes, der Anfertigung der Verzeichnisse und dem Lesen der Korrekturen.

[1] Kommentare werden nur mit dem Verfassernamen zitiert. — Bei den bis 1800 erschienenen Auslegungen sind im folgenden Verzeichnis die Seitenzahlen beigegeben, außerdem ist bei diesen Werken in Klammern vermerkt, ob jeweils auch der Philemonbrief kommentiert ist. Bei den nach 1800 erschienenen Kommentaren erübrigen sich diese Angaben, da durchweg aus dem Titel hervorgeht, ob auch der Philemonbrief erklärt ist. Nur wenn der Philemonbrief in einem anderen Band desselben Werkes ausgelegt ist, ist dies in Klammern vermerkt.

Atto von Vercelli, MPL 134, Sp. 607—644 (Phm: Sp. 719—726).

Lanfranc, MPL 150, Sp. 319—332 (Phm: Sp. 371—376).

Bruno der Kartäuser, MPL 153, Sp. 373—398 (Phm: Sp. 483—490).

Theophylact, MPG 124, Sp. 1205—1278.

Herveus, MPL 181, Sp. 1313—1356 (Phm: Sp. 1505—1520).

Petrus Lombardus, MPL 192, Sp. 257—288 (Phm: Sp. 393—398).

Euthymius Zigabenus, Commentarius in XIV epistolas Sancti Pauli et VII catholicas, ed. N. Calogeras, II, Athen 1887, S. 113—156 (Phm: S. 333—340).

Thomas von Aquin, Opera omnia XIII, Parma 1862, S. 530—555 (Phm: S. 661—665).

Dionysius Carthusianus, In omnes Beati Pauli epistolas commentaria, Köln 1533, Bl. 99—104 (Phm: Bl. 122).

16.—18. Jahrhundert:

Erasmus, Opera omnia VI, Leiden 1705 = Hildesheim 1962, Sp. 881—898 (Phm: Sp. 977—980).

Zwingli, Huldrici Zwinglii opera, completa editio prima, ed. M. Schuler-J. Schulthess, VI, 2, Zürich 1838, S. 220—228.

Calvin, Johannis Calvini in omnes Novi Testamenti epistolas commentarii, ed. A. Tholuck, II, ²Halle 1834, S. 122—165 oder CR 80, Sp .77—132 (Phm: S. 366—372 bzw. Sp. 441—450).

Melanchthon, CR 15, Sp. 1223—1282.

Bugenhagen, J., Annotationes Jo. Bugenhagii Pomerani in epistolas Pauli ad Gal Eph Phil Col Thess I. II Tim I. II Tit Philm Hebr, ²Straßburg 1534, S. 53—67 (Phm: S. 135—138).

Sasbout, A., In omnes fere, D. Pauli, et quorundam aliorum Apostolorum, epistolas explicatio, Louvain 1556, S. 304—332.

Musculus, W., In Divi Pauli epistolas ad Philippenses, Colossenses, Thessalonicenses ambas, et primam ad Timotheum, Basel 1565, S. 122—216.

Major, G., Enarratio in duas epistolas Pauli, ad Philippenses et Colossenses, Wittenberg 1561, S. 92—184.

Beza, Th., Jesu Christi domini nostri Novum Testamentum eiusdem Th. Bezae annotationes, ⁴Genf 1598, S. 286—301 (Phm: S. 356—358).

Bullinger, H., Commentarii in omnes Pauli Apostoli epistolas, atque etiam in epistolam ad Hebraeos, Zürich 1603, S. 363—381 (Phm: S. 487—490).

Hunnius, A., Opera IV, Frankfurt 1606, S. 641—692 (Phm: S. 858—866).

Balduin, F., Didactica apostolica, hoc est, S. Apostoli Pauli epistola ad Colossenses, Wittenberg 1624.

Novarinus, A., Paulus expensus, notis, monitisque sacris, Lyon 1645, S. 312—323 (Phm: S. 385—387).

Grotius, H., Annotationes in Novum Testamentum II, Paris 1646, S. 623—648 (Phm: S. 779—786).

Davenant, J., Expositio epistolae D. Pauli ad Colossenses, Genf 1655.

Crell, J., Opera omnia exegetica I, Amsterdam 1656, S. 539—543 (Phm: II, Amsterdam 1656, S. 55—59).

Estius, W., In omnes Beati Pauli et aliorum Apostolorum epistolas commentaria I, Paris 1661, S. 680—712 (Phm: S. 880—886).

Gomarus, F., Opera theologica omnia, Amsterdam 1664, S. 547—576 (Phm: S. 594—599).

Alting, J., Opera theologica IV, Amsterdam 1686, S. 389—400.

Suicer, J. H., In epistolam S. Pauli ad Colossenses commentarius critico-exegeticus, theologiae Christianae compendium, Zürich 1699.

Fell, J., A Paraphrase and Annotations upon all St. Paul's Epistles, ³London 1702, S. 259—282 (Phm: S. 361—363).

Alexander, N., Commentarius litteralis et moralis in omnes epistolas Sancti Pauli Apostoli et in VII epistolas catholicas I, Rouen 1710, S. 426—448 (Phm: II, Rouen 1710, S. 63—66).

Calov, A., Biblia Novi Testamenti illustrata II, Dresden/Leipzig 1719, S. 796—850 (Phm: S. 1083—1094).

Calmet, A., Commentaire litteral sur tous les livres de l'ancien et du nouveau Testament VIII, Paris 1726, S. 483—506 (Phm: S. 621—626).

Wetstein, J. J., Novum Testamentum Graece II, Amsterdam 1752, S. 281—296 (Phm: S. 379—382).

Bengel, J. A., Gnomon Novi Testamenti, ³1773 = Berlin 1860, S. 508—517 (Phm: S. 556f.).

19. Jahrhundert:

(Koppe-)Heinrichs, J. H., Novum Testamentum Graece perpetua annotatione illustratum editionis Koppianae Vol. II Partic. II continuit J. H. Heinrichs, Göttingen 1803.

von Flatt, J. F., Vorlesungen über die Briefe Pauli an die Philipper, Kolosser, Thessalonicher und an Philemon, ed. C. F. Kling, Tübingen 1829.

Bähr, K. C. W. F., Commentar über den Brief Pauli an die Kolosser, Basel 1833.

Böhmer, W., Theologische Auslegung des Sendschreibens an die Kolosser, Breslau 1835.

Steiger, W., Der Brief Pauli an die Kolosser, Erlangen 1835.

Baumgarten-Crusius, L. F. O., Commentar über den Brief Pauli an die Epheser und Kolosser, ed. E. J. Kimmel und J. C. Schauer, in: Exegetische Schriften zum NT III, 1, Jena 1847.

de Wette, W. M. L., Kurze Erklärung der Briefe an die Colosser, an Philemon, an die Epheser und Philipper, in: Kurzgefasstes exegetisches Handbuch zum NT II, 4, Leipzig 1843.

Huther, J. E., Commentar über den Brief Pauli an die Colosser, Hamburg 1841.

Cramer, J. A., Catenae in Novum Testamentum VI, Oxford 1842 (Phm: V, Oxford 1843).

Ewald, H., Die Sendschreiben des Apostels Paulus, Göttingen 1857.

Dalmer, K. E. F., Auslegung des Briefes St. Pauli an die Colosser, Gotha 1858.

Schenkel, D., Die Briefe an die Epheser, Philipper, Kolosser, ThhomBw NT 9, Bielefeld 1862.

Bleek, F., Dr. Friedrich Bleek's Vorlesungen über die Briefe an die Kolosser, den Philemon und an die Epheser, ed. F. Nitzsch, Berlin 1865.

Braune, K., Die Briefe St. Pauli an die Epheser, Kolosser, Philipper, ThhomBw NT 9, Bielefeld/Leipzig 1867.

von Hofmann, J. Ch. K., Die Briefe Pauli an die Kolosser und an Philemon, in: Die heilige Schrift neuen Testaments IV, 2, Nördlingen 1870.

Meyer, H. A. W., Kritisch exegetisches Handbuch über die Briefe Pauli an die Philipper, Kolosser und an Philemon, MeyerK 9, ⁴Göttingen 1874.

Lightfoot, J. B., St. Paul's Epistles to the Colossians and to Philemon, ³London 1879 = ¹¹1892.

Klöpper, A., Der Brief an die Colosser. Kritisch untersucht und in seinem Verhältnisse zum paulinischen Lehrbegriff exegetisch und biblisch-theologisch erörtert, Berlin 1882.

Franke, A. H., Kritisch exegetisches Handbuch über die Briefe Pauli an die Philipper, Kolosser und Philemon, MeyerK 9, ⁵Göttingen 1886.

Schnedermann, G., Die Gefangenschaftsbriefe des Apostels Paulus, in: Kurz-gefaßter Kommentar zu den heiligen Schriften Alten und Neuen Testaments sowie zu den Apokryphen B, 4, Nördlingen 1888.

Oltramare, H., Commentaire sur les épîtres de S. Paul aux Colossiens, aux Éphé-siens et à Philémon I, Paris 1891 (Phm: III, Paris 1892).

von Soden, H., Die Briefe an die Kolosser, Epheser, Philemon; die Pastoral-briefe, in: Hand-Commentar zum NT III, 1, [2]Freiburg i. B./Leipzig 1893.

Abbott, T. K., The Epistles to the Ephesians and to the Colossians, ICC, Edinburgh 1897 = [6]1953.

20. Jahrhundert:

Haupt, E., Die Gefangenschaftsbriefe, MeyerK 8/9, [8/7]Göttingen 1902.

Peake, A. S., The Epistle of Paul to the Colossians, in: The Expositors Greek Testament 3, London 1903.

Williams, A. L., The Epistle of Paul the Apostle to the Colossians and to Philemon, in: The Cambridge Greek Testament for Schools and Colleges, Cambridge 1907.

Kühl, E., Erläuterung der paulinischen Briefe unter Beibehaltung der Briefform II (Die jüngeren paulinischen Briefe), Gr. Lichterfelde–Berlin 1909.

Schlatter, A., Die Briefe des Paulus, in: Erläuterungen zum NT II, Stuttgart 1909 = [4]1928.

Ewald, P., Die Briefe des Paulus an die Epheser, Kolosser und Philemon, in: Kommentar zum NT 10, [2]Leipzig 1910.

Knabenbauer, J., Commentarius in S. Pauli epistolas. Epistolae ad Ephesios, ad Philippenses et ad Colossenses, CScrSacr NT II, 4, Paris 1912.

Westcott, F. B., A Letter to Asia: Being a Paraphrase and Brief Exposition of the Epistle of Paul the Apostle to the Believers at Colossae, London 1914.

Lueken, W., Die Briefe an Philemon, an die Kolosser und an die Epheser, in: Die Schriften des NT II, [3]Göttingen 1917.

Toussaint, G., L'épître de saint Paul aux Colossiens, Paris 1921.

van Leeuwen, J. A. C., Paulus zendbrieven aan Efeze, Colosse, Filemon en Thessalonika, in: Kommentaar op het NT 10, Amsterdam 1926.

Moule, H. C. G., Colossian Studies. Lessons in Faith and Holiness from St. Paul's Epistles to the Colossians and Philemon, [2]London 1926 (zitiert als: H. C. G. Moule).

Billerbeck, P., Die Briefe des Neuen Testaments und die Offenbarung Johannis erläutert aus Talmud und Midrasch, in: Kommentar zum NT aus Talmud und Midrasch III, München 1926 = [3]1961.

Hastings, E., The Epistle to the Philippians and the Epistle to the Colossians, Edinburgh 1930.

Scott, E. F., The Epistles of Paul to the Colossians, to Philemon and to the Ephesians, in: The Moffatt NT Commentary, London 1930 = [9]1958.

Meinertz, M.: M. Meinertz-F. Tillmann, Die Gefangenschaftsbriefe des heiligen Paulus, in: Die Heilige Schrift des NT 7, [4]Bonn 1931.

Radford, L. B., The Epistle to the Colossians and the Epistle to Philemon, in: The Westminster Commentary, London 1931 = [2]1946.

le Seur, P., Der Brief an die Epheser, Kolosser und an Philemon übersetzt und ausgelegt, in: Bibelhilfe für die Gemeinde NT 10, Leipzig 1936.

Bieder, W., Der Kolosserbrief, in: Prophezei, Zürich 1943.

Huby, J., Saint Paul. Les Épîtres de la Captivité, in: Verbum Salutis 8, [2]Paris 1947.

Gray, C., Epistles of Paul to the Colossians and Philemon, London 1948.

Benoit, P., Les Épîtres de saint Paul aux Philippiens, aux Colossiens, à Philémon, aux Éphésiens, in: La sainte Bible, Paris 1949.

Masson, Ch., L'épître de Saint Paul aux Colossiens, in: Commentaire du NT 10, Neuchâtel/Paris 1950.

Synge, F. C.: Philippians and Colossians. Introduction and Commentary, TBC, London 1951 = ²1958.

Dibelius, M.-Greeven, H., An die Kolosser, Epheser, an Philemon, HNT 12, ³Tübingen 1953.

Lohmeyer, E., Die Briefe an die Philipper, an die Kolosser und an Philemon, MeyerK 9, ⁸Göttingen 1930/⁹1953 = ¹³1964 (⁹1953: Nach dem Handexemplar des Verfassers durchgesehene Ausgabe. Zu ¹³1964: Ergänzungsheft von W. Schmauch).

Beare, F. W., The Epistle to the Colossians, IntB 11, New York/Nashville 1955.

Vine, W. E., Epistles to the Philippians and Colossians, London 1956.

Bruce, F. F., E. K. Simpson-F. F. Bruce, Commentary on the Epistles to the Ephesians and Colossians, in: The New London Commentary on the NT, London/Edinburgh 1957.

Moule, C. F. D., The Epistles of Paul the Apostle to the Colossians and to Philemon, in: The Cambridge Greek Testament Commentary, Cambridge 1957 (zitiert als: Moule).

Staab, K., Die Gefangenschaftsbriefe, in: Regensburger NT 7, ³Regensburg 1959.

Carson, H. M., The Epistles of Paul to the Colossians and Philemon. An Introduction and Commentary, in: The Tyndale NT Commentaries, London 1960 = ²1963.

Ridderbos, H.: F. W. Grosheide-H. Ridderbos, Efeziërs — Kolossenzen, in: Commentaar op het NT, Kampen 1960.

Johnson, S. L., Studies in the Epistle to the Colossians, BiblSacr 118 (1961), S. 239—250. 334—346; 119 (1962), S. 12—19. 139—149. 227—237. 302—311; 120 (1963), S. 13—23. 109—116. 205—213; 121 (1964), S. 22—33; 107—116. 311—320 (je Einzeltitel).

Conzelmann, H.: H. W. Beyer-P. Althaus-H. Conzelmann-G. Friedrich-A. Oepke, Die kleineren Briefe des Apostels Paulus, NTD 8, ¹⁰Göttingen 1965.

Mußner, F., Der Brief an die Kolosser, GSch XII, 1, Düsseldorf 1965.

Thompson, G. H. P., The Letters of Paul to the Ephesians, to the Colossians and to Philemon, in: The Cambridge Bible Commentary on the New English Bible, Cambridge 1967.

Johnston, G., Ephesians, Philippians, Colossians and Philemon, in: The Century Bible, New Edition, London 1967.

b) Zum Philemonbrief

Außer den bereits zum Kolosserbrief aufgeführten Autoren, die ebenfalls den Philemonbrief erklärt haben, sind zu nennen:[1]

19. Jahrhundert:

Hagenbach, C. R., Pauli epistolae ad Philemonem interpretatio, Basel 1829.

Rothe, M., Pauli ad Philemonem epistolae interpretatio historico-exegetica, Bremen 1844.

van Oosterzee, J. J., Die Pastoralbriefe und der Brief an Philemon, ThhomBw NT 11, Bielefeld 1861.

Vincent, M. R., The Epistles to the Philippians and to Philemon, ICC, Edinburgh 1897 = ⁵1955.

---

[1] Zur Auslegungsgeschichte vgl. auch die Übersicht RGG³ V, Sp. 332.

20. Jahrhundert:

Schumann, A., Paulus an Philemon. Betrachtungen zur Einführung in ein tieferes Verständnis des kleinsten Paulusbriefes und in die soziale Gedankenwelt des Neuen Testamentes, Leipzig 1908.

Knabenbauer, J., Commentarius in S. Pauli epistolas. Epistolae ad Thessalonicenses, ad Timotheum, ad Titum et ad Philemonem, CScrSacr NT II, 5, Paris 1913.

Eisentraut, E., Des heiligen Apostels Paulus Brief an Philemon. Eingehender Kommentar und zugleich Einführung in die Paulusbriefe, Würzburg 1928.

Bieder, W., Der Philemonbrief, in: Prophezei, Zürich 1944.

Knox, J., The Epistle to Philemon, IntB 11, New York/Nashville 1955.

Müller, J. J., The Epistles of Paul to the Philippians and to Philemon, in: The New International Commentary on the NT = The New London Commentary, Grand Rapids 1955.

Leaney, A. R. C., The Epistles to Timothy, Titus and Philemon, TBC, London 1960.

Friedrich, G.: H. W. Beyer- P. Althaus- H. Conzelmann- G. Friedrich- A. Oepke, Die kleineren Briefe des Apostels Paulus, NTD 8, [10]Göttingen 1965.

Stöger, A., Der Brief an Philemon, in: GSch XII, 2, Düsseldorf 1965.

2. Untersuchungen

a) Zum Kolosserbrief

Aalen, S., Begrepet plæroma i Kolosser- og Efeserbrevet, TTK 23 (1952), S. 49—67.

Anderson, Ch. P., Who Wrote "The Epistle from Laodicea"?, JBL 85 (1966), S. 436—440.

Anwander, A., Zu Kol 2,9, BZ NF 9 (1965), S. 278—280.

Argyle, A. W., Πρωτότοκος πάσης κτίσεως (Colossians I. 15), ExpT 66 (1954/55), S. 61 f.

Ders., Colossians I. 15, ebd., S. 318 f.

Baggott, L. J., A New Approach to Colossians, London 1961.

Bammel, E., Versuch zu Col 1,15-20, ZNW 52 (1961), S. 88—95.

Barclay, W., The All-Sufficient Christ. Studies in Paul's Letter to the Colossians, London 1964.

Benoit, P., Corps, tête et plérôme dans les épîtres de la captivité, RBibl 63 (1956), S. 5—44 = Exégèse et théologie II, Paris 1961, S. 107—153 = Leib, Haupt und Pleroma in den Gefangenschaftsbriefen, in: Exegese und Theologie, Düsseldorf 1965, S. 246—279.

Ders., Rapports littéraires entre les épîtres aux Colossiens et aux Éphésiens, in: Neutestamentliche Aufsätze, Festschrift für J. Schmid, Regensburg 1963, S. 11—22.

Ders., Artk. Paul, 1. Colossiens (Épître aux), in: Dictionaire de la Bible, Suppl. VII, Paris 1966, Sp. 157—170.

Best, E., One Body in Christ. A Study in the Relationship of the Church to Christ in the Epistles of the Apostle Paul, London 1955.

Ders., A Historical Study of the Exegesis of Col 2, 14, Diss. Gregoriana, Rom 1956.

Bieder, W., Die kolossische Irrlehre und die Kirche von heute, ThStud 33, Zürich 1952.

Blanchette, O. A., Does the Cheirographon of Col 2, 14 represent Christ himself?, CBQ 23 (1961), S. 306—312.

Bornkamm, G., Die Häresie des Kolosserbriefes, ThLZ 73 (1948), Sp. 11—20 = Aufsätze I, S. 139—156.

Ders., Die Hoffnung im Kolosserbrief — Zugleich ein Beitrag zur Frage der Echtheit des Briefes, in: Studien zum Neuen Testament und zur Patristik, Festschrift für E. Klostermann, TU 77, Berlin 1961, S. 56—64.

Brinkmann, B. R., The Prototokos Title and the Beginnings of its Exegesis, Diss. Gregoriana, Rom 1954.

Buckley, T. W., The Phrase 'Firstborn of Every Creature' (Colossians I, 15) in: the Light of its Hellenistic and Jewish Background, Diss. Angelicum, Rom 1962.

Burney, C. F., Christ as the 'APXH of Creation. (Prov. VIII 22, Col. I 15—18, Rev. III 14), JThSt 27 (1926), S. 160—177.

Camelot, P. Th., Ressuscités avec le Christ, VieSp 84 (1951), S. 353—363.

Carrez, M., Souffrance et gloire dans les épîtres pauliniennes. Contribution à l'exégèse de Col. 1,24-27, RHPhR 31 (1951), S. 343—353.

Casel, O., Zur Kultsprache des heiligen Paulus, ALW 1 (1950), S. 1—64.

Cerfaux, L., L'influence des "Mystères" sur les épîtres de S. Paul aux Colossiens et aux Éphésiens, in: SacrPag II, BiblEThL 13, Paris/Gembloux 1959.

Cerny, E. A., Firstborn of Every Creature (Col. I: 15), Diss. Baltimore 1938.

Coutts, J., The Relationship of Ephesians and Colossians, NTS 4 (1957/58), S. 201—207.

Craddock, F. B., 'All Things in Him'. A critical note on Col. I. 15—20, NTS 12 (1965/66), S. 78—80.

Dacquino, P., Epistola ad Colossenses in luce finis ab Apostolo intenti, VD 38 (1960), S. 16—27.

Deichgräber, R., Gotteshymnus und Christushymnus in der frühen Christenheit. Untersuchungen zu Form, Sprache und Stil der frühchristlichen Hymnen, StUNT 5, Göttingen 1967.

Dibelius, M., Die Geisterwelt im Glauben des Paulus, Göttingen 1909.

Ders., Die Isisweihe bei Apulejus und verwandte Initiations-Riten, SAH, Heidelberg 1917 = Aufsätze II, S. 30—79.

Dupont, J., Gnosis. La connaissance religieuse dans les épîtres de Saint Paul, UCL II, 40, ²Louvain/Paris 1960.

Eckart, K.-G., Exegetische Beobachtungen zu Kol. 1,9-20, ThViat 7 (1959/60), S. 87—106.

Ders., Urchristliche Tauf- und Ordinationsliturgie (Col 1₉-₂₀ Act 26₁₈), ThViat 8 (1961/62), S. 23—37.

Eitrem, S., EMBATEYΩ. Note sur Col. 2,18, StTh 2 (1948), S. 90—94.

Ellingworth, P., Colossians I. 15—20 and its Context, ExpT 73 (1961/62), S. 252f.

Feuillet, A., La Création de l'Univers 'dans le Christ' d'après l'Épître aux Colossiens (I. 16a), NTS 12 (1965/66), S. 1—9.

Ders., Le Christ sagesse de Dieu d'après les épîtres Pauliniennes, Études Bibliques, Paris 1966.

Foerster, W., Die Irrlehrer des Kolosserbriefes, in: Studia Biblica et Semitica, Festschrift für Th. Vriezen, Wageningen 1966, S. 71—80.

Francis, F. O., Humility and Angelic Worship in Col 2: 18, StTh 16 (1962), S. 109—134.

Fridrichsen, A., ΘΕΛΩΝ Col 2₁₈, ZNW 21 (1922), S. 135—137.

Ders., Charité et perfection. Observation sur Col. 3,14, SymbOsl 19 (1939), S. 41—45.

Gabathuler, H. J., Jesus Christus, Haupt der Kirche — Haupt der Welt. Der Christushymnus Colosser 1,15-20 in der theologischen Forschung der letzten 130 Jahre, AThANT 45, Zürich 1965.

Gewieß, J., Christus und das Heil nach dem Kolosserbrief, Diss. Breslau 1932 (Teildruck).

Ders., Die Begriffe πληροῦν und πλήρωμα im Kolosser- und Epheserbrief, in: Vom Wort des Lebens, Festschrift für M. Meinertz, NTAbh Suppl. I, Münster i. W. 1951, S. 128—141.

Ders., Die apologetische Methode des Apostels Paulus im Kampf gegen die Irrlehre in Kolossä, BuL 3 (1962), S. 258—270.

Glasson, T. F., Colossians 1 18,15 and Sirach 24, JBL 86 (1967), S. 214—216.

Gräßer, E., Kol 3,1–4 als Beispiel einer Interpretation secundum homines recipientes, ZThK 64 (1967), S. 139—168.

Le Grelle, G., La plénitude de la parole dans la pauvreté de la chair d'après Col. I, 24, NRTh 81 (1959), S. 232—250.

Grosheide, F.W., Kol 3,1–4; 1 Petr 1,3–5; 1 Joh 3,1–2, GThT 54 (1954), S. 139—147.

Hall, B. G., Colossians II. 23, ExpT 36 (1924/25), S. 285.

Hanson, St., The Unity of the Church in the New Testament. Colossians and Ephesians, ASNU 14, Lund 1946.

Hedley, P. L., Ad Colossenses 2₂₀-3₄, ZNW 27 (1928), S. 211—216.

Hegermann, H., Siehe unter Nr. 3.

Heikel, I., Kol 2,16–18, ThStKr 107 (1936), S. 464f.

Henle, F. A., Kolossä und der Brief des heiligen Apostels Paulus an die Kolosser. Ein Beitrag zur Einleitung in den Kolosserbrief, München 1887.

Hermann, Th., Barbar und Skythe. Ein Erklärungsversuch zu Kol 3,11, ThBl 9 (1930), Sp. 106f.

Hockel, A., Christus der Erstgeborene. Zur Geschichte der Exegese von Kol 1,15, Düsseldorf 1965.

Holtzmann, H. J., Kritik der Epheser- und Kolosserbriefe, Leipzig 1872.

Hough, L. H., The Message of the Epistles — Colossians, ExpT 45 (1933/34), S. 103—108.

Jervell, J., Siehe unter Nr. 3.

Joüon, P., Note sur Colossiens III, 5–11, RechSR 26 (1936), S. 185—189.

Käsemann, E., Eine urchristliche Taufliturgie, in: Festschrift für R. Bultmann, Stuttgart 1949, S. 133—148 = Aufsätze I, S. 34—51.

Ders., Artk. Kolosserbrief, RGG³ III (1959), Sp. 1727f. (Siehe auch unter Nr. 3).

Kehl, N., Der Christushymnus Kol. 1,12–20. Eine motivgeschichtliche Untersuchung zu Kol. 1,12–20, StBM 1, Stuttgart 1967.

Kittel, G., Kol. 1,24, ZsystTh 18 (1941), S. 186—191.

Knox, J., Philemon and the Authenticity of Colossians, JR 18 (1938), S. 144—160.

Kremer, J., Was an den Leiden Christi noch mangelt. Eine interpretationsgeschichtliche und exegetische Untersuchung zu Kol. 1,24b, BBB 12, Bonn 1956.

Larsson, E., Christus als Vorbild. Eine Untersuchung zu den paulinischen Tauf- und Eikontexten, ASNU 23, Uppsala 1962.

Leaney, R.: Colossians II. 21–23 (The use of πρός), ExpT 64 (1952/53), S. 92.

Lewis, E., Paul and the Perverters of Christianity. Revelation Through the Epistle to the Colossians, Int 2 (1948), S. 143—157.

Lohse, E., Imago Dei bei Paulus, in: Libertas Christiana, Festschrift für F. Delekat, BEvTh 26, München 1957, S. 122—135 (Siehe auch unter Nr. 3).

Lyonnet, S., L'étude du milieu littéraire et l'exégèse du Nouveau Testament. § 4. Les adversaires de Paul à Colosses, Bibl 37 (1956), S. 27—38.

Ders., L'hymne christologique de l'Épître aux Colossiens et la fête juive du Nouvel An, RSR 48 (1960), S. 93—100.

Ders., L'Épître aux Colossiens (Col 2,18) et les mystères d'Apollon Clarien, Bibl 43 (1962), S. 417—435.

Ders., St. Paul et le gnosticisme: la lettre aux Colossiens, in: Le Origini dello Gnosticismo, ed. U. Bianchi, Leiden 1967, S. 538—551.

Masson, Ch., L'hymne christologique de l'épître aux Colossiens I, 15–20, RThPh NS 36 (1948), S. 138—142.

Maurer, Ch., Die Begründung der Herrschaft Christi über die Mächte nach Kolosser 1,15–20, WuD NF 4 (1955), S. 79—93.

Mayerhoff, E. Th., Der Brief an die Colosser, mit vornehmlicher Berücksichtigung der drei Pastoralbriefe kritisch geprüft, ed. J. L. Mayerhoff, Berlin 1838.

Megas, G., Das χειρόγραφον Adams. Ein Beitrag zu Col 2₁₃-₁₅, ZNW 27 (1928), S. 305—320.

Merk, O., Handeln aus Glauben. Die Motivierungen der paulinischen Ethik, Marburger Theologische Studien 5, Marburg 1968.

Meuzelaar, J. J., Der Leib des Messias. Eine exegetische Studie über den Gedanken vom Leib Christi in den Paulusbriefen, van Gorcum's Theologische Bibliotheek 35, Assen 1961.

Michl, J., Die "Versöhnung" (Kol 1,20), ThQ 128 (1948), S. 442—462.

Moir, W. R. G., Colossians I. 24, ExpT 42 (1930/31), S. 479f.

Münderlein, G., Die Erwählung durch das Pleroma. Bemerkungen zu Kol. I. 19, NTS 8 (1961/62), S. 264—276.

Mußner, F., Christus, das All und die Kirche. Studien zur Theologie des Epheserbriefes, TrThSt 5, Trier 1955.

Ochel, W., Die Annahme einer Bearbeitung des Kolosser-Briefes im Epheser-Brief in einer Analyse des Epheser-Briefes untersucht, Diss. Marburg 1934.

Oke, C. C., A Hebraistic Construction in Colossians I. 19–22, ExpT 63 (1951/52), S. 155f.

Percy, E., Der Leib Christi (σῶμα Χριστοῦ) in den paulinischen Homologumena und Antilegomena, Lunds Universitets Årsskrift NF Abt. 1, Bd. XXXVIII, 1, Lund/Leipzig 1942.

Ders., Zu den Problemen des Kolosser- und Epheserbriefes, ZNW 43 (1950—51), S. 178—194 (Siehe auch unter Nr. 3).

Perels, O., Kirche und Welt nach dem Epheser- und Kolosserbrief, ThLZ 76 (1951), Sp. 391—400.

Piper, O. A., The Saviour's Eternal Work. An Exegesis of Col. 1: 9–29, Int 3 (1949), S. 286—298.

du Plessis, I. J., Christus as hoof van kerk en kosmos. 'N eksegeties-teologiese studie van Christus se hoofskap veral in Efesiers en Kolossense, Groningen 1962.

Reicke, B., Zum sprachlichen Verständnis von Kol. 2,23, StTh 6 (1952), S. 39—53.

Reuß, J., Die Kirche als "Leib Christi" und die Herkunft dieser Vorstellung bei dem Apostel Paulus, BZ NF 2 (1958), S. 103—127.

Robertson, A. Th., Paul and the Intellectuals. The Epistle to the Colossians, The Stone Lectures for 1926, London 1929.

Robinson, J. M., A Formal Analysis of Colossians 1₁₅-₂₀, JBL 76 (1957), S. 270—287.

Rongy, II., Les erreurs combattues dans l'épître aux Colossiens. II, 16–19, Revue ecclésiastique de Liège 30 (1938/39), S. 245—249.

Ders., La divinité de Jésus. Col. I, 15–17, ebd. 31 (1939/40), S. 37—41.

Ders., Le Christ et l'Église. Col. I, 18–20, a.a.O., S. 94—99.

Ders., Le Mystère de l'Église. Col. I, 24–28, a.a.O., S. 166—172.

Ders., La réfutation des erreurs de Colosses. Col. II, 8–15, a.a.O., S. 216—226.

Ders., La vie supérieure dans le Christ. Col. II, 20–21 et III, 1–4, a.a.O., S. 284—290.

Ders., L'authenticité de l'épître aux Colossiens, a.a.O., S. 338—349.

Rudberg, G., Parallela. 2. Syndesmos, ConiectNeot 3 (1939), S. 19—21.

Sanders, E. P., Literary Dependence in Colossians, JBL 85 (1966), S. 28—45.

Schenke, H.-M., Der Widerstreit gnostischer und kirchlicher Christologie im Spiegel des Kolosserbriefes, ZThK 61 (1964), S. 391—403.

Schierse, F. J., "Suchet, was droben ist!", GuL 31 (1958), S. 86—90.

Schleiermacher, F., Ueber Koloss. 1,15–20, ThStKr 5 (1832), S. 497—537.

Schmid, J., Zeit und Ort der paulinischen Gefangenschaftsbriefe. Mit einem Anhang über die Datierung der Pastoralbriefe, Freiburg i. B. 1931.

Ders., Kol. 1,24, BZ 21 (1933), S. 330—344.

Schmid, M., Die Leidensaussage in Kol 1,24, Diss. Wien 1956.

Schweizer, E., Zur Frage der Echtheit des Kolosser- und des Epheserbriefes, ZNW 47 (1956), S. 287 = Neotestamentica, S. 429.

Ders., Die Kirche als Leib Christi in den paulinischen Homologumena, ThLZ 86 (1961), Sp. 161—174 = Neotestamentica, S. 272—292.

Ders., Die Kirche als Leib Christi in den paulinischen Antilegomena, ThLZ 86 (1961), Sp. 241—256 = Neotestamentica, S. 293—316.

Ders., The Church as the Missionary Body of Christ, NTS 8 (1961/62), S. 1—11 = Neotestamentica, S. 317—329.

von Soden, H., Der Kolosserbrief, JpTh 11 (1885), S. 320—368. 497—542. 672—702.

Tromp, S., "Caput influit sensum et motum". Col 2,19 et Eph 4,16 in luce traditionis, Greg 39 (1958), S. 353—366.

Unger, E., Christus und der Kosmos. Exegetisch-religionsgeschichtliche Studie zu Kol 1,15ff., Diss. Wien 1953.

a Vallisoleto, X. M., "Delens . . . chirographum" (Col 2,14), VD 12 (1932), S. 181—185.

Ders., "Et spolians principatus et potestates . . ." (Col 2,15), VD 13 (1933), S. 187—192.

Vögtle, A., Die Tugend- und Lasterkataloge im Neuen Testament. Exegetisch, religions- und formgeschichtlich untersucht, NTAbh XVI, 4. 5, Münster i. W. 1936.

Wagenführer, M. A., Die Bedeutung Christi für Welt und Kirche. Studien zum Kolosser- und Epheserbrief, Leipzig 1941.

Wambacq, B. N., "per eum reconciliare . . . quae in caelis sunt" (Col 1,20), RBibl 55 (1948), S. 35—42.

Ders., "Adimpleo ea quae desunt passionum Christi in carne mea . . ." (Col 1,24), VD 27 (1949), S. 17—22.

Weidinger, K., Die Haustafeln. Ein Stück urchristlicher Paränese, UNT 14, Leipzig 1928.

Wibbing, S., Die Tugend- und Lasterkataloge im Neuen Testament und ihre Traditionsgeschichte unter besonderer Berücksichtigung der Qumran-Texte, BZNW 25, Berlin 1959.

Wikenhauser, A., Die Kirche als der mystische Leib Christi nach dem Apostel Paulus, ²Freiburg i. B. 1940.

Yamauchi, E., Sectarian Parallels: Qumran and Colossae, BiblSacr 121 (1964), S. 141—152.

Zedda, S., Il carattere gnostico e giudaico dell' errore colossese nella luce dei manoscritti del Mar Morto, RivBibl 5 (1957), S. 31—56.

b) Zum Philemonbrief

Amling, E., Eine Konjektur im Philemonbrief, ZNW 10 (1909), S. 261 f.

Couchoud, P.-L., Le style rhythmé dans l'épître de Saint Paul à Philémon, RHR 96 (1927), S. 129—146.

Goodenough, E. R., Paul and Onesimus, HThR 22 (1929), S. 181—183.

Greeven, H., Prüfung der Thesen von J. Knox zum Philemonbrief, ThLZ 79 (1954), Sp. 373—378.

Harrison, P. N., Onesimus and Philemon, AThR 32 (1950), S. 268—294.

Holtzmann, H. J., Der Brief an den Philemon, kritisch untersucht, ZwTh 16 (1873), S. 428—441.

Jang, L. Kh., Der Philemonbrief im Zusammenhang mit dem theologischen Denken des Apostels Paulus, Diss. Bonn 1964.

Knox, J., Philemon among the Letters of Paul. A New View of its Place and Importance, [2]New York/Nashville 1959 (Siehe auch unter Nr. 2a).

Meinertz, M., Der Philemonbrief und die Persönlichkeit des Apostels Paulus, Düsseldorf 1921.

Müller-Bardorff, J., Artk. Philemonbrief, RGG[3] V (1961), Sp. 331 f.

Pommier, J., Autor du billet à Philémon, RHPhR 8 (1928), S. 180 f.

Preiss, Th., Vie en Christ et éthique sociale dans l'Épître à Philémon, in: Aux sources de la tradition chrétienne, Festschrift für M. Goguel, Neuchâtel/Paris 1950, S. 171—179 = La vie en Christ, Bibliothèque théologique, Neuchâtel/Paris 1951, S. 65—73.

Roberti, M., La lettera di S. Paolo a Filemone e la condizione giuridica dello schiavo fuggitivo, Pubblicazioni della Università cattolica del Sacro Cuore, Ser. II, 40, Mailand 1933.

Verdam, P. J., St. Paul et un serf fugitif. Étude sur l'épître à Philémon et le droit, in: Symbolae ad Jus et Historiam Antiquitatis Pertinentes, J. C. van Oven dedicatae, Leiden 1946, S. 211—230.

Wickert, U., Der Philemonbrief — Privatbrief oder apostolisches Schreiben?, ZNW 52 (1961), S. 230—238.

3. Häufiger und abgekürzt zitierte Untersuchungen

Bauer = W. Bauer, Griechisch-Deutsches Wörterbuch zu den Schriften des Neuen Testaments und der übrigen urchristlichen Literatur, [5]Berlin 1958.

Blaß-Debr. = F. Blaß-A. Debrunner, Grammatik des neutestamentlichen Griechisch, [12]Göttingen 1965.

Bornkamm, Aufsätze I. II = G. Bornkamm, Das Ende des Gesetzes. Paulusstudien, Gesammelte Aufsätze I, BEvTh 16, München 1952 = [5]1966.
Ders., Studien zu Antike und Urchristentum, Gesammelte Aufsätze II, BEvTh 28, München 1959 = [2]1963.

Braun, Qumran I = H. Braun, Qumran und das Neue Testament I, Tübingen 1966.

Bultmann, Theologie = R. Bultmann, Theologie des Neuen Testaments, [5]Tübingen 1965.

Conzelmann, Theologie = H. Conzelmann, Grundriß der Theologie des Neuen Testaments, München 1967 = [2]1968.

Deißmann, Licht vom Osten = A. Deißmann, Licht vom Osten. Das Neue Testament und die neuentdeckten Texte der hellenistisch-römischen Welt, [4]Tübingen 1923.

Dibelius, Aufsätze II = M. Dibelius, Botschaft und Geschichte, Gesammelte Aufsätze II (Zum Urchristentum und zur hellenistischen Religionsgeschichte), in Verbindung mit H. Kraft herausgegeben von G. Bornkamm, Tübingen 1956.

Hegermann, Schöpfungsmittler = H. Hegermann, Die Vorstellung vom Schöpfungsmittler im hellenistischen Judentum und Urchristentum, TU 82, Berlin 1961.

Hennecke-Schneemelcher I. II = E. Hennecke-W. Schneemelcher, Neutestamentliche Apokryphen in deutscher Übersetzung, I (Evangelien) [4]Tübingen 1968, II (Apostolisches, Apokalypsen und Verwandtes) [3]Tübingen 1964.

Jervell, Imago Dei = J. Jervell, Imago Dei. Gen 1,26 f. im Spätjudentum, in der Gnosis und in den paulinischen Briefen, FRLANT 76, Göttingen 1960.

Käsemann, Leib Christi = E. Käsemann, Leib und Leib Christi. Eine Untersuchung zur paulinischen Begrifflichkeit, BHTh 9, Tübingen 1933.
Käsemann, Aufsätze I. II = E. Käsemann, Exegetische Versuche und Besinnungen I, Göttingen 1960 = ⁴1965; II, Göttingen 1964 = ²1965.
Kümmel, Einleitung = P. Feine-J. Behm-W. G. Kümmel, Einleitung in das Neue Testament, ¹²Heidelberg 1963 = ¹⁵1967 (mit Literaturnachträgen).
Lietzmann, Römer = H. Lietzmann, An die Römer, HNT 8, ⁴Tübingen 1933.
Lohse, Märtyrer und Gottesknecht = E. Lohse, Märtyrer und Gottesknecht. Untersuchungen zur urchristlichen Verkündigung vom Sühntod Jesu Christi, FRLANT 64, ²Göttingen 1963.
Lohse, Christologie und Ethik = E. Lohse, Christologie und Ethik im Kolosserbrief, in: Apophoreta, Festschrift für E. Haenchen, BZNW 30, Berlin 1964, S. 156—168.
Lohse, Christusherrschaft und Kirche = E. Lohse, Christusherrschaft und Kirche im Kolosserbrief, NTS 11 (1964/65), S. 203—216.
Moulton, Einleitung = J. H. Moulton, Einleitung in die Sprache des Neuen Testaments, Indogermanische Bibliothek I, 1, 9, Heidelberg 1911.
Moulton-Turner = J. H. Moulton-N. Turner, Grammar of New Testament Greek III (Syntax), Edinburgh 1963.
Percy, Probleme = E. Percy, Die Probleme der Kolosser- und Epheserbriefe, Skrifter utgivna av Kungl. Humanistiska Vetenskapssamfundet i Lund 39, Lund 1946.
Radermacher, Grammatik = L. Radermacher, Neutestamentliche Grammatik. Das Griechische des Neuen Testaments im Zusammenhang mit der Volkssprache, HNT 1, ²Tübingen 1925.
Reitzenstein, Mysterienreligionen = R. Reitzenstein, Die hellenistischen Mysterienreligionen, ³Leipzig/Berlin 1927.
Schlier, Epheser = H. Schlier, Der Brief an die Epheser. Ein Kommentar, Düsseldorf 1957 = ⁵1965.
Schubert, Pauline Thanksgivings = P. Schubert, Form and Functions of the Pauline Thanksgivings, BZNW 20, Berlin 1939.
Schweizer, Neotestamentica = E. Schweizer, Neotestamentica. Deutsche und englische Aufsätze 1951—1963, Zürich/Stuttgart 1963.
Zahn, Einleitung I = Th. Zahn, Einleitung in das Neue Testament I, ³Leipzig/ Erlangen 1924.

4. Abkürzungen von Inschriften, Papyri und Urkunden

BGU   = Ägyptische Urkunden aus den Königlichen Museen zu Berlin: Griechische Urkunden I—VIII (1895—1933).
CIG   = Corpus Inscriptionum Graecarum, edd. E. Curtius, A. Kirchhoff u. a., I—IV (1828—77).
CIL   = Corpus Inscriptionum Latinarum, ed. Preußische Akademie der Wissenschaften zu Berlin (1863—1909).
DittOr   = W. Dittenberger, Orientis Graeci Inscriptiones Selectae I—II (1903—05).
DittSyll³   = W. Dittenberger, Sylloge Inscriptionum Graecarum I—IV, 1. 2 (1915—24).
EpigrGraec   = Epigrammata Graeca ex lapidibus conlecta, ed. G. Kaibel (1878).
IG   = Inscriptiones Graecae, ed. Preußische Akademie der Wissenschaften zu Berlin (1873 ff.).
PapAmh   = The Amherst Papyri, ed. B. P. Grenfell und A. S. Hunt, I—II (1900—01).

PapGießen = Griechische Papyri im Museum des oberhessischen Geschichts-
vereins zu Gießen, ed. O. Eger, E. Kornemann und P. M. Meyer
(1910—12).

PapGrenf I = An Alexandrian Erotic Fragment and other Greek Papyri, chiefly
Ptolemaic, ed. B. P. Grenfell (1896).

PapGrenf II = New Classical Fragments, ed. B. P. Grenfell und A. S. Hunt (1897).

PapHamb = Papyrus Hamburg: Paulusakten, ed. C. Schmidt (1936).

PapHibeh = The Hibeh Papyri, edd. B. P. Grenfell und A. S. Hunt, I (1906).

PapLeiden = Papyri Graeci Musei antiquarii publici Lugduni-Batavi, ed. C. Lee-
manns, I (1843), II (1885).

PapLips = Griechische Urkunden der Papyrussammlung zu Leipzig, ed. L. Mitt-
eis, I (1906).

PapLondon = Greek Papyri in the British Museum, edd. F. G. Kenyon, H. I. Bell u. a.,
I—V (1893—1917).

PapMagd = Papyrus de Magdola, ed. P. Lesquier (1912).

PapMasp = Papyrus grecs d'époque Byzantine, ed. J. Maspero, in: Catalogue
Général des Antiquités Égyptiennes du Musée du Caire (1911—16).

PapOsl = Papyri Osloenses, edd. S. Eitrem und L. Amundsen, I—III
(1925—36).

PapOxyrh = The Oxyrhynchus Papyri, edd. B. P. Grenfell, A. S. Hunt u. a., I—
XVII (1898—1927), XXVII (1962).

PapPar = Notices et Extraits des Manuscrits Grecs de la Bibliothèque Impériale
XVIII, 2, ed. W. Brunet de Presle (1865).

PapRainer = Corpus Papyrorum Raineri, ed. C. Wessely (1895).

PapStraßb = Griechische Papyrus der Kaiserlichen Universitäts- und Landes-
bibliothek zu Straßburg, ed. F. Preisigke, I (1906—12), II (1920).

Preisigke Sb = F. Preisigke, Sammelbuch griechischer Urkunden aus Ägypten, fortgeführt v. F. Bilabel, I—VI (1915ff.).

Preisigke Wb = F. Preisigke, Wörterbuch der griechischen Papyrusurkunden, vollendet v. E. Kießling, I—III (1925—31).

PSI = Publicazioni della Società Italiana. Papiri Greci e Latini I—XI (1912—
35), XIV (1957).

UPZ = Urkunden der Ptolemäerzeit, ed. W. Wilcken, I (1922—27), II
(1933—57).

ZaubPap = Papyri Graecae Magicae. Die griechischen Zauberpapyri, ed. K. Preisen-
danz, I (1928), II (1931).

5. Abkürzungen von Zeitschriften, Sammelwerken, Kommentarreihen und periodisch erscheinenden Veröffentlichungen

ALW = Archiv für Liturgiewissenschaft

ASNU = Acta Seminarii Neotestamentici Upsaliensis

AThANT = Abhandlungen zur Theologie des Alten und Neuen Testaments

AThR = Anglican Theological Review

BBB = Bonner Biblische Beiträge

BEvTh = Beiträge zur Evangelischen Theologie

Bibl = Biblica

BiblEThL = Bibliotheca Ephemeridum Theologicorum Lovaniensum

BiblSacr = Bibliotheca Sacra

BHTh = Beiträge zur Historischen Theologie

BuL = Bibel und Leben

BWANT = Beiträge zur Wissenschaft vom Alten und Neuen Testament

BZ	= Biblische Zeitschrift
BZNW	= Beihefte zur Zeitschrift für die neutestamentliche Wissenschaft und die Kunde der älteren Kirche
CBQ	= The Catholic Biblical Quarterly
ConiectNeot	= Coniectanea Neotestamentica
CR	= Corpus Reformatorum
CScrSacr	= Cursus Scripturae Sacrae
EKL	= Evangelisches Kirchenlexikon
EvTh	= Evangelische Theologie
ExpT	= The Expository Times
FGLP	= Forschungen zur Geschichte und Lehre des Protestantismus
FRLANT	= Forschungen zur Religion und Literatur des Alten und Neuen Testaments
Greg	= Gregorianum
GSch	= Geistliche Schriftlesung
GThT	= Gereformeerd Theologisch Tijdschrift
GuL	= Geist und Leben
HNT	= Handbuch zum Neuen Testament
HThR	= The Harvard Theological Review
ICC	= The International Critical Commentary of the Holy Scriptures of the Old and New Testament
Int	= Interpretation. A Journal of Bible and Theology
IntB	= The Interpreter's Bible
JBL	= Journal of Biblical Literature and Exegesis
JpTh	= Jahrbücher für protestantische Theologie
JQR	= The Jewish Quarterly Review
JR	= Journal of Religion
JSS	= Journal of Semitic Studies
JThSt	= The Journal of Theological Studies
KlT	= Kleine Texte für Vorlesungen und Übungen
KuD	= Kerygma und Dogma. Zeitschrift für theologische Forschung und kirchliche Lehre
MarThSt	= Marburger Theologische Studien
MeyerK	= Kritisch-exegetischer Kommentar über das Neue Testament
MPG	= J. P. Migne, Patrologiae cursus completus, series Graeca
MPL	= J. P. Migne, Patrologiae cursus completus, series Latina
MThSt	= Münchener Theologische Studien
NGG	= Nachrichten von der Gesellschaft der Wissenschaften zu Göttingen
NovTest	= Novum Testamentum. An International Quarterly for New Testament and Related Studies
NRTh	= Nouvelle Revue Théologique
NTAbh	= Neutestamentliche Abhandlungen
NTD	= Das Neue Testament Deutsch. Neues Göttinger Bibelwerk
NTF	= Neutestamentliche Forschungen
NTS	= New Testament Studies
RAC	= Reallexikon für Antike und Christentum
RBibl	= Revue Biblique
RechSR	= Recherches de Science Religieuse
RGG	= Die Religion in Geschichte und Gegenwart. Handwörterbuch für Theologie und Religionswissenschaft
RHPhR	= Revue d'Histoire et de Philosophie Religieuses
RHR	= Revue de l'Histoire des Religions
RivBibl	= Rivista Biblica

RQum	= Revue de Qumran
RSPhTh	= Revue des Sciences Philosophiques et Théologiques
RSR	= Revue de Science Religieuse
RThPh	= Revue de Théologie et de Philosophie
SAH	= Sitzungsberichte der Heidelberger Akademie der Wissenschaften
SacrPag	= Sacra Pagina. Miscellanea biblica congressus internationalis catholici de re biblica
StBM	= Stuttgarter Biblische Monographien
StTh	= Studia Theologica
StUNT	= Studien zur Umwelt des Neuen Testaments
SymbBiblUps	= Symbolae Biblicae Upsalienses
SymbOsl	= Symbolae Osloenses
TBC	= Torch Bible Commentaries
ThB	= Theologische Bücherei. Nachdrucke und Berichte aus dem 20. Jahrhundert
ThBl	= Theologische Blätter
ThEx	= Theologische Existenz heute
ThhomBw	= Theologisch-homiletisches Bibelwerk
ThLZ	= Theologische Literaturzeitung
ThQ	= Theologische Quartalschrift
ThSt	= Theological Studies
ThStKr	= Theologische Studien und Kritiken
ThStud	= Theologische Studien
ThViat	= Theologia Viatorum. Jahrbuch der Kirchlichen Hochschule Berlin
ThWB	= Theologisches Wörterbuch zum Neuen Testament
ThZ	= Theologische Zeitschrift
TrThSt	= Trierer Theologische Studien
TTK	= Tidsskrift for Teologi og Kirke
TU	= Texte und Untersuchungen zur Geschichte der altchristlichen Literatur
UCL	= Universitas Catholica Lovaniensis. Dissertationes ad gradum magistri in facultate theologica
UNT	= Untersuchungen zum Neuen Testament
VD	= Verbum Domini
VieSp	= La Vie Spirituelle
WMANT	= Wissenschaftliche Monographien zum Alten und Neuen Testament
WuD	= Wort und Dienst. Jahrbuch der Theologischen Schule Bethel
WUNT	= Wissenschaftliche Untersuchungen zum Neuen Testament
ZAW	= Zeitschrift für die alttestamentliche Wissenschaft
ZKG	= Zeitschrift für Kirchengeschichte
ZNW	= Zeitschrift für die neutestamentliche Wissenschaft und die Kunde der älteren Kirche
ZsystTh	= Zeitschrift für systematische Theologie
ZThK	= Zeitschrift für Theologie und Kirche
ZwTh	= Zeitschrift für wissenschaftliche Theologie

6. Sonstige Abkürzungen

Für die biblischen Schriften, die griechische und lateinische Literatur sowie die Texte des antiken Judentums sind die üblichen Abkürzungen verwendet worden. Zu den einschlägigen Textausgaben sei auf das Abkürzungsverzeichnis des ThWB verwiesen.

Vergleichsstellen aus biblischen Schriften sind durchweg nicht nach der kanonischen Reihenfolge der Bücher, sondern der chronologischen Ordnung der Texte entsprechend angeführt worden.

Der Brief an die Kolosser

Einleitung

1. Die Gemeinde in Kolossae

Die Heiligen in Kolossae, die als gläubige Brüder in Christus angeredet werden (1₂), sind nicht durch Paulus selbst für den Glauben an Jesus Christus als den Herrn gewonnen worden. Denn der Apostel ist während seiner missionarischen Wirksamkeit in Kleinasien nicht in das im oberen Lykustal gelegene Kolossae gekommen (2₁). Doch die Frohbotschaft, die er vornehmlich in größeren Städten und Handelsplätzen verkündigt hatte, breitete sich rasch aus. Christen, die zu den von Paulus gegründeten Gemeinden gehörten, trugen das Evangelium weiter und brachten es auch in das Innere des Landes, so daß nicht nur in Kolossae, sondern auch in Laodizea und Hierapolis (2₁ 4₁₃. ₁₅), die von Kolossae nicht weit entfernt waren, Gemeinden entstanden. Unmittelbare Nachrichten über deren Anfänge sind nicht überliefert. Über die Gründung und den Zustand der christlichen Gemeinde in Kolossae sind daher nur dem Brief selbst einige Angaben zu entnehmen.

Werden die Empfänger des Briefes daran erinnert, daß sie einst entfremdet waren und von feindlicher Gesinnung in den bösen Werken (1₂₁), und wird von ihnen gesagt, sie seien tot gewesen in den Sünden und der Unbeschnittenheit des Herzens (2₁₃), so wird damit auf ihre heidnische Vergangenheit angespielt. Sie waren Heiden, haben dann aber durch Epaphras (1₇f. 4₁₂f.) die Frohbotschaft gehört und sie angenommen. In der Taufe haben sie die schaffende Kraft Gottes erfahren, der sie zu neuem Leben erweckte (2₁₂), die Sünden vergab (1₁₄ 2₁₃) und sie mit Christus auferstehen ließ (3₁), damit sie fortan unter seiner Herrschaft ihren Wandel führen (1₁₃f.). Die Verkündigung, die man als die Wahrheit erkannt hatte (1₅f.), war als Lehre (1₇) dargeboten worden, die in der Überlieferung in geprägte Gestalt gefaßt worden war (2₆f.). Einzelne im Wortlaut festliegende Stücke dieser Überlieferung werden im Brief angeführt — so im Hymnus, in dem die universale Herrschaft des erhöhten Christus besungen wird (1₁₅-₂₀), in den Sätzen, die von der Taufe und der Tat Gottes am Kreuz Christi handeln (2₁₂-₁₅), in den Aufzählungen von Werken, die die Christen ablegen und meiden sollen (3₅. ₈), sowie in der Bestimmung des Verhaltens, das sie zu üben haben (3₁₂), und schließlich in der Reihe der Ermahnungen, die an die Christen in den verschiedenen Ständen gerichtet sind (3₁₈-4₁). Die Gemeinde wird an die ihr bekannte Lehre erinnert und auf die Folgerungen aufmerksam

gemacht, die sich aus dieser notwendig ergeben müssen: Christus als
den Herrn, der das Regiment über alle Welt in Händen hält, zu bekennen
und ihm in allen Stücken gehorsam zu sein.

Bisher hat es die Gemeinde daran auch nicht fehlen lassen. Sie hält
am Glauben fest, hat Liebe gegenüber allen Heiligen bewährt und weiß
um die Hoffnung, die in den Himmeln bereitliegt (1₄ᶠ.). Das Wort der
Wahrheit, das sie einst vernommen hat, ist auch jetzt bei ihr wirksam,
wächst und bringt Frucht (1₅ᶠ.). Alles kommt nun aber darauf an, daß
man auch in Zukunft an der überkommenen Lehre entschlossen festhält,
eingewurzelt und erbaut in Christus, befestigt im Glauben (2₇). Darum
wird zum Beharren aufgerufen, zum regelmäßigen Gebet, zum Wachen
in Danksagung und treuer Fürbitte (4₂ᶠ.), zu einem in Weisheit geführten
Wandel und zum Auskaufen der Zeit (4₅). Dabei wird der Gemeinde
nochmals versichert, daß ihr in der Unterweisung, die sie durch ihren
Gründer Epaphras empfangen hat, die lautere Wahrheit mitgeteilt worden
ist (1₆ᶠ.), für die sich dieser durch den Apostel ausdrücklich legitimierte
Zeuge des Evangeliums nach wie vor mit ganzer Hingabe einsetzt (4₁₂ᶠ.).
Sein Wirken und seine Fürbitte, die er für die Gemeinde betend vor Gott
trägt, haben nur das eine Ziel: ἵνα σταθῆτε τέλειοι καὶ πεπληροφορημένοι
ἐν παντὶ θελήματι τοῦ θεοῦ (4₁₂).

Der Zustand der Gemeinde, wie er im Kolosserbrief erkennbar wird,
entspricht somit durchaus dem Bild einer Gemeinde, die dem apostolischen
Evangelium gehorsam ist. Der Beschreibung fehlen freilich anschauliche
Züge, wie sie aus eigenem Erleben und persönlicher Bekanntschaft her-
rühren könnten. Sie ist vielmehr recht allgemein gehalten und stellt mit
herkömmlichen Wendungen dar, wie an allen Orten rechte Christen leben
sollen in der ἀγάπη ἐν πνεύματι (1₈).

2. Der Anlaß des Briefes

Leben und Verhalten der Gemeinde bieten keine Ursache zum Tadel.
Doch der Verfasser des Briefes ist von der Besorgnis erfüllt, sie könnte
arglos und gutgläubig durch falsche Lehre gefangen werden und Verführern zur Beute werden. Darum wird sie eindringlich gewarnt und zur
Unterscheidung rechter und falscher Predigt angehalten: βλέπετε μή τις
ὑμᾶς ἔσται ὁ συλαγωγῶν διὰ τῆς φιλοσοφίας καὶ κενῆς ἀπάτης (2₈). Hinter
dieser Warnung wird die Gefahr sichtbar, die die Gemeinde bedroht.
Es sind Leute aufgetreten, die ihre Lehre φιλοσοφία nennen und darunter
offenbar die geheime Kundgabe des göttlichen Seinsgrundes verstehen,
die rechte Erkenntnis der στοιχεῖα τοῦ κόσμου (2₈. ₂₀) und den Weg, den
man beschreiten muß, um sich zu ihnen in das rechte Verhältnis zu setzen.
Die Weltelemente, die als gewaltige Engelmächte vorgestellt werden, bestimmen nicht nur die kosmische Ordnung, sondern auch das Geschick
des einzelnen Menschen. Darum muß er ihnen in kultischer Verehrung

dienen und die Satzungen befolgen, die sie ihm auferlegen (2₁₆-₂₃): sorgsame Beachtung der ausgesonderten heiligen Zeiten — Festtag, Neumond und Sabbath (2₁₆) — sowie Meidung bestimmter Speisen und Getränke, deren Genuß streng untersagt ist (2₂₁).

Diese Lehre, deren Grundzüge aus den polemischen Ausführungen im zweiten Kapitel des Briefes zu erheben sind, konnte auch Christen beeindrucken, weil sie Schutzkraft gegenüber den kosmischen Mächten und Gewalten verhieß, wie man sie in der christlichen Verkündigung, dem Zuspruch der Vergebung der Sünden, nicht oder nicht hinreichend empfangen zu haben meinte. Dabei werden vermutlich die Anhänger dieser Lehre wie auch die Gemeindeglieder, die ihnen Gehör schenkten, gemeint haben, es ließe sich diese „Philosophie" sehr wohl mit dem christlichen Glauben vereinbaren, ja, dieser werde erst durch diese Verbindung zu seiner wahren Erfüllung gebracht. Damit aber ist die entscheidende Frage gestellt, ob die Predigt des Evangeliums in das bunte Geflecht des spätantiken Synkretismus einbezogen werden soll — oder ob die Verkündigung des gekreuzigten, auferstandenen und erhöhten Christus als die schlechthin gültige Antwort begriffen wird, die allem Fragen und Suchen der Menschen zuteil geworden ist.

Um dieser φιλοσοφία entgegenzutreten, greift der Kolosserbrief gleich zu Beginn auf das hymnische Bekenntnis zurück, das der Gemeinde vertraut ist (1₁₅-₂₀), und entfaltet von hier aus seine Botschaft, in der Christus als der Herr über alle Welt verkündigt wird. In ihm wohnt die ganze Fülle der Gottheit leibhaftig (2₉), er ist das Haupt über alle Mächte und Gewalten (2₁₀). Er ist das Haupt seines Leibes, der Kirche (1₁₈). Wer daher in der Taufe mit Christus begraben ist und mit ihm auferweckt wurde durch den Glauben an die Kraft Gottes, der ihn von den Toten auferweckt hat (2₁₂), der hat von ihm alles, die ganze Fülle, die Vergebung der Sünden und die Gabe des neuen Lebens (1₁₂-₁₄ 2₁₂-₁₅), empfangen. Er kann und darf sich nicht einem Engeldienst und knechtenden Satzungen hingeben, ist er doch längst mit Christus den Weltelementen abgestorben (2₂₀). Diesen Gegensatz soll die Gemeinde mit Hilfe der ihr erneut dargebotenen apostolischen Lehre in aller Schärfe erkennen: hier Christus, wie er verkündigt und im Glauben angenommen worden ist — dort die φιλοσοφία, die in Wahrheit κενὴ ἀπάτη ist (2₈).

3. Der Aufbau des Briefes

Der Kolosserbrief beginnt mit dem Eingangsgruß (1₁-₂); es schließen sich die Danksagung für den guten Zustand der Gemeinde (1₃-₈) und die Fürbitte an, sie möchte in Erkenntnis und Wandel fortschreiten (1₉-₁₁).

Der erste, lehrhafte Teil wird durch die Aufforderung zum hymnischen Lobpreis und das Zitat des Christusliedes (1₁₂-₂₀) eingeleitet. Der Hymnus wird dann auf die Gemeinde angewendet, indem ihr das Wort von der

Versöhnung zugesprochen wird (1₂₁-₂₃). Mit der rechten Verkündigung aber ist das Amt des Apostels, dem die Proklamation Christi als des Herrn unter den Völkern aufgetragen ist, unlöslich verbunden (1₂₄-₂₅). Wurde auf diese Weise das apostolische Evangelium in seiner grundlegenden Bedeutung aufgewiesen, so ist damit die Voraussetzung dafür geschaffen, um nun die falsche Lehre, die die Gemeinde bedroht, abzuwehren (2₆-₂₃). Dabei wird zunächst aus dem Bekenntnis zu Christus Jesus als dem Herrn abgeleitet, daß seine Herrschaft alles — also auch die Mächte und Gewalten — umgreift (2₆-₁₅). Dann wird gefolgert, daß es für alle, die zu diesem Herrn gehören, schlechterdings ausgeschlossen ist, den Weltelementen Verehrung zu erweisen und ihre Satzungen zu befolgen (2₁₆-₂₃).

Auch der zweite, paränetische Teil ist vom Thema der universalen Christusherrschaft bestimmt: Die mit Christus auferweckt worden sind, haben zu suchen, was droben ist (3₁-₄). Das aber bedeutet, daß sie die Glieder, die auf Erden sind, töten, das alte Wesen ablegen, den alten Menschen ausziehen und den neuen Menschen anziehen sollen. Im Walten der Liebe ist der neue Mensch tätig und erweist sich das Wort Christi wirksam, durch den Gott dem Vater dankender Lobpreis dargebracht wird (3₅-₁₇). Wie sich der Gehorsam gegenüber dem Kyrios jeweils konkret zu vollziehen hat, wird dann im Blick auf die verschiedenen Stände gezeigt, in denen die einzelnen Glieder der Gemeinde leben (3₁₈-4₁). Mit einigen Mahnungen an die ganze Gemeinde schließt die Paränese ab (4₂-₆).

Der Schlußteil enthält persönliche Mitteilungen, Grüße und kurze Anweisungen (4₇-₁₈).

Wird in den ersten beiden Kapiteln des Briefes die universale Weite der Christusherrschaft entfaltet, so wird im dritten und vierten Kapitel ausgeführt, wie die Herrschaft Christi alle Bereiche unseres Lebens umspannt. Lehre und Paränese sind auf diese Weise eng miteinander verbunden. Wie Christus Herr über alles ist (1₁₅-₂₀), so sollen die Seinen alles im Namen des Herrn Jesus tun (3₁₇)[1].

4. Die Abfassung des Briefes

Paulus liegt gefangen (4₃.₁₀). An welchem Ort er sich befindet, wird nicht gesagt. Ebenso fehlt ein Hinweis auf den Zeitpunkt, zu dem der Brief abgefaßt wurde. Die Gemeinde aber wird dazu angehalten, des gefangenen Apostels zu gedenken (4₁₈). Sein Leiden, das er um seines Auftrags willen erdulden muß (4₃.₁₀), gehört zu seinem apostolischen Amt hinzu. Er trägt stellvertretend für die Kirche, den Leib Christi, etwas von

---

[1] Das Wort „alle", „alles" kommt im Kolosserbrief ungewöhnlich häufig vor: 1₄.₆.₉-₁₁.₁₅-₂₀.₂₈ 2₂f.₉f.₁₃.₁₉.₂₂ 3₈.₁₁.₁₄.₁₆f.₂₀.₂₂ 4₇.₉.₁₂. Die Stellen ziehen sich wie ein roter Faden durch alle Abschnitte des Briefes.

dem ab, was an den endzeitlichen Trübsalen Christi noch fehlt (1₂₄). Paulus ist mit der Verkündigung unter den Völkern betraut (1₂₇); so liegt auch die Gemeinde von Kolossae in seinem Amtsbereich. Obwohl sie ihn persönlich nicht kennt, muß sie doch wissen, daß er um sie ringt und sich für sie müht (2₁); ist er ihr auch leiblich fern, so ist er doch im Geist bei ihr (2₅) und redet zu ihr im apostolischen Wort.

Da der Brief keine Angaben über Ort und Zeit seiner Abfassung enthält, kann nur durch eingehenden Vergleich mit den anderen Paulusbriefen sein Platz im Corpus Paulinum bestimmt und das Problem seiner Entstehung geklärt werden. Gebrauch und Verbindungen der Wörter, Bau und Folge der Sätze müssen jeweils genau untersucht und mit der Begrifflichkeit und Ausdrucksweise der übrigen Gemeindebriefe verglichen werden. Vor allem aber ist der theologische Gehalt des Kolosserbriefes zu erheben, indem seine Christologie, Ekklesiologie, Lehre vom Apostelamt, Eschatologie und sein Verständnis der Taufe in ihrem Verhältnis zur Theologie der anderen paulinischen Briefe betrachtet werden. Ständig wird der Epheserbrief zu berücksichtigen sein, der hinsichtlich seiner Sprache, seines Stils und seiner Theologie weitgehende Gemeinsamkeiten aufweist und sich streckenweise wie ein erster Kommentar zum Kolosserbrief liest, der freilich dessen Gedanken nicht nur erläutert, sondern sie auch in eigenständiger Konzeption weiterführt[1]. Wird bei diesen Analysen und in der Exegese des Kolosserbriefes vom Verfasser bzw. Apostel gesprochen, so ist damit noch keine Entscheidung über die paulinische oder nachpaulinische Entstehung des Kolosserbriefes getroffen. Diese Frage soll vielmehr offengehalten und erst nach Abwägen aller Gesichtspunkte, die bedacht sein wollen, beantwortet werden.

---

[1] Zur Frage des Verhältnisses des Epheserbriefes zum Kolosserbrief sei hier nur so viel bemerkt, daß diesem auf jeden Fall die zeitliche Priorität vor jenem zukommt. Vgl. die zusammenfassenden Ausführungen bei Kümmel, Einleitung, S. 259f.; ferner Percy, Probleme, S. 360—433; P. Benoit, Rapports littéraires entre les épîtres aux Colossiens et Éphésiens, in: Neutestamentliche Aufsätze, Festschrift für J. Schmid, Regensburg 1963, S. 11—22; anders J. Coutts, The Relationship of Ephesians and Colossians, NTS 4 (1957/58), S. 201—207. Zwar könnte erwogen werden, ob der Epheserbrief nicht direkt vom Kolosserbrief, sondern von hymnisch-liturgischem und katechetischem Überlieferungsgut abhängig ist, das in beiden Briefen unabhängig voneinander verwendet wurde (vgl. N. A. Dahl, Der Epheserbrief und der verlorene erste Brief des Paulus an die Korinther, in: Abraham Unser Vater, Festschrift für O. Michel = Arbeiten zur Geschichte des Spätjudentums und Urchristentums 5, Leiden 1963, S. 71f. und die dort S. 71 Anm. 1 genannten Arbeiten). Doch wird es mit Kümmel a.a. O. S. 259f. als die weitaus wahrscheinlichere Annahme anzusehen sein, daß dem Verfasser des Epheserbriefes der Kolosserbrief bekannt war und ihm vorgelegen hat. Vgl. auch W. Ochel, Die Annahme einer Bearbeitung des Kolosserbriefes im Epheserbrief, Diss. Marburg 1934. In der Exegese wird im einzelnen zu beachten sein, in welcher Weise die Ausführungen des Kolosserbriefes im Epheserbrief aufgenommen und fortentwickelt worden sind.

1 1-2 Eingangsgruß

¹Paulus, Apostel Christi Jesu durch den Willen Gottes, und Timotheus, der Bruder, ²an die Heiligen in Kolossae, die gläubigen Brüder in Christus: Gnade sei mit euch und Friede von Gott unserem Vater.

Der Briefeingang nennt den Namen des Paulus, fügt den Aposteltitel hinzu, gibt Timotheus als Mitabsender an, bezeichnet dann die Empfänger des Schreibens und richtet an sie den Gruß, mit dem ihnen Gnade und Friede gewünscht werden. Damit entsprechen die ersten beiden Verse dem Aufriß des in allen paulinischen Briefen verwendeten Formulars[1].

Das paulinische Präskript schließt sich an das orientalische Briefformular an[2] und verwendet dieses in hellenisierter Gestalt mit christlich bestimmtem Inhalt. Während das griechische Briefformular nur die Namen von Absender und Adressat sowie den Gruß χαίρειν aufführt[3], ist das orientalische Formular durch eine Zweiteilung charakterisiert. Zunächst werden der Name des Absenders und der des Empfängers angegeben. Dann folgt der Gruß in Form der Anrede: Friede sei mit euch! So wird ein Erlaß des Königs Nebukadnezar mit den Worten eingeleitet: „König Nebukadnezar allen Völkern, Stämmen und Zungen, die auf der ganzen Erde wohnen: Euer Friede mehre sich!" (Dan 3₃₁) Und ein Brief, den der Führer der jüdischen Aufständischen an einen Untergebenen schrieb, beginnt folgendermaßen: „Von Schim'on ben Kosebha an Jᵉschua' ben Gilgola und die Leute deiner Kompanie: Friede!"[4] Der Eingang des

---

[1] Vgl. P. Wendland, Die urchristlichen Literaturformen, HNT I, 3, 2.³Tübingen 1912, S. 411—417; E. Lohmeyer, Probleme paulinischer Theologie. I. Briefliche Grußüberschriften, ZNW 26 (1927), S. 158—173 = Probleme paulinischer Theologie, Darmstadt/Stuttgart 1954, S. 9—29; Lietzmann, Römer, S. 22; O. Roller, Das Formular der paulinischen Briefe, BWANT IV, 6, Stuttgart 1933; G. Friedrich, Lohmeyers These über das paulinische Briefpräskript kritisch beleuchtet, ThLZ 81 (1956), Sp. 343—346; J. Schneider, Artk. Brief (A—B. I), RAC II, Sp. 564—576.

[2] Richtig erkannt von Lohmeyer a.a.O.; gegen Schneider a.a.O. Sp. 575: „Paulus hat das griechische Briefformular übernommen, hat es aber christlich umgebildet und erweitert."

[3] Das griechische Briefformular liegt im NT an einigen Stellen zugrunde: Jak 1₁: Ἰάκωβος θεοῦ καὶ κυρίου Ἰησοῦ Χριστοῦ δοῦλος ταῖς δώδεκα φυλαῖς ταῖς ἐν τῇ διασπορᾷ χαίρειν; ferner Act 15₂₃. ₂₉ 23₂₆. ₃₀ v. l.

[4] Vgl. J. T. Milik, Une lettre de Siméon Bar Kokheba (Pl. XIV), RBibl 60 (1953), S. 276—294; ders., Discoveries in the Judaean Desert II, Oxford 1961, S. 159—161.

Briefes kann auch ausführlicher gehalten sein, indem zu den Namen schmückende Beiwörter oder erläuternde Bemerkungen hinzutreten und der Gruß wortreicher gestaltet wird[1]. Die Grundstruktur des Formulars bleibt jedoch stets unverändert.

Im Präskript der paulinischen Briefe werden Absender und Adressaten als Christen gekennzeichnet, und der Gruß lautet: χάρις καὶ εἰρήνη. In jüdischen Briefen findet sich zwar neben εἰρήνη gelegentlich ἔλεος[2], niemals aber χάρις. Möglicherweise ist bei der Wahl dieses Wortes von Bedeutung gewesen, daß in χάρις das im Griechischen übliche χαίρειν unverkennbar anklingt. Jedenfalls aber wird durch χάρις zum Ausdruck gebracht, daß von dem Frieden die Rede ist, der durch Gottes eschatologisches Handeln angebrochen ist (vgl. Lk 2₁₄). Der Friedensgruß wird somit durch den Gnadenwunsch inhaltlich näher bestimmt. Dieser wird am Ende der Briefe regelmäßig wieder aufgenommen: ἡ χάρις τοῦ κυρίου ἡμῶν Ἰησοῦ Χριστοῦ μεθ᾽ ὑμῶν (1 Thess 5₂₈; vgl. ferner Gal 6₁₈ 1Kor 16₂₃ 2Kor 13₁₃ Röm 16₂₀ Phil 4₂₃ Phm 25 2Thess 3₁₈ Kol 4₁₈ Eph 6₂₄ 1Tim 6₂₁ 2Tim 4₂₂ Tit 3₁₅). Lautet 1Thess 1₁ der Gruß nur kurz und knapp χάρις ὑμῖν καὶ εἰρήνη, so wird sonst immer hinzugefügt: ἀπὸ θεοῦ πατρὸς ἡμῶν καὶ κυρίου Ἰησοῦ Χριστοῦ (Gal 1₃; vgl. ferner 1Kor 1₃ 2Kor 1₂ Röm 1₇ Phil 1₂ Phm 3 2Thess 1₂ Eph 1₂ 1Tim 1₂ 2Tim 1₂ Tit 1₄)[3].

V. 1: Die Angabe des Absenders stimmt wörtlich mit dem Beginn des 2.Korintherbriefes überein: Παῦλος ἀπόστολος Χριστοῦ Ἰησοῦ διὰ θελήματος θεοῦ καὶ Τιμόθεος ὁ ἀδελφός (2Kor 1₁). Am Anfang steht der Name des Paulus, den der Apostel in der hellenistisch-römischen Welt an Stelle des jüdischen שָׁאוּל/Σαῦλος führt[4]. Unmittelbar angeschlossen ist der Titel, durch den auf den amtlichen Charakter des an die Gemeinde gerichteten Schreibens hingewiesen wird. Paulus ist durch Gottes Willen[5]

---

[1] Beispiele aus der rabbinischen Literatur bei Billerbeck III, S. 1.

[2] SyrBar 78₂: „So spricht Baruch, der Sohn Nerijas, zu den Brüdern, die gefangen sind: Erbarmen und Friede sei mit euch!"

[3] Das Fehlen der Artikel in der Salutatio hatte Lohmeyer zu der Vermutung veranlaßt, es liege eine liturgische Formel zugrunde, die Paulus aufgenommen habe. Dagegen hat Friedrich mit Recht eingewandt, daß die Artikellosigkeit anders zu erklären ist: Wie שָׁלוֹם stehen auch χάρις καὶ εἰρήνη ohne Artikel. Bei attributivem Gebrauch von Substantiva aber richtet sich die Verwendung des Artikels nach dem übergeordneten Substantiv. Deshalb folgen auch die von χάρις καὶ εἰρήνη abhängigen Wörter ohne Artikel (a. a. O. Sp. 345f.). Der Gnadenwunsch am Ende des Briefes lautet jedoch: ἡ χάρις μεθ᾽ ὑμῶν (Kol 4₁₈) o. ä.

[4] Vgl. Act 13₉: Σαῦλος δέ, ὁ καὶ Παῦλος; E. Haenchen, Die Apostelgeschichte, MeyerK 3, ¹⁴Göttingen 1965 z. St. Die Juden bedienten sich in der griechisch sprechenden Umwelt gern eines Namens, der ihrem hebräischen bzw. aramäischen Namen möglichst ähnlich klang. Vgl. z. B. Σιλᾶς/Σιλουανός; Ἰησοῦς/Ἰάσων. Vgl. A. Deißmann, Bibelstudien, Marburg 1895, S. 183f.

[5] 1₉ und 4₁₂ bezeichnet θέλημα Gottes Willen, der im Wandel des Christen erfüllt werden soll. Hier dagegen meint θέλημα Gottes erwählenden Willen, der Paulus zum Apostel gemacht hat (vgl. 2Kor 2₁ Eph 1₁ 2Tim 1₁).

zum bevollmächtigten Gesandten des erhöhten Herrn[1] berufen worden
(vgl. Gal 1₁. ₁₅f.) und spricht daher kraft dieser ihm verliehenen Autorität
zur Gemeinde. Als Apostel der Völker, der den Heiden die Frohbotschaft
zu verkündigen hat, ist er der Apostel schlechthin[2]. Außer von Paulus
ist im Kolosserbrief von keinem anderen Apostel die Rede. Es bedarf
keiner Verteidigung gegen Angriffe, wie sie in Galatien und auch in
Korinth gegen das Amt des Paulus unternommen worden sind (vgl.
Gal 1₁. ₁₀-₁₂ 1Kor 9₁. ₃ 2Kor 10–13). Auch braucht nicht wie im Römerbrief um Zustimmung der Gemeinde zur paulinischen Verkündigung
und um Unterstützung für das Werk der Heidenmission geworben zu
werden (vgl. Röm 1₁-₇. ₈-₁₇ 15₂₂-₃₃). Die einzigartige Stellung des Apostels
ist unbestritten, so daß Paulus nur im Briefeingang als Apostel vorgestellt,
im weiteren Verlauf des Schreibens aber der Titel nicht mehr wiederholt
wird.

Neben dem Apostel steht Timotheus als sein Gehilfe und Mitarbeiter.
Ebenso wird er im Präskript des 2. Korinther- und des Philipperbriefes
erwähnt (2Kor 1₁ Phil 1₁) und zu Beginn der beiden Thessalonicherbriefe
zusammen mit Silvanus genannt (1Thess 1₁ 2Thess 1₁). Die Mitabsender,
die — mit Ausnahme des Römer- und des Epheserbriefes — im Eingang
der paulinischen Gemeindebriefe aufgeführt werden, sind nicht mit-
gestaltend an der Abfassung der Briefe beteiligt[3]. Ihre Namen werden

---

[1] Χριστός wird nicht mehr als Titel empfunden, sondern ist mit Ἰησοῦς zu
einem Doppelnamen verbunden. Zur Voranstellung von Χριστοῦ vgl. E. v. Dobschütz, Die Thessalonicher-Briefe, MeyerK 10, ⁷Göttingen 1909, S. 61; Lietzmann, Römer, S. 23; O. Michel, Der Brief an die Römer, MeyerK 4, ¹²Göttingen
1966, S. 34, Anm. 4. Es findet sich auch die Folge Ἰησοῦ Χριστοῦ (Gal 1₁₂ 3₂₂
Röm 1₄. ₆. ₈ 16₂₅. ₂₇ Phil 1₁₁. ₁₉). Vgl. F. Neugebauer, In Christus — ΕΝ ΧΡΙΣΤΩΙ.
Eine Untersuchung zum Paulinischen Glaubensverständnis, Göttingen/Berlin,
1961, S. 46.

[2] Zum Problem des urchristlichen Apostolats vgl. K. H. Rengstorf, ThWB I,
S. 406—448; G. Saß, Apostelamt und Kirche. Eine theologisch-exegetische Unter-
suchung des paulinischen Apostelbegriffs, FGLP IX, 2, München 1939; H. v. Cam-
penhausen, Der urchristliche Apostelbegriff, StTh 1 (1947), S. 96—130; E. Lohse,
Ursprung und Prägung des christlichen Apostolates, ThZ 9 (1953), S. 259—275;
H. Riesenfeld, Artk. Apostel, RGG³ I, Sp. 497—499; G. Klein, Die zwölf
Apostel. Ursprung und Gehalt einer Idee, FRLANT 77, Göttingen 1961; W. Schmit-
hals, Das kirchliche Apostelamt. Eine historische Untersuchung, FRLANT 79,
Göttingen 1961; J. Roloff, Apostolat — Verkündigung — Kirche. Ursprung,
Inhalt und Funktion des kirchlichen Apostelamtes nach Paulus, Lukas und den
Pastoralbriefen, Gütersloh 1965; T. Holtz, Zum Selbstverständnis des Apostels
Paulus, ThLZ 91 (1966), Sp. 321—330.

[3] Nach Roller (a. a. O. S. 21) soll Paulus sich bei der Abfassung seiner Briefe
eines Sekretärs bedient haben, so „daß der Brief nach Angaben des Apostels,
vielleicht auch mit kurzen Notizen auf einem Wachstäfelchen von einem Dritten
entworfen und das Konzept von Paulus genehmigt, vielleicht auch korrigiert
und die Briefanfertigung dann von ihm unterschrieben wurde". Zur Kritik der
Sekretärshypothese vgl. Percy, Probleme, S. 10—14; W. Michaelis, Ein-

jedoch neben dem des Paulus angeführt, um den Gemeinden zu bezeugen, daß sie ebenso wie der Apostel das eine Evangelium predigen und lehren (vgl. Gal 1₂). Timotheus hat Paulus in unermüdlicher Treue unterstützt, den Gemeinden Nachrichten und Aufträge überbracht und sie an das Wort des Apostels immer wieder erinnert (vgl. 1Kor 4₁₇ Phil 2₁₉₋₂₄). Eine persönliche Beziehung des Timotheus zur Gemeinde in Kolossae hat jedoch kaum bestanden. Weder im Brief noch in der Grußliste wird sein Name noch einmal erwähnt. Erscheint sein Name dennoch im Präskript, so wird er wie in anderen Briefen als bewährter Helfer des Paulus diesem an die Seite gestellt (vgl. 2Kor 1₁). Zugleich aber wird seine Stellung deutlich von der des Apostels unterschieden. Denn Apostel ist allein Paulus, Timotheus dagegen heißt ὁ ἀδελφός. Als christlicher Bruder ist er dem Absender und auch den Empfängern des Briefes gleicherweise nah verbunden.

V. 2: Der Brief ist an die christliche Gemeinde in Kolossae gerichtet, doch das Wort ἐκκλησία steht nicht in der Adresse. Das Fehlen dieser Bezeichnung wird sicherlich nicht durch die Vermutung zu erklären sein, daß der Apostel an eine ihm unbekannte Gemeinde schreibt und deswegen eine amtlich klingende Ausdrucksweise vermeiden wollte[1]. Zwar wird auch im Präskript des Römerbriefes nicht von der ἐκκλησία gesprochen; das Wort fehlt aber auch in der Anrede der Gemeinde in Philippi, zu der Paulus in einem besonders herzlichen Verhältnis stand (Phil 1₁). Tatsächlich werden nur in den Thessalonicher- und Korintherbriefen sowie im Galaterbrief die Adressaten ἐκκλησία bzw. ἐκκλησίαι genannt. Im Philipper-, Römer-, Epheser- und Kolosserbrief findet sich statt dessen der Begriff ἅγιοι. Dabei liegt — wie aus 1Kor 1₂ hervorgeht — kein Unterschied der Bedeutung vor. Denn an die Korinther wendet sich Paulus mit den Worten τῇ ἐκκλησίᾳ τοῦ θεοῦ τῇ οὔσῃ ἐν Κορίνθῳ und fügt erläuternd hinzu: ἡγιασμένοις ἐν Χριστῷ Ἰησοῦ, κλητοῖς ἁγίοις (vgl. auch 2Kor 1₁). Da in den Briefpräskripten ἅγιοι niemals als Adjektiv, sondern stets als Substantiv gebraucht wird[2], ist auch in der Adresse des Kolosserbriefes τοῖς ἁγίοις substantivisch zu verstehen[3]. Ob also die Gemeinde als ἐκκλησία oder als ἅγιοι angesprochen wird, gemeint ist stets das heilige Volk, das Gott sich am Ende der Zeiten erwählt hat, das ihm zu eigen gehört und den Namen des Herrn anruft.

---

leitung in das Neue Testament, ³Bern 1961, S. 242—244; Kümmel, Einleitung, S. 176. 258. 270f.

[1] So Abbott z. St.

[2] Vgl. Röm 1₇: πᾶσιν τοῖς οὖσιν ἐν Ῥώμῃ ἀγαπητοῖς θεοῦ, κλητοῖς ἁγίοις; Phil 1₁: πᾶσιν τοῖς ἁγίοις ἐν Χριστῷ Ἰησοῦ τοῖς οὖσιν ἐν Φιλίπποις; Eph 1₁: τοῖς ἁγίοις τοῖς οὖσιν [ἐν Ἐφέσῳ] καὶ πιστοῖς ἐν Χριστῷ Ἰησοῦ.

[3] Weil vor πιστοῖς ἀδελφοῖς der Artikel fehlt, ließe sich auch erwägen, ἁγίοις neben πιστοῖς als Adjektiv mit ἀδελφοῖς zu verbinden. Vgl. Moule z. St. Doch siehe oben und Anm. 2.

Heilig ist, was dem profanen Gebrauch entzogen und als Gottes alleiniges Eigentum ausgesondert worden ist. So ist Israel Jahwes heiliges Volk (Ex 19₆), das heilig sein soll, weil er heilig ist (Lev 11₄₄ 19₂ u. ö.). Heilig ist seine Gemeinde nicht kraft eigenen Vermögens, sondern durch Gottes Erwählung. Die Gemeinde von Qumran versteht sich daher als „das Volk der Heiligen des Bundes" (עם קדושי ברית 1QM X, 10), das nach dem Gesetz und Willen Gottes lebt[1]. Als Schar der Heiligen Gottes, denen das verborgene Geheimnis offenbart worden ist (1₂₆), ist die christliche Gemeinde inmitten einer andersgläubigen Umwelt das Volk seines Eigentums, die berufene und erwählte Gemeinde der Endzeit. ἐκλεκτοὶ τοῦ θεοῦ ἅγιοι καὶ ἠγαπημένοι (3₁₂) sind alle, die auf den Namen des Kyrios Jesus Christus getauft und seiner Herrschaft unterstellt worden sind (vgl. 1Kor 6₁₁). Sie sind die ἐκκλησία, der Leib des Christus, dessen Herrschaft den ganzen Kosmos umspannt (1₁₈. ₂₄)[2]. In der einzelnen Ortsgemeinde (4₁₆), aber auch in dem kleinen Häuflein, das sich in einem Hause zusammenfindet (4₁₅), ist Gottes heiliges Volk versammelt.

Mit der Charakterisierung der Gemeinde als ἅγιοι ist die Ortsangabe eng verknüpft. Diese wird sonst entweder im Genitiv[3] oder durch τῇ οὔσῃ ἐν an ἐκκλησίᾳ bzw. τοῖς οὖσιν ἐν an τοῖς ἁγίοις[4] angeschlossen. Hier dagegen wird der Ort nur fast beiläufig erwähnt[5]. Durch die kurze Bezeichnung τοῖς ἐν Κολοσσαῖς ἁγίοις wird die Gemeinde in Kolossae, die in engem Kontakt mit den Nachbargemeinden in Laodizea (2₁ 4₁₃₋₁₆) und Hierapolis (4₁₃) steht, als Empfänger des Briefes angeredet.

Kolossae[6]

Die seit alters bekannte Stadt Kolossae[7] lag im oberen Lykustal, von hohen Bergen umgeben. Bereits Herodot erwähnt sie als πόλιν μεγάλην Φρυγίας (VII,

---

[1] Vgl. ferner 1QM III, 5; VI, 6; XVI, 1 u. ö. und siehe H.-W. Kuhn, Enderwartung und gegenwärtiges Heil. Untersuchungen zu den Gemeindeliedern von Qumran, StUNT 4, Göttingen 1966, S. 90—93.

[2] Vgl. Lohse, Christusherrschaft und Kirche, S. 203—216; G. Delling, Merkmale der Kirche nach dem Neuen Testament, NTS 13 (1966/67), S. 303f.

[3] Vgl. Gal 1₂: ταῖς ἐκκλησίαις τῆς Γαλατίας, ferner 1Thess 1₁ 2Thess 1₁.

[4] Vgl. 1Kor 1₂: τῇ ἐκκλησίᾳ τοῦ θεοῦ τῇ οὔσῃ ἐν Κορίνθῳ; 2Kor 1₁; zu Röm 1₇ Phil 1₁ Eph 1₁ siehe oben S. 35 Anm. 2.

[5] Vgl. Lohmeyer z. St.: „Kein anderer Brief des Paulus sieht so uninteressiert über die geschichtlichen Besonderheiten hinweg."

[6] Vgl. besonders Lightfoot S. 1—22; W. M. Ramsey, The Cities and Bishoprics of Phrygia I, Oxford 1895, S. 208—234; Zahn, Einleitung I, S. 318—320; Dibelius-Greeven S. 4.

[7] Die griechischen Schriftsteller schreiben den Namen der Stadt gewöhnlich Κολοσσαί (Herodot VII, 30; Xenophon, Anab. I, 2, 6; Strabo XII, 8, 13 u. ö.), später findet sich auch die Schreibung Κολασσαί. Kol 1₂ lautet der Name Κολοσσαί (א[A]BDEFGL d e f g vg arm Clem Alex). Jüngere Textzeugen dagegen bieten die Namensform Κολασσαί (IK pm). In der später vorangestellten Überschrift heißt es πρὸς Κολοσσαεῖς (אB^cDEFGL it vg) bzw. πρὸς Κολασσαεῖς (p⁴⁶ AB*IKP pm).

30). Er berichtet, hier verschwinde der Lykus in einem Erdspalt und erst nach fünf Stadien tauche er wieder auf und fließe dann in den Mäander. Von einer unterirdischen Wegstrecke des Flusses ist jedoch an Ort und Stelle nichts zu bemerken. Entweder hat Herodot irrtümlicherweise eine falsche Angabe gemacht. Oder das Bett des Flusses ist durch eines der schweren Erdbeben, von denen die Landschaft im Lauf der Jahrhunderte immer wieder heimgesucht wurde, verändert worden. Durch Kolossae lief der Verkehrsweg, der von Osten nach Westen bis nach Ephesus führte. Hier war König Xerxes mit seinem Heer durchgezogen (Herodot, ebd.), später auch Cyrus der Jüngere mit seinen Soldaten. Xenophon nennt in seiner Beschreibung, die er vom Marsch des Cyrus gibt, Kolossae eine πόλιν οἰκουμένην, εὐδαίμονα καὶ μεγάλην (Anab. I, 2, 6). Später jedoch hat die Stadt an Bedeutung beträchtlich verloren, so daß Strabo zwei Generationen vor Paulus nur noch von einem πόλισμα spricht (XII, 8, 13).

Die Ursache für den Rückgang, den Kolossae trotz seiner günstigen Lage im Lauf der Zeit erlitten hat[1], wird vornehmlich darin zu suchen sein, daß das nur wenige Wegstunden entfernte Laodizea sich im 1. Jahrhundert v. Chr. zu Wohlstand und Blüte entwickelt hatte (Strabo XII, 8, 16). Diese westlich von Kolossae gelegene Stadt war von Antiochus III. (261—246 v. Chr.) gegründet und nach seiner Gemahlin Laodike benannt worden. Unter römischer Herrschaft war Laodizea Sitz des zur Provinz Asia gehörenden Gerichtsbezirks (conventus) von Kibyra (vgl. Plinius d. Ä., Hist. Nat. V, 105; Cicero, ad Att. V, 21). Nicht weit entfernt lag an der Nordseite des Flußtals die Stadt Hierapolis, ein in neutestamentlicher Zeit gleichfalls bedeutender Ort, der vor allem wegen seiner Heilung spendenden Quellen berühmt war (Strabo XIII, 4, 14). In den Städten des Lykustales wurde mit Wolle gehandelt, die von den auf Hängen und Wiesen weidenden Schafherden gewonnen wurde. Die Wolle wurde gefärbt — „kolossisch" wurde geradezu als technische Bezeichnung für eine bestimmte Farbe der Wolle verwendet (Strabo XII, 8, 16) — und in Webereien verarbeitet. Zur Bevölkerung der Städte gehörten auch manche Juden, deren Vorväter durch Antiochus III. nach Phrygien umgesiedelt worden waren (Josephus, Ant. XII, 147—153). Als der römische Statthalter Flaccus die Juden daran hinderte, die von ihnen eingesammelte Tempelsteuer nach Jerusalem zu schicken, fielen ihm im Bezirk von Laodizea 20 Pfund Gold und im Bezirk von Apamea 100 Pfund Gold in die Hand (Cicero, pro Flacc. 28). Aus dieser hohen Summe läßt sich die Zahl der Juden annähernd errechnen: etwa 11 000 jüdische Männer — Frauen, Kinder und Sklaven waren von der Entrichtung der Tempelsteuer ausgenommen — im Bezirk von Laodizea und 55 000 im Bezirk von Apamea[2].

Tacitus berichtet, daß im 7. Jahr des Nero (60/61 n. Chr.) Laodicea tremore terrae prolapsa nullo a nobis remedio propriis opibus revaluit (Annales XIV,

---

[1] Plinius d. Ä., Hist. Nat. V, 145 sagt in seiner Beschreibung Phrygiens: Oppida ibi celeberrima praeter iam dicta, Ancyra, Andria, Celaenae, Colossae usw. Aus diesem Satz ergibt sich jedoch nicht, daß Kolossae zur Zeit des Plinius noch von größerer Bedeutung gewesen ist. Sondern außer den vorher bereits genannten Städten wie Hierapolis, Laodizea und Apamea (praeter iam dicta) werden nun noch weitere Orte aufgeführt, die ihrer einstigen Größe wegen erwähnt werden. Vgl. Dibelius-Greeven S. 4.

[2] Vgl. Lightfoot S. 20.

27). Ob und in welchem Umfang auch Kolossae von diesem Erdbeben, das
Laodizea zerstörte, betroffen wurde, ist ungewiß. Später schreibt Orosius:
in Asia tres urbes, hoc est Laudicia Hierapolis Colossae, terrae motu conciderunt
(Hist. adv. paganos VII, 7, 12); doch ist nicht sicher, ob sich diese Nachricht
auf denselben Vorgang bezieht, von dem bei Tacitus die Rede ist. Jedenfalls
hat Laodizea wiederholt unter Erdbeben leiden müssen (vgl. Or. Sib. III,
471; IV, 107f.). Die Bürger von Laodizea aber waren imstande, auf die Hilfe
des römischen Staates zu verzichten und aus eigenen Mitteln den Wiederaufbau
ihrer Stadt durchzuführen. Kolossae dagegen stand ganz im Schatten der benachbarten Stadt und sank zu völliger Bedeutungslosigkeit herab. Vermutlich
ist der Ort einem Erdbeben zum Opfer gefallen und dann nicht wieder aufgebaut worden. Später wird Χῶναι, das in der Nähe der früheren Stadt Kolossae erbaut worden war, als christliche Bischofsstadt verschiedentlich erwähnt[1]. Der Name von Kolossae aber verschwindet aus der Geschichte.

Die Heiligen in Kolossae werden näher gekennzeichnet als πιστοὶ
ἀδελφοὶ ἐν Χριστῷ. πιστός kann sowohl von Gottes Treue (vgl. 1Kor 1₉
10₁₃ 2Kor 1₁₈ 1Thess 5₂₄) als auch von der eines Menschen (vgl. 1Kor
4₂.₁₇ 7₂₅) gesagt werden. In diesem Sinne wird πιστός auch im Kolosserbrief mehrfach gebraucht, um die unbedingte Zuverlässigkeit von Mitarbeitern des Apostels zu betonen (1₇ 4₇.₉). Hier bedeutet πιστός jedoch
nicht treu, sondern gläubig, d.h. christlich (vgl. Eph 1₁)[2]. Gottes Erwählung, durch die die Glaubenden als seine Heiligen ausgesondert worden
sind, haben sie gehorsam angenommen und folgen ihr in zuversichtlichem
Vertrauen. Die Heiligen sind gläubige Brüder in Christus[3] — nicht durch
natürliche Verwandtschaft, sondern durch Gottes Tat als Glieder der
einen familia Dei zusammengeschlossen[4].

Die Formel ἐν Χριστῷ[5] bezeichnet im Kolosserbrief ebenso wie in den
anderen paulinischen Briefen das Bestimmtsein durch das Christusgeschehen[6], das Leben im Herrschaftsbereich des erhöhten Herrn. Die

---

[1] Vgl. Lightfoot S. 68f.; Zahn, Einleitung I, S. 319f.

[2] Vgl. Gal 3₉: σὺν τῷ πιστῷ 'Αβραάμ; 2Kor 6₁₅: τίς μερὶς πιστῷ μετὰ ἀπίστου;
vgl. R. Bultmann, ThWB VI, S. 215.

[3] Ebenso wie durch πιστός wird auch durch ἐν Χριστῷ zum Ausdruck gebracht,
was später mit dem Adjektiv „christlich" bezeichnet wurde. Vgl. 1Kor 1₂: ἡγιασμένοις ἐν Χριστῷ 'Ιησοῦ; Phil 1₁: τοῖς ἁγίοις ἐν Χριστῷ 'Ιησοῦ; Eph 1₁: πιστοῖς ἐν
Χριστῷ 'Ιησοῦ sowie 1Thess 1₁ 2Thess 1₁. Zu ἐν Χριστῷ fügen an unserer Stelle AD*
G pc lat 'Ιησοῦ hinzu.

[4] Die ersten beiden Verse bewegen sich ganz in der Begrifflichkeit, die allgemein für den paulinischen Briefeingang kennzeichnend ist. Wie θέλημα (vgl.
oben S. 33 Anm. 5) wird auch πιστός im Präskript in anderer Bedeutung als
im übrigen Brief verwendet.

[5] Zur paulinischen Formel ἐν Χριστῷ vgl. die S. 34 Anm. 1 genannte Untersuchung Neugebauers (mit ausführlichen Literaturangaben) und M. Bouttier,
En Christ. Études d'histoire et de philosophie religieuses 54, Paris 1962; ferner
sei verwiesen auf A. Oepke, ThWB II, S. 537—539; Bultmann, Theologie,
§ 34. 36; Conzelmann, Theologie, S. 232—235. Vgl. weiter S. 46 zu 1₄.

[6] Vgl. Neugebauer a.a.O. S. 175—179; ders., Das Paulinische 'In Christo',
NTS 4 (1957/58), S. 136f.

ἀδελφοὶ ἐν Χριστῷ (1₂) sind die christlichen Brüder, die als Glieder des Christusleibes zur Gemeinschaft zusammengeschlossen sind. Die in aller Welt ausgerufene Verkündigung ist darauf gerichtet, ἵνα παραστήσωμεν πάντα ἄνθρωπον τέλειον ἐν Χριστῷ (1₂₈). Die πίστις ἐν Χριστῷ Ἰησοῦ (1₄) befreit zur Liebe und Hoffnung des Christen. Das neue Leben ἐν Χριστῷ bedeutet Wandel im Gehorsam gegen den Kyrios. In der Paränese der Kapitel 3 und 4 tritt ἐν κυρίῳ an die Stelle von ἐν Χριστῷ, um diesen Aufruf zu entfalten. Es gilt, sich zu verhalten, ὡς ἀνῆκεν ἐν κυρίῳ (3₁₈) bzw. wie es εὐάρεστόν ἐστιν ἐν κυρίῳ (3₂₀). Von Tychikus heißt es, er sei ἀγαπητὸς ἀδελφὸς καὶ πιστὸς διάκονος καὶ σύνδουλος ἐν κυρίῳ (4₇). Und Archippus soll an die διακονία erinnert werden, die er empfangen hat ἐν κυρίῳ (4₁₇).

Mehrfach finden sich im Kolosserbrief — ähnlich wie im Epheser-brief[1] — die Ausdrücke ἐν ᾧ (1₁₄. ₁₆ 2₃. ₁₁f.) bzw. ἐν αὐτῷ (1₁₇ 2₉f.₁₅). Sie beschreiben in verschiedenen Zusammenhängen Christus als Begründer und Vollstrecker des Heilswerkes[2]. Die Aussage von 1₁₆ steht innerhalb eines hymnischen Zitates: ἐν αὐτῷ ἐκτίσθη τὰ πάντα. Christus ist der Schöpfungsmittler, durch den alles geschaffen wurde, in dem aber auch die ganze Schöpfung ihren Bestand hat (1₁₇: ἐν αὐτῷ). Im Hymnus heißt es weiter: ἐν αὐτῷ εὐδόκησεν πᾶν τὸ πλήρωμα κατοικῆσαι (1₁₉). Eine über-lieferte Wendung liegt auch in dem Satz 1₁₄ vor: ἐν ᾧ ἔχομεν τὴν ἀπολύτρωσιν, τὴν ἄφεσιν τῶν ἁμαρτιῶν. Der Kolosserbrief knüpft an diese vorgegebenen Sätze an, um der Gemeinde zu zeigen, daß in Christus die Fülle des Heils gegeben ist. In ihm sind nicht nur πάντες οἱ θησαυροὶ τῆς σοφίας καὶ γνώσεως ἀπόκρυφοι (2₃), sondern ἐν αὐτῷ κατοικεῖ πᾶν τὸ πλήρωμα τῆς θεότητος σωματικῶς (2₉). Die auf ihn getauft wurden, sind mit ihm gestorben und zum neuen Leben auferstanden: ἐν ᾧ καὶ περιετμήθητε περιτομῇ ἀχειρο-ποιήτῳ (2₁₁); ἐν ᾧ καὶ συνηγέρθητε (2₁₂); καὶ ἐστὲ ἐν αὐτῷ πεπληρωμένοι (2₁₀).

Der Gruß ist gleichfalls knapp formuliert. Gnade und Friede kommen von Gott, den die Glaubenden voller Vertrauen als ihren Vater anrufen (vgl. Gal 4₆ Röm 8₁₅). Noch kürzer heißt es 1Thess 1₁: χάρις ὑμῖν καὶ εἰρήνη[3]. Sonst aber ist im Eingangsgruß der paulinischen Briefe stets neben Gott dem Vater der Kyrios Jesus Christus genannt. Spätere Ab-schreiber haben daher den Gruß des Kolosserbriefes als zu kurz empfunden und ergänzend hinzugefügt: καὶ κυρίου Ἰησοῦ Χριστοῦ (אACItG al it vgᶜˡ). Doch damit bestätigen sie nur, daß die kürzere Fassung (BD pm it vgᶜᵒᵈᵈ sy Or) den ursprünglichen Text bietet. Da der Christologie im Kolosserbrief zentrale Bedeutung zukommt, wäre es sicher verfehlt, nach theologischen Gründen suchen zu wollen, die zu einer Verkürzung der Grußformel geführt haben könnten. Das paulinische Briefformular

---

[1] Zu den Stellen im Epheserbrief vgl. Neugebauer a.a. O. (S. 34 Anm. 1) S. 179—181.

[2] Vgl. Dibelius-Greeven S. 9.

[3] Vorangegangen ist dort freilich die nähere Bezeichnung der Empfänger als christlicher Gemeinde: ἐν θεῷ πατρὶ καὶ κυρίῳ Ἰησοῦ Χριστῷ.

stellt kein starres Schema dar, das keine Abwandlungen gestatten würde. Die stets erkennbare Grundstruktur hat vielmehr in allen Briefen Änderungen oder Umgestaltungen erfahren, so daß kein Präskript mit dem eines anderen paulinischen Briefes wörtlich übereinstimmt. Während der Gruß im Galaterbrief durch einen ausführlichen Hinweis auf das Christusgeschehen beträchtlich verlängert worden ist (Gal 1₃₋₅), stehen am Eingang des Kolosserbriefes nur die kurzen Worte χάρις ὑμῖν καὶ εἰρήνη ἀπὸ θεοῦ πατρὸς ἡμῶν.

1 ₃₋₈ Dankſagung

³ Wir danken Gott, dem Vater unſeres Herrn Jeſus Chriſtus, allezeit, wenn wir für euch beten, ⁴ da wir von eurem Glauben in Chriſtus Jeſus gehört haben und von der Liebe, die ihr zu allen Heiligen habt, ⁵ um der Hoffnung willen, die für euch in den Himmeln bereitliegt; von ihr habt ihr zuvor gehört im Wort der Wahrheit des Evangeliums, ⁶ das bei euch gegenwärtig iſt – wie es ja auch in der ganzen Welt iſt, fruchtbringend und wachſend, wie auch bei euch – von dem Tag an, da ihr die Gnade Gottes in Wahrheit gehört und erkannt habt; ⁷ wie ihr von Epaphras gelernt habt, unſerem geliebten Mitknecht, der ein treuer Diener Chriſti an unſerer Statt iſt, ⁸ der uns auch eure Liebe im Geiſt kundgetan hat.

Mit einer Danksagung an die Götter bzw. die Gottheit werden vielfach Briefe aus hellenistischer Zeit eingeleitet[1]. Die Belege, die schon im 3. Jahrhundert v. Chr. einsetzen[2] und für die folgenden Jahrhunderte zahlreicher vorhanden sind[3], lassen ein bestimmtes Schema der Danksagung erkennen. Sie beginnen mit χάρις τοῖς θεοῖς oder εὐχαριστῶ (bzw. εὐχαριστοῦμεν) τοῖς θεοῖς (bzw. τῷ θεῷ), wobei man bisweilen versichert, daß die Gottheit in beständiger Treue angerufen wird, lassen dann eine Begründung folgen, in der auf bestimmte Wohltaten oder das gnädige Handeln der Gottheit hingewiesen wird, und heben schließlich hervor, daß der Briefschreiber im Gedenken an die Empfänger von Dank

---

[1] Vgl. Wendland a. a. O. (S. 32 Anm. 1) S. 413 f.; Roller a. a. O. (S. 32 Anm. 1) S. 63 f. 463 f.; Schubert, Pauline Thanksgivings, S. 158—179.

[2] Das älteste Zeugnis liegt in einem Brieffragment aus der Zeit um 260 v. Chr. vor: Πτολεμαῖ[ος] Ἡρακλείδει χαίρειν. εἰ ἔρρωσαι καὶ ὧν πρόνοιαν ποιεῖ καὶ τἄλλα σοι κατὰ λόγον ἐστὶν εἴ⟨η⟩ ἂν ὡς ἐγὼ θέλω καὶ τοῖς θεοῖς πολλὴ χά[ρι]ς, ὑγίαινον δὲ καὶ [α]ὐτός ... (PapHibeh 79).

[3] Als Beispiel aus dem 2. Jahrh. v. Chr. sei der Brief einer Frau namens Isias an ihren Mann Hephaistion angeführt: Ἰσιὰς Ἡφαιστίωνι τῶι ἀδελφῶ[ι χαί(ρειν)]. Εἰ ἔρρωμέννωι ⟨σοι⟩ τἄλλα κατὰ λόγον ἀπαντᾶι, εἴη ἂν ὡς τοῖς θεοῖς εὐχομένη διατελῶ, καὶ αὐτὴ δ᾽ ὑγίαινον καὶ τὸ παιδίον καὶ οἱ ἐν οἴκωι πάντες σου διὰ παντὸς μνείαν ποιούμενοι ... ἐπὶ μὲν τῶι ἐρρῶσθα[ι] σε εὐθέως τοῖς θεοῖς εὐχαρίστουν ... (PapLondon 42, 1—10 = UPZ I, 59, 1—10).

erfüllt ist[1]. Diese Form der Danksagung hat auch in das hellenistische Judentum Eingang gefunden. 2Makk 1₁₀ff. wird ein Brief der Juden Jerusalems an die Juden in Ägypten zitiert. Darin folgen auf den Eingangsgruß χαίρειν καὶ ὑγιαίνειν die Worte ἐκ μεγάλων κινδύνων ὑπὸ τοῦ θεοῦ σεσῳσμένοι μεγάλως εὐχαριστοῦμεν αὐτῷ (2Makk 1₁₀f.). Der Dank ist an Gott gerichtet, durch μεγάλως in seiner Intensität unterstrichen und durch den Hinweis auf Gottes rettende Tat inhaltlich begründet[2].

Dieser Gepflogenheit des hellenistischen Briefstils schließt sich der Apostel Paulus an und richtet zu Beginn seiner Briefe eine Danksagung an Gott, den Vater Jesu Christi, um ihn für alles zu preisen, was er der Gemeinde hat zuteil werden lassen[3]. Die einleitende Danksagung weist eine feste, allen paulinischen Briefen zugrunde liegende Struktur auf. In einer kürzeren Form wird Gott Dank gesagt, ein Zeitadverb hinzugefügt und in einem ὅτι-Satz der Gegenstand des Dankes angegeben: εὐχαριστῶ τῷ θεῷ πάντοτε περὶ ὑμῶν ἐπὶ τῇ χάριτι τοῦ θεοῦ τῇ δοθείσῃ ὑμῖν ἐν Χριστῷ ᾿Ιησοῦ, ὅτι ἐν παντὶ ἐπλουτίσθητε ἐν αὐτῷ ... (1Kor 1₄f.; vgl. 1Thess 2₁₃ Röm 1₈ 2Thess 1₃ 2₁₃). Die andere, ausführlicher gehaltene Fassung beginnt gleichfalls mit dem Dank an Gott, der allezeit im Gebet vor ihn gebracht wird, und schließt eine erste Partizipialwendung an, die das Zeitadverb erläutert. Dann tritt eine zweite Partizipialwendung hinzu, die den Anlaß zum Dank angibt. Am Ende mündet die Danksagung in eine an die Empfänger des Briefes gerichtete Aufforderung: εὐχαριστῶ τῷ θεῷ μου πάντοτε μνείαν σου ποιούμενος ἐπὶ τῶν προσευχῶν μου, ἀκούων σου τὴν ἀγάπην ... ὅπως ἡ κοινωνία τῆς πίστεως σου ἐνεργὴς γένηται ... (Phm 4—6; vgl. 1Thess 1₂ ₅ Phil 1₃₋₁₁ Eph 1₁₅₋₁₇)[4].

Der Kolosserbrief bietet die reicher ausgebildete Form der Danksagung: εὐχαριστοῦμεν τῷ θεῷ ... πάντοτε περὶ ὑμῶν προσευχόμενοι, ἀκούσαντες τὴν πίστιν ὑμῶν (1₃f.). Die Versicherung des betenden Gedenkens wird dann wieder aufgenommen: διὰ τοῦτο καὶ ἡμεῖς ... οὐ παυόμεθα ὑπὲρ ὑμῶν προσευχόμενοι καὶ αἰτούμενοι und mit einem ἵνα-Satz paränetischen Inhalts verbunden: ἵνα πληρωθῆτε τὴν ἐπίγνωσιν τοῦ θελήματος αὐτοῦ (1₉f.). Das Partizipium εὐχαριστοῦντες (1₁₂) ist locker angeschlossen, drei

---

[1] So schreibt im 2. Jahrh. n. Chr. ein Ägypter namens Apion, der bei der römischen Flotte dient, an seinen Vater, er wünsche ihm und den übrigen Familienmitgliedern Gesundheit, und fährt dann fort: Εὐχαριστῶ τῷ κυρίῳ Σεράπιδι, ὅτι μου κινδυνεύσαντος εἰς θάλασσαν ἔσωσε εὐθέως (BGU II, 423, 6—8; vgl. Deißmann, Licht vom Osten, S. 145—150). In einem ὅτι-Satz wird die Ursache des Dankens angegeben, vgl. auch: εὐχαριστ[ή]σω π[α]ρὰ πᾶσι τοῖς θεοῖς, ὅτι σύ με ἐνδέδυκ[ας] (Pap Gießen I, 77, 7f.). Weitere Beispiele bei Schubert, Pauline Thanksgivings, S. 158—179.

[2] Zur Analyse des Briefes vgl. Schubert, Pauline Thanksgivings, S. 117—119.

[3] Nur im Galaterbrief wird nicht mit εὐχαριστῶ o. ä., sondern mit dem schroffen Ausdruck θαυμάζω (Gal 1₆) zum Thema des Briefes übergeleitet.

[4] Vgl. Schubert, Pauline Thanksgivings, S. 51f. 65f. sowie die Übersicht dort S. 54f.

lange Relativsätze werden angehängt (1₁₃. ₁₅. ₁₈ᵇ), und schließlich heißt
es: καὶ ὑμᾶς ποτε ὄντας ἀπηλλοτριωμένους καὶ ἐχθρούς . . . νυνὶ δὲ ἀποκατήλλαξεν (1₂₁₋₂₃)[1]. Dieses ungewöhnlich lange Satzgebilde wird von seinem
Inhalt gesprengt. εὐχαριστοῦντες (1₁₂) knüpft nicht an εὐχαριστοῦμεν
τῷ θεῷ (1₃) an, sondern nun wird die Gemeinde aufgefordert, den hymnischen Lobpreis anzustimmen. In den drei Relativsätzen (1₁₃. ₁₅. ₁₈ᵇ)
werden überlieferte Sätze zitiert, die dann schließlich in unmittelbarem
Zuspruch an die Gemeinde ausgelegt werden (1₂₁₋₂₃). Der ganze Zusammenhang ist daher in folgender Weise zu gliedern: 1₃₋₈ Danksagung,
1₉₋₁₁ Fürbitte, 1₁₂₋₂₀ Lobpreis und Hymnus, 1₂₁₋₂₃ Zuspruch und Anspruch
der Versöhnung.

Die Verse ₃₋₈ bilden einen einzigen, schwer überschaubaren Satz[2].
Nachdem durch ἀκούσαντες τὴν πίστιν ὑμῶν . . . καὶ τὴν ἀγάπην . . . διὰ τὴν
ἐλπίδα die Begründung der Danksagung ausgesprochen worden ist,
werden mehrere Nebensätze angehängt: ἣν προηκούσατε (V. ₅ᵇ) bezieht
sich auf die Hoffnung der Christen, καθὼς καὶ ἐν παντὶ τῷ κόσμῳ ἐστὶν
καρποφορούμενον καὶ αὐξανόμενον (V. ₆ᵃ) auf die weltweite Verkündigung.
Mit καθὼς καὶ ἐν ὑμῖν (V. ₆ᵇ) wird dann wieder auf die der Gemeinde
ausgerichtete Predigt hingewiesen, καθὼς ἐμάθετε ἀπὸ Ἐπαφρᾶ (V. ₇).
Es ergibt sich also folgende Struktur des Satzes:

εὐχαριστοῦμεν (V. ₃ᵃ) . . .
    προσευχόμενοι (V. ₃ᵇ) . . .
        ἀκούσαντες (V. ₄) τὴν πίστιν . . . καὶ τὴν ἀγάπην . . .
            διὰ τὴν ἐλπίδα (V. ₅ᵃ) . . .
            ἣν προηκούσατε (V. ₅ᵇ) . . .
                καθὼς καὶ ἐν παντὶ τῷ κόσμῳ (V. ₆ᵃ) . . .
                καθὼς καὶ ἐν ὑμῖν (V. ₆ᵇ), . . .
                καθὼς ἐμάθετε ἀπὸ Ἐπαφρᾶ (V. ₇) . . .
                    ὁ καὶ δηλώσας ἡμῖν (V. ₈) . . .

Mit V. ₇f. ist wieder zum Verhältnis von Apostel und Gemeinde
zurückgelenkt, so daß nun von der Danksagung zur Fürbitte (V. ₉₋₁₁)
übergeleitet werden kann.

V. 3: Die Danksagung beginnt nicht mit εὐχαριστῶ, sondern wie in den
Thessalonicherbriefen mit εὐχαριστοῦμεν (vgl. 1Thess 1₂ 2₁₃ 3₉ 2Thess 1₃
2₁₃). Doch wenn εὐχαριστεῖν hier im Plural steht, so liegt gegenüber der
singularischen Formulierung kein Unterschied der Bedeutung vor[3].

---

[1] Vgl. Schubert, Pauline Thanksvings, S. 14—16. Die umfangreichste Danksagung findet sich im 1. Thessalonicherbrief; sie erstreckt sich über die ersten drei
Kapitel und nimmt sowohl den Bericht über die Anfänge der Gemeinde als auch
die Nachrichten über das Ergehen des Apostels in das εὐχαριστοῦμεν τῷ θεῷ hinein
(1Thess 1₃—3₁₃).
[2] Zur Analyse vgl. Dibelius-Greeven S. 5.
[3] Lohmeyer z. St. übersieht, daß sich auch in den Thessalonicherbriefen
εὐχαριστοῦμεν o. ä. findet und der Wechsel vom Singular zum Plural lediglich

Denn wenn es auch im Kolosserbrief bisweilen „wir" und „uns" heißt (vgl. 1₉. ₂₈ 4₃. ₈)[1], so nimmt doch auch an diesen Stellen allein der Apostel das Wort[2]. Danksagung und Fürbitte des Briefes sind in der Wir-Form gehalten. Das „Wir" findet dann aber seine Fortsetzung im „Ich": οὗ (sc. τοῦ εὐαγγελίου) ἐγενόμην ἐγὼ Παῦλος διάκονος (1₂₃); νῦν χαίρω ... καὶ ἀνταναπληρῶ (1₂₄); ἧς (sc. τῆς ἐκκλησίας) ἐγενόμην ἐγὼ διάκονος (1₂₅; vgl. weiter 2₁. ₄f. 4₄. ₇. ₁₁. ₁₃. ₁₈). Im ganzen Brief soll also allein die Stimme des Apostels hörbar werden, der sich für die Gemeinde müht, um ihretwillen leidet und betend die Hände zu Gott erhebt.

Das dankende Gebet ist an Gott den Vater gerichtet. Der Vatername ist auch in der Umwelt des Neuen Testaments vielfach als Gottesbezeichnung verwendet worden[3]. Heißt bei den Griechen Zeus der πατὴρ ἀνδρῶν τε θεῶν τε (Homer, Od. I, 28; Ilias I, 544)[4], so spricht sich darin die Anschauung einer natürlichen Verwandtschaft zwischen Gott und Mensch aus. Dieser Gedanke konnte in Israel unmöglich auf das Verhältnis zu Gott angewendet werden. Wenn im Alten Testament von Jahwe als dem Vater die Rede ist, so ist stets von seinem Handeln an und mit seinem Volk gesprochen, das sich als von ihm erwählt versteht und ihn darum seinen Vater nennt (vgl. Dt 32₆ Jer 3₄₋₉ 31₉ Jes 63₁₆ Mal 1₆ 2₁₀). Die Kindschaft Israels legt ihm daher die bindende Verpflichtung zum Gehorsam gegenüber seinem Gott auf (Dt 14₁ff.), der Israel als seinen Sohn gerufen (Hos 11₁) und den Bund mit seinem Volk gestiftet hat. Als Vater, der Herr und König seines Volkes ist, wird Gott auch im Judentum gepriesen[5]. Die christliche Gemeinde betet zu Gott mit der Anrede „Abba" und behält auch in der hellenistischen Christenheit diesen aramäischen Ruf bei[6]. Durch sein Handeln hat Gott sich als der Vater

---

stilistische, keine inhaltliche Bedeutung hat. Seine Vermutung ist daher hinfällig: „Daß hier ein 'Wir' gesetzt ist, darf man wohl aus der Stellung des Apostels zur kolossischen Gemeinde erklären; er steht ihr noch nicht nahe genug, daß ein 'Ich' möglich wäre, aber er ist ihr auch nicht fern genug, um in die Unpersönlichkeit eines Passivums flüchten zu müssen."

[1] Vgl. Röm 1₅. In den Worten δι' οὗ ἐλάβομεν χάριν καὶ ἀποστολήν ist eindeutig nur vom Apostelamt des Paulus die Rede. Und der Satz 1Thess 3₁f.: διὸ μηκέτι στέγοντες ηὐδοκήσαμεν καταλειφθῆναι ἐν 'Αθήναις μόνοι, καὶ ἐπέμψαμεν τὸν Τιμόθεον wird durch 1Thess 3₅ präzisiert: διὰ τοῦτο κἀγὼ μηκέτι στέγων ἔπεμψα.

[2] Vgl. K. Dick, Der schriftstellerische Plural bei Paulus, Halle 1900; E. v. Dobschütz, Wir und Ich bei Paulus, ZsystTh 10 (1933), S. 251—277; Blaß-Debr. § 280.

[3] Vgl. E. Lohmeyer, Das Vater-unser, Göttingen 1946 = ᵇ1962, S. 18—40; G. Quell-G. Schrenk, ThWB V, S. 946—1016; J. Jeremias, Abba, ThLZ 79 (1954), Sp. 213f.; ders., Abba, in: Abba. Studien zur neutestamentlichen Theologie und Zeitgeschichte, Göttingen 1966, S. 15—67.

[4] Weiteres Material bei G. Schrenk, ThWB V, S. 952f.

[5] Vgl. die Gebetsanrede אָבִינוּ מַלְכֵּנוּ, siehe W. Staerk, Altjüdische liturgische Gebete, KlT 58, ²Berlin 1930, S. 27—29. Weitere Belege bei Schrenk a.a.O. S. 977—981; Jeremias a.a.O. S. 19—33.

[6] Vgl. G. Kittel, ThWB I, S. 4—6.

erwiesen, indem er Jesus Christus von den Toten auferweckte (vgl. Gal 1₁). Er ist der Vater seiner Gemeinde, die sich zu diesem Herrn als dem auferstandenen, erhöhten und gegenwärtigen Christus mit den Worten bekennt: κύριος Ἰησοῦς Χριστός (Phil 2₁₁; vgl. 1Kor 12₃)[1].

Εὐχαριστοῦμεν τῷ θεῷ πατρὶ τοῦ κυρίου ἡμῶν Ἰησοῦ Χριστοῦ[2] — diese feierlich klingende Wendung unterscheidet sich von der sonst üblichen kurzen Fassung εὐχαριστῶ τῷ θεῷ (1Kor 1₄) bzw. εὐχαριστοῦμεν τῷ θεῷ (1Thess 1₂) oder der persönlicher gehaltenen Formulierung εὐχαριστῶ τῷ θεῷ μου (Phil 1₃) und erinnert am ehesten an Röm 1₈: εὐχαριστῶ τῷ θεῷ μου διὰ Ἰησοῦ Χριστοῦ. Der Name des Kyrios, der im Eingangsgruß fehlte, wird nun zu Beginn der Danksagung genannt und eng mit der Gottesbezeichnung verknüpft. In dem Ausdruck „Gott der Vater", der sich im Kolosserbrief nur 1₂₁.₁₂ und 3₁₇ findet, liegt liturgisch geprägter urchristlicher Sprachgebrauch vor. Die Wortverbindung „Gott, der Vater unseres Herrn Jesu Christi" ist von dem Bekenntnis zu Gott dem Vater und dem Kyrios Jesus Christus bestimmt (vgl. 1Kor 8₆) und wird in gehobener Redeweise verwendet: ὁ θεὸς καὶ πατὴρ τοῦ κυρίου Ἰησοῦ Χριστοῦ ... ὁ ὢν εὐλογητὸς εἰς τοὺς αἰῶνας (2Kor 11₃₁)[3].

Der Apostel ist stets von Dank gegen Gott erfüllt, wenn er betend der Gemeinde gedenkt. Das Zeitadverb πάντοτε (vgl. 1Thess 1₂ 1Kor 1₄ Röm 1₁₀ Phil 1₄ Phm 4 2Thess 1₃) wird durch προσευχόμενοι näher erläutert[4]. Immer dann, wenn der Apostel sein Gebet zu Gott spricht[5], dankt er für alles, was er der Gemeinde gegeben hat, und tritt fürbittend für sie ein[6].

---

[1] Zum christologischen Titel κύριος sei auf die weiterführenden neusten Untersuchungen verwiesen: S. Schulz, Maranatha und Kyrios Jesus, ZNW 53 (1962), S. 125—144; W. Kramer, Christos — Kyrios — Gottessohn. Untersuchungen zu Gebrauch und Bedeutung der christologischen Bezeichnungen bei Paulus und den vorpaulinischen Gemeinden, AThANT 44, Zürich 1963; F. Hahn, Christologische Hoheitstitel. Ihre Geschichte im frühen Christentum, FRLANT 83, Göttingen 1963 = ³1966, S. 67—125; Ph. Vielhauer, Ein Weg zur neutestamentlichen Christologie? Prüfung der Thesen Ferdinand Hahns, EvTh 25 (1965), S. 24—72 = Aufsätze zum Neuen Testament, ThB 31, München 1965, S. 141—198 (leicht verändert).

[2] Durch die Ergänzung des Artikels τῷ (D*G Chrys) bzw. eines καί (ℵAℜpl vg) nach θεῷ sucht man sekundär an den geläufigen Wortlaut der Wendung anzugleichen. Χριστοῦ fehlt nur in B 1739 und wird sicher zu lesen sein.

[3] Vgl. die Eingangsgrüße der paulinischen Briefe und den einleitenden Lobpreis εὐλογητὸς ὁ θεὸς καὶ πατὴρ τοῦ κυρίου ἡμῶν Ἰησοῦ Χριστοῦ (2Kor 1₃ Eph 1₃ 1Petr 1₃; ferner Röm 15₆).

[4] Vgl. 1Thess 1₂: μνείαν ποιούμενοι ἐπὶ τῶν προσευχῶν ἡμῶν; ferner Röm 1₉ Phil 1₃ Phm 4 Eph 1₁₆.

[5] D. h. üblicherweise zu den festen Gebetszeiten am Morgen, Mittag und Abend. Vgl. G. Harder, Paulus und das Gebet, NTF 10, Gütersloh 1936, S. 8—19.

[6] Statt περί heißt es in BDG* al ὑπέρ (vgl. V. 9: ὑπὲρ ὑμῶν), um noch deutlicher anzuzeigen, daß „zugunsten von" gemeint ist. Zum Wechsel von περί und ὑπέρ vgl. Blaß-Debr. § 229, 1.

V. 4: Anlaß zum dankerfüllten Gebet ist durch die guten Nachrichten gegeben, die über den Zustand der Gemeinde vorliegen. Konnte von den Thessalonichern gesagt werden, sie seien ein Vorbild für alle Gläubigen in Makedonien und Achaja und allerorten sei ihr Glaube an Gott bekannt geworden (1Thess 1₇f.), und hieß es von der römischen Gemeinde, von ihrem Glaubensstand sei in der ganzen Welt die Rede (Röm 1₈), so werden an der Gemeinde von Kolossae ihr Glaube und ihre Liebe gerühmt und damit der Hinweis auf die Hoffnung verbunden[1].

Die Trias Glaube, Liebe, Hoffnung[2] findet sich wiederholt in den paulinischen Briefen. Im Eingang des 1. Thessalonicherbriefes wird sie mit den drei Begriffen ἔργον, κόπος und ὑπομονή verknüpft (1Thess 1₃), um das Leben der Gemeinde zusammenfassend zu beschreiben. 1Thess 5₈ wird die Trias mit einem Zitat aus Jes 59₁₇ verbunden: ἐνδυσάμενοι θώρακα πίστεως καὶ ἀγάπης καὶ περικεφαλαίαν ἐλπίδα σωτηρίας. Das Schriftwort gibt nur zwei Objekte (θώρακα / περικεφαλαίαν) an. Wenn gleichwohl mit ihnen die drei Begriffe πίστις, ἀγάπη und ἐλπίς in Zusammenhang gebracht werden, so war offensichtlich die Dreierformel als feste Wendung bereits vorgegeben. Da Paulus sich im ältesten seiner uns bekannten Briefe dieser Formel bedient, ist die These hinfällig, die Trias sei erst in der Auseinandersetzung mit den korinthischen Schwärmern gebildet worden, indem eine viergliedrige gnostische Formel polemisch zu Glaube, Hoffnung, Liebe abgewandelt worden sei[3]. Paulus hat vielmehr an das Ende des Hohenliedes von der ἀγάπη die urchristliche Trias gestellt, um dann die Liebe als die größte unter den dreien hervorzuheben (1Kor 13₁₃)[4]. In der Formel nimmt die πίστις stets die erste Stelle ein. Denn

---

[1] Vgl. Eph 1₁₅: ἀκούσας τὴν καθ' ὑμᾶς πίστιν ἐν τῷ κυρίῳ Ἰησοῦ καὶ τὴν ἀγάπην τὴν εἰς πάντας τοὺς ἁγίους . . . ₁₈: τίς ἐστιν ἡ ἐλπὶς τῆς κλήσεως αὐτοῦ.

[2] Vgl. R. Reitzenstein, Historia Monachorum und Historia Lausiaca, FRLANT 7, Göttingen 1916, S. 100—102. 238—255; ders., Die Formel "Glaube, Liebe, Hoffnung" bei Paulus, NGG 1916, S. 367—416; 1917, S. 130—151; A. v. Harnack, Über den Ursprung der Formel "Glaube, Liebe, Hoffnung", in: Aus der Friedens- und Kriegsarbeit, Gießen 1916, S. 3—18; A. Brieger, Die urchristliche Trias Glaube, Hoffnung, Liebe, Diss. Heidelberg 1925; E. Stauffer, ThWB I, S. 52; R. Bultmann, ThWB I, S. 710; G. Bornkamm, Der köstlichere Weg (1. Kor. 13), WuD 8 (1937), S. 145—147 = Aufsätze I, S. 107—109 und die Kommentare zu 1Kor 13₁₃.

[3] Von Reitzenstein wurde die Ansicht vertreten, eine viergliedrige gnostische Reihe habe gelautet: πίστις, γνῶσις, ἔρως, ἐλπίς. Paulus habe dann γνῶσις fortgelassen und ἔρως durch ἀγάπη ersetzt. Zur Auseinandersetzung mit Reitzenstein vgl. vor allem v. Harnack a.a.O. und W. Schmithals, Die Gnosis in Korinth, FRLANT 66, ²Göttingen 1965, S. 135f.

[4] Neben der dreigliedrigen Formel ist auch die Verbindung der beiden Glieder πίστις und ἀγάπη gebräuchlich: πίστις und ἀγάπη beschreiben den Christenstand der Gemeinden (1Thess 3₆ Gal 5₆. ₂₂ 2Kor 8₇ Phm 5 2Thess 1₃ Eph 6₂₃). Zu diesen beiden Begriffen gesellt sich verschiedentlich ein dritter hinzu: ὑπομονή (1Tim 6₁₁ 2Tim 3₁₀), εἰρήνη (2Tim 2₂₂), ἁγνεία (1Tim 4₁₂). Mehrfach stehen aber auch πίστις und ἐλπίς zusammen (Kol 1₂₃ Tit 1₁f. Hebr 6₁₁f. 1Petr 1₂₁).

im Glauben hat das Christsein seinen Grund, der in Liebe und Hoffnung seine Tragfähigkeit erweist. Reihenfolge und Zuordnung der Begriffe zueinander lassen damit den genuin christlichen Charakter der Trias deutlich erkennen.

Zuerst wird die πίστις der Gemeinde genannt, die ähnlich wie Röm 1₈ als ihr Glaubensstand beschrieben wird. Nicht auf ihren Inhalt, sondern auf den Bereich, in dem die πίστις lebt und wirkt, weist die angeschlossene Wendung ἐν Χριστῷ ᾿Ιησοῦ hin[1]. Die εἰς Χριστόν (Röm 6₃) Getauften sind in den Leib Christi eingefügt worden (1Kor 12₁₃). Sie sind damit der Gewalt der Sünde, des Gesetzes und des Todes entrissen und leben fortan ἐν Χριστῷ, zum neuen Leben im Gehorsam gegenüber dem Kyrios befreit[2]. Ist durch Gottes Tat die Eingliederung in den Christusleib geschehen, so wird die Zueignung des Heils im Glauben angenommen und durchgehalten. Durch die Worte πίστις ἐν Χριστῷ ᾿Ιησοῦ wird daher sowohl der Grund als auch der Vollzug des Lebens unter der Herrschaft des erhöhten Christus angezeigt.

Der Glaube bewährt sich in der Liebe[3] als die πίστις δι᾿ ἀγάπης ἐνεργουμένη (Gal 5₆). Wie Paulus an Philemon schreibt ἀκούων σου τὴν ἀγάπην καὶ τὴν πίστιν ἣν ἔχεις πρὸς τὸν κύριον καὶ τὴν ἀγάπην εἰς πάντας τοὺς ἁγίους (Phm 5), so tritt auch hier neben die Nachricht vom rechten Glauben der Gemeinde die von ihrer tätigen Liebe (vgl. Eph 1₁₅). In der ἀγάπη dienen die Christen einander (Gal 5₁₃). Durch das Wort πάντας, das vor ἁγίους gestellt ist, wird die Größe der Liebe hervorgehoben[4]. Es wird kein Unterschied gemacht, die Liebe schließt als σύνδεσμος τῆς τελειότητος (3₁₄) alle Heiligen zusammen (vgl. 1₈ 2₂) und wird jedem einzelnen in gleicher Weise zuteil.

V. 5: Gründet sich der Glaube auf das ein für allemal gültige Christusgeschehen, dessen bindende Kraft er bekennt, wirkt die tätige Liebe in der Gegenwart, indem sie allen Heiligen zugewandt wird, so ist die Hoffnung auf die noch ausstehende Erfüllung gerichtet[5]. An unserer Stelle folgt jedoch das dritte Glied der Trias nicht in genauer Entsprechung auf die ersten beiden Glieder. Die Worte διὰ τὴν ἐλπίδα sind nur locker angeschlossen[6], so daß der Hinweis auf die ἐλπίς vom Vorhergehenden

---

[1] ἐν Χριστῷ ᾿Ιησοῦ ist also nicht als Objekt mit τὴν πίστιν ὑμῶν zu verbinden. Das Objekt des Glaubens wird bei Paulus sonst im Genitiv (Gal 2₁₆. ₂₀ 3₂₂ Röm 3₂₂. ₂₆ Phil 3₉) oder durch die Präpositionen πρός (Phm 5) oder εἰς (Kol 2₅) angeschlossen.

[2] Vgl. oben S. 38f. zu 1₂. Dort Literaturangaben S. 38 Anm. 5.

[3] Vgl. C. Spicq, Agapè dans le Nouveau Testament. Analyse des textes I—III, Études bibliques, Paris 1958/59, bes. II, S. 197—199.

[4] ℜ al syᵖ gleichen an Eph 1₁₅ an: τὴν ἀγάπην τὴν εἰς πάντας τοὺς ἁγίους.

[5] Vgl. Lightfoot z. St., der auf PolPhil 3₃ hinweist: ... πίστιν, ἥτις ἐστὶν μήτηρ πάντων ἡμῶν, ἐπακολουθούσης τῆς ἐλπίδος, προαγούσης τῆς ἀγάπης εἰς θεὸν καὶ Χριστὸν καὶ εἰς τὸν πλησίον.

[6] Deshalb können sie jedoch nicht unmittelbar mit dem Hauptverb εὐχαριστοῦμεν verbunden werden (vgl. Masson z. St. und die dort S. 90 Anm. 3 genannten Exe-

ein wenig abgehoben und der Hoffnung besondere Betonung verliehen wird. Πίστις und ἀγάπη kennzeichnen das christliche Leben der Gemeinde, mit der ἐλπίς aber wird der Inhalt der Botschaft beschrieben, die die Gemeinde gehört und angenommen hat. Diese Hoffnung befähigt sie, im Glauben fest zu bleiben und die Liebe zu allen Heiligen zu üben[1].

Die Hoffnung wird von Paulus auf das engste mit dem Glauben verbunden[2]. Sie richtet sich nicht auf Sichtbares; denn was wir sehen können, brauchen wir nicht zu erhoffen (Röm 8₂₄f.). Sie gründet sich vielmehr auf den Glauben, der παρ' ἐλπίδα ἐπ' ἐλπίδι auf Gottes Zusage vertraut (Röm 4₁₈), und wird nicht zuschanden, weil sie der Liebe Gottes gewiß ist (Röm 5₅). Der Glaube verleiht der Hoffnung festen Grund, so daß sie sich nach vorn streckt und zuversichtlich die Erfüllung des Erhofften erwartet (vgl. 1Thess 4₁₃ 5₈ Gal 5₅ Röm 8₂₀ u. ö.). Durch die Haltung des ἐλπίζειν bestimmt die Hoffnung bereits die Gegenwart: ἡ ἀγάπη ... πάντα ἐλπίζει (1Kor 13₇); τῇ ἐλπίδι χαίροντες (Röm 12₁₂). Dieses Hoffen richtet sich auf das vor uns liegende Ziel, die Einlösung und Verwirklichung der von Gott gegebenen Zusage. Röm 8₂₄f. kann daher die ἐλπίς sowohl als Inhalt der Hoffnung wie auch als Haltung des ἐλπίζειν verstanden werden: τῇ γὰρ ἐλπίδι ἐσώθημεν· ἐλπὶς δὲ βλεπομένη οὐκ ἔστιν ἐλπίς· ὁ γὰρ βλέπει τις, τί καὶ ἐλπίζει; εἰ δὲ ὃ οὐ βλέπομεν ἐλπίζομεν, δι' ὑπομονῆς ἀπεκδεχόμεθα.

Im Unterschied zu diesem Verständnis der Hoffnung als „spes qua speratur" wird die ἐλπίς im Kolosserbrief als „spes quae speratur" beschrieben[3]. Als Hoffnungsgut liegt die ἐλπίς in den Himmeln schon bereit. Dabei wird eine geläufige Redeweise aufgenommen[4]. ἀπόκειται wird von dem Gut gesagt, das auf jemanden wartet. So war es am persischen Hof üblich, in die Staatsannalen die Namen verdienter Männer einzutragen, so daß damit für sie gleichsam der königliche Dank bzw. der Titel eines Wohltäters sichergestellt war[5]. Diesem Brauch entsprechend ließen dann hellenistische Herrscher treuen Dienern Gunsterweisungen

---

geten), um mit Bengel z. St. zu erklären: Ex spe patet, quanta sit causa gratias agendi pro dono fidei et amoris. Denn der Anlaß zum Dank ist bereits durch die Erwähnung der guten Nachrichten vom Verhalten der Gemeinde genannt worden (ἀκούσας V. 4).

[1] Percy, Probleme, S. 477f. legt mit Recht dar, daß die Erwägung abwegig ist, die Hoffnung auf Lohn sei das treibende Motiv der Bruderliebe.

[2] Vgl. R. Bultmann, ThWB II, S. 527—529.

[3] Vgl. G. Bornkamm, Die Hoffnung im Kolosserbrief — Zugleich ein Beitrag zur Frage der Echtheit des Briefes, in: Studien zum Neuen Testament und zur Patristik, Festschrift für E. Klostermann, TU 77, Berlin 1961, S. 56—64.

[4] Vgl. E. Pfister, Zur Wendung ἀπόκειταί μοι ὁ τῆς δικαιοσύνης στέφανος, ZNW 15 (1914), S. 94—96; F. Büchsel, ThWB III, S. 655; Dibelius-Greeven z. St.; M. Dibelius-H. Conzelmann, Die Pastoralbriefe, HNT 13, ⁴Tübingen 1966 zu 2Tim 4₈; Bauer Sp. 183.

[5] Vgl. Pfister a.a. O. S. 94.

bereitlegen¹. ἀπόκειται kann auch von dem Geschick gesagt werden, das dem Menschen durch die Gottheit bestimmt ist. Was für ihn festgesetzt ist, wird ihn mit Sicherheit ereilen — sei es vom Schicksal verhängtes Übel², sei es der Zorn der Götter über diejenigen, die unsittlich leben³, sei es der Tod, der alle Menschen trifft⁴. Wie der Sieger im Wettkampf voller Jubel rufen kann, auf ihn warte nun der ausgesetzte Siegeskranz (2Tim 4₈)⁵, so ist den Christen ein Hoffnungsgut zugesprochen, das für sie schon am rechten Ort verwahrt wird. Dieser Ort sind die Himmel; das bedeutet: Das kostbare Erbe wird bei Gott, beim erhöhten Christus bereitgehalten⁶. Die Hoffnung der christlichen Gemeinde ist aber auf nichts anderes gerichtet als auf ihren Herrn, der zur Rechten Gottes thront (3₁) und selbst die ἐλπὶς τῆς δόξης (1₂₇) ist. Diese Hoffnung ist der Inhalt des Evangeliums (1₂₃). Noch ist freilich das kostbare Hoffnungsgut droben vor den Blicken der Menschen verborgen; es wird aber offenbar werden, ὅταν ὁ Χριστὸς φανερωθῇ (3₄).

Das Sinnen und Trachten der Glaubenden gilt darum dem, was droben ist (3₁). Der Begriff ἐλπίς ist damit aus einem zeitlich-eschatologischen Verständnis in eine von räumlichem Denken bestimmte Vorstellung übertragen. In der Trias Glaube, Liebe, Hoffnung wird im Kolosserbrief nicht die Liebe als die größte unter ihnen gepriesen, sondern die ἐλπίς. Sie kann daher geradezu als Inhalt der Frohbotschaft schlechthin bezeichnet werden, durch den Glaube und Liebe ihre Begründung erfahren⁷.

Von dem himmlischen Hoffnungsgut hat die Gemeinde längst gehört (vgl. 1₂₃); mit dem προ- in προηκούσατε wird auf den Anfang verwiesen, der mit der Predigt und Lehre des Epaphras gemacht wurde (vgl. 1₇ₗ.). Der Gemeinde ist das εὐαγγέλιον in einem formulierten λόγος verkündigt worden (vgl. 1Kor 15₃₋₅ Röm1₃f.)⁸. Dieses Wort wird als der λόγος τῆς

---

¹ Vgl. die Inschrift des Antiochus I. von Commagene: ἀλλ' ἐπιμελείσθωσαν μὲν αὐτῶν ἱερεῖς, ἐπαμυνέτωσαν δὲ βασιλεῖς τε καὶ ἄρχοντες ἰδιῶταί τε πά[ν]τες· οἷς ἀποκείσεται παρὰ θεῶν καὶ ἡρώων χάρις εὐσεβείας (DittOr 383, 186—191).

² Vgl. Jamblich, de mysteriis VIII, 7: τὰ ἀπὸ τῆς εἱμαρμένης ἀποκείμενα κακά.

³ Vgl. UPZ I, 144, 47: Ἀπόκειται γὰρ παρὰ θε[ῶ]ν μῆνις τοῖς μὴ κατὰ τὸ βέλτισθον πρ[οαι]ρουμένοις ζῆν.

⁴ Vgl. EpigrGraec 416, 6: εἰδὼς ὅτι πᾶσι βροτοῖς τὸ θανεῖν ἀπόκειται; 4Makk 8₁₁: ἀποθανεῖν ἀπόκειται; Hebr 9₂₇: ἀπόκειται τοῖς ἀνθρώποις ἅπαξ ἀποθανεῖν. — Durch ἀπόκειται kann auch die jemandem auferlegte Aufgabe angezeigt werden. Vgl. Lukian, de Syr. dea 51: ὁ νεανίης, ὅτῳ τάδε ἀποκέαται. Vgl. H. D. Betz, Lukian und das Neue Testament. Religionsgeschichtliche und paränetische Parallelen, TU 76, Berlin 1961, S. 78.

⁵ Vgl. auch 2Makk 12₄₅: εἴτε' ἐμβλέπων τοῖς μετ' εὐσεβείας κοιμωμένοις κάλλιστον ἀποκείμενον χαριστήριον.

⁶ Eph 1₁₈ steht ἐλπίς neben κληρονομία; vgl. auch 1Petr 1₄: κληρονομίαν... τετηρημένην ἐν οὐρανοῖς εἰς ὑμᾶς. Nach jüdischer Hoffnung ist der Schatz im Himmel das kostbare Gut, das auf die Frommen wartet. Vgl. 4Esra 7₁₄.₇₇ syrBar 14₁₂ 24₁ u. ö.

⁷ Vgl. Bornkamm a. a. O. S. 64.

⁸ Zum Begriff εὐαγγέλιον vgl. G. Friedrich, ThWB II, S. 705—735.

ἀληθείας bezeichnet. Wort der Wahrheit ist, was Gott gesprochen und
den Menschen offenbart hat. Darum bittet der Psalmist: „Nimm ja
nicht von meinem Munde das Wort der Wahrheit" (Ps 119₄₃). Die Belehrung über Gottes Gebot wird mit den Worten eingeleitet: καὶ νῦν
ἀκούσατε, τέκνα μου, λόγους ἀληθείας τοῦ ποιεῖν δικαιοσύνην (TestGad 3₁).
Mit derselben Wendung wird dazu aufgefordert, göttliche Erkenntnis
anzunehmen: „Höret das Wort der Wahrheit und empfanget die Erkenntnis des Höchsten" (OdSal 8₈). Die Frohbotschaft wird ausgerufen
im λόγος ἀληθείας (2Kor 6₇ Eph 1₁₃ 2Tim 2₁₅ Jak 1₁₈), λόγος τοῦ θεοῦ
(1Kor 14₃₆ 2Kor 2₁₇ 4₂ Röm 9₆ Phil 1₁₄ Kol 1₂₅ u. ö.), λόγος τοῦ κυρίου
(1Thess 1₈ 2Thess 3₁), λόγος τῆς καταλλαγῆς (2Kor 5₁₉), λόγος ζωῆς (Phil 2₁₆),
der als λόγος τοῦ Χριστοῦ (Kol 3₁₆) das Leben der Gemeinde bestimmt.
Im Vernehmen und gehorsamen Annehmen des Wortes (Röm 10₁₄
Act 2₃₇ 13₇. ₄₄ 19₁₀ 1 Joh 2₇ u. ö.) wird seine ἀλήθεια erkannt[1]. Dieses
Wort der Wahrheit bietet allein die apostolische Predigt. Polykarp erinnert daher die Philipper an die σοφία τοῦ μακαρίου καὶ ἐνδόξου Παύλου, ὃς
γενόμενος ἐν ὑμῖν κατὰ πρόσωπον τῶν τότε ἀνθρώπων ἐδίδαξεν ἀκριβῶς καὶ
βεβαίως τὸν περὶ ἀληθείας λόγον, ὃς καὶ ἀπὼν ὑμῖν ἔγραψεν ἐπιστολάς (Pol
Phil 3₂). Das von Paulus in Wort und Schrift ausgerichtete Evangelium
enthält die rechte Lehre, an die die Gemeinden sich halten sollen und
auf die sie sich verlassen können.

V. 6: Dieser λόγος τῆς ἀληθείας τοῦ εὐαγγελίου ist auch zur
Gemeinde in Kolossae gekommen, dort geblieben[2] und hat seinen
festen Platz in ihrem Leben gewonnen[3]. Nicht nur bei ihr, sondern an allen Orten ist das Wort ausgerufen worden. Ein Hinweis
auf den ökumenischen Charakter der Botschaft, wie er hier in einem
ersten καθώς-Satz angefügt wird, steht auch in den einleitenden
Danksagungen anderer Paulusbriefe[4]. So rühmt Paulus von den Gemeinden in Thessalonich und Rom, daß man überall von ihrem Glaubensstand spricht (1Thess 1₈f. Röm 1₈; vgl. auch 2Thess 1₃f.), und grüßt
die Gemeinde in Korinth σὺν πᾶσιν τοῖς ἐπικαλουμένοις τὸ ὄνομα τοῦ
κυρίου ἡμῶν Ἰησοῦ Χριστοῦ ἐν παντὶ τόπῳ αὐτῶν καὶ ἡμῶν (1Kor 1₂)[5].

---

[1] Vgl. R. Bultmann, ThWB I, S. 244f.

[2] Zu παρεῖναι εἰς vgl. παρεῖναι πρός (Gal 4₁₈. ₂₀ Act 12₂₀).

[3] Zu τοῦ παρόντος εἰς ὑμᾶς vgl. die Erklärung des Chrysostomus z. St.: οὐ
παρεγένετο, φησί, καὶ ἀπέστη, ἀλλ' ἔμεινε καὶ ἔστιν ἐκεῖ.

[4] Man wird jedoch schwerlich sagen können, daß ein καθώς-Satz „zum festen
Bestand eines bei Pls festzustellenden Musters für seine Danksagungen gehöre"
(Dibelius-Greeven S. 6 gegen Schubert, Pauline Thanksgivings, S. 31. 46).
Zum Vergleich mit ähnlichen καθώς-Wendungen im Corpus Paulinum vgl. Percy,
Probleme, S. 243—245.

[5] Vgl. ferner 1Thess 2₁₄: Die Gemeinde in Thessalonich erfährt von ihren
Landsleuten Verfolgung, καθὼς καὶ αὐτοί (sc. die Judenchristen in Palästina) ὑπὸ
τῶν Ἰουδαίων; 2Thess 3₁: Die Gemeinde wird zur Fürbitte aufgerufen, ἵνα ὁ λόγος
τοῦ κυρίου τρέχῃ καὶ δοξάζηται καθὼς καὶ πρὸς ὑμᾶς. Vgl. Percy, Probleme, S. 51.

In aller Welt trägt das Evangelium Frucht und entfaltet sein Wachstum[1].

Die als Apposition[2] hinzugefügten Partizipien καρποφορούμενον καὶ αὐξανόμενον[3] charakterisieren die Kraft des Evangeliums. Im Alten Testament ist die Wortverbindung פָּרָה וְרָבָה geläufig, doch wird sie nicht in übertragenem Sinne gebraucht. αὐξάνεσθε καὶ πληθύνεσθε lautet der göttliche Befehl an die Schöpfung (LXX Gen 1₂₂. ₂₈; vgl. weiter Gen 8₁₇ 9₁. ₇ Jer 3₁₆ 23₃). Die bildliche Redeweise vom Fruchttragen wird durch עָשָׂה פֵּירוֹת ausgedrückt[4], was griechisch durch καρποφορεῖν wiedergegeben wird. Das Medium[5] wird in V. 10 durch das geläufigere Aktiv abgelöst, ohne daß ein Bedeutungsunterschied vorliegt: Die Christen sollen ihren Wandel vollziehen καρποφοροῦντες καὶ αὐξανόμενοι[6]. Während im Judentum dem Gesetz die Kraft zuerkannt wird, Frucht hervorzutreiben und dadurch zur Herrlichkeit zu führen[7], bekennt die christliche Gemeinde, daß das Evangelium Frucht bringt und wächst[8]. Gott schenkt das Wachstum (1Kor 3₇f.), so daß ὁ λόγος τοῦ θεοῦ ηὔξανεν (Act 6₇ 12₂₄ 19₂₀) und der Glaube gedeiht (2Kor 10₁₅)[9]. Nicht die Person der Boten, nicht ihre geschickte Art, das Wort darzubieten, spielt bei der Ausbreitung und Entfaltung des Evangeliums die entscheidende Rolle. Sondern Gott selbst ist am Werk, indem er alle Welt mit dem Klang der frohen Botschaft erfüllt[10].

An diesem weltweiten Wirken des Wortes Gottes haben auch die Christen in Kolossae von dem Tage an teil, an dem sie zum erstenmal

---

Auf Synagogeninschriften findet sich verschiedentlich ein Friedensgruß, der diesem Ort und allen Orten Israels gilt: יהי שלום במקום הזה ובכול מקומות ישראל. Vgl. S. Klein, Jüdisch-Palästinisches Corpus Inscriptionum, Wien 1920, Nr. 6 und 8; H. Lietzmann—W. G. Kümmel, An die Korinther I/II, HNT 9, ⁴Tübingen 1949, S. 5.

[1] Der Kolosserbrief spricht hier nicht von der πίστις, dem Glaubensstand der Gemeinde, sondern wählt eine objektivere Formulierung, indem er auf die Ausbreitung des Evangeliums hinweist.

[2] So mit Lohmeyer, Dibelius-Greeven z. St.

[3] Die Worte καὶ αὐξανόμενον fehlen im Reichstext, der den Ausdruck zu kürzen sucht.

[4] Vgl. Billerbeck III, S. 625; so z. B. vom Fruchtbringen der Sünde, b. Qid. 40a.

[5] Vgl. Bauer Sp. 800f. Auch bei anderen Verben steht gelegentlich statt des zu erwartenden Aktivs das Medium. Vgl. Blaß-Debr. § 316.

[6] Weitere Belege zu καρποφορεῖν = Fruchtbringen der Glaubenden siehe S. 61f. zu V.10.

[7] Vgl. 4Esra 9₃₁: „Heute säe ich mein Gesetz in euer Herz, das wird in euch Frucht bringen, und ihr sollt ewige Herrlichkeit erwerben." Vgl. auch 4Esra 3₂₀.

[8] Vgl. Chrysostomus z. St.: καρποφορούμενον διὰ τὰ ἔργα, αὐξανόμενον τῷ πολλοὺς παραλαμβάνειν, τῷ μᾶλλον στηρίζεσθαι. καὶ γὰρ ἐν τοῖς φυτοῖς τότε πυκνὰ γίνεται, ὅταν στηριχθῇ τὸ φυτόν.

[9] Zu αὐξάνειν im Kolosserbrief vgl. weiter 1₁₀ 2₁₉.

[10] Vgl. auch PolPhil 1₂: ἡ βεβαία τῆς πίστεως ὑμῶν ῥίζα, ἐξ ἀρχαίων καταγγελλομένη χρόνων, μέχρι νῦν διαμένει καὶ καρποφορεῖ εἰς τὸν κύριον ἡμῶν Ἰησοῦν Χριστόν.

das Evangelium gehört haben. Mit einer zweiten kurzen καθώς-Wendung wird der Gedankengang von der Verkündigung in aller Welt wieder zum Anfang der Gemeinde zurückgelenkt. War schon in V. 5 an diesen Beginn erinnert worden, so wird nun προηκούσατε (V. 5) durch ἠκούσατε fortgeführt. Die Zeitangabe ἀφ' ἧς ἡμέρας[1] zeigt an, von wann an die Gemeinde in das Wachsen des Evangeliums, das sich in der ganzen Welt vollzieht, einbezogen ist: seit sie auf die Predigt von Gottes Gnadentat die Antwort des Glaubens gegeben hat. Mit den Worten τὴν χάριν τοῦ θεοῦ wird der Begriff εὐαγγέλιον (V. 5) aufgenommen. Der göttliche Gnadenerweis hat sich im Christusgeschehen ereignet, daher gilt: γινώσκετε γὰρ τὴν χάριν τοῦ κυρίου ἡμῶν Ἰησοῦ Χριστοῦ, ὃς δι' ὑμᾶς ἐπτώχευσεν, ἵνα ὑμεῖς τῇ ἐκείνου πτωχείᾳ πλουτήσητε (2Kor 8₉) und kommt es darauf an, μὴ εἰς κενὸν τὴν χάριν τοῦ θεοῦ δέξασθαι (2Kor 6₁). Das Evangelium hat diese schenkende χάρις Gottes zum alleinigen Inhalt, so daß beide Begriffe auch zu der Verbindung εὐαγγέλιον τῆς χάριτος τοῦ θεοῦ (Act 20₂₄) zusammengezogen werden können.

Da durch χάρις τοῦ θεοῦ an die Erwähnung des Evangeliums in V. 5 angeknüpft wird, ist ἐν ἀληθείᾳ nicht als Adverb in der Bedeutung von „wahrhaftig", sondern gleichfalls als Bezugnahme auf die schon gegebene Beschreibung der Verkündigung zu verstehen: ἐν ἀληθείᾳ entspricht ἐν τῷ λόγῳ τῆς ἀληθείας (V. 5) und besagt, daß die Gemeinde das ihr dargebotene Wort als die Wahrheit erkannt hat[2]. Die ἀλήθεια τοῦ θεοῦ (Röm 1₁₈. ₂₅ 3₇ 15₈) hat den Apostel in Dienst genommen, so daß er bekennt: οὐ γὰρ δυνάμεθά τι κατὰ τῆς ἀληθείας, ἀλλὰ ὑπὲρ τῆς ἀληθείας (2Kor 13₈). Das Evangelium, ἐν λόγῳ ἀληθείας (2Kor 6₇) dargeboten, wird als die Wahrheit gepredigt, die nur da recht verstanden wird, wo sie als Gottes schenkende Barmherzigkeit begriffen wird (Gal 2₅. ₁₄. ₂₁). Sich dieser Botschaft versagen, heißt: τῆς χάριτος ἐξεπέσατε (Gal 5₄). Bedeutet ἀλήθεια an diesen Stellen die allein angemessene Konsequenz, die aus dem Evangelium zu ziehen ist, so gewinnt damit der Begriff den Sinn der rechten Lehre und des rechten Glaubens[3]. Diese Bedeutung wird vor allem da ausgebildet, wo falsche Lehre abgewehrt und ihr gegenüber die wahre Verkündigung entfaltet werden muß (vgl. 1Tim 6₅ 2Tim 2₁₈ 3₈ 4₄ Tit 1₁₄)[4].

---

[1] Zur Wendung ἀφ' ἧς ἡμέρας vgl. 1₉ und Mt 22₄₆: ἀπ' ἐκείνης τῆς ἡμέρας; Act 20₁₈: ἀπὸ πρώτης ἡμέρας ἀφ' ἧς; Mt 24₃₈: ἄχρι ἧς ἡμέρας; ferner Lk 1₂₀ 17₂₇ Act 1₂.

[2] Vgl. Dibelius-Greeven z. St., die zum Vergleich auf Epiktet, Diss. I, 4, 31f. hinweisen: τὴν ἀλήθειαν (εὑρεῖν) wird durch τὴν ἀλήθειαν τὴν περὶ εὐδαιμονίας (δείξειν) aufgenommen.

[3] Vgl. R. Bultmann, ThWB I, S. 244f.

[4] Vgl. hierzu den Sprachgebrauch der Schriften von Qumran. Die Gemeinde hat sich aus der Welt der Lüge zurückgezogen und zum ungeteilten Gehorsam gegenüber dem Gesetz Gottes verpflichtet. Die Täter des Gesetzes sind die Männer der Wahrheit (אנשי האמת, 1QpHab VII, 10; vgl. auch 1QH XI, 11; XIV, 2), die

Im Zusammenhang mit der einleitenden Danksagung fordert Paulus wiederholt die Gemeinden dazu auf, nach der rechten Erkenntnis zu fragen[1]. Dabei geht es um die ἐπίγνωσις παντὸς ἀγαθοῦ (Phm 6) bzw. um ἐπίγνωσις und αἴσθησις εἰς τὸ δοκιμάζειν ὑμᾶς τὰ διαφέροντα (Phil 1 9f.)[2]. Bezieht sich die Erkenntnis an diesen Stellen auf das Unterscheiden und Prüfen dessen, was der Christ zu tun und was er zu lassen hat, so wird im Kolosserbrief der Inhalt des Evangeliums als Gegenstand des ἐπιγινώσκειν genannt. Der λόγος ἀληθείας (vgl. 2Kor 6 7 Kol 1 5 Eph 1 13) ist der Verkehrung der Wahrheit entgegengesetzt und muß gegen die Verfälschung abgegrenzt werden. Diese Verbindung von ἐπίγνωσις und ἀλήθεια gewinnt in den jüngeren Schriften des Neuen Testaments beträchtlich an Bedeutung. Der häufig verwendete Ausdruck εἰς ἐπίγνωσιν ἀληθείας ἐλθεῖν (1Tim 2 4 2Tim 3 7; ferner 1Tim 4 3 2Tim 2 25 Tit 1 1 Hebr 10 26 2Joh 1) besagt so viel wie Christwerden. Christsein aber zeichnet sich durch das Bewahren der ἐπίγνωσις ἀληθείας aus[3]. Die Irrlehrer und alle, die ihnen Gehör schenken, haben sich von der Wahrheit abgewandt und den rechten Weg verloren (1Tim 6 5 2Tim 2 18 4 4 Tit 1 14).

Im Kolosserbrief wird die rechte Erkenntnis wiederholt betont und damit der Gemeinde gezeigt, wie sie falsche Lehre entlarven und abwehren kann. Sie weiß ja, welches der λόγος τῆς ἀληθείας ist (1 5), und hat mit der Annahme der Wahrheit die rechte Erkenntnis gewonnen (1 6). Diese schließt das Wissen um Gottes Willen ein (1 9f.) und verpflichtet daher dazu, die ἐπίγνωσις im gehorsamen Tun zu verwirklichen. An der ἐπίγνωσις τοῦ μυστηρίου τοῦ θεοῦ ist festzuhalten (2 2), und das bedeutet, sich dessen bewußt zu bleiben, daß in Christus πάντες οἱ θησαυροὶ τῆς σοφίας καὶ γνώσεως ἀπόκρυφοι sind (2 3). In der Paränese kehrt der Begriff ἐπίγνωσις wieder (3 10), um nachdrücklich einzuprägen, daß die rechte Erkenntnis im Wandel des neuen Menschen sichtbar werden soll. Der Anfang, der damit gesetzt ist, daß die Gemeinde τὴν χάριν τοῦ θεοῦ ἐν ἀληθείᾳ erkannt hat, bestimmt auch ihren Weg, den sie unbeirrbar zu gehen hat.

V. 7: Mit einer dritten καθώς-Wendung[4] wird gesagt, wie es zu diesem Hören und Erkennen gekommen ist. Epaphras hat die Frohbot-

sich willig erwiesen haben für die Wahrheit Gottes (הנדבים לאמתו 1QS I, 11; V, 10). Sie haben Erkenntnis (דעת, ידע) der Wahrheit gewonnen (1QS IX, 17; 1QH VI, 12; IX, 10; X, 29; XI, 7; 1QHf I, 9) und beweisen diese im treuen Beobachten der Thora.

[1] Vgl. G. Bornkamm, Glaube und Vernunft bei Paulus, in: Aufsätze II, S. 119—137. Zu den jüdischen Voraussetzungen des Begriffes ἐπιγινώσκειν/ἐπίγνωσις vgl. unten S. 56—58 zu 1 9.

[2] Vgl. M. Dibelius, Ἐπίγνωσις ἀληθείας, in: Neutestamentliche Studien für G. Heinrici, UNT 6, Leipzig 1914, S. 176—189 = Aufsätze II, S. 1—13, bes. S. 4.

[3] Vgl. Dibelius a.a.O. S. 2: „Und so bedeutet ἐπίγνωσις ἀληθείας die christliche Erkenntnis, die aus der rechten Lehre stammt und sich im Leben auswirkt." Vgl. auch R. Bultmann, ThWB I, S. 706.

[4] Die Einfügung eines καί (ℜ pl) nach καθώς gleicht an andere Stellen mit καθώς καί (1Thess 4 1 Röm 1 13 Kol 3 13) an.

schaft nach Kolossae gebracht, und von ihm hat die Gemeinde das Evangelium gelernt. Die Annahme der Botschaft wird bei Paulus meist als Hören, Gehorchen, Glauben beschrieben, nur selten aber wird vom Lernen gesprochen. Das μανθάνειν[1] hat die διδαχή zum Gegenstand (Röm 16₁₇), die rechte Auslegung der Schrift (1Kor 4₆; vgl. auch 1Kor 14₃₁. ₃₅), die Unterweisung in der Überlieferung (Phil 4₉)[2]. In den Pastoralbriefen wird dem μανθάνειν, das der Irrlehre gilt und zu eitlen Erkenntnissen führt (1Tim 5₁₃ 2Tim 3₆f.), das rechte Lernen gegenübergestellt, das an die ὑγιαίνουσα διδασκαλία gebunden ist (2Tim 3₁₄ Tit 3₁₄; vgl. auch 1Tim 2₁₁ 5₄. ₁₃). Wird im Kolosserbrief die Gemeinde an das erinnert, was sie von Epaphras gelernt hat, so wird sie an die sachgemäße Unterweisung in der rechten Lehre gebunden, die sie empfangen hat und bei der sie bleiben soll.

Der Name des Epaphras[3] bürgt dafür, daß die Gemeinde im rechten Glauben unterrichtet worden ist. Er hat als Schüler und Gehilfe des Apostels auch dessen Gefangenschaft geteilt (vgl. Phm 23: ὁ συναιχμάλωτός μου) und weilt gegenwärtig bei ihm. Aber trotz äußerer Trennung von der Gemeinde weiß er sich ihr nah verbunden (4₁₂f.)[4]. Obwohl Paulus die Gemeinde nicht selbst gegründet hat, kann sie doch dessen gewiß sein, daß ihr das wahre apostolische Evangelium gepredigt worden ist. Denn Epaphras wird vom Apostel ausdrücklich als beauftragter Missionar legitimiert, indem versichert wird, er stehe als Knecht Christi (vgl. 4₁₂) in demselben Werk wie der Apostel[5]. Knechte sind diejenigen, die Gott erwählt und zu seinem Dienst bestimmt hat[6]. Mit dem Ehrentitel „Knecht Gottes" werden im Alten Testament Abraham (Ps 105₄₂), Mose (2Kön 18₁₂ Ps 105₂₆ Dan 9₁₁ u. ö.), Josua (Jos 24₂₉ Ri 2₈), David (2Sam 7₅ Ps 89₄. ₂₁ u. ö.) und andere Fromme ausgezeichnet. Gottes Knechte sind die Propheten (Am 3₇; 1QS I, 3; 1QpHab II, 9; VII, 5 u. ö.), denen er sein Geheimnis kundgetan hat (Apk 1₁ 10₇ 11₁₈ u. ö.). Wen Gott zu seinem Knecht gemacht hat, der hat nicht seine eigenen Gedanken und Überlegungen vorzutragen, sondern ausschließlich die Botschaft weiterzugeben, die ihm anvertraut wurde. Der Apostel Jesu Christi ist daher δοῦλος Χριστοῦ Ἰησοῦ (Gal 1₁₀ Röm 1₁ Phil 1₁)[7]. Wird Epaphras ἀγαπητὸς

---

[1] Vgl. K. H. Rengstorf, ThWB IV, S. 408—414.

[2] μανθάνειν steht hier neben παραλαμβάνειν und ἀκούειν.

[3] Der Name Ἐπαφρᾶς, eine Kurzform zu Ἐπαφρόδιτος (vgl. Blaß-Debr. § 125, 1), ist auch sonst gebräuchlich. Vgl. CIG I, 268, 7; II, 1820, 1; 1963, 1; 2248, 4; DittSyll³ III, 1112, 26; 1243, 34; vgl. Bauer Sp. 561.

[4] Wahrscheinlich stammt Epaphras aus Kolossae; vgl. 4₁₂: ὁ ἐξ ὑμῶν.

[5] Zum Gebrauch von δοῦλος bei Paulus vgl. K. H. Rengstorf, ThWB II, S. 272—282; G. Saß, Zur Bedeutung von δοῦλος bei Paulus, ZNW 40 (1941), S. 24—32.

[6] Vgl. Ps 105₂₆: „Er sandte Mose, seinen Knecht, und Aaron, den er erwählt hatte."

[7] Vgl. Rengstorf a.a. O. S. 280.

σύνδουλος[1] genannt, so liegt darin nicht nur der Ausdruck des ungeteilten Vertrauens, das der Apostel ihm entgegenbringt, sondern darüber hinaus die Bestätigung des ihm übertragenen amtlichen Auftrags. Als Stellvertreter des Apostels ist er zu seinem Amt bevollmächtigt und verbürgt er kraft der ihm verliehenen Autorität die unverfälschte Weitergabe des apostolischen Evangeliums[2].

Zu der Bezeichnung als σύνδουλος tritt die eines πιστὸς διάκονος τοῦ Χριστοῦ hinzu[3]. Wie der Apostel διάκονος Χριστοῦ ist (2Kor 11₂₃; vgl. Eph 3₇), so sind auch seine Mitarbeiter, die gleich ihm als Werkzeuge Gottes in der Gemeinde arbeiten, nichts anderes als Diener, δι' ὧν ἐπιστεύσατε (1Kor 3₅; vgl. 2Kor 6₄). Timotheus ist ein Diener Gottes (1Thess 3₂ 1Tim 4₆), Tychikus ein διάκονος ἐν κυρίῳ (Kol 4₇ Eph 6₂₁). So wird auch von Epaphras gesagt, er sei ein διάκονος τοῦ Χριστοῦ und erfülle als solcher die höchste Forderung, die man an einen Diener stellen kann, indem er sich als unbedingt treu erwiesen hat (vgl. 1Kor 4₂. ₁₇). Die Versicherung der Zuverlässigkeit (vgl. Kol 4₇. ₉ Eph 6₂₁ 1Petr 5₁₂) ist um so wichtiger, als Paulus nicht hat selbst zu den Gemeinden kommen können. Durch seine Schüler aber, die wie er treue Diener Christi und glaubwürdige Boten des Evangeliums sind, hat der Apostel gleichsam selbst an ihnen gehandelt. Der Gedankengang, aber auch das Gewicht der textlichen Bezeugung gibt daher der Lesart ὑπὲρ ἡμῶν (p⁴⁶ ℵ BAD*G Ambst) eindeutig den Vorzug[4]. Epaphras ist der autorisierte Vertreter des Apostels in Kolossae, der in der Gemeinde an seiner Stelle gewirkt hat und wirken wird.

V. 8: Epaphras hat dem Apostel Nachrichten über das Ergehen und Verhalten der Gemeinde gebracht[5]. Er erstattet dem Apostel der Völker, der auch für Kolossae zuständig ist, Bericht. Was er mitteilen kann, wird durch die Worte τὴν ὑμῶν ἀγάπην ἐν πνεύματι kurz angedeutet. Die Liebe, die in der Gemeinde wirksam ist, zeichnet ihr gesamtes Verhalten aus. Die vom Geist gewirkte Liebe[6] erfüllt ihr Leben und befähigt sie zu tätiger

---

[1] σύνδουλος findet sich nur noch 4₇, sonst nicht in den paulinischen Briefen.

[2] Vgl. Theodoret z. St.: πολλοῖς δὲ αὐτὸν ἐκόμισεν ἐγκωμίοις, ἀγαπητὸν καὶ σύνδουλον καὶ πιστὸν τοῦ Χριστοῦ διάκονον ἀποκαλέσας, ἵνα αὐτοῖς πλείονος αἰδοῦς ἀξιώτερος γένηται.

[3] Vgl. H. W. Beyer, ThWB II, S. 89.

[4] Durch die Lesart ὑπὲρ ὑμῶν (CΨ 33 𝔐 lat sy) bekommt der Satz einen anderen Sinn: Epaphras weilt bei Paulus (vgl. 4₁₂f.) und vertritt die Gemeinde, indem er dem gefangenen Apostel zur Seite steht. Die Änderung von ὑπὲρ ἡμῶν zu ὑπὲρ ὑμῶν ist vermutlich durch Einwirkung von 4₁₂ (ὑπὲρ ὑμῶν) zustande gekommen.

[5] δηλοῦν in diesem Sinn auch 1Kor 1₁₁: ἐδηλώθη γάρ μοι περὶ ὑμῶν, ἀδελφοί μου, ὑπὸ τῶν Χλόης.

[6] Durch ἐν πνεύματι wird angezeigt, wodurch die ἀγάπη ihre Kraft empfängt (vgl. Röm 15₃₀: διὰ τῆς ἀγάπης τοῦ πνεύματος; Gal 5₂₂: ὁ δὲ καρπὸς τοῦ πνεύματός ἐστιν ἀγάπη). Nachgestellte Präpositions-Attribute ohne Artikel finden sich häufig in den paulinischen Briefen. Vgl. Percy, Probleme, S. 54—61. Der Begriff πνεῦμα wird im Kolosserbrief selten und dann nur in formelhaften Wendungen gebraucht; er findet sich nur noch 2₅, außerdem πνευματικός 1₉ und 3₁₆.

Hilfe, die sie allen Heiligen zuteil werden läßt (vgl. V. ₄). Diese ἀγάπη ἐν πνεύματι bestimmt auch ihr Verhältnis zum Apostel, auf dessen Wort sie hört und dessen Fürbitte sie gewiß ist.

Indem noch einmal auf den erfreulichen Zustand hingewiesen wird, in dem die Gemeinde sich befindet, rundet sich der Bogen, den die Gedankenführung der Danksagung beschreibt. Das gute Bild, das vom Leben der Christen gezeichnet wird, spricht zugleich in die Zukunft weisende Verpflichtung aus: Glauben und Liebe auch fernerhin zu üben, auf das in den Himmeln bereitgehaltene Hoffnungsgut zu schauen und am apostolischen Evangelium, wie es von Anfang an vernommen wurde, unbeirrt festzuhalten.

1 ₉₋₁₁ Fürbitte

⁹ Darum hören wir auch seit dem Tage, da wir es vernommen haben, nicht auf, für euch zu beten und zu bitten, daß ihr erfüllt werdet mit der Erkenntnis seines Willens in aller Weisheit und Einsicht, vom Geist gewirkt, ¹⁰ des Herrn würdig zu wandeln zu allem Wohlgefallen, daß ihr in allerlei gutem Werk Frucht bringt und wachst durch die Erkenntnis Gottes, ¹¹ in aller Stärke gestärkt werdet nach der Kraft seiner Herrlichkeit zu aller Ausdauer und Langmut.

Die Fürbitte ist mit der vorangehenden Danksagung auf das engste verbunden[1]. An εὐχαριστοῦμεν . . . πάντοτε περὶ ὑμῶν προσευχόμενοι (V. ₃) wird durch διὰ τοῦτο καὶ ἡμεῖς . . . οὐ παυόμεθα ὑπὲρ ὑμῶν προσευχόμενοι (V. ₉) angeknüpft. Darüber hinaus kehren mehrere Wörter und Wendungen, die in der Danksagung gebraucht wurden, in den Versen ₉₋₁₁ wieder: V. ₉: ἀφ' ἧς ἡμέρας — V. ₆: ἀφ' ἧς ἡμέρας; ἠκούσαμεν — V. ₄: ἀκούσαντες; τὴν ἐπίγνωσιν — V. ₆: ἐπέγνωτε; V. ₁₀: καρποφοροῦντες καὶ αὐξανόμενοι — V. ₆: καρποφορούμενον καὶ αὐξανόμενον; τῇ ἐπιγνώσει (vgl. V. ₉) — V. ₆: ἐπέγνωτε. Das Wort πᾶς dient in beiden Abschnitten zur Betonung der Begriffe, denen es zugeordnet ist: V. ₄: τὴν ἀγάπην ἣν ἔχετε εἰς πάντας τοὺς ἁγίους; V. ₆: ἐν παντὶ τῷ κόσμῳ; V. ₉: ἐν πάσῃ σοφίᾳ καὶ συνέσει πνευματικῇ; V. ₁₀: εἰς πᾶσαν ἀρεσκείαν, ἐν παντὶ ἔργῳ ἀγαθῷ; V. ₁₁: ἐν πάσῃ δυνάμει . . . εἰς πᾶσαν ὑπομονὴν καὶ μακροθυμίαν. An der Wiederaufnahme dieser Begriffe und Ausdrücke ist abzulesen, daß Danksagung und Fürbitte fest miteinander verknüpft sind[2].

---

[1] Zur Verbindung von Danksagung und Fürbitte in den paulinischen Briefen siehe oben, S. 40—42.

[2] Vgl. Schubert, Pauline Thanksgivings, S. 89: "Col 1₉₋₁₂ is, structurally speaking, the ἵνα–clause of the Colossian thanksgiving and is very explicitly paracnetical."

Dem Hauptverbum οὐ παυόμεθα ... προσευχόμενοι (V. 9) folgt ein ἵνα-Satz, der den Inhalt der Fürbitte angibt: ἵνα πληρωθῆτε. Dann wird eine finale Infinitivkonstruktion (περιπατῆσαι) mit den Partizipien καρπο-φοροῦντες καὶ αὐξανόμενοι ... δυναμούμενοι (V. 10f.) angeschlossen. εὐχαρι-στοῦντες (V. 12) ist als weitere Partizipialwendung locker angehängt und leitet die Aufforderung zum Hymnus ein, den die Gemeinde anstimmen soll.

V. 9: Διὰ τοῦτο knüpft folgernd an und führt den Gedankengang weiter. Das Wörtchen καί steht bei Paulus häufig in der Bedeutung „denn", „auch"[1] und ist hier zum Verbum zu ziehen[2]. ἡμεῖς trägt keinen besonderen Ton, sondern drückt lediglich die Identität des dankenden und fürbittenden „Wir" aus[3]. Seit der Apostel Nachrichten über die Gemeinde erhalten hat[4], ist eine enge Verbundenheit zwischen ihr und ihm hergestellt. Unablässig bittet er inständig für sie (vgl. 1Thess 1₂ 2₁₃ Röm 1ₒ Eph 1₁₅). Neben προσευχόμενοι wird αἰτούμενοι[5] zur Verstärkung der Aussage gestellt. Das Gebet wird mit allem Nachdruck vor Gott getragen, damit er es erhöre[6].

Vom Inhalt des Gebets ist im ἵνα-Satz die Rede[7]. Es geht um ein Erfülltwerden[8], das Gott allein wirken kann[9]. Das Leben der Gemeinde soll völlig von den Gaben, die Gott schenkt, geprägt sein (vgl. Röm 15₁₃f.)[10]. Die ἐπίγνωσις, die für die Gemeinde erbeten wird, ist nicht auf Erkenntnis höherer Welten, sondern auf das θέλημα θεοῦ gerichtet. Der Wille Gottes fordert Gehorsam und will in der Tat befolgt sein. Dieses Verständnis

---

[1] Vgl. 1Thess 2₁₃: καὶ διὰ τοῦτο καὶ ἡμεῖς εὐχαριστοῦμεν = „deshalb danken wir denn auch"; Röm 3₇: τί ἔτι κἀγὼ ὡς ἁμαρτωλὸς κρίνομαι = „was werde ich denn da noch als Sünder gerichtet?" Vgl. Lietzmann, Römer, S. 46. Vgl. ferner 1Thess 3₅ 2Kor 6₁ Röm 5₃ 8₁₁. ₂₄ 9₂₄ 13₆ 15₁₄. ₁₉ Eph 1₁₅ u. ö.

[2] Vgl. Dibelius-Greeven z. St.

[3] Es ist also gerade nicht betont: „auch wir" (so Lohmeyer z. St.).

[4] Eph 1₁₅f. werden die Aussagen von Kol 1₄f. und ₉ zusammengefaßt: διὰ τοῦτο κἀγώ, ἀκούσας τὴν καθ' ὑμᾶς πίστιν ἐν τῷ κυρίῳ Ἰησοῦ καὶ τὴν ἀγάπην τὴν εἰς πάντας τοὺς ἁγίους, οὐ παύομαι εὐχαριστῶν ὑπὲρ ὑμῶν μνείαν ποιούμενος ἐπὶ τῶν προσευχῶν μου.

[5] αἰτεῖσθαι findet sich sonst im Corpus Paulinum nur noch Eph 3₂₀. Das Aktivum αἰτεῖν wird 1Kor 1₂₂ von der Zeichenforderung der Juden gesagt. Vgl. ferner Eph 3₁₃. Wird in den Handschriften BK καὶ αἰτούμενοι weggelassen, so wird damit an die sonst geläufige Ausdrucksweise — προσευχόμενοι allein stehend — angeglichen.

[6] Vgl. Mk 11₂₄: πάντα ὅσα προσεύχεσθε καὶ αἰτεῖσθε, πιστεύετε ὅτι ἐλάβετε, καὶ ἔσται ὑμῖν.

[7] ἵνα steht häufig nach Verben des Bittens. Vgl. Blaß-Debr. § 392,1c.

[8] Vgl. Phil 1ₒ: καὶ τοῦτο προσεύχομαι, ἵνα ἡ ἀγάπη ὑμῶν ἔτι μᾶλλον καὶ μᾶλλον περισσεύῃ ἐν ἐπιγνώσει καὶ πάσῃ αἰσθήσει ... 11: πεπληρωμένοι καρπὸν δικαιοσύνης τὸν διὰ Ἰησοῦ Χριστοῦ.

[9] Das Passiv πληρωθῆτε umschreibt den Gottesnamen: Gott möge euch er-füllen. Vgl. G. Delling, ThWB VI, S. 290.

[10] Zum Akkusativ der Sache beim Passiv vgl. Blaß-Debr. §159,1; vgl. 1Kor 12₁₃: ἓν πνεῦμα ἐποτίσθημεν.

der Erkenntnis ist von jüdischen Voraussetzungen her bestimmt[1], wie
sie in den Schriften der Gemeinde von Qumran besonders deutlich ausgebildet sind[2]: Gott, ohne dessen Willen nichts geschieht, lehrt alle Erkenntnis (1QS XI, 17f.; III, 15). Er enthüllt das Verborgene und gibt
seine Geheimnisse kund (1QpHab XI, 1; 1QS V, 11; 1QH IV, 27 u. ö.).
Im Bund, in den Rechtssatzungen Gottes, ist den Gliedern der Bundes-
gemeinde der Wille Gottes bekannt gemacht worden (1QS III, 1; VIII,
9f.). Diese Erkenntnis schließt die Verpflichtung ein, den göttlichen
Willen zu tun (1QS I, 5; IX, 13 u. ö.) und nach Gottes Willen zu wandeln
(1QS V, 10; III, 9. 20; VIII, 18. 21; IX, 6. 8f. 19; 1QSb I, 2; V, 22; 1QH
IV, 21. 24; VI, 6; XVII, 24). Unter den Gaben, die denen verliehen sind,
die unter der Leitung des Geistes der Wahrheit wandeln, werden Klugheit
(שכל), Einsicht (בינה) und mächtige Weisheit (חכמת גבורה) aufgeführt
(1QS IV, 3). Diese drei Begriffe erscheinen als ἐπίγνωσις, σοφία und
σύνεσις in der Fürbitte des Kolosserbriefes. Weisheit und Erkenntnis
werden in der Gemeinde von Qumran als Gottesgaben verstanden, die
durch den Geist zuteil werden (vgl. רוח דעת 1QS IV, 4; 1QSb V, 25).
Der Beter preist den Gott der Erkenntnis (אל הדעות) und spricht:
„Als ein Einsichtiger habe ich dich erkannt, mein Gott, durch den
Geist, den du in mich gegeben hast" (1QH XII, 11f.)[3]. „Mir, deinem
Knecht, bist du gnädig gewesen durch den Geist der Erkenntnis" (ברוח
דעה 1QH XIV, 25)[4]. Diesem Verständnis der von Gott geschenkten
Erkenntnis entspricht es, daß auch in der christlichen Gemeinde σοφία
und σύνεσις als Gaben Gottes gelten, die durch den Geist gewirkt sind[5].
     Auch in der urchristlichen Unterweisung wird die Erkenntnis des
göttlichen Willens stets mit der Forderung verbunden, ihn zu befolgen
und zu tun. Der Knecht, der γνοὺς τὸ θέλημα τοῦ κυρίου αὐτοῦ καὶ μὴ
ἑτοιμάσας ἢ ποιήσας πρὸς τὸ θέλημα αὐτοῦ, wird hart bestraft werden
(Lk 12₄₇f.). Nur wer den Willen des Vaters in den Himmeln tut, wird
Eingang finden in die Gottesherrschaft (Mt 7₂₁)[6]. Der Jude wird daran
erinnert: γινώσκεις τὸ θέλημα (Röm 2₁₈), um ihn zu fragen, wie es mit

---

[1] Richtig erkannt von Lohmeyer z. St.
[2] Vgl. Lohse, Christologie und Ethik, S. 167; ferner: W. D. Davies, 'Knowledge' in the Dead Sea Scrolls and Matthew 11, 25—30, HThR 46 (1953), S. 113— 139
= Christian Origins and Judaism, London/Philadelphia 1962, S. 119—144.
[3] ואני משכיל ידעתיכה אלי ברוח אשר נתתה בי.
[4] Mit diesen Aussagen wird an alttestamentliches Verständnis angeknüpft
(vgl. Lohmeyer z. St.): Weisheit und Erkenntnis sind Gaben des Geistes. Vgl. Ex 31₃:
Bezalel wird mit der רוּחַ אֱלֹהִים erfüllt, d. h. בְּחָכְמָה וּבִתְבוּנָה וּבְדַעַת = πνεῦμα
θεῖον σοφίας καὶ συνέσεως καὶ ἐπιστήμης; vgl. ferner Ex 35₃₁. ₃₅ Dt 34₉ Jes 29₁₄
(= 1Kor 1₁₉) 1Chr 22₁₂ 2Chr 1₁₀f. Hiob 12₁₃ Dan 1₁₇ Sir 39₆. ₉f.; Jes 11₂: רוּחַ חָכְמָה
וּבִינָה = πνεῦμα σοφίας καὶ συνέσεως.
[5] Gegen Lohmeyer z. St.: „Durch ein einziges Wort ... hat Paulus allein diesen
Sachverhalt ‚christianisiert': auch die Weisheit ist ‚geistgegeben'."
[6] Vgl. weiter Joh 4₁₄ 7₁₇ 9₃₁ Act 13₂₂.

dem Gehorsam gegenüber den als Gottes Willen erkannten Geboten
bestellt ist. Der christlichen Gemeinde aber wird gesagt: συνίετε τί τὸ
θέλημα τοῦ κυρίου (Eph 5₁₇). Wer den Willen Gottes tut, der wird die
Erfüllung der Verheißung empfangen (Hebr 10₃₆; vgl. 13₂₁). ὁ δὲ ποιῶν
τὸ θέλημα τοῦ θεοῦ μένει εἰς τὸν αἰῶνα (1Joh 2₁₇)[1].

Wird als Inhalt der Fürbitte angeführt, die Gemeinde möge mit der
Erkenntnis des göttlichen Willens erfüllt werden, so wird damit dem
Gedankengang eine paränetische Ausrichtung gegeben[2]. Rechte Erkenntnis des göttlichen Gnadenerweises, wie er im Evangelium verkündigt wird (vgl. zu 1₆ 2₂), ist zugleich Erkenntnis des Willens, der an
Gottes Gebot bindet und den Wandel der Glaubenden leitet (vgl. 3₁₀).
Gottes Wille wird im prüfenden Wägen erkannt (Röm 12₂), in der
Heiligung ausgeführt (1Thess 4₃) und im dankenden Lob gepriesen
(1Thess 5₁₈). Ebenso wie ἐπίγνωσις sind auch σοφία und σύνεσις von dieser
praktischen Orientierung her bestimmt, die einem spekulativen Verständnis der Weisheit entgegengestellt wird. σοφία und σύνεσις stehen häufig
zusammen, nicht nur in der alttestamentlich-jüdischen Überlieferung[3],
sondern auch in der griechisch-römischen Philosophie[4]. Aristoteles sieht
σοφίαν μὲν καὶ σύνεσιν καὶ φρόνησιν als die höchsten ἀρεταί des menschlichen
Verstandes an (Eth. Nic. I, 13 [p. 1103a]). Die σοφία ist die vollendete
Form des Wissens (Eth. Nic. VI, 7 [p. 1141a])[5]. Die σύνεσις aber ist der
φρόνησις untergeordnet; denn im Unterschied zu dieser kann jene nicht
gebieten, sondern nur urteilen (Eth. Nic. VI, 11 [p. 1143a])[6]. In der
Stoa wird die σοφία als ἐπιστήμη θείων τε καὶ ἀνθρωπείων πραγμάτων
definiert[7]. Im Streben nach Wissen sucht man erkennend den Zusammenhang des Weltganzen zu begreifen. An dieses in der hellenistischen Philosophie entwickelte Verständnis knüpft der Kolosserbrief jedoch offensichtlich nicht an, sondern alttestamentlich-jüdischer Tradition folgend
werden σοφία und σύνεσις mit der Erkenntnis des göttlichen Willens
zusammengeordnet. Den Glaubenden ist in reichem Maße Einsicht zuteil
geworden (2₂), nämlich die ἐπίγνωσις τοῦ μυστηρίου τοῦ θεοῦ, Χριστοῦ, in dem
alle Schätze der σοφία und γνῶσις verborgen sind (2₂₁.). Wer von dieser
Weisheit erfüllt ist, die von allem unterschieden ist, was nur λόγον σοφίας
(2₂₃) hat, der steht fortan unter der Verpflichtung: ἐν σοφίᾳ περιπατεῖτε
(4₅).

---

[1] Weitere Belege bei G. Schrenk, ThWB III, S. 57—60.
[2] Vgl. Schubert, Pauline Thanksgivings, S. 89: "All Pauline thanksgivings
have either explicitly or implicitly paraenetic function."
[3] Vgl. oben zu S. 57 Anm. 4; ferner Dt 4₆ Dan 2₂₀ Bar 3₂₃. Ebenso werden
die Adjektive σοφός und συνετός vielfach zusammen genannt. Vgl. LXX Dt 1₁₃. ₁₅
1Βασ 16₁₈ Jes 3₃ 19₁₁ 29₁₄ Jer 4₂₂ Hos 14₁₀ Qoh 9₁₁ Dan 1₄ Mt 11₂₅ Par. u. ö.
[4] Vgl. Lightfoot z. St.
[5] Vgl. U. Wilckens, ThWB VII, S. 471f.
[6] Vgl. H. Conzelmann, ThWB VII, S. 887.
[7] Belege bei Wilckens a.a.O. S. 473.

Da σοφία und σύνεσις eng zusammengehören, werden auch das voranstehende πάση und das folgende πνευματικῇ mit dem Begriffspaar zu verbinden sein[1]. Weisheit und Einsicht sind nicht Tugenden, die der Mensch aus eigenem Vermögen zu erringen imstande wäre[2]. Sondern sie werden von Gott gegeben als Gaben des Geistes[3]. Daher wird Gott angerufen, er möge diese Gabe, die von aller σοφία σαρκική (2Kor 1₁₂), σοφία ἀνθρώπων (1Kor 2₅.₁₃), Weisheit dieser Welt (1Kor 2₆) grundsätzlich unterschieden ist, in reicher Fülle austeilen: ἐν πάση σοφίᾳ καὶ συνέσει πνευματικῇ. Weisheit und Einsicht aber sollen sich in umfassendem Wirken entfalten: ἐν παντὶ ἔργῳ ἀγαθῷ (V.₁₀).

V. 10: Die rechte Erkenntnis[4] wirkt sich im Vollzug des rechten Wandels aus. περιπατῆσαι[5] ist Infinitiv des Zwecks[6] und entspricht hebräischem הלך/התהלך. Der Wandel des Menschen kann — wie es in der Lehre der Gemeinde von Qumran heißt — im Starrsinn eines schuldigen Herzens vor sich gehen und dann dazu führen, daß Böses geschieht (1QS I, 6f.; II, 14. 26 u. ö.). Der Mensch soll sich aber nicht vom Geist des Frevels leiten lassen, um auf seinen Wegen zu gehen, sondern vielmehr vom Geist der Wahrheit (1QS III, 18f.), um „vor ihm vollkommen zu wandeln gemäß allem, was offenbart wurde" (1QS I, 8f.; vgl. ferner II, 2; III, 9. 20f. u. ö.)[7]. Wenn er das tut, wird er „wandeln in Gottes Wohlgefallen" (ולהתלך ברצונו 1QS V, 10). So wird er als einer, der sich willig erweist, „an allem festhalten, was Gott befohlen hat nach seinem Wohlgefallen" (צוה לרצונו 1QS V, 1), „zu tun, was Gott wohlgefällt" (לעשות את רצון אל 1QS IX, 13). Er wird dann nicht mehr nach dem handeln, was ihn gut dünkt (לעשות איש את רצונו CD III, 12), sondern außer dem, was Gott wohlgefällt, wird auch ihm nichts gefallen (וזולת רצון אל לו[א] יחפץ 1QS IX, 24).

---

[1] Vgl. Abbott z. St.

[2] Vgl. E. Schweizer, ThWB VI, S. 435 Anm. 704. Vgl. 1₈: τὴν ὑμῶν ἀγάπην ἐν πνεύματι. πνεῦμα kommt im Kolosserbrief dann nur noch 2₅ vor, πνευματικός nur noch 3₁₆.

[3] Zu den jüdischen Voraussetzungen dieser Formulierung siehe oben S. 57.

[4] Der Begriff ἐπίγνωσις aus V.₉ wird am Ende von V.₁₀ wiederaufgenommen: τῇ ἐπιγνώσει τοῦ θεοῦ. Ψ 1611 al stellen die Präposition ἐν davor; der Reichstext will offensichtlich die Konstruktion glätten, indem er zu εἰς τὴν ἐπίγνωσιν τοῦ θεοῦ abwandelt. Damit wird der Sinn der Aussage verschoben. Die Erkenntnis ist nicht das Ziel des Wachstums, sondern durch die ἐπίγνωσις ist rechtes Wachstum ermöglicht.

[5] Der Reichstext fügt ὑμᾶς zur Verdeutlichung ein. Vgl. 1Thess 4₁: τὸ πῶς δεῖ ὑμᾶς περιπατεῖν; Eph 4₁₇: ὑμᾶς περιπατεῖν.

[6] Vgl. Blaß-Debr. § 392.

[7] Zahlreiche ähnlich lautende Wendungen lassen sich hinzufügen: „Wandeln auf den Wegen deines Herzens" (1QH IV, 21. 24; VI, 6f.), „Wandeln vor dir" (1QH VII, 14), „Wandeln in allem, was du liebst" (1QH XVII, 24), „Wandeln nach Geheiß des Gesetzes" (CD XIX, 4); vgl. ferner 1QS VIII, 18. 21; IX, 6. 8f. 19; 1QSb I, 2; V, 22; CD I, 20 u. a.

Vom Wandel der Christen wird gesagt, er solle εἰς πᾶσαν ἀρεσκείαν geführt werden. ἀρεσκεία bezeichnet häufig das Verhalten eines Menschen, der gefallen will, und wird dann meist sensu malo gesagt[1]. Es kann aber mit diesem Wort auch in positivem Sinne die Anerkennung angezeigt werden, die jemandem für sein Verhalten von seiten der Gemeinschaft oder der Gottheit widerfährt[2]. In der Bedeutung „Wohlgefallen Gottes" wird ἀρεσκεία verschiedentlich im hellenistischen Judentum verwendet. So heißt es bei Philo, daß die Leviten Eltern, Kinder, Brüder und ihre ganze übrige sterbliche Verwandtschaft ἕνεκα ἀρεσκείας θεοῦ verlassen haben (de fuga 88). Wer sein Leben κατὰ θεὸν καὶ πρὸς τὴν τοῦ ὄντως ὄντος ἀρέσκειαν zu führen gesonnen ist, wird fleischliche Lüste verachten (de spec. leg. I, 176). Wahre Verwandtschaft und Freundschaft wird an einem einzigen Zeichen sicher erkannt, dem Streben, Gott zu gefallen (ἡ πρὸς θεὸν ἀρέσκεια, de spec. leg. I, 317). Der erste Mensch wird als κοσμοπολίτης geschildert, der πάντα καὶ λέγειν καὶ πράττειν ἐσπούδαζεν εἰς ἀρέσκειαν τοῦ πατρὸς καὶ βασιλέως (de opif. mundi 144)[3]. Wo der Sinn durch den Zusammenhang eindeutig zu erkennen ist, gebraucht Philo das Wort ἀρεσκεία auch ohne nähere Erklärung vom göttlichen Wohlgefallen. Gott fordert von der Seele, διὰ πασῶν ἰέναι τῶν εἰς ἀρέσκειαν ὁδῶν, das heißt, daß sie auf allen Wegen geht, die ihm gefallen (de spec. leg. I, 300). Die Beweggründe freilich, aus denen die Menschen Gott zu gefallen suchen, sind sehr verschiedener Art: οἱ τρόποι διαφέρουσιν, ἀφ' ὧν ποιοῦνται τὰς πρὸς ἀρέσκειαν ὁρμάς (de Abrahamo 130).

In dem kurzen Ausdruck εἰς πᾶσαν ἀρεσκείαν, den der Kolosserbrief als Bestimmung des περιπατῆσαι angibt, wird nicht gesagt, wer den wohlgefälligen Wandel anerkennen soll[4]. Daher ist zu fragen, ob eine profane Redeweise in die christliche Sprache übernommen wurde[5], oder ob vom Wohlgefallen der von Gott erwählten Gemeinschaft gesprochen ist[6], oder ob nicht vielmehr mit ἀρεσκεία das göttliche Wohlgefallen gemeint ist[7]. Die zuletzt genannte Bedeutung, nach der Gott allein über den Wandel des Menschen zu urteilen hat, wird nicht nur durch den Zusammenhang, sondern vor allem auch durch den Vergleich mit den eben genannten Sätzen aus den Schriften der Gemeinde von Qumran nahegelegt. Keine menschliche Instanz soll über den Wandel der Gemeinde urteilen,

---

[1] Vgl. W. Foerster, ThWB I, S. 456; Bauer Sp. 209.
[2] Vgl. die Inschrift von Priene (ed. F. Hiller v. Gärtringen 1906) 113, 73: πρὸς τὴν εἰς τὸ πλῆ[θος] ἀρέσκειαν; PapOxyrh IV, 729, 24: ποιήσονται τοὺς ποτισμούς... πρὸς ἀρεσκί[αν] τοῦ Σαραπίωνος.
[3] Vgl. weiter de spec. leg. I, 297: πρὸς ἀρέσκειαν θεοῦ; de congr. erudit. 80: θεοῦ τιμῆς καὶ ἀρεσκείας ἕνεκα.
[4] Vgl. Foerster a. a. O. S. 456: „„zu jeglicher Art wohlgefälligen Verhaltens', wem gegenüber, ist nicht sicher auszumachen".
[5] Vgl. Dibelius-Greeven z. St. mit Hinweis auf Phil 4₈.
[6] Vgl. Lohmeyer z. St.
[7] Vgl. Theodoret z. St.: ἵνα πάντα τὰ ἀρέσκοντα τῷ θεῷ διαπράττησθε.

sondern Gott allein. Wie der fromme Jude darauf bedacht ist, nach Gottes Willen zu handeln und Gottes רָצוֹן zu finden, so kennt auch der Wandel der Gemeinde nur das eine Ziel: Gottes Wohlgefallen[1]. Da dieses alle Bereiche des menschlichen Lebens betrifft, heißt es: εἰς πᾶσαν ἀρεσκείαν[2]. Denn darauf kommt alles an: θεῷ ἀρέσαι (Röm 8₈), εὐάρεστοι αὐτῷ εἶναι (2Kor 5₉) bzw. darauf zu sinnen, πῶς ἀρέσῃ τῷ κυρίῳ (1Kor 7₃₂), zu wissen, πῶς δεῖ ... περιπατεῖν καὶ ἀρέσκειν τῷ θεῷ (1Thess 4₁).

Folgt die Beschreibung des Wandels so weit dem im Judentum vorgegebenen Verständnis, so wird die überlieferte Begrifflichkeit nun durch die Worte ἀξίως τοῦ κυρίου mit einer eindeutig christlichen Begründung versehen. Paulus beschreibt den Wandel des Christen häufig durch eine nähere Charakterisierung des περιπατεῖν[3]: πνεύματι περιπατεῖτε (Gal 5₁₆); ἡμῖν τοῖς μὴ κατὰ σάρκα περιπατοῦσιν ἀλλὰ κατὰ πνεῦμα (Röm 8₄); διὰ πίστεως περιπατοῦμεν (2Kor 5₇); ἕκαστον ὡς κέκληκεν ὁ θεός, οὕτως περιπατείτω (1Kor 7₁₇); εἰς τὸ περιπατῆσαι ὑμᾶς ἀξίως τοῦ θεοῦ (1Thess 2₁₂); ἀξίως τοῦ εὐαγγελίου τοῦ Χριστοῦ πολιτεύεσθε (Phil 1₂₇)[4]. Durch ἀξίως τοῦ κυρίου wird nicht nur ein würdiges, angemessenes Verhalten gefordert, sondern der Wandel des Christen an den ungeteilten Gehorsam gegenüber dem Kyrios gebunden. Er, der der Herr über alle Mächte und Gewalten ist, dem die Herrschaft über das All übertragen ist, ist der Herr der Seinen, so daß sie nur dann ἀξίως τοῦ κυρίου wandeln können, wenn sie der Aufforderung folgen: ὡς οὖν παρελάβετε τὸν Χριστὸν Ἰησοῦν τὸν κύριον, ἐν αὐτῷ περιπατεῖτε (2₆).

Eben war mit den Worten vom Fruchtbringen und Wachsen das Gedeihen des Evangeliums in aller Welt veranschaulicht worden (V.₆); nun wird dieses Bild[5] auf das Verhalten der Glaubenden angewendet[6]. Ist die Frohbotschaft angenommen, indem sie als die Wahrheit anerkannt wurde (V.₆), so führt diese Erkenntnis (vgl. V.₉) zum Wachsen und Reifen

---

[1] In den Texten aus Qumran ist durch das Suffix eindeutig festgelegt, daß Gottes רָצוֹן gemeint ist. Im Griechischen kann das Suffix fehlen, ohne daß ein Bedeutungsunterschied eintritt. Vgl. בני רצונו (1QH IV, 32f.) = ἄνθρωποι εὐδοκίας (Lk 2₁₄); מרנא תא (1Kor 16₂₂) = ἔρχου κύριε Ἰησοῦ (Apk 22₂₀).

[2] ἀρεσκεία ist Hapaxlegomenon im NT, das Verbum ἀρέσκειν aber findet sich öfter.

[3] Vgl. H. Seesemann, ThWB V, S. 944f.

[4] Vgl. auch Eph 4₁: ἀξίως περιπατῆσαι τῆς κλήσεως.

[5] Die beiden Partizipien καρποφοροῦντες καὶ αὐξανόμενοι stehen im Nominativ statt im Akkusativ, wie sie eigentlich an περιπατῆσαι angeschlossen werden müßten. Die Partizipialwendungen folgen also relativ selbständig. Unbeweisbare Vermutung bleibt die Annahme von W. L. Knox, St. Paul and the Church of the Gentiles, Cambridge 1939, S. 149 Anm. 5. 156f., das Wortpaar sei ein Schlagwort der Irrlehrer gewesen, gegen die der Brief sich wende.

[6] Vgl. das Gleichnis vom viererlei Acker: Die Saat, die auf gutes Land fiel, ἐδίδου καρπὸν ἀναβαίνοντα καὶ αὐξανόμενα (Mk 4₈ Par.). Die Deutung des Gleichnisses wendet an: Das sind die, οἵτινες ἀκούουσιν τὸν λόγον καὶ παραδέχονται καὶ καρποφοροῦσιν (Mk 4₂₀ Par.).

der Frucht¹. Daher ist hier mit den Worten τῇ ἐπιγνώσει τοῦ θεοῦ nicht gesagt, worin sich das Wachstum vollziehen soll, sondern wodurch es hervorgebracht wird. Dieses Fruchtbringen und Gedeihen aber, das die ἐπίγνωσις bewirkt, wird sichtbar ἐν παντὶ ἔργῳ ἀγαθῷ².

Die Forderung guter Werke wird in jüdischer Paränese regelmäßig ausgesprochen. So steht im Eingang der Gemeinderegel von Qumran die Mahnung, nach der die Frommen sich in ihrem ganzen Lebenswandel zu richten haben: daß die Söhne des Lichtes „sich von allem Bösen fernhalten, aber anhangen allen guten Werken" (1QS I, 4f.). Auch Paulus sagt, daß der Glaube tätig wirkt (Gal 5₆) und allen Menschen, besonders aber den Glaubensgenossen, Gutes erwiesen werden soll (Gal 6₁₀ 2Kor 9₈). Nicht nur die staatlichen Behörden sehen auf das, was die Bürger tun, und zollen dem guten Werk Anerkennung (Röm 13₃). Gott selbst fragt im Gericht nach den Taten und fällt danach sein Urteil (Röm 2₇₋₁₀ 2Kor 5₁₀ u. ö.). Doch das Werk des Menschen kann ihm niemals den Weg zum Heil erschließen. Denn dieses steht für Paulus unverrückbar fest: δικαιοῦσθαι πίστει ἄνθρωπον χωρὶς ἔργων νόμου (Röm 3₂₈). Im Kolosserbrief wird, ohne über das Verhältnis von Glauben und Werken auch nur ein Wort zu verlieren³, die gemeinchristlicher Paränese entsprechende Mahnung ausgesprochen, die Gemeinde solle ihr Wachsen und Reifen durch gute Werke in Erscheinung treten lassen. Dabei wird durch παντί wiederum unterstrichen, daß diese Forderung sich auf alles Tun und Treiben der Christen erstreckt⁴.

In der Paränese der deuteropaulinischen Briefe wird die Forderung guter Werke wiederholt mit Nachdruck erhoben. Wir sind Gottes ποίημα, κτισθέντες ἐν Χριστῷ Ἰησοῦ ἐπὶ ἔργοις ἀγαθοῖς, οἷς προητοίμασεν ὁ θεὸς ἵνα ἐν αὐτοῖς περιπατήσωμεν (Eph 2₁₀). Rechter Wandel und gute Werke gehen Hand in Hand. Die falschen Lehrer werden entlarvt, wenn man ihre Taten betrachtet; denn sie sind πρὸς πᾶν ἔργον ἀγαθὸν ἀδόκιμοι (Tit 1₁₆). Aufgabe der Verkündigung ist es daher, die Gemeinde immer

---

¹ Zu καρποφορεῖν vom Verhalten der Glaubenden vgl. Röm 7₄: ἵνα καρποφορήσωμεν τῷ θεῷ; zu αὐξάνεσθαι vgl. 2Kor 10₁₅: αὐξανομένης τῆς πίστεως ὑμῶν; Eph 4₁₅: αὐξήσωμεν εἰς αὐτὸν τὰ πάντα; 1Petr 2₂: ἵνα ἐν αὐτῷ (sc. τὸ λογικὸν ἄδολον γάλα) αὐξηθῆτε εἰς σωτηρίαν ; 2Petr 3₁₈: αὐξάνετε δὲ ἐν χάριτι καὶ γνώσει τοῦ κυρίου ἡμῶν καὶ σωτῆρος Ἰησοῦ Χριστοῦ.

² Da καρποφοροῦντες καὶ αὐξανόμενοι ein Begriffspaar bilden, sind sowohl τῇ ἐπιγνώσει τοῦ θεοῦ als auch ἐν παντὶ ἔργῳ ἀγαθῷ mit beiden Verben zu verbinden (anders Dibelius-Greeven z. St.). Das Wachsen vollzieht sich durch die Erkenntnis und bringt gute Werke hervor. Vgl. Abbott, Lohmeyer z. St.; Percy, Probleme, S. 123 Anm. 93.

³ Vgl. den Jakobusbrief, dessen paränetische Spruchsammlung unter dem Leitmotiv steht: πίστις ohne ἔργα ist νεκρά (Jak 2₁₇. ₂₆). Vgl. E. Lohse, Glaube und Werke — zur Theologie des Jakobusbriefes —, ZNW 48 (1957), S. 1—22.

⁴ Vgl. auch 2Kor 9₈: ἵνα . . . περισσεύητε εἰς πᾶν ἔργον ἀγαθόν; 2Thess 2₁₇: στηρίξαι ἐν παντὶ ἔργῳ καὶ λόγῳ ἀγαθῷ.

wieder daran zu erinnern, πρὸς πᾶν ἔργον ἀγαθὸν ἑτοίμους εἶναι (Tit 3₁).
Denn am guten Werk wird auch der Glaube erkannt (1Tim 2₁₀ 5₁₀ 2Tim
2₂₁ 3₁₇ u. ö.). Der Kolosserbrief nimmt diese geläufige Forderung auf.
Galt von der heidnischen Vergangenheit, daß die Gott feindliche Gesinnung sich ἐν τοῖς ἔργοις τοῖς πονηροῖς äußerte (1₂₁; vgl. 3₇), so soll nun
die Erkenntnis der Wahrheit sich ἐν παντὶ ἔργῳ ἀγαθῷ zeigen. Was immer
die Christen tun ἐν λόγῳ ἢ ἐν ἔργῳ, es geschehe πάντα ἐν ὀνόματι κυρίου
Ἰησοῦ, εὐχαριστοῦντες τῷ θεῷ πατρὶ δι᾽ αὐτοῦ (3₁₇).

V. 11: Um den des Herrn würdigen Wandel durchhalten zu können,
soll die Gemeinde von Gottes Kraft erfüllt und gefestigt werden. Mit
diesem Hinweis auf die Macht göttlicher Herrlichkeit, die das Leben
der Glaubenden stark macht, lehnt sich die Fürbitte wiederum an jüdische
Wendungen an[1]. Die Beter der Gemeinde von Qumran wissen, daß
Gottes גבורה sie stützt, und bekennen: „Gottes Wahrheit, sie ist der
Fels meiner Schritte, und seine Kraft ist die Stütze meiner Rechten"
(1QS XI, 4f.). Allein durch Gottes Geist wird der Wandel der Menschen-
kinder vollkommen gemacht, „damit sie alle seine Werke erkennen in der
Kraft seiner Stärke (בכוח גבורתו) und die Fülle seines Erbarmens über
alle Söhne seines Wohlgefallens" (1QH IV, 31—33). Die גבורת אל steht
den Streitern im Kampf gegen Belials Scharen bei, so daß sie das Feld
behaupten und die Schlacht gewinnen können (1QM I, 11. 14; III, 5. 8;
IV, 4. 12; VI, 2. 6 u. ö.). Durch Gottes Kraft gehalten (1QS XI, 19f.;
1QH XVIII, 8 u. ö.), ist der Fromme dessen gewiß, daß Gott seine Herrlichkeit und Stärke offenbart, daß er sich durch das Gericht über die Gottlosen verherrlicht und sich mächtig zeigt an dem Frommen vor den
Menschenkindern (1QH II, 24f.). Darum wird er mit den Worten gepriesen: „In deinem Plan liegt es, alles groß zu machen (להגביר) und
festzusetzen zu deiner Ehre (לכבודכה)" (1QH XVIII, 22). Die Reihe
der schmückenden Prädikate, mit denen das Lob Gottes seine Erhabenheit
zu umschreiben sucht, gipfelt in den Worten: „Höhe der Majestät und
Allmacht zu ewiger Verherrlichung"[2] (1QS X, 12).

Die mahnende Fürbitte des Kolosserbriefs nimmt solche voll klingenden Worte des Gotteslobes auf: Gottes δύναμις möge die Gemeinde
stärken[3]. Darin wird sich die Kraft seiner Herrlichkeit an der Gemeinde erweisen[4]. Denn Gott bleibt sich treu und handelt in Übereinstimmung (κατά) mit den Erweisen seiner Macht und Größe, die er schon
gegeben hat[5]. κράτος und δόξα stehen häufig in Doxologien neben-

---

[1] Vgl. Lohse, Christologie und Ethik, S. 167.

[2] רום כבוד וגבורת כול לתפארת עולם.

[3] δυναμοῦν wird im NT nur noch Hebr 11₃₄ und Eph 6₁₀ v. l. gebraucht. ἐνδυνα-
μοῦν findet sich Röm 4₂₀ Phil 4₁₃ Eph 6₁₀ 1Tim 1₁₂ 2Tim 2₁ 4₁₇.

[4] Vgl. die Fürbitte des Epheserbriefes: daß ihr erkennen möchtet, τί τὸ ὑπερ-
βάλλον μέγεθος τῆς δυνάμεως αὐτοῦ εἰς ἡμᾶς τοὺς πιστεύοντας κατὰ τὴν ἐνέργειαν τοῦ
κράτους τῆς ἰσχύος αὐτοῦ (Eph 1₁₉f.).

[5] Vgl. Lk 1₅₁: ἐποίησεν κράτος ἐν βραχίονι αὐτοῦ.

einander¹, um Gott zu rühmen, ᾧ ἐστιν ἡ δόξα καὶ τὸ κράτος εἰς τοὺς αἰῶνας τῶν αἰώνων (1Petr 4₁₁; vgl. ferner 1Petr 5₁₁ Jud 25 Apk 1₆ 5₁₃).

Gottes machtvolle Stärke soll die Gemeinde befähigen εἰς πᾶσαν ὑπομονὴν καὶ μακροθυμίαν. ὑπομονή ist das standhafte Ausharren, wie es im Kampf zu bewähren ist, in dem man die Stellung, an der man sich befindet, gegen alle Angriffe des Feindes zu halten hat². In der ὑπομονή zeigt sich, ob der Christ durchzuhalten vermag und fest steht³. Die ὑπομονή bleibt beharrlich beim ἔργον ἀγαθόν (Röm 2₇), sie bringt die δοκιμή hervor (Röm 5₃), hält auch in den Leiden aus (2Kor 1₆) und bewahrt unbeirrt die gewisse Hoffnung auf die Erfüllung der göttlichen Zusage (Röm 8₂₅ 15₄). So soll sich die ὑπομονή der Gemeinde in jeder Hinsicht (πᾶσα) als beharrliche Widerstandskraft erweisen⁴. Betrifft die ὑπομονή die Abwehr aller von außen kommenden Widrigkeiten, so ist die μακροθυμία auf das Verhältnis zu den Mitmenschen gerichtet und meint den langen Atem, mit dem man geduldig warten kann⁵. Paulus zählt die μακροθυμία zur Frucht des Geistes (Gal 5₂₂), rühmt an der Liebe ihr μακροθυμεῖν (1Kor 13₄) und hält die Gemeinde dazu an: μακροθυμεῖτε πρὸς πάντας (1Thess 5₁₄)⁶. Werden die Christen dazu aufgerufen ἐνδύσασθε . . . μακροθυμίαν (Kol 3₁₂), so wird daran erinnert, daß die Langmut aus der Quelle göttlicher Kraft kommt, die zur Ausdauer befähigt. ὑπομονή und μακροθυμία beschreiben daher miteinander⁷ die treue Bewährung des Christen, die sich durch nichts von der Hoffnung abbringen läßt und in der Liebe nicht müde wird.

Die Verse 9-11 sind — wie die Exegese gezeigt hat — in Worten und Wendungen gehalten, die weithin aus jüdischer Tradition stammen. Würde man die Begründung, die durch ἀξίως τοῦ κυρίου (V.10) für den Wandel des Christen gegeben wird, herausnehmen⁸, so könnte alles andere auch in einem jüdischen Text stehen. Der urchristliche Gebetsstil ist in besonders starkem Umfang in alttestamentlich-jüdischem Erbe verwurzelt. Doch die enge Anlehnung an jüdische Überlieferung hat darüber

---

¹ κράτος — im NT niemals von menschlicher Kraft — wird von Paulus sonst nicht verwendet, wohl aber in den Deuteropaulinen: Eph 1₁₉ 6₁₀ 1Tim 6₁₆.

² Vgl. den Begriff מעמד, der in den Texten aus Qumran die Standfestigkeit des Frommen bezeichnen kann; 1QH II, 22; XI, 13; XVI, 13 u. ö.

³ Vgl. Lk 8₁₅: καὶ καρποφοροῦσιν ἐν ὑπομονῇ.

⁴ Vgl. F. Hauck, ThWB IV, S. 590—592.

⁵ אֶרֶךְ אַפַּיִם/μακροθυμία steht sowohl von Gottes Langmut, in der er seinen Zorn nicht walten läßt (Ex 34₆f. Num 14₁₈ u. ö.), als auch vom Verhalten des Menschen, das der göttlichen Langmut entsprechen soll (Qoh 7₈ff.). Vgl. J. Horst, ThWB IV, S. 378—381.

⁶ Zu μακροθυμία bei Paulus vgl. Horst a.a. O. S. 384—387.

⁷ Beide Begriffe stehen auch TestJos 2₇ zusammen: μέγα φάρμακόν ἐστιν ἡ μακροθυμία, καὶ πολλὰ ἀγαθὰ δίδωσιν ἡ ὑπομονή; vgl. ferner 2Kor 6₄. ₆ 2Tim 3₁₀ Jak 5₁₀f. 1Clem 64 IgnEph 3₁.

⁸ bzw. im jüdischen Sinne κύριος als Gottesbezeichnung verstehen.

hinaus sachliche Gründe[1]. Denn die nachdrückliche Betonung der auf den Willen Gottes gerichteten Erkenntnis und der daraus folgenden Verpflichtung zum gehorsamen Wandel ist mit Bedacht an den Anfang des Briefes gesetzt worden, um diese nüchterne Beschreibung der vom Geist gewirkten Weisheit einem spekulativen Verständnis der σοφία entgegenzustellen. Trägt die Fürbitte in den paulinischen Briefen stets einen paränetischen Akzent[2], so legt der Kolosserbrief den Ton darauf, daß rechte Erkenntnis ἐπίγνωσις τοῦ θελήματος αὐτοῦ ist. Gottes Wille aber fordert Gehorsam in einem Wandel, der des Herrn würdig ist.[3].

---

[1] Es sei nur an die zahlreichen jüdischen Parallelen zu den Bitten des Vater-Unsers erinnert. Vgl. Billerbeck I, S. 406—424; Lohmeyer a.a. O. (S. 43 Anm. 3); K. G. Kuhn, Achtzehngebet und Vaterunser und der Reim, WUNT 1, Tübingen 1950; J. Jeremias, Das Vater-Unser im Lichte der neueren Forschung, Calwer Hefte 50, Stuttgart 1962 = ³1965 = Abba. Studien zur neutestamentlichen Theologie und Zeitgeschichte, Göttingen 1966, S. 152—171.

[2] Siehe oben S. 41. 58.

[3] K.-G. Eckart, Exegetische Beobachtungen zu Kol. 1, 9—20, ThViat 7 (1959/60), S. 87—106 (ders., Urchristliche Tauf- und Ordinationsliturgie [Col 1₉₋₂₀ Act 26₁₈], ThViat 8 [1961/62], S. 23—37) hat zwar zutreffend beobachtet, daß die Verse 9-12 überlieferte Wendungen enthalten. Er überspannt aber diese Einsicht, wenn er den ganzen Zusammenhang V. 9-20 als eine Taufliturgie betrachten will. Dabei ist verkannt, daß die Fürbitte in den paulinischen Briefen stets eine paränetische Ausrichtung trägt, und vor allem übersehen, daß die Verse 9-20 keinesfalls einen geschlossenen liturgischen Zusammenhang darstellen, sondern aus verschiedenartig geprägten Stücken zusammengesetzt sind. Es ist daher verfehlt, V. 9-12 als eine fest formulierte liturgische Paränese (a. a. O. [1959/60] S. 99) zu bezeichnen und die Worte κατὰ τὸ κράτος τῆς δόξης αὐτοῦ als sekundäres Interpretament auszuscheiden (ebd. S. 92f.).

I. Lehrhafter Teil:
Die Herrschaft Christi über die Welt

1 12-20 Lobpreis und Hymnus

Mit Freuden [12] preiset den Vater,
der euch bevollmächtigt hat zur Teilnahme am Los der Heiligen im Licht.
[13] Er hat uns befreit aus der Gewalt der Finsternis
und versetzt in den Herrschaftsbereich seines geliebten Sohnes,
[14] in dem wir die Erlösung haben, die Vergebung der Sünden.
[15] Er ist das Bild des unsichtbaren Gottes,
Erstgeborener vor aller Schöpfung;
[16] denn in ihm wurde alles geschaffen
in den Himmeln und auf Erden,
das Sichtbare und das Unsichtbare,
Throne, Herrschaften, Mächte, Gewalten,
alles ist durch ihn und auf ihn hin geschaffen;
[17] und er ist vor allem,
und alles hat in ihm seinen Bestand,
[18] und er ist das Haupt des Leibes, der Kirche.
Er ist der Anfang,
Erstgeborener aus den Toten,
damit er in allem der Erste sei;
[19] denn es gefiel der ganzen Fülle, in ihm Wohnung zu nehmen
[20] und durch ihn alles zu versöhnen auf ihn hin,
Frieden stiftend durch das Blut seines Kreuzes, durch ihn,
was auf Erden und was in den Himmeln ist.

Ohne Einschnitt geht die Fürbitte in eine Aufforderung zum Lobpreis über. Zwar sind die Worte μετὰ χαρᾶς εὐχαριστοῦντες wie die Partizipien καρποφοροῦντες καὶ αὐξανόμενοι und δυναμούμενοι (V. 10f.) locker an das Vorhergehende angeschlossen. Ihrem Inhalt nach aber drücken sie einen neuen Gedanken aus. Denn nun ist nicht mehr vom Wandel der Glaubenden die Rede, sondern die Gemeinde wird angehalten, Gott lobend zu preisen[1], indem sie an das rettende Handeln Gottes erinnert wird, wie

---

[1] In jüdischen Texten steht das Partizip häufig in imperativischer Bedeutung. Vgl. D. Daube, Participle and Imperative in I. Peter, in: E. G. Selwyn, The First Epistle of St. Peter, ²Oxford 1947 = ³1949, S. 467—488; ders., The New

es im Bekenntnis rühmend genannt wird. Diese Aufforderung wird in den Versen 12-14 im Anschluß an überlieferte Wendungen ausgesprochen, wie nicht nur am Partizipial- (τῷ ἱκανώσαντι V. 12) und Relativstil (ὅς ἐρρύσατο V. 13; ἐν ᾧ ἔχομεν V. 14), sondern auch daran zu erkennen ist, daß eine Reihe von Begriffen auftaucht, die sonst weder im Kolosserbrief noch im Corpus Paulinum verwendet werden: ἱκανόω steht nur noch 2Kor 3₆ und wird dort vom apostolischen Dienst gesagt; μερίς findet sich auch 2Kor 6₁₅ — in einem Abschnitt, der kaum von Paulus abgefaßt worden ist (2Kor 6₁₄–7₁), sondern vermutlich auf vorpaulinische Überlieferung zurückgeht[1]. Ohne Parallele in den paulinischen Briefen sind die Ausdrücke κλῆρος, ἅγιοι ἐν τῷ φωτί, βασιλεία τοῦ υἱοῦ τῆς ἀγάπης αὐτοῦ. ἐξουσία wird sonst nicht im Sinn von „Herrschaftsbereich" gebraucht; 1₁₆ und 2₁₀ bezeichnen ἐξουσία bzw. ἐξουσίαι die kosmischen Mächte und Gewalten. ἀπολύτρωσις in der Bedeutung von ἄφεσις τῶν ἁμαρτιῶν gehört der Sprache urchristlicher Gemeindetheologie an (vgl. die bekenntnisartigen Sätze Röm 3₂₄f. und 1Kor 1₃₀ sowie Eph 1₇. ₁₄ 4₃₀).

Die Aufforderung, den Vater zu preisen, wird durch die Partizipialwendung τῷ ἱκανώσαντι ὑμᾶς (V. 12) und den Relativsatz ὅς ἐρρύσατο (V. 13) begründet. Mit dem Hinweis auf die durch Christus bewirkte Erlösung (V. 14) wird dann zu den christologischen Aussagen übergeleitet, die im Hymnus breite Entfaltung finden. Die Verse 12-14 sind also dem Christuslied als eine Art Introitus vorangestellt, durch den der feierliche, von der Gemeinde gesungene Hymnus eingeführt wird[2].

V. 12: Mit frohem Klang soll angestimmt werden: μετὰ χαρᾶς ist nicht zum Vorhergehenden zu ziehen, sondern mit εὐχαριστοῦντες zu verbinden. Wie das Gebet mit Freuden verrichtet wird (vgl. Phil 1₄), so gilt auch vom Lob, das die Gemeinde jubelnd singt: ἀγαλλιᾶσθε χαρᾷ ἀνεκλαλήτῳ (1Petr 1₈; vgl. 4₁₃). Als Frucht des Geistes (Gal 5₂₂) erfüllt die χαρά das Leben der Gemeinde und spricht sich in der ἀγαλλίασις aus, in der Gott dafür gedankt wird, daß er seine Verheißungen wahr gemacht und das Heil heraufgeführt hat (Act 2₄₆). Der dankende Preis Gottes ist von der

---

Testament and Rabbinic Judaism, Jordan Lectures in Comparative Religion 2 (1952), London 1956, S. 90—105; E. Lohse, Paranese und Kerygma im 1. Petrusbrief, ZNW 45 (1954), S. 75f. Auch in der urchristlichen Paränese wird das Partizip wiederholt in diesem Sinne verwendet. Vgl. z. B. Röm 12₉: ἀποστυγοῦντες τὸ πονηρόν, κολλώμενοι τῷ ἀγαθῷ. Da εὐχαριστοῦντες nur in lockerem Anschluß an das Vorhergehende angehängt ist, läßt sich durchaus die imperativische Übersetzung rechtfertigen. Vgl. auch den liturgischen Zusammenhang 1QS I, 18ff.: 18f.: יהיו הכוהנים והכוהנים .f.:21 ;וכול העוברים בברית אומרים :.f.19 ;והלויים מברכים את אל ישועות ומשמיעים ... מספרים :22 ;והלויים מספרים 24: העוברים בברית מודים [וכול].

[1] Vgl. J.A.Fitzmyer, Qumrân and the interpolated Paragraph in 2Cor 6,14–7,1, CBQ 23 (1961), S. 271—280.

[2] Vgl. E. Norden, Agnostos Theos, Leipzig 1913 = ⁴Darmstadt 1956, S. 250—254; Käsemann, Aufsätze I, S. 37f.; Bornkamm, Aufsätze II, S. 196f.; Lohse, Christologie und Ethik, S. 165. Vgl. auch unten S. 77 Anm. 1.

eschatologischen Freude getragen: Πάντοτε χαίρετε, ἀδιαλείπτως προσ
εύχεσθε, ἐν παντὶ εὐχαριστεῖτε (1 Thess 5₁₆-₁₈); χαίρετε ἐν κυρίῳ
πάντοτε· πάλιν ἐρῶ, χαίρετε... ἐν παντὶ τῇ προσευχῇ καὶ τῇ δεήσει μετὰ
εὐχαριστίας τὰ αἰτήματα ὑμῶν γνωριζέσθω πρὸς τὸν θεόν (Phil 4₄-₆)[1].

Die Worte μετὰ χαρᾶς εὐχαριστοῦντες[2] sind an die ganze Gemeinde
gerichtet und können daher nicht als Anknüpfung an das den Brief
einleitende Dankgebet, das der Apostel für den guten Zustand der Gemeinde vor Gott trägt, angesehen werden[3]. In keinem seiner Briefe
schließt Paulus die Fürbitte mit einem Dank oder einer Aufforderung
zum Dank[4]. Die Verbindung vom Gebet des Apostels zur Aufforderung
μετὰ χαρᾶς εὐχαριστοῦντες läßt sich daher auch nicht herstellen, indem
man den Zwischengedanken ergänzt, guter Zustand der Gemeinde
äußere sich mit Notwendigkeit in Dankgebeten[5]. Denn vom Zustand
der Gemeinde wird nun nicht mehr gesprochen. Die Gemeinde soll vielmehr das Wort nehmen und Gott dem Vater hymnischen Lobpreis darbringen für seine eschatologische Heilstat, die er in Christus ihr und aller
Welt erwiesen hat[6].

εὐχαριστεῖν kommt in der Septuaginta nicht häufig vor und findet
sich nur in solchen Büchern, für die ein hebräisches Original fehlt (Judith
8₂₅ Sap Sal 18₂ 2Makk 1₁₁ 10₇A 12₃₁ 3Makk 7₁₆). In den Psalmen wird die
Aufforderung zum Lobpreis durch ידה hiph. bezeichnet, das in der
Septuaginta meist durch ἐξομολογεῖσθαι (z. B. ψ 135₁. ₂. ₃. ₂₆ 137₁. ₂. ₄ u. ö.)
übersetzt wird; das Substantiv תּוֹדָה wird durch ἐξομολόγησις wiedergegeben (z. B. LXX Jos 7₁₉ ψ 41₄ 94₂ 95₆ u. ö.). An die Stelle von ἐξο
μολογεῖσθαι tritt im Sprachgebrauch des hellenistischen Judentums später
εὐχαριστεῖν. So verwendet Philo dieses Verbum fast durchgehend als
Ausdruck für den Gott dargebrachten Dank[7]. Und Origenes kann dann
im Blick auf diesen Übergang von ἐξομολογεῖσθαι zu εὐχαριστεῖν sagen:
τὸ ἐξομολογοῦμαι ἴσον ἐστὶ τῷ εὐχαριστῶ (de orat. 5). εὐχαριστεῖν entspricht
also dem hebräischen ידה hiph., das zur Einführung des Lob- und Dankliedes dient.

---

[1] Vgl. auch Phil 1₃f.: εὐχαριστῶ... μετὰ χαρᾶς τὴν δέησιν ποιούμενος.

[2] Sekundäre Texterweiterungen sind die Einfügungen von καί nach μετὰ χαρᾶς
(p⁴⁶ aeth) und ἅμα nach εὐχαριστοῦντες (p⁴⁶ B). Vgl. Blaß-Debr. § 425,2.

[3] Der Anschluß wird auch nicht durch die sekundäre Lesart ἡμᾶς (AC℘DG pm)
gewonnen. Vgl. unten S. 70 Anm. 2.

[4] Richtig beobachtet von Lohmeyer z. St.

[5] So Dibelius-Greeven z. St., indem sie erklären, Paulus verstehe das Dankgebet als oratio infusa.

[6] Vgl. J. M. Robinson, Die Hodajot-Formel in Gebet und Hymnus des
Frühchristentums, in: Apophoreta, Festschrift für E. Haenchen, BZNW 30, Berlin
1964, S. 194—235; ferner F. Mand, Die Eigenständigkeit der Danklieder des
Psalters als Bekenntnislieder, ZAW 70 (1958), S. 185—199; G. Bornkamm,
Lobpreis, Bekenntnis und Opfer, in: Apophoreta, S. 46—63.

[7] Vgl. Robinson a. a. O. S. 198f. Die Lieder, die die Therapeuten singen,
heißen οἱ εὐχαριστήριοι ὕμνοι (de vita contempl. 87; vgl. auch de ebriet. 94. 105).

Die Hodajoth, Loblieder der Gemeinde von Qumran, beginnen mit einer stereotyp wiederkehrenden Einleitung: אודכה אדוני כי = „Ich will dich preisen, Herr; denn" . . . „du hast meine Seele in das Bündel des Lebens gelegt" (1QH II, 20); „dein Auge hat [schützend gestanden] über meiner Seele" (1QH II, 31); „du hast meine Seele erlöst aus der Grube" (1QH III, 19) usf. Der Beter spricht in der ersten Person Singular, wendet sich an Gott als seinen Herrn und begründet dann sein lobendes Dankgebet mit einem Hinweis auf Gottes Tat. Überträgt man diese einleitende Wendung ins Griechische, so lautet sie: εὐχαριστῶ (ἐξομολογοῦμαί) σοι, κύριε, ὅτι[1]. Das Lob kann freilich auch von der ganzen Gemeinde angestimmt werden, so daß es in der ersten Person Plural heißt: „Wir preisen deinen Namen" (1Q 34 3, 1, 6) o. ä. (vgl. 1QS I, 24; CD XX, 28). Statt eines כִּי/ὅτι-Satzes kann ein Relativsatz (אֲשֶׁר/ὅς) den Anlaß zum Dank nennen: εὐχαριστήσωμεν κυρίῳ τῷ θεῷ ἡμῶν, ὃς πειράζει ἡμᾶς καθὰ καὶ τοὺς πατέρας ἡμῶν (Judith 8₂₅).

Die christliche Gemeinde spricht den Lobpreis Gottes in Formulierungen aus, die im Judentum geprägt worden waren. So wird der Hymnus, der in der Apokalypse von den 24 Ältesten Gott dargebracht wird, mit den Worten eingeleitet: εὐχαριστοῦμέν σοι, κύριε ὁ θεὸς ὁ παντοκράτωρ, ὁ ὢν καὶ ὁ ἦν, ὅτι εἴληφας τὴν δύναμίν σου τὴν μεγάλην καὶ ἐβασίλευσας (Apk 11₁₇). Und in den Mahlgebeten der Didache heißt es: εὐχαριστοῦμέν σοι, πάτερ ἅγιε (Did 10₂); πρὸ πάντων εὐχαριστοῦμέν σοι, ὅτι δυνατὸς εἶ (Did 10₄). In diesen Worten redet nicht wie in den Hodajoth der Qumrangemeinde das Ich des einzelnen Beters, sondern das Wir der Gemeinde, die zu Gott dem Vater ruft. Im übrigen aber sind Dank und Lob Gottes in denselben Worten gehalten wie in den jüdischen Gebeten[2].

Diese aus dem Judentum übernommene Form der Aufforderung zum Lobpreis[3] liegt auch den Worten μετὰ χαρᾶς εὐχαριστοῦντες τῷ πατρί zugrunde[4]. Der Vater[5] wird gepriesen, weil er — wie in der Partizipialwendung τῷ ἱκανώσαντι ὑμᾶς (V. 12) und im Relativsatz ὃς ἐρρύσατο (V. 13) erläuternd hinzugefügt wird — in Christus Heil und Rettung gewirkt hat[6]. In den Hodajoth sagt der Beter zwar einmal, sein Vater kenne ihn nicht und seine Mutter habe ihn Gott überlassen, und fährt dann fort: „Ja, du bist ein Vater für alle [Söhne] deiner Wahrheit" (1QH IX, 35). Sonst aber

---

[1] Vgl. Robinson a. a. O. S. 208.

[2] Vgl. Robinson a. a. O. S. 210f. Dort weitere Beispiele, aus denen noch eines genannt sei: εὐχαριστοῦμέν σοι περὶ πάντων, δέσποτα παντοκράτωρ, ὅτι οὐκ ἐγκατέλιπες τὰ ἐλέη σου (Const. Apost. VII, 38, 1).

[3] Vgl. Theodoret z. St., der εὐχαριστεῖν durch ὑμνεῖν erklärt: ὑμνοῦμεν δὲ τὸν φιλάνθρωπον δεσπότην, ὅτι ἡμᾶς ἀναξίους ὄντας κοινωνοὺς ἀπέφηνε τοῦ τῶν ἁγίων φωτός.

[4] Vgl. Robinson a. a. O. S. 230—233.

[5] א*(G) 69 it vg^cl sy^p fügen θεῷ vor πατρί ein, 104 pm bieten τῷ θεῷ καὶ πατρί.

[6] Vgl. N. A. Dahl, Anamnesis, StTh 1 (1947), S. 86f., der freilich zu rasch den Begriff εὐχαριστεῖν mit der Feier der Eucharistie in Zusammenhang bringt

wird Gott niemals in den Schriften der Gemeinde von Qumran Vater genannt. In den einleitenden Worten der Loblieder heißt er stets „Herr". Die christliche Gemeinde dagegen betet zu Gott als dem Vater[1]. Er ist als der Vater Jesu Christi (1₃) unser Vater (1₂), dem durch den Kyrios Jesus Christus die εὐχαριστία dargebracht wird (3₁₇). Das Partizip des Aorist τῷ ἱκανώσαντι weist auf eine bestimmte Tat Gottes hin. Er hat euch[2] — daran wird die Gemeinde erinnert — bevollmächtigt[3] εἰς τὴν μερίδα τοῦ κλήρου τῶν ἁγίων ἐν τῷ φωτί.

μερίς und κλῆρος stehen in ihrer Bedeutung nahe beieinander und werden im Alten Testament oft zusammen genannt. μερίς gibt meist חֵלֶק, bisweilen aber auch נַחֲלָה wieder. Auch κλῆρος kann für נַחֲלָה eingesetzt werden, in der Regel jedoch steht es für גּוֹרָל, das niemals durch μερίς übersetzt wird. Der Stamm Levi erhielt bei der Landverteilung nicht wie seine Brüder חֵלֶק וְנַחֲלָה (Dt 10₉, LXX: μερὶς καὶ κλῆρος; vgl. auch Dt 12₁₂ 14₂₇. ₂₉ 18₁). Mit den beiden Begriffen חֵלֶק und נַחֲלָה wird vielfach der Anteil bezeichnet, der jemandem bei der Verlosung des Landes zufällt (Dt 32₉ Jos 19₉)[4]. μερίς wie κλῆρος bedeuten das Zugeteilte und können daher auch in übertragenem Sinne verwendet werden sowohl hinsichtlich dessen, was jedem Menschen als sein Teil bestimmt ist — es sei Lohn oder Strafe — (vgl. z.B. Jes 57₆ Jer 13₂₅), als auch insbesondere im Blick auf die Teilhabe an dem von Gott gewirkten Heil. Der Fromme kann frohlocken: κύριος ἡ μερὶς τῆς κληρονομίας μου (ψ 15₅). Wie einst das Erbe im gelobten Land als sichtbarer Erweis für den Anteil an der erfüllten Verheißung galt, so scheiden sich die Menschen je nach dem Teil, der ihnen zugefallen ist. In dieser Bedeutung werden die Begriffe חֵלֶק und נַחֲלָה häufig in den Schriften der Gemeinde von Qumran gebraucht[5]. Die Menschen haben Anteil an den Bereichen der beiden Geister (1QS IV, 15) — an dem des Geistes der Wahrheit und an dem des Geistes des Frevels. Sie wandeln und handeln entsprechend dem Anteil eines jeden (1QS IV, 16: לפי נחלת איש; vgl. auch IV, 24). Gott hat die beiden Geister geschaffen, ihren Widerstreit gesetzt und jedem Menschen seinen Anteil bzw. sein Los bestimmt. Die eine

---

[1] „Der Vater" steht ohne Apposition in liturgisch geprägten Wendungen, vgl. Gal 4₆ Röm 8₁₅ Phil 2₁₁, sowie in Bekenntnissätzen, vgl. 1Kor 8₆ Röm 6₄.

[2] Die Variante ἡμᾶς AC&DGpm gleicht an die 1. Person Plural der im Bekenntnisstil gehaltenen Verse 13 und 14 an.

[3] ἱκανώσαντι wird von DG 33 pc it in καλέσαντι, von B in καλέσαντι καὶ ἱκανώσαντι abgeändert. ἱκανοῦν steht im NT nur noch 2Kor 3₆ von der Tüchtigkeit des Apostels zu seinem Dienst; zu ἱκανός vgl. 1Kor 15₉ 2Kor 3₅. In LXX kommt nur ἱκανοῦσθαι vor, wie überhaupt außerhalb des NT allgemein das Passiv gebraucht wird. Vgl. Bauer Sp. 740.

[4] Zur Verbindung von μερίς und κλῆρος vgl. ferner LXX Gen 31₁₄ Num 18₂₀ Act 8₂₁: οὐκ ἔστιν σοι μερὶς οὐδὲ κλῆρος; weitere Belege bei W. Foerster, ThWB III, S. 758—760.

[5] Vgl. Lohse, Christologie und Ethik, S. 165.

Seite ist die des Loses Belials (בליעל גורל 1QS II, 5; 1QM I, 5; IV, 2;
XIII, 2), des Frevels (1QS IV, 24), der Finsternis (1QM I, 11; XIII, 5),
der Söhne der Finsternis (1QM I, 1). Die andere Seite ist die des Loses
Gottes (אל גורל 1QS II, 2; 1QM XIII, 5; XV, 1; XVII, 7), der Wahrheit
(1QM XIII, 12), des Lichtes (1QM XIII, 9; CD XIII, 12), so daß einander
gegenübergestellt werden: „Sie sind das Los der Finsternis, Gottes Los
aber ist das des [ewig]en Lichtes" (1QM XIII, 5f.). Gottes Erwählung
entscheidet darüber, auf welche Seite der Mensch gestellt wird. Die Gott
erwählt hat, denen „hat er Anteil gegeben am Los der Heiligen (וינחילם
קדושים בגורל), und mit den Söhnen des Himmels hat er ihre Versammlung
verbunden zu einem Rat der Gemeinschaft" (1QS XI, 7f.). Obwohl
קדושים verschiedentlich als Selbstbezeichnung der Qumrangemeinde
verwendet wird[1], kann diese Bedeutung in diesem Zusammenhang nicht
vorliegen. Denn in den beiden parallel gebauten Satzhälften entsprechen
einander „die Heiligen" und „die Söhne des Himmels". Die Heiligen
sind daher die Engel im Himmel[2], mit denen die Gemeinde der Auserwählten, die sich auf Erden befindet, durch Gottes barmherzige Tat
verbunden wird[3].

Die ἅγιοι, an deren μερὶς τοῦ κλήρου die christliche Gemeinde teilbekommen hat, sind also — das geht aus den parallelen Aussagen
der Schriften der Gemeinde von Qumran eindeutig hervor — die
Engel[4]. Die Schar der von Gott Auserwählten ist mit ihnen verbunden
und wird wie sie ἅγιοι genannt. Als sein Eigentum sind sie Heilige (vgl.
1₂), die das himmlische Erbe empfangen sollen. Im Gegensatz zur Finsternis, die die gottlose Welt beherrscht, ist das Licht Wahrheit, Rettung,
Heil und Nähe Gottes. φῶς kennzeichnet also den Bereich, in den Gottes
Tat die Seinen versetzt hat[5]. Mit der Wendung εἰς τὴν μερίδα τοῦ κλήρου,
zu der die Begriffe μερίς und κλῆρος zusammengefaßt sind, wird somit
derselbe Gedanke ausgedrückt, der schon mit dem Hinweis auf das Hoffnungsgut, das für die Heiligen in den Himmeln bereitliegt, ausgesprochen
wurde (1₅). Auch hier ist die Vorstellung nicht zeitlich-eschatologisch,

---

[1] Vgl. 1QM III, 5; VI, 6; X, 10; XVI, 1 u. ö.; vgl. oben S. 36 Anm. 1.

[2] Vgl. M. Noth, Die Heiligen des Höchsten, in: Gesammelte Studien zum
Alten Testament, ThB 6, München 1957 = ³1966, S. 274—290; C. H. W. Brekel-
mans, The Saints of the most High and their Kingdom, in: Oudtestamentische
Studiën 14 (1965), S. 305—329; R. Hanhart, Die Heiligen des Höchsten, in:
Hebräische Wortforschung, Festschrift für W. Baumgartner, Suppl. to Vetus Testa-
mentum 16, Leiden 1967, S. 90— 101.

[3] Vgl. auch SapSal 5₅: Die Gottlosen sagen voller Reue über den Gerechten:
πῶς κατελογίσθη ἐν υἱοῖς θεοῦ καὶ ἐν ἁγίοις ὁ κλῆρος αὐτοῦ ἐστιν. Zum rabbinischen
Sprachgebrauch vgl. Billerbeck III, S. 625.

[4] Vgl. auch Eph 1₁₈ Act 20₃₂ 26₁₈ und siehe Käsemann, Leib Christi, S. 142.
147 sowie Lohmeyer z. St.

[5] ἐν τῷ φωτί gehört also nicht nur zum vorhergehenden Wort, sondern zur
ganzen Wendung.

sondern räumlich orientiert[1]. Denn schon jetzt hat Gott in seiner unergründlichen Barmherzigkeit die Seinen dazu tüchtig gemacht, mit den Heiligen am himmlischen Erbe teilzuhaben und im Licht zu wandeln[2].

V. 13: Anteil am Erbe der Heiligen im Licht aber bedeutet: Gott hat uns herausgerissen aus dem Machtbereich der Finsternis und in den Herrschaftsbereich seines geliebten Sohnes versetzt. Der relativisch angeschlossene Doppelzeiler, der zu V. 12 eine begründende Erklärung hinzufügt, geht von der zweiten Person, in der die Aufforderung von V. 12 gehalten war, zur ersten Person Plural über. Im Bekenntnis spricht die Gemeinde aus, daß sie durch Gottes rettende Tat befreit worden ist[3]. ῥύεσθαι gibt in der Septuaginta meist נצל hiph. wieder und beschreibt Gottes helfendes und erlösendes Eingreifen[4]. Er errettete sein Volk aus der Hand der Ägypter (Ex 14₃₀ Ri 6₉. ₁₃), aus der Knechtschaft (Ex 6₆), aus der Hand aller ihrer Feinde (Ri 8₃₄). Diese Rettung geschieht nach seiner großen Barmherzigkeit (Neh 9₂₈), nach seinem Erbarmen (ψ 32₁₈f. 85₁₃), um seines Namens willen (ψ 78₉). Wie er dem ganzen Volk mit seinem Beistand half, so gewährt er auch dem einzelnen Frommen rettende Hilfe, indem er ihn aus der Hand der Verfolger reißt (2Sam 12₇) und ihm gegen seine Feinde Beistand gewährt (ψ 7₂). Von Gottes befreiender Tat spricht rühmend auch die Gemeinde von Qumran: Die Schar derer, die dem Lehrer der Gerechtigkeit folgen, errettet er aus dem Hause des Gerichts (1QpHab VIII, 2), die Götzenbilder aber können ihre Verehrer nicht retten am Tage des Gerichts (1QpHab XII, 14). Der Bund Gottes macht alle, die in seinen Geboten wandeln, gewiß, daß er sie aus allen Fallstricken der Grube erretten wird (CD XIV, 2). Die Beter preisen Gott: „Du erlöstest meine Seele aus der Hand der Mächtigen" (1QH II, 35). „Du hast meine Seele erlöst aus der Grube" (1QH III, 19).

Die christliche Gemeinde betet zu Gott: ῥῦσαι ἡμᾶς ἀπὸ τοῦ πονηροῦ (Mt 6₁₃) und wartet auf ihren Herrn τὸν ῥυόμενον ἡμᾶς ἐκ τῆς ὀργῆς τῆς ἐρχομένης (1Thess 1₁₀). Auf die bange Frage τίς με ῥύσεται ἐκ τοῦ σώματος τοῦ θανάτου τούτου (Röm 7₂₄) aber antwortet das Bekenntnis: Gott ἐρρύσατο ἡμᾶς ἐκ τῆς ἐξουσίας τοῦ σκότους (1₁₃). ἐξουσία entspricht dem hebräischen Begriff מֶמְשָׁלָה[5] und bezeichnet den Machtbereich. So ist in den Qumrantexten von der ממשלת בליעל die Rede, der Herrschaft Belials, die gegenwärtig über die Söhne der Finsternis ihre Gewalt ausübt (1QS I, 18.23f.; II, 19; 1QM XIV, 9). Diese kann auch ממשלת משטמתו = „Herrschaft

[1] Vgl. Abbott, Dibelius-Greeven z. St.

[2] φῶς bedeutet hier nicht den „jenseitigen Raum des Heils, wo Gott wohnt" (so Conzelmann z. St.), sondern schlechthin den Bereich, in den Gott die Heiligen versetzt hat und der daher hier und jetzt ihren Wandel bestimmt. Vgl. die Parallelen in den Qumrantexten.

[3] Subjekt des ὅς-Satzes ist Gott. Dadurch sind V. 13f. von V. 15 und 18, in denen Christus Subjekt des Relativsatzes ist, deutlich unterschieden.

[4] Vgl. W. Kasch, ThWB VI, S. 999—1004.

[5] Vgl. LXX 4Βασ 20₁₃ ψ 113₂ 135₈f. Jes 39₂ Jer 28(51)₂₈ u. ö.

seiner Anfeindung" (1QS III, 23), ממשלת עולה = „Herrschaft des Frevels"
(1QS IV, 19) oder ממשלת רשעה = „Herrschaft der Ruchlosigkeit" (1QM
XVII, 5 f.) genannt werden[1]. Durch den Gegensatz von Licht und Finsternis sind die beiden Bereiche gekennzeichnet, in denen die Menschen
stehen — hier das Los Belials und die Söhne der Finsternis (1QS II, 5;
1QM I, 1. 5. 11; IV, 2; XIII, 2 u. ö.), dort aber das Los der Heiligen
und die Söhne des Lichtes (1QS I, 9; II, 16; XI, 7 f.; 1QH XI, 11 f. u. ö.).
Mit der Gegenüberstellung von φῶς und σκότος[2] wird auch im Bekenntnis
der christlichen Gemeinde aufgezeigt, daß der Herrschaftswechsel stattgefunden hat[3], der das Leben der Glaubenden schlechthin bestimmt[4].

Wie ein mächtiger König eine ganze Völkerschaft aus ihren ange-
stammten Wohnsitzen herausnehmen und in einen anderen Lebensbereich
verpflanzen kann[5], so hat Gott die Gemeinde aus der Gewalt der Finsternis[6]
herausgeholt und versetzt εἰς τὴν βασιλείαν τοῦ υἱοῦ τῆς ἀγάπης αὐτοῦ[7]. Dem
Wort βασιλεία, das dem eben genannten Begriff ἐξουσία gegenübersteht,
entspricht im Hebräischen מַלְכוּת. Dem Gott Israels, der furchtbar ist in
der Herrlichkeit seiner מלכות (1QM XII, 7), wird die Königsherrschaft
gehören (1QM VI, 6). Dem Sproß Davids ist nach göttlicher Verheißung
die ברית מלכות עמו, der Bund der Königsherrschaft über sein Volk, gegeben
für ewige Geschlechter (4Q Patriarchensegen 4). Israel wird in der Heils-
zeit die Herrschaft empfangen und ausüben (1QSb V, 21; 1QM XIX, 8).
Der eschatologische Begriff der מַלְכוּת הַשָּׁמַיִם wird in der Verkündigung
Jesu aufgenommen und mit unerhörter Dringlichkeit versehen: Gottes
Herrschaft kommt, sie hebt schon an (Mk 1₁₅ Par.). Wo Paulus in seinen
Briefen die βασιλεία τοῦ θεοῦ erwähnt, ist stets wie in der urchristlichen
Verkündigung die futurische Bedeutung des Begriffes vorausgesetzt.
Wiederholt wird von der zukünftigen Herrschaft Gottes und dem Erben
der βασιλεία gesprochen (1Thess 2₁₂ Gal 5₂₁ 1Kor 6₉f. 15₅₀ 2Thess 1₅;

---

[1] Die Verbindung ממשלת חושך — ἐξουσία τοῦ σκότους findet sich 1QH XII, 6,
ist dort jedoch nicht in übertragener Bedeutung gebraucht; Der Beter versichert,
er wolle „zu Beginn der Herrschaft der Finsternis", d. h. am Abend, Gott preisen.

[2] Vgl. H. Conzelmann, ThWB VII, S. 424—446, bes. S. 443.

[3] ἐξουσία τοῦ σκότους heißt es auch Lk 22₅₃: Jesus sagt bei seiner Gefangennahme
zu seinen Häschern: αὕτη ἐστὶν ὑμῶν ἡ ὥρα καὶ ἡ ἐξουσία τοῦ σκότους.

[4] Vgl. 2Kor 6₁₄: τίς κοινωνία φωτὶ πρὸς σκότος; 1Petr 2₉: τοῦ ἐκ σκότους ὑμᾶς
καλέσαντος εἰς τὸ θαυμαστὸν αὐτοῦ φῶς; Eph 5₈: ἦτε γάρ ποτε σκότος, νῦν δὲ φῶς
ἐν κυρίῳ; 1Clem 59₂: δι᾽ οὗ (sc. Christus) ἐκάλεσεν ἡμᾶς ἀπὸ σκότους εἰς φῶς. Zur
Sache vgl. weiter unten S. 75 Anm. 2.

[5] Vgl. Josephus, Ant. IX, 235: Der Assyrerkönig Tiglat-Pileser nahm die
Bewohner der von ihm eroberten Gebiete Palästinas gefangen und μετέστησεν
εἰς τὴν αὐτοῦ βασιλείαν.

[6] Chrysostomus z. St. erklärt τῆς ἐξουσίας durch τῆς τυραννίδος.

[7] μεθιστάναι bezeichnet das Versetzen von einem Ort an einen anderen, vgl.
1Kor 13₂: ὄρη μεθιστάναι (vgl. auch Act 19₂₆) bzw. das Versetzen oder Absetzen
(Lk 16₄ Act 13₂₂), nicht aber ein Hinaufheben oder Entrücken (gegen Lohmeyer
z. St.).

vgl. ferner 1Kor 4₂₀ Röm 14₁₇)[1]. Nur 1Kor 15₂₃₋₂₈ ist bei Paulus von der Herrschaft Christi die Rede. Der auferstandene und erhöhte Christus muß herrschen, bis er alle Feinde unter seine Füße legt. Am Ende aber wird Christus Gott die βασιλεία übergeben, damit Gott sei alles in allem. Die βασιλεία Christi ist also zeitlich begrenzt und hat die Aufgabe, der Gottesherrschaft, die ohne Ende währen wird, den Weg zu bereiten[2]. Der Kolosserbrief dagegen stellt der ἐξουσία τοῦ σκότους die βασιλεία des geliebten Gottessohnes gegenüber, ohne eine zeitliche Befristung zu nennen. Die Christusherrschaft, in die die Glaubenden versetzt worden sind, vermittelt ihnen hier und jetzt das Heil. Denn sie sind bereits mit Christus auferweckt (2₁₂), mit ihm auferstanden zum neuen Leben (3₁f.). Nicht erst von der zukünftigen Vollendung, sondern schon vom gegenwärtig verkündigten und zugeeigneten Heil gilt daher, daß πάντα καὶ ἐν πᾶσιν ὁ Χριστός (3₁₁).

Die hebraisierende Wortverbindung ὁ υἱὸς τῆς ἀγάπης αὐτοῦ[3] entspricht dem sonst gebräuchlichen Ausdruck ὁ υἱὸς ὁ ἀγαπητός (Mk 1₁₁ Par. 9₇ Par. 12₆ Par.) bzw. ἠγαπημένος (Eph 1₆)[4]. Gott hat — wie die Himmelsstimme in der Geschichte von der Taufe Jesu ausruft — Christus als seinen geliebten Sohn offenbar gemacht (Mk 1₁₁ Par.). Der Auferstandene ist eingesetzt zum Sohn Gottes (Röm 1₄) und zur Rechten Gottes inthronisiert worden (Röm 8₃₄ Kol 3₁ Act 2₃₄f. u. ö.). Die Aoriste ἐρρύσατο und μετέστησεν deuten auf die Taufe als das Ereignis hin, durch das der Herrschaftswechsel vollzogen wurde, indem wir der Gewalt der Finsternis entrissen und in die βασιλεία des geliebten Gottessohnes versetzt wurden[5]. Damit ist nicht gemeint, daß die Getauften in ein jenseitiges Lichtreich entrückt worden sind[6]. Von einer schwärmerischen Vorwegnahme der

---

[1] Kol 4₁₁ wird βασιλεία τοῦ θεοῦ als formelhafter Ausdruck gebraucht: συνεργοὶ εἰς τὴν βασιλείαν τοῦ θεοῦ; Eph 5₅ ist die κληρονομία ἐν τῇ βασιλείᾳ τοῦ Χριστοῦ καὶ θεοῦ erwähnt.

[2] Die βασιλεία Christi ist „gleichsam ein schon vorhandener, repräsentierender 'Vorläufer' der βασιλεία τοῦ θεοῦ und wird vom erhöhten Christus ausgeübt". Da nach apokalyptischer Vorstellung das messianische Zwischenreich erst mit der Parusie beginnt, „kann die βασιλεία von 1. Kor 15, 24 nicht als ein solches deklariert werden" (H.-A. Wilcke, Das Problem eines messianischen Zwischenreichs bei Paulus, AThANT 51, Zürich 1967, S. 99).

[3] Es liegt eindeutig ein Semitismus vor (vgl. Blaß-Debr. § 165), nicht etwa poetische attische Ausdrucksweise, „die auf den Marktplatz herabgesunken war" (so Dibelius-Greeven z. St.; Moulton, Einleitung, S. 113).

[4] Der geliebte Sohn ist der einzige Sohn, vgl. Gen 22₂. Weitere Belege bei Lohmeyer z. St. E. Schweizer, Dying and Rising with Christ, NTS 14 (1967/68), S. 5 Anm. 3 erwägt die Möglichkeit, der Ausdruck „der geliebte Sohn" könnte „from a first line of the hymn quoted in I, 15—20" genommen sein; „for . . . it occurs rather frequently in Egyptian texts . . . together with the concept of the image of God (V. 15)". Vgl. unten S. 77 Anm. 2.

[5] Vgl. Käsemann, Aufsätze I, S. 43f.; Bornkamm, Aufsätze II, S. 190f.; E. Schweizer, ThWB VIII, S. 370.

[6] Gegen Lohmeyer, Conzelmann z. St.

Vollendung ist nicht die Rede. Sondern wie die Finsternis die Verlorenheit kennzeichnet, so charakterisiert das Licht die Christusherrschaft[1], die hier und jetzt Leben und Wandel der Getauften bestimmt[2].

V. 14: Der Relativsatz ἐν ᾧ ἔχομεν[3] spricht von dem neuen Leben, das wir in Christus empfangen haben. Das Wort ἀπολύτρωσις[4], das im zeitgenössischen Griechisch selten gebraucht wird[5], bezeichnet die Befreiung aus Gefangenschaft und Knechtschaft[6]. Im Neuen Testament wird der Begriff in eschatologischer Bedeutung verwendet, wenn von der Hoffnung auf die ἀπολύτρωσις τοῦ σώματος ἡμῶν (Röm 8₂₃) bzw. die ἡμέρα ἀπολυτρώσεως (Eph 4₃₀; vgl. auch Eph 1₁₄) gesprochen wird. Meist aber wird die Erlösung als schon geschehen bekannt: Christus ist uns zur ἀπολύτρωσις geworden (1Kor 1₃₀), die ἀπολύτρωσις aber bedeutet nichts anderes als ἄφεσις τῶν ἁμαρτιῶν (Kol 1₁₄ Eph 1₇)[7]. Von der Vergebung

---

[1] Diese Bedeutung der Begriffe Licht und Finsternis ist durch die Parallelen aus den Qumrantexten sichergestellt. Dabei ist nicht anzunehmen, daß der Verfasser des Kolosserbriefes direkte Berührung mit den Schriften oder der Überlieferung der Gemeinde von Qumran gehabt hat. Vielmehr haben bestimmte Begriffe und Vorstellungen aus der Lehre der Gemeinde von Qumran in die hellenistische Synagoge Eingang gefunden — vgl. die Testamente der Zwölf Patriarchen! — und sind über diese dann auch der christlichen Gemeinde bekannt geworden. Vgl. auch unten Anm. 2 und Braun, Qumran I, S. 226.

[2] Mit nahezu denselben Worten wird Act 26₁₈ der Auftrag formuliert, der Paulus vor Damaskus erteilt wird: den Heiden die Augen zu öffnen, τοῦ ἐπιστρέψαι ἀπὸ σκότους εἰς φῶς καὶ τῆς ἐξουσίας τοῦ σατανᾶ ἐπὶ τὸν θεόν, τοῦ λαβεῖν αὐτοὺς ἄφεσιν ἁμαρτιῶν καὶ κλῆρον ἐν τοῖς ἡγιασμένοις πίστει τῇ εἰς ἐμέ. Dieser Satz erläutert die Bekehrung von der Finsternis zum Licht als Bekehrung von der ἐξουσία τοῦ σατανᾶ zu Gott. Wer sich ihm zugewandt hat, empfängt als Glied der Heilsgemeinde ein Los unter den Heiligen durch den Glauben an Christus, und das heißt: Er empfängt Vergebung der Sünden. Daß die Gegenüberstellung der Begriffe Licht und Finsternis bereits in der hellenistischen Synagoge im Zusammenhang mit der Bekehrung zum Gott Israels gebraucht wurde, geht aus der Schrift Joseph und Aseneth hervor, wo es 8₉ (49₁₉–₂₁) heißt: κύριε ὁ θεὸς τοῦ πατρός μου Ἰσραήλ, ὁ ὕψιστος καὶ δυνατὸς θεός, ὁ ζωοποιήσας τὰ πάντα καὶ καλέσας ἀπὸ τοῦ σκότους εἰς τὸ φῶς καὶ ἀπὸ τῆς πλάνης εἰς τὴν ἀλήθειαν καὶ ἀπὸ τοῦ θανάτου εἰς τὴν ζωήν; ferner 15, 12 (62, 11—13): εὐλογητὸς κύριος ὁ θεός σου, ὁ ἐξαποστείλας σε τοῦ ῥύσασθαί με ἐκ τοῦ σκότους καὶ ἀναγαγεῖν με ἀπὸ τῶν θεμελίων αὐτῆς τῆς ἀβύσσου εἰς τὸ φῶς. Vgl. Ch. Burchard, Untersuchungen zu Joseph und Aseneth, UNT 8, Tübingen 1965, S. 102 Anm. 3.

[3] B liest ἔσχομεν und gleicht damit an die Aoriste in V. ₁₃ an.

[4] Vgl. F. Büchsel, ThWB IV, S. 354—359.

[5] ἀπολύτρωσις ist erst seit dem 2. oder 1. Jh. v. Chr. nachgewiesen, in LXX nur Dan 4₃₄ von der Erlösung Nebukadnezars von seinem Wahnsinn. Vgl. Büchsel a.a. O. S. 354; Bauer Sp. 190f. Zur Sache vgl. auch TestSeb 9₈: αὐτὸς λυτρώσηται πᾶσαν αἰχμαλωσίαν υἱῶν ἀνθρώπων ἐκ τοῦ Βελίαρ; TestJos 18₂: ἀπὸ παντὸς κακοῦ λυτρωθήσεσθε διὰ Κυρίου. Die Gemeinde von Qumran versteht sich als עם פדות אל = „das Volk, dem die Erlösung Gottes gilt" (1QM I, 12) bzw. als die אביוני פדותכה = „die Armen, denen deine Erlösung gilt" (1QM XI, 9). Vgl. weiter 1QM XIV, 5. 10; XV, 1; XVII, 6.

[6] Belege bei Büchsel und Bauer a.a. O. (siehe Anm. 4 und 5).

[7] Ein Zusammenhang mit der Praxis der Befreiung eines Sklaven aus der Gefangenschaft liegt hier nicht vor. Anders Deißmann, Licht vom Osten, S. 280,

der Sünden wird bei Paulus sonst jedoch nur selten gesprochen. Er versteht die ἁμαρτία als eine Macht, die durch Adams Tat in die Welt Eingang fand (Röm 5₁₂) und seither ihre Zwingherrschaft über die Menschen ausübt. An Christi Kreuz aber ist ihre Gewalt zerbrochen (Röm 8₃); denn er ist für uns zur Sünde gemacht, damit wir Gottes Gerechtigkeit würden in ihm (2Kor 5₂₁). Wo in den paulinischen Briefen die Vergebung der Sünden erwähnt wird[1], handelt es sich um gemeinchristliche Wendungen[2]. Röm 3₂₄ liegt ein judenchristlicher Bekenntnissatz zugrunde, den Paulus aufnimmt, um sein Verständnis der δικαιοσύνη θεοῦ zu begründen und zu entfalten[3]. In Christus hat Gott die ἀπολύτρωσις gewirkt. Die πάρεσις[4] τῶν προγεγονότων ἁμαρτημάτων ist verbürgt im Sühnopfertod Christi (Röm 3₂₅). Auf seinen stellvertretenden Tod wird auch Eph 1₇ Bezug genommen: ἐν ᾧ ἔχομεν τὴν ἀπολύτρωσιν διὰ τοῦ αἵματος αὐτοῦ, τὴν ἄφεσιν τῶν παραπτωμάτων[5]. Die Vergebung der Sünden aber wird in der Taufe zuteil. Wurde beim Vollzug der Johannestaufe die zukünftige ἄφεσις ἁμαρτιῶν am Tage des nahenden Gerichts erhofft (Mk 1₄ Par.), so wird in der urchristlichen Taufpraxis die ἄφεσις τῶν ἁμαρτιῶν unmittelbar zugesprochen (Act 2₃₈)[6]. Die Vergebung der Sünden kann daher in der Apostelgeschichte wiederholt als Inhalt des Heils angeführt werden (Act 5₃₁ 10₄₃ 13₃₈ 26₁₈)[7]. Indem in Übereinstimmung mit dem gemeinchristlichen Verständnis die ἀπολύτρωσις als ἄφεσις τῶν ἁμαρτιῶν bestimmt wird, nimmt die Aufforderung zum Lobpreis deutlich auf die Taufe Bezug[8]. Damit aber ist zugleich

---

der auf die antike Sklavenbefreiung hinweist. Zur Sache vgl. auch W. Elert, Redemptio ab hostibus, ThLZ 72 (1947), Sp. 265—270.

[1] Vgl. R. Bultmann, ThWB I, S. 509.

[2] Dabei nimmt der urchristliche Sprachgebrauch den des AT und des Judentums auf. Von der Vergebung (סלח, נשא) bzw. Sühne (כפר) der Sünden ist in den Schriften der Gemeinde von Qumran häufig die Rede. Vgl. 1QS I, 23—26; II, 8; III, 6—12; IX, 4; XI, 14; CD II, 4f.; III, 18; IV, 9f.; XIV, 19; 1QH IV, 37; VII, 35; IX, 13. 34; X, 21; XI, 9. 31; XIV, 24; XVI, 16; XVII, 12. 15. 18. u. ö. Rabbinische Belege bei Billerbeck I, S. 113f. 421.

[3] Vgl. E. Käsemann, Zum Verständnis von Römer 3,24—26, in: Aufsätze I, S. 96—100; Lohse, Märtyrer und Gottesknecht, S. 149—154.

[4] πάρεσις bedeutet nicht etwa das Hingehenlassen, sondern hat denselben Sinn wie ἄφεσις = Vergebung. Vgl. R. Bultmann, ThWB I, S. 508.

[5] Aus Eph 1₇ tragen einige späte Zeugen auch Kol 1₁₄ die Worte διὰ τοῦ αἵματος αὐτοῦ ein (35 1912 al vg^cl sy^h).

[6] Auf die Taufe nehmen auch die bekenntnisartigen Wendungen Apk 1₅f. Bezug: τῷ ἀγαπῶντι ἡμᾶς καὶ λύσαντι ἡμᾶς ἐκ τῶν ἁμαρτιῶν ἡμῶν ἐν τῷ αἵματι αὐτοῦ. Vgl. E. Lohse, Die Offenbarung des Johannes, NTD 11, ²Göttingen 1966, S. 16 und P. v. d. Osten-Sacken, Christologie, Homologie, Taufe — Ein Beitrag zu Apc Joh 1₅f., ZNW 58 (1967), S. 255—266.

[7] Vgl. weiter Mt 26₂₈ Lk 1₇₇ 24₄₇ Hebr 9₂₂ 10₁₈.

[8] Eine Anspielung auf den jüdischen Versöhnungstag, wie sie Lohmeyer S. 43—46. 52f. annehmen möchte, liegt sicher nicht vor (vgl. auch unten S. 83f.). Dieser Gedanke spielt im Hebräerbrief eine wichtige Rolle, nicht aber an unserer Stelle, wo mit ἀπολύτρωσις und ἄφεσις τῶν ἁμαρτιῶν Begriffe aus der urchristlichen Überlieferung aufgenommen sind.

angezeigt, in welchem Sinne der nun folgende Hymnus verstanden werden soll[1]. Allen Spekulationen über die Erkenntnis höherer Welten wird entgegengehalten, daß die Vergebung der Sünden durch nichts überboten oder ergänzt werden kann. Denn die Herrschaft Christi ist da, wo Vergebung der Sünden ist; mit ihr aber ist tatsächlich alles gegeben, Leben und Seligkeit.

Der Christushymnus 1 15-20

Mit V. 15 setzt das Zitat eines hymnischen Zusammenhangs ein, der bis zum Ende von V. 20 reicht[2]. Durch die Einfügung des Hymnus in den Ge-

---

[1] Käsemann, Aufsätze I, S. 43—49 möchte den ganzen Zusammenhang V. 12-20 als Taufliturgie ansehen. Eckart a.a. O. (vgl. S. 65 Anm. 3) will auch die Verse 9-11 in die Taufliturgie einbeziehen, die sich in drei Teile gliedere: die Paränese (V. 9-12), das als Responsorium angeschlossene Bekenntnis des Täuflings (V. 13-14) und den Christushymnus (V. 15-20). Von einer Liturgie kann man jedoch schwerlich reden. V. 9-11 sprechen die Fürbitte des Apostels aus. Die Verse 12-14 handeln — unter Aufnahme überlieferter Wendungen — vom Taufgeschehen, stellen aber keinen durchgehenden liturgischen Zusammenhang dar. Vgl. auch L. Fendt, ThLZ 76 (1951), Sp. 532; Dibelius-Greeven S. 11; Bornkamm, Aufsätze II, S. 196 Anm. 19a; Schweizer, Neotestamentica, S. 293 Anm. 1; R. Deichgräber, Gotteshymnus und Christushymnus in der frühen Christenheit. Untersuchungen zu Form, Sprache und Stil der frühchristlichen Hymnen, StUNT 5, Göttingen 1967, S. 78—82. Bornkamm bemerkt mit Recht: „Es muß die Feststellung genügen, daß der Text 1₁₂-₁₄ das Taufgeschehen zum Inhalt hat und 1₁₅-₂₀ diesem zugeordnet ist." Ob diese Zuordnung schon in der mündlichen Überlieferung bestanden hat (so Käsemann, Aufsätze I, S. 37f.: „Der Verfasser des Briefes hat V. 13-14 offensichtlich bereits mit dem Hymnus verbunden vorgefunden."), ist angesichts des Unterschiedes der in beiden Stücken verwendeten Begrifflichkeit und Vorstellungen sowie der wechselnden Redeform (V. 13f.: Relativsatz im Bekenntnisstil; V. 15-20 fehlt das „Wir" oder „Ihr" der Gemeinde) recht ungewiß. Wahrscheinlicher ist es, daß der Verfasser des Briefes verschiedene Traditionsstücke miteinander verband und durch den von ihm hergestellten Zusammenhang zugleich anzeigte, wie der Christushymnus verstanden werden soll.

[2] Da das Zitat mit einem Relativsatz beginnt, muß im Hymnus mindestens eine kurze Zeile vorangegangen sein, die etwa gelautet haben könnte: „Gelobt sei der Sohn Gottes" o. ä. (vgl. oben S. 74 Anm. 4). Einen kritischen Forschungsbericht über die Exegese von 1₁₅-₂₀ hat H. J. Gabathuler, Jesus Christus, Haupt der Kirche — Haupt der Welt. Der Christushymnus Colosser 1, 15—20 in der theologischen Forschung der letzten 130 Jahre, AThANT 45, Zürich 1965 erstattet. Zur Erklärung des Hymnus sind außer den Kommentaren vor allem folgende Untersuchungen zu nennen: E. Norden, Agnostos Theos, Leipzig 1913 = ⁴Darmstadt 1956, S. 250—254; G. Harder, Paulus und das Gebet, NTF 10, Gütersloh 1936, S. 46—51; M. A. Wagenführer, Die Bedeutung Christi für Welt und Kirche. Studien zum Kolosser- und Epheserbrief, Leipzig 1941; Percy, Probleme, S. 68—78; Ch. Masson, L'hymne christologique de l'épître aux Colossiens I, 15—20, RThPh NS 36 (1948), S. 138—142; E. Käsemann, Eine urchristliche Taufliturgie, in: Festschrift für R. Bultmann, Stuttgart 1949, S. 133—

dankengang des Briefes sind gewisse Spannungen zum Kontext entstanden. Die vorangeschickten Verse 13 und 14 sind im Stil des Bekenntnisses gehalten („uns", „wir"); die Verse 15-20 erwähnen jedoch die bekennende Gemeinde mit keinem Wort, sondern zeigen allein die alle Welt betreffende Gültigkeit und Wirkung des Christusgeschehens auf. Es folgt eine auslegende und anwendende Erklärung, in der nun die Gemeinde angesprochen wird: Euch hat er versöhnt (V.21-23). Dabei wird die Versöhnung nicht mehr in kosmischem Zusammenhang verstanden, sondern auf die Gemeinde bezogen, die in dem Wort von der Versöhnung angeredet wird.

Sprache und Stil der Verse 15-20 weisen diese als hymnisches Stück aus, das der Überlieferung entnommen wurde. Zweimal werden mit einem Relativsatz[1] ὅς ἐστιν christologische Hoheitsaussagen eingeführt (V.15. 18b), denen jedesmal ein begründendes ὅτι folgt (V.16. 19). V.17 und 18a sind jeweils durch καὶ αὐτός angefügt, V.20 durch καὶ δι᾽ αὐτοῦ. Mit der vollklingenden Wendung εἰρηνοποιήσας διὰ τοῦ αἵματος τοῦ σταυροῦ αὐτοῦ, δι᾽ αὐτοῦ εἴτε τὰ ἐπὶ τῆς γῆς εἴτε τὰ ἐν τοῖς οὐρανοῖς wird das Lied abgeschlossen. In diesen Versen steht eine stattliche Reihe von Begriffen, die sich im Corpus Paulinum sonst überhaupt nicht oder aber in anderer Bedeutung finden: εἰκὼν τοῦ θεοῦ (V.15) dient als christologisches Prädikat nur noch in dem formelhaften Satz 2Kor 4₄: ὅς ἐστιν εἰκὼν τοῦ θεοῦ[2]. ὁρατός (V.16) wird im Neuen Testament nur an dieser Stelle, ἀόρατος (V.15f.) selten (Röm 1₂₀ 1Tim 1₁₇ Hebr 11₂₇), niemals aber im Gegensatz zu

---

148 = Aufsätze I, S. 34—51 (hiernach zitiert); E. Unger, Christus und der Kosmos. Exegetisch-religionsgeschichtliche Studie zu Kol 1,15ff., Diss. Wien 1953; L. Cerfaux, Le Christ dans la théologie de saint Paul, Lectio Divina 6, ²Paris 1954, S. 298—301 = Christus in der paulinischen Theologie, Düsseldorf 1964, S. 245—247; Ch. Maurer, Die Begründung der Herrschaft Christi über die Mächte nach Kolosser 1,15–20, WuD NF 4 (1955), S. 79—93; J. M. Robinson, A Formal Analysis of Colossians 1₁₅₋₂₀, JBL 76 (1957), S. 270—287; E. Lohse, Imago Dei bei Paulus, in: Libertas Christiana, Festschrift für F. Delekat, BEvTh 26, München 1957, S. 126—130; ders. Christologie und Ethik, S. 160—164; Jervell, Imago Dei, S. 197—226; K.-G. Eckart, Exegetische Beobachtungen zu Kol. 1,9–20, ThViat 7 (1959/60), S. 87—106; E. Bammel, Versuch zu Col 1₁₅₋₂₀, ZNW 52 (1961), S. 88—95; Hegermann, Schöpfungsmittler, S. 88—157; E. Schweizer, Die Kirche als Leib Christi in den paulinischen Antilegomena, ThLZ 86 (1961), Sp. 241—256 = Neotestamentica, S. 293—316 (hiernach zitiert); ders., The Church as the Missionary Body of Christ, NTS 8 (1961/62), S. 1—11 = Neotestamentica, S. 317—329 (hiernach zitiert); P. Ellingworth, Colossians I. 15—20 and its Context, ExpT 73 (1961/62), S. 252f.; G. Schille, Frühchristliche Hymnen, Berlin 1962 = ²1965, S. 81f.; J. Schattenmann, Studien zum neutestamentlichen Prosahymnus, München 1965, S. 16—18; A. Feuillet, Le Christ sagesse de Dieu d'après les épîtres Pauliniennes, Études Bibliques, Paris 1966, S. 163—273; N. Kehl, Der Christushymnus Kol 1,12–20, StBM 1, Stuttgart 1967; R. Deichgräber, Gotteshymnus und Christushymnus in der frühen Christenheit. Untersuchungen zu Form, Sprache und Stil der frühchristlichen Hymnen, StUNT 5, Göttingen 1967, S. 143—155; K. Wengst, Christologische Formeln und Lieder des Urchristentums, Diss. Bonn 1967, S. 163—174.

[1] Zum relativischen Einsatz des hymnischen Zitats vgl. Phil 2₆ 1Tim 3₁₆ 1Petr 2₂₂ Hebr 1₃.

[2] 1Kor 11₇ wird vom Mann gesagt, er sei εἰκὼν καὶ δόξα θεοῦ.

ὁρατός gebraucht. Von θρόνοι ist in den paulinischen Briefen sonst nirgendwo gesprochen, von κυριότης (V.16) lediglich noch Eph 1₂₁. Das Intransitivum συνεστηκέναι (V.17) wird sonst von Paulus nicht verwendet. In christologischem Zusammenhang sagt Paulus ἀπαρχή (1Kor 15₂₀), niemals ἀρχή (V.18)[1]. πρωτεύειν und εἰρηνοποιεῖν sind Hapaxlegomena im Neuen Testament, κατοικεῖν (V.19) kehrt im Corpus Paulinum nur noch in dem auf den Hymnus bezogenen Vers Kol 2₉ und Eph 3₁₇ wieder, ἀποκαταλλάσσειν nur noch Eph 2₁₆. Das Blut Christi (V.20) erwähnt Paulus nur im Anschluß an überlieferte urchristliche Wendungen, die vom stellvertretenden Tod Christi handeln (Röm 3₂₅ 5₉ 1Kor 10₁₆ 11₂₅. ₂₇; vgl. auch Eph 1₇ 2₁₃)[2], die Verbindung αἷμα τοῦ σταυροῦ αὐτοῦ (V.20) aber ist ohne Parallele.

Diese Beobachtungen schließen die Möglichkeit aus, der Verfasser des Briefes könnte unter Benutzung von überkommenen Wendungen die Verse selbst geformt haben[3]. Es liegt vielmehr das Zitat eines urchristlichen Liedes vor, das die einzigartige Würde des erhöhten Herrn besingt und dessen beide Strophen jeweils durch ὅς ἐστιν (V.15. 18ᵇ) eingeleitet werden[4]. Ist in der ersten Strophe gesagt, das All sei in ihm und durch ihn und auf ihn hin geschaffen worden, so handelt die zweite Strophe von der Versöhnung, die als kosmischer Friede durch den Träger der göttlichen Fülle gestiftet wurde. Von Schöpfung und Versöhnung, Kosmologie und Soteriologie ist also die Rede, um Christus als den Herrn des Kosmos, der das Haupt des Leibes ist und dessen Regiment das All umgreift, zu preisen.

Nun hat aber der Verfasser des Briefes den Hymnus offensichtlich nicht unverändert übernommen, sondern kurze Interpretamente eingefügt und damit bestimmte Akzente gesetzt. Eigenartig erscheint es zunächst, daß am Ende der

---

[1] ἀρχή in der Bedeutung „Anfang" findet sich im Corpus Paulinum nur Phil 4₁₅ und 2Thess 2₁₃ als varia lectio: ἀπαρχήν (BG 33 al f vg syʰ bo)/ἀπ' ἀρχῆς (ℵΨ𝔐D pm it syᵖ); in der Bedeutung „kosmische Gewalt" 1Kor 15₂₄ Röm 8₃₈ Kol 2₁₀. ₁₅ Eph 1₂₁ 3₁₀ 6₁₂. Tit 3₁ werden die staatlichen Behörden als ἀρχαί bezeichnet.

[2] Vgl. Lohse, Märtyrer und Gottesknecht, S. 138—141.

[3] So Dibelius-Greeven S. 10: „Paulus ist also durch die Situation veranlaßt, hier ausführlich von Dingen zu reden, die er sonst . . . nur andeutend berührt." Ferner: Maurer a.a.O. S.84f.; Moule S.58—62; Kümmel, Einleitung, S. 247. Feuillet a.a.O. S. 246—269 meint, der Verfasser des Briefes nehme einen Hymnus auf, den er selbst zu einem früheren Zeitpunkt verfaßt habe: "Col. I, 1—15 peut être à bon droit regardé comme le sommet de la christologie paulienne" (S. 271).

[4] Die Analyse des Liedes hat von der parallelen Struktur dieser beiden ὅς-Sätze auszugehen. Versuche, eine andere Gliederung des Hymnus zu beweisen, verkennen den strophischen Aufbau des Liedes: Lohmeyer z. St. will die beiden Strophen — jede zu sieben Zeilen — V.15 und V.18 beginnen lassen. Jeder Strophe werde ein Dreizeiler vorangestellt (V.13f.; 16c. 17). Zur Kritik dieser Analyse vgl. vor allem Käsemann, Aufsätze I, S. 35f. Dibelius-Greeven z. St. setzen den Beginn der ersten Strophe mit V.15 an, den der zweiten aber schon bei V.18a: καὶ αὐτός ἐστιν ἡ κεφαλή κτλ. Ganz anders geht Masson z. St. vor, indem er unter Ausklammerung von V.18a fünf Strophen zu vier Kola konstruiert, die nach dem Gesetz des Parallelismus membrorum gebaut seien: V.15-16a; 16b.c; 17-18b; 19-20a; 20b.c. Zur kritischen Auseinandersetzung vgl. Ellingworth a.a.O. S. 252f. und Gabathuler a.a.O. S. 42—49. 61—66.

ersten, kosmologisch ausgerichteten Strophe plötzlich von Christus als der κεφαλή τοῦ σώματος τῆς ἐκκλησίας gesprochen wird (V.18a). Ihrem Inhalt nach müßte diese Aussage zur zweiten, von der Soteriologie bestimmten Strophe genommen werden, der Aufbau des Liedes aber weist sie dem ersten Teil zu. Die Schwierigkeit der Zuordnung von V.18a wird gelöst, wenn nach E. Käsemanns überzeugender Erklärung τῆς ἐκκλησίας als kommentierender Zusatz betrachtet wird[1]. Ursprünglich war dann von Christus als dem Haupt des Leibes, d. h. des Kosmos, die Rede. Durch die Einfügung von τῆς ἐκκλησίας aber hat der Verfasser des Briefes dem Begriff σῶμα eine neue Interpretation gegeben, die seinem Verständnis der Kirche als des Leibes Christi entsprach (vgl. 1₂₄)[2]. Eine sekundäre Erweiterung liegt sodann sicher auch am Ende der zweiten Strophe vor. Dort heißt es, er habe Frieden geschaffen διὰ τοῦ αἵματος τοῦ σταυροῦ αὐτοῦ, δι' αὐτοῦ. Das doppelte διά hat schon von jeher zu kritischen Bedenken Anlaß gegeben, so daß manche Abschreiber δι' αὐτοῦ fortgelassen haben, um einen glatteren Text zu gewinnen (BD*GI al latt Or). Doch läßt sich kaum annehmen, daß δι' αὐτοῦ nachträglich eingesetzt worden wäre. Vielmehr geben sich die Worte διὰ τοῦ αἵματος τοῦ σταυροῦ αὐτοῦ als ein Eintrag zu erkennen[3], der im Sinne paulinischer Theologie auf das Kreuz als den Ort hinweist, an dem die Versöhnung geschehen ist. Durch diese beiden Glossen wird den Aussagen des Hymnus ihr fester geschichtlicher Bezug gegeben. Im stellvertretenden Tod Christi ist die alle Welt betreffende Versöhnung gestiftet, die Herrschaft Christi aber ist gegenwärtige Wirklichkeit in seinem Leibe, der Kirche.

Schwer zu entscheiden ist die Frage, ob nach Abzug dieser beiden Zusätze die ursprüngliche Gestalt des Hymnus wiedergewonnen ist oder ob noch weitere Ergänzungen anzunehmen sind. Was die Struktur der beiden Strophen betrifft, so ist nicht nur der erste Teil (V.15-18a) um ein gutes Stück länger als der zweite (V.18b-20), sondern es besteht auch keine genaue formale Entsprechung zwischen den einzelnen Zeilen. Darum ist zu prüfen, ob sich ein gleichmäßig aufgebautes Lied rekonstruieren läßt.

E. Norden hat die Aufzählung εἴτε θρόνοι εἴτε κυριότητες εἴτε ἀρχαὶ εἴτε ἐξουσίαι (V.16), ebenso aber auch die Wendung εἴτε τὰ ἐπὶ τῆς γῆς εἴτε τὰ ἐν τοῖς οὐρανοῖς (V.20) als „schnörkelhaften Putz" bezeichnet, „der semitischem Wesen fremd, hellenischem wohlvertraut ist" und daher sekundär hinzugetan worden sei[4]. Zwar haben manche Exegeten dieser Ansicht zugestimmt und die Meinung vertreten, der Verfasser des Briefes habe diese Worte eingesetzt, um gegen die Verehrung der kosmischen Mächte, mit der er sich im zweiten Kapitel auseinandersetzen muß, polemisieren zu können[5]. Es ist jedoch zu bedenken, daß θρόνοι καὶ κυριότητες sonst weder im Kolosserbrief noch im Corpus

---

[1] Vgl. Käsemann, Aufsätze I, S. 36f. Wagenführer a.a.O. S. 62f. hatte das Problem bereits erkannt, τῆς ἐκκλησίας jedoch als eine später in den Text des Kolosserbriefes eingeschobene Glosse angesehen.

[2] Die Worte τῆς ἐκκλησίας sind nicht — so Käsemann, Aufsätze I, S. 36f. — durch die christliche Redaktion eines vorchristlichen Hymnus in diesen eingetragen worden, sondern gehen — wie der Vergleich mit 1₂₄ ergibt — auf den Verfasser des Kolosserbriefes zurück.

[3] Überzeugend begründet von Käsemann, Aufsätze I, S. 37.

[4] Norden a.a.O. S. 261; vgl. Hegermann, Schöpfungsmittler, S. 91.

[5] Vgl. Robinson a.a.O. S. 282f., der auch τὰ ὁρατὰ καὶ τὰ ἀόρατα zum Einschub rechnet und annimmt, beide Wendungen seien durch die Auseinandersetzung

Paulinum genannt werden[1]. Man wird daher in dieser Verbindung schwerlich ohne weiteres die Sprache des Verfassers oder auch seiner Gesprächspartner erkennen können[2]. Möglich bliebe nur die Vermutung, es könnte schon in der mündlichen Überlieferung eine derartige Auffüllung erfolgt sein. Was die Schlußwendung εἴτε τὰ ἐπὶ τῆς γῆς εἴτε τὰ ἐν τοῖς οὐρανοῖς angeht, so wird mit diesen Worten an den Anfang des Hymnus erinnert[3] und mit dem Hinweis auf die kosmische Dimension der Versöhnung ein sachgemäßer Abschluß erreicht. Da zu den beiden durch καὶ αὐτός eingeleiteten Sätzen V. 17 und 18a in der zweiten Strophe eine genaue Entsprechung fehlt[4], haben mehrere Exegeten V. 17. 18a als ein Zwischenstück bezeichnet[5], das sich syntaktisch heraushebe und den kosmischen Horizont der beiden parallelen Strophen V. 15f. und 18b-20 einenge[6]. Doch die beiden Sätze unterstreichen mit vollen Wendungen das wiederholt genannte τὰ πάντα, so daß von einer Einengung der kosmischen Perspektive keine Rede sein kann. Und die formale Struktur von V. 17. 18a erklärt sich durch ihre Stellung im Zusammenhang des Hymnus, in dem sie die erste Strophe zusammenfassend abrunden[7].

Ein streng paralleler Aufbau der beiden Strophen läßt sich nur gewinnen, wenn man Streichungen oder Umstellungen vornimmt. Aus formalen Gründen sehen E. Bammel und E. Schweizer V. 18c als Zusatz des Verfassers des Briefes an, weil der ἵνα-Satz aus dem Rahmen des Ganzen falle[8]. Doch ist das Verbum πρωτεύειν Hapaxlegomenon im Neuen Testament und daher schwerlich für paulinischen Sprachgebrauch in Anspruch zu nehmen. J. Robinson versetzt V. 18a an den Schluß des Hymnus und verbindet mit ihm den ἵνα-Satz V. 18c, zu dem in der ersten Strophe keine formale Entsprechung vorhanden ist[9]. Der Hymnus würde dann folgendermaßen enden: καὶ αὐτός ἐστιν ἡ κεφαλὴ τοῦ σώματος, ἵνα γένηται ἐν πᾶσιν πρωτεύων[10]. Doch diese Änderungen greifen zu stark in den Textbestand ein und sind nicht hinreichend begründet, um die

mit der kolossischen Häresie veranlaßt. Ebenso Hegermann, Schöpfungsmittler, S. 91f.; Schweizer, Neotestamentica, S. 293f.; H.-M. Schenke, Der Widerstreit gnostischer und kirchlicher Christologie im Spiegel des Kolosserbriefes, ZThK 61 (1964), S. 401. Eckart a.a.O. S. 104—106 nimmt nur den Passus in V. 16 heraus, nicht den in V. 20, ebenso Deichgräber a.a.O. S. 146f.

[1] κυριότης nur noch Eph 1₂₁. Siehe oben S. 79.

[2] ἀρχαί und ἐξουσίαι werden 2₁₀. ₁₅ in erklärender Anwendung des Hymnus wiederaufgenommen.

[3] Vgl. Käsemann, Aufsätze I, S. 37.

[4] Doch vgl. V. 20: καὶ δι' αὐτοῦ.

[5] Maurer a.a.O. S. 82f.; Schweizer, Neotestamentica, S. 295; vgl. auch Gabathuler a.a.O. S. 128f.

[6] So Bornkamm, Aufsätze II, S. 197 Anm. 20.

[7] Hegermann, Schöpfungsmittler S. 92f., der zwei gleich lange Strophen gewinnen möchte, klammert auch τὰ πάντα δι' αὐτοῦ καὶ εἰς αὐτὸν ἔκτισται (V. 16c) und καὶ αὐτός ἐστιν πρὸ πάντων (V. 17) als Wiederholung von πρωτότοκος (V. 15) aus.

[8] Bammel a.a.O. S. 94 und Schweizer, Neotestamentica, S. 294.

[9] Robinson a.a.O. S. 280—282. Robinsons Rekonstruktion ist nicht frei von willkürlichen Eingriffen in den Text. 2₉ wird statt 1₁₉ der zweiten Strophe zugewiesen, und in V. 20 wird εἰρηνοποιήσας gestrichen, dafür ἀποκατήλλαξε als Prädikat eingesetzt.

[10] Robinson a.a.O. S. 285 macht geltend, daß auch der Christushymnus im Philipperbrief mit einem ἵνα-Satz abschließt (Phil 2₁₀f.).

Hypothese von zwei genau parallel gebauten Strophen wahrscheinlich machen zu können[1]. Ein urchristlicher Hymnus wird kaum aus regelmäßig gebauten Versen und Strophen bestanden haben, sondern wahrscheinlich waren die Strophen im einzelnen verschieden durchgeführt und in freien Rhythmen hymnischer Prosa gehalten[2]. Daher ist bei dem Versuch, die ursprüngliche Gestalt des Hymnus zu erschließen, behutsam vorzugehen[3]. Abgesehen von den beiden Glossen in V. 18a und 20, die deutlich die Theologie des Verfassers des Briefes erkennen lassen, handelt es sich bei allen anderen Wendungen, die man als Zusätze zu einem ursprünglich kürzeren Lied hat ansehen wollen, um Aussagen, die die im Hymnus angelegten Linien weiter ausziehen. Deshalb besteht kein begründeter Anlaß, mit weiteren Interpretamenten zu rechnen. Der Aufbau der beiden Strophen, die einander nicht in allen Einzelheiten, wohl aber im Einsatz des ὅς ἐστιν mit zwei folgenden Christusprädikaten, dem anschließenden ὅτι-Satz und dem die Strophen abrundenden Ausblick auf die kosmische Weite der Christusherrschaft entsprechen, läßt sich in folgender Weise darstellen:

> ὅς ἐστιν εἰκὼν τοῦ θεοῦ τοῦ ἀοράτου,
>   πρωτότοκος πάσης κτίσεως,
>   ὅτι ἐν αὐτῷ ἐκτίσθη τὰ πάντα
>   ἐν τοῖς οὐρανοῖς καὶ ἐπὶ τῆς γῆς,
>   τὰ ὁρατὰ καὶ τὰ ἀόρατα,
>   εἴτε θρόνοι εἴτε κυριότητες εἴτε ἀρχαὶ εἴτε ἐξουσίαι·
>   τὰ πάντα δι᾽ αὐτοῦ καὶ εἰς αὐτὸν ἔκτισται·
> καὶ αὐτός ἐστιν πρὸ πάντων
>   καὶ τὰ πάντα ἐν αὐτῷ συνέστηκεν,
> καί αὐτός ἐστιν ἡ κεφαλὴ τοῦ σώματος [τῆς ἐκκλησίας]·
>
> ὅς ἐστιν ἀρχή,
>   πρωτότοκος ἐκ τῶν νεκρῶν,
>   ἵνα γένηται ἐν πᾶσιν αὐτὸς πρωτεύων,
>   ὅτι ἐν αὐτῷ εὐδόκησεν πᾶν τὸ πλήρωμα κατοικῆσαι
>   καὶ δι᾽ αὐτοῦ ἀποκαταλλάξαι τὰ πάντα εἰς αὐτόν,
>   εἰρηνοποιήσας [διὰ τοῦ αἵματος τοῦ σταυροῦ αὐτοῦ] δι᾽ αὐτοῦ
>   εἴτε τὰ ἐπὶ τῆς γῆς εἴτε τὰ ἐν τοῖς οὐρανοῖς.

---

[1] Bammel a.a. O. hat versucht, einen in chiastischer Gliederung gestalteten Aufbau des Hymnus zu erweisen. Doch läßt sich dieses Prinzip nur gewaltsam durchführen. Ist schon nicht recht einzusehen, inwiefern nach chiastischer Gliederung V. 15a und 16c sowie 18a und 20a einander entsprechen sollen, so kann auch im einzelnen der Chiasmus nicht nachgewiesen werden. εἴτε θρόνοι εἴτε κυριότητες εἴτε ἀρχαὶ εἴτε ἐξουσίαι sollen nach Bammel einander wie β′ α′ α′ β′ gegenüberstehen. Damit aber θρόνοι und ἐξουσίαι zueinander in Beziehung gesetzt werden können, muß darauf verzichtet werden, sie in angelologischem Sinne zu verstehen. Schließlich muß V. 18c (ἵνα γένηται ἐν πᾶσιν αὐτὸς πρωτεύων) als Zusatz ausgeschieden, die Glosse in V. 20 aber beibehalten werden, weil sonst das Schema nicht durchgehalten werden kann.

[2] Vgl. E. Haenchen, Probleme des johanneischen „Prologs", ZThK 60 (1963), S. 309 = Gott und Mensch, Gesammelte Aufsätze, Tübingen 1965, S. 118.

[3] Um zwei Stücke zu je 151 Silben zu erhalten, setzt Schattenmann a.a. O. S. 16—18 V. 13f. vor V. 18b-20, so daß einem Gott geltenden Logoshymnus (V. 12. 15-18a) ein Christushymnus (V. 13f. 18b-20) folgte. Zur Kritik dieses willkürlichen Verfahrens vgl. auch die Rezension von G. Schille, ThLZ, 92 (1967), Sp. 36.

Wo ist dieser Hymnus entstanden, und von welchen religionsgeschichtlichen Voraussetzungen ist er bestimmt? E. Käsemann hat gemeint, nach Abzug der beiden Zusätze τῆς ἐκκλησίας (V.18a) und διὰ τοῦ αἵματος τοῦ σταυροῦ αὐτοῦ (V.20) ein Lied zu gewinnen, das keinerlei spezifisch christliche Züge mehr erkennen lasse und daher als ein vorchristlicher, gnostischer Text anzusehen sei, der von dem übergeschichtlichen, metaphysischen Drama des gnostischen Erlösers handle. Im Mythus vom Urmensch-Erlöser, der als Wegbereiter und Führer der Seinen die Bresche in die Todessphäre schlägt, seien Schöpfung und Erlösung konstitutiv verbunden[1]. Doch diese These kann schwerlich überzeugen. Zunächst wird man den christlichen Charakter der Wendung πρωτότοκος ἐκ τῶν νεκρῶν (V.18) sicher nicht in Zweifel ziehen dürfen[2]. Sodann ist darauf hinzuweisen, daß die Worte des 19. Verses mit dem alttestamentlichen Begriff εὐδοκεῖν von Gottes erwählendem Ratschluß sprechen und als Aussage über das einmalige Geschehen göttlicher Offenbarung in Christus verstanden werden wollen, ähnlich den Sätzen im Prolog des Johannesevangeliums[3]. Im Gegensatz zum ungeschichtlichen Mythus der Gnosis ist hier von Gottes bestimmter und bestimmender Tat die Rede. Schließlich entspricht der wiederholte Hinweis auf die göttliche Schöpfung alttestamentlich-jüdischer Überlieferung, wenn auch die Formulierung in hellenistische Ausdrucksweise gekleidet ist und in den Worten ἐν αὐτῷ, δι' αὐτοῦ, εἰς αὐτόν an stoische Wendungen anklingt. Diese Beobachtungen führen zu dem Ergebnis, daß im hellenistischen Judentum der religionsgeschichtliche Hintergrund der im Hymnus benutzten Vorstellungen zu suchen ist[4].

Diese Bestimmung ist abzugrenzen gegenüber E. Lohmeyers Ausführungen zu den religionsgeschichtlichen Voraussetzungen des Liedes[5]. Ausgehend von dem Begriff der Versöhnung, wie er in V.20 genannt ist, meinte Lohmeyer, von diesem Stichwort her den ganzen Hymnus aufschließen zu können und ihn vor dem Hintergrund des jüdischen Versöhnungstages verstehen zu sollen[6]. Wie am Versöhnungstag Israel die Vergebung der Sünden zugesprochen werde und der Schöpfer und Herr aller Welt sich seinem Volk zuwende, so daß Schöpfung und Versöhnung zueinander in Beziehung gesetzt werden, so kreisen auch die Aussagen des Hymnus um die beiden Mittelpunkte

---

[1] Käsemann, Aufsätze I, S. 39f.; ihm folgt U. Wilckens, Weisheit und Torheit. Eine exegetisch-religionsgeschichtliche Untersuchung zu 1.Kor. 1 und 2, BHTh 26, Tübingen 1959, S. 200—202.

[2] Vgl. E. Percy, Zu den Problemen des Kolosser- und Epheserbriefes, ZNW 43 (1950—51), S. 184; Schweizer, Neotestamentica, S. 297 Anm. 11; ders., Erniedrigung und Erhöhung bei Jesus und seinen Nachfolgern, AThANT 28, ¹Zürich 1955, S. 103 Anm. 465.

[3] Vgl. Lohse, Christologie und Ethik, S. 162f.

[4] Zu den kosmologischen Vorstellungen, wie sie im hellenistischen Judentum ausgebildet wurden, vgl. H.-F. Weiß, Untersuchungen zur Kosmologie des hellenistischen und palästinischen Judentums, TU 97, Berlin 1966.

[5] Lohmeyer S. 43—47.

[6] S. Lyonnet, L'hymne christologique de l'Épître aux Colossiens et la fête juive du Nouvel An, RSR 48 (1960), S. 93—100 hat an Lohmeyers Ausführungen angeknüpft und nachzuweisen versucht, daß in V.20 Anklänge an die jüdische Liturgie des Neujahrsfestes vorliegen.

6*

Schöpfung und Versöhnung. Die jüdischen Institutionen seien jedoch in Christus aufgehoben; denn er ist nicht nur Inbegriff und Erfüllung des Gesetzes, sondern auch des jüdischen Kultus[1]. „Wie in der kultischen Feier der Versöhnung der Bestand der Welt gläubig ruht, so auch in dieser Gestalt Christi, die ‚alles versöhnt'."[2] Das Bild Christi aber sei gezeichnet nach dem „Mythus vom Urmenschen oder jüdisch gesprochen, vom eschatologischen Menschensohn, mit dem eine neue kosmologische Adam-Betrachtung eng zusammenhängt"[3]. Tatsächlich aber wird durch ἀποκαταλλάξαι in V. 20 keinerlei Zusammenhang mit jüdischen Opfervorstellungen und dem Großen Versöhnungstag angedeutet, der im übrigen von der Synagoge nicht mit dem Schöpfungsgedanken in Verbindung gebracht wird[4]. Schließlich stellt der Mythus vom Urmenschen bzw. die Erwartung des Menschensohnes ein Motiv dar, das von den Vorstellungen, die mit dem Versöhnungstag verbunden sind, völlig getrennt ist und zur Erklärung des Hymnus gleichfalls nicht weiterhelfen kann[5].

Wird der erhöhte Christus εἰκὼν τοῦ θεοῦ, πρωτότοκος πάσης κτίσεως und ἀρχή genannt, so knüpft der Hymnus mit diesen Prädikaten an die Charakterisierung der Weisheit durch die hellenistische Synagoge an. Sie rühmte von der σοφία, sie sei vor allen Kreaturen erschaffen, sie sei Gottes Erstgeborene, der Uranfang — im Blick auf die Schöpfung wie auch die Erlösung, die sie als Mittlerin des Heils gewährt. In der jüdischen Diaspora bediente man sich überdies gern der Begriffe der hellenistischen Popularphilosophie und war auch gegenüber Einflüssen aus der synkretistischen Umwelt keineswegs gänzlich verschlossen. Die christlichen Gemeinden aber, die an vielen Stellen unmittelbar aus Kreisen des hellenistischen Judentums hervorgegangen waren, brachten ihr Bekenntnis zu Christus als dem Kyrios mit Hilfe der in der Synagoge ausgebildeten Begrifflichkeit zum Ausdruck, in der alttestamentliches Erbe, orientalische Vorstellungen und griechisches Denken miteinander verbunden worden waren. Als leitender Grundton zieht sich vom Anfang bis zum Ende das ständig wiederholte Wort πᾶν, πάντα durch das Lied, das mit der gleichfalls mehrfach wiederkehrenden Wendung ἐν αὐτῷ in Zusammenhang gebracht wird, um die das All umfassende Herrschaft des erhöhten Christus zu preisen.

Der Verfasser des Kolosserbriefes hat diesen Hymnus, der der Christenheit in Kleinasien offensichtlich bekannt war[6], zum Ausgangspunkt seiner Argu-

---

[1] Lohmeyer S. 45.   [2] Lohmeyer S. 46.

[3] Lohmeyer ebd.   [4] Vgl. Gabathuler a.a.O. S. 36.

[5] Vgl. Käsemanns treffende Kritik an Lohmeyer: Während seine Exegese „religionsgeschichtlich durchweg um ein Verständnis von den jüdischen Voraussetzungen her bemüht ist, zieht sie daraus sachlich nicht die Folgerung einer Betrachtungsweise in streng geschichtlichen Kategorien, sondern bleibt phänomenologisch in der Aufdeckung übergeschichtlich-metaphysischer Tatbestände stecken, denkt faktisch also nicht vom Judentum, sondern vom Griechentum aus" (Aufsätze I, S. 39 Anm. 21).

[6] Der Hymnus ist sicher nicht nur in einer Gemeinde — etwa der von Kolossae— bekannt gewesen und gesungen worden. Er war zweifellos Gemeingut der kleinasiatischen Gemeinden, so daß man weder von einem „kolossischen" noch von

mentation genommen, um der Gemeinde darzulegen, daß Christus das Regiment über alle Welt in Händen hält, daß er das Haupt seines Leibes, der Kirche, ist. Wer zu diesem Herrn gehört, die Vergebung der Sünden empfangen hat, der ist damit auch der knechtenden Herrschaft der kosmischen Mächte entrissen und mit ihm zum neuen Leben auferweckt.

V. 15: Christus ist die εἰκὼν τοῦ θεοῦ τοῦ ἀοράτου — so setzt der Hymnus ein. Dieses Hoheitsprädikat erinnert ebenso wie das folgende πρωτότοκος πάσης κτίσεως an die Schöpfungsgeschichte: Am Anfang schuf Gott Himmel und Erde (Gen 1₁). Den Menschen machte er nach seinem Bilde, nach dem Bilde Gottes schuf er ihn (Gen 1₂₆f.). Doch wenn auch der Begriff εἰκών an Gen 1₂₆f. anklingt, so kann er doch unmöglich als unmittelbare Anknüpfung an den biblischen Schöpfungsbericht verstanden werden[1]. Denn wird εἰκών als Bild des unsichtbaren Gottes bestimmt, so ist damit das hellenistische Verständnis dieses Begriffes vorausgesetzt. Gott ist unsichtbar (vgl. Röm 1₂₀ 1Tim 1₁₇ Act 14₁₇ 17₂₃₋₂₈ Hebr 11₂₇

---

einem „häretischen" Hymnus sprechen darf — ganz abgesehen davon, daß eine scharfe Unterscheidung zwischen Rechtgläubigkeit und Ketzerei noch nicht vorhanden war, sondern erst gefunden werden mußte. Vgl. W. Bauer, Rechtgläubigkeit und Ketzerei im ältesten Christentum, BHTh 10, Tübingen 1934 = ²1964 (ed. G. Strecker).

[1] Diese Erklärung hat vor allem C. F. Burney, Christ as the ᾽ΑΡΧΗ of Creation (Prov. VIII 22, Col. I 15–18, Rev. III 14), JThSt 27 (1926), S. 160—177 vertreten. Paulus habe in den Versen Kol 1₁₅₋₁₈ eine meditierende Auslegung des ersten Wortes der Bibel בְּרֵאשִׁית gegeben, indem er von Prov 8₂₂ her Gen 1₁ folgendermaßen exegesierte:

בְּ = in: ἐν αὐτῷ ἐκτίσθη

בְּ = durch: τὰ πάντα δι' αὐτοῦ ἔκτισται

בְּ = auf-hin: τὰ πάντα εἰς αὐτόν

רֵאשִׁית = Anfang: αὐτός ἐστιν πρὸ πάντων

רֵאשִׁית = umfassende Gesamtheit: τὰ πάντα ἐν αὐτῷ συνέστηκεν

רֵאשִׁית = Haupt: αὐτός ἐστιν ἡ κεφαλή

רֵאשִׁית = Erstling: ὅς ἐστιν ἀρχή.

Diese These, die bei einigen Exegeten Zustimmung gefunden hat (W. D. Davies, Paul and Rabbinic Judaism. Some Rabbinic Elements in Pauline Theology, London 1948 [= ²1955], S. 150—152; Moule z. St.; E. Larsson, Christus als Vorbild. Eine Untersuchung zu den paulinischen Tauf- und Eikontexten, ASNU 23, Uppsala 1962, S. 190—196), würde voraussetzen, daß eine Exegese des hebräischen Textes vorliegt. Doch diese Annahme fällt schon mit der Einsicht, daß 1₁₅₋₂₀ ein hellenistisch-christlicher Hymnus zitiert wird. Sie kann aber auch im einzelnen nicht ohne gekünstelte Erklärung durchgeführt werden und reicht nicht aus, um den ganzen Zusammenhang zu erfassen, wie es doch notwendig wäre, wenn auch ἀρχή aus der zweiten Strophe mit einbezogen wird. Zur Kritik vgl. Jervell, Imago Dei, S. 200 Anm. 107; Gabathuler a.a.O. S. 26—29; Feuillet a.a.O. S. 189—191.

Joh 1₁₈)[1] Aber er gibt sich da zu erkennen, wo er erkannt sein will; in seiner εἰκών wird er offenbar[2].

Schon Platon hatte den Kosmos das sichtbare Abbild Gottes genannt (Timaios 92c). Ebenso betrachtet man in hellenistischer Zeit die Welt als die εἰκών Gottes. Von Gott wurde der Kosmos κατ᾽ εἰκόνα αὐτοῦ geschaffen (Corp. Herm. VIII, 2), so daß ἐστὶ τοίνυν εἰκὼν τοῦ θεοῦ ὁ αἰών, τοῦ δὲ αἰῶνος ὁ κόσμος (Corp. Herm. XI, 15) und der ganze Kosmos ὁ μέγας θεὸς καὶ τοῦ μείζονος εἰκών (Corp. Herm. XII, 15) heißen kann[3]. Am Anfang war der ewige Gott, dann die Welt, dann der Mensch κατ᾽ εἰκόνα τοῦ κόσμου γενόμενος (Corp. Herm. VIII, 5), der laudes gratesque maximas agens deo, eius imaginem (nämlich den Kosmos) venerans, non ignarus se etiam secundam esse imaginem dei, cuius sunt imagines duae mundus et homo (Ps.-Apulejus [Asclepius] 10). Dieses Verständnis des Begriffes εἰκών, durch den auf die göttliche Offenbarung hingewiesen wird[4], hat das hellenistische Judentum aufgenommen und auf die Weisheit übertragen[5]. Von ihr war schon Prov 8₂₂f. rühmend gesagt worden, Jahwe habe sie als Erstling seines Waltens, als Anfang seiner Werke geschaffen, vor dem Ursprung der Welt. SapSal 7₂₆ wird sie die εἰκὼν τῆς ἀγαθότητος αὐτοῦ (sc. τοῦ θεοῦ) genannt, die die Güte Gottes offenbar macht. Und Philo erklärt die Weisheit als ἀρχὴν καὶ εἰκόνα καὶ ὅρασιν θεοῦ (leg. all. I, 43), indem er ihr gleiche Würde wie dem Logos zumißt, der ἀρχὴ καὶ ὄνομα θεοῦ καὶ λόγος καὶ ὁ κατ᾽ εἰκόνα ἄνθρωπος καὶ ὁ ὁρῶν, Ἰσραήλ, προσαγορεύεται (de conf. ling. 146)[6]. Die σοφία bezeichnet Philo wie den Logos als τελείαν ὁδὸν τὴν πρὸς θεὸν ἄγουσαν (deus imm. 142f.;

---

[1] Vgl. R. Bultmann, Untersuchungen zum Johannesevangelium. B. Θεὸν οὐδεὶς ἑώρακεν πώποτε, ZNW 29 (1930), S. 169—182 = Exegetica. Aufsätze zur Erforschung des Neuen Testaments, Tübingen 1967, S. 174—192; E. Fascher, Deus invisibilis. Eine Studie zur biblischen Gottesvorstellung, Mar Th St 1, 1931, S. 41—77.

[2] Zum Begriff εἰκών vgl. G. Kittel, G. v. Rad, H. Kleinknecht, ThWB II, S. 378—396; F.-W. Eltester, Eikon im Neuen Testament, BZNW 23, Berlin 1958; Jervell, Imago Dei, bes. S. 214—226 und H. Wildberger, Das Abbild Gottes, ThZ 21 (1965), S. 245—259. 481—501.

[3] Vgl. H. Kleinknecht, ThWB II, S. 386f.

[4] Im hellenistischen Herrscherkult wird gesagt, in der Erscheinung des Herrschers ereigne sich die Epiphanie der Gottheit. Vgl. die Inschrift auf dem Stein von Rosette, wo es von Ptolemaios Epiphanes heißt: εἰκόνος ζώσης τοῦ Διός, υἱὸς τοῦ Ἡλίου (DittOr 90,3). Wildberger a.a. O. S. 496—501 macht mit Recht darauf aufmerksam, daß die ägyptische Anschauung vom König als Abbild Gottes in den hellenistischen Synkretismus Eingang gefunden hat und für die Ausbildung der Weisheitsspekulationen im ägyptischen Judentum von Bedeutung gewesen sein muß.

[5] Vgl. Weiß a.a. O. (S. 83 Anm. 4) S. 189—210. 265—275.

[6] Zur Bezeichnung des λόγος als εἰκών vgl. weiter Philo, de conf. ling. 97. 147; de fuga 101; de somn. I, 115. 239; II, 45. Philo verwendet den Begriff εἰκών auch in seiner Anthropologie, indem er Gen 1₂₇ auf den idealen Urmenschen bezieht, der nach Gottes Ebenbild geschaffen wurde, Gen 2₇ aber auf den irdischen Menschen deutet (leg. all. I, 31; de opif. mundi 134).

de migr. Abr. 175). Die Weisheit, die am Anfang der Schöpfung da war, dann aber keine Stätte in der Welt fand und zum Himmel zurückkehrte (äthHen 42₁ff.)[1], wird nach Erwartung der Apokalyptik im Eschaton wieder in Erscheinung treten, wenn ihr Geist in dem Menschensohn wohnen wird, der kraft der Weisheit handeln und das Gericht vollstrecken wird (äthHen 49₁. ₃). So ist die Weisheit nicht nur Mittlerin der Schöpfung, sondern auch des Heils, sind Kosmologie und Soteriologie im Weisheitsmythus aufeinander bezogen.

Die christliche Gemeinde wendet den Begriff εἰκών auf Christus an, um ihn als den einen zu preisen, in dem Gott sich offenbart[2]. Als die εἰκών des unsichtbaren Gottes steht er nicht auf der Seite des Geschaffenen, sondern des Schöpfers, der in Christus an der Welt und mit der Welt handelt[3]. Er ist dem Kosmos, der gesamten Schöpfung im Himmel und auf Erden, schlechthin übergeordnet[4]. Darum tritt zum ersten Hoheitsprädikat das zweite: πρωτότοκος πάσης κτίσεως.

Mit der Charakterisierung des praeexistenten Christus als des Erstgeborenen vor aller Schöpfung[5] wird gleichfalls an die jüdischen Spekulationen über die Weisheit angeknüpft. Die Weisheit, die Jahwe am Anfang seiner Werke schuf (Prov 8₂₂), die früher als alle Dinge geschaffen wurde (Sir 1₄), rühmt sich, sie sei von Ewigkeit her: πρὸ τοῦ αἰῶνος ἀπ' ἀρχῆς ἔκτισέν με (Sir 24₉)[6]. Sie weilt bei Gott (SapSal 9₉) als Beisitzerin seines Thrones (SapSal 9₄). Sie ist primogenita mater universorum (Philo,

---

[1] Nach anderen Traditionen fand die Weisheit in Israel, dem Volk des Gesetzes, ihren Platz (Sir 24₇. ₁₁).

[2] Das in der alten Kirche verhandelte Problem, ob das Bild des unsichtbaren Gottes sichtbar oder unsichtbar sei (vgl. Lightfoot z. St.), ist damit hinfällig. Vgl. auch Eltester a.a.O. S. 148f.; Jervell, Imago Dei, S. 219.

[3] In der Epistula Apostolorum 17 [28] heißt es später, Christus habe zu den Jüngern gesagt: „Ganz bin ich im Vater und der Vater in mir nach seinem Bilde und nach seiner Gestalt und nach seiner Kraft und nach seiner Vollkommenheit und nach seinem Lichte, und ich bin sein vollkommenes Wort." Vgl. H. Duensing, in: Hennecke-Schneemelcher I, S. 135; Jervell, Imago Dei, S. 225 Anm. 201.

[4] Vgl. Maurer a.a.O. S. 86.

[5] Zu πρωτότοκος vgl. E. A. Cerny, Firstborn of Every Creature (Col. I: 15), Diss. Baltimore 1938; B. R. Brinkman, The Prototokos Title and the Beginnings of its Exegesis, Diss. Gregoriana, Rom 1954; W. Michaelis, Der Beitrag der Septuaginta zur Bedeutungsgeschichte von πρωτότοκος, in: Sprachgeschichte und Wortbedeutung, Festschrift für A. Debrunner, Bern 1954, S. 313—320; ders., Die biblische Vorstellung von Christus als dem Erstgeborenen, ZsystTh 23 (1954), S. 137—157; ders., ThWB VI, S. 872—882; A. W. Argyle, Πρωτότοκος πάσης κτίσεως (Colossians I. 15), ExpT 66 (1954/55), S. 61f.; ders., Colossians I. 15, ebd. S. 318f.; T. W. Buckley, The Phrase 'Firstborn of Every Creature' (Colossians I, 15) in the Light of its Hellenistic and Jewish Background, Diss. Angelicum, Rom 1962; A. Hockel, Christus der Erstgeborene. Zur Geschichte der Exegese von Kol. 1,15, Düsseldorf 1965.

[6] Vgl. T. F. Glasson, Colossians 1₁₈, ₁₅ and Sirach 24, JBL 86 (1967), S. 214—216.

quaest. in Gen. IV, 97). Von ihr kann daher gesagt werden, πρὸ οὐρανοῦ καὶ γῆς αὐτὴν ὑπάρχειν (Aristobul, bei Euseb, Praep. Evang. VII, 14, 1). Wie die Weisheit heißt auch der Logos bei Philo Erstgeborener, πρωτόγονος υἱός (de conf. ling. 146; de agricultura 51; de somn. I, 215).

Mit der Bezeichnung des praeexistenten Christus als πρωτότοκος πάσης κτίσεως soll nicht gesagt werden, daß er als erster geschaffen wurde und damit die Folge des Geschaffenen eröffnete. Sondern es wird vielmehr auf seine Einzigartigkeit hingewiesen[1], durch die er von aller Schöpfung unterschieden ist (vgl. Hebr 1 6)[2]. Nicht von einem zeitlichen Vorsprung ist die Rede, sondern von dem Vorrang, der ihm als dem Schöpfungsmittler vor aller Schöpfung gebührt[3]. Als der Erstgeborne steht er der Schöpfung als Herr gegenüber[4].

V. 16: Diese Aussage über die einzigartige Stellung des praeexistenten Christus erfährt nun eine nähere Begründung: Alles ist in ihm geschaffen. Die passive Redeweise des ἐκτίσθη deutet darauf hin, daß Gott der Schöpfer ist. Der vorangestellte Satz ἐν αὐτῷ ἐκτίσθη τὰ πάντα wird dann durch τὰ πάντα δι' αὐτοῦ καὶ εἰς αὐτὸν ἔκτισται aufgenommen, wobei das Perfekt an die Stelle des Aorist tritt, um den fortdauernden Bestand der Schöpfung zum Ausdruck zu bringen und damit zu dem Satz überzuleiten: καὶ αὐτός ἐστιν πρὸ πάντων καὶ τὰ πάντα ἐν αὐτῷ συνέστηκεν (V. 17). In diesen Wendungen liegen deutliche Anklänge an stoische Formulierungen vor[5]: ὦ φύσις, ἐκ σοῦ πάντα, ἐν σοὶ πάντα, εἰς σὲ πάντα (Mark Aurel IV, 23,2). Ursache, Bestand und Ziel — alles ist die von göttlichen Kräften durchwaltete Natur[6]. Durch den spielerisch erscheinenden Wechsel der Prä-

---

[1] Der Erstgeborene ist von Gott zur Herrschaft eingesetzt, vgl. ψ 88 28: κἀγὼ πρωτότοκον θήσομαι αὐτόν, ὑψηλὸν παρὰ τοῖς βασιλεῦσιν τῆς γῆς. Nicht nur der Messiaskönig, sondern auch Israel, die Väter und die Thora werden im Judentum mit dem auszeichnenden Prädikat des Erstgeborenen bedacht. Belege bei W. Michaelis, ThWB VI, S. 874—876 und Billerbeck III, S. 256—258. 626. Da an unserer Stelle die Bezeichnung im Zusammenhang mit der Vorstellung der Schöpfungsmittlung verwendet wird, steht außer Zweifel, daß an die jüdischen Weisheitsspekulationen angeknüpft wird.

[2] Vgl. Justin, Dial. 100,2: πρωτότοκον μὲν τοῦ θεοῦ καὶ πρὸ πάντων τῶν κτισμάτων (vgl. auch 84,2; 85,2; 138,2). Theodoret z. St.: οὐχ ὡς ἀδελφὴν ἔχων τὴν κτίσιν, ἀλλ' ὡς πρὸ πάσης κτίσεως γεννηθείς; Theodor von Mopsueste z. St.: οὐκ ἐπὶ χρόνου ἀλλ' ἐπὶ προτιμήσεως ... παρὰ πᾶσαν κτίσιν τιμώμενος.

[3] Vgl. Michaelis a.a. O. S. 878—881; Maurer a.a. O. S. 85; Eltester a.a. O. S. 138f.; Jervell, Imago Dei, S. 225.

[4] Zur altkirchlichen Exegese unserer Stelle vgl. Lightfoot z. St. Wenn Isidor von Pelusium (Epist. III, 31) πρωτότοκος akzentuiert, so gibt er dem Wort aktiven Sinn, das heißt: πρῶτον τετοκέναι, τουτέστι, πεποιηκέναι τὴν κτίσιν. Vgl. Lightfoot, Abbott z. St.

[5] Vgl. Norden a.a. O. (S. 77 Anm. 2) S. 249f. 347f.

[6] Vgl. Ps.-Aristoteles, de mundo 6 (p. 397 b): ἀρχαῖος μὲν οὖν τις λόγος καὶ πάτριός ἐστι πᾶσιν ἀνθρώποις ὡς ἐκ θεοῦ πάντα καὶ διὰ θεοῦ συνέστηκεν; Ps.-Apulejus (Asclepius) 34: omnia enim deus et ab eo omnia et eius omnia voluntatis ... omnia enim

positionen wird die letzte Einheit alles dessen, was ist, ausgesagt[1]. Gott
und die Natur werden in eins geschaut und sind eins. Diese Anschauung,
die durch die hellenistische Popularphilosophie weit verbreitet wurde[2],
hat im hellenistischen Judentum eine bezeichnende Abwandlung erfahren.
Der Gott Israels konnte unmöglich mit der Natur identifiziert werden,
und der Glaube Israels durfte nicht in eine pantheistische Weltanschauung
aufgelöst werden[3]. Deshalb kann wohl die Weite der Schöpfung, die
durch Gottes Tat ins Dasein gerufen wurde, mit stoischen Begriffen beschrieben werden. Gott bleibt aber ihr Herr, der zwar in der Natur schaf-
fend handelt, ihr jedoch als Herrscher gegenübersteht[4].

Aus der hellenistischen Synagoge hat die christliche Gemeinde das
mit stoischen Wendungen formulierte Bekenntnis zu Gott dem Schöpfer
übernommen und es mit ihrem Bekenntnis zu Christus verbunden:
ἡμῖν εἷς θεὸς ὁ πατήρ, ἐξ οὗ τὰ πάντα καὶ ἡμεῖς εἰς αὐτόν, καὶ εἷς κύριος Ἰησοῦς
Χριστός, δι' οὗ τὰ πάντα καὶ ἡμεῖς δι' αὐτοῦ (1Kor 8₆). Sie rühmt Gott,
ὅτι ἐξ αὐτοῦ καὶ δι' αὐτοῦ καὶ εἰς αὐτὸν τὰ πάντα (Röm 11₃₆). Und sie preist
Christus als den Schöpfungsmittler, in dem, durch den und auf den
hin alles geschaffen wurde[5].

Durch die Weisheit hat Jahwe die Erde gegründet, so heißt es schon
in den Proverbien (3₁₉). „Als er den Himmel baute — so erzählt die
Weisheit — war ich dabei, als er das Gewölbe über der Urflut absteckte,
als er droben die Wolken befestigte und die Quellen der Urflut stark
machte, als er dem Meer seine Schranke setzte, daß die Wasser seinen
Befehl nicht übertreten, als er die Grundfesten der Erde legte, da war
ich als Werkmeisterin ihm zur Seite, war lauter Entzücken Tag für Tag
und spielte vor ihm die ganze Zeit, spielte auf seinem Erdenrund und
hatte mein Ergötzen an den Menschenkindern" (Prov 8₂₇₋₃₁). Die σοφία

---

ab eo et in ipso et per ipsum; Corp. Herm. V, 10: πάντα δὲ ἐν σοί, πάντα ἀπὸ σοῦ;
Pariser Zauberpapyrus IV, 2838f.: ἐκ σέο γὰρ πάντ' ἐστὶ καὶ εἰς ⟨σ'⟩, αἰών⟨ι⟩ε, πάντα
τελευτᾷ (ZaubPap Bd. I, S. 162); weitere Formeln aus Zaubertexten bei M.
Berthelot, Collection des Anciens Alchimistes Grecs (1888), S. 84. 143. 169. 442.

[1] Vgl. Seneca, Epist. 65,8: Quinque ergo causae sunt, ut Plato dicit: id ex
quo, id a quo, id in quo, id ad quod, id propter quod, novissime id quod ex his
est. Tamquam in statua ... id ex quo aes est, id a quo artifex est, id in quo forma
est, quae aptatur illi, id ad quod exemplar est, quod imitatur is, qui facit, id propter
quod facientis propositum est, id quod ex istis est, ipsa statua est.

[2] Vgl. Philo, de Cher. 125: πρὸς γὰρ τὴν τινος γένεσιν πολλὰ δεῖ συνελθεῖν, τὸ
ὑφ' οὗ, τὸ ἐξ οὗ, τὸ δι' οὗ, τὸ δι' ὅ· καὶ ἔστι τὸ μὲν ὑφ' οὗ τὸ αἴτιον, ἐξ οὗ δὲ ἡ ὕλη, δι' οὗ
δὲ τὸ ἐργαλεῖον, δι' ὃ δὲ ἡ αἰτία. Weitere Belege bei Weiß a.a.O. (S. 83 Anm. 4)
S. 269—272.

[3] Vgl. Conzelmann z. St.

[4] Philo, de Cher. 125: ὅτι ὁ θεὸς αἴτιον, οὐκ ὄργανον, τὸ δὲ γινόμενον δι' ὀργάνου
μὲν ὑπὸ δὲ αἰτίου πάντως γίνεται.

[5] Zu beachten ist, daß die Präpositionen ἐν, διά und εἰς verwendet werden,
nicht aber ἐκ. ἐξ οὗ τὰ πάντα wird von Gott ausgesagt (1Kor 8₆). Er ist und bleibt
der Schöpfer, der praeexistente Christus aber ist der Schöpfungsmittler.

ist es, δι' ἧς τὰ ὅλα ἦλθεν εἰς γένεσιν (Philo, de fuga 109). Denn durch die Weisheit schuf Gott Himmel und Erde[1]. Das christliche Bekenntnis knüpft an diese Vorstellung von der Schöpfungsmittlung der Weisheit an und überträgt sie auf Christus, um die universale Gültigkeit des Christusgeschehens auszusagen (vgl. 1Kor 8₆). Dem praeexistenten Christus verdankt die ganze Schöpfung ihre Existenz[2]: πάντα δι' αὐτοῦ ἐγένετο, καὶ χωρὶς αὐτοῦ ἐγένετο οὐδὲ ἓν ὃ γέγονεν (Joh 1₃); ὃς ὢν ἀπαύγασμα τῆς δόξης καὶ χαρακτὴρ τῆς ὑποστάσεως αὐτοῦ, φέρων τε τὰ πάντα τῷ ῥήματι τῆς δυνάμεως αὐτοῦ (Hebr 1₃)[3].

Alles ist in ihm, d. h. durch ihn[4], geschaffen worden. Die Fülle dessen, was mit τὰ πάντα gemeint ist, wird genauer beschrieben, indem hinzugefügt wird: alles, was in den Himmeln und auf Erden ist[5]. Nichts ist

---

[1] Vgl. Targum Neofiti I zu Gen 1₁; vgl. S. Schulz, Komposition und Herkunft der Johanneischen Reden, BWANT V,1, Stuttgart 1960, S. 31 Anm. 137 (vgl. auch ebd. S. 58—62). Wenn es in den Qumrantexten verschiedentlich heißt, Gott habe in seiner Weisheit alles geschaffen (1QH I,7.14f.19 u. ö.), so liegt dort keine Hypostasierung der Weisheit vor, sondern wird die Art und Weise des göttlichen Handelns beschrieben.

[2] Vgl. E. Schweizer, Erniedrigung und Erhöhung bei Jesus und seinen Nachfolgern, AThANT 28, ²Zürich 1962, S. 103.

[3] Vgl. auch Hebr 2₁₀: δι' ὃν τὰ πάντα καὶ δι' οὗ τὰ πάντα und Barn 12₇: τὴν δόξαν τοῦ Ἰησοῦ, ὅτι ἐν αὐτῷ πάντα καὶ εἰς αὐτόν.

[4] ἐν αὐτῷ ist also — wie sich vom religionsgeschichtlichen Hintergrund der jüdischen Weisheitsspekulationen her ergibt — instrumental zu verstehen. In lokaler Bedeutung könnte es nur von anderen religionsgeschichtlichen Voraussetzungen her gefaßt werden: entweder im platonischen Sinne, daß die Ideen im Logos bzw. der Sophia ihren Ort haben (vgl. Philo, de opif. mundi 20: οὐδ' ὁ ἐκ τῶν ἰδεῶν κόσμος ἄλλον ἂν ἔχοι τόπον ἢ τὸν θεῖον λόγον). „Aber dieses Verständnis scheitert daran, daß τὰ πάντα nicht als Ideenwelt interpretiert werden darf, weil die ὁρατά in V.₁₆ mit zu τὰ πάντα gehören." (Eltester a.a.O. S. 140 Anm. 74) Oder man postuliert den gnostischen Urmenschmythus als religionsgeschichtlichen Hintergrund des Hymnus. Dann ließe sich ἐν αὐτῷ dahin erklären, daß in ihm (lokal) das All seinen Ort hat. So Käsemann, Aufsätze I, S. 41f.; Dibelius-Greeven z. St.; Eltester a.a.O.; Jervell, Imago Dei, S. 226; F. B. Craddock, 'All Things in Him', A critical note on Col. I. 15–20, NTS 12 (1965/66), S. 78—80. Nun haben zwar möglicherweise — sicher ist diese Annahme freilich nicht (vgl. Hegermann, Schöpfungsmittler, S. 70 u. ö.) — Vorstellungen aus dem Urmenschmythus die jüdischen Weisheitsspekulationen beeinflußt. In diesen wird jedoch die Weisheit stets als Werkmeisterin angesehen, durch die die Schöpfung geschieht. Da die Aussagen von der Schöpfungsmittlung Christi zweifellos von diesen Gedanken her bestimmt sind (vgl. Hegermann, Schöpfungsmittler, S. 96; A. Feuillet, La Création de l'Univers 'dans le Christ' d'après l'Épître aux Colossiens (I. 16a), NTS 12 [1965/66], S. 1—9; ders. a. a. O. [S. 77 Anm. 2] S. 202—210), ist ἐν αὐτῷ nicht lokal, sondern instrumental zu fassen. Für dieses Verständnis spricht nicht nur die Fortsetzung durch δι' αὐτοῦ, sondern sind auch die parallelen Aussagen 1Kor 8₆ und Joh 1₃ geltend zu machen.

[5] Vgl. Sir 24₅f.: Die Weisheit sagt: „Die Himmelswölbung durchkreiste ich allein, und in der Tiefe der Fluten des Chaos wandelte ich. Die Wogen des Meers und die ganze Erde und jede Nation zog ich in meinen Machtbereich." SapSal 18₁₆

ausgenommen[1], alles, Sichtbares und Unsichtbares[2], eingeschlossen. Auch die kosmischen Mächte und Gewalten sind in ihm erschaffen worden. θρόνοι und κυριότητες (vgl. 1Kor 8₅) werden im Judentum gelegentlich unter den himmlischen Engelscharen aufgeführt[3], ἀρχαί und ἐξουσίαι häufig als überirdische Wesen und Kräfte genannt (vgl. 1Kor 15₂₄ Röm 8₃₈ Eph 1₂₁ 3₁₀ 6₁₂)[4]. Dabei kommt es weder auf eine vollständige Aufzählung der Engelmächte noch auf eine Gliederung ihrer einzelnen Klassen an[5]. Sondern betont wird, daß alles, was im Kosmos vorhanden ist, in Christus geschaffen ist. Er ist daher der Herr der Mächte und Gewalten (vgl. 2₁₀. ₁₅ Eph 1₂₁ 1Petr 3₂₂).

Alles[6] ist δι' αὐτοῦ καὶ εἰς αὐτόν geschaffen. Mit diesem Satz wird die Aussage über die Schöpfungsmittlerschaft Christi fortgeführt. δι' αὐτοῦ nimmt das voranstehende ἐν αὐτῷ auf, εἰς αὐτόν rundet die Zeile ab. Während im stoischen Lobpreis der Natur durch εἰς σὲ πάντα (Mark Aurel IV, 23, 2)[7] die in sich ruhende Harmonie des Alls beschrieben wird, gewinnt in dem auf Christus bezogenen Satz[8] das εἰς αὐτόν andere Be-

---

heißt es vom Logos: „Der Logos berührte den Himmel und schritt auf der Erde einher."

[1] Vor ἐν τοῖς οὐρανοῖς fügen A(C) 𝔖pl den Artikel τά ein, vor ἐπὶ τῆς γῆς ergänzen ihn AC𝔖DGpl.

[2] Vgl. Platon, Phaed. 79a: θῶμεν οὖν βούλει, ἔφη, δύο εἴδη τῶν ὄντων, τὸ μὲν ὁρατόν, τὸ δὲ ἀιδές.

[3] Vgl. slavHen 20[9]₁: Der Seher berichtet: „Und ich sah daselbst (sc. im siebenten Himmel) ein überaus großes Licht und alle feurigen Heere der großen Erzengel und der leiblosen Kräfte und Herrschaften, der Prinzipe und Mächte, der Cherubim und Seraphim, der Throne und Vieläugigen, zehn Legionen, die leuchtenden Stände der Ophanim." Vgl. G. N. Bonwetsch, Die Bücher der Geheimnisse Henochs. Das sogenannte slawische Henochbuch, TU 44, 2, Berlin 1922, S. 18f.; A. Vaillant, Le Livre des Secrets d'Hénoch, Paris 1952, S. 22f.; TestLev 3₈: Im Himmel εἰσὶ θρόνοι, ἐξουσίαι, ἐν ᾧ ὕμνοι τῷ θεῷ προσφέρονται.

[4] Vgl. äthHen 61₁₀: „... das ganze Heer der Himmel, alle Heiligen in der Höhe, das Heer Gottes, die Cherubim, Seraphim und Ophanim, alle Engel der Gewalt, alle Engel der Herrschaften, die Auserwählten und die anderen Mächte, die auf dem Festlande [und] über dem Wasser sind". Weitere Belege bei Billerbeck III, S. 583; vgl. auch G. H. C. MacGregor, Principalities and Powers: the Cosmic Background of Paul's Thought, NTS 1 (1954/55), S. 17—28.

[5] Zur Aufreihung durch εἴτε — εἴτε ist in formaler Hinsicht 1Kor 3₂₁-₂₃ zu vergleichen: πάντα γὰρ ὑμῶν ἐστιν, εἴτε Παῦλος εἴτε Ἀπολλῶς εἴτε Κηφᾶς, εἴτε κόσμος εἴτε ζωὴ εἴτε θάνατος, εἴτε ἐνεστῶτα εἴτε μέλλοντα, πάντα ὑμῶν, ὑμεῖς δὲ Χριστοῦ, Χριστὸς δὲ θεοῦ. 1Kor 12₁₃ wird durch εἴτε Ἰουδαῖοι εἴτε Ἕλληνες, εἴτε δοῦλοι εἴτε ἐλεύθεροι die Aufhebung aller irdischen Gegensätze in der Gliedschaft am Leibe Christi aufgezeigt.

[6] p⁴⁶ leitet (vgl. V.₁₆a) mit ὅτι ein.

[7] Vgl. Mark Aurel IV, 23, 2: ἐκ σοῦ πάντα, ἐν σοὶ πάντα, εἰς σὲ πάντα; Pariser Zauberpapyrus (siehe oben S. 88 Anm. 6): ἐκ σέο γὰρ πάντ' ἐστὶ καὶ εἰς ⟨σ'⟩, αἰών⟨ι⟩ε, πάντα τελευτᾷ. Weitere Parallelen bei Eltester a.a.O. S. 145f.

[8] In den jüdischen Weisheitsspekulationen fehlen Parallelen zu εἰς αὐτόν. Vgl. Eltester a.a.O. S. 142f.; Schweizer, Neotestamentica, S. 296.

deutung: Alles ist auf ihn hin geschaffen¹. Damit werden nicht nur die
Aussagen über den Ursprung der Schöpfung zusammengefaßt, sondern
wird nun auf ihr Ziel hingedeutet, das sie in keinem anderen findet als in
Christus allein².

V. 17: Er ist πρὸ πάντων, das heißt: Als der Praeexistente³ ist er der
Herr über das All⁴. Damit wird an die Bezeichnung πρωτότοκος πάσης
κτίσεως angeknüpft und die einzigartige Stellung Christi als des Herrn
über den Kosmos noch einmal hervorgehoben⁵. Das All ist nicht nur in
ihm und durch ihn geschaffen, sondern es hat auch seinen Bestand nur in
ihm. Durch συνεστηκέναι wurde in der platonischen und stoischen Philosophie die wunderbare Einheit des Weltganzen gekennzeichnet⁶. Als
uralte und von allen Menschen geteilte Überzeugung gilt der Satz, ὡς ἐκ
θεοῦ πάντα καὶ διὰ θεὸν συνέστηκεν (Ps.-Aristoteles, de mundo 6 [p. 397b])⁷.
Mit denselben Worten drückt das hellenistische Judentum aus, daß
Gottes Schöpfung festen Bestand hat. Philo spricht von vier ἀρχαί und
δυνάμεις, ἐξ ὧν συνέστηκεν ὁ κόσμος (rer. div. her. 281), bzw. von den
Gegensätzen im Weltgefüge, ἐξ ὧν ἅπας ὁ κόσμος συνέστηκε (rer. div. her.
311)⁸. Der göttliche Logos, ja Gott selbst ist das einigende Band, das
alles zusammenschließt und zusammenhält⁹; ἐν λόγῳ αὐτοῦ σύγκειται τὰ
πάντα (Sir 43₂₆)¹⁰. Wie der Gedanke der Schöpfungsmittlung, so wird

---

¹ Vgl. R. Jochanan († 279 n. Chr.): Die Welt ist nur „im Hinblick auf den
Messias" geschaffen (b. Sanh. 98b). Vgl. Billerbeck III, S. 626.
² Vgl. Käsemann, Aufsätze I, S. 42: „So hat εἰς αὐτὸν ἔκτισται V. 16 diese
eschatologische Ausrichtung vorweggenommen, die dann durch die soteriologischen Aussagen der zweiten Strophe in ihrer konkreten Realität beschrieben
wird." Vgl. auch Eltester a.a.O. S. 146; Schweizer, Neotestamentica. S. 296.
³ Vgl. Joh 8₅₈: πρὶν Ἀβραὰμ γενέσθαι ἐγὼ εἰμί.
⁴ πάντων ist zweifellos neutrisch, nicht maskulinisch zu fassen. Vgl. Tertullian,
adv. Marc. V, 19: Quomodo enim ante omnes, si non ante omnia? Quomodo ante
omnia, si non primogenitus conditionis?
⁵ Vgl. Basilius, adv. Eunom. IV (MPG 29, Sp. 701): ὁ ἀπόστολος εἰπών, πάντα
δι' αὐτοῦ καὶ εἰς αὐτὸν ἔκτισται, ὤφειλεν εἰπεῖν καὶ αὐτὸς ἐγένετο πρὸ πάντων. Εἰπὼν δέ,
καὶ αὐτός ἐστι πρὸ πάντων, ἔδειξε τὸν μὲν ἀεὶ ὄντα, τὴν δὲ κτίσιν γενομένην.
⁶ Vgl. Platon, Respubl. 530a: οὕτω συνεστάναι τῷ τοῦ οὐρανοῦ δημιουργῷ αὐτόν
τε καὶ τὰ ἐν αὐτῷ.
⁷ Diese Überzeugung ist PapOxyrh XI, 1380, 183—185 auf Isis übertragen:
σὺ (sc. bist die Herrin) πάντων ὑγρῶν καὶ ξηρῶν καὶ ψ[υχ]ρῶν· ἐξ ὧν ἅπαντα συνέστηκεν.
Weitere Belege bei J. Gewieß, Christus und das Heil nach dem Kolosserbrief.
Diss. Breslau 1932, S. 46.
⁸ Vgl. Hegermann, Schöpfungsmittler, S. 95.
⁹ Vgl. Philo, rer. div. her. 23: τῶν ὅλων δεσμός ἐστι συνέχων αὐτὰ ἄλυτα καὶ
σφίγγων διαλυτὰ ὄντα ἐξ ἑαυτῶν. Vgl. auch de fuga 108ff.
¹⁰ Was vom Makrokosmos gilt, trifft auch für den Mikrokosmos zu: Nur durch
Gottes Fürsorge wird auch der menschliche Körper erhalten; denn er würde aus-
einanderfallen, wenn Gott nicht seine Hand über ihn halten und ihn beschirmen
würde. Vgl. Philo, rer. div. her. 58: ὁ ἔναιμος ὄγκος ἐξ ἑαυτοῦ διαλυτὸς ὢν καὶ νεκρὸς
συνέστηκε καὶ ζωπυρεῖται προνοίᾳ θεοῦ τοῦ τὴν χεῖρα ὑπερέχοντος καὶ ὑπερασπίζοντος.

auch diese Vorstellung von der christlichen Gemeinde auf Christus angewendet. Er trägt das All τῷ ῥήματι τῆς δυνάμεως αὐτοῦ (Hebr 1₃). Alles, was ist, hat nur in ihm Bestand; denn er ist der Herr, das Haupt des Leibes.

V. 18: Klammert man — wie oben dargelegt (S. 79f.) — die Worte τῆς ἐκκλησίας als Glosse ein, dann ist im Zusammenhang der ersten Strophe der Begriff σῶμα in kosmologischem Sinne zu verstehen[1]. Die Anschauung, daß der ganze Kosmos einem Leib vergleichbar sei und ein Entsprechungsverhältnis zwischen dem Makrokosmos und dem Mikrokosmos bestehe, ist in der Antike schon früh bezeugt und mannigfach variiert worden. Platon versteht den Kosmos als ein beseeltes und von der Vernunft durchwaltetes Lebewesen (Timaios 31b; 32a.c; 39e u. ö.). Der Kosmos wird von der göttlichen Seele gelenkt und folgt ihr als der von ihr geleitete Leib (Timaios 47c— 48b)[2]. Im spätantiken Synkretismus haben sich dann mit den griechischen Gedanken iranische Vorstellungen verbunden. Der höchste Gott, so wird es in der Pahlaviliteratur geschildert, war schwanger und brachte die ganze Schöpfung hervor. „Und als sie zustande gebracht war, trug er sie in seinem Körper. Und er nahm immer zu und alles wurde immer besser, und dann schuf er sie, einen nach dem anderen, aus seinem eigenen Körper. Und zunächst schuf er den Himmel aus seinem Haupte ... Und er schuf die Erde aus seinen Füßen ... Und er schuf das Wasser aus seinen Tränen ... Und er schuf die Pflanzen aus seinem Haar ... Und er schuf das Feuer aus seinem Sinn."[3] Der Kosmos wird als Leib der Gottheit betrachtet, die Elemente des Weltalls aber als die verschiedenen Teile ihres Körpers. In einem orphischen Fragment wird die Gottheit Zeus genannt, der die κεφαλή des Kosmos ist und mit seiner Kraft das All durchwaltet, das im Leib des großen Gottes ruht (Fragm. 168)[4].

---

[1] Zum Begriff σῶμα vgl. E. Schweizer, ThWB VII, S. 1024—1091. Dort auf S. 1024f. vollständige Literaturübersicht, auf die für die Diskussion über den σῶμα-Begriff verwiesen sei.

[2] Vgl. Schweizer a.a.O. S. 1029; dort weitere Belege.

[3] Riv. Dāt. i Dēn XLVI, 3—5. 11. 13. 28; zitiert nach G. Widengren, Die Religionen Irans, Die Religionen der Menschheit 14, Stuttgart 1965, S. 9. Dort wird S. 10 die indische Allgottheit beschrieben: „Das Feuer ist mein Mund, die Erde meine Füße, Sonne und Mond meine Augen, der Himmel ist mein Haupt, das Firmament und die Himmelsgegenden meine Ohren. Die Wasser sind aus meinem Schweiß entstanden. Der Raum mit den vier Weltgegenden ist mein Körper, der Wind ist in meinem Sinne." (Mahābhārata III, 12965ff.) Zum Zusammenhang der hellenistischen mit den iranischen Vorstellungen vgl. auch Hegermann, Schöpfungsmittler, S. 60f.

[4] Orphicorum Fragmenta (ed. O. Kern [1922]), S. 201f.: Ζεὺς πρῶτος ἐγένετο, Ζεὺς ὕστατος ἀγρικέραυνος, Ζεὺς κεφαλή, Ζεὺς μέσσα, Διὸς δ' ἐκ πάντα τέτυκται ... πάντα γὰρ ἐν Ζηνὸς μεγάλωι τάδε σώματα κεῖται ... ὧδε μὲν ἀθανάτην κεφαλὴν ἔχει ἠδὲ νόημα· σῶμα δὲ οἱ περιφεγγές, ἀπείριτον, ἀστυφέλικτον, ἄτρομον, ὀβριμόγυιον, ὑπερμενὲς ὧδε τέτυκται. Vgl. auch H. Schlier, ThWB III, S. 675; Dibelius-Greeven S. 109 Beilage 1. Dieses orphische Fragment ist in der hellenistischen

Ähnlich werden auch in anderen Texten der Himmel als das Haupt des Pantokrator, die Luft als sein Leib und die Erde als seine Füße[1] oder aber die himmlische Welt als Haupt des Allgottes, das Meer als sein Bauch und die Erde als seine Füße beschrieben[2]. An diese Vorstellung vom Leib der Allgottheit knüpft die stoische Naturanschauung an und sieht den ganzen Kosmos von der Gottheit erfüllt; die Menschen aber sind Glieder an diesem weltumspannenden Leib, der alles zusammenschließt[3]. Auch in das hellenistische Judentum haben diese Gedanken Eingang gefunden[4], so daß Philo von Alexandria von der Himmelswelt als einem einheitlichen Körper spricht, über den der Logos als Haupt gesetzt ist (de somn. I, 128)[5]. Der Logos umgreift das All, er erfüllt und bestimmt es an allen Enden (quaest. in Ex. II, 68)[6]. Wie der Leib des Menschen der Leitung und Führung durch das Haupt bedarf (de spec. leg. III, 184), so auch das σῶμα des Kosmos: Der ewige Logos des ewigen Gottes ist das Haupt des Alls (quaest. in Ex. II, 117)[7], das den ganzen Leib lenkt[8]. Wie der

Synagoge bekannt gewesen und weiterüberliefert worden. Vgl. die Darstellung der Zusammenhänge bei N. Walter, Der Thoraausleger Aristobulos. Untersuchungen zu seinen Fragmenten und zu pseudepigraphischen Resten der jüdisch-hellenistischen Literatur, TU 86, Berlin 1964, S. 103—115. 202—261.

[1] ZaubPap XII, 243 = Bd. II, S. 74 (vgl. PapLeiden II, S. 141); vgl. weiter ZaubPap XIII, 770ff. = Bd. II, S. 122; XXI, 6ff. = Bd. II, S. 146.

[2] Macrobius, Sat. I, 20, 17: Serapis-Orakel an den König Nikokreon von Cypern: εἰμὶ θεὸς τοιόσδε μαθεῖν, οἷόν κ'ἐγὼ εἴπω· οὐράνιος κόσμος κεφαλή, γαστὴρ δὲ θάλασσα, γαῖα δέ μοι πόδες εἰσί. Vgl. Schlier a.a.O. S. 675.

[3] Vgl. Seneca, Epist. 92,30: Totum hoc, quo continemur, et unum est deus: et socii sumus eius et membra. Weitere Belege bei Hegermann, Schöpfungsmittler, S. 63f.; Schweizer a.a.O. S. 1036f.

[4] Vgl. Ps.-Philo, de deo 9: Mundi vero basis sicut pedes sunt terra et aqua, facies autem quasi vultus, aer et caelum. Entis autem virtutes velut crura eorum ab orbe in orbem extensa; et universi pedes, inferiores nempe ipsius materiae partes, terram et aquam atque vultum, aera nimirum et caelum ad superiora tendentes naturas includentem ad melius conservandum protegunt. Vgl. Hegermann, Schöpfungsmittler, S. 59.

[5] de vita Mosis II, 117—135 handelt Philo von der kosmischen Gewandung des Hohenpriesters, die das All abbildet: die Luft, das Wasser, die Erde, das Feuer, den Himmel, die beiden Welthälften und den Tierkreis. Das λογεῖον des Hohenpriesters aber ist ein Abbild des göttlichen Logos τοῦ συνέχοντος καὶ διοικοῦντος τὰ σύμπαντα. Der vom Vater geweihte Priester muß mit dem Sinnbild der ganzen Welt bekleidet vor ihm erscheinen (ebd. 133f.). Zur kosmischen Gewandung des Hohenpriesters vgl. auch SapSal 18,24.

[6] Vgl. Hegermann, Schöpfungsmittler, S. 59, dort S. 59—67 weitere Belege; ferner Weiß a.a.O. (S. 83 Anm. 4) S. 257—265.

[7] Vgl. Hegermann, Schöpfungsmittler, S. 58f.; C. Colpe, Zur Leib-Christi-Vorstellung im Epheserbrief, in: Judentum — Urchristentum — Kirche, Festschrift für J. Jeremias, BZNW 26, Berlin 1960 = ²1964, S. 180f.

[8] Philos Aussagen über den Kosmos als σῶμα und den Logos als seine κεφαλή sind vom gnostischen Urmenschmythus zu unterscheiden und dürfen nicht mit diesem vermengt werden. Vgl. Colpe a.a.O. S. 179—182; Hegermann, Schöpfungsmittler, S. 59—67; Schweizer a.a.O. S. 1051f.; gegen H. Schlier, ThWB III, S. 675—677.

Leib von seinem Haupt regiert wird, so steht der Kosmos unter der Führung des göttlichen Logos und damit unmittelbar unter der Fürsorge
Gottes[1].

Die Aussage des christlichen Bekenntnisses faßt der Hymnus in den
Worten zusammen, daß Christus das Haupt des Leibes ist[2]. Durch die
mythologische Ausdrucksweise vom Leib als Kosmos und dem Haupt,
das über ihn gesetzt ist, wird den Menschen, die von der Sorge und Angst
vor den Mächten in der Welt bedrängt sind und die danach fragen, wie
die Welt in ihre rechte Ordnung gebracht werden kann, Antwort auf ihr
Suchen gegeben: Christus ist die κεφαλή, unter der das σῶμα des Kosmos
steht, von der es geleitet und zusammengehalten wird. Durch ihn allein
ist das All in seinem Bestand gegründet und befestigt, und das heißt:
In ihm allein ist das Heil[3].

Diese mythologische Aussage aber erfährt nun durch den Verfasser
des Kolosserbriefes eine Interpretation, durch die der Begriff σῶμα als die
ἐκκλησία bestimmt und damit geschichtlich gedeutet wird[4]. Der erhöhte
Herr übt hier und jetzt sein Regiment über alle Welt aus als das Haupt
seines Leibes, der die Kirche ist[5]. Diese Bestimmung „sein Leib, das ist
die Kirche" ist deutlich von dem aus stoischer Überlieferung übernommenen Vergleich unterschieden, wie er Röm 12 und 1Kor 12 von Paulus

[1] Damit beantwortet Philo die Frage, die die ausgehende Antike so stark beschäftigte: wo und wie der weltweite Leib unter sein Haupt gebracht und von diesem
zusammengehalten wird. Vgl. Curtius Rufus, Historiae Alexandri Magni Macedonensis X, 9, 1—4: Dort wird das Reich Alexanders d. Gr. mit einem corpus
verglichen, das nach seinem Tode in mehrere membra auseinandergefallen war.
Dann wird die Anwendung auf die Situation im Römischen Reich vorgenommen:
Ein neuer Herrscher ist auf dem Thron, nun sind die Glieder, die sonst vor Zwietracht erzittern würden, unter ihr Haupt gebracht (cum sine capite membra trepidarent). Z. St. vgl. F. Mußner, Christus, das All und die Kirche. Studien zur
Theologie des Epheserbriefes, TrThSt 5, Trier 1955, S. 155f. und Schweizer
a.a.O. S. 1037 Anm. 185.

[2] κεφαλή/שׁאר hat im AT vielfach die Bedeutung Haupt einer Gemeinschaft, eines
Stammes, Herrscher. Vgl. z.B. Dt 28 13 Ri 10 18 11 8f. 11 u. ö.; vgl. auch TestSeb
9 4; weitere Belege bei Schlier a.a. O. S. 674f. κεφαλή bezeichnet auch bei Paulus
denjenigen, dem die Herrschaft übertragen ist (1Kor 11 3; vgl. ferner Kol 2 10. 19
Eph 1 22 4 15 5 23). Vgl. S. Bedale, The Meaning of κεφαλή in the Pauline Epistles,
JThSt NS 5 (1954), S. 211—215. Doch weder im AT noch in den paulinischen
Hauptbriefen wird über das Verhältnis der κεφαλή zum σῶμα gehandelt. Die
Aussage von Kol 1 18 ist daher nicht vom AT, sondern von den oben angeführten
hellenistischen Vorstellungen über den kosmischen Leib und sein Haupt her zu
erklären.

[3] Vgl. Schweizer, Neotestamentica, S. 296: „Christus ist also die Antwort
auf das Suchen nach dem die Welt regierenden und daher zur Einheit zusammenschließenden Prinzip, und das heißt für den Hellenisten: nach dem Heil." Vgl.
ders., ThWB VII, S. 1072f.

[4] Den durch τῆς ἐκκλησίας vollzogenen Übergang kennzeichnet Theodoret
z. St. mit den Worten: ἀπὸ τῆς θεολογίας εἰς τὴν οἰκονομίαν μετέβη.

[5] Vgl. Lohse, Christusherrschaft und Kirche, S. 205f.

benutzt wird, um die vielen Funktionen und Dienste der Glieder zu veranschaulichen[1], und erinnert am ehesten an die Worte von dem einen Leib, in den wir alle hineingetauft sind (1Kor 12₁₃), zu dem wir alle als Teilnehmer am Herrenmahl zusammengeschlossen sind (1Kor 10₁₇) und der in seiner Einheit nicht zerteilt werden darf (1Kor 1₁₃). Aber auch in diesen Sätzen des 1. Korintherbriefes fehlt die kosmische Dimension und ist nicht vom Haupt, das dem Leibe übergeordnet ist, gesprochen. Daher genügt es nicht festzustellen, daß der Kolosserbrief in seiner Aussage über die Kirche über die großen Paulusbriefe hinausgeht, und kann sein Kirchenverständnis nicht einfach als eine Fortentwicklung früherer Ansätze innerhalb der paulinischen Theologie erklärt werden[2]. Das Verständnis der ἐκκλησία, wie es im Kolosserbrief ausgesprochen wird, muß vielmehr unter Berücksichtigung der religionsgeschichtlichen Voraussetzungen, die in der hellenistischen Vorstellung vom kosmischen Leibe gegeben sind, bestimmt werden. Dem kosmologischen Gedankengang gibt der Verfasser des Briefes eine neue Wendung, indem er die Kirche als den Ort bezeichnet, an dem Christus seine Herrschaft über den Kosmos gegenwärtig ausübt[3]. Christus ist Herr über das All (vgl. 2₁₀. ₁₉), sein Leib aber ist die Kirche. Deshalb wird die weltweite Herrschaft des Kyrios an allen Orten proklamiert, indem Christus unter den Völkern verkündigt (1₂₇), jeder Mensch ermahnt und jeder Mensch in aller Weisheit unterwiesen wird, damit jeder Mensch vollkommen in Christus dargestellt werde (1₂₈)[4].

---

[1] In diesem Vergleich wird die κεφαλή dem σῶμα nicht gegenübergestellt, sondern als ein Glied unter den anderen am einen Leib aufgeführt. Vgl. 1Kor 12₂₁.

[2] So sucht wieder I. J. du Plessis, Christus as hoof van kerk en kosmos. 'N eksegeties-teologiese studie van Christus se hoofskap veral in Efesiërs en Kolossense, Groningen 1962 den Zusammenhang herzustellen. Vgl. die Rezension von G. Bertram, ThLZ 90 (1965), Sp. 116—118.

[3] Dabei gibt sich der Verfasser als paulinischer Theologe zu erkennen. Durch die Verbindung des ἐκκλησία-Begriffes mit der vorgegebenen kosmologischen Aussage ist jedoch ein neuer Gedanke formuliert worden: Christus als Haupt des Leibes. (Die umständliche Hypothese, ein kosmologisches Mißverständnis der Rede vom Leibe Christi im Hymnus sei durch den Verfasser des Kolosserbriefes „repaulinisiert" worden, ist überflüssig. Gegen Gabathuler a.a.O. S. 141 Anm. 809.)

[4] Vgl. Käsemann, Aufsätze I, S. 50f.: „Die Einführung von τῆς ἐκκλησίας V. 18 hat dogmatisches Gewicht. Sie illustriert das Versetztsein in das Reich des Sohnes und macht aus der kosmologischen eine eschatologische Aussage. Christus ist auch Haupt der Mächte und Gewalten. Aber sie sind nicht sein Leib im eigentlichen Sinne. Sie sind ‚in ihm', sofern er ihr Schöpfer ist und Gewalt über sie hat. Die Gemeinde ist sein Leib, sofern sie von der Auferstehung der Toten her lebt und der Auferstehung der Toten entgegenwandert. Das aber bedeutet hier und jetzt, daß sie in der Vergebung der Sünden steht. Es bedeutet gar nichts sonst und kann nichts sonst bedeuten. Weil sie in der Vergebung steht, ist sie neue Schöpfung, haben ihr die kosmischen Mächte nichts mehr zu sagen, nichts mehr

Die zweite Strophe setzt wie die erste mit zwei Christusprädikaten ein. Er ist ἀρχή[1], πρωτότοκος ἐκ[2] τῶν νεκρῶν. ἀρχή wurden im Judentum auch die Weisheit und der Logos genannt. πρὸ τοῦ αἰῶνος ἐθεμελίωσέν με ἐν ἀρχῇ, rühmt sich die Weisheit (Prov 8₂₃), und Philo bezeichnet die σοφία als ἀρχὴν καὶ εἰκόνα καὶ ὅρασιν θεοῦ (leg. all. I, 43)[3]. Doch wenn von Christus gesagt wird, er sei die ἀρχή, so ist damit nicht gemeint, daß er die ἀρχὴ τῆς κτίσεως τοῦ θεοῦ (Apk 3₁₄) ist. ἀρχή ist er vielmehr als der πρωτότοκος ἐκ τῶν νεκρῶν, durch den das eschatologische Geschehen ausgelöst worden ist[4]. Als der erste, der von den Entschlafenen auferstand, ist er der Erstling, der als die ἀπαρχή die zukünftige Auferweckung der Toten verbürgt (1Kor 15₂₀. ₂₃). Er ist daher der ἀρχηγὸς τῆς ζωῆς (Act 3₁₅), der πρῶτος ἐξ ἀναστάσεως νεκρῶν (Act 26₂₃), ὁ πρωτότοκος τῶν νεκρῶν καὶ ἄρχων τῶν βασιλέων τῆς γῆς (Apk 1₅)[5].

Weil Christus Anfang und Erstgeborener ist, darum ist er in allem der erste. In dem ἵνα-Satz bezieht sich ἐν πᾶσιν auf das wiederholt erwähnte τὰ πάντα und ist daher neutrisch zu fassen[6]. Durch πρωτεύειν[7] werden das zweimal genannte πρωτότοκος (V.15.18b) und der Satz V.17a aufgenommen: καὶ αὐτός ἐστιν πρὸ πάντων. Ihm allein gebührt der erste Rang im All[8].

V. 19: Denn — so folgt die Begründung — ἐν αὐτῷ εὐδόκησεν πᾶν τὸ πλήρωμα κατοικῆσαι[9]. Was zunächst die Konstruktion des Satzes betrifft, so ließe

zu geben und nichts mehr von ihr zu fordern. Es gibt keinen Weg zur Schöpfung außer dem Weg über die und in der Vergebung. Jeder unmittelbare, also nicht von der Eschatologie herkommende Zugriff wird zur Kosmologie, zum Fall aus der Vergebung, zur neuen Versklavung unter die kosmischen, d.h. dann unter die dämonischen Tyrannen."

[1] p⁴⁶ B 1739 pc ergänzen den Artikel: ἡ ἀρχή.   [2] p⁴⁶ ℵ* Ir lassen ἐκ fort.

[3] Auch der λόγος heißt Gottes πρωτόγονος, ἀρχή und εἰκών (de conf. ling. 146). Vgl. oben S. 86.

[4] πρωτότοκος und ἀρχή stehen gelegentlich auch zusammen, um den Erstgeborenen als den Begründer eines Geschlechtes zu bezeichnen. Vgl. LXX Gen 49₃: Ρουβην, πρωτότοκός μου σύ, ἰσχύς μου καὶ ἀρχὴ τῶν τέκνων μου. Vgl. auch LXX Dt 21₁₇.

[5] πρωτότοκος ἐκ τῶν νεκρῶν ist nicht vom gnostischen Erlösermythus her zu erklären. Vgl. oben S. 83.

[6] Nicht maskulinisch von den νεκροί. So H. Schlier, Christus und die Kirche im Epheserbrief, BHTh 6, Tübingen 1930, S. 55f. Anm. 1. Vgl. Hegermann, Schöpfungsmittler, S. 103: „ἐν πᾶσιν ist demnach nicht von den νεκροί her zu verstehen, sondern von der πάντα-Formel."

[7] πρωτεύειν ist im NT Hapaxlegomenon, steht auch in LXX selten: Esth 5₁₁ 2Makk 6₁₈ 13₁₅; doch vgl. Jamblich, de vita Pyth. VIII, 43: τῶν ἐν ἑκάστῳ τῷ γένει πεπρωτευκότων = „der jeweils Besten in jeder Generation"; Plutarch, de lib. educ. 13 (p. 9b): Die Väter σπεύδοντες γὰρ τοὺς παῖδας ἐν πᾶσι τάχιον πρωτεῦσαι; PapLips I, 40, 2, 16; 3, 6: πρωτεύων = Vorsteher; PapOxyrh XVI, 1983, 3. Weitere Belege bei W. Michaelis, ThWB VI, S. 882f.

[8] Vgl. Chrysostomus z. St.: πανταχοῦ γάρ ἐστι πρῶτος· ἄνω πρῶτος, ἐν τῇ ἐκκλησίᾳ πρῶτος, ἐν τῇ ἀναστάσει πρῶτος· κεφαλὴ γάρ ἐστιν· ἐν τῇ ἀναστάσει πρῶτος.

[9] Vgl. G. Münderlein, Die Erwählung durch das Pleroma. Bemerkungen zu Kol. I. 19, NTS 8 (1961/62), S. 264—276.

sich ὁ θεός als Subjekt ergänzen, πᾶν τὸ πλήρωμα κατοικῆσαι würde dann als Acc. c. Inf. zu fassen sein. Bei dieser Ergänzung wäre eine glatte Verbindung zum folgenden Partizip εἰρηνοποιήσας gewonnen[1]. Es kann aber auch πᾶν τὸ πλήρωμα als Subjekt genommen werden, an das in constructio ad sensum εἰρηνοποιήσας angeschlossen wird. Da diese Lösung ohne Einfügung eines nicht genannten Subjekts auskommt, ist ihr vor der anderen Möglichkeit der Vorzug zu geben[2]. πᾶν τὸ πλήρωμα meint nichts anderes als die göttliche Fülle in ihrer Gesamtheit und wird daher in dem kommentierenden Satz 2,9 als πᾶν τὸ πλήρωμα τῆς θεότητος erläutert.

Der Begriff πλήρωμα[3] hat in der christlichen Gnosis des zweiten Jahrhunderts eine große Rolle gespielt[4]. Bei den Valentinianern ist mit dem πλήρωμα die Fülle der aus Gott hervortretenden Emanationen gemeint, von denen Gott unterschieden ist als der μόνος ἀγέννητος, οὐ τόπον ἔχων, οὐ χρόνον (Hippolyt, Refut. VI, 29, 5). πλήρωμα bezeichnet im Gegensatz zum κένωμα, dem Entleertsein von Göttlichem (Epiphanius, Haer. 31, 16, 1), die oberste pneumatische Welt in der nächsten Nähe zu Gott, die durch eine Grenze vom Kosmos getrennt ist. Es besteht εἰρήνη καὶ συμφωνία πάντων τῶν ἐντὸς πληρώματος αἰώνων (Hippolyt, Refut. VI, 32, 1). Die vollkommene Frucht des πλήρωμα, die von allen Aeonen gemeinsam hervorgebracht wurde, ist Jesus (Hippolyt, ebd. 32, 1f.; Irenaeus, adv. Haer. I, 2, 6), der als der Erlöser aus der göttlichen Fülle hinabstieg (Hippolyt, ebd. 32, 4). Ziel des Erlösungswerkes aber ist es, daß sich im πλήρωμα alles, was pneumatischen Ursprungs ist, wieder zusammenfindet, ἵν' ᾖ τὸ πλήρωμα ἐν ἀριθμῷ τελείῳ συνηθροισμένον (Hippolyt, ebd. 34, 2). Da in der valentinianischen Lehre das πλήρωμα zwar die himmlische Fülle ist, Gott selbst aber nicht zum πλήρωμα gehört, kann dieses Verständnis des Wortes πλήρωμα zur Erklärung von Kol 1,19 nichts beitragen. Denn darüber kann kein Zweifel bestehen, daß im Christushymnus mit dem πλήρωμα Gott selbst gemeint ist.

[1] Für diese Lösung entscheiden sich daher zahlreiche Exegeten: Lightfoot, Haupt, Lohmeyer z. St.; G. Schrenk, ThWB II, S. 739; G. Delling, ThWB VI, S. 301f.; Mußner a.a.O. S. 58 Anm. 89; Feuillet a.a.O. S. 228f.

[2] So auch Abbott, v. Soden, Ewald, Masson, Dibelius-Greeven z. St.; Percy, Probleme, S. 76 Anm. 22; Käsemann, Aufsätze I, S. 42f.; Jervell, Imago Dei, S. 222 Anm. 191; Münderlein a.a.O. S. 266; Schweizer, Neotestamentica, S. 294 Anm. 3.

[3] Vgl. Delling a.a O. S. 297—304 (mit ausführlicher Literaturübersicht auf S. 297); ferner seien besonders genannt: J. Gewieß, Die Begriffe πληροῦν und πλήρωμα im Kolosser- und Epheserbrief, in: Vom Wort des Lebens, Festschrift für M. Meinertz, NTAbh Suppl. I, Münster i. W. 1951, S. 128—141; S. Aalen, Begrepet plæroma i Kolosser- og Efeserbrevet, TTK 23 (1952), S. 49—67; Moule z. St. Zum Begriff πλήρωμα im Epheserbrief sei besonders verwiesen auf Mußner a. a. O. S. 46—64; Schlier, Epheser, S. 96—99 (dort weitere Literaturangaben).

[4] Vgl. die Belege in Lightfoots Exkurs zum Begriff πλήρωμα (S. 257—273) sowie Delling a.a. O. S. 299f.

Im Sprachgebrauch des spätantiken Synkretismus wird der Begriff πλήρωμα in verschiedener Weise verwendet[1]. Einerseits werden Kosmos und Gott unterschieden, wenn es heißt: ὁ γὰρ κόσμος πλήρωμά ἐστι τῆς κακίας, ὁ δὲ θεὸς τοῦ ἀγαθοῦ (Corp. Herm. VI, 4). Der Kosmos aber, der mit Gott innig verbunden ist, πλήρωμά ἐστι τῆς ζωῆς (Corp. Herm. XII, 15). Daher nennt das Corpus Hermeticum andererseits Gott τῶν ὅλων δεσπότην καὶ ποιητὴν καὶ πατέρα καὶ περίβολον, καὶ πάντα ὄντα τὸν ἕνα, καὶ ἕνα ὄντα τὸν πάντα und fährt dann fort: τῶν πάντων γὰρ τὸ πλήρωμα ἕν ἐστι καὶ ἐν ἑνί, οὐ δευτεροῦντος τοῦ ἑνός, ἀλλ᾽ ἀμφοτέρων ἑνὸς ὄντος (Corp. Herm. XVI, 3). Da also das All-Eine sich nicht verdoppelt, sondern eines ist und bleibt, ist auch das All kein Zweites neben dem Einen, so daß Gott selbst damit das πλήρωμα ist[2]. Durch πλήρωμα wird also auf den einen, das ganze All durchdringenden Gott hingewiesen. „Denn er ist unvergänglich, Fülle der Äonen und ihr Vater" (OdSal 7₁₁)[3].

Aus der hellenistischen Umwelt hat die christliche Gemeinde das Wort πλήρωμα aufgenommen[4], um von Gottes Fülle zu reden, die in dem Einen zu wohnen beschloß[5]. Damit aber ist der Begriff aus dem Zusammenhang der Kosmologie in den der Soteriologie übertragen worden. εὐδοκεῖν ist im Sprachgebrauch der Septuaginta häufig als Ausdruck für das Wohlgefallen Gottes bezeugt. Er hat Wohlgefallen am rechten Tun und Wandel, nicht aber am bösen und schlechten Werk (ψ 43₄ 146₁₁ 149₄)[6]. Durch εὐδοκεῖν wird auch die göttliche Erwählung

---

[1] Vgl. Jervell, Imago Dei, S. 221 f.

[2] Vgl. Delling a.a.O. S. 299: „Hier soll durch die Vokabel offenbar ein Gottesbegriff präzisiert werden, in dem Gott und Welt ineinander übergehen."

[3] Vgl. W. Bauer, in: Hennecke-Schneemelcher II, S. 585; vgl. ferner OdSal 17₇ 19₅ 36₆ 41₁₃ f. Im Evangelium Veritatis wird die Wohnstätte des Vaters als Pleroma bezeichnet (16₃₅ 41₁ 43₁₅ f.); derselbe Ort kann auch „die Ruhe des Vaters" genannt werden (23₂₉). Vgl. H.-M. Schenke, Die Herkunft des sogenannten Evangelium Veritatis, Göttingen 1959, S. 15 f.

[4] Aalen a.a.O. S. 57 f. will πλήρωμα in der Bedeutung von שְׁכִינָה verstehen, hat sich dabei aber durch das Verbum κατοικῆσαι zu dieser Deutung verleiten lassen (vgl. unten zu S. 100 Anm. 2), die dem Begriff πλήρωμα nicht entspricht. Münderlein a.a.O. S. 275 ist geneigt, dieser Erklärung zuzustimmen. Dagegen zutreffend Delling a.a.O. S. 301: „Die Aussagen des Kol. gehen weit über die jüdischen hinaus." Vgl. auch die kritische Stellungnahme bei Jervell, Imago Dei, S. 222 Anm. 191.

[5] Vgl. Schweizer, Neotestamentica, S. 294 Anm. 3: „So ist zu vermuten, daß πλήρωμα ursprünglich im Sinn der hellenistischen Idee der Weltseele verstanden war, für die Gemeinde dann aber den das ganze All durchdringenden Gott meint. Vielleicht steht dahinter ebenfalls die sonst im Hymnus vorhandene Weisheitsterminologie, ist doch die Sophia Gottes die alles durchdringende und durch alles hindurchgehende (Sap. 7, 24 [vgl. 1, 7], seinerseits natürlich abhängig von den griechischen Vorstellungen der Weltseele)." Doch beweisen läßt sich diese ansprechende Vermutung nicht; denn in LXX findet sich πλήρωμα nur in räumlicher Bedeutung (vgl. Delling a.a.O. S. 298), und in den jüdischen Weisheitsspekulationen fehlt der Begriff.

[6] Weitere Belege bei G. Schrenk, ThWB II, S. 736.

7*

bezeichnet. Von denen, die Gott nicht erwählt hat, wird gesagt: οὐκ εὐδόκησεν ἐν αὐτοῖς κύριος (ψ 151₅). Über dem Erwählten aber ruft Gottes Stimme aus: σὺ εἶ ὁ υἱός μου ὁ ἀγαπητός, ἐν σοὶ εὐδόκησα (Mk 1₁₁ Par.). Mehrfach ist auch die Verbindung von Gottes Wahl und seiner Wohnung ausgesprochen. Der Zion ist τὸ ὄρος, ὃ εὐδόκησεν ὁ θεὸς κατοικεῖν ἐν αὐτῷ (ψ 67₁₇). Ähnlich— nur steht statt εὐδοκεῖν hier ἐκλέγεσθαι— lautet ψ 131₁₃ₗ.: ὅτι ἐξελέξατο κύριος τὴν Σιων, ᾑρετίσατο αὐτὴν εἰς κατοικίαν αὐτῷ. Αὕτη ἡ κατάπαυσίς μου εἰς αἰῶνα αἰῶνος, ὧδε κατοικήσω, ὅτι ᾑρετισάμην αὐτήν (vgl. auch LXX Jes 8₁₈ 49₂₀)[1]. Im Deuteronomium und in der deuteronomistischen Theologie kehrt ständig der Satz wieder, der Gott Israels habe sich eine Stätte erwählt, an der er seinen Namen wohnen lassen will (LXX Dt 12₅.₁₁ 14₂₃ 16₂.₆.₁₁ 26₂ 3Βασ 6₁₃ 8₂₇ u. ö.)[2]. Auch in jüngeren Schriften wird dieser Gedanke wiederholt: Gott hat sich eine Wohnstatt in Israel erwählt εὐδοκήσας τὴν δόξαν σου ἐν τῷ λαῷ σου Ισραηλ ἡγίασας τὸν τόπον τοῦτον (3Makk 2₁₆; vgl. ferner 2Makk 14₃₅ TestSeb 8₂ Jos 10₂₁. Benj 6₄).

Indem der Hymnus von Gottes erwählendem Ratschluß spricht, bedient er sich biblischer Sprache[3]. Dabei ist nicht an ein bestimmtes Ereignis — die Inkarnation[4], die Taufe oder die Verklärung Jesu[5] — zu denken, sondern der Satz bezieht sich auf das gesamte Christusgeschehen. ἐν αὐτῷ εὐδόκησεν πᾶν τὸ πλήρωμα κατοικῆσαι, das eben bedeutet: ἐν αὐτῷ κατοικεῖ (Präsens!) πᾶν τὸ πλήρωμα τῆς θεότητος σωματικῶς (2₉). In ihm und durch ihn wirkt Gott das Werk der Versöhnung[6].

---

[1] Hegermann, Schöpfungsmittler, S. 107 geht zu weit mit seiner Vermutung: „Es ist anzunehmen, daß der Hymnus auf diese Stelle direkt anspielt."

[2] Vgl. hierzu die Paraphrase im Targum zu 1Kön 8₂₇: „Hat es wirklich dem Herrn gefallen, seine Schᵉkhina wohnen zu lassen unter den Menschen, die auf der Erde leben?" Ähnlich im Targum zu Ps 68₁₇: „Es hat dem Wort des Herrn gefallen, seine Schᵉkhina auf ihm (dem Sinai) wohnen zu lassen." Vgl. Aalen a.a.O. S. 58; Münderlein a.a.O. S. 270; Feuillet a.a.O. S. 236—238.

[3] Das betont vorangestellte ἐν αὐτῷ ist mit κατοικῆσαι zusammenzunehmen, nicht mit εὐδόκησεν. Münderlein, der für diese Verbindung eintritt, sucht seine Auffassung mit der unbegründeten Vermutung zu stützen, es ließe sich eine semitische Sprachgrundlage annehmen (a.a.O. S. 268—270). Kol 2₉ wird der Satz 1₁₉ durch ἐν αὐτῷ κατοικεῖ πᾶν τὸ πλήρωμα τῆς θεότητος σωματικῶς aufgenommen. ἐν αὐτῷ ist daher zu κατοικῆσαι zu ziehen.

[4] Dieser Gedanke könnte sich durch die vergleichbaren Aussagen des Johannesprologs (Joh 1₁₄) nahelegen.

[5] So Münderlein a.a.O. S. 271 mit Hinweis auf εὐδόκησα der Himmelsstimme in der Tauf- und Verklärungsgeschichte.

[6] In diesem Satz liegt also genuin urchristliches Kerygma vor. Vgl. Augustins Worte zum Johannesprolog: er habe zwar auch in den Büchern der Neuplatoniker gelesen: Im Anfang war der Logos, durch den Logos ist alles gemacht worden. „Sed quia verbum caro factum est et habitaverit in nobis, non ibi legi." (Conf. VII, 9)

V. 20: Von diesem Werk der Versöhnung handelt der letzte Vers des Liedes[1]. Dabei ist, ohne daß es vorher ausgesprochen wurde, vorausgesetzt, daß Einheit und Harmonie des Kosmos eine empfindliche Störung, ja einen Bruch erlitten haben. Es bedurfte daher der Versöhnung, die durch das Christusgeschehen gewirkt wurde, um die kosmische Ordnung wiederherzustellen. Durch Christus hat Gott selbst dieses versöhnende Werk vollbracht[2]. Das All ist versöhnt worden, indem durch die Auferstehung und Erhöhung Christi[3] Himmel und Erde wieder in ihre durch Gottes Schöpfung bestimmte Ordnung zurückgebracht worden sind[4]. Nun steht das All wieder unter seinem Haupt[5], und damit ist kosmischer Friede eingekehrt[6]. Dieser Friede, den Gott durch Christus gestiftet hat[7], schließt das All wieder zur Einheit zusammen und hält die wiederhergestellte Schöpfung in der Versöhnung mit Gott fest[8].

---

[1] Vgl. J. Michl, Die „Versöhnung" (Kol 1,20), ThQ 128 (1948), S. 442—462; B. N. Wambacq, "per eum reconciliare ... quae in caelis sunt" (Col 1,20), RBibl 55 (1948), S. 35—42; W. Michaelis, Die Versöhnung des Alls, Bern 1950, S. 24f.; Mußner a.a. O. (S. 95 Anm. 1) S. 69—71; Lyonnet a.a. O. (S. 83 Anm. 6). Michl stellt die Geschichte der Exegese dar und deutet V. 20 im Sinne der erneuten Unterordnung der Engel unter Christus nach der Kenose. Wambacq versteht ἀποκαταλλάξαι von der Versöhnung der Gesetzesengel, die nach 2,15 entthront sind. Lyonnet erwägt, ob für V. 20 ebenso wie für Philo, de spec. leg. II, 192 der Gedanke an das jüdische Neujahrsfest von Bedeutung sei. Vgl. dazu oben S. 83 Anm. 6.

[2] ἀποκαταλλάσσειν ist nur in christlicher Literatur belegt, vgl. F. Büchsel, ThWB I, S. 259; Bauer Sp. 183. Paulus sagt καταλλάσσειν (Röm 5,10 1Kor 7,11 2Kor 5,18f), ἀποκαταλλάσσειν steht nur noch Kol 1,22 und Eph 2,16.

[3] Die zweite Strophe steht unter der Überschrift der Prädikate ἀρχή und πρωτότοκος ἐκ τῶν νεκρῶν. Vgl. Schweizer, Neotestamentica, S. 298.

[4] Vgl. E. Käsemann, Erwägungen zum Stichwort „Versöhnungslehre im Neuen Testament", in: Zeit und Geschichte, Festschrift für R. Bultmann, Tübingen 1964, S. 48f.: „Wir haben es hier mit einer Tradition zu tun, die ursprünglich hymnisch-liturgischen Charakters ist, also aus der Doxologie der hellenistischen Gemeinde stammt."

[5] εἰς αυτον ist nicht als εἰς αὐτόν zu lesen und auf Gott zu beziehen (so Moule z. St. mit Hinweis auf 2Kor 5,19), sondern entspricht εἰς αὐτόν in V. 16 und besagt in Verbindung mit ἀποκαταλλάξαι „die Überwindung der kosmischen Feindschaft durch die Herrschaft des Christus" (Dibelius-Greeven z. St.).

[6] 1,20 darf nicht von 1,22 her auf die Versöhnung der Menschenwelt gedeutet werden (so Büchsel a.a. O.), sondern V. 22 wendet der Verfasser des Briefes den Gedanken der das All umfassenden Versöhnung an, indem er der Gemeinde das Wort von der Versöhnung zuspricht.

[7] εἰρηνοποιεῖν wird selten gebraucht; vgl. W. Foerster, ThWB II, S. 418; Bauer Sp. 451; in LXX nur Prov 10,10. Jes 27,5 lautet in LXX: ποιήσωμεν εἰρήνην; Aquila, Symmachus und Theodotion übersetzen jedoch: εἰρηνοποιήσει. Im NT steht das Wort nur hier, doch vgl. Mt 5,9: μακάριοι οἱ εἰρηνοποιοί.

[8] Zum kosmischen Frieden vgl. AscJes 11,23: „Und ich sah ihn, und er war im Firmament ... und alle Engel des Firmamentes und Satan sahen ihn und beteten ihn an." In jüdischen Gebeten findet sich verschiedentlich die Bitte um Frieden „in deinen Höhen und bei uns und ganz Israel" (Qaddischgebet; vgl. W. Staerk

Nicht erst am Ende aller Zeit, wie es die Apokalyptik erwartete, sondern schon jetzt ist der Friede im All eingekehrt und das kosmische Erlösungswerk getan (vgl. Phil 2₁₀f.)[1]. Als Versöhner des Kosmos hat Christus seine Herrschaft angetreten. Weil er Mittler der Versöhnung ist[2], darum wird er auch als Mittler der Schöpfung gepriesen[3], als Herr über das All, über Mächte und Gewalten[4].

Durch das vom Verfasser des Kolosserbriefes in den Hymnus eingesetzte Interpretament διὰ τοῦ αἵματος τοῦ σταυροῦ αὐτοῦ[5] gewinnt der Gedankengang nun eine neue Richtung[6]. Eine theologia gloriae, die die Vollendung als schon gewonnen betrachten möchte, wird durch die theologia crucis korrigiert (vgl. 2₁₄f.)[7]. Nicht in einem überweltlichen

---

a.a.O. [S. 43 Anm. 5] S. 29—32). Nach b. Ber. 16b pflegte R. Saphra (um 300) zu beten: „Es möge Wille vor dir sein, Jahwe unser Gott, daß du Frieden verleihest in der oberen Familie (Engelwelt) und in der unteren Familie (Israel) und unter den Schülern, die sich mit deiner Thora beschäftigen." Vgl. Billerbeck I, S. 420.

[1] Diese Vorstellung von der kosmischen Versöhnung ist deutlich von gnostischen Gedanken zu unterscheiden. Denn für die Gnosis wäre die Versöhnung von Himmel und Erde undenkbar. Vgl. Schweizer, Neotestamentica, S. 304; ders., ThWB VII, S. 1072 Anm. 474: „Versöhnung der materiellen Welt mit dem Himmel wäre gerade das Gegenteil der gnostischen Hoffnung."

[2] Zu Lohmeyers Interpretation, der sowohl die Versöhnung als auch den Hinweis auf das Blut des Kreuzes Christi vom Hintergrund des jüdischen Versöhnungstages her verstehen möchte (S. 66—68), ist oben (S. 83f.) schon kritisch Stellung genommen worden. Vgl. auch Gabathuler a.a.O. S. 132f.

[3] Vgl. Maurer a.a.O. S. 89: „So liegt der Ausgangspunkt für die Verbindung des Christus mit der Schöpfung in dem Verständnis des Erlösers als Ziel aller Geschichte. Für Paulus ist Christus das Ziel aller Wege und Pläne Gottes. Weil aber alles auf ihn hinzielt, darum enthüllt sich von ihm her auch, daß er als das geheime Ziel immer schon am Anfang der Wege gestanden hat."

[4] Wer zu diesem Herrn gehört — darauf zielt der Gedankengang des Hymnus ab —, der ist frei von den knechtenden Mächten und der zwingenden Gewalt des Schicksals. Vgl. Tatian, Orat. ad Graecos 9,2: ἡμεῖς δὲ καὶ εἱμαρμένης ἐσμὲν ἀνώτεροι καὶ ἀντὶ πλανητῶν δαιμόνων ἕνα τὸν ἀπλανῆ δεσπότην μεμαθήκαμεν καὶ οὐ καθ᾽ εἱμαρμένην ἀγόμενοι τοὺς ταύτης νομοθέτας παρῃτήμεθα. Vgl. auch E. Schweizer, Das hellenistische Weltbild als Produkt der Weltangst, in: Neotestamentica, S. 15—27.

[5] Vgl. oben S. 80. Mit seiner Formulierung schließt sich der Verfasser an die gemeinchristliche Redeweise vom Blut Christi als Hinweis auf den stellvertretenden Tod Christi an, gibt ihr aber durch Hinzufügung von τοῦ σταυροῦ eine paulinische Interpretation.

[6] Vgl. die paulinische Glosse am Ende der ersten Strophe im Hymnus von Phil 2₆₋₁₁: θανάτου δὲ σταυροῦ (Phil 2₈).

[7] Diese Korrektur wehrt allen Versuchen, den Hymnus im Sinne einer natürlichen oder kosmischen Theologie auszuwerten, und ist auch gegenüber einer neuerdings vertretenen Theologie der Ökumene kritisch geltend zu machen. J. Sittler, 'Zur Einheit berufen', in: Neu Delhi-Dokumente, Witten 1962, S. 300—311 stellt zwar zunächst fest: „Gegen diesen Irrtum (sc. der Kolosser), der, wenn er sich durchgesetzt hätte, Christus auf die Ebene bloßer moralischer und geistiger Macht und Hoffnung festgenagelt hätte, löst Paulus eine Art Kettenreaktion vom zentralen Atom her aus, und der hämmernde Ton des *ta panta* ist der Widerhall ihrer Aus-

Drama, sondern im Sterben Jesu Christi ist der Friede gestiftet worden. Damit wird im Sinne paulinischer Theologie auf das Kreuz als den Ort hingewiesen, an dem die Versöhnung geschehen ist, die im λόγος ὁ τοῦ σταυροῦ (1Kor 1,18) bzw. im λόγος τῆς καταλλαγῆς (2Kor 5,19) gepredigt wird. Da das Christusgeschehen alle Welt betrifft, muß auch in allen Landen der Gekreuzigte und Auferstandene als der Herr ausgerufen werden (vgl. 1,24-29). Wer zu diesem Herrn gehört, der ist καινὴ κτίσις· τὰ ἀρχαῖα παρῆλθεν, ἰδοὺ γέγονεν καινά (2Kor 5,17).

Wird im Hymnus die universale Bedeutung des Christusgeschehens hervorgehoben, indem seine kosmische Dimension aufgezeigt und von dem Heil für alle Welt unter Einbeziehung der gesamten Schöpfung gesprochen wird, so soll damit keineswegs den Mächten und Gewalten eine besondere Würde und Hoheit zuerkannt werden, als wären sie schon von Anfang an auf das Heil hin angelegt[1]. Sondern wenn auf die Mächte und Gewalten hingewiesen wird, so geschieht das, um die Botschaft von Christus, der zum Haupt und Herrn über alles gesetzt ist, zu verkündigen. Das bedeutet aber, daß sich erst von den soteriologischen Aussagen der zweiten Strophe her das rechte Verständnis der kosmologischen Ausführungen im ersten Teil des Hymnus erschließt. Das große Schauspiel der Entmächtigung der Gewalten und der Versöhnung des Alls ist allein um der Menschen willen geschehen, denen der durch Christus errungene Friede zugesprochen wird. Dieser Friede aber waltet in dem Bereich, in dem Christus als der geliebte Sohn des Vaters hier und jetzt herrscht — in der Kirche, seinem Leibe, über dem er das Haupt ist[2].

---

schwingungen bis in die äußersten Bereiche menschlicher Tatsachen, Ereignisse und Gedanken. Alles wird für Gott in Anspruch genommen, und alles ist christusbezogen." (S. 301) Doch dann gerät Sittler in direkten Widerspruch zur Theologie des Kolosserbriefes: „Die Schöpfung ist ein Werk Gottes, das Licht ist. Und das Licht des Schöpfer-Gottes fällt auf die Schöpfung und geht in seine Schöpfung ein. Die Welt der Natur kann deshalb der Ort dieses Lichtes sein, das durch Jesus Christus 'kam', weil die Welt trotz ihrer Feindschaft gegen jenes Licht nie ohne das Licht von Gott war." (S. 303) O. Dilschneider, Christus Pantokrator, Berlin 1962 entwickelt seine „Fragmente" einer ökumenischen Theologie von der eigenartigen Voraussetzung her, im Kolosserbrief handle es sich um einen „Spätpaulinismus" (S. 27f. u. ö.), dessen mythologische Ausdrucksweise durch „transmythologische Interpretation" (S. 57) auf die Erscheinungsformen des Mythus heute bezogen und angewandt werden müßten. Zur Kritik an Sittler und Dilschneider vgl. auch Gabathuler a.a.O. S. 152—167. 177—181; zur Frage einer kosmischen Christologie vgl. ferner W. Andersen, Jesus Christus und der Kosmos, Bad Salzuflen 1963; H. Bürkle, Die Frage nach dem 'kosmischen Christus' als Beispiel einer ökumenisch orientierten Theologie, KuD 11 (1965), S. 103—115.

[1] Vgl. Lohse, Christusherrschaft und Kirche, S. 216.

[2] Durch die vorangestellten Verse 13 und 14 sowie durch die folgende Anwendung V. 21-23 zeigt der Verfasser des Briefes an, in welchem Sinne er den Hymnus versteht und in seiner Auseinandersetzung mit der φιλοσοφία auswerten will. Dabei

1 21-23 Zuſpruch und Anſpruch der Verſöhnung

²¹ Auch euch, die ihr einſt entfremdet wart und feindlicher Geſinnung in den böſen Werken, ²² jetzt hat er euch verſöhnt in ſeinem Fleiſchesleibe durch den Tod, um euch heilig, fehllos und untadelig vor ihm darzuſtellen, ²³ wenn ihr denn im Glauben beharrt, feſt gegründet und unerſchütterlich, und euch nicht abbringen laßt von der Hoffnung des Evangeliums, das ihr gehört habt, das verkündigt iſt unter aller Kreatur unter dem Himmel, deſſen Diener ich, Paulus, bin.

Mit den Worten καὶ ὑμᾶς wird neu angesetzt, um der Gemeinde zu zeigen, daß die Botschaft von der alle Welt betreffenden Versöhnung ihr gilt. Aus dem Hymnus 1 15-20 wird dabei das Stichwort ἀποκαταλλάξαι aufgenommen und angewendet: καὶ ὑμᾶς ... νυνὶ δὲ ἀποκατήλλαξεν (V. 21f.). Die Versöhnung ist durch Christi Tod bewirkt (V. 20: διὰ τοῦ αἵματος τοῦ σταυροῦ αὐτοῦ; V. 22: ἐν τῷ σώματι τῆς σαρκὸς αὐτοῦ διὰ τοῦ θανάτου). Der Herrschaft Christi, die nach den Worten des Hymnus alles umgreift, entspricht es, daß die Verkündigung der Frohbotschaft in aller Welt ausgerichtet wird. In Christus ist alles geschaffen worden (V. 16: ἐν αὐτῷ ἐκτίσθη τὰ πάντα), darum muß das Evangelium ἐν πάσῃ κτίσει τῇ ὑπὸ τὸν οὐρανόν ausgerufen werden (V. 23). Der Zuspruch der Versöhnung aber schließt den Anspruch ein, im Glauben treu zu bleiben und sich von der ἐλπὶς τοῦ εὐαγγελίου nicht abbringen zu lassen (V. 23).

V. 21: Das verknüpfende Wörtchen καί leitet zur Auslegung über, die nun an den aus der Überlieferung übernommenen Hymnus angeschlossen wird[1]. Die Gemeinde wird als das Ziel bezeichnet, auf das das Himmel und Erde umspannende Geschehen gerichtet ist: sie zu versöhnen, die, die fern standen und Gott feind waren, herbeizuholen und auf den festen Grund des Glaubens und der Hoffnung zu stellen. In den erklärenden Worten, in denen der Verfasser des Kolosserbriefes den Hymnus homiletisch auswertet, bedient er sich einer Gegenüberstellung, wie sie in der urchristlichen Verkündigung häufig benutzt wurde: Ihr wart einst — nun aber seid ihr[2]. Das Wunder der erfahrenen Errettung wird der Verlorenheit, aus der Gott befreit hat, gegenüber-

---

ist zu beachten, daß die kosmologischen Aussagen nicht weitergeführt werden. Vielmehr werden die Begriffe κεφαλή (V. 18; 2 10. 19), σῶμα (V. 18; 1 24 2 9. 17. 19 3 15) und ἀποκαταλλάσσειν (V. 20; V. 21f.) wiederaufgenommen, um die Versöhnung als die Wirklichkeit zu beschreiben, die die ἐκκλησία als den Leib unter seinem Haupt bestimmt. Das den Hymnus durchziehende πᾶν /πάντα klingt im Brief ständig wieder: πάντα καὶ ἐν πᾶσιν Χριστός (3 11).

[1] Vgl. ähnlich 2 13: καὶ ὑμᾶς νεκροὺς ὄντας; Eph 2 1: καὶ ὑμᾶς ὄντας νεκρούς; siehe auch Lk 1 76: καὶ σὺ δέ, παιδίον, προφήτης ὑψίστου κληθήσῃ.

[2] Vgl. N. A. Dahl, Formgeschichtliche Beobachtungen zur Christusverkündigung in der Gemeindepredigt, in: Neutestamentliche Studien für R. Bultmann, BZNW 21, Berlin 1954 = ²1957, S. 5f.; Bultmann, Theologie, S. 107; Conzelmann, Theologie, S. 108; P. Tachau, 'Einst' und 'Jetzt' im Neuen Testament, Diss. Göttingen 1968.

gestellt. Weil aber die Zeit des Unheils durch Gottes wunderbare Tat beendet wurde, darum verpflichtet diese Wende nun zu gehorsamer Treue (vgl. Gal 4 8f. 1Kor 6 9-11 Röm 6 17-22 7 5f. 11 30 Kol 2 13f. Eph 2 1-10. 11-22 1Petr 1 14ff. 2 10 u. ö.). Was einst war, gilt daher nun nicht mehr. Aber um die Größe dessen, was durch Gottes Barmherzigkeit geschehen ist, zu ermessen, wird die Vergangenheit in Erinnerung gerufen.

Einst wart ihr entfremdet — das kann nur von ehemaligen Heiden gesagt werden, nicht von Juden, die Gottes Willen und Gesetz kannten und kennen. Von Gott entfernt sein, heißt: ihm nicht dienen, sondern fremde Götter und Götzen anbeten und daher in Abgötterei und Sündendienst verstrickt sein[1]. Darum wird von der heidnischen Vergangenheit gesagt, sie habe in dauerndem[2] Entfernt-Sein von Gott bestanden[3]. Diese Entfremdung aber bedeutet bewußten Gegensatz zu dem allein wahren Gott, wie ihn ἐχθροί gegen ihren erklärten Gegner einnehmen[4]. Dabei ist ἐχθρός als Ausdruck aktiven Verhaltens verstanden[5]. Die Heiden handeln in offener Feindschaft gegen Gott, sowohl in ihrer Gesinnung als auch in ihrem gesamten Verhalten. διάνοια ist ein neutraler Begriff[6], der erst durch den jeweiligen Zusammenhang in positiver oder negativer Bedeutung festgelegt wird. In der Septuaginta gibt διάνοια meist לֵבָב

---

[1] ἀπαλλοτριοῦσθαι kommt im NT nur noch im Epheserbrief vor. Vgl. Eph 4 18: ἐσκοτισμένοι τῇ διανοίᾳ ὄντες, ἀπηλλοτριωμένοι τῆς ζωῆς τοῦ θεοῦ; Eph 2 12 ist die Entfremdung auf das Verhältnis zum Gottesvolk bezogen: ἀπηλλοτριωμένοι τῆς πολιτείας τοῦ Ἰσραὴλ καὶ ξένοι τῶν διαθηκῶν τῆς ἐπαγγελίας. In LXX wird das Wort verschiedentlich gebraucht. Vgl. ψ 57 4: ἀπηλλοτριώθησαν οἱ ἁμαρτωλοὶ ἀπὸ μήτρας; ψ 68 9: ἀπηλλοτριωμένος ἐγενήθην τοῖς ἀδελφοῖς μου; 3Makk 1 3: τῶν πατρίων δογμάτων ἀπηλλοτριωμένος; PsSal 17 13: ἐν ἀλλοτριότητι ὁ ἐχθρὸς ἐποίησεν ὑπερηφανίαν, καὶ ἡ καρδία αὐτοῦ ἀλλοτρία ἀπὸ τοῦ θεοῦ ἡμῶν. Weitere Belege bei F. Büchsel, ThWB I, S. 265f.; Bauer Sp. 159.

[2] Durch ὄντας ist ἀπηλλοτριωμένους verstärkt, „um das Verharren in dem eingetretenen Zustand noch kräftiger auszudrücken" (Blaß-Debr. § 352).

[3] Gott allein vermag daher die Entfremdung aufzuheben. Die Frommen der Qumrangemeinde sind sich dessen bewußt, daß Gott sie nahegebracht, d. h. in die Gemeinde geführt hat (1QS XI, 13; ferner 1QH XIV, 13f.; XVI, 12 u. ö.). קרב wird geradezu zum terminus technicus für die Aufnahme in die Gemeinde (1QS VI, 16. 19. 22; VII, 21; VIII, 18).

[4] Als analoge Formulierungen sind zu vergleichen: Platon, Respubl. 352b: Der Ungerechte ist den Göttern feind, der Gerechte aber freund; Epiktet, Diss. III, 22, 91: Auf die Frage: σὺ εἶ ὁ Διογένης ὁ μὴ οἰόμενος εἶναι θεούς; antwortet Diogenes: καὶ πῶς . . . σὲ θεοῖς ἐχθρὸν νομίζω⟨ν⟩;

[5] Vgl. Röm 5 10: ἐχθροὶ ὄντες κατηλλάγημεν τῷ θεῷ; Röm 11 28 von den ungläubigen Juden: κατὰ μὲν τὸ εὐαγγέλιον ἐχθροὶ δι' ὑμᾶς; ferner Jak 4 4: ὃς ἐὰν οὖν βουληθῇ φίλος εἶναι τοῦ κόσμου, ἐχθρὸς τοῦ θεοῦ καθίσταται. Während Röm 11 28 die Bedeutung „verhaßt" vorliegt (vgl.: ἀγαπητοί im selben Satz), ist an den anderen Stellen ἐχθρός als „feind" zu übersetzen. Vgl. W. Foerster, ThWB II, S. 814.

[6] Epiktet, Diss. III, 22, 20 nennt die διάνοια die jeweils zu formende ὕλη: νῦν ἐμοὶ ὕλη ἐστὶν ἡ ἐμὴ διάνοια, ὡς τῷ τέκτονι τὰ ξύλα, ὡς τῷ σκυτεῖ τὰ δέρματα.

wieder (vgl. LXX Gen 8₂₁ 17₁₇ 24₄₅ 27₄₁ 34₃ 45₂₆ A Ex 9₂₁ 28₃ u. ö.)[1]. Im Neuen Testament stehen διάνοια und καρδία verschiedentlich nebeneinander, um die Gesinnung und Denkungsart des Menschen zu bezeichnen[2]. Paulus verwendet das Wort διάνοια sonst niemals, wohl aber der Epheserbrief, um die Gott feindliche Haltung der Heiden zu beschreiben (Eph 2₃ 4₁₈). Von dieser gegen Gott gerichteten Gesinnung wird gesagt, sie habe ihren sichtbaren Ausdruck ἐν τοῖς ἔργοις τοῖς πονηροῖς gefunden. Die Gottlosigkeit führt geradezu zwangsläufig dazu, daß das Tun und Treiben der Menschen böse ist[3]. Daher sieht das Judentum alle Heiden in sittliche Verderbtheit verstrickt. Denn Feindschaft gegen Gott wirkt sich notwendig in bösen Werken aus (vgl. Röm 1₁₈₋₃₂)[4]. Diese negative Sicht des Heidentums wird hier aufgenommen[5], um auf die Vergangenheit hinzuweisen, die nichts anderes war als Gottesferne und Gottesfeindschaft[6].

V. 22: Vor dem Dunkel dessen, was einst war, hebt sich um so leuchtender das Jetzt ab: νυνὶ δὲ ἀποκατήλλαξεν[7]. Gottes Tat hat die Wende

---

[1] In den Schriften des hellenistischen Judentums findet sich διάνοια des öfteren als Wechselbegriff zu καρδία. Vgl. z.B. TestRub 5₃: αἱ γυναῖκες... ἐν καρδίᾳ μηχανῶνται κατὰ τῶν ἀνθρώπων καὶ διὰ τῆς κοσμήσεως πλανῶσιν αὐτῶν πρῶτον τὰς διανοίας. Weitere Belege bei J. Behm, ThWB IV, S. 963. Wird LXX Dt 6₅ geboten καὶ ἀγαπήσεις κύριον τὸν θεόν σου ἐξ ὅλης τῆς καρδίας σου καὶ ἐξ ὅλης τῆς ψυχῆς σου καὶ ἐξ ὅλης τῆς δυνάμεώς σου, so folgt die Aufzählung Mk 12₃₀ in den ersten beiden Gliedern dem Text der LXX, nennt dann aber als drittes und viertes: καὶ ἐξ ὅλης τῆς διανοίας σου καὶ ἐξ ὅλης τῆς ἰσχύος σου. Mt 22₃₇ dagegen hat drei Glieder: καρδία, ψυχή, διάνοια; Lk 10₂₇ zählt auf: καρδία, ψυχή, ἰσχύς, διάνοια.

[2] Vgl. Lk 1₅₁: ὑπερηφάνους διανοίᾳ καρδίας αὐτῶν; Hebr 8₁₀: διδοὺς νόμους μου εἰς τὴν διάνοιαν αὐτῶν, καὶ ἐπὶ καρδίας αὐτῶν ἐπιγράψω αὐτούς (= ᾽Ιερ 38₃₃); vgl. Hebr 10₁₆; weitere Belege bei Behm a.a. O. S. 963f.

[3] Vgl. TestAsser 6₅: Die vom bösen Geist bestimmte Seele ἐδούλευσεν ἐν ἐπιθυμίαις καὶ ἔργοις πονηροῖς; vgl. ferner TestSeb 9₇ Gad 3₁.

[4] Vgl. auch Joh 3₁₉ 7₇: Die ἔργα des ungläubigen κόσμος sind πονηρά.

[5] Der Ausdruck ἔργα πονηρά findet sich sonst nicht in den paulinischen Briefen.

[6] Die vorchristliche Vergangenheit der Gemeinde wird also mit allgemein gehaltenen Wendungen beschrieben, ohne daß irgendeine nähere Kenntnis der besonderen Verhältnisse sichtbar würde.

[7] Der Gang des Satzes läuft nicht glatt, da das Objekt ἀποκατήλλαξεν an den Anfang von V. 21 gestellt ist, um die Gemeinde direkt anzureden. B Ephr (p⁴⁶ 33) haben in ἀποκατηλλάγητε geändert, was D*G it Ir^lat zu ἀποκαταλλαγέντες abwandeln. Da bei dieser Textfassung die syntaktische Irregularität noch größer ist, haben Lightfoot, Lohmeyer z. St. und C. C. Oke, A Hebraistic Construction in Colossians I. 19–22, ExpT 63 (1951/52), S. 155f. diese Lesart als ursprünglichen Text ansehen wollen. Der mit ἀποκατηλλάγητε vorliegende Bruch in der Konstruktion wird von Oke als Hebraismus beurteilt. Tatsächlich aber wird es sich bei dieser Lesart um eine sehr alte Änderung handeln, durch die die an die Gemeinde gerichtete Anrede verstärkt werden soll. Der bestbezeugten Textfassung ist der Vorzug zu geben: ἀποκατήλλαξεν ℵACK f vg sy u. a. Vgl. auch 2₁₃: καὶ ὑμᾶς νεκροὺς ὄντας... συνεζωοποίησεν ὑμᾶς σὺν αὐτῷ.

herbeigeführt, er hat die Gemeinde versöhnt[1]. Daher ist durchgestrichen, was gewesen ist, und gilt nur noch die durch die Versöhnung bestimmte Gegenwart (vgl. Röm 3₂₁)[2]. Die Versöhnung ist bewirkt durch Christi[3] Tod (vgl. V.₂₀), den er ἐν τῷ σώματι τῆς σαρκὸς αὐτοῦ erlitten hat. Durch den Zusatz τῆς σαρκός ist der Leib als der physische Körper gekennzeichnet, der dem Leiden unterworfen ist (vgl. 2₁₁)[4]. Damit ist Christi in den Tod gegebener Leib eindeutig unterschieden von der Kirche, die der Leib des erhöhten Herrn ist. Weil er Mensch war wie wir, hat er die Bitterkeit des Todes in aller Furchtbarkeit an seinem Leibe erfahren. Durch diesen Tod aber hat Gott die Versöhnung vollzogen (vgl. Röm 8₃), so daß abgetan ist, was einst war, und das νυνί an seine Stelle getreten ist[5].

Der Zuspruch der göttlichen Versöhnung schließt den Anspruch auf das Leben der Versöhnten ein. Gott vollzog die Versöhnung mit dem Ziel, παραστῆσαι ὑμᾶς ἁγίους καὶ ἀμώμους καὶ ἀνεγκλήτους κατενώπιον αὐτοῦ. ἅγιος und ἄμωμος dienen in der kultischen Sprache zur Bezeichnung eines für Gott ausgesonderten, fehllosen Tieres, das ihm geopfert werden soll[6] (vgl. Hebr 9₁₄ 1Petr 1₁₉). Und παραστῆσαι kann von der Darbringung des Opfers gebraucht werden (vgl. Röm 12₂)[7]. Doch an unserer Stelle

---

[1] Subjekt zu ἀποκατήλλαξεν ist Gott. Denn von seinem versöhnenden Handeln sprach der Hymnus (1₂₀).

[2] Zu νυνί vgl. Röm 5₉ 7₆ 11₃₀f. 16₂₆ Eph 2₁₃ 3₅ 2Tim 1₁₀ u. ö. und siehe G. Stählin, ThWB IV, S. 1106f.

[3] א A 1912 pm sy^p Ir fügen zur Verdeutlichung zu τοῦ θανάτου noch αὐτοῦ hinzu.

[4] Vgl. 1QpHab IX,2: Der Frevelpriester erlitt „Rachehandlungen an seinem Fleischesleib" (בגוית בשרו — ἐν τῷ σώματι τῆς σαρκὸς αὐτοῦ). Z. St. vgl. K. G. Kuhn, πειρασμός — ἁμαρτία — σάρξ im Neuen Testament und die damit zusammenhängenden Vorstellungen, ZThK 49 (1952), S. 216 = The Scrolls and the New Testament, ed. K. Stendahl, New York 1957, S. 107; ferner M. Philonenko, Sur l'expression "corps de chair" dans le Commentaire d'Habacuc, Semitica 5 (1955), S. 39f.; R. Meyer, ThWB VII, S. 109f.; Braun, Qumran I, S. 227. Der Ausdruck σῶμα τῆς σαρκός findet sich ferner Sir 23₁₇: ἄνθρωπος πόρνος ἐν τῷ σώματι σαρκὸς αὐτοῦ und Hen 102₅ (ed. C. Bonner [1937]): μὴ λυπεῖσθε ὅτι κατέβησαν αἱ ψυχαὶ ὑμῶν εἰς ᾅδου μετὰ λύπης καὶ οὐκ ἀπηντήθη τῷ σώματι τῆς σαρκὸς ὑμῶν ἐν τῇ ζωῇ ὑμῶν κατὰ τὴν ὁσιότητα ὑμῶν. Vgl. J. Jeremias, Beobachtungen zu neutestamentlichen Stellen anhand des neugefundenen griechischen Henoch-Textes, ZNW 38 (1939), S. 122f.

[5] Lohmeyer z. St. möchte auch hier eine Anspielung auf den Versöhnungstag finden: „Es ist auch keine Versöhnung dem jüdischen Glauben möglich, die nicht durch den Tod besiegelt wäre. So folgt denn auch diese letzte Bestimmung nach, die von den jüdischen Gedanken der Versöhnungsfeier lebt." Zur Kritik vgl. oben S. 83f.

[6] Vgl. z. B. LXX Ex 29₃₇f.: καὶ ἔσται τὸ θυσιαστήριον ἅγιον τοῦ ἁγίου· πᾶς ὁ ἁπτόμενος τοῦ θυσιαστηρίου ἁγιασθήσεται. καὶ ταῦτά ἐστιν, ἃ ποιήσεις ἐπὶ τοῦ θυσιαστηρίου· ἀμνοὺς ἐνιαυσίους ἀμώμους δύο τὴν ἡμέραν ἐπὶ τὸ θυσιαστήριον ἐνδελεχῶς.

[7] Vgl. LXX Lev 16₇: καὶ λήμψεται τοὺς δύο χιμάρους καὶ στήσει αὐτοὺς ἔναντι κυρίου. Παρίστασθαι/παρεστηκέναι findet sich häufig in der Bedeutung: in priesterlichem Dienst vor Gott treten. Es ist Aufgabe des Stammes Levi, παρεστάναι ἔναντι κυρίου (LXX Dt 10₈ 18₅.₇ 21₅; vgl. ferner LXX Num 16₉ 4Βασ 5₂₅ 2Chr 6₃).

ist sicher nicht an das Bild des Opfers gedacht¹. Denn die Adjektive ἅγιος und ἄμωμος stehen in einer Reihe mit ἀνέγκλητος, das nicht im Zusammenhang mit kultischen Aussagen gebraucht wird, sondern besagt, daß jemand ohne ἔγκλημα ist und daher kein Vorwurf gegen ihn erhoben werden kann². παραστῆσαι wird gleichfalls häufig in der Sprache des Rechts verwendet und hat dann die Bedeutung, daß man jemanden vor Gericht stellt (vgl. 1Kor 8₈ 2Kor 4₁₄ 11₂ Röm 14₁₀ 2Tim 2₁₅). Das Forum, vor dem das Urteil gesprochen wird, ist das göttliche Gericht. Alle müssen wir vor Gottes Richtstuhl erscheinen (Röm 14₁₀), damit er sein Urteil rechtskräftig über uns fällt (Röm 8₃₃f.). Darauf also zielt Gottes Versöhnungswerk ab, daß die durch Christi Tod Versöhnten untadelig vor ihm dastehen³. Neben ἀνέγκλητος weisen auch ἅγιος und ἄμωμος darauf hin, daß kein Fehl und kein Makel an ihnen gefunden werde (vgl. Phil 2₁₅ Eph 5₂₇ Apk 14₅)⁴. Der volltönende Satz nimmt liturgisch geprägte Formulierungen auf⁵. Während Paulus den Korinthern gegenüber den Wunsch zum Ausdruck bringt, der Kyrios βεβαιώσει ὑμᾶς ἕως τέλους ἀνεγκλήτους ἐν τῇ ἡμέρᾳ τοῦ κυρίου ἡμῶν Ἰησοῦ Χριστοῦ (1Kor 1₈), ist hier bei κατενώπιον⁶ αὐτοῦ weniger an den zukünftigen Tag des Herrn gedacht als vielmehr daran, daß das Leben der Christen sich gegenwärtig vor dem Angesicht Gottes vollzieht und sie daher dem Willen Gottes entsprechend heilig, fehllos und untadelig ihren Wandel zu führen haben. Gottes Versöhnungstat hat bereits alles gewirkt; die Vollkommenheit ist daher nicht durch eigenes Streben zu gewinnen, sondern als Gottes Gabe zu empfangen und zu bewähren. Es gilt deshalb, die Blicke nach oben zu richten (vgl. 3₁f.) und der göttlichen Bestimmung gehorsam zu sein, die allein für das Leben der Gemeinde gilt.

V. 23: Eine einzige Bedingung, an der sich alles entscheidet, muß erfüllt werden: beim Glauben zu bleiben⁷. ἐπιμένειν ist mit folgendem Dativ verbunden, der den Grund angibt, auf dem das feste Ausharren unverrückt bestehen soll⁸. Durch die πίστις ist der Anfang des Christenstandes

---

¹ Wenn die Aussage vom Opfergedanken bestimmt wäre, müßte Gott geradezu die Rolle eines μωμοσκόπος zugewiesen werden, der die Opfer daraufhin prüft, ob sie untadelig sind. So Lightfoot z. St.

² Vgl. W. Grundmann, ThWB I, S. 358f.

³ Vgl. 1₂₈: ἵνα παραστήσωμεν πάντα ἄνθρωπον τέλειον ἐν Χριστῷ.

⁴ Die kultischen Begriffe sind also in übertragenem Sinne gebraucht. Vgl. Eph 1₄, wo statt παραστῆσαι einfach εἶναι steht: εἶναι ἡμᾶς ἁγίους καὶ ἀμώμους κατενώπιον αὐτοῦ.

⁵ Vgl. Jud 24: στῆσαι (sc. ὑμᾶς) κατενώπιον τῆς δόξης αὐτοῦ ἀμώμους ἐν ἀγαλλιάσει.

⁶ κατενώπιον findet sich im NT nur noch Eph 1₄ und Jud 24.

⁷ Zu εἴ γε vgl. Gal 3₄: τοσαῦτα ἐπάθετε εἰκῇ; εἴ γε καὶ εἰκῇ; 1Kor 15₂: ἐκτὸς εἰ μὴ εἰκῇ ἐπιστεύσατε; Eph 3₂: εἴ γε ἠκούσατε,

⁸ Zu ἐπιμένειν mit folgendem Dativ vgl. auch Röm 6₁: ἐπιμένωμεν τῇ ἁμαρτίᾳ; 11₂₂: ἐὰν ἐπιμένῃς τῇ χρηστότητι; 11₂₃: ἐὰν μὴ ἐπιμένωσιν τῇ ἀπιστίᾳ; Phil 1₂₄: τὸ δὲ ἐπιμένειν τῇ σαρκί; vgl. auch 1Tim 4₁₆.

gesetzt (vgl. 1₄), daran ist unbeirrt festzuhalten. Dann wird das Leben der Gemeinde auf festes Fundament gegründet sein[1]. Wie ein Haus nur dann Bestand hat, wenn es auf felsigen Grund gebaut ist (Mt 7₂₄₋₂₇ Par.), so wird die Gemeinde als Gottes Bau von dem Fundament getragen, das ihr unerschütterliche Festigkeit verleiht (1Kor 3₁₀f. Eph 2₂₀ 2Tim 2₁₉)[2]. τεθεμελιωμένοι wird durch ἑδραῖοι[3] verstärkt. Die Häufung der Ausdrücke ist durch Aufnahme geprägter Formulierungen entstanden[4], die in der Paränese und im Gottesdienst ständig gebraucht wurden[5]. Sie dienen dazu, der Gemeinde nachdrücklich einzuprägen, daß sie sich nicht vom Glauben und der Hoffnung abbringen lassen darf[6]. Wie in der einleitenden Danksagung wird neben der πίστις die ἐλπίς als der eigentliche Inhalt der Frohbotschaft genannt (vgl. 1₅)[7]. Die Hoffnung wird auch hier als das erhoffte Gut verstanden, von dem im Evangelium die Rede ist. Der allerorten gepredigte Christus ist die ἐλπὶς τῆς δόξης (1₂₇), so daß die ἐλπίς als das verkündigte Heil bereits die Gegenwart erfüllt.

Das Heil, von dem die Gemeinde im Wort des Evangeliums gehört hat (vgl. 1₅f.)[8], begegnet nicht anders als in der Verkündigung, die in der ganzen Welt ausgerufen wird[9]. Während es 1₆ hieß ἐν παντὶ τῷ κόσμῳ (vgl. 1Thess 1₈), wird hier der Raum, in dem die Frohbotschaft erklingt, als die ganze κτίσις[10] unter dem Himmel beschrieben[11]. Die kosmische

---

[1] Zu θεμελιοῦν vgl. K. L. Schmidt, ThWB III, S. 63f. θεμελιοῦν ist im AT in zwei Zusammenhängen von besonderer Bedeutung: von Gottes gründendem Schaffen (ψ 8₄ 23₂ 101₂₆ LXX Jes 48₁₃ 51₁₃. ₁₆ u. ö.) und von der Begründung der Gottesstadt auf dem Zion (ψ 47₉ LXX Jes 14₃₂ 44₂₈ Hag 2₁₈ Sach 4₉ 8₉ u. ö.). Vgl. Lohmeyer z. St.

[2] Das Bild von der Gemeinde als Gottes Bau ist schon im Judentum gern verwendet worden. Vgl. 1QS V, 6; VII, 17f.; VIII, 7f.; IX, 5f.; 1QH VI, 25—27; VII, 8f. Weitere Belege bei O. Betz, Felsenmann und Felsengemeinde (Eine Parallele zu Mt 16₁₇₋₁₉ in den Qumranpsalmen), ZNW 48 (1957), S. 49 77. Zur Bezeichnung der christlichen Gemeinde als heiliger Bau Gottes vgl. 1Kor 3₁₀f. 17 1Tim 3₁₅ 1Petr 2₄₋₁₀ Mt 16₁₇₋₁₉ u. ö. und siehe G. Delling a.a. O. (S. 36 Anm. 2) S. 306.

[3] Zu ἑδραῖος vgl. E. Stauffer, ThWB II, S. 360—362.

[4] Vgl. den Partizipialstil: τεθεμελιωμένοι — μὴ μετακινούμενοι. Das verknüpfende καί vor μὴ μετακινούμενοι fehlt bei p⁴⁶33.

[5] Vgl. 1Kor 15₅₈: ἑδραῖοι γίνεσθε, ἀμετακίνητοι; Eph 3₁₇: ἐρριζωμένοι καὶ τεθεμελιωμένοι; Ign Eph 10₂: ἑδραῖοι τῇ πίστει; IgnPol 3₁: στῆθι ἑδραῖος; Polykarpbrief 10₁: firmi in fide et immutabiles.

[6] μετακινοῦν steht nur hier im NT. Vgl. J. Schneider, ThWB III, S. 719.

[7] Vgl. Bornkamm a.a. O. (S. 47 Anm. 3) S. 58. Vgl. auch Eph 1₁₈: ἡ ἐλπὶς τῆς κλήσεως αὐτοῦ; 4₄: ἐν μιᾷ ἐλπίδι τῆς κλήσεως ὑμῶν.

[8] Vgl. G. Friedrich, ThWB II, S. 730.

[9] Vgl. 1Kor 1₂₃ 15₁₁f. Röm 10₈. ₁₄f.

[10] Der Reichstext fügt den Artikel τῇ ein. Vgl. Mk 16₁₅: πάσῃ τῇ κτίσει.

[11] Der Ort, an dem die Predigt stattfindet, wird meist mit der Präposition ἐν angegeben. Vgl. Gal 2₂: ἐν τοῖς ἔθνεσιν; Mt 24₁₄: ἐν ὅλῃ τῇ οἰκουμένῃ; 26₁₃: ἐν ὅλῳ τῷ κόσμῳ (Mk 14₉: εἰς ὅλον τὸν κόσμον). Weitere Belege bei G. Friedrich, ThWB III, S. 703.

Weite des Christusgeschehens, wie sie im Hymnus entfaltet wurde, wird damit auf das aller Welt geltende Evangelium bezogen[1]. Weil Christus der Herr über alles ist, darum muß in aller Welt die frohe Kunde ausgerufen werden[2]. Ist der Auftrag zur Mission ἐν πάσῃ κτίσει auszurichten (vgl. Mk 16₁₅f.), so bedeutet „alle Kreatur" die ganze Menschheit[3], die das gepredigte Wort hören soll[4].

Diese Botschaft — so wird nun in einem angefügten Relativsatz bemerkt — ist das vom Apostel gelehrte Evangelium, dessen Diener er ist. An die Stelle des „Wir", wie es in der Danksagung und Fürbitte des Briefes stand, tritt jetzt das „Ich". Dadurch wird hervorgehoben, daß nun von dem Amt des Völkerapostels die Rede ist, wie es ihm allein aufgetragen ist. Die Charakterisierung des Apostels als διάκονος[5] erinnert an einige vergleichbare Wendungen in den paulinischen Hauptbriefen. Im Eingang des Römerbriefes stellt sich Paulus als Sklave Christi Jesu und berufener ἀπόστολος ἀφωρισμένος εἰς εὐαγγέλιον θεοῦ vor (Röm 1₁) und gibt dann mit einem alten judenchristlichen Bekenntnis dessen Inhalt an (Röm 1₃f.). Den Korinthern sagt Paulus, Apollos und er seien διάκονοι, durch die sie zum Glauben gekommen sind, und spricht damit von dem Dienst, den beide — jeder in seiner Weise — der Gemeinde erwiesen haben (1Kor 3₅). Als θεοῦ διάκονοι (2Kor 6₄) bzw. διάκονοι Χριστοῦ (2Kor 11₂₃) sind die Apostel διάκονοι καινῆς διαθήκης (2Kor 3₆). Aber weder der Ausdruck διάκονος τοῦ εὐαγγελίου noch die Bezeichnung διάκονος τῆς ἐκκλησίας (1₂₄) findet sich in den paulinischen Hauptbriefen. Wird Paulus „Diener des Evangeliums" genannt, so soll damit hervorgehoben werden, daß dem apostolischen Amt grundlegende Funktion für die Kirche zukommt[6]. Darum wird διάκονος τοῦ εὐαγγελίου durch διάκονος τῆς ἐκκλησίας interpretiert. Ging es im Eingang des Römerbriefes darum, die Bedeutung des Apostelamtes durch den Hinweis auf den Auftrag der Evangeliums-

---

[1] Die Wendung ὑπὸ τὸν οὐρανόν, die bei Paulus sonst nicht gebraucht wird, entspricht alttestamentlicher Redeweise. Vgl. LXX Gen 1₉ 6₁₇ 7₁₉ Ex 17₄ Dt 2₂₅ 4₁₉ 9₁₄ 25₁₉ u. ö.; ferner Bar 5₃ PsSal 2₃₂ TestLevi 18₄ Lk 17₂₄ Act 2₅ 4₁₂.

[2] Mk 16₁₅ lautet der Auftrag zur Mission: πορευθέντες εἰς τὸν κόσμον ἅπαντα κηρύξατε τὸ εὐαγγέλιον πάσῃ τῇ κτίσει. Vgl. auch den Hymnus 1Tim 3₁₆: ἐκηρύχθη ἐν ἔθνεσιν, ἐπιστεύθη ἐν κόσμῳ.

[3] κτίσις in der Bedeutung „Menschheit" entspricht jüdischem Sprachgebrauch. Vgl. Abhoth I, 12: Hillel sprach: „Sei einer, der liebt הַבְּרִיּוֹת = die Menschen"; Sir 16₁₆: πάσῃ τῇ κτίσει τὸ ἔλεος αὐτοῦ φανερόν. Weitere Belege bei W. Foerster, ThWB III, S. 1015f.

[4] Zum Missionsgedanken im Kolosserbrief vgl. F. Hahn, Das Verständnis der Mission im Neuen Testament, WMANT 13, Neukirchen 1963, bes. S. 129—131; W. Bieder, Das Mysterium Christi und die Mission. Ein Beitrag zur missionarischen Sakramentalgestalt der Kirche, Zürich 1964, bes. S. 44—53.

[5] Vgl. H. W. Beyer, ThWB II, S. 89.

[6] Die handschriftlichen Varianten bestätigen, daß διάκονος im Sinne einer Auszeichnung verstanden wird: κῆρυξ καὶ ἀπόστολος ℵ*P; κῆρυξ καὶ ἀπόστολος καὶ διάκονος A syʰ ᵐᵍ; διάκονος καὶ ἀπόστολος 81.

verkündigung aufzuzeigen, so wird hier betont, daß dem Evangelium
durch seinen apostolischen Charakter verbindliche Gültigkeit zukommt[1].
Damit aber ist der Übergang zum folgenden Abschnitt gewonnen.
Die Kirche lebt vom apostolischen Wort und ist damit an das apostolische Amt gebunden[2].

1 ₂₄-2 ₅ Amt und Auftrag des Apostels

[24] Jetzt freue ich mich in den Leiden für euch und erfülle, was an den Trübsalen
Christi noch fehlt, an meinem Fleisch für seinen Leib, das ist die Kirche; [25] deren Diener
bin ich geworden nach dem göttlichen Amt, das mir für euch übertragen ist, um das
Wort Gottes zu erfüllen, [26] das Geheimnis, das seit Aonen und Generationen verborgen war - jetzt aber ist es seinen Heiligen offenbar geworden, [27] denen Gott kundtun wollte, welches der Reichtum der Herrlichkeit dieses Geheimnisses unter den Völkern sei: Christus unter euch, die Hoffnung auf Herrlichkeit. [28] Ihn verkündigen wir,
indem wir jedermann ermahnen und jedermann belehren, in aller Weisheit, damit
wir jedermann vollkommen in Christus darstellen. [29] Dafür mühe ich mich auch, indem ich mich einsetze nach seiner Kraft, die in mir mächtig wirkt.

[2, 1] Denn ich möchte, daß ihr wißt, wie ich mich einsetze für euch und die in Laodizea
und alle, die mich nicht von Angesicht kennen, [2] damit ihre Herzen getröstet werden,
zusammengehalten in Liebe und zu allem Reichtum der Fülle der Einsicht, zur Erkenntnis des Geheimnisses Gottes, Christi, [3] in welchem alle Schätze der Weisheit
und Erkenntnis verborgen sind. [4] Das sage ich, damit niemand euch durch schöne
Reden täusche. [5] Denn wenn ich auch leiblich abwesend bin, so bin ich doch im Geist
bei euch und sehe mit Freuden eure Ordnung und den festen Bestand eures Glaubens
an Christus.

Durch die Bemerkung, der Apostel sei Diener des Evangeliums (1₂₃),
war bereits der Übergang zu dem nun folgenden Abschnitt hergestellt,
der nun die Bedeutung des Apostels für die ganze Kirche und damit
auch für die Gemeinde in Kolossae darlegt. Sein Leiden kommt dem
Leib Christi zugute, d. h. der Kirche, für die er das ihm von Gott übertragene Amt versieht (1₂₄f.). Die dem Amt anvertraute Botschaft ist die
öffentliche Proklamation des nunmehr enthüllten Geheimnisses, des unter

---

[1] Vgl. 1Tim 1₁₁: κατὰ τὸ εὐαγγέλιον τῆς δόξης τοῦ μακαρίου θεοῦ, ὃ ἐπιστεύθην ἐγώ;
Eph 3₁f.: ἐγὼ Παῦλος ὁ δέσμιος τοῦ Χριστοῦ Ἰησοῦ ὑπὲρ τῶν ἐθνῶν — εἴ γε ἠκούσατε
τὴν οἰκονομίαν τῆς χάριτος τοῦ θεοῦ τῆς δοθείσης μοι εἰς ὑμᾶς.
[2] Vgl. Käsemann, Aufsätze I, S. 49: „Die Gemeinde wird nicht nur an ihr
Bekenntnis, sondern zugleich an das apostolische Amt als Hüterin der Wahrheit
gebunden. Das Apostolat entfaltet die evangelische Wahrheit, wie das Bekenntnis
sie fixiert. Daß Paulus in solcher Weise Bekenntnis und Apostolat einander zu-
ordnet, daß das Apostolat faktisch zur Explikation des Bekenntnisses wird, mag
billig bezweifelt werden. Hier spricht das nachapostolische Zeitalter."

den Völkern verkündigten Christus (1₂₆f.). Darum sucht der Apostel
jeden Menschen zurechtzuweisen und zu belehren (1₂₈f.); sein ökume-
nischer Einsatz gilt daher auch den Gemeinden in Kolossae und Laodizea
(2₁₋₅). Kraft seines Amtes ist er also auch für die ihm unbekannte Gemeinde die für sie zuständige Autorität, von der sie Unterweisung und
Stärkung im Glauben empfängt[1].

V. 24: Νῦν χαίρω[2] — so setzt der Abschnitt ein[3]. Das heißt: Jetzt,
wo von dem universalen Heilswerk der Versöhnung die Rede ist, das alle
Welt und daher gerade auch die Gemeinde betrifft[4]. Zu der Botschaft,
die aller Kreatur unter dem Himmel verkündigt wird (1₂₃), steht das
Leiden[5] des Apostels[6] nicht etwa im Widerspruch. Im Gegenteil, es erfüllt
den Apostel mit Freude; denn er trägt es ὑπὲρ ὑμῶν. Was das bedeutet,
wird in der durch καί angeschlossenen Erläuterung näher ausgeführt:
καὶ ἀνταναπληρῶ τὰ ὑστερήματα τῶν θλίψεων τοῦ Χριστοῦ ἐν τῇ σαρκί μου
ὑπὲρ τοῦ σώματος αὐτοῦ, ὅ ἐστιν ἡ ἐκκλησία.

Der Ausdruck τὰ ὑστερήματα τῶν θλίψεων τοῦ Χριστοῦ[7] kann keinesfalls
so aufgefaßt werden, als bestünde an dem stellvertretenden Leiden Christi

---

[1] Ein Vergleich mit dem Römerbrief liegt nahe: Paulus stellt sich der ihm
persönlich unbekannten Gemeinde vor. Doch während im Eingang des Römerbriefes das Apostelamt durch den Auftrag zur Verkündigung des Evangeliums
charakterisiert wird (Röm 1₁₋₇), wird im Kolosserbrief das Evangelium durch die
Bindung an das apostolische Amt als rechte Lehre ausgewiesen. Vgl. oben S. 110f.

[2] Νῦν χαίρω bezeichnet einen gewissen Neueinsatz, der freilich durch den
Abschluß von 1₂₃ schon vorbereitet ist. Vgl. 2Kor 7₉ 1Tim 1₁₂. Durch die Voranstellung von ὅς wird bei DFG die Härte des Übergangs geglättet. Doch diese
Variante ist sicher nicht als der Urtext (so Haupt und Lohmeyer z. St.), sondern
als eine durch Dittographie (διάκονος : ὅς) entstandene Erweiterung anzusehen.

[3] Zu 1₂₄ vgl. W. R. G. Moir, Colossians I. 24, ExpT 42 (1930/31), S. 479f.;
J. Schmid, Kol. 1,24, BZ 21 (1933), S. 330—344; G. Kittel, Kol. 1,24, ZsystTh 18
(1941), S. 186—191; B. N. Wambacq, „Adimpleo ea quae desunt passionum
Christi in carne mea...“ (Col 1,24), VD 27 (1949), S.17—22; M. Carrez, Souffrance
et gloire dans les épîtres pauliniennes. Contribution à l'exégèse de Col. 1,24—27,
RHPhR 31 (1951), S. 343—353; M. Schmid, Die Leidensaussage in Kol 1,24,
Diss. Wien 1956; J. Kremer, Was an den Leiden Christi noch mangelt. Eine interpretationsgeschichtliche und exegetische Untersuchung zu Kol. 1,24b, BBB 12,
Bonn 1956; G. le Grelle, La plénitude de la parole dans la pauvreté de la chair
d'après Col. I,24, NRTh 81 (1959), S. 232—250; M. Bouttier, Remarques sur la
conscience Apostolique de St. Paul, in: OIKONOMIA — Heilsgeschichte als Thema
der Theologie, Festschrift für O. Cullmann, Hamburg 1967, S. 100—108.

[4] νῦν ist also nicht auf die Gefangenschaft des Paulus zu beziehen, die erst 4₃
erwähnt wird, sondern vom unmittelbaren Kontext her zu erklären.

[5] Die παθήματα des Apostels sind auch 2Kor 1₄₋₇ und Phil 3₁₀ erwähnt; vgl.
W. Michaelis, ThWB V, S. 929—934; E. Kamlah, Wie beurteilt Paulus sein
Leiden? Ein Beitrag zur Untersuchung seiner Denkstruktur, ZNW 54 (1963),
S. 217—232.

[6] א³ 81 al syʰ fügen μου zu ἐν τοῖς παθήμασιν hinzu.

[7] Zur Auslegungsgeschichte vgl. die sorgfältige Darstellung bei Kremer
a.a.O. S. 5—154.

noch ein Mangel, der erst durch den Apostel behoben werden müßte[1]. Denn wie Paulus mit allen anderen Zeugen des Neuen Testaments die einhellige Überzeugung vertritt, daß im Tode Christi die Versöhnung wirklich und gültig erfolgt ist, ohne daß es irgendeiner Ergänzung bedarf[2], so lehrt auch der Kolosserbrief, daß Christus in seinem Sterben und Auferstehen die Sünden weggenommen hat und um seines Kreuzestodes willen alle Schulden vergeben sind (2₁₃f.)[3]. Der Begriff θλίψεις τοῦ Χριστοῦ kann aber auch nicht eine mystische Passionsgemeinschaft bezeichnen, die Christus und die Gemeinde verbindet, so daß durch das Einssein mit dem Herrn das erfahrene Leiden dem ganzen Christusleibe zugute kommt[4]. Denn die Mystik ist vom Maß der Zeit gelöst und läßt den Mysten in seinem Gegenüber aufgehen. Der Apostel aber versteht sich als δοῦλος Χριστοῦ, der als der gehorsame Knecht seines Herrn seinen Dienst zu versehen hat. Auch bliebe unverständlich, wie angesichts einer innigen Leidensgemeinschaft von einem Maß der Trübsale gesprochen werden sollte, zu dessen Erfüllung noch irgendein Mangel bestehen sollte[5]. Weder von einer mystischen Leidensgemeinschaft noch von einer Einschränkung der Heilsbedeutung des Todes Christi ist die Rede[6]. Sondern hinter der Wendung θλίψεις τοῦ Χριστοῦ, die in den

---

[1] Gegen H. Windisch, Paulus und Christus. Ein biblisch-religionsgeschichtlicher Vergleich, UNT 24, Leipzig 1934, S. 236—250, der zu Kol 1₂₄ bemerkt, Paulus trage die Leiden ab, „die der Christus noch nicht abtragen konnte" (S. 244).

[2] Vgl. Lohse, Märtyrer und Gottesknecht, S. 200—203.

[3] Staab z. St. weist richtig darauf hin, daß θλίψεις τοῦ Χριστοῦ nicht die Erlösungstat Christi bezeichnen kann. Denn dafür werden in den paulinischen Briefen die Begriffe Blut, Kreuz, Tod usw. verwendet, „niemals aber ,Drangsale' (θλίψεις) oder, was damit gleichbedeutend ist, ,Leiden' (παθήματα vgl. 2Kor 1,5; Phil 3,10)".

[4] Im Sinn einer Passionsmystik deuten: A. Deißmann, Paulus. Eine kultur- und religionsgeschichtliche Skizze, ²Tübingen 1925, S. 126f. 142. 157 u. ö.; O. Schmitz, Die Christus-Gemeinschaft des Paulus im Lichte seines Genetivgebrauchs, NTF I, 2, Gütersloh 1924, S. 190—196; J. Schneider, Die Passionsmystik des Paulus. Ihr Wesen, ihr Hintergrund und ihre Nachwirkungen, UNT 15, Leipzig 1929; zurückhaltender Dibelius-Greeven z. St.

[5] Vgl. Lohmeyer z. St.: „Vor allem bleibt in solcher Leidensmystik hier der Ausdruck ,Mangel der Leiden Christi' ungeklärt. Denn in dem ,mystischen Nachleiden' ist entweder das ganze Leiden Christi gegenwärtig und ,Mangel' in keinem Augenblicke spürbar, oder es bleibt das eigene Leiden des Glaubens von jenem vorbildlichen Leiden Christi geschieden, bleibt aus sich heraus mangelhaft, so lange bis der Tod oder die Parusie alle diese irdischen Mängel nachsichtig ausgleicht. Dann kann auch niemals von einem ,Erfüllen' gesprochen werden." Zur Kritik der mystischen Deutung vgl. auch Percy, Probleme, S. 128—134.

[6] Abwegig ist der Versuch, die Wendung θλίψεις τοῦ Χριστοῦ von gnostischen Voraussetzungen herleiten zu wollen. Schmithals a. a. O. (S. 45 Anm. 3) S. 63 meint, in christlich-gnostischen Kreisen sei die Lehre vertreten worden, „daß das erlösende Leiden Christi erst vollständig ist, wenn die einzelnen Seelenträger ebenso gelitten haben wie der Gekreuzigte". Auf diesem Hintergrund sei Kol 1₂₄ zu verstehen: „Die ,Leidenstheologie' des Paulus ist ein zwar entmythologisierter, aber dennoch deutlicher Nachklang dieser mythischen Grundanschauung." Ebenso ders. a. a. O. (S. 34 Anm. 2) S. 39f. 210.

Schriften des Neuen Testaments nicht wiederkehrt, steht die apokalyptische Vorstellung von den endzeitlichen Trübsalen als Wehen des Messias[1].

In der jüdischen Apokalyptik werden immer wieder die Katastrophen und Leiden geschildert, die nach Gottes festgelegtem Ratschluß über die Erde hereinbrechen und auch die Gläubigen treffen müssen, ehe die neue Welt Gottes heraufziehen kann[2]. Kriege, Teurung und Krankheiten werden die Menschen befallen; der Boden wird die Frucht versagen; die Frauen werden nicht mehr gebären; die Ordnung des Kosmos wird durcheinandergeraten, so daß die Gestirne nicht mehr regelmäßig ihre Bahnen ziehen; die Frommen aber werden Verfolgung und bitteres Leid erfahren. Wenn aber die Schrecken auf den Höhepunkt gekommen sind, dann wird die Wende eintreten. Die Leiden der letzten Zeit werden daher auch Wehen des Messias genannt, die der Ankunft des gesalbten Herrschers unmittelbar vorangehen[3]. An diese Vorstellungen der jüdischen Apokalyptik knüpft die endzeitliche Erwartung der christlichen Gemeinde an. Gott hat Maß und Umfang der Trübsale beschlossen und ihnen damit auch ihre Grenze gesetzt (Mk 13₁₉f. ₂₄ Par.). Die letzten Schrecken können auch mit den Wehen verglichen werden, die über eine schwangere Frau kommen (Mk 13₈ Par.); denn in den Schmerzen und Leiden kündigt sich bereits die kommende Wende an.

Die Bedeutung des apokalyptischen Ausdrucks von den messianischen Wehen wird nun aber in der urchristlichen Enderwartung verändert. Denn die Hoffnung der Frommen gilt nicht einem unbekannten Gesandten Gottes; sondern der Christus, der als der Menschensohn auf den Wolken des Himmels erscheinen soll, ist der Gemeinde bereits bekannt als der gekreuzigte und auferstandene Herr. Die Leiden, die in der letzten Notzeit erduldet werden müssen, werden als Vorboten seiner herrlichen Erscheinung zum Gericht über die Welt und zur Befreiung der Seinen verstanden (Mk 13₅₋₂₇ Par.). Weil es nur durch viele θλίψεις[4] Eingang in die βασιλεία τοῦ θεοῦ gibt (Act 14₂₂), kennzeichnen die θλίψεις die Situation der Gemeinde (1Thess 3₃.₇) und können sich die Glaubenden ἐν ταῖς θλίψεσιν rühmen (Röm 5₃); denn keine θλῖψις kann sie scheiden von der Liebe Gottes in Christus Jesus (Röm 8₃₈f.). Muß der Apostel ständig θλίψεις erleiden (2Kor 1₄.₈ 2₄ 4₁₇ 6₄ 7₄ 8₂.₁₃ Phil 1₁₇ 4₁₄), so strömt

---

[1] In den folgenden Versen finden sich weitere Begriffe, die gleichfalls apokalyptischer Herkunft sind: μυστήριον — ἀποκεκρυμμένον/νῦν δὲ ἐφανερώθη (26); τὸ πλοῦτος τῆς δόξης τοῦ μυστηρίου τούτου (27); μυστήριον τοῦ θεοῦ (2₂); ἐν ᾧ πάντες οἱ θησαυροὶ τῆς σοφίας καὶ γνώσεως ἀπόκρυφοι (2₃). Vgl. Lohse, Christusherrschaft und Kirche, S. 212f.

[2] Reiche Belege bei Billerbeck IV, S. 977—986.

[3] Zum Begriff חֶבְלוֹ שֶׁל מָשִׁיחַ vgl. Mekh. Ex. 16,25 (58b); 16,29 (59a); b. Schab. 118a; b. Pes. 118a u. ö.; siehe Billerbeck I, S. 950.

[4] Zum Begriff θλῖψις vgl. H. Schlier, ThWB III, S. 139—148.

ihm doch gerade in den Trübsalen die wunderbare Kraft des göttlichen Trostes zu ὑπὲρ τῆς ὑμῶν παρακλήσεως (2Kor 1₄-₇).

Die Bedeutung der Leiden des Apostels, von denen im Kolosserbrief die Rede ist, geht über die der παθήματα, wie sie allen Christen zuteil werden, weit hinaus. Denn er leistet in den Leiden, die ihm widerfahren, einen stellvertretenden Dienst (vgl. auch 2Kor 1₆), indem er τὰ ὑστερήματα τῶν θλίψεων τοῦ Χριστοῦ erfüllt[1]. ὑστέρημα bedeutet das, was fehlt, den Mangel. Dieser kann in der Abwesenheit von Menschen bestehen, denen man sich verbunden weiß (1Kor 16₁₇ Phil 2₃₀). Es kann sich aber auch um einen Mangel im Blick auf einen bestimmten Sachverhalt handeln (1Thess 3₁₀: τὰ ὑστερήματα τῆς πίστεως ὑμῶν)[2]. Der Wortverbindung τὰ ὑστερήματα τῶν θλίψεων τοῦ Χριστοῦ[3] liegt der Gedanke des endzeitlichen Maßes zugrunde[4]. Wie Gott der Zeit ein festes Maß gegeben hat (vgl. 4Esra 4₃₆f. Gal 4₄) und die Fristen der letzten Not bestimmt hat (vgl. Mk 13₅-₂₇ Par.), so ist auch das Maß der Leiden, das die Gerechten und Märtyrer zu erdulden haben, in seinem Ratschluß festgelegt (äthHen 47₁-₄ syrBar 30₂)[5]. Wenn es erfüllt ist, dann ist das Ende da; dann vergeht der alte Äon und bricht die wunderbare neue Welt an. Doch noch ist es nicht so weit, noch fehlt etwas an den θλίψεις τοῦ Χριστοῦ. Dieses Fehlende erstattet der Apostel durch sein Leiden. ἀνταναπληροῦν, das sich im Neuen Testament nur an dieser Stelle findet[6], hebt hervor, daß das, was nun erfüllt wird, an die Stelle des Fehlenden tritt, indem es dieses ersetzt[7].

---

[1] W. Michaelis, ThWB V, S. 933 möchte unter Berufung auf 2Kor 1₆ den Gedanken der Stellvertretung für Kol 1₂₄ bestreiten. Aber ὑπὲρ ὑμῶν in Kol 1₂₄ kann nicht mit ὑπὲρ τῆς ὑμῶν παρακλήσεως von 2Kor 1₆ gleichgesetzt werden. Es ist auch hier nicht davon die Rede, die Leiden seien notwendig, weil Jesus seinen Jüngern angekündigt habe, sie würden Verfolgung erdulden müssen. Gegen Kittel a.a.O. S. 189f., der vermutet, Paulus spiele auf Logien wie Mt 5₁₁ 10₂₂. ₂₄ff. Joh 15₁₈ff. an.

[2] Vgl. ferner 2Kor 8₁₄ 9₁₂ 11₉. Weitere Belege bei Kremer a.a.O. S. 164—169.

[3] Moule z. St. weist darauf hin, daß sich ὑστέρημα in der Gnosis als Gegenbegriff zu πλήρωμα findet. Bei den Valentinianern wird dem πλήρωμα das κένωμα gegenübergestellt (vgl. Epiphanius, Haer. 31, 16, 1). Doch kommt für das Verständnis des Begriffes ὑστέρημα an unserer Stelle gnostischer Hintergrund nicht in Betracht. Die Aussage des Verses ist vielmehr — wie oben ausgeführt — von apokalyptischen Voraussetzungen her zu verstehen. Zum Begriff πλήρωμα siehe oben S. 98f.

[4] Der Artikel τά läßt darauf schließen, daß der Ausdruck ὑστερήματα τῶν θλίψεων τοῦ Χριστοῦ als bekannt vorausgesetzt ist.

[5] Vgl. Lohse, Märtyrer und Gottesknecht, S. 197 Anm. 9.

[6] Vgl. G. Delling, ThWB VI, S. 305. Paulus sagt wohl ἀναπληροῦν (1Kor 16₁₇ Phil 2₃₀ u. ö.) oder προσαναπληροῦν (2Kor 9₁₂ 11₉), niemals aber ἀνταναπληροῦν. H. J. Holtzmann, Kritik der Epheser- und Kolosserbriefe, Leipzig 1872, S. 21 bemerkt zu diesem Sachverhalt: „Kein Kenner der paulinischen Begriffswelt liest ohne Anstoß über 1,24 hinweg."

[7] Vgl. Demosthenes, Orat. 14, 17: Bei der Einteilung der aus 60 Mann bestehenden Steuerklassen in fünf Gruppen zu je 12 sollen die Armen zu den Reichen

Durch sein Leiden, das er an seinem Fleisch[1] schmerzhaft erfährt, trägt der Apostel zur Verkürzung der endzeitlichen Trübsale bei, so daß die zukünftige Herrlichkeit um so eher anheben kann[2].

Im Zusammenhang des Kolosserbriefes sind die Trübsale Christi nicht mehr im Sinne gespannter Naherwartung verstanden. Der Blick ist nicht auf die Zukunft, sondern auf die Gegenwart bzw. Vergangenheit gerichtet[3], die durch den kirchengründenden Dienst des Apostels geprägt ist. Wie das Bild der Propheten, das das nachbiblische Judentum entwarf, diese ausnahmslos als verfolgte und leidende darstellte und ihre Würde gerade im Martyrium vollendet sah[4], so wird auch das Bild des Apostels, das die zweite Generation zeichnet, wesentlich durch den Aufweis seiner Leiden geprägt[5]. Nach Act 9₁₆ ist es bereits von Anfang an über Saulus/Paulus beschlossen, daß er für den Namen Christi leiden muß. Eph 3₁ wird Paulus Gefangener Christi Jesu für die Heiden genannt[6]. Und die Pastoralbriefe werden als Vermächtnis, das der gefangene Apostel vor seinem Ende der Kirche übergibt, dargeboten (2Tim 1₈.₁₆f. 2₉). Gerade in seinem Leiden hat der Apostel sein Amt für die ganze Kirche versehen. Auf diesen Gedanken kommt es auch dem Kolosserbrief an. Das Leiden des Apostels gehört zur einmaligen Würde seines Amtes. Das betont hervorgehobene „Ich" unterscheidet daher Paulus von allen

---

hinzugeordnet werden, so daß sie das Maß der Reichen auffüllen (ἀνταναπληροῦντας); Dio Cassius 44, 48, 2: Man sparte für Caesar an keinem Titel. Was dem einen an Auszeichnung und Machtvollkommenheit abging, wurde durch den Beitrag der anderen in gegenseitiger Ergänzung aufgefüllt (ἀνταναπληρωθῇ); Apollonius Dyscolus, de syntaxi I, 19; II, 44: Die Pronomina haben die Aufgabe, das, was dem Substantiv unmöglich ist, zu ergänzen (ἀνταναπληροῦσα bzw. ἀνταναπληροῦσαι). Zum Begriff vgl. weiter Delling a.a.O. S. 305; Kremer a.a.O. S. 156— 163. Die Vermutung, „daß Paulus mit dieser Zusammensetzung von πληροῦν wahrscheinlich eines der gegnerischen Schlagworte aufgreift und umkehrt" (Kremer S. 162), hat keinen Anhalt am Text.

[1] Mit σάρξ ist hier „die der Bedrängnis ausgesetzte Leiblichkeit des Apostels gemeint" (E. Schweizer, ThWB VII, S. 136). Vgl. ἐν τῷ σώματί μου Gal 6₁₇ 2Kor 4₁₀.

[2] Anders erklärt Kremer a.a.O. S. 190—195, der sich der Deutung des Chrysostomus anschließt: Weil der Apostel als Stellvertreter Christi an seiner Stelle steht, kann er an seinem Fleisch erfüllen, was an den θλίψεις τοῦ Χριστοῦ noch mangelt. Zur Kritik dieser Auffassung vgl. auch die Rezension von E. Käsemann, ThLZ 82 (1957), Sp. 694f.

[3] Das gilt auch für die apokalyptischen Begriffe der folgenden Verse. Vgl. oben S. 114 Anm. 1 und Lohse, Christusherrschaft und Kirche, S. 212f.

[4] Vgl. H. A. Fischel, Martyr and Prophet, JQR 37 (1946/47), S. 265—280. 363—386; H. J. Schoeps, Die jüdischen Prophetenmorde, in: Aus frühchristlicher Zeit. Religionsgeschichtliche Untersuchungen, Tübingen 1950, S. 126—143; Lohse, Märtyrer und Gottesknecht, S. 66 Anm. 1.

[5] Vgl. Lohse, Christusherrschaft und Kirche, S. 213f.

[6] Vgl. ferner Eph 3₁₃: ἐν ταῖς θλίψεσίν μου ὑπὲρ ὑμῶν und siehe dazu G. H. P. Thompson, Ephesians III. 13 and 2Timothy II. 10 in the Light of Colossians I. 24, ExpT 71 (1959/60), S. 187—189.

anderen Gliedern der Gemeinde[1]. Indem er erfüllt, was an den Trübsalen Christi noch fehlt, handelt er als διάκονος τοῦ εὐαγγελίου und damit als διάκονος τῆς ἐκκλησίας. Die Definition, nach der der Leib, über den Christus das Haupt ist, als die weltweite ἐκκλησία bestimmt worden war (1 18), wird hier wiederholt: ὑπὲρ τοῦ σώματος αὐτοῦ, ὅ ἐστιν ἡ ἐκκλησία.

V. 25: Da dieses einzigartige Amt dem Apostel von Gott selbst übertragen worden ist, ist sein Dienst ganz und gar vom Auftrag als der ihn bestimmenden Norm erfüllt. Wiederholt spricht Paulus von der göttlichen χάρις, die ihm gegeben ist (Gal 2 9 1 Kor 3 10 15 10 Röm 1 5 12 3. 6 15 15). Gottes Gnade hat ihn berufen und erweist sich wirksam in seinem Dienst. Von diesem Auftrag, der ihm zuteil geworden ist, kann Paulus auch sagen: οἰκονομίαν πεπίστευμαι (1 Kor 9 17)[2]. Ihm kann er sich nicht entziehen, sondern muß ihn gehorsam erfüllen, so daß er wünscht: Οὕτως ἡμᾶς λογιζέσθω ἄνθρωπος ὡς ὑπηρέτας Χριστοῦ καὶ οἰκονόμους μυστηρίων θεοῦ (1 Kor 4 1). Von demjenigen, der mit der Verwaltung eines Amtes betraut worden ist (vgl. Lk 16 2), erwartet man billigerweise, ἵνα πιστός τις εὑρεθῇ (1 Kor 4 2)[3]. An unserer Stelle wird nicht auf τὴν χάριν τὴν δοθεῖσάν μοι (Gal 2 9) Bezug genommen, sondern statt des Begriffes χάρις steht das Wort οἰκονομία[4], um das Amt des Apostels zu bezeichnen[5] Dabei ist

---

[1] Vgl. Lohmeyer z. St.; Käsemann a.a. O. Sp. 695.

[2] Zum Begriff οἰκονομία vgl. O. Michel, ThWB V, S. 154 f.; J. Reumann, OIKONOMIA = "Covenant"-Terms for *Heilsgeschichte* in Early Christian Usage, NovTest 3 (1959), S. 282—292; ders., Οἰκονομία as "Ethical Accomodation" in the Fathers, and its Pagan Backgrounds, Studia Patristica III, ed. F. L. Cross, TU 78, Berlin 1961, S. 370—379; ders., OIKONOMIA-Terms in Paul in Comparison with Lucan *Heilsgeschichte*, NTS 13 (1966/67), S. 147—167.

[3] Vgl. J. Reumann, "Stewards of God" — Pre-Christian Religious Application of OIKONOMOS in Greek, JBL 77 (1958), S. 339—349.

[4] Zur Genitivverbindung οἰκονομία τοῦ θεοῦ vgl. 1 Kor 15 10: ἡ χάρις τοῦ θεοῦ, Eph 3 7: τῆς χάριτος τοῦ θεοῦ τῆς δοθείσης μοι.

[5] Im Epheserbrief bedeutet οἰκονομία dagegen den heilsgeschichtlichen Ratschluß Gottes, der in der Fülle der Zeiten verwirklicht wird (1 10: εἰς οἰκονομίαν τοῦ πληρώματος τῶν καιρῶν; 3 9: τίς ἡ οἰκονομία τοῦ μυστηρίου τοῦ ἀποκεκρυμμένου ἀπὸ τῶν αἰώνων ἐν τῷ θεῷ). Auch das Amt des Apostels ist im göttlichen Heilsplan vorgesehen: τὴν οἰκονομίαν τῆς χάριτος τοῦ θεοῦ τῆς δοθείσης μοι εἰς ὑμᾶς (3 2). Da hier χάρις vom Amt des Apostels gesagt ist, liegt es nahe, οἰκονομία an allen drei Stellen des Epheserbriefes im Sinne des sich verwirklichenden göttlichen Heilsplans zu verstehen. Vgl. Schlier, Epheser, S. 147 f. zu Eph 3 2; Reumann a.a. O. (NTS 13 [1966/67]) S. 164 f. Dieses Verständnis darf jedoch nicht aus dem Epheserbrief in den Kolosserbrief eingetragen werden (gegen Lohmeyer z. St.: „Es ist also der Heilsplan Gottes, der die Geschichte der Welt von allem Anfang zu ihrem vorbestimmten Ziele leitet. Diesen göttlichen Plan zu verwirklichen, ist Paulus mit dem Amt des ,Dieners' gegeben."). Reumann a.a. O. S. 162 f. ist geneigt, sowohl die Bedeutung „Amt" als auch einen Hinweis auf Gottes Heilsplan für die Verwendung von οἰκονομία in Kol 1 25 anzunehmen. Gemeint sei "God's revealed plan or his plan and the execution thereof". Denn "Paul says, I am a minister 'according to the plan of God, the execution of which has been conferred upon me in that which concerns you'" (S. 163).

freilich nur vom Amt des Paulus die Rede, mit keiner Andeutung werden die übrigen Apostel erwähnt, weder Petrus noch die Zwölf. Paulus ist als der Apostel der Völker der Apostel schlechthin, so daß die aus den Völkern zusammengerufene Kirche an das apostolische Evangelium gebunden ist, wie es ihr Paulus und die von ihm eingesetzten Mitarbeiter verkündigt haben[1].

Auftrag seines Amtes ist es, πληρῶσαι τὸν λόγον τοῦ θεοῦ. Wie ein vorher festgelegtes Maß mit seinem Inhalt gefüllt wird, so hat der Apostel Gottes Willen und Befehl zu verwirklichen[2]. Im Rückblick auf sein missionarisches Werk kann Paulus sagen, er habe ἀπὸ Ἰερουσαλὴμ καὶ κύκλῳ μέχρι τοῦ Ἰλλυρικοῦ πεπληρωκέναι τὸ εὐαγγέλιον τοῦ Χριστοῦ (Röm 15₁₉). Das Wort Gottes wird erfüllt, wenn es an allen Orten ausgerufen und aller Kreatur unter dem Himmel verkündigt wird (vgl. V.₂₃)[3]. Dieser Auftrag, das Wort der Wahrheit wirksam zu Gehör zu bringen, weist den Apostel auch an die Gemeinde in Kolossae und sie an ihn.

V. 26: Die Botschaft, die dem Apostel aufgetragen ist, wird nun als μυστήριον näher bestimmt. Der Satz bricht jedoch nach der Partizipialwendung plötzlich ab; mit den Worten νῦν δὲ ἐφανερώθη wird dann noch einmal neu angesetzt und erst in V.₂₇ der Inhalt des μυστήριον genannt: der unter den Völkern verkündigte Christus. V.₂₆ liegt — wie schon die Struktur des Satzes erkennen läßt — eine geprägte Formulierung zugrunde, zu der sich manche Parallelen in der urchristlichen Verkündigung finden: Das Geheimnis, das einst verborgen war, ist jetzt offenbart worden[4]. Was von Ewigkeit her in Gottes Ratschluß vorhanden, der Einsicht von Engeln und Menschen jedoch nicht zugänglich war, das

---

[1] εἰς ὑμᾶς ist zum Vorhergehenden zu ziehen. Vgl. Eph 3₂: τὴν οἰκονομίαν τῆς χάριτος τοῦ θεοῦ τῆς δοθείσης μοι εἰς ὑμᾶς. Dibelius-Greeven z. St. nehmen εἰς ὑμᾶς zum Folgenden, weil πληρῶσαι reichlich kurz wirke, wenn man εἰς ὑμᾶς nicht mit πληρῶσαι verbinde. Doch die vergleichbaren Wendungen (Röm 15₁₉ und die in der folgenden Anm. 2 genannten Belege) fordern diese Verbindung nicht.

[2] Vgl. Kol 4₁₇: βλέπε τὴν διακονίαν ἣν παρέλαβες ἐν κυρίῳ, ἵνα αὐτὴν πληροῖς; Apk 3₂: οὐ γὰρ εὕρηκά σου ἔργα πεπληρωμένα ἐνώπιον τοῦ θεοῦ μου; vom Erfüllen eines Auftrages Act 12₂₅: πληρώσαντες τὴν διακονίαν; vgl. ferner Act 13₂₅ 14₂₆ u. ö. Sehr häufig findet sich die Wendung vom Erfüllen der in der Schrift ausgesprochenen Verheißungen; vgl. Mk 14₄₉ Par. Mt 1₂₂ 2₁₅ 13₃₅ 21₄ u. ö. Lk 4₂₁ 24₄₄ u. ö. Joh 13₁₈ 17₁₂ 19₂₄. ₃₆. Weitere Belege bei G. Delling, ThWB VI, S. 285—296.

[3] Vgl. R. Asting, Die Verkündigung des Wortes im Urchristentum, Stuttgart 1939, S. 138.

[4] Vgl. Dahl a.a. O. (S. 104 Anm. 2) S. 4f. Dahl bezeichnet diese Beschreibung des Geheimnisses als Revelationsschema, dessen Leitworte „von Ewigkeit an vorhanden" — „jetzt offenbart" sind. Vgl. ferner Bultmann, Theologie, S. 107; D. Lührmann, Das Offenbarungsverständnis bei Paulus und in paulinischen Gemeinden, WMANT 16, Neukirchen 1965, S. 113—140. Ansätze zur Ausbildung dieses Revelationsschemas lassen sich 1 Kor 2₆₋₁₆ erkennen. Seine feste Ausprägung findet es jedoch in liturgischen Formulierungen, wie sie Röm 16₂₅₋₂₇ sowie in den Deuteropaulinen vorliegen. Vgl. Conzelmann, Theologie, S. 107.

ist nun kundgetan worden (1Kor 2₇ı.). Gott wird gepriesen um dieser ἀποκάλυψις willen, von der es heißt: μυστηρίου χρόνοις αἰωνίοις σεσιγημένου, φανερωθέντος δὲ νῦν διά τε γραφῶν προφητικῶν κατ᾽ ἐπιταγὴν τοῦ αἰωνίου θεοῦ εἰς ὑπακοὴν πίστεως εἰς πάντα τὰ ἔθνη γνωρισθέντος (Röm 16₂₅ı.) [1]. Weil die Offenbarung alle Welt betrifft, vollzieht sich die Kundgabe des Geheimnisses in der Proklamation der Frohbotschaft an alle Völker (1Tim 3₁₆) [2].

Die Begriffe μυστήριον, ἀποκρύπτειν und φανεροῦν sind aus apokalyptischer Überlieferung in die urchristliche Predigtsprache übernommen worden. μυστήριον [3] entspricht dem hebräischen Wort רָז, durch das das Geheimnis des endzeitlichen Ratschlusses Gottes bezeichnet wird [4]. Ὅσα δεῖ γενέσθαι ἐπ᾽ ἐσχάτων τῶν ἡμερῶν, enthüllt Gott den Sehern; denn er allein ist ὁ ἀποκαλύπτων μυστήρια (Dan 2₂₈ı.). Seine Geheimnisse sind „tief und ohne Zahl" (äthHen 63₃). Aber den Frommen gewährt er Einblick in seinen Plan. Ihnen tut er die „Geheimnisse der Zeiten" kund und zeigt ihnen „das Herbeikommen der Perioden" (syrBar 81₄), „die Geheimnisse der Zeiten" und „das Ende der Stunden" (4Esra 14₅). Solche Offenbarung ist nach den Schriften der Gemeinde von Qumran dem Lehrer der Gerechtigkeit zuteil geworden. Denn ihm „hat Gott kundgetan alle Geheimnisse der Worte seiner Knechte, der Propheten" (1QpHab VII, 4f.) [5], so daß der Beter dankerfüllt zu Gott spricht: „Du hast mich unterwiesen in deinen wunderbaren Geheimnissen" (1QH IV, 27f.) [6].

---

[1] Der Kolosserbrief bedient sich des in der Überlieferung ausgebildeten Revelationsschemas, so daß nicht an literarische Abhängigkeit von Röm 16₂₅₋₂₇ zu denken ist, wie E. P. Sanders, Literary Dependence in Colossians, JBL 85 (1966), S. 39f. vermutet.

[2] Vgl. ferner Eph 3₄ı. ₀ı. 2Tim 1₉ı. Tit 1₂ı. 1Petr 1₂₀.

[3] Zum Begriff μυστήριον vgl. G. Bornkamm, ThWB IV, S. 809—834; ferner A. D. Nock, 'Mysterion', Harvard Studies in Classical Philology 60 (1952), S. 201—204; E. Vogt, 'Mysteria' in textibus Qumrān, Bibl 37 (1956), S. 247—257; B. Rigaux, Révélation des Mystères et Perfection à Qumrân et dans le Nouveau Testament, NTS 4 (1957/58), S. 237—262; R. E. Brown, The Semitic Background of the New Testament mysterion, Bibl 39 (1958), S. 426—448; 40 (1959), S. 70—87; H. Krämer, Zur Wortbedeutung "Mysteria", WuD NF 6 (1959), S. 121—125; J. Coppens, Le 'mystère' dans la théologie paulinienne et ses parallèles qumrâniennes, Littérature et Théologie Pauliniennes = Recherches Bibliques 5 (1960), S. 142—165.

[4] In den Mysteriengemeinschaften, die Lührmann a.a.O. S. 126—131 zum Vergleich heranzieht, wurde durchgehend der Plural τὰ μυστήρια gebraucht. Vgl. Bornkamm a.a.O. S. 810. Im Unterschied zu den apokalyptischen Texten, in denen gleichfalls meist der Plural steht, kennen die Belege aus den Mysterienreligionen nicht den eschatologischen Charakter des μυστήριον, der im Revelationsschema vorausgesetzt ist. Zu den Berührungen und wesentlichen Unterschieden zwischen dem apokalyptischen Sprachgebrauch und dem der Mysterienkulte und der Gnosis vgl. Bornkamm ebd. S. 822f.

[5] כול רזי דברי עבדיו הנבאים.

[6] ברזי פלאכה. Vgl. auch 1QH I, 21.

Das Geheimnis, dessen Offenbarung die urchristliche Verkündigung bezeugt, betrifft nicht zukünftiges Geschehen, das in Gottes Plan verborgen liegt, sondern die bereits verwirklichte Tat Gottes. Was durch ewige Zeiten hindurch verschwiegen war, ist nun offenbart und wird im gepredigten Wort bei allen Völkern ausgerufen (Röm 16₂₅f.). Das μυστήριον war ἀποκεκρυμμένον ἀπὸ τῶν αἰώνων καὶ ἀπὸ τῶν γενεῶν. Wenn man ἀπό durch „vor" übersetzt, müssen die αἰῶνες und γενεαί als Mächte und Gewalten verstanden werden, denen die Einsicht in das Geheimnis verwehrt war[1]. Weit näher liegt es jedoch, für ἀπό zeitliche Bedeutung anzunehmen[2]; wird doch auch durch das folgende νῦν δέ die eingetretene Wende der Zeiten betont. Was von vergangenen Zeiten und Generationen her verschlossen war[3], ist nun aufgetan worden[4] (vgl. Eph 3₄f. 9f.)[5]. Mit den Heiligen, die als Empfänger der Offenbarung genannt werden, sind weder die Engel[6] noch nur ein begrenzter Kreis von Charismatikern[7] gemeint, sondern die Gläubigen[8], die ἅγιοι καὶ πιστοὶ ἀδελφοὶ ἐν Χριστῷ (1₂), die ἐκλεκτοὶ τοῦ θεοῦ ἅγιοι καὶ ἠγαπημένοι (3₁₂)[9]. Ihnen ist im Wort der Wahrheit das μυστήριον mitgeteilt worden. Dieses Geheimnis ist

---

[1] So Dibelius-Greeven z. St.: „Die αἰῶνες und γενεαί sind dann die ἄρχοντες τοῦ αἰῶνος τούτου aus I Cor 2₇t., deren Geltung in Kolossae gerade umstritten wird."

[2] Vgl. 1Kor 2₇: πρὸ τῶν αἰώνων; Röm 16₂₅: χρόνοις αἰωνίοις; vgl. weiter Act 3₂₁ 15₁₈: ἀπ' αἰῶνος; Mt 13₃₅ 25₃₄: ἀπὸ καταβολῆς κόσμου.

[3] Vgl. 4Esra 14₅: „die Geheimnisse der Zeiten"; syrBar 81₄: „die Geheimnisse der Zeiten und das Herbeikommen der Perioden"; äthHen 49₂: „alle Geheimnisse der Gerechtigkeit"; 63₃: „von Geschlecht zu Geschlecht"; ferner äthHen 84₂ syrBar 48₂f.; 54₁:„Du bringst eilends die Anfänge der Zeiten herbei, und das Ende der Perioden kennst du allein."

[4] Vgl. äthHen 46₃: „Dies ist der Menschensohn ... der alle Schätze dessen, was verborgen war, offenbart." Vgl. ferner äthHen 38₃ 48₇ 4Esra 12₃₉ u. a.

[5] Dahl a.a. O. S. 5 hebt treffend hervor, der Übergang zum Verbum finitum zeuge noch davon, daß hier ein festes Schema zugrunde liegt.

[6] So Lohmeyer z. St. unter Berufung auf 1Thess 3₁₃ und 2Thess 1₁₀; ebenso Bieder z. St.: „Überirdische Geschöpfe, die nun das Gottesgeheimnis in Christus gesagt bekommen."

[7] So Käsemann, Leib Christi, S. 146 Anm. 5: „Die ‚Heiligen' in Kol 1,26 sind Charismatiker, nicht schlechthin Gläubige." Ebenso R. Asting, Die Heiligkeit im Urchristentum, FRLANT 46, Göttingen 1930, S. 176f. Eine solche Einschränkung aber nimmt erst der Epheserbrief vor, indem er den Kreis der Heiligen als die Apostel bestimmt und damit eng begrenzt (Eph 3₅). — An Heidenmissionare jüdischer Herkunft möchte jetzt Bieder a.a.O. (S. 110 Anm. 4) S. 46 denken. Für diese Annahme bietet jedoch der Text keinerlei Anhaltspunkt.

[8] Dibelius-Greeven z. St. verzichten auf eine genauere Bestimmung, da die Feierlichkeit des alttestamentlich gefärbten Ausdrucks eine so subtile Unterscheidung — nämlich: Prediger des Evangeliums oder alle Christen — vielleicht gar nicht zulasse. „Es genügt zu wissen, daß Gott dies Geheimnis seiner Kirche enthüllt hat."

[9] So mit Recht G. Bornkamm, ThWB IV, S. 828 Anm. 147; Conzelmann z. St.; Lührmann a.a. O. S. 132.

nicht nur einzelnen erwählten Frommen anvertraut, sondern sein Inhalt
wird in der apostolischen Verkündigung bekanntgemacht, in der das Wort
erfüllt (1₂₅) und Christus unter den Völkern gepredigt wird (1₂₇)[1].

V. 27: Gott wollte das Geheimnis den Heiligen mitteilen. Durch
γνωρίζειν (vgl. Röm 16₂₆ Eph 1₉ 3₅. ₁₀ 6₁₉) wird φανεροῦν (V. ₂₆; Röm 16₂₅f.)
aufgenommen[2]. Gott wollte bekanntmachen, welches τὸ πλοῦτος τῆς
δόξης[3] τοῦ μυστηρίου τούτου[4] sei[5]. Durch πλοῦτος und δόξα wird auf die
unermeßliche Größe des μυστήριον hingewiesen (vgl. Röm 9₂₃ Phil 4₁₉
Eph 1₁₈ 3₁₆ Apk 5₁₂)[6]. Worin aber besteht der herrliche Reichtum des
Geheimnisses, das Gott kundtun wollte und im λόγος τοῦ θεοῦ unter den
Völkern[7] verkündigen läßt? Der Inhalt des μυστήριον wird mit den knappen Worten Χριστὸς ἐν ὑμῖν angegeben[8]. Damit ist zweifellos nicht die
pneumatische Einwohnung des Herrn in den Herzen der Gläubigen gemeint[9], sondern der unter den Völkern gepredigte Christus, der inmitten

---

[1] Vgl. Röm 16₂₅f.: εὐαγγέλιον — κήρυγμα; φανεροῦν — γνωρίζειν; Eph 3₈:
εὐαγγελίζεσθαι.

[2] Vgl. R. Bultmann, ThWB I, S. 718.

[3] p⁴⁶ läßt τῆς δόξης aus.

[4] Statt τούτου setzen D*G it Ambst τοῦ θεοῦ, א* nur τοῦ.

[5] Vgl. Röm 9₂₃: ἵνα γνωρίσῃ τὸν πλοῦτον τῆς δόξης αὐτοῦ. Kol 1₂₇ werden ebenso
wie Röm 9₂₃ traditionelle Wendungen benutzt, so daß es nicht notwendig ist,
mit Percy, Probleme, S. 50 zu erwägen: „Hier könnte man aber möglicherweise
mit literarischem Einfluß von der Römerbriefstelle rechnen." Vgl. auch Sanders
a. a. O. (S. 119 Anm. 1) S. 39f.

[6] πλοῦτος — an unserer Stelle wie 2₂ neutrisch gebraucht — und δόξα Gottes werden
schon im AT häufig zusammen genannt. Vgl. LXX Gen 31₁₆ 3Βασ 3₁₃ 1Chr 29₂₈
Esth 1₄ 10₂ ψ 111₃ Prov 3₁₆ 8₁₈ 22₄ Sir 24₁₇ PsSal 1₄. Vgl. Lohmeyer z. St.

[7] ἐν τοῖς ἔθνεσιν bedeutet „unter den Völkern". Der Ton liegt also nicht darauf,
daß nun auch den Heiden das Wort verkündigt wird. Dieser Gedanke wird Eph 3₃ff.
entwickelt: Das Geheimnis, das jetzt enthüllt wird, besteht darin, daß die Heiden
συγκληρονόμα καὶ σύσσωμα καὶ συμμέτοχα τῆς ἐπαγγελίας ἐν Χριστῷ Ἰησοῦ διὰ τοῦ
εὐαγγελίου sind (Eph 3₆). Hier aber wird hervorgehoben: Christus, der Herr über
alles, wird in der ganzen Welt gepredigt.

[8] ὅς ἐστιν (אCDEKL pm) wird die ursprüngliche Lesart sein, wobei ὅς wegen
Χριστός steht (vgl. Blaß-Debr. § 132,2). Durch ὅ ἐστιν (vgl. 3₁₄) soll die Beziehung auf πλοῦτος bzw. μυστήριον verdeutlicht werden (p⁴⁶ BAG al latt). ὅς ἐστιν
ist daher die lectio difficilior.

[9] Vgl. 2Kor 13₅: ὅτι Ἰησοῦς Χριστὸς ἐν ὑμῖν; Röm 8₁₀: εἰ δὲ Χριστὸς ἐν ὑμῖν;
Eph 3₁₇: κατοικῆσαι τὸν Χριστὸν διὰ τῆς πίστεως ἐν ταῖς καρδίαις ὑμῶν. In diesem
Sinne erklären viele Exegeten, so G. Bornkamm, ThWB IV, S. 827: „Kol 1,27
wird der Inhalt des μυστήριον mit der Formel Χριστὸς ἐν ὑμῖν angegeben, d. h. es
besteht in der Einwohnung des erhöhten Christus ‚in euch', den Heiden." Dibelius-Greeven z. St.: „‚Christus in euch' bezeichnet die Basis der christlichen
Existenz s. Rm 8₁₀, wo mit ‚Christus' der Ausdruck πνεῦμα Χριστοῦ aufgenommen
wird." Bieder z. St. fragt, wie das „Christus in euch" ausgesagt werden könne,
wenn doch nach 3₁ Christus zur Rechten Gottes thront, und antwortet: „Nur so
ist Christus in euch, als Hoffnung der Herrlichkeit." Abwegig Wagenführer
a. a. O. (S. 77 Anm. 2) S. 96: „Mit der Formel Χριστὸς ἐν ὑμῖν, die das häufiger
uns begegnende ὑμεῖς (ἡμεῖς) ἐν Χριστῷ umkehrt, drückt Pls die innige Christus-

der Gemeinde verkündigte Herr (vgl. 2Kor 1₁₉: Χριστὸς Ἰησοῦς, ὁ ἐν ὑμῖν δι' ἡμῶν κηρυχθείς)¹. Weil der Inhalt des Geheimnisses nichts anderes ist als Χριστὸς ἐν ὑμῖν, darum ist nicht mehr wie in der jüdischen Apokalyptik von einer Mehrzahl von Geheimnissen, die Gottes endzeitlichen Plan betreffen, die Rede, sondern wird die Offenbarung des einen μυστήριον verkündigt: Christus, die ἐλπὶς τῆς δόξης². Die Hoffnung bezieht sich auf die in der Vollendung offenbar werdende δόξα (vgl. 3₄); ihr Grund und Inhalt ist Christus allein, so daß auch hier der die Gegenwart bestimmende Inhalt der ἐλπίς betont wird (vgl. zu 1₅), den Gott durch die weltweite Proklamation der Christusbotschaft kundtut.

V. 28: Obwohl nun nicht mehr im Singular gesprochen wird, ist auch mit dem „Wir" kein anderer als der Apostel gemeint, der den ihm gegebenen Auftrag ausführt. Da er jedoch in Kolossae nicht selbst das Evangelium hat predigen können, sondern dieses durch von ihm legitimierte Boten dorthin getragen wurde (vgl. 1₇f.), sind sie in das „Wir" des Apostels mit eingeschlossen. In V. 29 spricht jedoch schon wieder das Ich des Apostels. Damit wird angezeigt, daß von der Autorität des apostolischen Amtes die Rede ist, durch die auch die vom Apostel eingesetzten Mitarbeiter vor der Gemeinde beglaubigt sind.

καταγγέλλειν³ bezeichnet die öffentliche Ansage, die Proklamation, und ist im urchristlichen Sprachgebrauch geradezu zu einem terminus technicus der Missionspredigt geworden: τὸν Χριστὸν καταγγέλλειν (Phil 1₁₇f.; vgl. auch Act 17₃. ₂₃) bzw. τὸ εὐαγγέλιον καταγγέλλειν (1Kor 9₁₄), τὸν λόγον τοῦ θεοῦ καταγγέλλειν (Act 13₅ 17₁₃) ist sachlich gleichbedeutend mit Χριστὸν κηρύσσειν (Phil 1₁₅ u. ö.) und εὐαγγελίζεσθαι (Gal 1₁₆). Die allerorten ausgerufene Verkündigung, daß Christus der Herr ist, wird in

---

verbundenheit aus, in der jeder einzelne Christ steht und die damit auch alle zu echter Gemeinschaft führt. Pls sagt nicht Χριστὸς ἐν τῇ ἐκκλησίᾳ, da er mystischen Aussagen eine mehr persönliche Note zu verleihen pflegt. Nach seiner Vorstellung verkörpert jeder einzelne Christ in gewisser Weise die Ekklesia, sofern er in einem mystischen Verhältnis zu Christus steht." In gnostischem Sinne will Schmithals a.a.O. (S. 45 Anm. 3) S. 63 interpretieren: „Zuerst wird also in rein gnostischer Manier von dem Geheimnis gesprochen, das bisher den Heiden verborgen war . . ., nun aber erkannt wird, und dann wird der Inhalt dieser Gnosis zusammengefaßt in dem Schlagwort: ‚Χριστὸς ἐν ὑμῖν'. Die Verkündigung von Christus als dem im Menschen wohnenden, die Erlösung garantierenden Pneuma-Selbst ist der Inhalt der im Hintergrund des Kol. stehenden Gnosis schlechthin."

¹ Durch ἐν ὑμῖν wird ἐν τοῖς ἔθνεσιν aufgenommen. Vgl. Gewieß a.a.O. (S. 92 Anm. 7) S. 12; Dahl a.a.O. (S. 104 Anm. 2) S. 5; Schweizer, Neotestamentica, S. 327: "The preaching of the gospel to the world, Christ among the gentiles, is according to the following verses, the mystery hidden for ages, now revealed. It is the eschatological fulfilment of God's plan of salvation (I. 26f.)." Vgl. auch ebd. S. 302; ferner Lohse, Christusherrschaft und Kirche, S. 213.

² Vgl. IgnEph 21₂: ἐν Ἰησοῦ Χριστῷ, τῇ κοινῇ ἐλπίδι ἡμῶν; Magn 11: Ἰησοῦ Χριστοῦ, τῆς ἐλπίδος ἡμῶν; Philad 5₂: Ἰησοῦ Χριστοῦ . . . τῆς κοινῆς ἐλπίδος.

³ Vgl. J. Schniewind, ThWB I, S. 68—71.

mahnender Belehrung erläutert und entfaltet[1]. νουθετεῖν/νουθεσία[2] finden
sich im Neuen Testament nur in paränetischen Zusammenhängen des
paulinischen Schrifttums[3]. Der Apostel weist die Gemeinde als seine
Kinder zurecht (1Kor 4₁₄), und die Glieder der Gemeinde sollen einander ermahnen und mit hilfreichem Wort beistehen (1Thess 5₁₂. ₁₄
Röm 15₁₄ 2Thess 3₁₅). Neben νουθετεῖν wird διδάσκειν gestellt, um die
intensive Belehrung in Seelsorge und Unterweisung zu kennzeichnen[4].
Nach Kol 3₁₆ ist es Aufgabe der ganzen Gemeinde, einander zu belehren
und zu ermahnen. Hier aber wird es als Funktion des Apostels beschrieben,
die Christusverkündigung durch νουθετεῖν und διδάσκειν auszurichten.
Paulus kann wohl gelegentlich davon sprechen, daß er in allen Gemeinden
lehre (1Kor 4₁₇), und unter den vom Geist gewirkten Charismen auch die
Gabe der Lehre erwähnen (Röm 12₇); doch durchweg tritt die Wortgruppe
διδάσκειν/διδαχή in den paulinischen Briefen auffallend zurück. In den
Pastoralbriefen dagegen wird die rechte und gesunde Lehre einer falschen
Lehre mit Nachdruck gegenübergestellt (1Tim 1₁₀ 2Tim 4₃ Tit 1₉ 2₁ u. ö.)
und daher auch die Bedeutung des διδάσκειν unterstrichen (1Tim 2₁₂
4₁₁ 2Tim 2₂ Tit 1₁₁). Diese Betonung der Lehre beginnt sich schon im
Kolosserbrief abzuzeichnen[5]. Es ist nicht nur Sache aller Christen,
einander zu ermahnen und zu unterweisen, sondern die Gemeinde wird
angehalten, fest bei dem Glauben zu bleiben, καθὼς ἐδιδάχθητε (2₇), und
daher daran erinnert, daß ihr die rechte Lehre im apostolischen Evan-

---

[1] Vgl. Schniewind a.a.O. S. 71: „Dies entspricht nt.licher Grundanschauung:
Lehre und Überlieferung werden in das Wort, das den Kyrios Christos ‚proklamiert', hineingenommen; es muß seiner Natur nach, da es die einmalige ‚geschicht-
liche' Wirklichkeit ‚Jesus' kündet, auch Lehre, Mahnung, Überlieferung sein.
Aber diese Unterweisung nimmt an dem eschatologisch-dramatischen Charakter
der ‚Botschaft' teil."

[2] Zum Begriff νουθετεῖν vgl. J. Behm, ThWB IV, S. 1013—1016. νουθετεῖν
bedeutet eigentlich, jemandem den Verstand zurechtsetzen, ihn korrigieren und
zurechtweisen. In LXX wird es im Sinne von „Vorwürfe machen", „schelten"
(1 Βασ 3₁₃), „ermahnen" (Hiob 4₃), vornehmlich aber „warnen", „zurechtweisen",
„belehren" gebraucht. Belege bei Behm a.a.O. S. 1014.

[3] Act 20₃₁: μετὰ δακρύων νουθετῶν ἕνα ἕκαστον ist Paulus in den Mund gelegt.

[4] Beide Verben stehen häufiger zusammen. Vgl. Platon, Protagoras 323 d:
οὐδεὶς θυμοῦται οὐδὲ νουθετεῖ οὐδὲ διδάσκει; Respubl. 399 b: ἢ διδαχῇ καὶ νουθετήσει;
Leges 845 b: νουθετήσαντα καὶ διδάξαντα; Dion Chrysostomus, Orat. 32,27: τοῖς
νουθετοῦσι καὶ διδάσκουσι; Plutarch, de audiendo 15 (p. 46b): διδάσκοντος καὶ
νουθετοῦντος. Plutarch schreibt dem νουθετεῖν die Wirkung der μετάνοια zu (Adu-
lator 28 [p. 68f.]; de virtute morali 12 [p. 452c]). Es ist jedoch griechisch gedacht,
wenn Lightfoot und Lohmeyer z. St. meinen, auch Kol 1₂₈ ziele νουθετεῖν auf
μετάνοια, διδάσκειν aber auf πίστις. Vgl. Behm a.a.O., S. 1015 Anm. 14.

[5] Vgl. K. H. Rengstorf, ThWB II, S. 149f.: „Erst im Kolosserbrief begegnet διδάσκειν in seelsorgerlich-ethischem Sinne neben νουθετεῖν (1,28; 3,16) ... Erst
im Kol(osserbrief) wird der Umschwung sichtbar, und in den Past(oralbriefen) tritt
der Begriff διδάσκειν, treten aber auch die von διδασκ- abgeleiteten Worte sogar
stark in den Vordergrund."

gelium anvertraut worden ist (1₂₈). Hat doch der Apostel überall diese Unterweisung vorgenommen, indem er bestrebt war, jedermann mit dieser Lehre bekanntzumachen. Dreimal wird auf πάντα ἄνθρωπον als Empfänger der apostolischen Ermahnung hingewiesen, um den wahrhaft ökumenischen Charakter der apostolischen Botschaft hervorzuheben, die in aller Welt verkündigt wird[1].

Die apostolische Verkündigung geschieht ἐν πάσῃ σοφίᾳ und ist also nicht auf eine spekulative Beschäftigung mit der Erkenntnis höherer Welten, sondern auf praktische Bewährung der mit der Christusbotschaft empfangenen Einsicht gerichtet (vgl. zu 1₉ᵣ.). Denn rechte σοφία und σύνεσις[2] erweisen sich eben darin, daß der Wandel ἐν σοφίᾳ geschieht (4₅) und der Wille Gottes getan wird (1₉ᵣ.). Das Ziel der Unterweisung ist daher, ἵνα παραστήσωμεν πάντα ἄνθρωπον τέλειον ἐν Χριστῷ. War es oben als die Absicht der göttlichen Versöhnung bestimmt worden, παραστῆσαι ὑμᾶς ἁγίους καὶ ἀμώμους καὶ ἀνεγκλήτους κατενώπιον αὐτοῦ (1₂₂), so wird nun dargelegt, daß Gott dieses sein Werk durch den Apostel verrichten läßt. Ihn hat er in sein apostolisches Amt eingesetzt, um seine Absicht zu verwirklichen, jedermann vollkommen in Christus darzustellen. Da man in der hellenistischen Welt unter einem τέλειος[3] vielfach einen Menschen verstand, der besonderer göttlicher Erfahrungen durch Übereignung von πνεῦμα oder Einweihung in Mysterien gewürdigt wurde[4], ist es denkbar, daß man auch in jener φιλοσοφία, gegen die sich der Kolosserbrief wenden muß, diejenigen als τέλειοι angesehen hat, die die Erfüllung mit überirdischer Weisheit und göttlichen Kräften erfahren haben[5]. Einer derartigen Auffassung stellt der Kolosserbrief sein Verständnis von Weisheit und Vollkommenheit entgegen, das ganz und gar auf gehorsame Erfüllung des göttlichen Willens bezogen ist. Darum bitten der Apostel und seine Mitarbeiter für die Gemeinde zu Gott, ἵνα σταθῆτε

---

[1] Damit wird jedem Versuch, Weisheitslehre nur auf einen Kreis von Eingeweihten zu begrenzen, scharf widersprochen.

[2] Zu den Begriffen Weisheit und Erkenntnis in apokalyptischen Zusammenhängen vgl. äthHen 37₄ 48₇ 49₁. ₃ 51₃ u. ö.

[3] Zum Begriff τέλειος vgl. P. J. du Plessis, Teleios. The Idea of Perfection in the New Testament, Kampen 1959; G. Delling, ThWB VIII, S. 68—79.

[4] Nach Jamblich, de mysteriis III, 7 ist τέλειος, wer weiß, τίς ὁ ἐνθουσιασμός ἐστι καὶ ὅπως γίνεται. Vgl. ferner Corp. Herm. IV, 4: ὅσοι μὲν οὖν συνῆκαν τοῦ κηρύγματος καὶ ἐβαπτίσαντο τοῦ νοός, οὗτοι μετέσχον τῆς γνώσεως καὶ τέλειοι ἐγένοντο ἄνθρωποι, τὸν νοῦν δεξάμενοι; Philo, de somn. II, 234: τὸν μὲν οὖν τέλειον οὔτε θεὸν οὔτε ἄνθρωπον ἀναγράφει Μωυσῆς, ἀλλ', ὡς ἔφην, μεθόριον τῆς ἀγενήτου καὶ φθαρτῆς φύσεως. 1Kor 2₆ sagt Paulus σοφίαν δὲ λαλοῦμεν ἐν τοῖς τελείοις und braucht τέλειοι gleichbedeutend mit πνευματικοί (1Kor 3₁). Vgl. Wilckens a.a.O. (S. 83 Anm. 1) S. 53—60; dort weitere Belege.

[5] Vgl. 4₁₂, wo τέλειοι neben πεπληροφορημένοι steht, das Erfülltsein aber vom Verfasser des Kolosserbriefes auf den Willen Gottes bezogen wird. Vgl. ferner Lightfoot, Dibelius-Greeven z. St.

τέλειοι καὶ πεπληροφορημένοι ἐν παντὶ θελήματι τοῦ θεοῦ (4₁₂). Damit wird
an alttestamentlich-jüdische Überlieferung angeknüpft[1], wie sie in der
urchristlichen Paränese aufgenommen und weitergeführt worden ist
(vgl. Mt 5₄₈ Röm 12₂ Jak 1₄. ₂₅ 3₂ u. ö.). Es gilt, prüfend zu erkennen,
τί τὸ θέλημα τοῦ θεοῦ, τὸ ἀγαθὸν καὶ εὐάρεστον καὶ τέλειον (Röm 12₂). Und
die Forderung ἔσεσθε οὖν ὑμεῖς τέλειοι ὡς ὁ πατὴρ ὑμῶν ὁ οὐράνιος τέλειός
ἐστιν (Mt 5₄₈) wird erfüllt, wo im Gehorsam gegen den Herrn der Wille
Gottes getan wird[2]. Wer zum erhöhten Christus gehört und seinem Gebot
folgt, der wird τέλειος ἐν Χριστῷ[3] sein.

V. 29: Der Apostel müht sich, diese Botschaft auszurichten[4]. κοπιῶ
steht hier nicht von der Handarbeit, die Paulus verrichtet, um sich seinen
Lebensunterhalt selbst zu verdienen (1Thess 2₉ 1Kor 4₁₂ 2Thess 3₈),
sondern von dem mühevollen Wirken desjenigen, der unermüdlich für
das Wohl der Gemeinde tätig ist[5]. Zwar stehen auch andere in treuer
Arbeit für die Gemeinde (vgl. 1Thess 5₁₂ 1Kor 16₁₆ Röm 16₆. ₁₂ u. ö.).
Hier aber wird nur von der Plage gesprochen, die der Apostel trägt,
indem er missionarischen Dienst in aller Welt tut (vgl. Gal 4₁₁
1Kor 3₈ 2Kor 6₅ 11₂₃. ₂₇ Phil 2₁₆). Paulus kann von sich sagen, περισσό-
τερον αὐτῶν πάντων ἐκοπίασα (1Kor 15₁₀). Etwaigem Mißverständnis, als
wolle er sich stolz rühmen, beugt er jedoch vor, indem er hinzufügt:
οὐκ ἐγὼ δὲ ἀλλὰ ἡ χάρις τοῦ θεοῦ σὺν ἐμοί (ebd.). Gottes δύναμις erweist
sich wirksam im Werk seines Boten[6]. Πάντα ἰσχύω ἐν τῷ ἐνδυναμοῦντί με
bekennt Paulus (Phil 4₁₃); denn Gott ist ὁ ἐνεργῶν ἐν ὑμῖν τὸ θέλειν καὶ
τὸ ἐνεργεῖν ὑπὲρ τῆς εὐδοκίας (Phil 2₁₃). Seine Kraft[7] richtet den Schwachen
auf und verleiht Stärke zum Durchhalten[8]. Allein dadurch weiß der

---

[1] Vgl. LXX Dt 18₁₃ 3Βασ 8₆₁ 11₄. ₁₀ 15₃. ₁₄ 1Chr 28₉ SapSal 9₆ Sir 44₁₇ und
siehe Lohmeyer z. St. In den Schriften der Gemeinde von Qumran wird ständig
betont, es gelte, להלכת תמים בכול דרכי אל (1QS III,9f.); vgl. weiter 1QS I,8;
II,2; III,3; IV,22; VIII,1.9f.18.20f. u. ö.; CD I,21; II,15; VII,5 u. ö. und siehe
Rigaux a.a.O. (S. 119 Anm. 3) S. 237—262.

[2] παραστήσωμεν ist ebensowenig wie παραστῆσαι (1₂₈) in futurisch-eschatolo-
gischem Sinn zu verstehen und auf das Endgericht zu beziehen. Der Ertrag der
apostolischen Arbeit soll sich vielmehr im Wandel der Glaubenden zeigen. Daher
ist es unzutreffend, ἐν Χριστῷ in forensischem Sinn zu erklären und zu paraphra-
sieren: „Damit durch uns(ere Verkündigung) alle Menschen als vollendete vor
Christus kommen." So H.-L. Parisius, Über die forensische Deutungsmöglichkeit
des paulinischen ἐν Χριστῷ, ZNW 49 (1958), S. 287.

[3] Zur formelhaften Wendung ἐν Χριστῷ im Kolosserbrief siehe oben S. 38f.

[4] εἰς ὅ stellt einen lockeren Anschluß an das Vorhergehende dar.

[5] Vgl. A. v. Harnack, Κόπος (Κοπιᾶν, Οἱ Κοπιῶντες) im frühchristlichen
Sprachgebrauch, ZNW 27 (1928), S. 1—10; F. Hauck, ThWB III, S. 827—829.

[6] Zu ἐνέργεια/ἐνεργεῖσθαι vgl. G. Bertram, ThWB II, S. 649—651.

[7] Vgl. äthHen 60₁₆: „gemäß der Macht seiner Stärke".

[8] Vgl. auch Kol 2₁₂: διὰ τῆς πίστεως τῆς ἐνεργείας τοῦ θεοῦ; Eph 1₁₉: κατὰ τὴν
ἐνέργειαν τοῦ κράτους τῆς ἰσχύος αὐτοῦ; 3₇: κατὰ τὴν ἐνέργειαν τῆς δυνάμεως αὐτοῦ.

Apostel sich befähigt, die von ihm geforderte Anstrengung leisten zu können[1].

V. 2,1: Weil Paulus seinen apostolischen Auftrag in der weltweiten Verkündigung des Evangeliums erfüllt, darum gilt der Dienst des Apostels der Völker auch der Gemeinde in Kolossae. Zwar hat keine persönliche Begegnung zwischen ihm und der Gemeinde stattgefunden. Sein Einsatz aber ist längst schon auch für sie geleistet worden (ἀγωνιζόμενος 1₂₉ — ἀγών 2₁), so daß er sich nun mit persönlicher Anrede ihr zuwenden kann.

Durch θέλω γάρ ὑμᾶς εἰδέναι (vgl. 1Kor 11₃) bzw. οὐ θέλω δὲ ὑμᾶς ἀγνοεῖν (1Thess 4₁₃ 1Kor 10₁ 12₁ 2Kor 1₈ Röm 1₁₃ 11₂₅) leitet Paulus wichtige Mitteilungen an die Gemeinde ein. Röm 1₁₃ folgt auf diese Wendung die nachdrückliche Versicherung an die ihm unbekannte Gemeinde, er habe sich schon oft vorgenommen, zu ihr zu kommen, sei bisher aber an der Verwirklichung dieses Wunsches verhindert worden. An unserer Stelle soll ebenfalls die persönliche Verbindung zu den Empfängern des Briefes hergestellt werden. Darum wird ihnen erklärt, daß der Einsatz[2], mit dem Paulus an allen Orten für das Evangelium und die Kirche wirkt, gerade auch den Christen in den Orten des Lykustales gilt, so daß damit bereits eine enge Verbindung zwischen ihnen und ihm geknüpft ist[3], die nun durch den Brief gefestigt werden soll. Nicht nur den Christen in Kolossae[4], sondern auch der ihnen benachbarten Gemeinde in Laodizea[5] weiß sich der Apostel verbunden. Beide Gemeinden stehen in engem Kontakt miteinander und werden daher aufgefordert, die ihnen zugesandten apostolischen Briefe untereinander auszutauschen (4₁₆). Die akute Gefährdung, vor der der Kolosserbrief warnen möchte (2₆₋₂₃), droht offensichtlich nicht nur einer einzelnen Gemeinde, sondern der Christenheit in der ganzen Umgebung[6]. Da sie alle die apostolische Lehre hören sollen, wird hier zunächst darauf aufmerksam gemacht, daß

---

[1] ἀγωνιζόμενος steht hier nicht vom Kampf (1Kor 9₂₅), sondern von der Anstrengung des Apostels. Vgl. Dibelius-Greeven z. St.; gegen E. Stauffer, ThWB I, S. 138f. 4₁₂ heißt es vom Einsatz des Epaphras für die Kolosser: πάντοτε ἀγωνιζόμενος ὑπὲρ ὑμῶν ἐν ταῖς προσευχαῖς. Vgl. V. C. Pfitzner, Paul and the Agon Motif. Traditional Athletic Imagery in the Pauline Literature, Suppl. to Nov Test 16, Leiden 1967, S. 109f.

[2] ἀγών meint nicht etwa das Martyrium (so Lohmeyer z. St.), sondern knüpft an 1₂₉ an und weist auf den Einsatz des Apostels in seinem Werk hin.

[3] Vgl. Gal 2₅: Von der Wirkung, die die einst in Jerusalem getroffene Entscheidung für die galatischen Gemeinden hat, sagt Paulus, es sei damals schon darum gegangen, ἵνα ἡ ἀλήθεια τοῦ εὐαγγελίου διαμείνῃ πρὸς ὑμᾶς.

[4] ὑπέρ wird in ℵDG al durch das geläufigere περί (vgl. Blaß-Debr. § 229. 231) ersetzt.

[5] Eine spätere Nachricht über die Gemeinde in Laodizea findet sich Apk 3₁₄₋₂₂.

[6] Da 4₁₃ neben den Gemeinden von Kolossae und Laodizea auch die des nahegelegenen Hierapolis erwähnt ist, haben einige Abschreiber an unserer Stelle καὶ τῶν ἐν Ἱεραπόλει hinzugefügt (104 pc syʰ).

der Apostel ihnen in treuer Fürsorge zugetan ist. Nicht nur um die Christen, die ihm persönlich bekannt sind, ist er bemüht, sondern gerade auch um diejenigen Gemeindeglieder in Kolossae und Laodizea, die ihm noch nicht begegnet sind[1]. Obwohl sie sich von Angesicht zu Angesicht noch nicht gesehen haben[2], sind doch Apostel und Gemeinde zu einer Gemeinschaft des Trostes schon zusammengeschlossen.

V. 2: Der Apostel wirkt für die Gemeinden, ἵνα παρακληθῶσιν αἱ καρδίαι αὐτῶν. In hebraisierender Redeweise wird das Herz als das Innerste des Menschen, als sein Ich genannt[3], das die παράκλησις empfängt (vgl. 4₈)[4]. παρακαλεῖν kann in den paulinischen Briefen sowohl „mahnen" (1Thess 4₁ 2Kor 5₂₀ 10₁ Röm 12₁ Phil 4₂ u. ö.) als auch „trösten" (2Kor 1₄. ₆ 2₇ 7₆. ₁₃ u. ö.) bedeuten[5]. Hier ist nicht an die Ermahnung, sondern an die Tröstung der Herzen gedacht, die durch den Zuspruch des Apostels zur Stärkung der Gemeinde eintreten möchte. In der angeschlossenen Partizipialwendung συμβιβασθέντες[6] ἐν ἀγάπῃ könnte συμβιβάζειν im Sinne von „darlegen", „belehren"[7] verstanden werden (vgl. 1Kor 2₁₆ Act 9₂₂ 19₃₃). Dann würde ἐν ἀγάπῃ die Art und Weise der der Gemeinde erteilten Belehrung anzeigen und sie als liebevolle Ermahnung beschreiben[8]. Nun könnten zwar die folgenden Begriffe σύνεσις und ἐπίγνωσις

---

[1] ὅσοι οὐχ ἑόρακαν τὸ πρόσωπόν μου ἐν σαρκί bedeutet nicht: „alle, die mich noch nicht gesehen haben", sondern: „alle, die bei euch sind und mich noch nicht persönlich kennen". ὅσοι leitet auch sonst den abrundenden Abschluß einer Aufzählung ein. Vgl. Act 4₆: Ἄννας ὁ ἀρχιερεὺς καὶ Καϊάφας καὶ Ἰωάννης καὶ Ἀλέξανδρος καὶ ὅσοι ἦσαν ἐκ γένους ἀρχιερατικοῦ; Apk 18₁₇: καὶ πᾶς κυβερνήτης καὶ πᾶς ὁ ἐπὶ τόπον πλέων καὶ ναῦται καὶ ὅσοι τὴν θάλασσαν ἐργάζονται.

[2] Vgl. 1Thess 2₁₇: ἀπορφανισθέντες ἀφ' ὑμῶν . . . προσώπῳ οὐ καρδίᾳ; 3₁₀: εἰς τὸ ἰδεῖν ὑμῶν τὸ πρόσωπον; Gal 1₂₂: ἀγνοούμενος τῷ προσώπῳ. Zu πρόσωπον in der Bedeutung „persönliche Gegenwart" vgl. E. Lohse, ThWB VI, S. 777. — Zur Form ἑόρακαν vgl. Blaß-Debr. § 83, 1; Radermacher, Grammatik, S. 94. 96; Moulton, Einleitung, S. 77.

[3] Vgl. J. Behm, ThWB III, S. 612—616.

[4] Da καὶ ὅσοι οὐχ ἑόρακαν vorangegangen ist, heißt es αὐτῶν statt des erwarteten ὑμῶν.

[5] Vgl. O. Schmitz, ThWB V, S. 790—798; H. Schlier, Vom Wesen der apostolischen Ermahnung, in: Die Zeit der Kirche, Freiburg 1956, S. 89: „Die apostolische Ermahnung ist ein besorgter und andringender Zuspruch an die Brüder, der Bitte, Trost und Mahnung zugleich in sich birgt." Vgl. ferner C. J. Bjerkelund, Parakalô. Form, Funktion und Sinn der parakalô-Sätze in den paulinischen Briefen, Bibliotheca Theologica Norvegica, Oslo 1967, S. 92.

[6] συμβιβασθέντων (𝔓pm) ist Angleichung an das vorhergehende αὐτῶν.

[7] Vgl. z. B. Jamblich, de vita Pyth. XIII, 60: Πυθαγόρας . . . συμβιβάζων, ὡς διδασκαλίᾳ πάντα περιγίνεται τοῖς νοῦν ἔχουσιν; ferner Aristoteles, Topica VII, 5 (p. 154a, 35f.); VIII, 3 (p. 158b, 27); VIII, 11 (p. 161b, 37f.); Philo, rer. div. her. 25: σὺ τὰ λεκτέα συνεβίβασας εἰπεῖν; LXX Ex 4₁₂. ₁₅ 18₁₆ Lev 10₁₁ Dt 4₉ u. ö. Weitere Belege bei G. Delling, ThWB VII, S. 763.

[8] So versteht die Vulgata: instructi in caritate. In diesem Sinne erklären auch Dibelius-Greeven z. St.; ähnlich Spicq a. a. O. (S. 46 Anm. 3) II, S. 202. 204; vgl. Delling a. a. O. S. 764 Anm. 10.

für diese Erklärung sprechen. Aber συμβιβάζειν wird noch einmal 2₁₉ gebraucht und hat dort ohne Zweifel die Bedeutung „zusammenhalten"[1]. Vom Haupt her wird der ganze Leib durch Sehnen und Bänder versorgt und συμβιβαζόμενον αὔξει τὴν αὔξησιν τοῦ θεοῦ (vgl. auch Eph 4₁₆). Die Liebe wird 3₁₅ σύνδεσμος τῆς τελειότητος genannt. Daher wird συμβιβάζειν auch hier „zusammenhalten" heißen. Mit ἐν ἀγάπῃ wird dann angegeben, wodurch dieser Zusammenhalt seine Festigkeit gewinnt. Durch die Liebe, die das Band der Vollkommenheit ist, wird die Zusammengehörigkeit der ganzen Gemeinde begründet, erhalten und gestärkt[2].

In dieser Einheit[3] soll die Gemeinde gelangen εἰς πᾶν πλοῦτος τῆς πληροφορίας τῆς συνέσεως, εἰς ἐπίγνωσιν τοῦ μυστηρίου τοῦ θεοῦ, Χριστοῦ. Diese vollklingende Wendung hebt wieder die Bedeutung rechter σύνεσις und ἐπίγνωσις für das Leben der Gemeinde hervor (vgl. zu 1₉f.). Die reiche Fülle[4] der verstehenden Einsicht wird durch die Verbindung von πλοῦτος[5] und πληροφορία mit dem ihnen folgenden Begriff der σύνεσις charakterisiert. πληροφορία — das Wort wird nur selten gebraucht und fehlt in der Septuaginta — bedeutet die höchste Fülle, dann aber auch die Gewißheit[6]. Von der vollen Überzeugung spricht Paulus im Rückblick auf die Anfänge der Gemeinde in Thessalonich: τὸ εὐαγγέλιον ἡμῶν οὐκ ἐγενήθη εἰς ὑμᾶς ἐν λόγῳ μόνον, ἀλλὰ καὶ ἐν δυνάμει καὶ πνεύματι ἁγίῳ καὶ πληροφορίᾳ πολλῇ (1Thess 1₅)[7]. Auch an unserer Stelle ließe sich πληροφορία mit „Gewißheit" übersetzen[8]. Doch die Verbindung πλοῦτος τῆς πληροφορίας wird besser als Tautologie aufzufassen sein, die die Überfülle des Verstehens — πᾶν steht betont voran! — ausdrücken soll, zu der sich das Leben der Gemeinde entfalten möchte. Der Inhalt, auf den die σύνεσις sich beziehen soll, wird dem parallelen Begriff ἐπίγνωσις zugeordnet.

---

[1] Zu dieser gleichfalls seit alters belegten Bedeutung vgl. z.B. Herodot I, 74, 3: Von der Versöhnung ehemaliger Feinde: οἱ δὲ συμβιβάσαντες αὐτούς; Thukydides II, 29, 6: ξυνεβίβασε δὲ καὶ τὸν Περδίκκαν τοῖς Ἀθηναίοις (= er stiftete einen Vergleich zwischen Perdikkas und den Athenern); Platon, Protagoras 337e: ὥσπερ ὑπὸ διαιτητῶν ἡμῶν συμβιβαζόντων εἰς τὸ μέσον.

[2] Vgl. Theodoret z. St.: ἵνα τὴν κατὰ Χριστὸν φυλάξωσιν συμφωνίαν; Delling a. a. O. S. 764; Percy, Probleme, S. 427; ebenso fast alle Exegeten außer den S. 127 Anm. 8 Genannten. Das Partizip gewinnt im Zusammenhang optativische Bedeutung. Vgl. Moulton, Einleitung, S. 288.

[3] Das verbindende καί fehlt bei D* Ambst.

[4] εἰς πᾶν πλοῦτος wird von ACpc zu εἰς πᾶν τὸ πλοῦτος, von 𝔐Dpl zu πάντα (+ τὸν D*) πλοῦτον abgewandelt. Vgl. auch oben S. 121 Anm. 6 zu 1₂₇.

[5] Vgl. 1₂₇: τὸ πλοῦτος τῆς δόξης τοῦ μυστηρίου τούτου.

[6] Vgl. Bauer Sp. 1330; G. Delling, ThWB VI, S. 309. Außerchristlich ist nur die Bedeutung „Gewißheit" belegt. Vgl. PapGießen 87, 25f. (2. Jahrh. n. Chr.): [τ]ὴν πληροφο[ρίαν...] ἐπὶ τούτοις καί; Rhetores Graeci (ed. Ch. Walz [1833]) VII, 108, 3: ἐπίρρημα βεβαιώσεως ὃν μετὰ πληροφορίας τὸ πάγιον (das Feste) ἐμφαίνει τῆς καταλήψεως.

[7] Vgl. auch Hebr 6₁₁: πρὸς τὴν πληροφορίαν τῆς ἐλπίδος.

[8] Vgl. Moulton-Turner S. 211: „conviction which is the result of insight (or intelligence)".

Die Erkenntnis richtet sich auf das Geheimnis Gottes, das er in der Verkündigung des Christus unter den Völkern kundmachen läßt (vgl. 1₂₆f.)[1].

Die knappe Formulierung τοῦ μυστηρίου τοῦ θεοῦ, Χριστοῦ, durch die der unter den Völkern verkündigte Christus als Inhalt des göttlichen Geheimnisses angegeben wird[2], hat Anlaß zu mancherlei Änderungen gegeben, die sämtlich als Varianten des Urtextes, wie ihn p⁴⁶ B Hilarius bezeugen, zu erklären sind[3]:

1. Durch Kürzungen des Textes soll dieser verständlicher gemacht werden:

> τοῦ μυστηρίου τοῦ θεοῦ HP 69 pc
> τοῦ μυστηρίου Χριστοῦ 1739
> τοῦ μυστηρίου τοῦ Χριστοῦ 1462 pc.

2. Χριστοῦ wird durch ὅ ἐστιν vom Vorhergehenden abgehoben und als Erläuterung kenntlich gemacht:

> τοῦ μυστηρίου τοῦ θεοῦ, ὅ ἐστιν Χριστός D* Aug (de trin. XIII, 2, 4) d c Vigilius von Thapsus.

3. Zwischen θεοῦ und Χριστοῦ werden ein oder mehrere Wörter zur Glättung des Textes eingefügt:

> τοῦ μυστηρίου τοῦ θεοῦ καὶ Χριστοῦ Cyrill
> τοῦ μυστηρίου τοῦ θεοῦ πατρὸς τοῦ Χριστοῦ ℵ* (ohne τοῦ) AC pc
> τοῦ μυστηρίου τοῦ θεοῦ καὶ πατρὸς τοῦ Χριστοῦ ℵ³ Ψ syʰ
> τοῦ μυστηρίου τοῦ θεοῦ πατρὸς καὶ τοῦ Χριστοῦ 0208 442 syᵖ
> τοῦ μυστηρίου τοῦ θεοῦ καὶ πατρὸς καὶ τοῦ Χριστοῦ ℜ.

4. Χριστοῦ wird zu ἐν Χριστῷ verändert:

> τοῦ μυστηρίου τοῦ θεοῦ ἐν Χριστῷ 33 (+ τοῦ vor ἐν Χριστῷ) ClemAlex.

V. 3: Das solus Christus, das eben schon ausgesprochen wurde, wird durch den Relativsatz noch verstärkt. Wie die rechte Erkenntnis der Gemeinde an Christus allein gebunden ist, so sind σοφία und γνῶσις nur in ihm begründet. πάντες läßt keine Ausnahme zu, so daß es ebenso vergeblich wie irrig wäre, außer und neben Christus andere Quellen der

---

[1] Mit der Erkenntnis des göttlichen Geheimnisses gehört die Erkenntnis des göttlichen Willens (1₉) zusammen. Denn wer Christus als den Inhalt des μυστήριον erkannt hat, der ist ihm als dem Herrn Gehorsam schuldig.

[2] Lohmeyer z. St. hält Χριστοῦ für eine Randglosse, die schon sehr früh in den Text eingedrungen sei. Doch die handschriftliche Überlieferung bietet keinen Anhaltspunkt für diese Annahme.

[3] Vgl. B. M. Metzger, Der Text des Neuen Testaments. Eine Einführung in die neutestamentliche Textkritik, Stuttgart 1966 (— The Text of the New Testament. Its Transmission, Corruption, and Restoration, Oxford 1964, S. 236—238), S. 240—242.

Erkenntnis aufspüren zu wollen. σοφία und γνῶσις, die hier durch den
einen Artikel geradezu zu einer Einheit zusammengefaßt sind, werden
in der jüdischen Überlieferung des öfteren nebeneinander genannt
(LXX Qoh 1₁₆-₁₈ 2₂₆ 7₁₂ 9₁₀ Sir 21₁₃; 1QS IV, 3. 22; 1QH I, 18f.; CD II, 3)
und stehen auch zusammen im Lobpreis, den Paulus auf Gottes wunder-
bares Walten anstimmt: ὦ βάθος πλούτου καὶ σοφίας καὶ γνώσεως θεοῦ
(Röm 11₃₃). Alle Schätze der Weisheit und Erkenntnis liegen in Christus
beschlossen[1], aber sie sind ἀπόκρυφοι[2]. Wie der Hinweis auf einen ver-
steckten Schatz dazu verlockt, alles daranzusetzen, ihn aufzuspüren, so soll
auch hier dazu aufgefordert werden, die eine Stätte aufzusuchen, an der die
Schätze der Weisheit und Erkenntnis zu finden sind[3]. Die jüdische Apokalyptik spricht häufig vom verborgenen Geheimnis, um werbend zur rechten
Erkenntnis einzuladen. Denn unter dem verhüllenden Schleier des Geheimnisses liegt die Gabe, die Gott durch Offenbarung den Erwählten hat zuteil
werden lassen[4]. So wird auch hier auf die Verborgenheit der Schätze aufmerksam gemacht, um den Ort zu bezeichnen, an dem sie zu finden sind.
Denn das Geheimnis, das seit Äonen und Generationen verborgen war, ist
jetzt den Heiligen Gottes offenbart (1₂₆) und wird kundgemacht, indem
Christus unter den Völkern verkündigt wird (1₂₇). In ihm allein gibt es
daher rechte σύνεσις, ἐπίγνωσις, σοφία und γνῶσις.

V. 4: Nun aber wird die Warnung ausgesprochen: Von dem allen ist
die Rede[5], damit die Gemeinde nicht unversehens schön klingenden
Worten von Verführern ihr Ohr leiht. πιθανολογία ist die Überredungs-
kunst[6], die hier eindeutig negativ bewertet wird. Durch Vorspiegelungen

---

[1] εἰσίν bezeichnet die Existenz, ἀπόκρυφοι deren Art und Weise. Vgl. äthHen 49₃:
„In ihm (sc. dem Menschensohn) wohnt der Geist der Weisheit und der Geist dessen,
der Einsicht gibt, und der Geist der Lehre und Kraft und der Geist derer, die in
Gerechtigkeit entschlafen sind."
[2] Zu ἀπόκρυφος vgl. A. Oepke, ThWB III, S. 962.
[3] Es liegt weder ein Zitat aus dem AT vor noch wird eine Anspielung auf eine
Stelle des AT beabsichtigt sein. Vgl. LXX Jes 45₃: καὶ δώσω σοι θησαυροὺς σκοτει-
νούς, ἀποκρύφους ἀοράτους ἀνοίξω σοι; Sir 1₂₅: ἐν θησαυροῖς σοφίας; ferner Prov 2₃f.
[4] Vgl. z. B. äthHen 46₃: „Dies ist der Menschensohn, der die Gerechtigkeit hat,
bei dem die Gerechtigkeit wohnt, und der alle Schätze dessen, was verborgen ist,
offenbart."
[5] τοῦτο λέγω bezieht sich auf das eben Gesagte, nicht — wie öfter bei Paulus
(z. B. Gal 3₁₇ 1Kor 1₁₂) — auf das Folgende. Denn es schließt sich ein ἵνα-Satz an.
Vgl. Joh 5₃₄: ταῦτα λέγω ἵνα ὑμεῖς σωθῆτε. Zu ἵνα vgl. Moulton-Turner S. 102:
"In Col. 2,4 ἵνα may be final: *I say this in order that* . . ., but equally possible is an
imperatival sense: *Let us one* . . ." Da Paulus sonst gern τοῦτο δὲ λέγω sagt, haben
C א D pl ClemAlex δέ auch hier eingefügt.
[6] Vgl. Platon, Theaet. 162e: σκοπεῖτε οὖν . . . εἰ ἀποδέξεσθε πιθανολογίᾳ τε καὶ
εἰκόσι περὶ τηλικούτων λεγομένους λόγους; Aristoteles, Eth. Nic. I,3 (p. 1094b); Pap
Lips I, 40, 3, 7: διὰ πειθανολογίας τὰ ἁρπαγέντα ζητοῦσι κατέχειν = „durch Redekunst
suchen sie das Geraubte zu behalten". Das Wort fehlt in LXX und kehrt im NT
nirgendwo wieder. Vgl. Bauer Sp. 1303.

sucht man den anderen zu täuschen. Dieses falsche Spiel wird παραλογίζεσθαι genannt[1]. Die Gemeinde wird gewarnt, sich durch Schönrederei
nicht aufs Glatteis locken zu lassen[2]. Den rechten Boten des Evangeliums
kann man daran erkennen, daß er οὐκ ἐν πειθοῖς σοφίας λόγοις, ἀλλ' ἐν
ἀποδείξει πνεύματος καὶ δυνάμεως das Wort ausrichtet (1Kor 2₄).

V. 5: Die Gefahr ist freilich nicht gering zu achten[3]; denn der Apostel
ist fern und kann nicht bei der Gemeinde sein, um unmittelbar zu ihr
zu sprechen. Aber wenn er auch leiblich nicht anwesend ist[4], so ist er
doch[5] im Geist bei ihr. Meint πνεῦμα das individuelle Ich, das vom Leib
des Menschen unterschieden wird, so ist mit diesem Ich der göttliche
Geist verbunden, der dem Apostel die Kraft verleiht, sich auch über die
Ferne mit der Gemeinde zu gemeinsamem Handeln zu vereinen[6]. In dieser
Verbundenheit freut er sich darüber, daß es in der Gemeinde durchaus
zum Guten steht. Die beiden Partizipien χαίρων καὶ βλέπων sind als ein
Ausdruck zu verstehen: „indem ich mit Freuden sehe"[7]. Welches Bild
bietet die Gemeinde, wenn der Apostel sie betrachtet?

τάξις kann ebenso wie στερέωμα in militärischen Zusammenhängen
stehen. τάξις bezeichnet dann die Stellung, den Posten, den die Soldaten
beziehen[8], στερέωμα das Bollwerk, die Festung[9]. Doch schwerlich wird

---

[1] παραλογίζεσθαι steht im NT nur noch Jak 1₂₂ von der Selbsttäuschung derer,
die nur Hörer, nicht aber Täter des Wortes sind (παραλογιζόμενοι ἑαυτούς). Das
Wort ist außerhalb des NT reichlich bezeugt. Vgl. z.B. Dion Chrysostomus,
Orat. 11, 108: Ἀθηνᾶν παραλογίσασθαι αὐτόν; Epiktet, Diss. II, 20, 7: ἐξαπατῶσιν
ὑμᾶς καὶ παραλογίζονται; PapAmh II, 35, 12 f.: παραλογισάμενος τοὺς περὶ ἡμῶν
γεωργούς; PapMagd 29,5: παραλελόγισταί με; LXX Gen 29₂₉ 31₄₁ Jos 9₂₂ Ri 16₁₀. ₁₃.
₁₅ A u. ö.; Bel 7: μηδείς σε παραλογιζέσθω. Vgl. Bauer Sp. 1230.

[2] Statt μηδείς heißt es bei Κpm Clem Alex^pt μή τις.

[3] γάρ stellt die Verknüpfung zum Vorhergehenden her. Es „begründet, wie
Pls als ein den Kolossern Unbekannter, als ein Abwesender solche Worte aussprechen kann" (Dibelius-Greeven z. St.).

[4] σάρξ meint hier in der Bedeutung von σῶμα die leibliche Existenz; vgl. 1Kor 5₃:
ἀπὼν τῷ σώματι, παρὼν δὲ τῷ πνεύματι; derselbe Gedanke mit anderen Worten 1Thess
2₁₇: ἀπορφανισθέντες ἀφ' ὑμῶν ... προσώπῳ οὐ καρδίᾳ. Zum formelhaften Charakter
der Wendung „leiblich abwesend — geistlich anwesend" vgl. G. Karlson, Formel-
haftes in den Paulusbriefen, Eranos 54 (1956), S. 138—141; dort weitere Beispiele
aus der antiken Briefliteratur.

[5] ἀλλά leitet den Nachsatz ein; vgl. 1Kor 9₂ 2Kor 4₁₆ Röm 6₅ u. ö. und Blaß-
Debr. § 448,5.

[6] Vgl. E. Schweizer, ThWB VI, S. 434 zu 1Kor 5₃ und Kol 2₅: „Man wird
dann auch das πνεῦμα des Apostels hier und Kol 2,5 verstehen als die ihm verliehene
Gabe des Gottesgeistes, die seine Vollmacht bezeichnet und auch über seine körperliche Gegenwart hinaus wirkt." Vgl. auch Bultmann, Theologie, S. 209; Conzelmann, Theologie, S. 198. 202.

[7] Vgl. Blaß-Debr. § 471,5.

[8] Vgl. z.B. Xenophon, Anab. I, 2, 18: ἰδοῦσα τὴν λαμπρότητα καὶ τὴν τάξιν τοῦ
στρατεύματος ἐθαύμασε; Plutarch, de vita Pyrrh. 16: κατιδὼν τάξιν τε καὶ φυλακὰς καὶ
κόσμον αὐτῶν καὶ τὸ σχῆμα τῆς στρατοπεδείας ἐθαύμασε.

[9] Vgl. z.B. 1Makk 9₁₄: καὶ εἶδεν Ιουδας ὅτι Βακχίδης καὶ τὸ στερέωμα τῆς παρεμ-
βολῆς ἐν τοῖς δεξιοῖς. Weitere Belege bei G. Bertram, ThWB VII, S. 609—614.

hier an ein militärisches Bild gedacht sein, als sollte die Gemeinde in Reih und Glied geordnet zur Schlacht bereit sein[1]. τάξις und στερέωμα eines Heeres wären selbstverständliche Voraussetzung für das Handeln von Soldaten, nicht aber besonderer Anlaß zu Freude und Lob[2]. Auch legt es der Zusammenhang in keiner Weise nahe, daß die Situation einer kampfbereiten Truppe beschrieben werden sollte[3]. Beide Begriffe sind daher in allgemeinerem Sinne verwendet. τάξις[4] ist der wohlgeordnete Zustand, der die Gemeinde nach der Mahnung des Apostels auszeichnen soll: πάντα δὲ εὐσχημόνως καὶ κατὰ τάξιν γινέσθω (1Kor 14₄₀). Und στερέωμα[5] meint die Festigkeit, die Stärke, die den Glauben der Gemeinde trägt. τάξις ist durch das vorangestellte ὑμῶν als die rechte Ordnung der Gemeinde gekennzeichnet; und auf στερέωμα folgen die Worte τῆς εἰς Χριστὸν πίστεως ὑμῶν, um den Abschnitt wirkungsvoll zum Abschluß zu bringen. Der Glaube der Gemeinde ist fest gegründet, weil er sich allein auf Christus richtet[6]. Wird an ihm entschlossen festgehalten, dann kann keine Versuchung die Gemeinde wirklich gefährden, sondern sie wird stark und fest im Glauben beharren[7].

Das Lob, das der Gemeinde erteilt wird, enthält nicht die Beschreibung einer bestimmten Situation, die dem Briefschreiber genauer bekannt ist (vgl. 1₃₋₈). Sondern es ist in allgemeinen Wendungen gehalten und stellt in einem typischen Bild dar, wie eine Gemeinde aussieht, die treu die apostolische Botschaft bewahrt und bei ihr unverrückt stehenbleibt — auch dann, wenn ihr eine neue Lehre verlockend angeboten wird. Um diese zu entlarven und abweisen zu können, bedarf es der Einsicht in das rechte Evangelium, wie es der Apostel in der Verkündigung Christi unter den Völkern ausgerichtet hat. Damit aber ist die Basis gewonnen, von der aus nun die Auseinandersetzung mit der falschen Predigt vollzogen werden kann. Denn das apostolische Evangelium stellt die Norm dar, an der jede andere Rede zu messen ist.

---

[1] So mit anderen Lohmeyer z. St.: „Der Apostel ist ‚bei ihnen‘ wie der Feldherr, der vor seinen Soldaten stehend, die Reihen der Schlacht noch einmal mustert."

[2] Vgl. Dibelius-Greeven z. St.

[3] Vgl. Abbott z. St., der mit Recht darauf aufmerksam macht, daß τάξις und στερέωμα nicht notwendig militärische Bedeutung haben, sondern diese nur jeweils vom Kontext her erhalten.

[4] Vgl. Bauer Sp. 1590f.

[5] Vgl. Bauer Sp. 1519. στερέωμα kann auch die Feste des Himmels, das Firmament bezeichnen, so z.B. LXX Gen 1₆₋₁₀ Ez 1₂₂₋₂₆ Hen 18₂; Philo, de opif. mundi 36; TestNaphth 3₄.

[6] Vgl. Phm 5: τὴν πίστιν ἣν ἔχεις πρὸς τὸν κύριον Ἰησοῦν.

[7] Vgl. 1Petr 5₉: ἀντίστητε στερεοὶ τῇ πίστει; Act 16₅: αἱ μὲν οὖν ἐκκλησίαι ἐστερεοῦντο τῇ πίστει.

Sprache und Stil des Kolosserbriefes[1]

Sprache und Stil des Kolosserbriefes weisen zahlreiche Gemeinsamkeiten mit den anderen paulinischen Briefen auf. Diese Beziehungen betreffen nicht nur Wendungen und Sätze, die durch die formale Struktur der paulinischen Briefe bedingt sind wie Eingang und Schluß[2], Einführung des von Lob erfüllten Gebetes[3], Verknüpfungen zur Einführung lehrhafter Ausführungen und paränetischer Folgerungen[4] oder die Aufreihung der Mitteilungen und Grüße[5]. Sondern die Berührungen erstrecken sich auch auf die theologische Begrifflichkeit wie die formelhaften Ausdrücke ἐν Χριστῷ (1₂. ₄. ₂₈), ἐν κυρίῳ (3₁₈. ₂₀ 4₇. ₁₇), σὺν Χριστῷ (2₁₂. ₂₀ 3₁. ₃), die Ausführungen über die durch die Taufe begründete Christuszugehörigkeit (1₁₃f. 2₁₁-₁₅), die Freiheit von der zwingenden Gewalt der Satzungen (2₁₄. ₂₀f.), die Gegenüberstellung von altem und neuem Menschen (3₅-₁₇) sowie das Verhältnis von Indikativ und Imperativ in der Paränese (ebd.). Manche Ausdrücke des Kolosserbriefes stellen ausgesprochen paulinische Stileigentümlichkeiten dar[6], so z.B. abundierendes καί nach διὰ τοῦτο (1₉; vgl. 1Thess 2₁₃ 3₅ Röm 13₆ u. ö.), οἱ ἅγιοι αὐτοῦ (1₂₆; vgl. 1Thess 3₁₃ 2Thess 1₁₀), χαρίζεσθαι = vergeben (2₁₃ 3₁₃; vgl. 2Kor 2₇. ₁₀ 12₁₃), ἐν μέρει (2₁₆; vgl. 2Kor 3₁₀ 9₃)[7].

Den Gemeinsamkeiten, die die Sprache des Kolosserbriefes mit der der anderen paulinischen Briefe aufweist, stehen nun aber beachtenswerte Unterschiede gegenüber. Im Kolosserbrief finden sich insgesamt 34 Hapaxlegomena, die nirgendwo in den Schriften des Neuen Testaments wiederkehren: προακούειν (1₅); ἀρεσκεία (1₁₀); ὁρατός (1₁₆); πρωτεύειν (1₁₈); εἰρηνοποιεῖν (1₂₀); μετακινεῖν (1₂₃); ἀνταναπληροῦν (1₂₄); πιθανολογία (2₄); στερέωμα (2₅); συλαγωγεῖν (2₈); φιλοσοφία (2₈); θεότης (2₉); σωματικῶς (2₉); ἀπέκδυσις (2₁₁); χειρόγραφον (2₁₄); προσηλοῦν (2₁₄); ἀπεκδύεσθαι (2₁₅ 3₉); νεομηνία (2₁₆); καταβραβεύειν (2₁₇); ἐμβατεύειν (2₁₈); δογματίζειν (2₂₀); ἀπόχρησις (2₂₂); ἐθελοθρησκία (2₂₃); ἀφειδία (2₂₃); πλησμονή (2₂₃); αἰσχρολογία (3₈); Σκύθης (3₁₁); μομφή (3₁₃); βραβεύειν (3₁₅); εὐχάριστος (3₁₅); ἀθυμεῖν (3₂₁); ἀνταπόδοσις (3₂₄); ἀνεψιός (4₁₀); παρηγορία (4₁₁).

---

[1] Vgl. E. Th. Mayerhoff, Der Brief an die Colosser, mit vornehmlicher Berücksichtigung der drei Pastoralbriefe kritisch geprüft, Berlin 1838; H. J. Holtzmann, Kritik der Epheser und Kolosserbriefe, Leipzig 1872, bes. S. 104—121; Percy, Probleme, bes. S. 16—66; ders., Zu den Problemen der Kolosser- und Epheserbriefe, ZNW 43 (1950—51), S. 178—193 sowie die Lehrbücher der Einleitung in das Neue Testament.

[2] Παῦλος ἀπόστολος κτλ.; χάρις ὑμῖν καὶ εἰρήνη κτλ. (1₁-₂); ἡ χάρις μεθ᾽ ὑμῶν (4₁₈).

[3] Εὐχαριστοῦμεν τῷ θεῷ πατρὶ τοῦ κυρίου ἡμῶν Ἰησοῦ Χριστοῦ πάντοτε περὶ ὑμῶν προσευχόμενοι (1₃).

[4] θέλω γὰρ ὑμᾶς εἰδέναι (2₁); οὖν (2₆. ₁₆ 3₁. ₅) u. a.

[5] ὃν ἔπεμψα πρὸς ὑμᾶς (4₈); ἀσπάζεται ὑμᾶς (4₁₀. ₁₂); ἀσπάσασθε (4₁₅) u. a.

[6] Vgl. Kümmel, Einleitung, S. 246, ferner die ausführlichen Erörterungen über die sprachlichen und stilistischen Beziehungen zu den Homologumena bei Percy, Probleme, S. 36—66.

[7] Kümmel, Einleitung, S. 246 führt auch πᾶν ἔργον ἀγαθόν (1₁₀; vgl. 2Kor 9₈ 2Thess 2₁ ₇) an; dabei handelt es sich jedoch um einen durch jüdische Überlieferung vorgegebene n Ausdruck. Zu οἱ ἅγιοι ist zu berücksichtigen, daß 1₂₆ einerseits und 1Thess 3₁₃ 2Thess 1₁₀ andererseits unterschiedliche Bedeutung vorliegt. Vgl. oben S. 120 zu 1₂₆.

28 weitere Wörter kommen zwar im übrigen Neuen Testament, nicht aber in den anderen paulinischen Briefen vor[1]: ἀποκεῖσθαι (1₅); σύνδουλος (1₇ 4₇); δυναμοῦν (1₁₁); κλῆρος (1₁₂); θρόνος (1₁₆); συνεστηκέναι (1₁₇); ἀπόκρυφος (2₃); παραλογίζεσθαι (2₄); ἐξαλείφειν (2₁₄); ὑπεναντίος (2₁₄); δειγματίζειν (2₁₅); ἑορτή (2₁₆); σκιά (2₁₇); θρησκεία (2₁₈); κρατεῖν (2₁₉); γεύεσθαι (2₂₁); θιγγάνειν (2₂₁); ἔνταλμα (2₂₂); τὰ ἄνω (3₁); κρύπτειν (3₃); τελειότης (3₁₄); πλουσίως (3₁₆); πικραίνειν (3₁₉); ἅλας (4₂); ἀρτύειν (4₆); ἀποκρίνεσθαι (4₆); πόνος (4₁₃); ἰατρός (4₁₄). 10 Wörter hat der Kolosserbrief nur mit dem Epheserbrief gemeinsam: ἀποκαταλλάσσειν (1₂₀. ₂₂); ἀπαλλοτριοῦσθαι (1₂₁); ῥιζοῦσθαι (2₇); συνεγείρειν (2₁₂); συζωοποιεῖν (2₁₃); ἁφή (2₁₉); αὔξησις (2₁₉); ὕμνος (3₁₆); ὀφθαλμοδουλία (3₂₂); ἀνθρωπάρεσκος (3₂₂). Schließlich werden 15 Wörter zwar im Epheser- und Kolosserbrief sowie im übrigen Neuen Testament verwendet, jedoch nicht in den anderen paulinischen Briefen: αἰτεῖσθαι (1₉); κράτος (1₁₁); ἄφεσις (1₁₄); κυριότης (1₁₆); κατοικεῖν (1₁₉ 2₉); διάνοια (1₂₁); κατενώπιον (1₂₂); θεμελιοῦν (1₂₃); ἀπάτη (2₈); δόγμα (2₁₄); σύνδεσμος (2₁₉ 3₁₄); αὔξειν (intr.) (2₁₉); βλασφημία (3₈); ᾠδή (3₁₆); ᾄδειν (3₁₆).

Um die Zahl der Wörter, die in den zweifellos authentischen paulinischen Briefen nicht belegt sind, richtig zu beurteilen, muß berücksichtigt werden, daß ein guter Teil der eben genannten Begriffe entweder in dem aus der Überlieferung übernommenen Hymnus (1₁₅-₂₀) steht oder aber in der Auseinandersetzung mit der falschen Lehre, die die Gemeinde bedroht (2₆-₂₃). Daß in diesen Abschnitten manche Wendungen vorkommen, die entweder innerhalb von Zitaten vorgegeben waren oder in der Polemik eine Rolle spielen, ist nicht verwunderlich. Sodann sind den Hapaxlegomena und sonst nicht verwendeten Begriffen 11 Wörter gegenüberzustellen, die außer im Kolosserbrief sonst nur in den anderen paulinischen Briefen bezeugt sind, nicht im übrigen Neuen Testament: ἱκανοῦν (1₁₂); ἑδραῖος (1₂₃); ἀπεῖναι (2₅); συνθάπτεσθαι (2₁₂); θριαμβεύειν (2₁₅); εἰκῆ (2₁₈); φυσιοῦσθαι (2₁₈); πάθος (3₅); ἐρεθίζειν (3₂₁); ἰσότης (4₁); συναιχμάλωτος (4₁₀). Zu den im Kolosserbrief verwendeten Dikomposita ἀποκαταλλάσσειν (1₂₀. ₂₂); ἀνταναπληροῦν (1₂₄); ἀπεκδύεσθαι (2₁₅ 3₉) und ἀνταπόδοσις (3₂₄) sind Zusammensetzungen wie προσαναπληροῦν (2Kor 9₁₂ 11₉); συμπαραλαμβάνειν (Gal 2₁); ἀποκαραδοκία (Röm 8₁₉) und ἐξανάστασις (Phil 3₁₁) in den anderen Briefen zu vergleichen[2]. Schließlich darf nicht übersehen werden, daß Hapaxlegomena und ungebräuchliche Ausdrücke auch in den anderen paulinischen Briefen in ansehnlicher Zahl vorhanden sind[3]. Angesichts dieses

---

[1] Die in ihrer Authentizität umstrittenen Briefe (2. Thessalonicherbrief, Pastoralbriefe) sind hier und im folgenden außer Betracht gelassen. Der Vergleich mit dem Epheserbrief wird jeweils besonders durchgeführt.

[2] Paulus sagt sonst: καταλλάσσειν (1Kor 7₁₁ 2Kor 5₁₈-₂₀ Röm 5₁₀); ἀναπληροῦν (Phil 2₃₀ u. ö.); ἐκδύεσθαι (2Kor 5₄); ἀποδιδόναι (1Kor 7₃ Röm 2₆ 12₁₇ 13₇).

[3] Vgl. Percy, Probleme, S. 17f. Zahn, Einleitung I, S. 371 hat zum Vergleich das Material zum Galaterbrief zusammengestellt: Hapaxlegomena sind: ἀλληγορεῖν, βασκαίνειν, δάκνειν, ἐθνικῶς, εἴκειν, ἐκπτύειν, ἐπιδιατάσσειν, εὐπροσωπεῖν, ἰουδαΐζειν, ἰουδαϊκῶς, Ἰουδαϊσμός, ἱστορεῖν, κατασκοπεῖν, κενόδοξος, μορφοῦν, μυκτηρίζειν, ὀρθοποδεῖν, πατρικός, παρείσακτος, πεισμονή, προευαγγελίζεσθαι, προθεσμία, προκαλεῖν, προκυροῦν, προσανατίθεσθαι, στίγμα, συνηλικιώτης, συνυποκρίνεσθαι, συστοιχεῖν, φθονεῖν, φρεναπατᾶν. Folgende Wörter finden sich zwar im übrigen NT, aber in keinem anderen Brief des Corpus Paulinum: ἀκυροῦν, ἀναλίσκειν, ἀναστατοῦν, ἀνατίθεσθαι, ἀνέρχεσθαι, ἄνωθεν, ἀποκόπτειν, διαμένειν, ἐγκράτεια, ἐκλύεσθαι, ἐνέχειν, ἐνευ-

Befundes kann das Verhältnis der Sprache des Kolosserbriefes zu der der paulinischen Hauptbriefe nicht einfach nach der Statistik bestimmt werden, indem man lediglich feststellt, wieviele Begriffe neu auftauchen. Es muß vielmehr abgewogen werden, welches sachliche Gewicht den Unterschieden zukommt, die der Wortschatz des Kolosserbriefes im Vergleich zu den anderen paulinischen Briefen aufweist.

Beachtung verdient hier zunächst die Tatsache, daß eine Reihe spezifisch paulinischer Begriffe, die sonst ganz geläufig sind, im Kolosserbrief fehlen, wie ἁμαρτία (im Sing.); ἀποκάλυψις; δικαιοσύνη, δικαιοῦν, δικαίωμα, δικαίωσις; δοκιμάζειν, δοκιμή, δόκιμος; ἐλευθερία, ἐλευθεροῦν; ἐπαγγελία, ἐπαγγέλλεσθαι; κατεργάζεσθαι; καυχᾶσθαι, καύχημα; κοινός, κοινωνία; λοιπός; νόμος; πιστεύειν; πείθειν, πεποίθησις; σῴζειν, σωτηρία; ὑπακοή. Doch auch in anderen paulinischen Briefen tauchen bisweilen das eine oder andere dieser eben genannten Wörter gar nicht oder auffallend selten auf. ἀποκάλυψις wird im 1. Thessalonicher- und im Philipperbrief nicht gebraucht. Im 1. Korintherbrief steht δικαιοσύνη nur 1₃₀, im 1. Thessalonicherbrief gar nicht. δικαιοῦν wird weder im 1. Thessalonicherbrief noch im Philipper- und 2. Korintherbrief verwendet. Im 2. Korintherbrief wird das Wort νόμος nirgendwo genannt, πιστεύειν nur 4₁₃ in einem alttestamentlichen Zitat. σωτηρία fehlt im Galater- und im 1. Korintherbrief, ὑπακοή im 1. Thessalonicher-, Galater-, Philipper- und 1. Korintherbrief. Kann es also entweder durch Zufall oder durch eine anders ausgerichtete Thematik bedingt sein, daß das eine oder andere Wort in einem Brief nicht erscheint, so bleibt es doch eigenartig, daß gerade in der Auseinandersetzung mit einer gesetzlich bestimmten Lehre, wie sie im Kolosserbrief vorgenommen wird, Begriffe fehlen, die man hier eigentlich erwarten sollte: ἁμαρτία (Sing.), δικαιοσύνη, δικαιοῦν, νόμος, πιστεύειν.

Während die Verwendung theologischer Begrifflichkeit durch das jeweils verhandelte Thema und dessen Gestaltung durch den Autor bedingt ist, wird über den Gebrauch von Wörtern, die nicht zum theologischen Vokabular zählen, kaum durch bewußte Überlegung des Verfassers befunden. Sprachliche Unterschiede in diesem Bereich des Wortschatzes sind daher von besonderer Bedeutung. Paulus redet in seinen Briefen die Leser gern als ἀδελφοί bzw. ἀδελφοί μου an, auch die ihm unbekannte Gemeinde in Rom. Diese Anrede kommt aber nicht im Kolosser- und Epheserbrief sowie in den Pastoralbriefen vor[1]. Ins Gewicht fällt ferner, daß eine Anzahl verknüpfender Wörter, die Paulus sonst gern benützt, im Kolosserbrief fehlen[2]: μᾶλλον, εἰ μή, οὐδέ, οὔτε, εἴ τις, εἰ καί, εἴπως, εἴπερ, μόνον, οὐ μόνον δέ — ἀλλὰ καί, ἔτι, οὐκέτι, μηκέτι, τε, ferner die Folgerungspartikeln διό, διότι, ἄρα, ἄρα οὖν. Doch lassen sich einige vergleichbare Beobachtungen auch zu anderen Briefen anführen: ἄρα findet

---

λογεῖν, ἐνιαυτός, ἐξαιρεῖν, ἐξαποστέλλειν, ἐξορύττειν, ἐπίτροπος, εὐθέως, Ἱεροσόλυμα, καταγινώσκειν, κατάρα, κρέμασθαι, μετατιθέναι, μεταστρέφειν, μήν, ὅμοιος, παιδίσκη, παρατηρεῖν, πηλίκος, πορθεῖν, προϊδεῖν, προστιθέναι, συμπαραλαμβάνειν, ταράσσειν, ὑποστέλλειν, ὑποστρέφειν, φαρμακεία, φορτίον, ὠδίνειν. Nur in Briefen, deren Authentizität umstritten ist, kehren wieder: ἀναστροφή, ἐξαγοράζειν, ζυγός, μεσίτης, οἰκεῖος, παρέχειν, στοιχεῖα τοῦ κόσμου, στῦλος.

[1] Vgl. E. Schweizer, Zur Frage der Echtheit des Kolosser- und Epheserbriefes, ZNW 47 (1956), S. 287 = Neotestamentica, S. 429.

[2] Vgl. Holtzmann a.a.O. S. 107.

sich nicht im Philipperbrief, ἄρα οὖν nicht in den beiden Korintherbriefen. διό steht im Galaterbrief nur 4₃₁; διότι im 1. Korintherbrief nur 15₉, überhaupt nicht im 2. Korintherbrief.

Die Prüfung des Wortschatzes ergibt somit, daß im Kolosserbrief eine Reihe von Besonderheiten vorliegt. Den Unterschieden, die sich im Vergleich mit den anderen paulinischen Briefen zeigen, lassen sich jedoch mancherlei Gemeinsamkeiten, den Abweichungen vergleichbare Erscheinungen in den anderen Briefen gegenüberstellen. Dieser Befund erlaubt es daher noch nicht, ein Urteil über den bisher erhobenen Sachverhalt abzugeben. Erst wenn zur Untersuchung der verwendeten Begrifflichkeit die der stilistischen Eigenart hinzutritt, wird ein zutreffendes Bild von Sprache und Stil des Kolosserbriefes gewonnen werden können[1].

Der Stil des Briefes ist durch eine Reihe charakteristischer Züge ausgezeichnet. Des öfteren werden Ausdrücke miteinander verbunden, die demselben Stamm angehören: ἐν πάσῃ δυνάμει δυναμούμενοι (1₁₁); κατὰ τὴν ἐνέργειαν αὐτοῦ τὴν ἐνεργουμένην ἐν ἐμοὶ ἐν δυνάμει (1₂₉); περιετμήθητε περιτομῇ ἀχειροποιήτῳ (2₁₁); αὔξει τὴν αὔξησιν τοῦ θεοῦ (2₁₉). Aus den paulinischen Hauptbriefen lassen sich freilich ähnliche Wendungen anführen: ἐν τῇ κλήσει ᾗ ἐκλήθη (1Kor 7₂₀); τὸ ποτήριον τῆς εὐλογίας ὃ εὐλογοῦμεν (1Kor 10₁₆); καθὼς παρέδωκα ὑμῖν τὰς παραδόσεις (1Kor 11₂)[2]. Wiederholt werden Synonyma zusammengestellt: προσευχόμενοι καὶ αἰτούμενοι (1₉); εἰς πᾶσαν ὑπομονὴν καὶ μακροθυμίαν (1₁₁); ἁγίους καὶ ἀμώμους καὶ ἀνεγκλήτους (1₂₂); τεθεμελιωμένοι καὶ ἑδραῖοι (1₂₃); ἀπὸ τῶν αἰώνων καὶ ἀπὸ τῶν γενεῶν (1₂₆); ἐρριζωμένοι καὶ ἐποικοδομούμενοι (2₇); ὀργήν, θυμόν (3₈); διδάσκοντες καὶ νουθετοῦντες (3₁₆; vgl. 1₂₈); ψαλμοῖς, ὕμνοις, ᾠδαῖς πνευματικαῖς (3₁₆)[3]; τέλειοι καὶ πεπληροφορημένοι (4₁₂)[3]. Doch kennen auch die paulinischen Hauptbriefe ähnliche Wendungen, z.B. εἰς πᾶσαν ἀσέβειαν καὶ ἀδικίαν (Röm 1₁₈); ἐδόξασαν καὶ ηὐχαρίστησαν (Röm 1₂₁); ἐσεβάσθησαν καὶ ἐλάτρευσαν (Röm 1₂₅); ἀδικία, πονηρία (Röm 1₂₉)[4].

Besonders auffällig ist die Häufung abhängiger Genitive im Kolosserbrief: ἐν τῷ λόγῳ τῆς ἀληθείας τοῦ εὐαγγελίου (1₅); εἰς τὴν μερίδα τοῦ κλήρου τῶν ἁγίων (1₁₂); εἰς τὴν βασιλείαν τοῦ υἱοῦ τῆς ἀγάπης αὐτοῦ (1₁₃); διὰ τοῦ αἵματος τοῦ σταυροῦ αὐτοῦ (1₂₀); τὰ ὑστερήματα τῶν θλίψεων τοῦ Χριστοῦ (1₂₄); τὸ πλοῦτος τῆς δόξης τοῦ μυστηρίου τούτου (1₂₇); εἰς πᾶν πλοῦτος τῆς πληροφορίας τῆς συνέσεως (2₂); εἰς ἐπίγνωσιν τοῦ μυστηρίου τοῦ θεοῦ (2₂); ἐν τῇ ἀπεκδύσει τοῦ σώματος τῆς σαρκός (2₁₁); διὰ τῆς πίστεως τῆς ἐνεργείας τοῦ θεοῦ (2₁₂). In den paulinischen Hauptbriefen kann es aber auch heißen: ἐν ἡμέρᾳ ὀργῆς καὶ ἀποκαλύψεως δικαιοκρισίας τοῦ θεοῦ (Röm 2₅); σφραγῖδα τῆς δικαιοσύνης τῆς πίστεως ἐν τῇ ἀκροβυστίᾳ (Röm 4₁₁); σοφίαν . . . τῶν ἀρχόντων τοῦ αἰῶνος τούτου (1Kor 2₆)[5]. Freilich

---

[1] Vgl. Percy, Probleme, S. 18: „Die wirklichen Probleme in bezug auf die Form des Briefes liegen somit ganz auf dem stilistischen Gebiet."

[2] Weitere Belege bei Percy, Probleme, S. 32.

[3] Häufung von Synonymen, insbesondere in Genitivverbindungen, ist in den Schriften der Gemeinde von Qumran vielfach belegt. Vgl. z.B. 1QS XI, 19f.; 1QH XVIII, 8; IV, 32: בכוח גבורתו = in der Kraft seiner Stärke; 1QH VII, 17: להעיז בכוח = stark zu machen durch Kraft. Weitere Stellen bei K. G. Kuhn, Der Epheserbrief im Lichte der Qumrantexte, NTS 7 (1960/61), S. 335f. Zur Beurteilung der Parallelen aus den Qumrantexten vgl. unten S. 254 Anm. 2.

[4] Weitere Belege bei Percy, Probleme, S. 20.

[5] Vgl. Percy, Probleme, S. 27.

treten derartige Genitivverbindungen bei weitem nicht so zahlreich auf wie im Kolosserbrief. Bemerkenswert ist ferner, daß der Kolosserbrief wiederholt Substantive durch ἐν anhängt: τὴν χάριν τοῦ θεοῦ ἐν ἀληθείᾳ (1₆); τὴν ὑμῶν ἀγάπην ἐν πνεύματι (1₈); εἰς τὴν μερίδα τοῦ κλήρου τῶν ἁγίων ἐν τῷ φωτί (1₁₂); κατὰ τὴν ἐνέργειαν αὐτοῦ τὴν ἐνεργουμένην ἐν ἐμοὶ ἐν δυνάμει (1₂₉); vgl. ferner 2₄. ₁₅ 3₄[1]. Obwohl sich auch in den paulinischen Hauptbriefen Ausdrücke wie δικαιοσύνη καὶ εἰρήνη καὶ χαρὰ ἐν πνεύματι (Röm 14₁₇) oder ἐν τῇ ἐλπίδι ἐν δυνάμει πνεύματος ἁγίου (Röm 15₁₃) finden, kommen doch derartige Verbindungen im Kolosserbrief besonders häufig vor[2].

Um Erläuterungen einzuführen, bedient sich der Kolosserbrief gelegentlich der formelhaften Wendung ὅ ἐστιν, die auch dann unverändert festgehalten wird, wenn ὅ zum Genus des Wortes, das erklärt werden soll, nicht paßt: ὑπὲρ τοῦ σώματος αὐτοῦ, ὅ ἐστιν ἡ ἐκκλησία (1₂₄); ἐπὶ πᾶσιν δὲ τούτοις τὴν ἀγάπην, ὅ ἐστιν σύνδεσμος τῆς τελειότητος (3₁₄; vgl. ferner 2₁₀. ₁₇)[3]. In den anderen paulinischen Briefen wird dieser Anschluß niemals gebraucht[4]. Mehrfach bedient sich der Kolosserbrief einer locker angefügten Infinitivkonstruktion finaler oder konsekutiver Bedeutung: περιπατῆσαι ἀξίως τοῦ κυρίου (1₁₀); παραστῆσαι ὑμᾶς ἁγίους κτλ. (1₂₂); πληρῶσαι τὸν λόγον τοῦ θεοῦ (1₂₅); λαλῆσαι τὸ μυστήριον τοῦ Χριστοῦ (4₃); εἰδέναι πῶς δεῖ ὑμᾶς ἑνὶ ἑκάστῳ ἀποκρίνεσθαι (4₆). In den paulinischen Hauptbriefen sind ähnliche Fälle sehr viel seltener, doch sind etwa anzuführen: ποιεῖν τὰ μὴ καθήκοντα (Röm 1₂₈); παραστῆσαι τῷ Χριστῷ (2Kor 11₂)[5].

Im Vergleich zu den anderen paulinischen Briefen fällt vor allem die Eigenart des Satzbaus und der Satzfolge im Kolosserbrief auf. Während in den paulinischen Hauptbriefen der Gedankengang meist wie in der kynisch-stoischen Diatribe bzw. in schriftgelehrten Diskussionen in einem argumentierenden Stil entwickelt wird, ist der Kolosserbrief durch einen liturgisch-hymnischen Stil geprägt. In seinen langen Sätzen greift bisweilen ein Glied in das andere, eine schier endlose Kette von wortreichen Wendungen wird zu einem überladenen Zusammenhang aneinandergereiht[6]. So findet die durch εὐχαριστοῦμεν eingeleitete Danksagung (1₃) erst in 1₂₃ ihren eigentlichen Abschluß; nur durch διὰ τοῦτο (1₉) und καὶ ὑμᾶς (1₂₁) sind kleinere Einschnitte markiert. Relativsätze,

---

[1] Sprachliche Parallelen finden sich in den Qumrantexten, so z. B. 1QS XI, 2: תום דרכי עם ישור לבבי = Vollkommenheit meines Wandels mit Geradheit meines Herzens; 1QS V, 2: ליחד בתורה = zur Gemeinschaft im Gesetz; vgl. weiter 1QS IV, 7f. 13; XI, 7 und siehe Kuhn a.a. O. S. 337.

[2] Vgl. Percy, Probleme, S. 27—31.

[3] Die handschriftliche Überlieferung ist an beiden Stellen nicht einheitlich. Vgl. die Ausführungen z. St. und Percy, Probleme, S. 33f. Zu 1₂₇ siehe oben S. 121.

[4] Vgl. Moulton-Turner S. 317 zu Kol 3₁₄: "Such a soloecism appears nowhere else in the Paulines."

[5] Locker angehängte Infinitivwendungen finden sich häufig in den Qumrantexten. Vgl. z. B. 1QS I, 1ff.: לדרוש אל (1 f.) . . . לעשות הטוב (2) . . . ולאהוב (3) . . . ולוא ללכת (6) . . . ולעשות (5) . . . ולדבוק (5) . . . לרחוק (4) . . . ולשנוא (4) . . . לעשות (7) . . . ולהבי (7) . . . לעשות (7) . . . להוחד (8) . . . ולהתהלך (8) . . . ולאהוב (1) . . . להבדיל (1) . . . ולהחזיק (1) . . . לשוב (1); 1QS V, 1f.: . . . ולשנוא (10) . . .; להיות (2).

[6] Zu dieser lockeren Aneinanderreihung von Sätzen ist durchgehend der Stil der Qumrantexte zu vergleichen. Vgl. Kuhn a.a. O. S. 335f.

eingeschobene Begründungen, Partizipialwendungen und Nebenbemerkungen blähen den Satz auf, so daß seine Form nahezu zerbricht. Auch im zweiten Kapitel wird eine Aussage an die andere locker angeschlossen, so daß ein unförmiges Gebilde von 2₈ bis 2₁₅ entsteht. Zwar sind auch in den paulinischen Hauptbriefen manche Sätze schwer befrachtet und daher kaum zu überschauen (vgl. z.B. Gal 2₃-₅. ₆-₉ Röm 1₁-₇ 2₅-₁₀. ₁₄-₁₆ 3₂₃-₂₆). Doch unterscheidet sich der Stil des Kolosserbriefes von dem der anderen Briefe durch seinen liturgisch-hymnischen Charakter, der zu volltönender Redeweise, langen Wortverbindungen und aneinandergereihten Sätzen führt. Da sich der Brief nicht nur im ersten Kapitel (1₁₂-₁₄. ₁₅-₂₀), sondern auch in anderen Abschnitten (z.B. 2₉-₁₅) an geprägte Stücke der Überlieferung anschließt, ist der liturgische Stil zum guten Teil durch den Einfluß der Tradition verursacht. Überdies ist zweifellos die durch die Auseinandersetzung mit der falschen Lehre gegebene Situation nicht ohne Einwirkung auf Sprache und Stil des Briefes gewesen. Dennoch wird man schwerlich sagen können, die stilistische Eigenart des Kolosserbriefes sei ganz und gar durch seinen besonderen Inhalt bedingt und gebe keinerlei Anlaß, die paulinische Verfasserschaft in Zweifel zu ziehen[1]. Denn eben jener enge Anschluß an vorgegebene Formulierungen, die sowohl die formale als auch die inhaltliche Gestaltung des Briefes so stark bestimmen, hat berechtigten Anlaß zu kritischen Überlegungen gegeben.

E. Th. Mayerhoff hat zum erstenmal die paulinische Abfassung des Kolosserbriefes bestritten und die These vertreten, der Kolosserbrief sei in Nachahmung des Epheserbriefes entstanden, der gleichfalls erst nachpaulinischer Herkunft sei[2]. F. C. Baur und seine Schüler haben den Brief Paulus abgesprochen und seine Abfassung in das 2. Jahrhundert angesetzt[3]. H. J. Holtzmann hat die Probleme einer eingehenden Untersuchung unterworfen und zu ihrer Lösung eine komplizierte Hypothese aufgestellt[4]. Zwar habe Paulus einen Brief an die Gemeinde in Kolossae gerichtet, dieser sei jedoch wesentlich kürzer als das uns überlieferte Schreiben gewesen und habe ursprünglich nur folgende Stücke umfaßt: 1₉ᵇ-₁₂. ₁₄-₂₄. ₂₆-₂₈ 2₂ᵇ-₃. ₇ᵃ. ₉-₁₁. ₁₅. ₁₇-₁₉. ₂₂f. 3₁. ₂. ₄-₁₁. ₁₄-₁₆. ₁₈-₂₅ 4₁. ₉. ₁₅-₁₇. Unter Benutzung dieses Briefes sei dann später von einem anderen Verfasser der Epheserbrief geschrieben worden. Der Autor des Epheserbriefes aber habe durch erweiternde Überarbeitung dem Kolosserbrief seine jetzige Gestalt gegeben, so daß der Kolosser- und der Epheserbrief in einem wechselseitigen Verhältnis gegenseitiger literarischer Abhängigkeit zueinander stünden. Mit Interpolationen geringeren Umfangs wollte H. v. Soden rechnen, indem er zunächst 1₁₅-₂₀ 2₁₀. ₁₅. ₁₈ als nachträglich in den Kolosserbrief eingefügt ansah[5],

---

[1] Percy, Probleme, S. 43 meint, „daß die stilistische Eigenart des Kolosserbriefes, verglichen mit den sonstigen Paulusbriefen, ihren Grund ganz in der Eigenart des Briefinhaltes hat, und dieser Inhalt hängt seinerseits offensichtlich mit der Eigenart jener Lage, aus welcher der Brief hervorgegangen ist, zusammen".

[2] Vgl. Mayerhoff a.a.O. (S. 133 Anm. 1).

[3] Vgl. die Übersicht und Darstellung bei H. J. Holtzmann, Lehrbuch der historisch-kritischen Einleitung in das Neue Testament, ²Freiburg 1886, S. 280—283.

[4] Vgl. Holtzmann a.a.O. (S. 133 Anm. 1).

[5] H. v. Soden, Der Kolosserbrief, JpTh 11 (1885), S. 320—368. 497—542. 672—702.

später jedoch nur noch 1₁₆b. ₁₇ als sekundären Einschub betrachtete[1]. Gegen diese Konstruktionen hat jedoch A. Jülicher mit Recht den grundsätzlichen Einwand erhoben, „daß der Verdacht solcher interpolierenden Bearbeitung gegen den ohne Anstöße und Lücken in ruhigem Fluß verlaufenden Kolosserbrief nicht erhoben worden wäre, wenn man nicht den Epheserbrief daneben hätte"[2].

Ch. Masson hat gleichwohl noch einmal in modifizierter Gestalt die Hypothese erneuert, ein kürzerer Kolosserbrief, den Paulus selbst geschrieben habe, sei später durch den Verfasser des Epheserbriefes erweitert worden[3]. Zum ursprünglichen Kolosserbrief werden gezählt: 1₁-₄. 7f. 2₆. 8f. 11a. 12a. 16. 20f. 3₃f. 12. 13a. 18-22a. 25 4₁-₃a.b. 5-8a. 9-12a. 14. (15.) 17f. Dieser kurze Brief sei später durch den Autor des Epheserbriefes ergänzt worden, um durch den von ihm ausgestalteten paulinischen Kolosserbrief seinem eigenen Werk größere Autorität zu sichern. Doch die Analyse, die Masson vornimmt, ist nicht frei von Willkür. Zusammengehörende Sätze werden zerrissen, ohne daß hinreichend geprüft worden ist, ob und in welchem Umfang durch die Tradition geprägtes Gut aufgenommen und verwendet worden ist. Die Annahme, ein paulinischer Kolosserbrief sei redaktionell aufgefüllt worden, hat daher mit Recht keine Zustimmung gefunden[4]. Sowohl in inhaltlicher als auch in formaler Hinsicht ist der Kolosserbrief durchaus einheitlich gestaltet.

Die seit mehr als einem Jahrhundert verhandelte Frage, wie sich Sprache und Stil des Kolosserbriefes zu denen der paulinischen Hauptbriefe verhalten, ist nach wie vor offen. Allgemein zugestanden wird, daß der liturgisch-hymnische Stil nicht unbeträchtliche Unterschiede gegenüber Sprache und Ausdrucksweise der paulinischen Hauptbriefe aufweist. Diese Unterschiede sucht man jedoch meist entweder durch die besondere Veranlassung des Briefes[5] oder aber durch die Annahme zu erklären, der paulinische Stil habe sich im Lauf der Jahre gewandelt. Der Kolosserbrief lasse die Spuren langer Gefangenschaft und schwindender Gestaltungskraft des Apostels erkennen[6]. Wo man

---

[1] Kommentar z. St.

[2] A. Jülicher-E. Fascher, Einleitung in das Neue Testament, 7Tübingen 1931, S. 134.

[3] Masson hat diese Konzeption in seinem Kommentar im einzelnen durchzuführen versucht. P. N. Harrison, Onesimus and Philemon, AThR 32 (1950), S. 271—274. 281f. äußert ohne nähere Begründung die Vermutung, Paulus habe während seiner ephesinischen Gefangenschaft einen Brief an die Kolosser geschrieben, der später durch den Verfasser des Epheserbriefes überarbeitet und dabei um 1₁₅-₂₅ 2₄. ₈-₂₃ erweitert worden sei.

[4] Vgl. W. Bieder, Rezension des Kommentars von Masson, ThZ 8 (1962), S. 137—143; Michaelis a.a. O. (S. 34 Anm. 3) S. 214; Kümmel, Einleitung, S. 245. 249.

[5] So Percy, siehe oben S. 138 Anm. 1; ähnlich Kümmel, Einleitung, S. 245—249.

[6] So Staab S. 67: „Der greise Apostel wird ruhiger, seine Sprache milder, abgeklärter, wortreicher, gewinnender, wenngleich der alte Feuergeist noch immer sichtbar wird, sobald er eine Gefahr für seine Gemeinde wittert (vgl. Kol. 2,8. 16–23; Phil. 3,2). Die erzwungene Ruhe in der jahrelangen Haft und auch die aus den reiferen Jahren sich ergebende Abgeklärtheit seines Wesens lenken seinen Blick mehr

sich mit dieser Auskunft nicht zufriedengibt, hat man die Möglichkeit in Betracht gezogen, ein Sekretär des Paulus könne in seinem Auftrag den Brief abgefaßt haben. Daher erklärten sich sowohl die Berührungen mit dem paulinischen Briefstil als auch die nicht unerheblichen Abweichungen. Wie einst Isaak zu Jakob sprach, die Stimme sei die des Jakob, aber die Hände seien die des Esau (Gen 27₂₂), so vernehme man zwar aus dem Kolosserbrief die Stimme des Apostels, die Hände, die die Worte aufzeichneten, seien jedoch nicht die seinen gewesen[1]. Wenn aber mit der Möglichkeit gerechnet wird, eine andere Hand als die des Paulus könne dem Kolosserbrief seine Gestalt gegeben haben[2], wird es dann nicht weit wahrscheinlicher sein, daß der Verfasser ein Theologe paulinischer Prägung war, der nicht als Sekretär, sondern als selbständig handelnder und entscheidender Autor den Kolosserbrief geschrieben hat? Doch allein aufgrund der Beobachtungen, die Sprache und Stil des Briefes betreffen, kann die Entscheidung über paulinische oder deuteropaulinische Abfassung des Briefes nicht herbeigeführt werden. Diese Frage kann erst beantwortet werden, wenn die Theologie des Briefes der Theologie der paulinischen Hauptbriefe gegenübergestellt und deren gegenseitiges Verhältnis eingehend geprüft worden ist[3].

2₆-₁₅ Christus Jesus der Herr

[6] Wie ihr nun Christus Jesus den Herrn angenommen habt, so wandelt in ihm, [7] eingewurzelt und erbaut in ihm und befestigt im Glauben, wie ihr gelehrt seid, über= strömend von Dank. [8] Seht zu, daß euch niemand fange durch die Philosophie und leeren Trug nach der Überlieferung der Menschen, nach den Weltelementen und nicht nach Christus. [9] Denn in ihm wohnt die ganze Fülle der Gottheit leibhaftig, [10] und ihr seid in ihm Erfüllte, der das Haupt jeder Macht und Gewalt ist; [11] in ihm wurdet ihr auch beschnitten mit einer Beschneidung, die nicht mit Händen vorgenommen wird, durch das Ausziehen des Fleischesleibes, durch die Beschneidung Christi; [12] mit ihm wurdet ihr auch begraben in der Taufe; in ihm wurdet ihr auch mitauferweckt durch den Glauben an die Kraft Gottes, der ihn von den Toten auferweckt hat. [13] Auch euch, die

---

als früher in die Tiefe und Weite des Christusgeheimnisses." Ähnlich wollen P. Feine - J. Behm, Einleitung in das Neue Testament, [9]Heidelberg 1950, S. 191 mit dem „Einfluß langer Gefangenschaft auf Gemüt und Gestaltungskraft des alternden Apostels" rechnen: „Geschichtlich und psychologisch für Paulus unmöglich kann man Sprache und Stil des Kol. nicht nennen."

[1] Vgl. Benoit a.a.O. (S. 31 Anm. 1) S. 21f.: Der Sekretär, der den Kolosserbrief abgefaßt habe, habe unter direkterem Einfluß des Apostels gestanden als der Sekretär, der den Epheserbrief geschrieben habe. Dieser habe sich an frühere Schreiben, insbesondere den Kolosserbrief, angelehnt.

[2] Zur Kritik der Sekretärshypothese siehe oben S. 34 zu 1₁.

[3] Siehe unten S. 249—257.

ihr tot wart in euren Sünden und der Unbeſchnittenheit eures Fleiſches, euch hat er
lebendig gemacht mit ihm,

> der uns alle Übertretungen vergab,
> [14] der den gegen uns lautenden Schuldſchein austilgte,
>   welcher - kraft der Satzungen - wider uns war;
> und er hat ihn weggenommen,
> hat ihn ans Kreuz geheftet;
> [15] der die Mächte und Gewalten entkleidete
> und ſie öffentlich zur Schau ſtellte,
> der über ſie triumphierte in ihm.

Eine Gemeinde, die sich an das apostolische Evangelium gebunden
weiß, wird rechte Überlieferung von falscher Lehre zu unterscheiden
wissen. Bevor die Warnung vor der φιλοσοφία ausgesprochen wird,
wird darum zunächst noch einmal zum Beharren bei der überkommenen
Lehre und zu unerschütterlichem Glauben aufgefordert (2₆f.). Dann aber
wird der Gemeinde die Alternative vor Augen gestellt, die eine klare
und eindeutige Entscheidung von ihr fordert: κατὰ τὰ στοιχεῖα τοῦ κόσμου
heißt οὐ κατὰ Χριστόν (2₈). Christus wird im Anschluß an den Hymnus
1₁₅₋₂₀ als der Herr über alle Mächte und Gewalten verkündigt (2₉f.). Daß
die Gemeinde mit ihm längst verbunden und die Entscheidung daher
schon gefallen ist, wird dann durch zwei mit ἐν ᾧ eingeleitete Sätze dargelegt, die die in der Taufe begründete Christuszugehörigkeit aufzeigen
(2₁₁f.). Mit V.13 wechselt das Subjekt: Von Gottes Tat, die die Getauften
am Sieg Christi teilhaben läßt, ist nun die Rede (2₁₃₋₁₅). An der gedrängten
Folge der Partizipialwendungen ist zu erkennen, daß in diesen Versen an
vorgegebene Formulierungen angeknüpft wird, die nun dem Gedankengang des Kolosserbriefes eingegliedert werden. Ihre genaue Abgrenzung
sowie ihre Bearbeitung durch den Verfasser des Briefes wird in der Einzelexegese zu bestimmen sein.

V. 6: Die verknüpfende Partikel οὖν leitet zum folgenden Abschnitt
über. Was bisher über die Aufnahme des Evangeliums und über den
guten Zustand der Gemeinde ausgeführt worden ist, wird noch einmal
mit kurzen Worten zusammengefaßt, ehe dann zum gezielten Angriff
gegen die falsche Lehre angesetzt wird. Unbeirrt soll die Gemeinde bei der
Botschaft bleiben, wie sie sie angenommen hat. Wie Paulus die Korinther
daran erinnert, er habe ihnen überliefert, was er schon empfangen hatte
(1Kor 15₁₋₅)[1], und als den Inhalt der παράδοσις die Frohbotschaft von

---

[1] παραλαμβάνειν und παραδιδόναι (vgl. 1Kor 11₂₃ Gal 1₁₂) entsprechen den rabbinischen Begriffen קבֵּל und מָסַר, durch die die Übernahme und Weitergabe der
Tradition angezeigt wird: „Mose empfing die Thora vom Sinai und überlieferte
sie Josua, und Josua den Ältesten und die Ältesten den Propheten; und die Propheten überlieferten sie den Männern der Großen Synagoge" (Abhoth I, 1). Vgl.
J. Jeremias, Die Abendmahlsworte Jesu, ⁴Göttingen 1967, S. 95—97. Die ur-

Jesus Christus anführt, so hat der Apostel auch die anderen Gemeinden dazu angehalten, kein sogenanntes anderes Evangelium anzunehmen, παρ' ὃ παρελάβετε (Gal 1₉), und zu wandeln, καθὼς παρελάβετε παρ' ἡμῶν (1Thess 4₁; vgl. 2₁₃ 1Kor 11₂ 2Thess 3₆); ἃ καὶ ἐμάθετε καὶ παρελάβετε καὶ ἠκούσατε καὶ εἴδετε ἐν ἐμοί, ταῦτα πράσσετε (Phil 4₉). Der Inhalt dessen, was der Gemeinde in der apostolischen Überlieferung mitgeteilt ist[1], wird hier mit den Worten τὸν Χριστὸν Ἰησοῦν τὸν κύριον angegeben. Damit soll sicherlich nicht auf Sprüche Jesu angespielt werden, die der Gemeinde als Anweisungen zum rechten Wandel mitgeteilt worden sind[2]. Denn im Kolosserbrief wird nirgendwo ein Herrenwort zitiert oder auf die Verkündigung Jesu Bezug genommen. Vielmehr wird auf das Bekenntnis hingewiesen, wie es allerorten in den hellenistischen Gemeinden gesprochen und gepredigt wurde: κύριος Ἰησοῦς Χριστός (Phil 2₁₁; vgl. 1Kor 12₃ Röm 10₉). Χριστός wurde dabei nicht mehr als Titel verstanden, sondern war mit Ἰησοῦς zu einem Doppelnamen verbunden[3]. Christus Jesus ist der Kyrios — das bedeutet: nicht ein Herr neben anderen, sondern der κύριος schlechthin (vgl. 1Kor 8₅f.)[4]. Die Gemeinde hat diese Botschaft angenommen[5] und ist daher zum Gehorsam gegenüber dem Herrn verpflichtet. Damit wird erneut dazu aufgefordert, die rechte Erkenntnis des göttlichen Willens zu bewähren, indem im Handeln und Tun die Weisung befolgt wird: περιπατῆσαι ἀξίως τοῦ κυρίου (1₁₀)[6].

V. 7: Der Wandel der Gemeinde wird in vier Partizipialwendungen näher beschrieben. Das erste Partizip (ἐρριζωμένοι) steht im Perfekt und weist darauf hin, daß die Christen in Christus fest verwurzelt sind, so daß sie nun — davon handeln die folgenden drei präsentischen Wendungen — ihr Leben dem Anfang entsprechend führen werden. Das Bild vom Verwurzeltsein wird von dem des Baus sogleich abgelöst (vgl. zu

christliche Tradition wird jedoch nicht mit der Autorität der Namen berühmter Gelehrter verbunden; sondern Paulus nennt die Autorität, von der allein jedes Wort christlicher Lehre seine Gültigkeit bekommt: ἀπὸ τοῦ κυρίου (1Kor 11₂₃).

[1] Vgl. L. Goppelt, Tradition nach Paulus, KuD 4 (1958), S. 213—233, bes. S. 215; K. Wegenast, Das Verständnis der Tradition bei Paulus und in den Deuteropaulinen, WMANT 8, Neukirchen 1962, bes. S. 121—130.

[2] So O. Cullmann, Die Tradition als exegetisches, historisches und theologisches Problem, Zürich 1954, S. 19.

[3] Moulton-Turner S. 167 meinen: "In Col. 2,6 the author reverts to the earlier designation of Χριστός as a title = Messiah." Da jedoch τὸν κύριον als Hoheitstitel folgt, wird Χριστός auch an unserer Stelle nicht mehr in titularer Bedeutung gebraucht sein.

[4] Vgl. 2Kor 4₅: οὐ γὰρ ἑαυτοὺς κηρύσσομεν ἀλλὰ Χριστὸν Ἰησοῦν κύριον; ferner Eph 3₁₁: ἐν τῷ Χριστῷ Ἰησοῦ τῷ κυρίῳ ἡμῶν. Zum κύριος-Titel vgl. oben S. 44 Anm. 1 zu 1₃.

[5] παραλαμβάνειν bezeichnet auch im Kolosserbrief die Annahme der apostolischen Überlieferung (gegen Wegenast a.a.O. S. 128).

[6] Christologie und Ethik sind damit auf das engste verklammert. An den ersten Teil des Briefes (1₉—2₂₃) wird der zweite (3₁—4₆) als dessen notwendige Folgerung angeschlossen.

1₂₈)[1]. Beide Bilder werden auch sonst gern miteinander verknüpft, um ein festes Fundament zu beschreiben, auf das das Leben der Menschen gegründet wird. So sagt Paulus den Korinthern: θεοῦ γεώργιον, θεοῦ οἰκοδομή ἐστε (1Kor 3₉) und schließt an das Bild vom Pflanzen und Wachsen — ἐγὼ ἐφύτευσα, Ἀπολλῶς ἐπότισεν, ἀλλὰ ὁ θεὸς ηὔξανεν (1Kor 3₆) — das des Baus an, der auf dem einzig tragfähigen Fundament errichtet ist, ὅς ἐστιν Ἰησοῦς Χριστός (1Kor 3₁₀f.)[2]. Und Eph 3₁₇ wird vom Leben der Gemeinde gesagt: ἐν ἀγάπῃ ἐρριζωμένοι καὶ τεθεμελιωμένοι. Die Partizipien ἐρριζωμένοι καὶ ἐποικοδομούμενοι sind daher eng zusammengefaßt und beide mit dem folgenden ἐν αὐτῷ verbunden. Fester Grund ist allein Christus Jesus, der Herr. Wer darauf steht, wird nicht wanken.

Durch καὶ βεβαιούμενοι wird der Gedanke der Festigung des Lebens der Gemeinde weitergeführt[3]. Der Herr βεβαιώσει ὑμᾶς (1Kor 1₈). Die Gemeinde wird im rechten Glauben[4], in dem sie unterwiesen ist, festen Stand haben. πίστις meint hier die „fides quae creditur", die als Inhalt der Lehre dargeboten wurde. Dabei wird die Bedeutung der Unterweisung nachdrücklich betont. Denn nur der Glaube, der der apostolischen Lehre entspricht, verleiht die Festigkeit, durch die allen Angriffen getrotzt werden kann (vgl. zu 1₂₈). Zum Wandel in dem Herrn aber gehört schließlich hinzu, daß die Gemeinde überströmend reich ist ἐν εὐχαριστίᾳ[5]. Unter εὐχαριστία ist nicht nur die Danksagung, sondern auch der Lobpreis verstanden, der im hymnischen Bekenntnis zum Herrn angestimmt wird (vgl. zu 1₁₂). Gehorsamer Wandel will also von jubelndem und dankendem Gesang begleitet sein (vgl. 3₁₆f.), damit jedermann vernehmen kann, wie die Gemeinde ihren Herrn preist, den sie angenommen hat, um in ihm zu wandeln[6].

---

[1] ῥιζοῦσθαι, das dabei neben ἐποικοδομεῖσθαι abgeblaßte Bedeutung annimmt, wird in der antiken Literatur wiederholt auf ein Bauwerk angewendet. Vgl. z. B. Sophokles, Oed. Col. 1591: ὁδὸν χαλκοῖς βάθροισι γῆθεν ἐρριζωμένον = „die mit ehernen Stufen in der Erde wurzelnde Schwelle". Weitere Belege bei Ch. Maurer, ThWB VI, S. 990.

[2] Vgl. ferner OdSal 38₁₆f.: „Ich aber wurde gefestigt und lebte und wurde erlöst, und es wurden gelegt meine Fundamente durch den Herrn, weil er mich pflanzte. Denn er steckte die Wurzel und begoß sie und gab ihr Festigkeit und Gedeihen, und ihre Früchte sind in Ewigkeit." Vgl. W. Bauer, in: Hennecke-Schneemelcher II, S. 619. Auch in den mandäischen Texten werden verschiedentlich beide Bilder verwendet. Vgl. M. Lidzbarski, Ginza. Der Schatz oder Das große Buch der Mandäer, Göttingen 1925, S. 495,12; 500,9; 536,1 f.

[3] Zu βεβαιοῦν vgl. H. Schlier, ThWB I, S. 600—603.

[4] Statt τῇ πίστει (BD* 33 al lat) lesen ACI al: ἐν πίστει, א𝔐 al ClemAlex: ἐν τῇ πίστει.

[5] B𝔐 pm schieben ἐν αὐτῇ (nämlich in der πίστις), א³D* it vg^cl ἐν αὐτῷ (nämlich in Christus) ein.

[6] Zur Verbindung von Danksagung und Paränese vgl. oben S. 41 f. zu 1₃ und Schubert, Pauline Thanksgivings, S. 89: "All Pauline thanksgivings have either explicitly or implicitly paraenetic function."

V. 8: Ein dringender Warnruf soll die Gemeinde zu wacher Aufmerksamkeit anhalten: Gebt acht, seid auf der Hut! Polemische Ausführungen werden von Paulus mehrfach mit der Aufforderung βλέπετε eingeleitet (vgl. Gal 5₁₅ 1Kor 8₉ 10₁₂. ₁₈ Phil 3₂ u. ö.). Es gilt, scharf hinzusehen und nüchtern zu prüfen[1]. Seht zu, daß euch niemand fange![2] συλαγωγεῖν[3] — ein seltenes Wort, das im Neuen Testament sonst nicht gebraucht wird — bezeichnet das Einfangen und Wegführen einer Beute[4]. Es ist daher nicht nur von Verführung die Rede, sondern ein Ausdruck gewählt, der auf das böse Vorhaben derer hinweist, die auf die Gemeinde Einfluß gewinnen möchten. Ihr Name wird nicht genannt; lediglich das unbestimmte τις macht auf die gefahrvolle Situation aufmerksam (vgl. 2₁₆; ferner 1Kor 3₁₇ 4₁₈ 11₁₆ 15₁₂). Deutlich aber wird gesagt, auf welche Weise man den Plan, die Gemeinde als Beute einzufangen, durchführen will: διὰ τῆς φιλοσοφίας.

Im hellenistischen Sprachgebrauch hat das Wort φιλοσοφία durch Anwendung auf alle möglichen Gruppen, Richtungen und Anschauungen eine beträchtliche Ausweitung erfahren. So möchte das hellenistische Judentum von der nichtjüdischen Umwelt als φιλοσοφία angesehen werden (4Makk 5₁₁; Philo, leg. ad Gajum 156: τὴν πάτριον φιλοσοφίαν; de mut. nom. 223). Und Josephus stellt seinen Lesern die Gemeinschaften der Pharisäer, Sadduzäer und Essener als drei Philosophenschulen vor, die innerhalb des Judentums nebeneinander bestanden (Bell. II, 119; Ant. XVIII, 11). Auch andere religiöse Gemeinschaften suchten sich das Ansehen zu geben, φιλοσοφία zu vermitteln[5]. Sogar diejenigen, die durch Zauber und Magie verborgene Kräfte zu entbinden wissen, nennen sich Weise und Philosophen. Der Prophet, der mit besonderer Kraft der Erkenntnis ausgestattet ist, wirkt, ἵνα φιλοσοφία μὲν καὶ μαγεία ψυχὴν τρέφῃ (Stobaeus, fragm. XXIII, 68). Und der durch Weihen erschlossene Zugang zu verborgenen Quellen des Seins wird gleichfalls als Tor zur φιλοσοφία gewertet, so daß τὴν φιλοσοφίαν μύησιν φαίη τις ἂν ἀληθοῦς τελετῆς καὶ τῶν ὄντων ὡς ἀληθῶς μυστηρίων παράδοσιν (Theon Smyrnaeus, expositio rerum math. [ed. E. Hiller, 1878] p. 14). Wie die Philosophie von Stufe zu Stufe den Weg zu höherer Erkenntnis bahnt, so wird auch

---

[1] Auf βλέπετε μή folgt der Indikativ des Futurs, um die Gefahr aufzuzeigen, vor der gewarnt wird. Zu μή mit folgendem Futur vgl. Blaß-Debr. § 369,2; Moulton, Einleitung, S. 280. 304; Radermacher, Grammatik, S. 173. 178. Zur Warnung βλέπετε vgl. ferner Mk 13₅ Par. 13₉.₃₃.

[2] Die Wortfolge ὑμᾶς ἔσται wird von den Textzeugen ℵ AD ClemAlex^pt umgekehrt.

[3] Der Anschluß eines Partizips mit Artikel — ὁ συλαγωγῶν — entspricht hellenistischem Sprachgebrauch. Vgl. Blaß-Debr. § 412,4; 474,5; Radermacher, Grammatik, S. 117.

[4] Vgl. Heliodor 10,35 (307): Ein Priester sagt über den vermeintlichen Räuber seiner Tochter: οὗτός ἐστιν ὁ τὴν ἐμὴν θυγατέρα συλαγωγήσας; Aristaenetus, Epist. II, 22: ἐγχειροῦντα συλαγωγῆσαι τὸν ἡμέτερον οἶκον. Vgl. Bauer Sp. 1537.

[5] Vgl. Bornkamm, Aufsätze I, S. 143 Anm. 12; ders., ThWB IV, S. 814—816.

durch die Einweihung in die Mysterien Einsicht in die letzten Zusammenhänge des Seins eröffnet. Damit aber wird unter φιλοσοφία die durch geheime Offenbarung erschlossene Erkenntnis des göttlichen Seinsgrundes
der Welt verstanden. In dieser Bedeutung ist das Wort offensichtlich
auch von jenen Leuten verwendet worden, die ihre Lehre in der Gemeinde
zur Geltung bringen möchten. Was sie als φιλοσοφία anbieten, hat mit
dem kritischen Denken und urteilenden Erkennen der griechischen
Philosophie lediglich den Namen gemeinsam. Ihnen aber wird in iro-
nischer Verkehrung ihres Anspruchs entgegengehalten: Ihre sogenannte
φιλοσοφία ist hohl und ohne Inhalt, in Wahrheit nichts als κενὴ ἀπάτη[1].

Philosophische Erkenntnis wird als Lehre weitergegeben[2]. Die
Tradition[3], die von den früheren Philosophen herkommt, muß erneut bedacht werden[4]. Auch die φιλοσοφία, von der die Mysteriengemeinschaften reden, wird in heiliger Überlieferung gewahrt. Bei der
Weihe wird dem Mysten der ἱερὸς λόγος mitgeteilt, der als ehrwürdige
παράδοσις Kunde göttlicher Offenbarung gibt.[5] Und durch die Tradition,
die für die gnostische Lehre geltend gemacht wird, soll dafür Sorge
getragen werden, daß der Ursprung der Lehre geschützt und die Quelle
der Offenbarung unverstellt erhalten bleibe[6]. Überlieferung, die durch

---

[1] Zur negativen Beurteilung dieser sogenannten φιλοσοφία vgl. 4Makk 5₁₁,
wo der König Antochius das Judentum eine φλύαρος φιλοσοφία nennt. Eph 5₆
heißt es: μηδεὶς ὑμᾶς ἀπατάτω κενοῖς λόγοις.

[2] Vgl. G. Delling, ThWB IV, S. 11—13; Wegenast a.a. O. S. 123—126.

[3] Vgl. Platon, Theaet. 198b: καὶ καλοῦμέν γε παραδιδόντα μὲν διδάσκειν, παρα-
λαμβάνοντα δὲ μανθάνειν.

[4] Vgl. Aristoteles, de anima II,2 (p. 412a): τὰ μὲν δὴ ὑπὸ τῶν πρότερον παρα-
δεδομένα περὶ ψυχῆς εἰρήσθω; Physik IV, 10 (p. 218a): τί δ'ἐστὶν ὁ χρόνος καὶ τίς αὐτοῦ ἡ
φύσις, ὁμοίως ἔκ τε τῶν παραδεδομένων ἄδηλόν ἐστιν.

[5] Vgl. Athenaeus II, 40d: τελετάς τε καλοῦμεν τὰς ἔτι μείζους, καὶ μετά τινος
μυστικῆς παραδόσεως ἑορτὰς τῶν εἰς αὐτὰς δαπανημάτων ἕνεκα; Plutarch, de Iside et
Osiride 2 (p. 351f.): Ἑλληνικὸν γὰρ ἡ Ἶσίς ἐστιν καὶ ὁ Τυφὼν πολέμιος ⟨ὢν⟩ τῇ θεῷ
καὶ δι' ἄγνοιαν καὶ ἀπάτην τετυφωμένος καὶ διασπῶν καὶ ἀφανίζων τὸν ἱερὸν λόγον,
ὃν ἡ θεὸς συνάγει καὶ συντίθησι καὶ παραδίδωσι τοῖς τελουμένοις ⟨διὰ⟩ θειώσεως;
Plutarch, de Demetrio 26,1 (p. 200e): βούλεται παραγενόμενος εὐθὺς μυηθῆναι καὶ
τὴν τελετὴν ἅπασαν ἀπὸ τῶν μικρῶν ἄχρι τῶν ἐποπτικῶν παραλαβεῖν; DittSyll[3]
704 E 12: εἰσαγαγὼν τὴν τῶν μυστηρίων παράδοσιν; Cicero, Tusc. Disput. I, 13,
29: Reminiscere, quoniam es initiatus, quae tradantur mysteriis; Apulejus, Metamorph. XI,21: Traditionem ad instar voluntariae mortis et precariae salutis
celebrari. Weitere Belege bei Delling a.a.O. S. 13; Wegenast a.a.O. S. 123
Anm. 1.

[6] Vgl. Corp. Herm. I, 26: ὡς πάντα παραλαβών. Die christlichen Gnostiker
nehmen für ihre Lehre apostolischen Ursprung in Anspruch, vgl. Ptolemaeus an
die Flora V, 10 (Epiphanius, Panarion Haer. XXXIII,7): ἀξιουμένη τῆς ἀποστο-
λικῆς παραδόσεως, ἣν ἐκ διαδοχῆς καὶ ἡμεῖς παρειλήφαμεν μετὰ καὶ τοῦ κανονίσαι
πάντας τοὺς λόγους τῇ τοῦ σωτῆρος ἡμῶν διδασκαλίᾳ; vgl. ferner Hippolyt, Refut.
V, 7, 1; VII, 20, 1; Clem. Alex., Strom. VII, 106, 4. Weitere Belege bei O. Casel, Zur
Kultsprache des heiligen Paulus, ALW 1 (1950), S. 38f.; H. v. Campenhausen,
Lehrerreihen und Bischofsreihen im 2. Jahrhundert, in: In Memoriam Ernst Loh-

Alter ausgezeichnet ist, gilt also allenthalben als Ausweis für Würde und Heiligkeit der mitgeteilten Erkenntnis — mag diese nun durch Lehre oder aber durch geheimnisvolle Weihen weitergereicht werden. Offensichtlich waren auch die Vertreter jener φιλοσοφία, die in die kleinasiatischen Gemeinden getragen wurde, bestrebt, ihrer Lehre das Ansehen altüberkommener Weisheit zu geben, indem sie sich auf die παράδοσις beriefen, die die unversehrte Weitergabe der göttlichen Offenbarung garantieren sollte.

Damit aber steht Überlieferung gegen Überlieferung, Anspruch gegen Anspruch: hier die apostolische Tradition, die die Gemeinde angenommen hat (2₆₁.), dort die παράδοσις der φιλοσοφία. Doch wenn ihre Vertreter auch behaupten, ihre φιλοσοφία beruhe auf ehrwürdiger Tradition, so handelt es sich doch tatsächlich um nichts anderes als παράδοσις τῶν ἀνθρώπων. Wie die pharisäisch-rabbinische Gesetzeslehre als παράδοσις τῶν ἀνθρώπων zurückgewiesen wurde (vgl. Mk 7₈), so wird auch in der Auseinandersetzung mit der φιλοσοφία geltend gemacht, ihre Überlieferung sei von Menschen ersonnen und beruhe nicht auf göttlicher Offenbarung. Von ihrem Inhalt wird in knappen Worten bemerkt: κατὰ τὰ στοιχεῖα τοῦ κόσμου καὶ οὐ κατὰ Χριστόν.

Στοιχεῖα τοῦ κόσμου[1]

Στοιχεῖον hängt mit στοῖχος = Reihe zusammen und bezeichnet zunächst das Glied in einer Reihe. Diese Bedeutung des Wortes ist seit alters belegt: στοιχεῖα sind die in regelmäßiger Ordnung aneinandergereihten Buchstaben[2]. Dann werden aber unter den στοιχεῖα auch die Grundlagen verstanden, die den tragfähigen Beginn für alles, was darauf aufgebaut werden soll, abgeben. So heißt es bei Xenophon: βούλει σκοπῶμεν, ἀρξάμενοι ἀπὸ τῆς τροφῆς ὥσπερ ἀπὸ τῶν στοιχείων (Memor. II, 1, 1). Und der Hebräerbrief bezieht sich auf die Anfangsgründe der christlichen Unterweisung, die der Gemeinde schon bekannt sind, mit den Worten: πάλιν χρείαν ἔχετε τοῦ διδάσκειν ὑμᾶς τινα τὰ στοιχεῖα τῆς ἀρχῆς τῶν λογίων τοῦ θεοῦ (Hebr 5₁₂).

---

meyer, Stuttgart 1951, S. 240—249; ders., Kirchliches Amt und geistliche Vollmacht in den ersten drei Jahrhunderten, BHTh 14, Tübingen 1953, S. 172—176; Wegenast a.a. O. S. 124 Anm. 1.

[1] Zum Begriff στοιχεῖον vgl. besonders Dibelius-Greeven S. 27—29; Bauer Sp. 1523 und G. Delling, ThWB VII, S. 670—687; dort S. 670 ausführliche Literaturübersicht; ferner: J. Blinzler, Lexikalisches zu dem Terminus τὰ στοιχεῖα τοῦ κόσμου bei Paulus, in: Studiorum Paulinorum Congressus Internationalis Catholicus 1961 II, Analecta Biblica 18, Rom 1963, S. 429—443.

[2] Vgl. Dionys. Thrax (= Grammatici Graeci I, 3, ed. A. Hilgard [1901]) S. 197,17 ff.: καὶ διὰ τοῦτο λέγει αὐτὰ (sc. τὰ γράμματα) εἶναι στοιχεῖα, διὰ τὸ ἔχειν αὐτὰ ⟨στοῖχόν τινα καὶ⟩ τάξιν πρὸς ἄλληλα· τότε γὰρ καὶ στοιχεῖά ἐστιν· ὅταν δὲ μὴ κατὰ τάξιν γράφωνται, γράμματα μὲν λέγονται, οὐκέτι δὲ στοιχεῖα.

In der Sprache der Philosophen wird στοιχεῖον häufig verwendet, wenn von dem Stoff bzw. den Elementen die Rede ist, aus denen alles gebildet wurde. Platon spricht von den στοιχεῖα, ἐξ ὧν ἡμεῖς τε συγκείμεθα καὶ τἆλλα (Theaet. 201e)[1]. Und von Zenon wird der Begriff στοιχεῖον folgendermaßen definiert: ἔστι δὲ στοιχεῖον ἐξ οὗ πρώτου γίνεται τὰ γινόμενα καὶ εἰς ὃ ἔσχατον ἀναλύεται. ὕλη, πῦρ, ὕδωρ und ἀήρ werden dann als die vier Elemente angeführt, aus denen alles besteht (Diogenes Laertius VII, 136f.). Diese Verwendung von στοιχεῖον, die durch die hellenistische Schulphilosophie weit verbreitet wurde, war auch dem hellenistischen Judentum geläufig[2]. Wo in jüdischen Texten die Begriffsverbindung στοιχεῖα τοῦ κόσμου vorkommt, sind die Grundstoffe, die Elemente, gemeint, aus denen die Welt gestaltet wurde. Philo sagt, wie die Jahreszeiten periodisch aufeinander folgen, so verhalte es sich auch mit den στοιχεῖα τοῦ κόσμου, die in ihrer Veränderung zu sterben scheinen, in Wahrheit aber in der Veränderung unsterblich sind: die Erde verflüssige sich zu Wasser, das Wasser verdunste zu Luft, diese aber verdünne sich zu Feuer (de aetern. mundi 109f.). Luft, Feuer, Wasser und Erde sind also die στοιχεῖα αἰσθητὰ αἰσθητοῦ κόσμου (rer. div. her. 134), die τέτταρα τοῦ κόσμου στοιχεῖα (ebd. 140)[3].

Im hellenistischen Synkretismus wird die Lehre von den Elementen mythologisiert, so daß die στοιχεῖα als belebte Geister vorgestellt werden[4]. In den orphischen Hymnen heißt es: ὑψιφανὴς Αἰθέρ, κόσμου στοιχεῖον ἄριστον (5,4), und: (Ἥφαιστ') ἐργαστήρ, κόσμοιο μέρος, στοιχεῖον ἀμεμφές (66,4). Im Testamentum Salomonis werden später die στοιχεῖα als personhafte Wesen dargestellt. Salomo sieht sieben Geister kommen und fragt sie, wer sie seien. Darauf erhält er zur Antwort: ἡμεῖς ἐσμεν στοιχεῖα κοσμοκράτορες τοῦ σκότους (TestSal 8₂). Eine Schar von 36 Geistern stellt sich dann gleichfalls mit den Worten vor: ἡμεῖς ἐσμεν τὰ τριάκοντα ἓξ στοιχεῖα, οἱ κοσμοκράτορες τοῦ σκότους τοῦ αἰῶνος τούτου (TestSal 18₂). Als στοιχεῖα werden jedoch nicht nur die Weltelemente, sondern auch die Gestirne bezeichnet[5], die aus den Elementen bestehen und deren

---

[1] Vgl. auch Soph. 252b: καὶ μὴν καὶ ὅσοι τοτὲ μὲν συντιθέασι τὰ πάντα, τοτὲ δὲ διαιροῦσιν, εἴτε εἰς ἓν καὶ ἐξ ἑνὸς ἄπειρα εἴτε εἰς πέρας ἔχοντα στοιχεῖα διαιρούμενοι καὶ ἐκ τούτων συντιθέντες.

[2] Vgl. 4Makk 12₁₃: alle Menschen ἐκ τῶν αὐτῶν γεγονότας στοιχείων; SapSal 7₁₇: ἐνέργειαν στοιχείων; 19₁₈: τὰ στοιχεῖα μεθαρμοζόμενα; Philo, de Cher. 127: τὰ τέσσαρα στοιχεῖα sind die ὕλη, aus der Gott den Kosmos gebildet hat; Josephus, Ant. III, 183: τά τε φάρση ἐκ τεσσάρων ὑφανθέντα τὴν τῶν στοιχείων φύσιν δηλοῖ.

[3] Nach den Sibyllinischen Orakeln gehört es zu den apokalyptischen Schrecken, daß τότε δὴ στοιχεῖα πρόπαντα χηρεύσει κόσμου (III, 80f.; vgl. auch II, 206f.; VIII, 337f.). 2Petr 3₁₀.₁₂ ist von der Auflösung der στοιχεῖα durch den vernichtenden Feuerbrand am Jüngsten Tag die Rede.

[4] Vgl. Dibelius-Greeven S. 27. Wenn sich nach dem hermetischen Fragment Κόρη Κόσμου des Hermes Trismegistos (= Fragmente des Stobaeus XXIII, 53—61) die Elemente Feuer, Luft, Wasser und Erde bei Gott über die Menschen beschweren, so liegt eine Personifikation der Elemente zum Zweck dramatischer Veranschaulichung vor. Vgl. H. Schlier, Der Brief an die Galater, Meyer K 7, ¹²Göttingen 1962, S. 191 Anm. 3; G. Delling, ThWB VII, S. 676 Anm. 45; H. D. Betz, Schöpfung und Erlösung im hermetischen Fragment "Kore Kosmu", ZThK 63 (1966), S. 180—183.

[5] Vgl. Ps.-Callisthenes I, 12, 1: ὁ Νεκτανεβὼς καταμετρήσας τοὺς οὐρανίους τῶν ἀστέρων δρόμους ... καὶ συγκλονήσας τὰ κοσμικὰ στοιχεῖα τῇ μαγικῇ τέχνῃ χρώμενος ... κατανοήσας τοὺς οὐρανίους δρόμους τῶν κοσμικῶν στοιχείων.

Sternbilder die Ordnung des ganzen Kosmos wie auch das Geschick der Menschen regieren. Die zwölf Zeichen des Tierkreises werden daher τὰ δώδεκα στοιχεῖα genannt (Diogenes Laertius VI, 102). Wer den Lauf der Sterne zu erkennen und zu bestimmen weiß, gewinnt dadurch machtvolle Einsicht. Von dem ägyptischen König Nektanebos wird erzählt, er habe über Zaubergewalt verfügt, τὰ γὰρ κοσμικὰ στοιχεῖα λόγῳ πάντα αὐτῷ ὑπετάσσετο (Ps.-Callisthenes I, 1, 3). Und im Pariser Zauberpapyrus IV, 1303 heißt das Sternbild des Großen Bären, das niemals untergeht, καλλιφεγγὴ⟨ς⟩ θεά, στοιχεῖον ἄφθαρτον (= ZaubPap Bd. I, S. 116). Mit Hilfe zauberischer Künste kann sich der Mensch die Macht der στοιχεῖα nutzbar machen und überirdische Kräfte entbinden.

In das synkretistische Geflecht der Vorstellungen über die στοιχεῖα τοῦ κόσμου sind auch jüdische Spekulationen über die Zusammenhänge des Kosmos mit eingegangen. Im Judentum wird den Gestirnen zwar keine göttliche Hoheit zuerkannt, wohl aber werden sie mit den Engeln in Verbindung gebracht — sei es, daß Engelmächte über die Sterne gebieten, sei es, daß die Gestirne selbst als gewaltige Engelgestalten gedacht werden[1]. In apokalyptischer Schau wird dem Seher die Ordnung der Gestirne sichtbar: „Abermals sah ich Blitze und die Sterne des Himmels, und ich sah, wie er (sc. Gott) sie alle bei ihren Namen rief, und [wie] sie auf ihn hörten. Ich sah . . . ihren Umlauf nach der Zahl der Engel, und [wie] sie sich untereinander Treue bewahren" (äthHen 43₁f.). Wie Gott den Engeln seine Weisungen erteilt, so hat er den Gestirnen ihren Lauf vorgeschrieben, daß sie ihre Bahnen ziehen (äthHen 60₁₁f. 69₂₀₋₂₅ u. ö.). Der Seher erblickt voll ehrfürchtigen Staunens den Zusammenhang der kosmischen Ordnung: „Und ich sah daselbst sieben Legionen der Engel, sehr leuchtende und überaus herrliche, und ihre Angesichter glänzend, mehr als die Strahlen der Sonne strahlend . . . Und jene machen die Ordnungen und lehren den Lauf der Sterne und die Umkehr der Sonne und die Veränderung des Mondes und die gute Ordnung der Welt, und, die böse Ordnung sehend, machen sie Gebote und Belehrungen und süßlautenden Gesang und jedes preisende Loblied. Dies sind die Erzengel . . . Und Engel, welche sind über die Zeiten und Jahre, und Engel, welche über die Flüsse und Meere, und Engel, welche über die Früchte der Erde und über alles Kraut und alle Speise geben jedem Lebewesen; und Engel aller Seelen der Menschen" (slavHen 19[8] 1-4). Engel sind „die Obersten und Herrscher der Ordnungen der Sterne", sie haben Macht über „die Sterne und die Kompositionen der Himmel" (slavHen 4[3]).

Während im Judentum Anbetung und Ehre allein dem einen Gott erwiesen werden, verehrt man in der synkretistischen Welt die kosmischen Mächte als göttliche Gewalten: καὶ πρὸς τοὺς στοιχειοκράτορας λέγεται θεούς, τοὺς τῶν ὅλων στοιχείων ἐπιβεβηκότας (Simplicius, Comm. in IV libros Aristotelis de caelo I, 3). Den Gestirnen und Kräften, die die Welt bestimmen und erhalten, ist seit alters geopfert und gehuldigt worden. Herodot erzählt von den Persern: θύουσιν δὲ ἡλίῳ τε καὶ σελήνῃ καὶ γῇ καὶ πυρὶ καὶ ὕδατι καὶ ἀνέμοισι (I, 131). In hellenistischer Zeit begründet man diese Verehrung mit der Erklärung, der Mensch sei aus denselben Elementen gebildet, aus denen auch der ganze Kosmos gestaltet worden ist[2]. Aus dieser Beziehung zwischen Mikrokosmos und Makro-

---

[1] Vgl. Schlier a. a. O. S. 192f.; dort reiche Belege.
[2] Vgl. Philo, de spec. leg. I, 266; weitere Belege bei Dibelius-Greeven S. 28.

kosmos aber folgt: καὶ ὡς τὸ μὲν φῶς ὑπὸ τῆς φωτοειδοῦς ὄψεως καταλαμβάνεται, ἡ δὲ φωνὴ ὑπὸ τῆς ἀεροειδοῦς ἀκοῆς, οὕτω καὶ ἡ τῶν ὅλων φύσις ὑπὸ συγγενοῦς ὀφείλει καταλαμβάνεσθαι τοῦ λόγου (Sextus Empiricus, adv. Mathematicos VII, 93). Wo der Glaube an Gott und Götter schwach geworden ist, da tritt vielfach magische Furcht vor unheimlichen Kräften an seine Stelle. Entweder sucht man insgemein den Göttern der oberen Welt wie auch denen unter der Erde und denen im dazwischenliegenden Bereich gerecht zu werden und sie allesamt anzurufen[1]. Oder man hält sich an die Gestirne und Elemente und schwört bei ihnen: ὁρκίζω σε Ἥλιον καὶ Σελήνην καὶ τῶν πέντε ἀστέρων τοὺς δρόμους φύσιν τε καὶ πρόνοιαν καὶ τὰ τέσσαρα στοιχεῖα (Vettius Valens VII, 5 [p. 293, 27])[2]. Durch die Elemente gelangt der Ruf des Menschen zu Gott empor: σὺ εἶ ὁ θεός. ὁ σὸς ἄνθρωπος ταῦτα βοᾷ διὰ πυρός, δι' ἀέρος, διὰ γῆς, διὰ ὕδατος, διὰ πνεύματος, διὰ τῶν κτισμάτων σου (Corp. Herm. XIII, 20). Darum bedarf es nicht nur der Kenntnis über die Elemente, die Bahn der Gestirne und die Kräfte des Kosmos. Sondern der Mensch hat sich in die kosmische Ordnung einzufügen, indem er den Mächten und Gewalten die schuldige Verehrung erweist und sich den Gesetzen und Vorschriften beugt, die sie seinem Leben auferlegen.

Diese durch synkretistische Vorstellungen geprägte Bedeutung des Begriffs στοιχεῖα τοῦ κόσμου liegt zweifellos in der scharf formulierten Antithese κατὰ τὰ στοιχεῖα τοῦ κόσμου καὶ οὐ κατὰ Χριστόν vor[3]. στοιχεῖα τοῦ κόσμου ist daher nicht als ein Ausdruck anzusehen, den der Verfasser des Kolosserbriefes seinerseits gewählt hat, um jene Philosophie herabzusetzen als eine von Menschen erdachte Überlieferung, die sich lediglich mit den Elementen als unzulänglichen Trägern des menschlichen Seins befasse[4]. Sondern die στοιχεῖα τοῦ κόσμου müssen in der Lehre der „Philosophen" eine besondere Rolle gespielt haben. Läßt schon die Gegenüberstellung mit Christus darauf schließen, daß sie als persönliche Mächte vorgestellt wurden[5], so ergibt sich aus dem weiteren Zusammenhang,

---

[1] PapLeiden II, S. 25: ἐπικαλοῦμαι καὶ εὔχομαι τὴν τελετὴν ὦ θεοὶ οὐράνιοι· ὦ θεοὶ ὑπὸ γῆν· ὦ θεοὶ ἐν μέσῳ μέρει κυκλούμενοι.

[2] Vgl. G. Delling, ThWB VII, S. 681f.

[3] Vgl. Lohmeyer, Dibelius-Greeven, Conzelmann z. St.; Bornkamm, Aufsätze I, S. 143f.; Schenke a.a.O. (S. 80 Anm. 5) S. 396f.

[4] So Delling a.a.O. S. 685f.; ähnlich Moule z. St.: "'elementary teaching' — teaching by Judaistic or pagan ritualists, a 'materialistic' teaching bound up with 'this world' alone, and contrary to the freedom of the Spirit." Percy, Probleme, S. 156—167 faßt τὰ στοιχεῖα τοῦ κόσμου ebenfalls als einen Ausdruck der Kritik durch den Apostel auf, versteht darunter aber Geistermächte, die Elemente vorchristlicher Gottesverehrung waren. Ähnlich Masson z. St. Blinzler a.a.O. S. 442 sieht τὰ στοιχεῖα τοῦ κόσμου als Ausdruck abwertender Kritik an, der auf die Größen hinweist, die dem vor- und außerchristlichen Sein das entscheidende charakteristische Gepräge gaben: σάρξ, ἁμαρτία und θάνατος.

[5] Lehrreich ist der Vergleich mit Gal 4₃. ₉, wo die στοιχεῖα τοῦ κόσμου gleichfalls als Engelmächte vorgestellt sind. Sie werden 1. mit ἐπίτροποι und οἰκονόμοι verglichen (Gal 4₂), 2. als φύσει μὴ ὄντες θεοί (Gal 4₈) bezeichnet und 3. als κύριοι gedacht (Gal 4₃), die von ihren Verehrern bestimmte Dienste verlangen. Vgl. Schlier a.a.O. S. 191.

daß die Weltelemente eben jene dämonischen Gewalten sind, die ihre Zwingherrschaft über den Menschen ausüben wollen (2₁₀. ₁₅)[1]. Dieser Lehre, nach der die στοιχεῖα τοῦ κόσμου das Leben der Menschen bestimmen und ihrem Anspruch Genüge getan werden muß (vgl. 2₁₆-₂₃)[2], wird die klare Antithese gegenübergestellt: Nur eine Autorität kann zu Recht den Anspruch erheben, als Herr über alles auch der alleinige Herr über Leben und Wandel der Gemeinde zu sein, Christus. Die Gemeinde darf sich daher nicht verleiten lassen, neben ihm andere Autoritäten anzuerkennen. Denn ihr Weg soll ausschließlich unter dem Befehl des Herrn stehen, der ihm Ziel und Richtung weist: κατὰ Χριστόν.

V. 9: Der Aufruf, die Gefahr der falschen Lehre zu erkennen und unbeirrt Christus zu folgen, wird nun näher begründet, indem das „in ihm" aufgenommen und wie ein Leitmotiv in den folgenden Versen wiederholt wird: ἐν αὐτῷ wohnt die ganze Fülle der Gottheit leibhaftig (V.₉); ἐν αὐτῷ seid ihr Erfüllte (V.₁₀); ἐν ᾧ seid ihr beschnitten worden (V.₁₁); mit ihm seid ihr begraben, ἐν ᾧ auch mitauferweckt worden (V.₁₂); Gott hat euch lebendig gemacht σὺν αὐτῷ (V.₁₃); er hat die Mächte und Gewalten im Triumphzug aufgeführt ἐν αὐτῷ (V.₁₅).[3]

Am Anfang dieser Gedankenfolge wird festgestellt: ὅτι ἐν αὐτῷ κατοικεῖ πᾶν τὸ πλήρωμα τῆς θεότητος σωματικῶς. Dieser Satz gibt sich deutlich als erklärende Anwendung von 1₁₉ zu erkennen: ὅτι ἐν αὐτῷ εὐδόκησεν πᾶν τὸ πλήρωμα κατοικῆσαι. Wie dort ist der Begriff πλήρωμα durch πᾶν verstärkt, durch τῆς θεότητος wird das Wort hier jedoch genauer bestimmt. θεότης ist von θειότης zu unterscheiden. Bezeichnet θειότης die Eigenschaft des Göttlichen, die Göttlichkeit (Röm 1₂₀: ἡ

---

[1] Gegen diese vom Zusammenhang geforderte Bestimmung des Begriffes στοιχεῖα τοῦ κόσμου kann nicht eingewandt werden, die Bedeutung „Gestirne", „Elementar- oder Gestirngeister" sei in keinem außerchristlichen Text belegt, der mit Sicherheit in vorpaulinische Zeit zurückreicht (so Blinzler a.a.O. S. 432—439). Denn man wird auch aus späteren Belegen ältere Überlieferungen erschließen können, zumal in den apokalyptischen Texten des Judentums die Verbindung der Engel und Gestirnsmächte bereits vorliegt (vgl. auch Gal 4!) und der Kontext von Kol 2 die Beziehung στοιχεῖα τοῦ κόσμου = ἀρχαὶ καὶ ἐξουσίαι = ἄγγελοι zwingend fordert.

[2] κατά weist auf diese das Leben bestimmende Gewalt hin.

[3] Schille a.a.O. (S. 77 Anm. 2) S. 31—37 behauptet ohne ausreichende Begründung, Kol 2₉-₁₅ liege ein Erlöser- bzw. Tauflied zugrunde, das aus den Versen ₉. ₁₀b. ₁₁b. ₁₃b-₁₅ bestanden habe. Dieses Lied habe der Verfasser des Kolosserbriefes übernommen und kommentiert. Daß in unserem Abschnitt überliefertes Gut verwendet wurde, dürfte außer Zweifel stehen. Doch wird man genauer differenzieren müssen. V.₉. ₁₀b stellen sicher nicht den Anfang eines Liedes dar, sondern hier liegt kommentierender Anschluß an 1₁₅-₂₀ vor. V.₁₁b ist durch die Auseinandersetzung mit dem Begriff περιτομή veranlaßt. Es bleibt also zu prüfen, in welchem Umfang V.₁₃b-₁₅ überkommenes Gut zugrunde liegt. Vgl. unten zu V.₁₃ (S. 159f.). Zur Kritik an Schille vgl. auch Deichgräber a.a.O. (S. 77 Anm. 2) S. 167f.

ἀΐδιος αὐτοῦ δύναμις καὶ θειότης[1]), so drückt θεότης das Gottsein aus[2]. Da die Worte πλήρωμα, πληροῦσθαι eine so starke Betonung erhalten, werden sie sicherlich in der Lehre jener φιλοσοφία von Bedeutung gewesen sein. Wo ist die Fülle zu finden, und wie gewinnt der Mensch teil an ihr, um mit göttlicher Kraft durchströmt zu werden? Diese Frage beantwortet der Kolosserbrief mit der polemischen Aussage: Die ganze Fülle der Gottheit wohnt in Christus. Daher kann nur derjenige erfüllt werden, der zu diesem Herrn gehört, der in ihm ist, mit ihm gestorben und auferstanden zum neuen Leben σὺν Χριστῷ. Unter gar keinen Umständen aber kann der Zugang zum πλήρωμα durch demütige Verehrung der στοιχεῖα τοῦ κόσμου und scheue Beobachtung ihrer δόγματα gewonnen werden.

Durch das an den Schluß des Satzes gestellte Adverb σωματικῶς[3] wird der Aussage besonderer Nachdruck verliehen[4]. Während es 1₁₉ hieß εὐδόκησεν κατοικῆσαι, steht hier das Präsens κατοικεῖ, um auf die gegenwärtige Wirklichkeit hinzuweisen. σωματικῶς soll die Realität der göttlichen Einwohnung anzeigen[5]. Wenn der Verfasser das Wort

---

[1] Vgl. H. Kleinknecht, ThWB III, S. 123.

[2] Das Wort θεότης, das nur hier im NT gebraucht wird, ist in der hellenistischen Literatur verschiedentlich bezeugt. Vgl. z. B. Plutarch, de def. orac. 10 (p. 415 b.c): οὕτως ἐκ μὲν ἀνθρώπων εἰς ἥρωας, ἐκ δὲ ἡρώων εἰς δαίμονας αἱ βελτίονες ψυχαὶ τὴν μεταβολὴν λαμβάνουσιν. ἐκ δὲ δαιμόνων ὀλίγαι μὲν ἔτι χρόνῳ πολλῷ δι' ἀρετῆς καθαρθεῖσαι παντάπασι θεότητος μετέσχον. Weitere Belege bei E. Stauffer, ThWB III, S. 120 und Bauer Sp. 708.

[3] Das Adverb σωματικῶς bezeichnet im hellenistischen Griechisch die körperliche Leibhaftigkeit, das persönliche Betroffensein. Vgl. Bauer Sp. 1584; Preisigke Wb II, Sp. 567f. Als Beispiele seien genannt: DittOr II, 664, 17f.: ἢ ἀργυρικῶς ἢ σωματικῶς κολασθήσεται: Preisigke Sb V, 8748, 15: μὴ ἄγεσθαι σωματικῶς; ferner 8900, 17; Vettius Valens V, 10 (p. 231, 2); VII, 2 (p. 269, 28); Plutarch, de def. orac. 26 (p. 424e).

[4] Zu den verschiedenen Erklärungen, die zu σωματικῶς vorgeschlagen worden sind, vgl. Moule z. St. Das Problem hat schon die Kirchenväter beschäftigt. Hieronymus deutet im Sinn von „völlig": nequaquam per partes ut in ceteris sanctis (Comm. in Jes 11₁ [MPL 24, Sp. 144]). Augustin versteht corporaliter als „wirklich" (Epist. 149, 25). Hilarius erklärt als „wesentlich": Si vero, quod est potius, corporaliter in eo manens divinitas naturae in eo Dei ex Deo significat veritatem ... (de trin. VIII, 54). Die griechischen Väter fassen σωματικῶς durchweg als „wesenhaft" auf = οὐσιωδῶς. Belege bei Lightfoot z. St.

[5] Vgl. Dibelius-Greeven z. St.; E. Schweizer, ThWB VII, S. 1075: „σωματικῶς bezeichnet hier also die Körperlichkeit, in der Gott dem Menschen in der Welt, in der er lebt, begegnet. Es bezeichnet also gerade die volle Menschlichkeit Jesu, nicht eine Menschlichkeit, die bloß Hülle für die Gottheit wäre." Jervell, Imago Dei, S. 223f. möchte von 2₁₇ her folgendermaßen erklären: Da 2₁₇ σῶμα synonym mit εἰκών stehe, könne man auch 2₉ σωματικῶς mit εἰκονικῶς übersetzen. „Es bezeichnet somit den höchsten Grad der Wirklichkeit." (S. 224) Letzteres ist zweifellos richtig; doch ist zu beachten, daß der Verfasser des Kolosserbriefes weder 2₁₇ noch 2₉ den Begriff εἰκών, sondern eben σῶμα verwendet — offensichtlich doch, weil ihm gerade an der Betonung des Begriffs σῶμα gelegen ist.

σωματικῶς wählt, um diesen Gedanken auszudrücken, so soll dabei zweifellos ein Zusammenhang mit den Aussagen über das σῶμα angedeutet werden[1]. Weil in Christus die ganze Fülle der Gottheit σωματικῶς wohnt, darum ist er die κεφαλὴ πάσης ἀρχῆς καὶ ἐξουσίας (2₁₀), die κεφαλὴ τοῦ σώματος (1₁₈). Dieser sein Leib aber ist die ἐκκλησία, über die er sein weltumspannendes Regiment bereits gegenwärtig ausübt. Wer daher in den Bereich seiner Herrschaft versetzt ist, der ist frei von den Mächten, die im Kosmos walten und den Menschen ihr knechtendes Joch aufzwingen wollen.

V. 10: Daher schließt sich die Folgerung unmittelbar an: Und ihr seid in ihm — nur in ihm! — Erfüllte. Wird der Empfang des Heils hier als Erfülltsein bezeichnet, so liegt darin nicht nur ein Wortspiel vor, das an den vorhergehenden Begriff πλήρωμα anknüpft[2], sondern in betontem Gegensatz zur Lehre der φιλοσοφία wird festgestellt: Nicht durch Beugung unter die στοιχεῖα τοῦ κόσμου, sondern allein in Christus seid ihr πεπληρωμένοι[3]. Während Paulus es sonst als Wunsch und Bitte ausspricht, die Gemeinde möchte mit göttlichen Gaben erfüllt werden[4], wird hier von der Gegenwart des Heils gesprochen: Ihr seid in ihm Erfüllte![5] Die Herrschaft Christi über die Mächte, die nach apokalyptischen Vorstellungen erst am Ende dieses Äons anheben wird (vgl. Apk 19₁₁₋₁₆ u. ö.), wird hier als schon jetzt verwirklicht verkündigt[6]. Er ist ἡ κεφαλὴ πάσης ἀρχῆς καὶ ἐξουσίας[7]. Wiederum wird damit auf den Christushymnus Bezug genommen. Wie in Christus alles geschaffen wurde — εἴτε θρόνοι εἴτε κυριότητες εἴτε ἀρχαὶ εἴτε ἐξουσίαι (1₁₆) —, so hat in ihm auch alles Bestand (1₁₇). Daß er die κεφαλή über die Mächte und Gewalten ist[8], hat Gott offenbar gemacht, indem er am Kreuz Christi die ἀρχαί und ἐξουσίαι hat zuschanden werden lassen (vgl. 2₁₅)[9].

---

[1] Vgl. Lohse, Christusherrschaft und Kirche, S. 206 f.

[2] So G. Delling, ThWB VI, S. 291.

[3] Vgl. J. Dupont, Gnosis. La connaissance réligieuse dans les épîtres de Saint Paul, UCL II, 40, ²Louvain/Paris 1960, S. 422: "C'est en lui que vous avez part au *pleroma*."

[4] Vgl. Röm 15₁₃: ὁ δὲ θεὸς τῆς ἐλπίδος πληρώσαι ὑμᾶς πάσης χαρᾶς καὶ εἰρήνης; Phil 1₁₀f.: ἵνα ἦτε εἰλικρινεῖς καὶ ἀπρόσκοποι εἰς ἡμέραν Χριστοῦ, πεπληρωμένοι καρπὸν δικαιοσύνης τὸν διὰ Ἰησοῦ Χριστοῦ; 4₁₉: ὁ δὲ θεός μου πληρώσει πᾶσαν χρείαν ὑμῶν κατὰ τὸ πλοῦτος αὐτοῦ ἐν δόξῃ ἐν Χριστῷ Ἰησοῦ.

[5] Vgl. Joh 1₁₆: ἐκ τοῦ πληρώματος αὐτοῦ ἡμεῖς πάντες ἐλάβομεν, καὶ χάριν ἀντὶ χάριτος; Eph 1₂₃ 3₁₉ 4₁₃.

[6] ὅς ἐστιν ist als ursprünglicher Text anzusehen, da der Relativsatz von Christus handelt. ὅ (p⁴⁶BDG) dagegen stellt eine Angleichung an die Wendung ὅ ἐστιν (1₂₄ 3₁₄) dar.

[7] Zur Bedeutung der Begriffe ἀρχή, ἐξουσία und κεφαλή siehe oben S. 91. 93—95 zu 1₁₆ bzw. 1₁₈.

[8] Der Verfasser des Kolosserbriefes vermeidet hier den Begriff σῶμα, weil er ihn in ekklesiologischem Sinn verstanden wissen will (vgl. 1₁₈. ₂₄).

[9] Da Christus einerseits als die κεφαλὴ πάσης ἀρχῆς καὶ ἐξουσίας (2₁₀), andererseits als die κεφαλὴ τοῦ σώματος, τῆς ἐκκλησίας (1₁₈) bezeichnet wird, hat O. Cullmann,

V. 11: Mit Christus seid ihr — so wird fortgefahren — durch die Taufe längst verbunden. Die Taufe wird hier Beschneidung genannt, von dieser aber zugleich unterschieden als περιτομή ἀχειροποίητος. Da im Neuen Testament sonst niemals Taufe und Beschneidung miteinander verglichen werden, der Vergleich aber durch eine deutliche Abgrenzung eingeschränkt wird, legt sich die Vermutung nahe, daß der Begriff περιτομή dem Verfasser des Kolosserbriefes durch die φιλοσοφία vorgegeben war[1]. Mit keinem Wort wird jedoch angedeutet, daß ähnlich wie in den galatischen Gemeinden die Beschneidung als Bundeszeichen angesehen worden ist, durch das die Verpflichtung zum Gehorsam gegen das alttestamentliche Gesetz und die Aufnahme in die Gemeinschaft mit den Vätern Israels erfolgt. Die περιτομή gilt vielmehr als sakramentale Handlung, durch die man Aufnahme in die Gemeinde und Zugang zum Heil erfährt. Der Hinweis auf die ἀπέκδυσις τοῦ σώματος τῆς σαρκός deutet auf Praktiken von Mysteriengemeinschaften hin. In der Weihe hat der Myste abzulegen, was ihm bisher zur Kleidung diente, um sich mit göttlicher Kraft erfüllen zu lassen. Die jüdische Bezeichnung soll dann offensichtlich dazu dienen, der sakramentalen Weihehandlung um so mehr Ansehen und Anziehungskraft zu verschaffen[2].

Die Begriffsverbindung σῶμα τῆς σαρκός kennzeichnet den menschlichen Leib in seiner irdischen Hinfälligkeit, in der er dem Leiden,

---

Königsherrschaft Christi und Kirche im Neuen Testament, ThSt 10, Zürich 1941 (ders., Die Christologie des Neuen Testaments, ³Tübingen 1963, S. 231—239) daraus gefolgert, die Herrschaft Christi habe einen doppelten Charakter. Ihren inneren Kreis bilde die Kirche, den äußeren die Welt bzw. der Staat; denn die ἐξουσίαι seien Christus untertan. Diese These läßt sich von Röm 13₁₋₇ her jedoch keinesfalls begründen. Vgl. E. Käsemann, Römer 13₁₋₇ in unserer Generation, ZThK 56 (1959), S. 353—361. Aber auch die Aussagen des Kolosserbriefes können für Cullmanns Auffassung nicht in Anspruch genommen werden. Denn vom Staat ist mit keinem Wort die Rede. Christus ist Herr über die Mächte und Gewalten, diese seine Herrschaft aber ist gegenwärtige Wirklichkeit in der Kirche, über die er das Haupt ist als die κεφαλή τοῦ σώματος. Zur Kritik an Cullmanns Verwendung des Kolosserbriefes vgl. auch Gabathuler a.a.O. (S. 77 Anm. 2) S. 170—173.

[1] Am Rande des Diasporajudentums zeigen sich mancherlei synkretistische Erscheinungen wie z.B. jene ἑταιρεία τῶν Σαββατιστῶν, die eine Gemeinschaft der Sabbathfeierer bildete, in der man auch die Verehrung des Gottes Sabazios pflegte. Aus synkretistischen Kreisen des Diasporajudentums ist auch die Sekte der Hypsistarier hervorgegangen, die den „höchsten Gott" verehrten, den Sabbath beobachteten und die Speisevorschriften hielten, die Beschneidung aber verwarfen. Belege und weiteres Material bei E. Lohse, ThWB VII, S. 8 Anm. 44.

[2] Ob περιτομή dabei nur als Bezeichnung für die sakramentale Handlung diente oder aber die Beschneidung auch tatsächlich vollzogen wurde, ist nicht mehr auszumachen. Zum sinnbildlichen Verständnis des Begriffes περιτομή in gnostischen Kreisen vgl. Thomasevangelium, Logion 53: „Seine Jünger sagten zu ihm: Ist die Beschneidung nützlich oder nicht? Er sprach zu ihnen: Wäre die Beschneidung nützlich, ihre Väter würden sie beschnitten aus ihrer Mutter zeugen. Aber die wahre Beschneidung hat geistig allen Nutzen gefunden."

Sterben und Vergehen unterworfen ist (vgl. zu 1₂₂). Er muß abgestreift werden, wenn der Myste die vergottende Schau und die Erfüllung mit göttlichen Kräften erfahren soll. Vor der Weihe legt der Initiand seine Gewänder ab, nimmt ein reinigendes Bad und wird nach einer fastend verbrachten Vorbereitungszeit bei der gottesdienstlichen Feier mit heiligen Gewändern bekleidet (Apulejus, Metamorph. XI, 23 f.). Dabei erfährt seine Seele die Wiedergeburt als Verwandlung durch göttliche Kraft. Auch da, wo keine Weihe vorgenommen wird, gilt es dem hellenistischen Synkretismus als selbstverständlich, daß der Leib, der aus vergänglicher Materie gestaltet ist, auf der Erde zurückbleiben muß, wenn sich die Seele zu Gott emporschwingt[1]. Wo also die περιτομή als ἀπέκδυσις τοῦ σώματος τῆς σαρκός verstanden wurde, da hatte man sich von der jüdischen Auffassung der Beschneidung weit entfernt und der kultischen Handlung eine Sinndeutung gegeben, die durchaus gnostischer Weltbetrachtung entspricht. Denn gerade darauf kommt es an, der Welt zu entfliehen, die Hülle, die an die Erde bindet, abzutun und den Weg zur himmlischen Heimat freizulegen[2].

Vor diesem Hintergrund treten die Ausführungen über die christliche Taufe um so deutlicher hervor: Die Beschneidung, mit der ihr beschnitten wurdet, ist nicht mit Händen vollzogen. Als χειροποίητα werden im Alten Testament die Götter- und Götzenbilder, die sich die Heiden anfertigen (LXX Lev 26₁. ₃₀ Jes 2₁₈ 21₉ u. ö.), grundsätzlich negativ beurteilt. Nicht mit Händen gemacht dagegen ist das, was Gott selbst schafft[3]. So wird in Jesu Wort dem mit Händen gebauten Tempel der andere gegenübergestellt, den er binnen dreier Tage ἀχειροποίητον aufrichten wird (Mk 14₅₈ Par.). Und Paulus spricht von der οἰκοδομή ἐκ θεοῦ, die er als οἰκίαν ἀχειροποίητον αἰώνιον ἐν τοῖς οὐρανοῖς bezeichnet (2Kor 5₁). Wird die Beschneidung, die an den Getauften vollzogen wurde, ἀχειροποίητος genannt, so wird auf Gottes Tat hingewiesen, die ihnen in der Taufe widerfahren ist[4]. Daher wird in diesem und in den folgenden Sätzen in passiven Formulierungen gesprochen, um anzuzeigen: Gott selbst hat die Wende vom alten zum neuen Leben vollzogen. Das alte Leben, in dem die σάρξ das

---

[1] Vgl. Philo, leg. all. II, 55: ἡ φιλόθεος ψυχὴ ἐκδῦσα τὸ σῶμα καὶ τὰ τούτῳ φίλα καὶ μακρὰν ἔξω φυγοῦσα ἀπὸ τούτων πῆξιν καὶ βεβαίωσιν καὶ ἵδρυσιν ἐν τοῖς τελείοις ἀρετῆς δόγμασι λαμβάνει.

[2] Vgl. Bornkamm, Aufsätze I, S. 145. Zum gegenseitigen Verhältnis von Mysterien und Gnosis vgl. H. D. Betz, Nachfolge und Nachahmung Jesu Christi im Neuen Testament, BHTh 37, Tübingen 1967, S. 171 f.

[3] Das Wort ἀχειροποίητος fehlt zwar in LXX, ist im Griechischen aber seit Herodot bezeugt. Vgl. Bauer Sp. 255.

[4] Aus dem Vergleich der Beschneidung mit der Taufe läßt sich kein Anhaltspunkt zur Beantwortung der Frage, ob die erste Christenheit schon Kinder getauft haben könnte, gewinnen. Anders J. Jeremias, Die Kindertaufe in den ersten vier Jahrhunderten, Göttingen 1958, S. 47.

Handeln des σῶμα bestimmte[1], ist abgetan. Ablegen[2] des Fleischesleibes aber — so macht nun der Verfasser des Kolosserbriefes geltend — bedeutet keine Verachtung des irdischen Lebens, sondern Handeln im Gehorsam gegen den Herrn: ἀπεκδυσάμενοι τὸν παλαιὸν ἄνθρωπον σὺν ταῖς πράξεσιν αὐτοῦ καὶ ἐνδυσάμενοι τὸν νέον τὸν ἀνακαινούμενον εἰς ἐπίγνωσιν κατ' εἰκόνα τοῦ κτίσαντος αὐτόν (3₉f.). Diese rechte Beschneidung, die sowohl von den Praktiken der „Philosophen" als auch vom jüdischen Ritus[3] grundsätzlich unterschieden ist[4], ist die περιτομὴ τοῦ Χριστοῦ[5].

V. 12: Die Christusbeschneidung aber, die jedes Glied der Gemeinde an sich erfahren hat, ist nichts anderes als das Hineingetauftsein in das Sterben und Auferstehen Christi. Die Formulierung des Satzes schließt sich an Wendungen der urchristlichen Tauflehre an, wie sie auch Röm 6₄f. vorliegen. Die Christenheit glaubt und bekennt, daß Christus für unsere Sünden gestorben ist, daß er begraben wurde und Gott ihn aus dem Tode auferweckt hat (1Kor 15₃₋₅). Mit diesem Geschehen aber sind wir unlöslich zusammengebunden worden; denn wir sind in der Taufe mit ihm gestorben und in das Grab gelegt worden, so daß das alte Leben abgetan ist. Röm 6 kommt es Paulus darauf an zu zeigen, daß wir daher unmöglich noch im Herrschaftsbereich der ἁμαρτία leben können. Der alte Mensch ist ja mit Christus gekreuzigt (Röm 6₆). Wie im Kerygma der Hinweis auf das Grab die Realität des Todes Jesu Christi unterstreicht (1Kor 15₄), so wird auch hier betont, daß in der Taufe ein wirklicher Tod gestorben wurde. Denn συνετάφημεν οὖν αὐτῷ διὰ τοῦ βαπτίσματος εἰς τὸν θάνατον (Röm 6₄). Während man nun aber in manchen Kreisen der hellenistischen Christenheit die Taufe als Übereignung göttlicher Lebenskraft verstanden hat, durch die der Getaufte die Auferstehung Christi an sich erfährt[6], sagt zwar auch Paulus, daß wir in der Taufe mit Christi

---

[1] Sekundär fügt der Reichstext τῶν ἁμαρτιῶν nach τοῦ σώματος ein.

[2] ἀπέκδυσις ist Hapaxlegomenon im NT und kommt auch sonst sehr selten vor. Vgl. A. Oepke, ThWB II, S. 321; Bauer Sp. 165. Das Wort findet sich in nachpaulinischer Zeit erst wieder bei Eusthatius Thessalonicensis, Commentaril in Homeri Iliadem 91, 28.

[3] Zu Praxis und Verständnis der περιτομή vgl. R. Meyer, ThWB VI, S. 72—83.

[4] Zum übertragenen Gebrauch des Wortes περιτομή sind die prophetischen Worte von der Beschneidung des Herzens zu vergleichen (Jer 4₄ 6₁₀ 9₂₅), die sowohl in den Schriften der Gemeinde von Qumran (1QS V, 4f.26; 1QpHab XI, 13) als auch von Paulus (Röm 2₂₈f.) aufgenommen werden.

[5] Moule z. St. möchte περιτομὴ τοῦ Χριστοῦ als Beschneidung Christi, d.h. seinen Tod (vgl. 1₂₂ Röm 7₄) verstehen. Doch sieht er selbst die Schwierigkeit, die dieser Deutung im Weg steht: ἐν τῇ ἀπεκδύσει τοῦ σώματος τῆς σαρκός könnte nur dann auf Christi Tod bezogen werden, wenn diese Bezugnahme durch ein anschließendes αὐτοῦ angezeigt wäre. H. Sahlin, Die Beschneidung Christi, SymBibl Ups 12 (1950), S. 5—22 interpretiert den ganzen Abschnitt Eph 2₁₁₋₂₂ vom Begriff der Beschneidung Christi her.

[6] Zur Auseinandersetzung des Paulus mit diesem schwärmerischen Sakramentsverständnis vgl. E. Lohse, Taufe und Rechtfertigung bei Paulus, KuD 11 (1965),

Sterben und Auferstehen verbunden worden sind. Doch gibt er diesem Gedanken in bezeichnender Weise eine neue Wendung. Das Leben in Christus wird im Glauben gelebt: εἰ δὲ ἀπεθάνομεν σὺν Χριστῷ, πιστεύομεν ὅτι καὶ συζήσομεν αὐτῷ (Röm 6₈). Gegen eine schwärmerische Bewertung der Taufe, die diese als Unterpfand bereits geschehener Auferstehung (vgl. 2Tim 2₁₈) begreifen möchte, wird eingewandt, daß unsere Auferstehung noch vor uns liegt (Röm 6₅). Deshalb vollendet Paulus den mit συνετάφημεν begonnenen Satz mit der Aufforderung: ἵνα ὥσπερ ἠγέρθη Χριστὸς ἐκ νεκρῶν διὰ τῆς δόξης τοῦ πατρός, οὕτως καὶ ἡμεῖς ἐν καινότητι ζωῆς περιπατήσωμεν (Röm 6₄). Der Wandel des Christen ist bestimmt von dem in Christi Sterben und Auferstehen einmal und damit ein für allemal gewonnenen Sieg über Sünde, Gesetz und Tod und vollzieht sich im Zeichen der noch ausstehenden Auferstehung der Toten.

Wie Röm 6 heißt es auch im Kolosserbrief, wir seien in der Taufe mit Christus gestorben. Doch im Unterschied zu Röm 6 stellt diese Aussage im Gedankengang nur eine kurze Nebenbemerkung dar. Statt des Verbum finitum steht das Partizip; die Worte εἰς τὸν θάνατον finden sich nicht[1]. Der Nachdruck liegt vielmehr auf dem folgenden Satz: Ihr seid mit ihm auferstanden![2] Im Gegensatz zu Röm 6₄f. wird gesagt[3], die Auferstehung sei in der Taufe tatsächlich schon geschehen[4]. Was in der Zukunft sich noch ereignen wird, wird daher im Kolosserbrief nicht die Auferstehung der Toten genannt, sondern das Offenbarwerden des

---

S. 308—324; ferner E. Käsemann, Jesu letzter Wille nach Johannes 17, Tübingen 1966, S. 32f.

[1] Kol 2₁₂f. setzen die Ausführungen von Röm 6₁-₁₁ voraus, wandeln sie aber im Sinn gemeinchristlicher Taufauffassung ab. Vgl. Sanders a.a.O. (S. 119 Anm. 1) S. 40—42.

[2] Röm 6₄ heißt es: διὰ τοῦ βαπτίσματος εἰς τὸν θάνατον; Kol 2₁₂ dagegen: ἐν τῷ βαπτίσματι. p⁴⁶ BD*G pc lesen statt dessen ἐν τῷ βαπτισμῷ, ohne damit den Sinn zu verändern. Das Wort βαπτισμός ist weniger gebräuchlich (vgl. Josephus, Ant. XVIII, 117; Mk 7₄ Hebr 6₂ 9₁₀).

[3] Der Unterschied wird in unzulässiger Weise eingeebnet, wenn man Kol 2 als authentischen Kommentar zu Röm 6 bezeichnet: so A. Oepke, Urchristentum und Kindertaufe, ZNW 29 (1930), S. 104; zur Kritik vgl. E. Gräßer, Kol. 3,1—4 als Interpretation secundum homines recipientes, ZThK 64 (1967), S. 150. Percy, Probleme, S. 110 sucht den Gegensatz zu Röm 6 zu mildern, indem er die Futura von Röm 6₄. ₅. ₈ als logische Futura auffassen will. Dagegen vgl. R. C. Tannehill, Dying and Rising with Christ. A Study in Pauline Theology, BZNW 32, Berlin 1967, S. 47—54.

[4] ἐν ᾧ καὶ συνηγέρθητε schließt direkt an ἐν τῷ βαπτίσματι an, so daß es naheliegen könnte, ἐν ᾧ mit βάπτισμα zu verbinden. Vgl. Abbott, Haupt z. St., ferner A. Oepke, ThWB I, S. 543; Jervell, Imago Dei, S. 233 Anm. 226. Da jedoch das im Zusammenhang mehrfach vorkommende ἐν ᾧ sonst stets auf Christus bezogen ist, wird diese Beziehung auch hier anzunehmen sein. Vgl. die parallele Wendung in V. 11: ἐν ᾧ καὶ περιετμήθητε. Eph 2₆ stehen gleichfalls σὺν und ἐν Χριστῷ in einem Satz nebeneinander: καὶ συνήγειρεν καὶ συνεκάθισεν ἐν τοῖς ἐπουρανίοις ἐν Χριστῷ Ἰησοῦ.

Lebens, das in der Taufe zuteil wurde und jetzt noch σὺν τῷ Χριστῷ ἐν τῷ θεῷ verborgen ist (3₃)[1].

Die Wendung σὺν Χριστῷ[2] findet sich in den paulinischen Briefen ungleich seltener als der formelhafte Ausdruck ἐν Χριστῷ. Dabei liegt kein einheitlicher Gebrauch vor; sondern Paulus bedient sich in verschiedenen Zusammenhängen der Wendung σὺν Χριστῷ, um die engste Gemeinschaft mit Christus zu bezeichnen[3]. Nach der Auferstehung der Toten wird die triumphierende Gemeinde dem Herrn entgegenziehen, um die zukünftige Herrlichkeit zu empfangen: καὶ οὕτως πάντοτε σὺν κυρίῳ ἐσόμεθα (1Thess 4₁₇). σὺν Χριστῷ-Sein bedeutet daher die kommende Vollendung (vgl. 2Kor 4₁₄ 13₄ Phil 1₂₃ 3₂₀f.). Paulus kann aber auch sagen, die enge Zugehörigkeit zu Christus sei bereits Gegenwart; denn sie ist schon in der Taufe begründet worden, in der der Christ in das Sterben und Auferstehen Christi hineingenommen ist. Röm 6 heißt es einerseits

---

[1] Zu Unrecht bestreitet E. Klaar, Die Taufe nach paulinischem Verständnis, ThEx NF 93, München 1961, daß die Taufe bei Paulus sakramentalen Charakter hat. Völlig verfehlt sind die Bemerkungen zu Kol 2: „Tatsächlich argumentiert Paulus vollends in Kol. 2 nur taktisch und gar beißend sarkastisch mit einem Mysterien-Wahn, wogegen die einer Erweckung vom Tode gleichen Gnadenwirkungen aus der allein realen, allein leben-wirkenden energeia Gottes sich 'durch den Glauben' ohne sakramentale Übermittlung mitteilen." (S. 22) Zur Taufe im Kolosserbrief vgl. dagegen R. Schnackenburg, Das Heilsgeschehen bei der Taufe nach dem Apostel Paulus. Eine Studie zur paulinischen Theologie, MThSt I, 1, München 1950, S. 62—69; G. Delling, Die Taufe im Neuen Testament, Berlin 1963, S. 122—125.

[2] Zu σὺν Χριστῷ bei Paulus vgl. W. Grundmann, ThWB VI, S. 780—786, dort Literaturangaben auf S. 766.

[3] E. Lohmeyer, ΣΥΝ ΧΡΙΣΤΩΙ, in: Festgabe für A. Deißmann, Tübingen 1927, S. 218—257 wollte σὺν Χριστῷ als eine festgeprägte, übernommene Formel ansehen, die auf eine Paulus und Johannes gemeinsame Menschensohnchristologie zurückzuführen sei. P. Bonnard, Mourir et vivre avec Jésus-Christ selon Saint Paul, RHPhR 36 (1956), S. 101—112 vertrat dagegen die Ansicht, es handle sich um eine Formel, die aus den Liturgien der hellenistischen Mysterienkulte herzuleiten sei. Zu den auf die Parusie bezogenen σὺν Χριστῷ-Stellen sind sicherlich die apokalyptischen Voraussetzungen zu vergleichen und zu den sakramentalen σὺν Χριστῷ-Aussagen die Vorstellungen der Mysterienreligionen heranzuziehen. (Vgl. J. Dupont, ΣΥΝ ΧΡΙΣΤΩΙ. L'union avec le Christ suivant Saint Paul, Bruges/Louvain/Paris 1952, S. 100—110 ["Avec le Christ" dans la vie future]; O. Kuß, Exkurs „Mit Christus", in: Der Römerbrief, ²Regensburg 1963, S. 319—381; Grundmann a.a.O. S. 781 Anm. 79.) Das gegenseitige Verhältnis der Worte über die zukünftige Gemeinschaft mit Christus zu den sakramentalen Aussagen wird man jedoch nicht so bestimmen können, daß man aus dem apokalyptischen Verständnis die sakramentale Anwendung herzuleiten sucht (so E. Schweizer, Die "Mystik" des Sterbens und Auferstehens mit Christus bei Paulus, EvTh 26 [1966], S. 239—257; ders., Dying and Rising with Christ, NTS 14 [1967/68], S. 1—14). An den unterschiedlichen religionsgeschichtlichen Voraussetzungen, die zum Verständnis der verschiedenen mit σὺν Χριστῷ verbundenen Gedankenkreise heranzuziehen sind, ist vielmehr abzulesen, daß σὺν Χριστῷ keine feste Formel darstellt. Vgl. Tannehill a.a.O. S. 87f.

συνετάφημεν αὐτῷ (V. 4), σύμφυτοι γεγόναμεν τῷ ὁμοιώματι τοῦ θανάτου αὐτοῦ (V. 5), ὁ παλαιὸς ἡμῶν ἄνθρωπος συνεσταυρώθη (V. 6); andererseits aber wird streng am Futurum des Auferstehens mit Christus festgehalten: συζήσομεν αὐτῷ (V. 8, vgl. V. 5: [σύμφυτοι τῷ ὁμοιώματι] τῆς ἀναστάσεως ἐσόμεθα)[1]. In der Taufe ist unser σῶμα der Herrschaft der ἁμαρτία entnommen und dem Kyrios unterstellt worden (Röm 6₆ 1Kor 6₁₃). Gott aber hat den Kyrios auferweckt und wird auch uns auferwecken διὰ τῆς δυνάμεως αὐτοῦ (1Kor 6₁₄). Schließlich ist bei Paulus auch von der im Leiden erfahrenen Verbundenheit mit Christus die Rede, die der Christ im Mitleiden mit seinem Herrn erfährt (Röm 8₁₇). Das Leiden trägt er im Blick auf die zukünftige Herrlichkeit, dessen gewiß, ἵνα καὶ συνδοξασθῶμεν (ebd.)[2].

Im Kolosserbrief wird die Wendung σὺν Χριστῷ wiederholt gebraucht. Dabei ist jedoch mit Ausnahme von 3₄ durchgehend von dem in der Taufe schon geschehenen Sterben und Auferstehen mit Christus die Rede: συνταφέντες–συνηγέρθητε (2₁₂); συνεζωοποίησεν ὑμᾶς σὺν αὐτῷ (2₁₃); ἀπεθάνετε σὺν Χριστῷ (2₂₀); εἰ οὖν συνηγέρθητε τῷ Χριστῷ (3₁); ἡ ζωὴ ὑμῶν κέκρυπται σὺν τῷ Χριστῷ ἐν τῷ θεῷ (3₃). Da die Aussagen über die Gemeinschaft σὺν Χριστῷ im Kolosserbrief in so starkem Umfang auf die gegenwärtige Verbundenheit mit Christus bezogen sind, nimmt die Wendung σὺν Χριστῷ nahezu dieselbe Bedeutung wie die Formel ἐν Χριστῷ an. Denn beide Ausdrücke dienen dazu, die Zueignung des neuen Lebens, das dem Christen in der Taufe zuteil geworden ist, zu beschreiben. Die mit ἐν αὐτῷ (2_{9f.}) bzw. ἐν ᾧ (2_{11f.}) begonnene Gedankenreihe kann daher durch σὺν αὐτῷ (2₁₃) fortgesetzt werden, ohne daß ein Unterschied der Bedeutung eintritt. Die ζωή ist schon da, freilich noch verborgen mit Christus in Gott (3₃). Doch ὅταν ὁ Χριστὸς φανερωθῇ, ἡ ζωὴ ἡμῶν, τότε καὶ ὑμεῖς σὺν αὐτῷ φανερωθήσεσθε ἐν δόξῃ (3₄).

Der Kolosserbrief ist jedoch weit entfernt davon, in einen schwärmerischen Enthusiasmus zu verfallen nach der Parole ἀνάστασιν ἤδη γεγονέναι (2Tim 2₁₈)[3]. Denn mit Christus auferweckt sein bedeutet nichts anderes, als Vergebung der Sünden zu haben (1_{13f.} 2₁₃)[4]. Die Auferweckung mit Christus ist Wirklichkeit allein διὰ τῆς πίστεως τῆς ἐνεργείας τοῦ θεοῦ

---

[1] Vgl. auch 2Tim 2₁₁: εἰ γὰρ συναπεθάνομεν, καὶ συζήσομεν.

[2] Vgl. Tannehill a. a. O. passim, der die Aussagen über das Sterben und Auferstehen mit Christus in den Zusammenhang der paulinischen Theologie einordnet und jene von diesem her interpretiert.

[3] Vgl. H. Conzelmann, RGG[3] I, Sp. 695: „Die Erwartung einer künftigen Auferstehung" ist im Kolosserbrief „nicht in gnostischer Weise aufgehoben".

[4] Über den Unterschieden zwischen Röm 6 und Kol 2 darf die Gemeinsamkeit nicht übersehen werden. Vgl. Bornkamm, Aufsätze I, S. 41: „Kol 2₁₂ redet zwar — anders als Röm 6 — auch von dem letzteren (sc. dem Mit-Christus-Erweckt-Werden) als einem in der Taufe schon vollzogenen Geschehen. Im übrigen aber sagt er, der Sache nach, was auch Röm 6₅ sagt: ,sind wir zusammengewachsen mit der (uns) gleichen Gestalt seines Todes . . .'."

τοῦ ἐγείραντος αὐτὸν ἐκ[1] νεκρῶν (2₁₂). Der Glaube aber hält sich an die Botschaft: Gott hat Christus von den Toten auferweckt (1Thess 4₁₄ 1Kor 15₃-₅ 2Kor 5₁₅ Röm 1₃f. 4₂₄f. 10₉ u. ö.). Gottes ἐνέργεια, die ihn aus dem Tode erweckte, ist die δόξα τοῦ πατρός (Röm 6₄), ist seine δύναμις (1Kor 6₁₄)[2]. Wo der Kraft Gottes, die sich im Evangelium wirksam erweist (vgl. 1Kor 1₁₈ Röm 1₁₆f.), Raum gegeben wird, da schafft sie neues Leben. Dieses neue Leben aber beschreibt der Kolosserbrief als Auferwecktsein mit Christus und ruft dazu auf, den alten Menschen abzutun und den neuen Menschen anzulegen, der nach dem Willen seines Schöpfers lebt (3₉f.).

V. 13: Mit V. 13 wird neu eingesetzt, wie schon der Wechsel des Subjekts vom „Ihr" zum „Er" erkennen läßt[3]: Gott hat euch, die ihr tot wart, lebendig gemacht mit ihm. Dieser Satz ist in herkömmlichem Predigtstil gehalten, in dem die einstige Vergangenheit der durch Gottes Tat begründeten Gegenwart gegenübergestellt wird. In V. 13c spricht dann das „Wir" der bekennenden Gemeinde: χαρισάμενος ἡμῖν πάντα τὰ παραπτώματα. Die Häufung der Partizipien (χαρισάμενος, ἐξαλείψας, προσηλώσας, ἀπεκδυσάμενος, θριαμβεύσας) deutet darauf hin, daß den Versen 13c-15 überlieferte Wendungen zugrunde liegen. Die auffallend große Zahl sonst ungebräuchlicher Wörter und Ausdrücke bestätigt die Annahme, daß der Verfasser des Briefes sich vorgegebener Formulierungen bedient hat. Hapaxlegomena im Neuen Testament sind χειρόγραφον (V. 14), προσηλοῦν (V. 14) und ἀπεκδύεσθαι (V. 15; vgl. 3₉). ἐξαλείφειν (V. 14; vgl. Act 3₁₉ Apk 3₅ 7₁₇), ὑπεναντίος (V. 14; vgl. Hebr 10₂₇) und δειγματίζειν (V. 15; vgl. Mt 1₁₉) kommen in den paulinischen Briefen sonst nicht vor, θριαμβεύειν nur noch 2Kor 2₁₄. Die Redeweise von der Vergebung der Sünden entspricht urchristlicher Gemeindetheologie, nicht dem paulinischen Sündenbegriff (vgl. 1₁₄). Der Begriff δόγμα, der im Corpus Paulinum lediglich Eph 2₁₅ wiederkehrt, ist, wie die Frage τί . . . δογματίζεσθε (2₂₀) zeigt, in der Auseinandersetzung mit der φιλοσοφία von Bedeutung gewesen. Um der Polemik willen ist er daher vermutlich in den übernommenen Zusammenhang eingefügt worden. Der Abschnitt wird durch die Worte ἐν αὐτῷ abgeschlossen; damit wird das Thema des ganzen Abschnitts noch einmal aufgenommen (vgl. ἐν αὐτῷ bzw. ἐν ᾧ V. 9. 10. 11. 12): In Christus hat Gott über die Mächte und Gewalten triumphiert.

---

[1] B*DG pc ergänzen τῶν.

[2] Vgl. Eph 1₁₉f.: κατὰ τὴν ἐνέργειαν τοῦ κράτους τῆς ἰσχύος αὐτοῦ, ἣν ἐνήργηκεν ἐν τῷ Χριστῷ ἐγείρας αὐτὸν ἐκ νεκρῶν.

[3] Nicht Christus, sondern Gott ist Subjekt dieser und der folgenden Aussagen. Gott vergibt die Sünden und wirkt die Auferweckung mit Christus. Vgl. auch Eph 2₄f.: ὁ δὲ θεὸς . . . καὶ ὄντας ἡμᾶς νεκροὺς τοῖς παραπτώμασιν συνεζωοποίησεν τῷ Χριστῷ.

Die Verse ₁₃c-₁₅ lassen sich folgendermaßen gliedern:

V. 13c χαρισάμενος ἡμῖν πάντα τὰ παραπτώματα,
V. 14 ἐξαλείψας τὸ καθ' ἡμῶν χειρόγραφον
[τοῖς δόγμασιν] ὃ ἦν ὑπεναντίον ἡμῖν,
καὶ αὐτὸ ἦρκεν ἐκ τοῦ μέσου,
προσηλώσας αὐτὸ τῷ σταυρῷ,
V. 15 ἀπεκδυσάμενος τὰς ἀρχὰς καὶ τὰς ἐξουσίας
ἐδειγμάτισεν ἐν παρρησίᾳ,
θριαμβεύσας αὐτοὺς ἐν αὐτῷ.

Thematisch steht das Bekenntnis zur Sündenvergebung voran. V. 14 beschreibt die Vernichtung des χειρόγραφον, V. 15 den Triumph über die Mächte und Gewalten. In beiden Versen ist das in der Mitte stehende Verbum finitum durch zwei Partizipien eingerahmt. Auf Grund der oben genannten Beobachtungen zu Sprache und Stil des Abschnittes darf mit hoher Wahrscheinlichkeit angenommen werden, daß in V. 14-15 ein in hymnischen Wendungen gehaltenes Bekenntnisfragment vorliegt, das der Verfasser des Kolosserbriefes aufgenommen hat, weil es den für ihn wesentlichen Zusammenhang von Sündenvergebung und Triumph über die Mächte und Gewalten zum Ausdruck bringt[1]. Darum hat er die für ihn entscheidende Aussage des Bekenntnisses (vgl. 1₁₄ 2₁₃a 3₁₃) an den Anfang gestellt. Die Worte τοῖς δόγμασιν wird er in V. 14 eingefügt haben, um hervorzuheben, daß mit der Vergebung der Sünden auch jeglicher Anspruch der στοιχεῖα τοῦ κόσμου zunichte geworden ist. Damit aber wird noch stärker hervorgehoben, daß die beiden Aussagenkreise unlöslich zusammengehören: Am Kreuz Christi ist die Handschrift ausgelöscht, am Kreuz Christi sind die Mächte und Gewalten entmachtet worden. Wo darum Vergebung der Sünden ist, da ist Freiheit von den ἀρχαί und ἐξουσίαι, da ist Leben und Seligkeit!

Euch, die ihr tot wart, hat er lebendig gemacht mit ihm! Diese an die Gemeinde gerichtete Anrede[2] weist wie der vorhergehende Zusammenhang auf die in der Taufe geschehene Auferweckung σὺν αὐτῷ. Unter dem Tod wird nun jedoch nicht das Gestorbensein mit Christus verstanden, sondern die ganze vorchristliche Zeit gilt als Todverfallenheit[3].

---

[1] Zu Schilles (a. a. O. [S. 77 Anm. 2] S. 31—37) These eines V. 9-15 zugrunde liegenden Taufliedes vgl. oben S. 150 Anm. 3 und die Kritik von Deichgräber a. a. O. (S. 77 Anm. 2) S. 167f., der jedoch für V. 13c-15 mit der Möglichkeit rechnet, daß hymnisches Gut aufgenommen worden sein könnte; vgl. ferner Wengst a. a. O. (S. 77 Anm. 2) S. 181—189, der für V. 13-15 eine durchgehende Vorlage annehmen möchte, die mit καὶ ὄντας ἡμᾶς (nicht: ὑμᾶς) νεκρούς begonnen und aus je drei Dreizeilern (V. 13.14.15) bestanden haben soll.

[2] Zum predigtartigen Einsatz καὶ ὑμᾶς vgl. 1₂₁: καὶ ὑμᾶς ποτε ὄντας ἀπηλλοτριομένους καὶ νεκρούς. Zur Gegenüberstellung von Einst und Jetzt vgl. S. 104f.

[3] Zu νεκρός vgl. R. Bultmann, ThWB IV, S. 896—898; ferner A. Feuillet, Mort du Christ et mort du chrétien d'après les épîtres pauliniennes, RBibl 66 (1959), S. 481—513.

νεκρός wird also in übertragenem Sinn verstanden[1]. Diese Verlorenheit war verursacht τοῖς παραπτώμασιν[2] καὶ τῇ ἀκροβυστίᾳ τῆς σαρκὸς ὑμῶν. παράπτωμα[3] ist die Tat des Menschen, durch die er gegen Gottes Gebot verstößt. Paulus nennt Adams Ungehorsam, durch den die ἁμαρτία Eingang in die Welt gewann und zur Herrschaft gelangte (Röm 5₁₂), παράπτωμα (Röm 5₁₅₋₁₈. ₂₀). Ebenso aber bezeichnet er die schuldhaft begangenen Übertretungen, durch die alle Menschen sich gegen Gott auflehnen, als παραπτώματα (Gal 6₁ 2Kor 5₁₉ Röm 5₁₆). In der urchristlichen Verkündigung heißt es, Christus sei dahingegeben worden διὰ τὰ παραπτώματα ἡμῶν (Röm 4₂₅), aber auch, er sei gestorben ὑπὲρ τῶν ἁμαρτιῶν ἡμῶν (1Kor 15₃). Es liegt daher kein Bedeutungsunterschied zwischen παραπτώματα und ἁμαρτίαι vor. Die im ständigen Ungehorsam vollzogene Empörung kennzeichnet das Leben derer, die ohne Christus sind. Sie leben in der Unbeschnittenheit[4] ihres Fleisches, das heißt: Sie sind Heiden und gottlos. Wo die σάρξ das Leben regiert, da kann es nichts anderes geben als Sünden und Tod[5].

Doch was einst war, das gilt nun nicht mehr. Die ἀκροβυστία, an die die Heidenchristen erinnert werden, ist durch die περιτομὴ ἀχειροποίητος (2₁₁) beseitigt worden. In der Taufe ist die Wende vom Tod zum Leben vollzogen worden; Gott hat euch[6] lebendig gemacht mit ihm (vgl. 2₁₂)[7]. Das σὺν αὐτῷ wird noch einmal mit starkem Nachdruck hervorgehoben[8]: Ihr seid mit Christus verbunden, lebendig gemacht mit ihm[9]. Darum ist der Tod überwunden und das Leben gewonnen, das es nur dort — da aber in reicher Fülle — gibt, wo Gemeinschaft mit Christus ist.

---

[1] Vgl. Lk 15₂₄. ₃₂: οὗτος ὁ υἱός μου νεκρὸς ἦν καὶ ἀνέζησεν, das heißt: ἦν ἀπολωλὼς καὶ εὑρέθη. Zum übertragenen Gebrauch von νεκρός vgl. auch Apk 3₁: ὄνομα ἔχεις ὅτι ζῇς, καὶ νεκρὸς εἶ; ferner Jak 2₁₇₋₂₆: Die πίστις, die keine ἔργα hat, ist νεκρά.

[2] Dativus causae, vgl. Blaß-Debr. § 196. Vor τοῖς παραπτώμασιν fügen p⁴⁶ AC𝕹DG pm, vor τῇ ἀκροβυστίᾳ D*G it ἐν ein.

[3] Vgl. W.Michaelis, ThWB VI, S. 170—173.

[4] ἀκροβυστία dient bei Paulus häufig zur Bezeichnung der Heiden. Vgl. Gal 2₇ 5₆ 6₁₅ 1Kor 7₁₈f. Röm 2₂₅₋₂₇ 3₃₀ 4₉₋₁₂; ferner Eph 2₁₁. Vgl. K. L. Schmidt, ThWB I, S. 226f.

[5] Vgl. Theodor von Mopsueste z. St.: ἀκροβυστίαν ἐνταῦθα οὐ τὴν τοῦ σώματος λέγει, ἀλλ᾽ ὥσπερ περιτομὴν τὴν ἀφαίρεσιν ἐκάλεσεν τῆς θνητότητος, οὕτως ἀκροβυστίαν τὸ περικεῖσθαι ἔτι τὴν θνητότητα.

[6] An das „Wir" in V.₁₃c.₁₄a gleichen p⁴⁶B 1 69 al an, indem sie schon hier ἡμᾶς schreiben.

[7] Paulus verbindet die σύν-Komposita mit dem Dativ, ohne das σύν zu wiederholen. Vgl. Röm 6₄: συνετάφημεν οὖν αὐτῷ; 6₅: σύμφυτοι γεγόναμεν τῷ ὁμοιώματι; 6₈: συζήσομεν αὐτῷ. Vgl. auch Kol 2₁₂: συνταφέντες αὐτῷ. Doch an unserer Stelle (2₁₃) wird σύν wiederholt: συνεζωοποίησεν ὑμᾶς σὺν αὐτῷ.

[8] Eph 2₅ wandelt zur Bekenntnisaussage ab: καὶ ὄντας ἡμᾶς νεκροὺς τοῖς παραπτώμασιν συνεζωοποίησεν τῷ Χριστῷ.

[9] συζωοποιεῖν steht nur hier und Eph 2₅; in den paulinischen Briefen heißt es sonst stets ζωοποιεῖν: Gal 3₂₁ 1Kor 15₂₂. ₃₆. ₄₅ 2Kor 3₆ Röm 4₁₇ 8₁₁.

Denn — so bekennt die Gemeinde — er hat uns[1] alle Sünden vergeben.
Die παραπτώματα, die das Leben vor und ohne Christus zum Tod werden
ließen, sind ausnahmslos vergeben[2]. Gott hat die Schuld erlassen[3] und
die Urkunde, auf der sie verzeichnet stand, vernichtet.

V. 14: Zum Beweis bestehender Verpflichtungen stellt der Schuldner
mit eigener Hand die Schuldurkunde aus[4]. Im Judentum ist das Verhältnis
des Menschen zu Gott verschiedentlich als das eines Schuldners gegenüber
seinem Gläubiger beschrieben worden. So verglich R. ᶜAqibha Gott mit
einem Krämer, der ausleiht und alle Beträge, die er abgegeben hat, auf
einer Schreibtafel verzeichnet. Jeder, der borgen will, kommt und leiht
sich aus. Wie der Krämer dann durch Eintreiber zurückholen läßt, was
ihm zu zahlen ist, so fordert Gott durch die Engel von den Menschen,
was sie ihm schuldig sind. Nach den Eintragungen, die auf der Tafel
stehen, wird gerechtes Gericht gehalten (Abhoth III, 16). Gott wird darum
im Gebet Abhinu Malkenu angerufen: „Unser Vater, unser König,
lösche aus durch deine große Barmherzigkeit all unsere Schuldbriefe."[5]
Gottes Zusage aber lautet: ἐγώ εἰμι ἐγώ εἰμι ὁ ἐξαλείφων τὰς ἀνομίας σου
καὶ οὐ μὴ μνησθήσομαι (LXX Jes 43₂₅).

Dieses aus dem Schuldrecht stammende Bild ist bei dem Hinweis
auf das χειρόγραφον vorausgesetzt. Es wird daher nicht auf einen Mythus
angespielt, nach dem der mit der Hand ausgestellte Schuldschein das
Dokument eines Schuldvertrages ist, den der Mensch mit dem Teufel
abgeschlossen und durch den er sich für die Leistungen, die der Satan ihm
erweisen sollte, zur Hingabe des Lebens in Sünde und Tod verpflichtet
hat[6]. Weder vom Teufel noch von einem Vertrag, den der Mensch mit

---

[1] Das ἡμῖν des Bekenntnisses verändern LP 69 al f vg zu ὑμῖν, um an die Anrede von V.₁₃ₐ anzugleichen.

[2] χαρίζεσθαι bedeutet hier wie 3₁₃ „vergeben" (vgl. 2Kor 2₇. ₁₀ 12₁₃: χαρίσασθέ
μοι τὴν ἀδικίαν ταύτην), nicht „schenken" (vgl. Gal 3₁₈ 1Kor 2₁₂ Röm 8₃₂ Phil 1₂₉
2₉). Vgl. Bauer Sp. 1733f. Die Wendung χαρίζεσθαι τὰ παραπτώματα findet sich
sonst nicht in den paulinischen Briefen.

[3] Zu χαρίζεσθαι in schuldrechtlicher Bedeutung vgl. Philo, de spec. leg. II, 39
von dem Erlassen der Schuld im siebenten Jahr: τὰ δάνεια ἑβδόμῳ ἔτει τοῖς ὁμοφύλοις
χαριζομένων; Lk 7₄₂: μὴ ἐχόντων αὐτῶν ἀποδοῦναι ἀμφοτέροις ἐχαρίσατο; 7₄₃: ᾧ τὸ
πλεῖον ἐχαρίσατο.

[4] Vgl. Polybius 30, 8, 4: ἐλεγχόμενοι γὰρ κατὰ πρόσωπον ὑπὸ τῶν ἰδίων χειρογρά-
φων; DittSyll³ II, 742, 50f.: καὶ οἱ δεδανεικότες τὰ σύμβολα τά τε ναυτικὰ καὶ κατὰ
χειρόγραφα καὶ κατὰ παραθήκας. In LXX findet sich χειρόγραφον nur Tob 5₃ 9₅:
καὶ ἔδωκεν αὐτῷ τὸ χειρόγραφον. Weitere Belege bei Bauer Sp. 1741 und Deißmann, Licht vom Osten, S. 281—284.

[5] Vgl. Staerk a.a.O. (S. 43 Anm. 5) S. 28. Vgl. auch Tanchuma נׂשׂא (140b):
Rabbi († 217?) hat gesagt: „Wenn ein Mensch sündigt, verzeichnet Gott über ihn
den Tod; tut der Mensch Buße, so wird die Schrift aufgehoben (d.h. für ungültig
erklärt); tut er nicht Buße, so bleibt das Aufgezeichnete als wahrhaftige (gültige)
Schrift." Weitere rabbinische Belege bei Billerbeck III, S. 628.

[6] Von diesem Mythus sprechen einige Kirchenväter in ihrer Erklärung z. St.
Belege bei G. Megas, Das χειρόγραφον Adams. Ein Beitrag zu Col 2₁₃₋₁₅, ZNW 27

ihm eingegangen war, ist die Rede. Das χειρόγραφον gibt vielmehr über die Schuldverfallenheit des Menschen vor Gott Auskunft. Sein Zeugnis aber spricht gegen uns, wie sowohl durch τὸ καθ᾽ ἡμῶν als auch durch ὃ ἦν ὑπεναντίον ἡμῖν ausdrücklich festgestellt wird[1]. Unverbunden steht mitten im Satz τοῖς δόγμασιν[2]. Mit den δόγματα sind nicht Bestimmungen eines Gnadenerlasses[3] gemeint, sondern verpflichtende Satzungen, so daß durch τοῖς δόγμασιν angegeben wird, wodurch das χειρόγραφον gegen uns spricht[4]. Man könnte daher τοῖς δόγμασιν unmittelbar mit dem vorhergehenden χειρόγραφον zusammennehmen und in Gedanken ein Partizip γεγραμμένον ergänzen[5]. Da dieses jedoch nicht im Text steht, haben andere Ausleger τοῖς δόγμασιν zu τὸ καθ᾽ ἡμῶν gezogen[6]. Es läßt sich aber auch τοῖς δόγμασιν mit dem folgenden Relativsatz verbinden[7]. Dann gibt dieser an, wodurch das χειρόγραφον seine Feindschaft gegen uns wirksam werden lassen konnte; τοῖς δόγμασιν steht betont voran, um den Rechtsgrund

---

(1928), S. 305—320, der χειρόγραφον auf den Teufelspakt beziehen möchte. Ebenso Lohmeyer und Bieder z. St. F. J. Dölger, Die Sonne der Gerechtigkeit und der Schwarze. Eine religionsgeschichtliche Studie zum Taufgelöbnis, Liturgiegeschichtliche Forschungen 2, Münster i. W. 1918, S. 129—141 meint, das Kreuz werde als τρόπαιον vorgestellt, an dem zum Zeichen des Triumphes über den Feind (= den Teufel) seine Waffen (= χειρόγραφον als Urkunde über den Pakt) befestigt wurden. Doch „das ist eine Kombination von Hypothesen, die sich wegen ihrer Unsicherheit nicht besonders empfiehlt" (Dibelius-Greeven z. St.). — Lohmeyer z. St. sucht seine Deutung durch folgende Erklärung zu stützen: Er setzt einen Punkt hinter τοῖς δόγμασιν und läßt mit ὅ einen neuen Satz beginnen: „Was uns feind war, ja, das hat er weggeräumt, das an das Kreuz genagelt." Der Vers soll dann in „dunkel andeutenden Worten" von einem Feind der Menschheit sprechen. Gott aber hat Christus gekreuzigt und mit ihm den ärgsten Feind der Menschen. Doch ὅ ist eindeutig auf χειρόγραφον bezogen und kann unmöglich als Anfang eines neuen Satzes angesehen werden.

[1] Durch die zweimalige Betonung des feindlichen Charakters des χειρόγραφον wirkt der Satz überladen. Dem Ausdruck τὸ καθ᾽ ἡμῶν χειρόγραφον ist durch ὃ ἦν ὑπεναντίον ἡμῖν eine interpretierende Verdeutlichung hinzugefügt worden. (Vgl. auch Schille a. a. O. [S. 77 Anm. 2] S. 33: „Die Zeile 'die uns entgegenstand' in V. 14 erweckt den Eindruck einer Glosse.") Doch wird der ganze Satz — einschließlich des Relativsatzes ὃ ἦν ὑπεναντίον ἡμῖν — dem Verfasser des Kolosserbriefes bereits vorgelegen haben, da er ihm seinerseits durch die Worte τοῖς δόγμασιν eine neue Akzentuierung gibt. Vgl. oben S. 159 f.; zu ὑπεναντίος siehe unten S. 164 Anm. 7.

[2] Moule z. St. sagt mit Recht: "The dative τοῖς δόγμασιν is problematic." Zur Geschichte der Auslegung vgl. E. Best, A Historical Study of the Exegesis of Col 2,14, Diss. Gregoriana, Rom 1956, ferner die Übersicht bei Masson z. St.

[3] So Bengel z. St.: decreta gratiae.

[4] Eph 2₁₅ ist klarer als Kol 2₁₄ formuliert: τὸν νόμον τῶν ἐντολῶν ἐν δόγμασιν καταργήσας.

[5] So Lightfoot, Abbott, Haupt z. St.; zuletzt Larsson a. a. O. (S. 85 Anm. 1) S. 85.

[6] So z. B. Dibelius-Greeven z. St. mit der Begründung, τὸ καθ᾽ ἡμῶν entbehre sonst einer Inhaltsbestimmung.

[7] Zur Begründung dieser Erklärung vgl. Percy, Probleme, S. 88 f.

11*

dafür hervorzuheben, daß die Handschrift gegen uns zeugt[1]. Wenn jedoch — wie oben (siehe S. 159f. zu 2₁₃) dargelegt — angenommen werden kann, daß dem Satz ein überkommenes Bekenntnisfragment zugrunde liegt, dann wird der Hinweis auf die δόγματα auf den Verfasser des Kolosserbriefes zurückzuführen sein, der seine Vorlage kommentierte, indem er mitten in den Satz τοῖς δόγμασιν einfügte[2], um zu sagen: Kraft der Satzungen ist das χειρόγραφον gegen uns[3].

Die Gebote Gottes werden im hellenistischen Judentum auch seine δόγματα[4] genannt[5]. Die Befolgung von δόγματα, die als gesetzliche Vorschriften das Leben und Handeln der Menschen genau regeln, forderte auch die Lehre der „Philosophen" von ihren Anhängern (vgl. 2₂₀f.)[6]. Diese Satzungen aber — so wird nun gegen diese Lehre geltend gemacht — gehören zur Vergangenheit, die Gott endgültig abgetan hat. Jene δόγματα gaben geradezu die rechtliche Handhabe dafür, daß wir in Schuld verfangen waren, die wir nicht einzulösen vermochten[7]. Während nach Auffassung des Judentums Gott nur dann einen Schuldbrief tilgt, wenn sich Verdienste und Verschuldungen die Waage halten[8], bekennt die christliche Gemeinde, Gott habe alle Sünden vergeben und die gegen uns zeugende Schuldurkunde ausgelöscht[9], so daß sie uns nicht mehr vor-

---

[1] Zur proleptischen Stellung vor dem Nebensatz vgl. z. B. Kol 4₁₆: ποιήσατε ... καὶ τὴν (sc. ἐπιστολὴν) ἐκ Λαοδικείας ἵνα καὶ ὑμεῖς ἀναγνῶτε. Weitere Belege bei Percy, Probleme, S. 88 Anm. 43.

[2] Vgl. Röm 3₂₄₋₂₆: Paulus übernimmt einen judenchristlichen Bekenntnissatz und interpretiert ihn, indem er zwischen die zusammengehörigen Worte ἱλαστήριον ἐν τῷ αὐτοῦ αἵματι mit Nachdruck διὰ πίστεως hineinsetzt. Vgl. Lohse, Märtyrer und Gottesknecht, S. 149—154.

[3] Masson z. St. sieht τοῖς δόγμασιν als Einfügung an, schreibt diese jedoch dem Verfasser des Epheserbriefes zu, der einen ursprünglich kürzeren Kolosserbrief bearbeitet haben soll. Zu dieser Hypothese vgl. oben S. 139.

[4] Zum Begriff δόγμα, der im NT noch Eph 2₁₅ sowie Lk 2₁ Act 16₄ 17₇ vorkommt, vgl. G. Kittel, ThWB II, S. 233—235.

[5] Vgl. 3Makk 1₃: τῶν πατρίων δογμάτων; Josephus, contra Apionem I, 42 sagt vom Alten Testament: πᾶσι δὲ σύμφυτόν ἐστι εὐθὺς ἐκ πρώτης γενέσεως Ἰουδαίοις τὸ νομίζειν αὐτὰ θεοῦ δόγματα καὶ τούτοις ἐμμένειν καὶ ὑπὲρ αὐτῶν, εἰ δέοι, θνήσκειν ἡδέως; Philo, de gig. 52: ὁρᾷς ὅτι οὐδὲ ὁ ἀρχιερεὺς λόγος ἐνδιατρίβειν ἀεὶ καὶ ἐνσχολάζειν τοῖς ἁγίοις δόγμασι δυνάμενος ἄδειαν ἔσχηκεν ἀνὰ πάντα καιρὸν πρὸς αὐτὰ φοιτᾶν. Vgl. ferner 4Makk 10₂; Josephus, Ant. XV, 136; Philo, leg. all. I, 54f.

[6] Paulus und die Deuteropaulinen sprechen sonst niemals von δόγματα (Eph 2₁₅ wird von Kol 2₁₄ abhängig sein). Da die Frage τί ... δογματίζεσθε (2₂₀) auf die Satzungen der φιλοσοφία anspielt, wird der Begriff δόγματα durch die Auseinandersetzung mit der falschen Lehre vorgegeben sein.

[7] ὑπεναντίος steht im NT nur noch Hebr 10₂₇, in LXX verschiedentlich zur Bezeichnung von Feinden: Gen 22₁₇ 24₆₀ Ex 1₁₀ 15₇ 23₂₇ u. ö.

[8] In diesem Fall „reißt Gott eilends einen Schuldbrief von den Übertretungen weg, so daß die Verdienste die Waagschale sinken lassen" und damit das Übergewicht gewinnen (j. Pea 1, 16b, 37). Vgl. Billerbeck III, S. 78f.

[9] Vgl. Act 3₁₉: πρὸς τὸ ἐξαλειφθῆναι ὑμῶν τὰς ἁμαρτίας; Apk 3₅ steht ἐξαλείφειν vom Auslöschen des Namens, so daß kein Rechtsanspruch mehr besteht; Apk 7₁₇ 21₄ vom Wegwischen der Tränen, so daß alles Leid fort ist.

gehalten werden kann[1]. Er hat nicht nur die Schuld getilgt, sondern auch das χειρόγραφον fortgenommen[2]. Was weggetan ist, das hat alle Gültigkeit verloren[3]. Die völlige Vernichtung des χειρόγραφον aber ist erfolgt, indem Gott es an das Kreuz geheftet hat[4]. Das schuldrechtliche Bild wird nicht weiter ausgeführt, sondern nun wird in Worten des urchristlichen Bekenntnisses gesprochen[5] (vgl. Joh 1₂₉. ₃₆; ferner 1 Joh 3₅ 1 Petr 2₂₄)[6]. Gott hat die Urkunde getilgt, indem er sie an das Kreuz anschlug. Weil Christus an unserer Statt an das Kreuz geheftet wurde, ist die Schuld endgültig vergeben[7]. Damit aber ist die vorangestellte Bekenntnisaussage χαρισάμενος ἡμῖν πάντα τὰ παραπτώματα erläutert: Um Christi willen hat Gott uns alle Sünden vergeben.

V. 15: Am Kreuz Christi hat Gott nicht nur das χειρόγραφον vernichtet, sondern auch über die ἀρχαί und ἐξουσίαι triumphiert. Das selten gebrauchte Medium ἀπεκδύεσθαι[8] bedeutet „sich ausziehen", „ablegen" (mit Akkusativ der Sache, so 3₉: ἀπεκδυσάμενοι τὸν παλαιὸν ἄνθρωπον). Doch kann das Medium auch in aktivem Sinn verwendet werden; dann steht es in der Bedeutung von „entkleiden"[9]. Die Frage,

---

[1] Vgl. Lohse, Märtyrer und Gottesknecht, S. 156—158.

[2] αἴρειν ἐκ μέσου ist nicht als Latinismus (de medio tollere) anzusehen (vgl. Blaß-Debr. § 5,3b), sondern war im Griechischen durchaus üblich, so z.B. BGU II, 388, 2, 23: ἆρον ταῦτα (sc. Geräte) ἐκ τοῦ μ[έ]σ[ου]; Plutarch, de curiositate 9 (p. 519d): αἴρουσιν ἐκ μέσου καὶ ἀποκρύπτουσιν; Epiktet, Diss. III, 3, 15: αἶρε ἐκ μέσου = ἀπόβαλε.

[3] Vgl. 1 Kor 5₂: ἵνα ἀρθῇ ἐκ μέσου ὑμῶν; 1QS II, 16: ונכרת מתוך כול בני אור; 2 Thess 2₇: μόνον ὁ κατέχων ἄρτι ἕως ἐκ μέσου γένηται; Mt 13₄₉: οἱ ἄγγελοι . . . ἀφοριοῦσιν τοὺς πονηροὺς ἐκ μέσου τῶν δικαίων.

[4] Deißmann, Licht vom Osten, S. 282f. meinte, das Partizip προσηλώσας weise auf einen uns unbekannten Brauch hin, nach dem es üblich gewesen sei, „eine Schuldhandschrift (oder eine andere Urkunde) durch den griechischen Kreuzbuchstaben Chi (X) zu durchkreuzen und dadurch zu annullieren". Doch von einer Durchkreuzung des χειρόγραφον ist nicht die Rede. Das aus dem Schuldrecht genommene Bild wird sofort wieder verlassen und ist für προσηλώσας nicht mehr bestimmend.

[5] Zu αἴρειν in der Bedeutung „wegtragen" vgl. J. Jeremias, ThWB I, S. 185.

[6] Vgl. ferner IgnEph 9₁ Trall 11₂ Barn 9₈ 12₁.

[7] Paulus kann die Aussage des Kerygmas, daß Christus ὑπὲρ τῶν ἁμαρτιῶν ἡμῶν starb (1 Kor 15₃), zu dem Satz verschärfen, daß Christus ὑπὲρ ἡμῶν κατάρα wurde (Gal 3₁₃), daß Gott τὸν μὴ γνόντα ἁμαρτίαν ὑπὲρ ἡμῶν ἁμαρτίαν ἐποίησεν, ἵνα ἡμεῖς γενώμεθα δικαιοσύνη θεοῦ ἐν αὐτῷ (2 Kor 5₂₁). Aus diesen Sätzen läßt sich jedoch nicht für Kol 2₁₄ die Gleichsetzung χειρόγραφον = Christus folgern mit der Begründung: "for the body of Christ, nailed to the cross, does in some sense represent humanity's guilt" (Moule z. St.). Vgl. auch O. A. Blanchette, Does the Cheirographon of Col 2,14 represent Christ himself?, CBQ 23 (1961), S. 306—312. Eher ließe sich denken, daß auf den Brauch angespielt wird, „den τίτλος mit der Schuld des Delinquenten ans Kreuz zu heften (Mc 15₂₆)" (Dibelius-Greeven z. St.).

[8] Vgl. A. Oepke, ThWB II, S. 319; Bauer Sp. 165.

[9] Vgl. Blaß-Debr. § 316,1.

welche der beiden Möglichkeiten hier vorliegt, entscheidet sich daran,
welches Subjekt zu ἀπεκδυσάμενος zu ergänzen ist. Die Auffassung,
Christus sei Subjekt der Aussage, war in der alten Kirche verbreitet[1]
und wird auch in neuerer Zeit von manchen Exegeten vertreten. Die la-
teinischen Väter setzen freilich in ihrer Erklärung eine Ergänzung bzw.
Änderung des Textes voraus, nach der Christus das Fleisch abgelegt habe[2].
Die griechischen Väter dagegen halten den überlieferten Text fest und
sagen, Christus habe die Mächte und Gewalten des Bösen abgestreift[3].
Eigentümlich bleibt bei dieser Erklärung der Gedanke, daß Christus
jemals mit den ἀρχαί und ἐξουσίαι bekleidet gewesen sein sollte. Er müßte
dann schon mit einem fremdartigen Gewand — nämlich den Gewalten
des Bösen — angetan gewesen sein[4]. Bei seiner Himmelfahrt hätte er dann
dieses Gewand abgestreift und damit den Sieg über die Mächte davon-
getragen. Dieser Gedanke käme den Vorstellungen des gnostischen
Mythus nahe, nach denen der Erlöser bei seiner Auffahrt das Leibgewand
abstreift und den Seinen den Weg zum Himmel bahnt[5]. Gegen diese
Interpretation ist jedoch einzuwenden, daß von V.₁₄ zu V.₁₅ kein Wechsel
des Subjekts vorliegt[6]. Mit Recht sehen daher die meisten Exegeten Gott
als Subjekt des ganzen Zusammenhangs an[7]. Er hat am Kreuz Christi
die Mächte und Gewalten zuschanden werden lassen. ἀπεκδυσάμενος,

---

[1] Belege bei Lightfoot und Lohmeyer z. St.

[2] ΤΑΣ ΑΡΧΑΣ → ΤΗΝ ΣΑΡΚΑ.   [3] Vgl. Lightfoot z. St.

[4] Dieses Gewand ließe sich mit dem Hemd vergleichen, das in das Blut des
von Herakles getöteten Kentauren Nessus getaucht, dadurch vergiftet und dann
Herakles gereicht worden war. So erklärt Lightfoot z. St.: "The powers of evil,
which had clung like a Nessus robe about his humanity, were torn off and cast
aside for ever." Vgl. auch Moule z. St.

[5] Den gnostischen Erlöser-Mythus hat vor allem Käsemann, Leib Christi,
S. 139—144 (Aufsätze I, S. 45f.) zur Erklärung des Verses herangezogen: Der
Erlöser habe bei seiner Auffahrt die Mächte und Gewalten abgelegt, nämlich „den
von den dämonischen Archonten tyrannisierten Adamsleib" (Aufsätze I, S. 46).
Wie er sich der σάρξ entkleidet hat, so sollen auch die Seinen ihm folgen und die
ἀπέκδυσις τοῦ σώματος τῆς σαρκός vornehmen (Leib Christi, S. 139f.). Doch abgesehen von dem überaus verwickelten Problemkreis von Ursprung und Alter des
gnostischen Erlöser-Mythus (vgl. C. Colpe, Die religionsgeschichtliche Schule.
Darstellung und Kritik ihres Bildes vom gnostischen Erlösermythus, FRLANT 78,
Göttingen 1961) ist zu fragen, ob nach Kol 2₁₅ Christus wirklich mit den ἀρχαί
und ἐξουσίαι bekleidet gewesen sein sollte. Daß diese mit dem σῶμα τῆς σαρκός
identifiziert werden könnten, ist weder angedeutet noch zu erschließen.

[6] Vgl. Dibelius-Greeven z. St.; Larsson a.a.O. (S. 85 Anm. 1) S. 90
Anm. 1. Wenn man Christus als Subjekt annehmen will, muß man die abschließende
Wendung ἐν αὐτῷ entweder auf τῷ σταυρῷ beziehen (so Lightfoot z. St. unter
Hinweis auf Eph 2₁₆: διὰ τοῦ σταυροῦ; Moule z. St.) oder als ἐν αὐτῷ lesen. Da ἐν
αὐτῷ aber in den vorangehenden Versen wiederholt verwendet wurde, kann es auch
am Ende von V.₁₅ nicht anders als in V.₉₋₁₂ erklärt werden.

[7] Vgl. Lohmeyer, Dibelius-Greeven, Masson, Conzelmann z. St.;
R. Bultmann, Neues Testament und Mythologie, in: Kerygma und Mythus I,
ed. H. W. Bartsch, ²Hamburg 1951, S. 42.

das also in aktiver Bedeutung zu fassen ist, besagt dann, daß er sie entkleidet[1] und ihrer Würde gänzlich beraubt hat[2]. In hymnischen Worten
preist die Christenheit den Sieg über die ἀρχαί und ἐξουσίαι (vgl. Phil
2₉-₁₁ 1Tim 3₁₆ Hebr 1₉-₁₄)[3]. Hatten sie Christus ans Kreuz gebracht,
so hat Gott sie eben am Kreuz in ihrer Ohnmacht bloßgestellt (vgl.
1Kor 2₆-₈)[4]. Daß er sie ihrer angemaßten Würde entkleidet hat, macht
er öffentlich kund, indem er sie zur Schau stellt und zum Gespött werden
läßt[5]. Indem ihre vernichtende Niederlage aller Welt gezeigt wird, wird
die unendliche Überlegenheit Christi demonstriert[6].

Die Mächte und Gewalten sind besiegt und können darum denen nichts
mehr anhaben, die zum Sieger gehören[7]. Im Triumphzug führt Gott die ent-
machteten ἀρχαί und ἐξουσίαι auf[8], um damit die Größe des Sieges offenkundig
zu machen[9]. Sie sind ohnmächtige Gestalten, die dem Menschen weder helfen
noch von ihm Huldigung und Verehrung fordern können. Weil ihre Zeit vor-
über ist, bleibt ihnen nichts anderes übrig, als dem Sieger zu huldigen[10].

---

[1] A. Oepke, ThWB II, S. 319 und Bauer Sp. 165 schlagen die Übersetzung
„entwaffnen" vor; aber es ist nicht notwendig, an Waffen zu denken. Die Mächte
und Gewalten werden ausgezogen und damit der Lächerlichkeit preisgegeben.
Vgl. Lohmeyer z. St.; H. Schlier, ThWB II, S. 31 Anm. 2.

[2] Vgl. Evang. Nicodemi II, 7 (= Act. Pilati B, 23; ed. C. v. Tischendorf
[1853] p. 329): Der Hades fragt den Satan: διὰ ποίαν ἀνάγκην ᾠκονόμησας σταυρω-
θῆναι τὸν βασιλέα τῆς δόξης εἰς τὸ ἐλθεῖν ὧδε καὶ ἐκδῦσαι ἡμᾶς; vgl. F. Scheidweiler,
in: Hennecke-Schneemelcher I, S. 351.

[3] Vgl. ferner: Od Sal 22₃-₅: „Er, der zerstreute meine Feinde und meine Gegner; er, der mir Macht gab über die Feinde, so daß ich sie lösen kann; er, der nieder-
warf durch meine Hände den siebenköpfigen Drachen." Vgl. W. Bauer, in:
Hennecke-Schneemelcher II, S. 602.

[4] Ein verknüpfendes καί fügen p⁴⁶ B vor ἐδειγμάτισεν ein. Falls καί ursprünglich
ist — was angesichts der guten Bezeugung denkbar erscheint —, würde der Satzbau
dem von V. 14b genau entsprechen: καὶ αὐτὸ ἦρκεν.

[5] δειγματίζειν wird selten gebraucht, im NT nur noch Mt 1₁₉ in der Bedeutung
„bloßstellen". Vgl. ferner Asc Jes 3₁₃: ἦν γὰρ ὁ Βελιὰρ ἐν θυμῷ πολλῷ (ἐ)πὶ Ἡσαΐαν
ἀπὸ τῆς (ὁρά)σεως καὶ ἀπὸ τυ(ῦ δει)γματισμοῦ ὅτι (ἐ)δειγμάτισεν τὸν (Σ)αμαήλ. Weitere
Belege bei Schlier a.a.O. S. 31f.; Bauer Sp. 342.

[6] Vgl. H. Schlier, ThWB V, S. 882.

[7] Vgl. Severian von Gabala z. St.: καὶ τίς τούτων ὁ δειγματισμός; ὅτι ἀσθενέστεροι
τῶν ἀνθρώπων γεγόνασιν, ὅτι πατοῦνται, ὅτι ὑπ' αὐτῶν ἐμπαίζονται ἐν τῷ ὀνόματι τοῦ κυρίου.

[8] θριαμβεύειν bedeutet hier und 2Kor 2₁₄ — den beiden einzigen Stellen im
NT, an denen das Wort erscheint — „im Triumphzug aufführen". Vgl. G. Delling,
ThWB III, S. 159f.; Bauer Sp. 719. 2Kor 2₁₄ ist Gott gleichfalls Subjekt der
Aussage: Er führt in seinem Triumphzug den Apostel mit.

[9] Vgl. Horaz, Epist. I, 17, 33: captos ostendere civibus hostes.

[10] Vgl. Bornkamm, Aufsätze I, S. 46: „... wie auch der Kolosserbrief nicht
sagt: die Mächte sind beseitigt, sondern: sie sind entwaffnet, eingefügt dem Triumphzug Christi als Besiegte (Kol 2₁₅); wie in einem Triumphzug die Unterworfenen,
die hinter dem Sieger herziehen, noch alle sichtbar sind und gerade durch die
Mächtigkeit ihrer Erscheinung die Größe des errungenen Sieges bekunden müssen,
so sind die ἀρχαί und ἐξουσίαι noch da, nur tragen sie für die Glaubenden keine
Waffen mehr und verherrlichen so den Sieg Christi."

ἐν αὐτῷ — so wird am Ende des Abschnittes noch einmal hervorgehoben: In ihm hat Gott über die Mächte und Gewalten triumphiert, in ihm ist der Sieg erfochten, der Triumph gewonnen[1]. Damit aber ist der Gedankengang wieder zu der entscheidenden Frage zurückgeführt, die der Gemeinde gestellt ist: ob es neben und außer Christus noch irgendeinen anderen Weg gibt, um göttlicher Fülle teilhaftig zu werden. Verehrung der στοιχεῖα τοῦ κόσμου, Unterwerfung unter die Mächte und Gewalten — so sagen die „Philosophen". Diesen Forderungen stellt der Kolosserbrief die Losung „solus Christus" entgegen. In ihm wohnt die ganze Fülle der Gottheit leibhaftig — in ihm seid ihr Erfüllte — in ihm wurdet ihr beschnitten mit der Beschneidung, die nicht mit Händen gemacht ist — in ihm wurdet ihr auch mitauferweckt durch den Glauben an die Kraft Gottes, der ihn von den Toten auferweckt hat. Die Entscheidung ist daher schon gefallen. Denn in der Taufe sind die Getauften in den Herrschaftsbereich des geliebten Gottessohns versetzt. Daher gehen sie die Mächte und Gewalten nichts mehr an, sondern für sie gilt: Christus allein — und niemand und nichts außer und neben ihm![2]

2₁₆₋₂₃ Das Ende der Satzungen

[16] So soll nun niemand euch richten betreffs Essen und Trinken oder hinsichtlich eines Festes oder Neumondes oder Sabbaths; [17] das ist nur Schatten des Zukünftigen, der Leib aber ist Christi. [18] Niemand soll euch verdammen, der sich in Dienstbereitschaft und Verehrung der Engel gefällt, wie er sie bei der Weihe geschaut hat, grundlos aufgeblasen von seinem irdischen Sinn, [19] und der sich nicht an das Haupt hält, von dem her der ganze Leib, durch Sehnen und Bänder versorgt und zusammengehalten, wächst im Wachstum Gottes.

[20] Wenn ihr nun mit Christus den Weltelementen abgestorben seid, was wollt ihr euch, als lebtet ihr noch in der Welt, Satzungen auferlegen lassen: [21] Du sollst nicht anfassen, du sollst nicht kosten, du sollst nicht berühren - [22] das ist doch alles zum Verderb durch Verbrauch bestimmt! - nach Satzungen und Lehren der Menschen?

---

[1] ἐν αὐτῷ ist weder auf χειρόγραφον (so v. Soden z. St.), das ja nach V.14 abgetan ist, noch auf τῷ σταυρῷ (so Lightfoot, Haupt, Masson, Moule z. St.), sondern auf Christus zu beziehen: so mit vielen Exegeten Lohmeyer, Dibelius-Greeven, Conzelmann z. St.; Bultmann a.a.O. (S. 166 Anm. 7) S. 42.

[2] Vgl. Käsemann a.a.O. (S. 152 Anm. 9) S. 359: „Der Brief selber antwortet auf die gestellte Frage mit dem Solus Christus. Weder verbinden die Mächte mit dem Christus, noch können sie von ihm trennen. Von ihnen läßt sich einzig sagen, daß sie als ehemalige Weltherrscher durch den Christus entmächtigt sind, der als eschatologischer κοσμοκράτωρ das Regiment der Welt und das Heil der Seinigen allein in Händen hält."

²³ Das hat zwar den Ruf von Weisheit in selbsterwähltem Kult, Dienstbereitschaft und Strenge gegen den Leib, doch mit Ehre hat es nichts zu tun und dient nur zur Sättigung des Fleisches.

Ist am Kreuz Christi der Triumph über die Mächte und Gewalten errungen worden, ist er das Haupt über alle Mächte und Gewalten, dann sind alle, die zu ihm gehören, frei von dem Zwang, der von den στοιχεῖα τοῦ κόσμου ausgeht und Unterwerfung in der θρησκεία τῶν ἀγγέλων fordert. Sie dürfen sich daher nicht von denen beeindrucken lassen, die sich ihnen gegenüber mit ihren Erfahrungen brüsten und voller Anmaßung ein abschätziges Urteil abgeben wollen (V. 16-19). Im Gegenteil: Wer mit Christus gestorben ist, der ist den Weltelementen abgestorben. Ihn gehen daher die δόγματα und ihre Weisungen nichts mehr an. Er braucht sich nicht um Vorschriften zu bekümmern, die ihm dieses und jenes untersagen, sondern ihm sind die Dinge der Welt als Gottes Gaben zu freiem Gebrauch gegeben (V. 20-23).

Der in scharfer Polemik gehaltene Abschnitt ist durchzogen von Anspielungen auf Lehre und Schlagworte der φιλοσοφία. Dadurch werden die Sätze schwer verständlich; denn im einzelnen ist nicht immer sicher zu unterscheiden, welche Worte den Gegnern entrissen sind, um sie nun im Angriff gegen sie zu kehren, und welche Wendungen vom Verfasser selbst formuliert wurden. Schlag auf Schlag erfolgt die Zurückweisung des überheblichen Anspruchs, den die „Philosophen" in der Gemeinde geltend machen möchten, indem mit ihren eigenen Begriffen die hohle Nichtigkeit ihrer φιλοσοφία aufgewiesen wird.

V. 16: Niemandem steht das Recht zu, sich hochmütig zum Richter über die anderen zu erheben, weil sie nicht gewisse Satzungen befolgen. Wieder wird durch das unbestimmte τις auf die Gefährdung aufmerksam gemacht, die der Gemeinde droht (vgl. V. 8). Dabei ist an „jemanden" gedacht, der seinen Standpunkt innerhalb der Gemeinde durchzusetzen sucht als das allein der rechten Erkenntnis entsprechende Verhalten. Er scheut sich nicht, sich über die anderen erhaben zu dünken und diejenigen, denen es an der entsprechenden Einsicht in die Notwendigkeit der δόγματα fehlt, höhnisch zu kritisieren[1]. Dieses im Gefühl der Überlegenheit gefällte Urteil bezieht sich zunächst auf βρῶσις[2] und πόσις[3], Essen und Trinken[4]. Aus der Forderung der ἀφειδία τοῦ σώματος (V. 23)

---

[1] Vgl. Röm 14₃: ὁ δὲ μὴ ἐσθίων τὸν ἐσθίοντα μὴ κρινέτω.

[2] Statt καί (p⁴⁶B 1739 syᵖ) lesen ℵ𝔄DG al ἤ.

[3] Vgl. Röm 14₁₇: οὐ γάρ ἐστιν ἡ βασιλεία τοῦ θεοῦ βρῶσις καὶ πόσις; 1Kor 8₄: περὶ τῆς βρώσεως οὖν τῶν εἰδωλοθύτων.

[4] βρῶσις und πόσις sind von βρῶμα (vgl. 1Kor 3₂ 6₁₃ 8₈. ₁₃ 10₃ Röm 14₁₅) und πόμα (vgl. 1Kor 10₄) = „Speise und Trank" zu unterscheiden. Zu βρῶμα/βρῶσις vgl. J. Behm, ThWB I, S. 640—643; zu πόμα/πόσις L. Goppelt, ThWB VI, S. 145—148.

folgt, daß man sich bestimmter Speisen enthalten soll (vgl. V.21; 1Tim 43: ἀπέχεσθαι βρωμάτων). Die Vorstellung, daß durch Askese und Fasten der Mensch der Gottheit dienen, ihr näherkommen oder sich auf den Empfang einer Offenbarung vorbereiten könnte, war in der alten Welt weit verbreitet[1]. So enthält man sich vielfach des Fleischgenusses und nimmt nur die Speisen zu sich, die die Erde hervorbringt[2], meidet aber auch Wein und berauschenden Trank[3]. Die Gründe, die zu solcher asketischen Lebensweise führen, sind sehr verschiedener Art. Den einen verbietet der Glaube an die Seelenwanderung den Genuß von Fleisch, andere folgen bestimmten Reinheitsvorstellungen, und manche sind von einem dualistischen Weltverständnis geleitet, das sie zu asketischer Lebensweise veranlaßt. Die Satzungen, deren Befolgung von jener φιλοσοφία gefordert wird, betreffen die Innehaltung von Tabuvorschriften sowie die Beobachtung ausgesonderter Zeiten und stehen daher im Zusammenhang mit der gehorsamen Unterordnung unter die στοιχεῖα τοῦ κόσμου.

Nach ihren Weisungen hat der Mensch zu leben und sich daher auch hinsichtlich[4] der heiligen Tage ihrem Gebot entsprechend zu verhalten. Werden als diese Zeiten ἑορτή, νεομηνία und σάββατα[5] aufgeführt, so sind damit drei Begriffe genannt, die in dieser Zusammenstellung auch im Alten Testament wiederholt zur Kennzeichnung der für Gott ausgesonderten Tage dienen[6]. Doch die Forderung, Fest, Neumond und Sabbath zu halten, wird hier nicht von der Thora her begründet, nach der der Sabbath Israel zum Zeichen seiner Auserwählung aus den Völkern gegeben ist. Sondern die Tage müssen um der στοιχεῖα τοῦ κόσμου willen beachtet werden, die den Lauf der Sterne lenken und daher auch die Ordnung des Kalenders genau vorschreiben[7]. Der Mensch ist durch

---

[1] Material bei Lietzmann, Römer, S. 114f.; G. Bornkamm, ThWB IV, S. 66—68; J. Behm, ThWB IV, S. 925—935.

[2] Vgl. Apulejus, Metamorph. XI, 28: inanimis contentus cibis; Philostrat, Vita Apollonii I, 8: τὰς μὲν ἐμψύχους βρώσεις ὡς οὔτε καθαρὰς καὶ τὸν νοῦν παχυνούσας παρῃτήσατο, τραγήματα δὲ καὶ λάχανα ἐσιτεῖτο, καθαρὰ εἶναι φάσκων, ὁπόσα ἡ γῆ αὐτὴ δίδωσι.

[3] Philostrat a.a.O.; Euseb, Hist. Eccl. II, 23, 5 vom Herrenbruder Jakobus: οἶνον καὶ σίκερα οὐκ ἔπιεν οὐδὲ ἔμψυχον ἔφαγεν.

[4] ἐν μέρει wird formelhaft verwendet in der Bedeutung „in Sachen von", „hinsichtlich", so z.B. Plutarch, Consolatio ad Apollonium 4 (p. 102e): ἐν ὑποθήκης μέρει; Philo, det. pot. ins. sol. 5: ἐν μέρει λόγου; vgl. auch 2Kor 310: ἐν τούτῳ τῷ μέρει; 93: ἐν τῷ μέρει τούτῳ. Weitere Belege bei Bauer Sp. 1001.

[5] Der Plural τὰ σάββατα wird sehr häufig in singularischer Bedeutung verwendet. Vgl. E. Lohse, ThWB VII, S. 7. 20.

[6] Vgl. LXX Hos 213 Ez 4517 1Chr 2331 2Chr 23 313; ferner Jub 114; Tosefta Berakhoth 311; Justin, Dial. 8,4.

[7] Über den Zusammenhang zwischen den Engeln und Gestirnsmächten einerseits und den heiligen Zeiten andererseits ist auch in der Apokalyptik und in der Gemeinde von Qumran nachgesonnen worden. Belege bei Schlier a.a.O. (S. 147 Anm. 4) S. 204—206. Doch im Judentum bleibt die Beachtung der heiligen Zeiten

Geburt und Schicksal den Weltelementen unterworfen und muß ihnen dienen in peinlicher Befolgung asketischer Speisevorschriften und besonderer Zeiten[1]. Die aus jüdischer Überlieferung entnommenen Begriffe, deren die φιλοσοφία sich bedient, sind also im Schmelztigel synkretistischer Vermischung und Umwandlung dem Dienst der Weltelemente untergeordnet worden und sollen diesem nunmehr Ausdruck verleihen[2]. Weil Engelmächte über die Ordnung des Kosmos und die Bahnen der Gestirne wachen, müssen die ihnen zugehörigen heiligen Zeiten beachtet und die Satzungen, die in einer Reihe von Tabuvorschriften niedergelegt sind, befolgt werden[3].

V. 17: Das[4] alles aber — so wird nun gegen die als heilsnotwendig hingestellten δόγματα eingewandt — ist nur σκιὰ τῶν μελλόντων, nicht aber die Wirklichkeit selbst. Der Gegensatz von äußerer Erscheinung und allein wirklichem Wesen, wie er in der platonischen Philosophie gelehrt wurde[5], ist in hellenistischer Zeit immer wieder bedacht und beschrieben worden. Wahres Sein eignet den Ideen, nicht den Schatten, die sie in diese Welt hineinwerfen und die sich unserer sinnlichen Wahrnehmung darbieten. Die einander gegenübergestellten Begriffe sind meist σκιά und εἰκών[6]. Anstelle von εἰκών kann jedoch auch σῶμα

Ausdruck des Gehorsams gegenüber dem Gesetz Gottes, des Herrn der Welt. In der synkretistischen φιλοσοφία aber hat die Innehaltung der Tage und Zeiten einen grundsätzlich anderen Charakter — nämlich den der Verehrung der Weltelemente, die in dieser Weise von einem Juden unmöglich vorgenommen werden konnte. Es trifft daher nicht zu, wenn man in der φιλοσοφία einen Ausläufer der Lehre der Qumrangemeinde sehen will. So hat W. D. Davies, Paul and the Dead Sea Scrolls: Flesh and Spirit, in: The Scrolls and the New Testament, ed. K. Stendahl, New York 1957, S. 167f. sowohl in den asketischen Regeln wie auch in der Verehrung der Mächte und Gewalten deutliche Anklänge an verschiedene Aussagen der Schriften von Qumran wiedererkennen wollen. Ähnlich hat auch P. Benoit, Qumrân et le Nouveau Testament, NTS 7 (1960/61), S. 287 gemeint, die Beschneidung, die genaue Befolgung der Speisegebote und des Festkalenders sowie die Spekulationen über die Engelmächte stimmten durchaus zu den Auffassungen der frommen Juden, die am Ufer des Toten Meeres lebten. Von einem Gesetzesradikalismus, wie er in der Gemeinde von Qumran vertreten wurde, ist aber in der φιλοσοφία nicht die Rede; der Begriff νόμος fehlt überhaupt in der Auseinandersetzung, die der Kolosserbrief vorzunehmen hat. Vgl. auch Braun, Qumran I, S. 228–232 und unten S. 188f.

[1] Vgl. Lohse a.a. O. S. 31.

[2] Vgl. Lohse, Christologie und Ethik, S. 157f.

[3] Vgl. die Lehre des Elchasai, der seine Anhänger anwies, den Sabbath zu halten, weil der Sabbath einer der Tage sei, die des Laufes der Gestirne wegen mit ängstlicher Scheu sorgsam zu beobachten seien (Hippolyt, Refut. IX,16,2f.). Vgl. auch E. Lohse, ThWB VII, S. 34.

[4] ἅ ist mit den meisten Zeugen zu lesen, ὅ (BG it Marcion) als Angleichung an ὅ ἐστιν (1₂₄ 3₁₄) zu beurteilen.

[5] Vgl. das berühmte Höhlengleichnis bei Platon, Respubl. 514a—518b.

[6] So z. B. Hebr 10₁: Σκιὰν γὰρ ἔχων ὁ νόμος τῶν μελλόντων ἀγαθῶν, οὐκ αὐτὴν τὴν εἰκόνα τῶν πραγμάτων; vgl. auch 8₅.

stehen, um im Unterschied zur schattenhaften die wahre Realität zu bezeichnen. So handelt Philo von der allegorischen Auslegung und führt aus, der Wortlaut der Gottessprüche gleiche dem Schatten der Körper (σκιάς τινας ώσανεὶ σωμάτων), die durch den Wortlaut veranschaulichten Bedeutungen aber glichen den tatsächlich vorhandenen Gegenständen (τὰ ὑφεστῶτα ἀληθείᾳ πράγματα) (de conf. ling. 190). Die σκιά verhält sich zum σῶμα wie das μίμημα zum ἀρχέτυπος (de migr. Abr. 12). Josephus berichtet, wie Archelaus, der Sohn Herodes d. Gr., von Augustus die Bestätigung der ihm vom Vater vermachten Herrschaft zu erhalten suchte. Dabei begegnete er dem Vorwurf, in Wirklichkeit die Entscheidung des Caesars nicht abgewartet zu haben. Denn tatsächlich habe er bereits als König zu regieren begonnen und erscheine nun in Rom σκιὰν αἰτησόμενος βασιλείας, ἧς ἥρπασεν ἑαυτῷ τὸ σῶμα (Bell. II, 28). Der Schatten ist nur Schein, das σῶμα aber ist die Wirklichkeit[1].

Dieses Verhältnis von Abbild und Urbild hat vermutlich auch in der Lehre der φιλοσοφία eine Rolle gespielt. Es ist möglich, daß man dort etwa auf folgende Weise argumentiert hat: die θρησκεία τῶν ἀγγέλων und die Befolgung der δόγματα stelle das Abbild dar; das πλήρωμα aber sei das Urbild, zu dem man nur über das Abbild im Gehorsam gegenüber den στοιχεῖα τοῦ κόσμου Zugang gewinnen könne[2]. Vom Kolosserbrief aber wird die Gegenüberstellung von σκιά und σῶμα polemisch gegen die φιλοσοφία geltend gemacht und dabei als Gegensatz verstanden, der durch die Wende der Zeiten bestimmt ist. Die in den δόγματα niedergelegten Forderungen stellen nichts anderes als die σκιὰ τῶν μελλόντων dar. Wie Adam τύπος τοῦ μέλλοντος war (Röm 5₁₄) und das Gesetz nur den Schatten τῶν μελλόντων ἀγαθῶν, nicht aber die wahre Gestalt der Dinge hatte (Hebr 10₁), so wird im Zeichen der in Christus eingetretenen Erfüllung sichtbar, daß die Satzungen lediglich Schatten der zukünftigen Dinge sind, τὸ δὲ σῶμα τοῦ Χριστοῦ. Weil die Wirklichkeit allein bei Christus ist, darum haben die schattenhaften Erscheinungen jede Daseinsberechtigung verloren[3]. Da die allein wahre Realität, vor der die Schatten weichen müssen, hier nicht durch εἰκών, sondern σῶμα beschrieben wird, kommt es offensichtlich dem Verfasser des Kolosserbriefes wieder auf diesen Begriff an: Christus ist die κεφαλὴ τοῦ σώματος, das heißt aber: τῆς ἐκκλησίας. An der Wirklichkeit, die allein bei Christus ist, bekommt daher nur derjenige teil, der als Glied am Christusleib

---

[1] Vgl. ferner Philo, de post. Caini 112: Σελλὰ τοίνυν ἑρμηνεύεται σκιά, τῶν περὶ σῶμα καὶ ἐκτὸς ἀγαθῶν, ἃ τῷ ὄντι σκιᾶς οὐδὲν διαφέρει, σύμβολον; de decal. 82; de plantatione 27: οὐ σκιᾶς ἀλλὰ τὰς ἀρχετύπους; ferner de somn. I, 206; leg. all. III, 96: σκιὰν . . . ἡ εἰκών; ferner III, 99—103. Vgl. auch S. Schulz, σκιά, ThWB VII, S. 398 f.

[2] Vgl. Conzelmann z. St.: „Offenbar sehen die Gegner in ihren liturgischen Begehungen die Abbildung des Ewigen im Irdischen."

[3] Vgl. Severian von Gabala z. St.: ἐλθόντος οὖν τοῦ σώματος περιττὴ ἡ σκιά.

am Haupt festhält (2.19)[1]. Damit sind für ihn die Schatten völlig bedeutungs-
los geworden und haben die δόγματα, auf die die überheblichen Anhänger
der φιλοσοφία hinweisen, jede bindende Kraft verloren[2].

V. 18: Mit anderen Worten wird abermals der Anspruch zurückgewiesen, den man in der Gemeinde erheben will: μηδεὶς ὑμᾶς καταβραβευέτω. καταβραβεύειν, das hier statt κρίνειν (V.16) gebraucht wird, ist
nur selten in der griechischen Literatur bezeugt[3]. Bedeutet βραβεύειν das
Zuerkennen eines im Kampf errungenen Preises[4], so besagt das Kompo-
situm καταβραβεύειν: τὸ ἀδίκως βραβεύειν[5], gegen jemanden entscheiden,
ihn verurteilen, verdammen[6]. Worauf sich jene Leute stützen, wenn sie derartige Urteile fällen, wird in den angehängten Partizipialwendungen kurz
angedeutet. Dabei liegt in den Worten εἰκῆ φυσιούμενος κτλ. sicherlich
eine negativ wertende Bemerkung vor. Die auf das Hauptverb unmittelbar folgende Wendung jedoch zeigt an, was man zur Bekräftigung seines
Standpunktes anführte und wessen man sich voller Stolz rühmte. Der
Hinweis auf ταπεινοφροσύνη und θρησκεία τῶν ἀγγέλων sowie der Relativsatz ἃ ἑόρακεν ἐμβατεύων sind daher Zitate[7] von Losungen aus den Kreisen
der φιλοσοφία[8].

Niemand soll sich über die Gemeinde erhaben dünken θέλων ἐν
ταπεινοφροσύνῃ καὶ θρησκείᾳ τῶν ἀγγέλων. Die Wendung θέλων ἐν wird

---

[1] Der Begriff σῶμα weist also auf Christus als den Herrn und auf die Kirche als
den Ort seiner Herrschaft hin. Moule z. St. bemerkt mit Recht, daß in σῶμα ein
Hinweis auf die Kirche mit enthalten ist, geht aber zu weit, wenn er meint, es werde
auch an den Opferleib Christi gedacht.

[2] Durch die Worte σκιὰ τῶν μελλόντων wird den Satzungen nicht etwa bedingte
Autorität zuerkannt, weil sie gleichsam Verheißungscharakter besaßen. Sondern
es wird das Ende der Satzungen aufgewiesen, die als Schatten vergehen müssen,
nachdem die Wirklichkeit erschienen ist. — Abwegig ist der Vorschlag von I. A.
Moir, Rezension von The Bible Societies' Greek New Testament, NTS 14 (1967/68),
S. 142: "Since there appears no satisfactory explanation of the σκιά/σῶμα antithesis
at Col II. 17, perhaps we could repunctuate with the stop after μελλόντων and link
the σῶμα with the following verb?"

[3] Vgl. Bauer Sp. 809.

[4] Vgl. weiter zu 3.15 und siehe E. Stauffer, ThWB I, S. 636.

[5] Theodoret z. St.

[6] Vgl. Demosthenes, Orat. 21,93: Στράτωνα ὑπὸ Μειδίου καταβραβευθέντα; Vettius
Valens IX, 7 (p. 344,28—30): δοκεῖ δὲ καθὼς ὁρῶμεν ἡ γῆ καταβραβεύειν τῶν λοιπῶν
ἐπέχουσα αὐτὴ τὰ πάντα ὡς πρόγονος; Preisigke Sb 4512 B, 57: καταβεβραβευμένοι
= verurteilt (vgl. Preisigke Wb I, Sp. 744).

[7] Percy, Probleme, S. 169 dagegen möchte die ganze Wendung als kritische
Bemerkung auffassen: „Niemand möge euch des Heils berauben, der an etwas so
Niedrigem wie Selbstquälerei und Verehrung der Engel — worauf ja doch die
ganze Frömmigkeit der Irrlehrer hinausgeht — Gefallen hat." Diese Erklärung
scheitert jedoch schon an dem Begriff ταπεινοφροσύνη. Vgl. unten S. 174 Anm. 4.

[8] Unter eingehender Berücksichtigung der exegetischen Diskussion hat F. O.
Francis, Humility and Angelic Worship in Col 2: 18, StTh 16 (1962), S. 109—134
den Satz auf dem Hintergrund asketisch-mystischer Frömmigkeit erklären wollen.
Seine Studie wird im folgenden besonders zu berücksichtigen sein.

in der Bedeutung „sich gefallen in" ähnlich dem hebräischen חָפֵץ בְּ
zu verstehen sein¹. Dann wird angegeben, worin sich der Anhänger
der φιλοσοφία voller Stolz gefällt. Da das Wort θρησκεία in dem in V.₂₃
erwähnten Begriff ἐθελοθρησκία wiederkehrt und dort den selbsterwählten
Kult bezeichnet, wird auch hier θέλων auf die willentlich getroffene Wahl
zu beziehen sein, mit der man sich für Lehre und Praxis der φιλοσοφία
entschieden hat². Man verurteilt die anderen, indem man sich in ταπεινοφροσύνη und θρησκεία τῶν ἀγγέλων gefällt³. Mit beiden Begriffen werden
Stichworte der Gegner aufgenommen. Daher kann ταπεινοφροσύνη hier
nicht die Demut bezeichnen, die 3₁₂ neben anderen Tugenden des Christen
aufgeführt wird (vgl. auch Phil 2₃ Eph 4₂). Gemeint ist vielmehr die Erfüllung bestimmter kultischer Vorschriften, auf die auch V.₂₃ mit den Worten
ἐν ἐθελοθρησκίᾳ καὶ ταπεινοφροσύνῃ angespielt wird⁴. Da hier wie dort ταπεινοφροσύνη neben θρησκεία steht, wird nicht von einer Gesinnung, sondern von
einem kultischen Verhalten gesprochen. Nun kann ταπεινοφροσύνη auch wie
hebräisch תַּעֲנִית das Fasten bedeuten⁵, doch muß das Wort keineswegs
auf diesen Sinn eingeengt werden. Es zeigt die willige Dienstbereitschaft
an, mit der man die kultischen Forderungen erfüllt⁶. Denn diese gebietet
die θρησκεία τῶν ἀγγέλων, die Verehrung der Engel, die den Lauf des

---

¹ θέλειν ἐν entspricht vielfach hebräisch חָפֵץ בְּ ; vgl. 1Βασ 18₂₂ 2Βασ 15₂₆ 3Βασ
10₉ 1Chr 28₄ ψ 111₁ 146₁₀; TestAsser 1₆: ἐὰν οὖν ἡ ψυχὴ θέλῃ ἐν καλῷ. Vgl. Lightfoot, Haupt, Lohmeyer, Moule z. St.; G. Schrenk, ThWB III, S. 45 Anm.
13; Percy, Probleme, S. 145—147; Bauer Sp. 702; Francis a.a.O. S. 113f.
I. Heikel, Kol. 2,16—18, ThStKr 107 (1936), S. 464f. ändert ohne einleuchtende
Begründung ΘΕΛΩΝ zu ΘΕΙΩΝ.
² Dibelius-Greeven z. St. fassen θέλων adverbial in der Bedeutung „gern" und
nehmen es mit καταβραβευέτω zusammen: „Es darf euch keiner geflissentlich verurteilen." Zu θέλων = gern, absichtlich vgl. auch A. Fridrichsen, ΘΕΛΩΝ Col 2₁₈,
ZNW 21 (1922), S. 135—137; H. Riesenfeld, Zum Gebrauch von ΘΕΛΩ im Neuen
Testament, Arbeiten und Mitteilungen aus dem neutestamentlichen Seminar zu Uppsala 1,
Uppsala 1936, S. 1—8; Blaß-Debr. § 148,2.
³ ἐν fehlt bei א*. Es liegt kein Anlaß vor, Konjekturen wie ἐν ἐθελοταπεινο-
φροσύνῃ (Hort), ἐλθών oder θέλων vorzunehmen. Vgl. Abbott z. St.
⁴ Diese Bedeutung liegt 3₁₂ zweifellos nicht vor, so daß 2₁₈.₂₃ ein Begriff aus
der Lehre der φιλοσοφία aufgenommen ist. Gegen Percy, Probleme, S. 169.
Vgl. oben S. 173 Anm. 7.
⁵ Hermas, Vis. III, 10, 6; Sim. V, 3, 7; Tertullian, de jejun. 12. Vgl. Percy,
Probleme, S. 147—149. Francis a.a.O. S. 114—119 hebt diese Bedeutung mit
Nachdruck hervor, um dann zu erklären: Durch das Fasten bereitet man sich auf
ekstatisch-mystische Erfahrungen vor. Damit geht er jedoch über die aus dem Text
von Kol 2₁₈ erhebbaren Aussagen hinaus.
⁶ Diese erfüllt man um so eher, als Gott selbst unerreichbar fern zu sein scheint.
Vgl. Theodoret z. St.: ταπεινοφροσύνῃ δῆθεν κεχρημένοι, καὶ λέγοντες ὡς ἀόρατος ὁ
τῶν ὅλων θεός, ἀνέφικτός τε καὶ ἀκατάληπτος, καὶ προσήκει διὰ τῶν ἀγγέλων τὴν
θείαν εὐμένειαν πραγματεύεσθαι.

Kosmos und daher auch die Wege des Menschen bestimmen[1]. Ihnen beugt sich der Mensch, indem er den vorgeschriebenen Kult verrichtet und die ihm auferlegten Satzungen erfüllt[2].

Von diesem Kult, auf den sich ταπεινοφροσύνη und θρησκεία τῶν ἀγγέλων beziehen, handelt auch der kurze Relativsatz ἃ ἑόρακεν ἐμβατεύων. Diese wenigen Worte sind allerdings in ihrer Kürze so schwer verständlich, daß man verschiedenartige Änderungen des Textes vorgeschlagen hat. Da man den Anhängern jener Lehre nicht zugestehen wollte, daß sie wirklich visionäre Erfahrungen gehabt haben, ist in manchen Handschriften eine Negation eingefügt worden: Tatsächlich haben sie gar nichts gesehen[3]. Der Kolosserbrief treibt jedoch seine Polemik nicht von der unhaltbaren Voraussetzung aus, es könne bei Heiden und Häretikern keine Ekstase oder Gesichte geben. In der Annahme, der überlieferte Text könne nicht in Ordnung sein, haben manche Exegeten geistreiche Konjekturen vorgenommen[4]. Diese Vorschläge gehen jedoch alle von der Auffassung aus, der kurze Relativsatz müsse eine gegen die φιλοσοφία gerichtete Polemik enthalten. Tatsächlich aber wird nicht polemisiert, sondern zitiert. Daher besteht kein Anlaß, vom überlieferten Text ἃ ἑόρακεν ἐμβατεύων abzuweichen[5].

---

[1] Das Wort θρησκεία (vgl. Act 26₅ Jak 1₂₆f.) kann bono oder malo sensu gebraucht werden und erfährt seine nähere Bestimmung aus dem jeweiligen Kontext. Vgl. K. L. Schmidt, ThWB III, S. 157f.

[2] Neben ταπεινοφροσύνη muß auch θρησκεία τῶν ἀγγέλων ein kultisches Verhalten bezeichnen. Der Zusammenhang fordert daher zwingend die von fast allen Exegeten vertretene Erklärung im Sinne des Genitivus objectivus. Francis a. a. O. S. 126—130 ist dagegen — wie früher schon Zahn, Einleitung I, S. 333f.— für die Erklärung als Genitivus subjectivus eingetreten: Der Myste wird entrückt und nimmt am himmlischen Gottesdienst der Engel teil. Francis hat recht, wenn er geltend macht, Verehrung der Engel sei innerhalb des Judentums nicht denkbar (vgl. Percy, Probleme, S. 149—155). Doch will der synkretistische Charakter der φιλοσοφία beachtet sein, der einem Engelkult kein Hindernis entgegensetzt (vgl. G. Kittel, ThWB I, S. 85; W. Bousset H. Greßmann, Die Religion des Judentums im späthellenistischen Zeitalter, HNT 21, ⁴Tübingen 1966, S. 330f.). Francis' Erklärung scheitert daran, daß durch V. 23 (ἐθελοθρησκεία) der Begriff θρησκεία eindeutig als von Menschen verrichteter Kult bestimmt ist.

[3] ἃ μὴ (G: ἃ οὐκ) ἑόρακεν ἐμβατεύων CЯ (G) pl lat sy.

[4] Lightfoot z. St. konjiziert zu αἰώρᾳ κενεμβατεύων = auf einem Schwebeseil in die Luft tretend; andere Konjekturen: ἃ ἑώρα κενεμβατεύων (Blaß-Debr.⁵ § 154; später aufgegeben); ἀέρα κενεμβατεύων (Taylor, Westcott, Hort); τὰ μετέωρα κενεμβατεύων (Hitzig); vgl. R. Harris, Sidelights on New Testament Research, London 1909, S. 198f.; J. H. Moulton-W. F. Howard, A Grammar of New Testament Greek II (Accidence and Word-Formation), Edinburgh 1919—1929, S. 273f. Alle Vorschläge legen das Verbum κενεμβατεύειν zugrunde und vertreten die Ansicht, es werde dem Anhänger der falschen Lehre ein Fehltritt vorgeworfen.

[5] p⁴⁶ 𝔖D* 69 pc Marcion.

'Εμβατεύειν[1] bedeutet „hineingehen", „betreten" — einen Ort, eine Stadt, ein Heiligtum oder ein Land[2]. ἐμβατεύειν kann dann aber auch heißen „an etwas herantreten, um es zu erforschen"[3]. Wenn dieser Sinn an unserer Stelle vorliegt, würde zu erklären sein: Was er geschaut hat, sucht er zu erforschen. Er bemüht sich, fragend einzudringen in das, was er in der Ekstase gesehen hat[4]. Diese Übersetzung bleibt jedoch etwas blaß und gewinnt nur ein wenig Farbe, wenn man den Drang nach Erkenntnis als Motiv, das die Anhänger der φιλοσοφία geleitet hat, zur Erläuterung heranzieht. Nun wird aber ἐμβατεύειν in der Sprache der Mysterien verwendet, um das Betreten des Heiligtums zum Vollzug der Weihehandlung und zum Empfang der Mysterien zu bezeichnen[5]. Bei Ausgrabungen des Apolloheiligtums von Klaros sind eine Reihe von Inschriften gefunden worden, die davon berichten, wie Gesandtschaften zum Tempel kamen, sich einer Weihe unterzogen und dann das erbetene Orakel empfingen. In diesem Zusammenhang taucht mehrmals das Wort ἐμβατεύειν auf: μυηθέντες ἐνεβάτευσαν bzw. παραλ[αβ]ὼν τὰ μυστήρι[α] ἐνεβάτευσεν[6]. Zunächst ist also eine Weihehandlung vorgenommen worden, dann erst wurde der Zugang zum inneren Heiligtum freigegeben[7] und der Gottesspruch erteilt: μυηθέντες καὶ ἐνβατεύσαντες ἐχρήσαντο. ἐμβατεύειν wird somit vom Akt des Eintretens innerhalb der ganzen Handlung gesagt, die ἐπιτελεῖν μυστήρια genannt wird. Da auf den Inschriften das Verb ἐμβατεύειν wiederholt gebraucht wird, stellte es offensichtlich einen festen Begriff der Mysteriensprache dar[8]. Auch in den

---

[1] Vgl. H. Preisker, ThWB II, S. 531—533; Bauer Sp. 504.

[2] Belege bei Preisker a.a. O. S. 531f.

[3] Vgl. 2Makk 2₃₀: τὸ μὲν ἐμβατεύειν καὶ περίπατον ποιεῖσθαι λόγων καὶ πολυπραγμονεῖν ἐν τοῖς κατὰ μέρος τῷ τῆς ἱστορίας ἀρχηγενέτῃ καθήκει; Philo, de plantatione 80: οἱ προσωτέρω χωροῦντες τῶν ἐπιστημῶν καὶ ἐπὶ πλέον ἐμβαθύνοντες (v. l.: ἐμβατεύοντες).

[4] Vgl. Lohmeyer z. St.; Preisker a.a. O. S. 532.

[5] M. Dibelius, Die Isisweihe des Apulejus und verwandte Initiations-Riten, SAH 1917 = Aufsätze II, S. 30—79, bes. S. 55—65 hat auf die entsprechenden Belege aufmerksam gemacht und sie zur Erklärung von Kol 2₁₈ ausgewertet. Vgl. auch Dibelius-Greeven z. St.

[6] Text der Inschriften, die wahrscheinlich aus dem 2. Jahrh. n. Chr. stammen, bei Dibelius, Aufsätze II, S. 59f. sowie Dibelius-Greeven z. St. Vgl. auch DittOr 530,15.

[7] Vgl. Apulejus, Metamorph. XI, 23: accessi confinium mortis et calcato Proserpinae limine per omnia vectus elementa remeavi.

[8] Die zuerst von Dibelius vorgeschlagene Erklärung ist nicht unwidersprochen geblieben. Man wendet ein, ἐμβατεύειν gewinne diese Bedeutung nur im Zusammenhang mit anderen termini der Mysteriensprache und könne sich nur auf einen Vorgang in einem Heiligtum beziehen, von dem aber Kol 2₁₈ nicht die Rede sei (Lohmeyer z. St.; Preisker a.a. O. S. 532). Dieser Einwand wird jedoch hinfällig, wenn der Zitatcharakter des Satzes ἃ ἑόρακεν ἐμβατεύων anerkannt wird. Denn wenn eine schlagwortartige Wendung angeführt wird, ist es nicht verwunderlich, daß im Kontext keine weiteren termini der Mysteriensprache auftauchen

Kreisen jener φιλοσοφία wird man kultische Handlungen vollzogen haben[1], auf die dann mit dem Ausdruck ἃ ἑόρακεν ἐμβατεύων angespielt wird[2]. Da das Schlagwort ihrer Anhänger in äußerster Verkürzung angeführt wird, wird nicht recht klar, worauf das Schauen zu beziehen ist[3] und ob bei der mysterienartigen Handlung auch ekstatische Erfahrungen eine Rolle gespielt haben[4]. Vermutlich wird jedoch durch ἑόρακεν ange-

---

und ein heiliger Raum nicht besonders erwähnt wird. Doch ist immerhin auf ϑρησκεία (V.16. 23) zu verweisen sowie daran zu erinnern, daß der Gebrauch des Begriffes περιτομή in V.11 die Annahme rechtfertigt, daß man in den Kreisen jener φιλοσοφία eine Einweihungs- und Aufnahmehandlung vollzogen hat. Percy, Probleme, S. 170—174 wendet sich in scharfer Kritik gegen Dibelius, sieht sich dann aber außerstande, einen brauchbaren Gegenvorschlag zur Erklärung zu machen, und zieht sich auf Lightfoots Konjektur αἰώρα κενεμβατεύων zurück. Unentschieden Masson z. St.: "Aucune des interprétations proposées n'est satisfaisante."

[1] Vgl. S. Eitrem, ΕΜΒΑΤΕΥΩ. Note sur Col Col. 2, 18 StTh 2 (1948), S. 93: "'Ἐμβατεύειν, l'entrée solenelle', se réfère au rituel auquel le consultant de l'oracle avait à se conformer." Vgl. weiter Casel a.a.O. (S. 145 Anm. 6) S. 40—44; Bauer Sp. 504. S. Lyonnet, L'Épître aux Colossiens (Col 2,18) et les mystères d'Apollon Clarien, Bibl 43 (1962), S. 417—435 meint, ἐμβατεύειν sei zwar als ein Ausdruck aufgenommen, der in den Mysterien gebraucht wurde, Paulus habe das Wort aber in der Bedeutung „durchforschen" polemisch gegen die Irrlehrer verwendet.

[2] Anders erklärt Francis a.a.O. S. 119—126, indem er sich auf eine Bemerkung von W. Bousset (Die Himmelsreise der Seele, Archiv für Religionswissenschaft 4 [1901], S. 273 = Darmstadt 1960, S. 83) beruft, der die Aussage von Kol 2₁₈ im Zusammenhang mit der Vorstellung von der Himmelsreise der Seele erklären wollte: Durch Fasten auf ekstatische Erfahrungen vorbereitet, betrete die Seele die himmlische Sphäre, um am Gottesdienst der Engel teilzunehmen. Vgl. auch A. D. Nock, The Vocabulary of the New Testament, JBL 52 (1933), S. 132f. zu ἐμβατεύειν: "It may indicate some claim to special knowledge obtained on a visionary entry into heaven." Zwar kann Francis eine Reihe von Belegen aus der Apokalyptik anführen, in denen von der Entrückung der Seher in den Himmel die Rede ist (S. 119—126). Aber an keiner der aufgezählten Stellen steht ἐμβατεύειν. Kol 2₁₈ ist überdies in keiner Weise angedeutet, daß an eine Entrückung der Seele in den Himmel gedacht sein sollte.

[3] Grammatisch ist ἃ ἑόρακεν an ταπεινοφροσύνη und ϑρησκεία anzuschließen — unbeschadet des verschiedenen grammatischen Genus der Bezugsworte. Vgl. 3₆: δι' ἃ (= die in V.₅ aufgezählten Laster) ἔρχεται ἡ ὀργὴ τοῦ ϑεοῦ. Anders bezieht Fridrichsen (a.a.O. [S. 174 Anm. 2]), indem er mit dem Folgenden verbindet: „grundlos eingebildet auf das, was er geschaut hat bei seiner Einweihung". Vgl. auch Blaß-Debr. § 154.

[4] Dibelius hat früher die Auffassung vertreten (Aufsätze II, S. 62f.), ἃ ἑόρακεν sei Objekt zu ἐμβατεύων: „betretend, was er geschaut hat". Dem Mysten seien zuerst die heiligen Symbole gezeigt worden bzw. er habe eine vorbereitende Vision gehabt. Dann aber habe er betreten, was er zuvor geschaut hatte (vgl. Apulejus, Metamorph. XI, 27). Doch Dibelius hat sich später mit Recht für die oben dargelegte Auffassung entschieden. Für diese Erklärung spricht einmal das Tempus des Partizips ἐμβατεύων; „auch legt der formale Parallelismus zu 2₁₆ es nahe, den Relativsatz ebenso wie dort auf die vorher erwähnte Praxis der Irrlehrer zu beziehen, also in unserem Fall auf ‚Demut' und Engelkult" (Dibelius-Greeven z. St.).

deutet, daß dem Mysten, an dem die Weihe vollzogen wird, die Schau kosmischer Zusammenhänge widerfährt, so daß er die Verehrung der στοιχεῖα τοῦ κόσμου auch in sinnlicher Erfahrung erlebt und vollzieht[1]. Trotz der knappen, abrupten Form, in der die Worte ταπεινοφροσύνη, θρησκεία τῶν ἀγγέλων und ἃ ἑόρακεν ἐμβατεύων aneinandergereiht werden, ist doch deutlich zu erkennen, daß man nicht nur eine bestimmte Lehre propagiert, sondern zur Verehrung der ἄγγελοι und der στοιχεῖα τοῦ κόσμου auch kultische Handlungen vollzogen hat[2].

Lehre und kultische Praxis der φιλοσοφία verleihen ihren Anhängern das Gefühl stolzer Überlegenheit. Polemisch wird diese Überheblichkeit als φυσιοῦσθαι charakterisiert. ἡ γνῶσις φυσιοῖ (1Kor 8₁), ihre Anhänger sind πεφυσιωμένοι (1Kor 5₂; vgl. weiter 4₁₈f. 2Kor 12₂₀), indem sich einer über den anderen erhebt (vgl. 1Kor 4₆). Diese Aufgeblasenheit ist verursacht von dem νοῦς τῆς σαρκός[3]. Sinnen und Trachten sind ganz und gar von der σάρξ beherrscht. Was man voller Stolz „Erfülltsein" nennt, das ist in Wahrheit nichts als aufgeblähte Hohlheit und gänzlich unbegründetes Gefühl erhabenen Überschwangs[4].

V. 19: Die Alternative κατὰ τὰ στοιχεῖα τοῦ κόσμου oder κατὰ Χριστόν (2₈) läßt keine Möglichkeit eines Kompromisses zu. Wer der φιλοσοφία anhängt, der kann nicht zugleich an Christus als der κεφαλή über die Mächte und Gewalten festhalten[5]. Und jeder Christ, der meint, sich jener Lehre zuwenden zu sollen, muß sich darüber im klaren sein, daß er in eben diesem Augenblick das Haupt losläßt, das allein der Herr ist[6]. Darauf aber kommt alles an, daß man unbeirrt zur κεφαλή gehört[7]. Denn allein vom Haupt her empfängt der ganze Leib Kraft und Leben[8]. Durch Sehnen und Bänder wird er vom Haupt her versorgt und zusammengehalten. Das Bild, das hier verwendet wird, entspricht antiker Phy-

---

[1] Vgl. Apulejus, Metamorph. XI, 23: Per omnia vectus elementa remeavi, nocte media vidi solem candido coruscantem lumine, deos inferos et deos superos accessi coram et adoravi de proxumo.

[2] Vgl. ferner L. Cerfaux, L'influence des 'Mystères' sur les épîtres de S. Paul aux Colossiens et aux Éphésiens, in: SacrPag II, Bibl EThL 13, Paris/Gembloux 1959, S. 373—379.

[3] Vgl. τὸ φρόνημα τῆς σαρκός (Röm 8₇).

[4] Vgl. Bornkamm, Aufsätze I, S. 144 Anm. 14.

[5] Zu καὶ οὐ statt des beim Partizip erwarteten καὶ μή vgl. Blaß-Debr. § 430,3; Moulton, Einleitung, S. 366.

[6] Zu κρατεῖν in der Bedeutung „an etwas festhalten" vgl. Mk 7₃: κρατοῦντες τὴν παράδοσιν τῶν πρεσβυτέρων; Apk 2₁₃: κρατεῖς τὸ ὄνομά μου; 2₁₄f.: κρατοῦντας τὴν διδαχὴν Βαλαάμ ... κρατοῦντας τὴν διδαχὴν τῶν Νικολαϊτῶν. Weitere Belege bei W. Michaelis, ThWB III, S. 910f.; Bauer Sp. 887. Den Gegensatz bildet ἀφιέναι: LXX Cant 3₄: ἐκράτησα αὐτὸν καὶ οὐκ ἀφήσω αὐτόν.

[7] Zu κεφαλή vgl. zu 1₁₈ und 2₁₀ und siehe H. Schlier, ThWB III, S. 679—681.

[8] ἐξ οὗ statt ἐξ ἧς ist constructio ad sensum, da natürlich an Christus als das Haupt gedacht ist. D* syʰ fügen Χριστόν nach τὴν κεφαλήν ein.

siologie: ἀφαί sind die Sehnen, σύνδεσμοι die Bänder[1], die die Glieder zusammenhalten[2] und unterstützen[3]. Das σῶμα, das ganz und gar von der κεφαλή abhängig ist, vollzieht unter ihrer Leitung die αὔξησις τοῦ θεοῦ[4], das von Gott gewirkte Wachstum[5].

Der Vergleichspunkt, auf den es in diesem Bild ankommt, ist das Verhältnis von κεφαλή und σῶμα[6]. Christus ist die κεφαλή τοῦ σώματος (1:18). Da er das Haupt über die Mächte und Gewalten (2:10) ist, findet das All unter ihm als seinem Haupt seine ihm durch Gottes Schöpfung zugewiesene Bestimmung[7]. Doch bei dieser Aussage bleibt der Verfasser des Kolosserbriefes nicht stehen. Sondern er bestimmt das σῶμα, über das Christus die κεφαλή ist, als die ἐκκλησία (1:18. 24). Zwar ist Christus das Haupt über die Welt, sein Leib aber, dem vom Haupt her Leben und Gedeihen zuteil wird, ist die Kirche[8]. Das aber bedeutet, daß man nur so

---

[1] Vgl. Bauer Sp. 248; zu σύνδεσμος vgl. Bauer Sp. 1555 und G. Fitzer, ThWB VII, S. 854—857. Belege aus antiken medizinischen Schriften bei Lightfoot z. St. Abwegig ist die von Lightfoot z. St. angestellte Erwägung, Paulus habe den aus der Physiologie stammenden Vergleich vermutlich von Lukas dem Arzt (vgl. Kol 4:14) übernommen. Ebenso auch wieder S. Tromp, "Caput influit sensum et motum". Col 2,19 et Eph 4,16 in luce traditionis, Greg 39 (1958), S. 353—366.

[2] Zu συμβιβάζειν vgl. oben S. 127f. zu 2:2.

[3] Zu ἐπιχορηγέω vgl. Bauer Sp. 603. Das Wort kommt verschiedentlich in Ehe- und Scheidungskontrakten in der Bedeutung „versorgen", „unterstützen" vor, so z. B.: PapOxyrh II, 282, 6—8: [ἐ]γὼ μὲν οὖν ἐπεχορήγησα αὐτῇ τὰ ἑξῆς καὶ ὑπὲρ δύναμιν; VI, 905, 10f.: [καὶ ὁ γαμῶν ἐπι]χορηγείτω τῇ γαμουμένῃ τὰ δέοντα κατὰ δύναμιν [τοῦ βίου]; BGU III, 717, 18: [ἐπιχορηγή]σω αὐτῇ τὰ δέ[ο]ντα πάντα; vgl. weiter PapOxyrh VI, 905, 6; BGU I, 183, 6f.; PapRainer 1, 27, 12.

[4] τὴν αὔξησιν τοῦ θεοῦ ist Akkusativ des Inhalts, vgl. z. B. Eph 2:4: διὰ τὴν πολλὴν ἀγάπην αὐτοῦ ἣν ἠγάπησεν αὐτήν und siehe Blaß-Debr. § 153,1. αὔξειν/αὐξάνειν bedeutet „vermehren", wird im hellenistischen Griechisch aber auch in intransitiver Bedeutung „wachsen" gebraucht. Vgl. Joh 3:30: ἐκεῖνον δεῖ αὐξάνειν; Act 6:7: ὁ λόγος τοῦ θεοῦ ηὔξανεν; Eph 4:15: αὐξήσωμεν εἰς αὐτὸν τὰ πάντα; vgl. Blaß-Debr. § 309,2 und Bauer Sp. 241f.

[5] Vgl. PapLeiden II, S. 27: Σὺ εἶ κύριος, ὁ γεννῶν καὶ τρέφων καὶ αὔξων τὰ πάντα; II, S. 141: Σὺ ἶ (= εἶ) ὁ ὠκεανώς (= ὠκεανός), ὁ γεννῶν (— γεννῶν) ἀγαθὰ καὶ τρωφῶν (= τροφῶν oder τρέφων) τὴν οἰκουμένην; Mithrasliturgie (ed. A. Dieterich [³1923]) 14,31f.: κύριε, πάλιν γενόμενος ἀπογίγνομαι αὐξόμενος καὶ αὐξηθεὶς τελευτῶ; Act. Phil. 144: σὺ εἶ ὁ καθαρίζων καὶ πληθύνων καὶ αὐξάνων καὶ ζωοποιῶν πάντας τοὺς ἰδίους δούλους σου. Vgl. auch Schlier, Epheser, S. 206 Anm. 1.

[6] Theodoret z. St. bemerkt allegorisierend: Ὅπερ δέ εἰσιν ἐν τῷ σώματι σύνδεσμοι, τοῦτο ἀπόστολοι καὶ προφῆται καὶ διδάσκαλοι ἐν τῷ τῆς ἐκκλησίας συστήματι.

[7] Zum Gedanken des Wachstums des Kosmos vgl. Philo, quaest. in Ex. II, 117: Verbum est sempiternum sempiterni dei caput universorum; sub quo pedum instar aut reliquorum quoquo membrorum subiectum iacet universus mundus. Vgl. auch oben S. 94f. zu 1:18.

[8] Vgl. E. Schweizer, ThWB VII, S. 1074: „Christus ist also Haupt über die Welt, aber nur die Kirche ist sein Leib, dem alle Kraft des Wachstums von ihm zuströmt."

am Haupt festhalten kann, daß man als Glied am Christusleib zur ἐκκλησία als dem Ort seiner gegenwärtigen Herrschaft gehört[1].

V. 20: Gilt die Voraussetzung — und sie ist in der Tat gültig —, daß alle, die mit Christus gestorben sind, auch den στοιχεῖα τοῦ κόσμου abgestorben sind, dann ist der Gedanke geradezu abwegig, sich Satzungen auferlegen zu lassen. Denn in der Taufe ist der Christ mit Christus in den Tod gegeben (vgl. zu 2₁₂)[2], so daß er nun ganz zu seinem Haupt gehört und daher alles andere, was einen Herrschaftsanspruch erheben könnte, jegliches Recht auf ihn verloren hat. Die Weltelemente sind zwar noch da, aber sie können und dürfen den Christen nichts mehr angehen (vgl. zu 2₈). Ist er ihnen doch weggestorben, so daß er endgültig von ihnen geschieden ist[3]. Wie aber könnt ihr dann — so fragt der Kolosserbrief — euch verhalten ὡς ζῶντες ἐν κόσμῳ? Gemeint ist damit, daß man sich von der Welt ganz und gar bestimmen läßt, im alten Wesen, dem man gestorben ist, verharrt. Denn sonst wäre es nicht möglich, daß man sich unter Satzungen beugen würde, wie sie die στοιχεῖα τοῦ κόσμου fordern, mit denen der Christ nichts mehr zu schaffen haben kann[4]. Offenbar hat die φιλοσοφία, die man in die Gemeinde hineingetragen hat, manche ihrer Glieder so stark beeindruckt, daß sie bereit sind, die verpflichtende Kraft der δόγματα anzuerkennen. Wo das aber geschieht — so wird denen, die schwanken, unsicher zögern oder gar der falschen Lehre schon zur Beute gefallen sind, entgegengehalten —, da vollzieht sich nichts anderes als Rückfall in die Knechtschaft, wie man sie einst in der heidnischen Vergangenheit erfahren hat (vgl. Gal 4₃. ₈f.).

V. 21: Die δόγματα enthalten strenge Befehle, die keinen Widerspruch dulden. Drei Beispiele derartiger Weisungen werden genannt. Da bei den Imperativen kein Objekt steht, durch das genauer angegeben wird, was im einzelnen verboten ist, werden sie in der hier angeführten Form

---

[1] Vgl. Lohse, Christusherrschaft und Kirche, S. 206f. Die Beziehung σῶμα — κεφαλή ist Eph 4₁₆ weiter ausgeführt: ἡ κεφαλή, Χριστός, ἐξ οὗ πᾶν τὸ σῶμα συναρμολογούμενον καὶ συμβιβαζόμενον διὰ πάσης ἁφῆς καὶ ἐπιχορηγίας κατ' ἐνέργειαν ἐν μέτρῳ ἑνὸς ἑκάστου μέρους τὴν αὔξησιν τοῦ σώματος ποιεῖται εἰς οἰκοδομὴν ἑαυτοῦ ἐν ἀγάπῃ.

[2] Zur Wendung σὺν Χριστῷ vgl. oben S. 157f. zu 2₁₂. Auch hier liegt der Ton auf der bereits gegenwärtigen Verbundenheit der Glaubenden σὺν Χριστῷ.

[3] Paulus verbindet sonst ἀποθνῄσκειν mit dem Dativ, vgl. Gal 2₁₉: ἐγὼ γὰρ διὰ νόμου νόμῳ ἀπέθανον; Röm 6₂: ἀπεθάνομεν τῇ ἁμαρτίᾳ. Durch ἀποθνῄσκειν ἀπό wird die durch den Tod verursachte definitive Trennung hervorgehoben. Vgl. Röm 7₆: νυνὶ δὲ κατηργήθημεν ἀπὸ τοῦ νόμου, ἀποθανόντες ἐν ᾧ κατειχόμεθα.

[4] δογματίζειν bedeutet „eine Meinung bzw. einen Lehrsatz aufstellen", „einen Beschluß festsetzen", „ein Edikt erlassen" (LXX Dan 2₁₃ Esth 3₉ 2Makk 10₈). Vgl. Bauer Sp. 399; G. Kittel, ThWB II, S. 233—235. Das Passiv hat die Bedeutung „sich Vorschriften machen lassen". Vgl. Blaß-Debr. § 314 und siehe 1Kor 6₇: ἀδικεῖσθαι = „sich Unrecht tun lassen"; ferner: βαπτίζεσθαι = „sich taufen lassen".

eine verschärfende Karikatur jener gesetzlichen Forderungen darstellen[1]. Die apodiktische Form wird jedoch der Art jener Gebote entsprechen. ἅπτεσθαι und θιγγάνειν sind ihrer Bedeutung nach kaum zu unterscheiden[2]. Während θιγγάνειν das Berühren bezeichnet[3], kann ἅπτεσθαι einen etwas stärkeren Ausdruck darstellen: etwas anfassen, um es zu besitzen[4]. Natürlich ist es nicht die Meinung der Vertreter der φιλοσοφία gewesen, man dürfe schlechterdings nichts anrühren[5]. Ihre δόγματα werden vielmehr bestimmte Tabuvorschriften enthalten haben, die die Berührung für unrein erklärter Gegenstände oder verbotener Nahrung betrafen[6]. Es wird streng untersagt, von solchen Speisen und Getränken zu kosten[7]. Die asketischen Taburegeln schreiben genau vor, was man genießen darf, was nicht[8]. Durch den Zaun, der mit dem „du darfst nicht" aufgerichtet ist, wird der Bereich abgegrenzt, den zu betreten dem Asketen versagt ist[9]. Darum hat er in besorgter Aufmerksamkeit die für ihn aufgestellten

---

[1] Vgl. Chrysostomus z. St.: ὅρα πῶς αὐτοὺς κωμῳδεῖ, Μὴ θίγῃς, μὴ ἅψῃ, μὴ γεύσῃ, ὡς μεγάλων τινῶν ἀπεχόμενος.

[2] Vgl. LXX Ex 19₁₂: Προσέχετε ἑαυτοῖς τοῦ ἀναβῆναι εἰς τὸ ὄρος καὶ θιγεῖν τι αὐτοῦ. πᾶς ὁ ἁψάμενος τοῦ ὄρους θανάτῳ τελευτήσει.

[3] Vgl. auch Hebr 11₂₈ 12₂₀.

[4] Vgl. 1Kor 7₁: γυναικὸς μὴ ἅπτεσθαι. Kol 2₂₁ wird jedoch nicht angedeutet, daß sexuelle Fragen in der φιλοσοφία eine Rolle gespielt haben sollten, wie R. Leaney, Colossians II. 21–23. (The use of πρός), ExpT 64 (1952/53), S. 92 annimmt. Zum Verbot der Ehe durch gnostische Lehrer vgl. 1Tim 4₃: κωλυόντων γαμεῖν, ἀπέχεσθαι βρωμάτων.

[5] Wenn man — wie Bauer Sp. 204 erwägt — ἅπτεσθαι mit „anfassen", „etwas essen" übersetzt, könnten die drei Verbote eine Antiklimax darstellen: Du sollst nicht essen, nicht genießen, nicht berühren! Da aber keine Objekte genannt sind, bleibt doch fraglich, ob ἅπτεσθαι auf die Bedeutung „essen" eingeengt werden darf.

[6] Lukian von Samosata erzählt von Leuten, für die die Taube im Unterschied zu anderen Vogelarten tabu war, καὶ ἢν ἄκοντες ἅψωνται, ἐναγέες ἐκείνην τὴν ἡμέρην εἰσίν (de Syr. dea 54). Versehentliche Berührung löst also Verunreinigung aus. Vgl. Betz a. a. O. (S. 48 Anm. 4) S. 32. Vergleichbare Vorschriften, die die Berührung von Unreinem untersagen, sind auch dem Judentum nicht fremd. Vgl. z. B. Tamidh I, 4: „Man rief ihm (dem morgens die Asche vom Brandopferaltar entfernenden Priester) zu: Hüte dich, daß du kein Gerät berührst, bevor du nicht deine Hände und Füße aus dem Becken gewaschen hast." Weitere Belege bei Billerbeck III, S. 629. Vgl. auch 2Kor 6₁₇: καὶ ἀκαθάρτου μὴ ἅπτεσθε.

[7] Zu γεύεσθαι vgl. J. Behm, ThWB I, S. 674—676.

[8] Vgl. jüdische Speisegebote und insbesondere die Vorschriften der Nasiräer, denen der Genuß von Wein und starkem Getränk untersagt ist (Num 6₃). So heißt es Makkoth III, 7f.: „Wenn ein Nasiräer den ganzen Tag hindurch Wein getrunken hat, so macht er sich nur einmal (der Geißelung) schuldig. Rief man ihm aber (sooft er trinken wollte) zu: Trinke nicht, trinke nicht! und er trank (trotzdem), so macht er sich für jedes einzelne Trinken schuldig. Wenn er sich einen ganzen Tag hindurch an Toten verunreinigt hat, so macht er sich nur einmal (der Geißelung) schuldig. Rief man ihm aber zu: Verunreinige dich nicht, verunreinige dich nicht! und er verunreinigt sich (trotzdem), so macht er sich für jeden einzelnen Fall schuldig." Vgl. Billerbeck III, S. 629.

[9] Auf den asketischen Charakter weist auch der Begriff ἀφειδία σώματος (V. 23) hin. Vgl. H. v. Campenhausen, Die Askese im Urchristentum, Tübingen 1949,

Verbotsschilder zu beachten: Du darfst nicht anfassen — auch nicht kosten — ja nicht einmal berühren!

V. 22: Die Dinge aber — so heißt es in einer kurzen kritischen Anmerkung —, deren Berührung oder Genuß durch die Tabuvorschriften untersagt ist, sind dazu da, daß der Mensch sich ihrer bedient. Gott hat sie ausnahmslos (πάντα!) dazu bestimmt, daß sie durch den Gebrauch des Menschen verzehrt werden[1]. Daher ist es nur recht, daß man sie nutzt[2] und verbraucht[3], statt in falscher Gesetzlichkeit Gottes gute Gabe zu verkennen.

Was aber jene Lehrer den Menschen aufladen wollen, das geht in Wahrheit allein auf Gebote und Lehren der Menschen zurück. Ein Anklang an LXX Jes 29₁₃ ist in dieser polemischen Wendung nicht zu überhören: μάτην δὲ σέβονταί με διδάσκοντες ἐντάλματα ἀνθρώπων καὶ διδασκαλίας. Dieses Schriftwort wird auch Mk 7₇ par. Mt 15₉ in der Auseinandersetzung mit der Gesetzlichkeit der Pharisäer zitiert und ist offensichtlich wiederholt in der Diskussion mit Vertretern gesetzlicher Frömmigkeit angeführt worden. Der Verfasser des Kolosserbriefes greift dieses Argument aus der Überlieferung auf[4], ohne daß es als Schriftzitat angeführt wird, und macht es nun gegen die gesetzliche Praxis geltend, wie sie von jener φιλοσοφία gelehrt und gefordert wird. Während man sich darauf beruft, durch Alter geheiligte Tradition weiterzugeben (2₈: κατὰ τὴν παράδοσιν τῶν ἀνθρώπων), bietet man tatsächlich nichts weiter als von Menschen ersonnene Vorschriften und von ihnen erdichtete Unterweisung an.

V. 23: Wie also sind Satzungen und Lehre der φιλοσοφία zu beurteilen? Durch ἅτινα[5] wird auf die δόγματα verwiesen, um sie noch einmal zusammenfassend zu charakterisieren. Dabei sind Schlagworte der falschen Lehre und gegen sie gerichtete Polemik auf das engste miteinander verflochten. Manche Exegeten sind der Meinung, der Satz sei so verworren, daß seine Struktur nicht mehr aufgehellt werden könne[6]. Andere haben

---

S. 24 = Tradition und Leben. Kräfte der Kirchengeschichte, Aufsätze und Vorträge, Tübingen 1960, S. 132.

[1] εἶναι εἰς = „bestimmt sein zu"; vgl. Act 8₂₀: τὸ ἀργύριόν σου σὺν σοὶ εἴη εἰς ἀπώλειαν; 2Petr 2₁₂: ὡς ἄλογα ζῷα γεγεννημένα φυσικὰ εἰς ἅλωσιν καὶ φθοράν. Vgl. Blaß-Debr. § 145,1.

[2] ἀπόχρησις meint nicht den abusus, sondern den usus. Vgl. Plutarch, Aetia Romana 18 (p. 267e): χαίρειν ταῖς τοιαύταις ἀποχρήσεσι; Dionysius Halicarnassensis, Ant. Rom. I, 58, 5; PapStraßburg I, 35, 6. Vgl. Bauer Sp. 202.

[3] Vgl. Theodoret z. St.: Εἰς κόπρον γὰρ ἅπαντα μεταβάλλεται.

[4] Vgl. auch Tit 1₁₄: μὴ προσέχοντες Ἰουδαϊκοῖς μύθοις καὶ ἐντολαῖς ἀνθρώπων.

[5] Vgl. Gal 4₂₄ 5₁₉ Phil 3₇.

[6] Vgl. Conzelmann z. St. zum ganzen Abschnitt V.₁₆-₂₃: „Dieser Abschnitt kann nicht übersetzt werden; man kann den Sinn nur gerade ertasten und dann versuchen, ihn in Anlehnung an den griechischen Wortlaut einigermaßen wiederzugeben."

die Schwierigkeiten, die der Vers aufgibt, darauf zurückführen wollen, daß eine alte Textverderbnis vorliegen müsse[1], und durch Konjekturen und Ergänzungen eine verständliche Fassung des mutmaßlichen Urtextes rekonstruieren wollen[2]. Doch keiner dieser Versuche kann sich auf ein Zeugnis aus der handschriftlichen Überlieferung stützen. Diese hat vielmehr die schwer verständliche Wortfolge nahezu einhellig festgehalten[3]. Man wird sich daher die Exegese nicht dadurch erleichtern dürfen, daß man sich einen Text zurechtmacht, der verminderte Schwierigkeiten enthält. Wie aber ist dann der Aufbau dieses rätselhaft erscheinenden Satzes zu bestimmen?

Dibelius-Greeven meinen, Paulus habe ursprünglich schreiben wollen: ἅ ἐστιν πάντα εἰς φθορὰν τῇ ἀποχρήσει, οὐκ ἐν τιμῇ τινι πρὸς πλησμονὴν τῆς σαρκός, habe dann aber in V. 22b. 23a eine längere Parenthese dazwischengesetzt, die zu der Frage τί δογματίζεσθε eine Kritik nachtrage[4]. Auf diese Weise entstünde jedoch ein recht verschachtelter Gedankengang, die Parenthese wäre von V. 20f. getrennt und der mutmaßlich beabsichtigte Satz V. 22a. 23b weit auseinandergerissen. B. Reicke sucht den Satz anders zu gliedern, indem er ἅτινά ἐστιν mit dem Schluß πρὸς πλησμονὴν τῆς σαρκός zusammennimmt und alles, was dazwischensteht, in Parenthese setzt: ἅτινά ἐστιν — λόγον μὲν ἔχοντα σοφίας ἐν ἐθελοθρησκίᾳ καὶ ταπεινοφροσύνῃ καὶ ἀφειδίᾳ σώματος, οὐκ ἐν τιμῇ τινι — πρὸς πλησμονὴν τῆς σαρκός[5]. Damit werden aber die Worte ἅτινά ἐστιν — λόγον μὲν ἔχοντα κτλ. voneinander getrennt, ohne daß überzeugend begründet werden könnte, warum eine Zwischenbemerkung eingeschoben sein sollte C. F. D. Moule versteht οὐκ ἐν τιμῇ τινι πρὸς πλησμονὴν τῆς σαρκός im Sinn von "but are of no value in combating sensual indulgence", räumt jedoch ein: "This verse is by common consent regarded as hopelessly obscure — either

---

[1] Vgl. Haupt z. St.: „Die Worte entziehen sich jedem Versuch eines befriedigenden Verständnisses, so daß man nur annehmen kann, daß hier eine uralte Verderbnis des Textes vorliegt."

[2] Vgl. die im Apparat des Nestle-Textes genannten Konjekturen: Eb. Nestle wollte den Dativ ἀφειδίᾳ in den Nominativ ἀφειδία ändern und also lesen: καὶ ἀφειδία σώματος οὐκ ἐν τιμῇ τινι πρὸς πλησμονὴν τῆς σαρκός. Einen neuen Satz wollte auch v. Dobschütz (vgl. Nestle, App.) mit ἀφειδία beginnen lassen: ἀφειδία σώματος οὐκ ἐντίμη τινὶ πρὸς πλησμονὴν τῆς σαρκός. B. G. Hall, Colossians II. 23, ExpT 36 (1924/25), S. 285 nimmt ἐπιλησμοσύνην als ursprünglich an. Die Askese „is of no value to the forgetting of the flesh". P. L. Hedley, Ad Colossenses 2₂₀–3₄, ZNW 27 (1928), S. 211—216 wollte eine Zeile, die vermutlich ausgefallen sei, ergänzen: [Χρῆσθε οὖν αὐτοῖς, ἀλλ'] οὐκ ἐν τιμῇ... Doch wenn ein glattlaufender Satz, wie man ihn durch Konjekturen gewinnen möchte, wirklich der Urtext gewesen wäre, bliebe unverständlich, wie es zu der Fassung in der gesamten handschriftlichen Überlieferung gekommen sein sollte.

[3] Nach ταπεινοφροσύνη fügen G it syʰ τοῦ νοός ein; p⁴⁶ B 1739 m Ambst lassen das καί vor ἀφειδίᾳ fort.

[4] Dibelius-Greeven z. St.

[5] B. Reicke, Zum sprachlichen Verständnis von Kol 2,23, StTh 6 (1952), S. 39—53.

owing to corruption or because we have lost the clue."[1] Nachdem schon
E. Lohmeyer beobachtet hatte, hier seien Schlagworte der Gegner aneinandergereiht und die ironische Antwort des Paulus werde ihnen ebenso
in Formeln gegenübergestellt[2], hat G. Bornkamm darauf aufmerksam
gemacht, daß sich im Kolosserbrief mehrfach Aufzählungen von je fünf
Begriffen finden. Die Glieder des alten Menschen sind πορνεία, ἀκαθαρσία,
πάθος, ἐπιθυμία κακή, πλεονεξία (3₅) bzw. ὀργή, θυμός, κακία, βλασφημία,
αἰσχρολογία (3₈), die des neuen Menschen aber σπλάγχνα οἰκτιρμοῦ, χρηστότης, ταπεινοφροσύνη, πραΰτης, μακροθυμία (3₁₂). Dann aber könnte
auch in dem Satz V.₂₃ eine Reihe von fünf Begriffen vorliegen: ἐθελοθρησκία, ταπεινοφροσύνη, ἀφειδία σώματος, τιμή, πλησμονὴ τῆς σαρκός,
die ursprünglich in der Lehre der φιλοσοφία ihren Platz gehabt hat[3].
Die Worte πρὸς πλησμονὴν τῆς σαρκός stellen zweifellos eine polemische
Wendung dar, die vielleicht an den für die φιλοσοφία wichtigen Gedanken
des Erfülltwerdens anknüpft; und nur die ersten drei Glieder der Reihe
sind eindeutig als Schlagworte der Irrlehrer zu erkennen. Als solches
wird sicherlich auch τιμή anzusehen sein, nur wird dieses Wort durch die
Verneinung in sein Gegenteil verkehrt. Dann geht der Satz also vom
Zitat gegnerischer Begriffe zu deren polemischer Umkehrung über und
stellt an den Abschluß der Auseinandersetzung mit der falschen Lehre
einen mit scharfen Schlägen geführten Angriff, indem den hochtrabenden
Behauptungen der Gegner die nüchterne Wirklichkeit entgegengehalten
wird[4].

Was als φιλοσοφία vorgetragen wird, steht in dem Ruf, auf σοφία[5]
(vgl. 1₉. ₂₈ 2₃ 3₁₆) zu beruhen[6]. Doch ist es eben nur äußerer Anschein[7],
in Wirklichkeit aber Schall und Rauch[8]. Der Lehre sucht man das Ansehen zu geben, Weisheit und Erkenntnis zu vermitteln, und fordert als
deren Folgerung eine bestimmte Verhaltensweise. Mit dem zuerst genannten Begriff ἐθελοθρησκία[9] wird auf die θρησκεία τῶν ἀγγέλων Bezug
genommen, wie man sie in den Kreisen der φιλοσοφία vollzieht. Die

---

[1] Moule z. St.   [2] Lohmeyer z. St.
[3] Vgl. Bornkamm, Aufsätze I, S. 151f. Zum religionsgeschichtlichen Problem
der Fünferreihen vgl. unten S. 198 zu 3₅.
[4] Vgl. Lohmeyer z. St.: Die gegnerischen Meinungen werden abgelehnt
„durch Ironie und Sarkasmus, die um so schärfer verwerfen, je genauer sie den
propagierten Formeln zuzustimmen scheinen".
[5] Lukian, Peregrinus 11 ff. schildert die Lehre der Christen als θαυμαστὴ σοφία.
Vgl. Betz a. a. O. (S. 48 Anm. 4) S. 7f.
[6] Zu λόγον ἔχειν = „den Ruf haben", „gelten als" vgl. z.B. Demosthenes,
Orat. 31,11: καὶ γὰρ οὐδὲ λόγον τὸ πρᾶγμ᾽ ἔχον ἐστίν; Ps.-Platon, Epinomis 987 b:
ὁ μὲν γὰρ ἑωσφόρος ἕσπερός τε ὢν αὐτὸς Ἀφροδίτης εἶναι σχεδὸν ἔχει λόγον.
[7] Auf μέν folgt kein δέ. Vgl. Blaß-Debr. § 447,2. Eine gewisse Entsprechung
ist jedoch in οὐκ ἐν τιμῇ τινι enthalten.
[8] Vgl. Theodoret z. St.: ἔδειξε σχῆμα περικειμένους, οὐκ ἀλήθειαν.
[9] Vgl. K. L. Schmidt, ThWB III, S. 159; Bauer Sp. 432.

Vorsilbe ἐθελο- könnte zum Ausdruck bringen, daß dieser Kult selbstgemacht und aus eigenem Willen gewirkt ist[1]. Dann würde eine polemische Umkehrung eines von den „Philosophen" anders verstandenen Wortes vorliegen[2]. Wahrscheinlicher aber ist es, daß ebenso wie die beiden folgenden Wörter ταπεινοφροσύνη und ἀφειδία σώματος auch ἐθελοθρησκία einen von den Gegnern gebrauchten Ausdruck darstellt[3]. Voller Stolz rühmen sie sich dessen, daß sie sich in willentlichem Entschluß für den von ihnen verrichteten Kult entschieden haben[4]. Diesen selbsterwählten Kult versehen sie in ταπεινοφροσύνη (vgl. zu 2₁₈), der Haltung steter Dienstbereitschaft. Das selten gebrauchte Wort ἀφειδία, mit dem die Vertreter der φιλοσοφία die von ihnen propagierte Lebensweise bezeichneten, meint das harte, schonungslose Verhalten[5] und weist in Verbindung mit σῶμα auf die asketische Strenge hin, wie sie nach den δόγματα geboten ist[6]. Durch Fasten und Enthaltsamkeit sucht man sich bereitzumachen zum Empfang göttlicher Fülle. Doch das alles miteinander ergibt nicht mehr als nur einen Schein von σοφία.

Auch die τιμή, die sie für sich in Anspruch nehmen, kann ihnen nicht zuerkannt werden. In den Mysterienreligionen wird mit τιμή die Erwählung und Vergottung bezeichnet, die dem Mysten widerfährt[7]. Aber das eben wird ihnen bestritten: Was sie treiben, verdient mitnichten, τιμή genannt zu werden. Im Gegenteil, es hat in keiner Weise etwas mit Ehre zu tun[8]. Gesetzliche Praxis — auch und gerade dann, wenn sie asketische Lebens-

---

[1] Zu ἐθελοθρησκία, das vor Paulus nicht bezeugt ist, sind Bildungen wie ἐθελοδιδάσκαλος, ἐθελόδουλος, ἐθελοκακεῖν zu vergleichen. Vgl. Blaß-Debr. § 118,2.

[2] Vgl. Lohmeyer z. St.: „Einem kolossischen Schlagwort, etwa ἀγγελοθρησκεία nachgebildet, um diesen Dienst als Menschenwerk, nicht als Gottesforderung zu perhorreszieren" — „Willkürdienst". Bauer Sp. 432: „selbstgemachte Religion". Reicke a.a.O. S. 46: „Ein kritischer, herabwürdigender Ausdruck ist nach dem vorhergehenden λόγον tatsächlich zu erwarten."

[3] Vgl. Dibelius-Greeven z. St.; Bornkamm, Aufsätze I, S. 144 Anm. 15.

[4] Vgl. Apulejus, Metamorph. XI, 21: ad instar voluntariae mortis; Corp. Herm. XIII, 7: θέλησον καὶ γίνεται.

[5] Vgl. Ps.-Platon, Definitiones 412d: ἀφειδία ἐν χρήσει καὶ ἐν κτήσει οὐσίας; Lukian, Anachoris 24: τῶν σωμάτων ἀφειδεῖν; ferner Plutarch, Amatorius 18 (p. 762e); vgl. Bauer Sp. 248.

[6] Vgl. 1Tim 4₃: κωλυόντων γαμεῖν, ἀπέχεσθαι βρωμάτων.

[7] Vgl. z.B. Apulejus, Metamorph. XI, 21: perspicua evidentique magni numinis dignatione; 22: te felicem, te beatum, quem propitia voluntate numen augustum tantopere dignatur. Vgl. Reitzenstein, Mysterienreligionen, S. 252—254; Bornkamm, Aufsätze I, S. 151f.; J. Schneider, ThWB VIII, S. 178. Reicke a.a.O. S. 47—51 möchte dagegen τιμή als die zu erweisende Ehre, die Rücksichtnahme verstehen (vgl. 1Thess 4₄ 1Kor 12₂₃f. Röm 12₁₀ 13₇). Bei dieser Interpretation tritt jedoch die Polemik, die sich eines von den Gegnern gebrauchten Begriffes bedient, nicht recht hervor.

[8] Vgl. Lohmeyer z. St.: „Das Wörtchen ‚gewisse' zieht auch alle behauptete Würde ins Triviale und Lächerliche hinab; es ist eben nur ‚irgendwelche', keine besondere Ehre."

haltung fordert — führt letztlich nur πρὸς πλησμονὴν τῆς σαρκός[1]. Hinter dieser kritischen Bemerkung verbirgt sich offenbar das Schlagwort vom „Erfülltwerden", das als das Ziel aller Bemühungen um Verehrung der στοιχεῖα τοῦ κόσμου hingestellt wurde. Was jedoch tatsächlich bei dem allen herauskommt[2] — so wird polemisch argumentiert —, ist nichts weiter als Sättigung[3] des Fleisches. Damit wird noch einmal der Gegensatz scharf herausgehoben[4]. Während jene φιλοσοφία vorgibt, durch die θρησκεία τῶν ἀγγέλων, Dienstbereitschaft und Askese würde der Mensch das Ziel, mit göttlicher Kraft erfüllt zu werden, erreichen, bleibt in Wirklichkeit der Mensch auf diesem Wege gesetzlicher Frömmigkeit und Praxis nur bei sich selbst, der σάρξ verhaftet, εἰκῆ φυσιούμενος ὑπὸ τοῦ νοὸς τῆς σαρκὸς αὐτοῦ (2₁₈).

Die Lehre der φιλοσοφία[5]

Aus den kurzen Zitaten und Schlagworten, die der Kolosserbrief innerhalb der Unterweisung der Gemeinde anführt, lassen sich die Grundzüge jener Lehre, die die Gemeinde zu gefährden droht, mit einiger Sicherheit rekonstruieren. Durch die φιλοσοφία, für die ehrwürdige Überlieferung geltend gemacht wird

---

[1] Diese Wortverbindung stellt sicher einen vom Verfasser des Briefes formulierten polemischen Ausdruck dar. Während die zitierten Schlagworte ohne Artikel angeführt werden, wird hier der Artikel zur Verknüpfung der beiden Substantive gebraucht: πρὸς πλησμονὴν τῆς σαρκός (aber: ἀφειδίᾳ σώματος).

[2] Zu εἶναι πρός vgl. Joh 11₄: αὕτη ἡ ἀσθένεια οὐκ ἔστιν πρὸς θάνατον.

[3] Zu πλησμονή vgl. Antiphanes bei Athenaeus I, 28f.: ἐν πλησμονῇ γὰρ Κύπρις, ἐν δὲ τοῖς κακῶς πράσσουσιν οὐκ ἔνεστιν Ἀφροδίτη βροτοῖς. Weitere Belege bei Bauer Sp. 1335: „Sättigung", Kol 2₂₃: „zur Befriedigung des fleischlichen Sinnes".

[4] Die Frage, wie πρὸς πλησμονὴν τῆς σαρκός zu verstehen sei, hat schon der altkirchlichen Exegese viel Kopfzerbrechen bereitet. Vgl. Theodor von Mopsueste z. St.: ἀσαφὲς μέν ἐστιν. Zur altkirchlichen Auslegung vgl. G. Delling, ThWB VI, S. 133f.: Man faßte meist σάρξ=σῶμα und deutete πλησμονή als die Stillung des natürlichen (nicht sündigen) Verlangens. Das würde heißen: Die Anhänger der φιλοσοφία gewähren dem Leib nicht die ihm nach Gottes Willen gebührende Ehre. Diese Deutung scheitert jedoch daran, daß σάρξ nicht mit σῶμα gleichbedeutend, sondern in malam partem gebraucht ist.

[5] Vgl. die Exkurse bzw. Einleitungen der Kommentare, besonders Lightfoot, S. 71—111; Dibelius-Greeven, S. 38—40; ferner: M. Dibelius, Die Isisweihe bei Apulejus und verwandte Initiations-Riten, SAH 1917 = Aufsätze II, S. 30—79; Percy, Probleme, S. 137—178; G. Bornkamm, Die Häresie des Kolosserbriefes, ThLZ 73 (1948), Sp. 11—20 = Aufsätze I, S. 139—156; W. Bieder, Die kolossische Irrlehre und die Kirche von heute, ThSt 33, Zürich 1952; S. Lyonnet, L'étude du milieu littéraire et l'exégèse du Nouveau Testament. § 4. Les adversaires de Paul à Colosses, Bibl 37 (1956), S. 27—38; ders., St. Paul et le gnosticisme: la lettre aux Colossiens, in: Le Origini dello Gnosticismo, ed. U. Bianchi, Leiden 1967, S. 538—561; Hegermann, Schöpfungsmittler, S. 158—199; J. Gewieß, Die apologetische Methode des Apostels Paulus im Kampf gegen die Irrlehre in Kolossä, BuL 3 (1962), S. 258—270; H.-M. Schenke, Der Widerstreit gnostischer und kirchlicher Christologie im Spiegel des Kolosserbriefes, ZThK 61

(2₈), soll rechte Erkenntnis und Einsicht vermittelt werden[1]. Diese beziehen sich auf die στοιχεῖα τοῦ κόσμου (2₈. ₂₀), die als Engelmächte (2₁₈) und kosmische Gewalten (2₁₀. ₁₅) vorgestellt werden. Nur dadurch, daß der Mensch sich in huldigender Verehrung zu ihnen in das rechte Verhältnis setzt, kann er Zugang zum πλήρωμα (2₉) gewinnen und göttlicher Erfüllung teilhaftig werden (2₁₀). Wie die Beziehung der στοιχεῖα τοῦ κόσμου zum πλήρωμα gedacht ist, wird freilich nicht recht deutlich — ob die Mächte als Repräsentanten der göttlichen Fülle angesehen werden oder aber als gefährliche Gewalten, die den Weg zum πλήρωμα versperren und erst freigeben, wenn ihnen die gebührende Achtung bezeigt wird[2]. Jedenfalls kann der Mensch nur dann vom göttlichen πλήρωμα durchströmt werden, wenn er sich in der θρησκεία τῶν ἀγγέλων den Engeln und Mächten dienstbar erweist. Zu dieser ταπεινοφροσύνη erklärt er sich in willentlichem Entschluß bereit (ἐθελοθρησκία 2₂₃), indem er den Engeln in kultischer Verehrung huldigt (2₁₈) und gehorsame Befolgung dessen, was ihm auferlegt wird, verspricht. Er kehrt sich in asketischer Lebensweise von der Welt ab (ἀπέκδυσις τοῦ σώματος τῆς σαρκός 2₁₁; ἀφειδία σώματος 2₂₃), achtet auf die ausgesonderten heiligen Tage und Zeiten (2₁₆) und befolgt die Vorschriften, Speise und Trank, die ihm untersagt sind, weder zu genießen noch zu berühren (2₁₆. ₂₁). Damit richtet er sich nach den Gesetzen, die als Ordnung des Makrokosmos auch die Regeln für den Mikrokosmos des menschlichen Lebens vorschreiben, und unterwirft sich ihnen in demütiger Dienstbereitschaft.

Diese Lehre, in der Erkenntnis und gesetzliche Praxis eng miteinander verbunden sind, trägt ausgesprochen synkretistischen Charakter. Weil die kosmischen Mächte Gewalt über das Schicksal der Menschen haben, werden sie verehrt. Über dem All thront die eine Gottheit, die als das πλήρωμα die Fülle in sich begreift. Indem die φιλοσοφία in strenger Gesetzlichkeit die Innehaltung ausgesonderter Tage und die Befolgung von Speisegeboten verlangt, hat man auch einen bedeutenden Beitrag jüdischer Überlieferung aufgenommen[3].

(1964), S. 391—403; W. Foerster, Die Irrlehrer des Kolosserbriefes, in: Studia Biblica et Semitica, Festschrift für Th. Vriezen, Wageningen 1966, S. 71—80.

[1] Vgl. die Begriffe σοφία (1₉. ₂₈ 2₃. ₂₃ 3₁₆ 4₅); σύνεσις (1₉ 2₂); γνῶσις (2₃); ἐπίγνωσις/ ἐπιγινώσκειν (1₆. ₉. ₁₀ 2₂ 3₁₀).

[2] Vgl. E. Käsemann, RGG³ III, Sp. 1728: „Die Anschauungen der Häretiker sind nur fragmentarisch zu erschließen. Werden die Mächte verehrt, weil sie als gefährlich gelten oder weil sie die himmlische Fülle repräsentieren?" Schenke, a. a. O. S. 392—399 sucht einen negativen Charakter des Engelkultes aufzuzeigen, um den gnostischen Gehalt der φιλοσοφία zu begründen. Doch die Möglichkeit, daß die στοιχεῖα τοῦ κόσμου als Repräsentanten des πλήρωμα gegolten haben, kann nicht ausgeschlossen werden. So meint Bornkamm, man habe die στοιχεῖα als göttliche Elemente verstanden: „Offenbar besagt die häretische Lehre, daß in den στοιχεῖα τοῦ κόσμου das πλήρωμα der Gottheit wohne, wie aus der deutlich polemisch und antithetisch formulierten Wendung Kol 2₉ ὅτι ἐν αὐτῷ κατοικεῖ πᾶν τὸ πλήρωμα τῆς θεότητος σωματικῶς (vgl. 1₁₉) erhellt." (Aufsätze I, S. 140, vgl. S. 146) Keinesfalls können dagegen mit Schenke a. a. O. S. 397f. die στοιχεῖα τοῦ κόσμου mit den Archonten der Gnosis gleichgesetzt werden.

[3] Da in Kleinasien und insbesondere auch in den Städten des Lykustales eine starke Judenschaft ansässig war (vgl. oben S. 37), wird durch sie der jüdische Beitrag der synkretistischen φιλοσοφία vermittelt worden sein. Die Zauberpapyri

Die δόγματα werden aber nicht als Zeichen des Gehorsams gegen den Gott
Israels verstanden, der sein Volk als die Gemeinde seines Bundes aus allen
Völkern ausgesondert hat, sondern sie sollen der Unterwerfung unter die
ἄγγελοι, ἀρχαί und ἐξουσίαι Ausdruck geben, denen der Mensch durch Herkunft und Schicksal unterstellt ist. Daher können die Anhänger der φιλοσοφία
weder als Essener[1] noch als Schüler der Qumrangemeinde[2] noch als Vertreter

bezeugen zu ihrem Teil, in welchem Umfang jüdische Namen und Begriffe in den
spätantiken Synkretismus aufgenommen wurden. Und in der christlichen Gnosis
des 2. Jahrh.s sind in starkem Maße Einflüsse jüdisch-heterodoxer Vorstellungen wirksam geworden. Daß synkretistische Einflüsse vor den Schranken des
Judentums nicht haltmachten (vgl. oben S. 153 Anm. 1 zu 211), geht auch aus kürz-
lich bekannt gewordenen Texten aus Qumran hervor. Das Fragment 4QCry läßt erkennen, daß es in der Gemeinde von Qumran die Anschauung gab, das Sternbild,
in dessen Zeichen der Mensch geboren werde, bestimme auch darüber, wie seine
äußere Gestalt — ob kräftig oder zart — gebildet wird und wie sich sein Anteil
am Licht zu dem an der Finsternis verhält. Vgl. J. M. Allegro, An Astrological
Cryptic Document from Qumran, JSS 9 (1964), S. 291—294; J. Starcky, Un
texte messianique araméen de la Grotte 4 de Qumrân, in: Mémorial du Cinquante-
naire de l'École des langues orientales anciennes de l'Institut Catholique de Paris,
Paris 1964, S. 51—66; J. Carmignac, Les Horoscopes de Qumrân, RQum 5
(1965/66), S. 199—217; J. Licht, שוקיים סימן לבחירה (צד חדש בתורתם של אנשי
(כת מדבר יהודה, Tarbiz 35 (1965/66), S. 18—26; M. Delcor, Recherches sur
un horoscope en langue hébraïque provenant de Qumrân, RQum 5 (1965/66), S.
521—542. In manchen Kreisen des Judentums hat man also die Vorstellung geteilt, daß der Weg des Menschen bereits vor seiner Geburt von den Gestirnen
vorgezeichnet werde. Zum Problem des Synkretismus auf dem Boden des Judentums vgl. ferner den wichtigen Hinweis von M. Smith, Goodenough's Jewish
Symbols in Retrospect, JBL 86 (1967), S. 60f.: "Margolioth's recovery of 'Sefer
ha Razim' (The Hebrew edition is now in the press in Israel), however, has given
us a Hebrew text, written by a man steeped in the OT and the poetry of the synago-
gue, which yet contains prescriptions for making images and prayers to pagan deities,
including Helios, who are conceived as gods subordinate to Yahweh".
  [1] Auf die Essener hat Lightfoot in seiner gelehrten Abhandlung hingewiesen,
dabei allerdings nicht unbedingt einen unmittelbaren Zusammenhang behaupten
wollen: "But indeed throughout this investigation, when I speak of the Judaism in
the Colossian Church as Essene, I do not assume a precise identity of origin, but
only an essential affinity of type, with the Essenes of the mother country." (S. 92f.)
  [2] Nach Bekanntwerden der Texte aus Qumran ist verschiedentlich die Vermutung ausgesprochen worden, es könnte ein Zusammenhang zwischen der Lehre
der Qumrangemeinde und der φιλοσοφία des Kolosserbriefes bestehen. Außer den
oben (S. 170 Anm. 7) genannten Äußerungen von Davies und Benoit vgl. auch
A. R. C. Leaney, 'Conformed to the Image of His Son' (Rom. VIII. 29), NTS 10
(1963/64), S. 478: "It is striking that the tradition of men, which is according to
this-wordly elements, is coupled with 'philosophy' (II. 8) and the elements of it are
such as found at Qumran (II. 16—18)." Mit starken jüdischen Einflüssen, möglicherweise auch aus Qumran, rechnet auch Lyonnet a.a.O. (S. 177 Anm. 1)
S. 429—432. Vgl. ferner S. Zedda, Il carattere gnostico e giudaico dell' errore
colossese nella luce dei manoscritti del Mar Morto, RivBibl 5 (1957), S. 31—56;
E. Yamauchi, Sectarian Parallels: Qumran and Colossae, BiblSacr 121 (1964),
S. 141—152; F. M. Cross, Die antike Bibliothek von Qumran, Neukirchen 1967,
S. 183f. Gegen solche Vermutungen ist jedoch einzuwenden, daß in Qumran allein
die rigoristische Forderung des ungeteilten Gehorsams gegenüber dem Gesetz

jüdisch-häretischer Propaganda[1] angesehen werden. Sie bieten vielmehr eine aus verschiedenen Elementen zusammengesetzte Lehre, die ihrer Betonung der Erkenntnis sowie ihres die Welt verneinenden Charakters wegen als gnostisch oder — wenn man vorsichtiger urteilen will — vorgnostisch bezeichnet werden kann[2]. Gnostisches Weltverständnis tritt auch in dem Streben nach Erfüllung mit göttlicher Kraft sowie in der aufgeblasenen Überheblichkeit derer in Erscheinung, die meinen, solche Erfüllung erfahren zu haben und Weisheit und Erkenntnis zu besitzen.

Der Kult, wie ihn die Anhänger der φιλοσοφία verrichten, wurde vermutlich in Mysterienform vollzogen[3]. Darauf deuten nicht nur die zitierten Ausdrücke ἃ ἑόρακεν ἐμβατεύων (2₁₈) sowie ἐθελοθρησκία und τιμή (2₂₃), sondern auch der aus der Erwähnung der περιτομή (2₁₁) zu erschließende Initiationsakt, durch den man Aufnahme in die Gemeinde derer fand, die in rechter Weisheit und Erkenntnis den Dienst gegenüber den στοιχεῖα τοῦ κόσμου versehen. Wie der Ritus im einzelnen praktiziert wurde — ob man die Beschneidung tatsächlich vornahm oder aber der Aufnahmehandlung nur den jüdischen Namen beilegte, darunter aber die ἀπέκδυσις τοῦ σώματος τῆς σαρκός als asketische Abkehr von der Welt begriff —, ist nicht mehr festzustellen. Jedenfalls suchte man der sakramentalen Weihe durch die jüdische Bezeichnung größere Anziehungs- und Werbekraft zu verleihen[4].

---

sowohl die strenge Auslegung und Praxis der Reinheits- und Speisevorschriften als auch die peinliche Innehaltung des Kalenders und der in der Thora festgelegten Ruhetage bestimmt. Die jüdischer Überlieferung entnommenen Bestandteile der φιλοσοφία aber sind nicht von einem Gesetzesradikalismus erfüllt, wie er in Qumran ausgebildet ist, sondern sie sind dem Dienst der Weltelemente untergeordnet worden. Vgl. Lohse, Christologie und Ethik, S. 157f.; Braun, Qumran I, S. 228–232.

[1] Hegermann, Schöpfungsmittler, S. 162 meint, „daß es sich um eine jüdisch-häretische Propaganda handelt". Das dürfte schwerlich zutreffen. Der Begriff νόμος fehlt im Kolosserbrief, und die Polemik gegen die φιλοσοφία sieht ganz anders aus als die Abwehr der Judaisten im Galaterbrief.

[2] Vgl. Dibelius-Greeven S. 38—40 und Bornkamm, Aufsätze I, S. 147: „Der Kol läßt keinen Zweifel daran, daß wir es in der kolossischen Häresie mit einer Abart jüdischer Gnosis zu tun haben." Vgl. ferner L. Goppelt, Christentum und Judentum im ersten und zweiten Jahrhundert, Beiträge zur Förderung christlicher Theologie II, 55, Gütersloh 1954, S. 137—140: „gnostischer Judaismus" (S. 140). Percy, Probleme, S. 176—178 bestreitet dagegen einen Zusammenhang der kolossischen Irrlehre mit dem Gnostizismus, räumt jedoch ein: „Anderseits hat aber die kolossische Irrlehre offenbar mit dem Gnostizismus gemeinsam, daß sie eine Art von Synkretismus zwischen Christentum und nicht christlicher spätantiker Frömmigkeit spekulativer Art darstellt." (S. 178) Auch Hegermann, Schöpfungsmittler, S. 163 möchte den gnostischen Charakter der φιλοσοφία in Zweifel ziehen, doch gesteht er zu, daß vorgnostische Einflüsse vorliegen können. Daß der Begriff Gnosis mit großer Vorsicht zu handhaben ist, betont auch Lyonnet a.a. O. (S. 186 Anm. 5: Le Origini . . .) S. 538—561.

[3] Vgl. F. Cumont, Die orientalischen Religionen im römischen Heidentum, ³Stuttgart 1931 = ⁴Darmstadt 1959, S. 186: „Alle aus dem Orient stammenden Kulte haben die Form von Mysterien angenommen."

[4] Vgl. Bornkamm, Aufsätze I, S. 145—147; Lohse, Christologie und Ethik, S. 158. — Eine ebenso kühne wie unbegründete Vermutung über den Ursprung

Wahrscheinlich haben diejenigen, die sich dieser Lehre gegenüber aufgeschlossen zeigten[1], gemeint, wie man nach damals allgemein anerkannter Auffassung durchaus mehrere Weihen empfangen und gleichzeitig verschiedenen Mysteriengemeinschaften angehören konnte, so sei es auch für einen Christen ratsam, die ihm dargereichte Erkenntnis nicht zurückzuweisen und die erfüllende Kraft nicht zu verschmähen, die ihm durch die φιλοσοφία angeboten wurde. Sicherlich wollte man dabei den christlichen Glauben nicht preisgeben, wohl aber zu diesem einen zusätzlichen Schutz hinzugewinnen. Denn die in der Taufe zugesprochene Vergebung der Sünden schien keine hinreichende Sicherung gegenüber den kosmischen Gewalten und den Mächten des Schicksals zu gewähren. Wie man freilich das Verhältnis der Mächte und Gewalten zu Christus zu bestimmen suchte, geht aus der Polemik des Kolosserbriefes nicht eindeutig hervor. Aber zweifellos hat man nach einer dem synkretistischen Charakter der φιλοσοφία entsprechenden Synthese gesucht — etwa in der Weise, daß nur durch demütige Verehrung der Engelmächte sich der Weg zu Christus auftut, der jenseits der Mächte und Gewalten thront[2]. Wer ihnen huldigt und die gesetzlichen Vorschriften befolgt, wird nicht nur vor den schädlichen Wirkungen, die von den ἀρχαί und ἐξουσίαι ausgehen, sicher sein. Sondern allein auf diesem Wege wird auch der Zugang zur göttlichen Fülle erschlossen. Die Erkenntnis von der auf diese Weise hergestellten Synthese zwischen Christusglauben und Verehrung der Weltelemente erfüllte ihre Anhänger mit dem Gefühl, die wahre Einsicht gewonnen zu haben und den anderen Christen überlegen zu sein[3].

---

der „judaistischen Bewegung in Kolossae" hat dagegen E. Meyer, Ursprung und Anfänge des Christentums III, Stuttgart/Berlin 1923 = Darmstadt 1962, S. 488f. vorgetragen: Der in der Apostelgeschichte erwähnte Evangelist Philippus habe sich — wie Papias von Hierapolis berichtet (Euseb, Hist. Eccl. III, 39,9) — mit seinen Töchtern in Hierapolis niedergelassen und so liege „die Vermutung nahe, daß sein Auftreten in Hierapolis, das dann auch auf die Nachbarstädte übergriff, mit der judaistischen Bewegung in Kolossae in Verbindung steht; die Berufung auf Offenbarungen paßt recht gut zu der prophetischen Begabung seiner Töchter".

[1] Mit Dibelius-Greeven S. 38 ist zu unterscheiden „zwischen den außerhalb der christlichen Gemeinde zu Kolossae stehenden Führern jener φιλοσοφία (2s), d.h. des στοιχεῖα-Kults, und den durch ihre Propaganda gewonnenen Gliedern der Christengemeinde". Vgl. auch Dibelius, Aufsätze II, S. 56; ferner Foerster a.a.O. S. 72f., der freilich die Gegner für Juden einer den Essenern verwandten Richtung hält, die „außerhalb der Gemeinde zu suchen sind" (S. 72).

[2] Vgl. Bornkamm, Aufsätze I, S. 140f., der meint: „Der mythologische und christologische Ausdruck dieser Lehre dürfte darum der gewesen sein, daß die Gegner die στοιχεῖα τοῦ κόσμου selbst als σῶμα Christi bzw. als seine Glieder, und Christus als Inbegriff der Weltelemente verstanden." (S. 141) Schenke a.a.O. S. 398 urteilt: „Die bekämpften Gnostiker verehren nämlich auch Christus, und zwar als Erlöser. Das wird im Brief nicht gesagt, weil es als ganz selbstverständlich gilt." Der Text gibt für eine so eindeutige Behauptung jedoch keinen sicheren Anhalt. Es läßt sich nur behutsam mutmaßen, wie der Christusglaube der Anhänger der φιλοσοφία ausgesehen haben könnte.

[3] Sektiererische Gruppen, die ähnlich wie die φιλοσοφία des Kolosserbriefes die Verehrung eines höchsten Wesens und einen gesetzlich bestimmten Dienst vertraten, hat es noch im 4. Jahrh. n. Chr. in Kleinasien gegeben. Zur Sekte der sog. Hypsistarier vgl. Bornkamm, Aufsätze I, S. 153—156.

Der Gemeinde, auf die diese φιλοσοφία Einfluß zu gewinnen sucht, hält der Kolosserbrief in aller Schärfe vor Augen, daß eine derartige Synthese schlechterdings ausgeschlossen ist. Wer sich der φιλοσοφία anschließt, der verliert Christus. Die Entscheidung lautet: entweder κατὰ τὰ στοιχεῖα τοῦ κόσμου oder κατὰ Χριστόν (2₈). Wer sich zur demütigen Beugung unter die Weltelemente bereiterklärt, hat damit das Haupt losgelassen, von dem doch der Leib allein Leben und Kraft empfängt (2₁₁). Mag er auch wähnen, durch die neu gewonnene Erkenntnis über die anderen hinausgehoben zu sein, sich stolz aufblähen und hochmütig von oben herab Urteile abgeben. In Wahrheit ist es nichts anderes als der νοῦς τῆς σαρκὸς αὐτοῦ (2₁₈), der ihn erfüllt und ihm seinen Stolz eingibt. Was ihn Erfüllung zu sein dünkt, wird in seiner nichtigen Leere und inneren Hohlheit alsbald offenkundig werden. Er dient den Schatten, die längst haben weichen müssen, da sie von dem Licht, das alles durchflutet, vertrieben sind.

In Christus und nirgendwo sonst wohnt πᾶν τὸ πλήρωμα τῆς θεότητος σωματικῶς (2₉). In ihm allein gibt es Erfüllung; denn er ist die κεφαλὴ πάσης ἀρχῆς καὶ ἐξουσίας (2₁₀). Seine Herrschaft aber übt er gegenwärtig aus als das Haupt seines Leibes, der ἐκκλησία. Nur in der Zugehörigkeit zur Kirche als dem Christusleib kann man daher an Christus als dem Haupt festhalten. Wer auf ihn getauft, mit ihm gestorben und auferweckt ist (2₁₁f. 2₀), der ist damit auch den στοιχεῖα τοῦ κόσμου ein für allemal abgestorben, so daß es für ihn keine Bedrohung durch Schicksalsmächte mehr gibt und die Weltelemente keinerlei Anspruch mehr ihm gegenüber geltend machen können (2₂₀f.). Er ist befreit vom Zwang, den Dingen der Welt in ängstlicher Scheu, die sich nach Tabuvorschriften zu richten hat, zu begegnen. Denn Speise und Trank sind zum Verbrauch bestimmt und sollen als Gottes gute Gabe dankbar angenommen werden.

Dem dualistischen Weltverständnis der φιλοσοφία wird nicht mit einer christlichen Metaphysik geantwortet, sondern der geschichtlich begründete Gegensatz entgegengestellt: Der gekreuzigte, auferstandene und erhöhte Christus ist der Kyrios, neben dem es keine anderen Herren mehr geben kann. Während die φιλοσοφία nur Eingeweihten und Einsichtigen ihre esoterische Tradition weiterreicht, ist die Proklamation des Kyrios an alle Welt und jedermann gerichtet. Christus wird unter den Völkern verkündigt. An seinem Kreuz ist der Schuldschein, der gegen uns zeugte, vernichtet worden (2₁₄). Gott hat uns alle Sünden vergeben (2₁₃). Vergebung der Sünden zu haben aber bedeutet, auch von den Mächten und Gewalten frei zu sein, die am Kreuz Christi zu Spott und Schande geworden sind (2₁₅). Wer auf Christus getauft ist, der ist in den Herrschaftsbereich des geliebten Gottessohnes versetzt, der als der Kyrios das Regiment über alle Welt und das Heil der Seinen in Händen hält— befreit zum neuen Leben bekennenden Gehorsams. Daher gilt: Εἰ οὖν συνηγέρθητε τῷ Χριστῷ, τὰ ἄνω ζητεῖτε, οὗ ὁ Χριστός ἐστιν ἐν δεξιᾷ τοῦ θεοῦ καθήμενος· τὰ ἄνω φρονεῖτε, μὴ τὰ ἐπὶ τῆς γῆς (3₁f.) [1].

---

[1] Vgl. Bultmann, Theologie, S. 502f.

II. Paränetischer Teil:

Die Herrschaft Christi im Wandel der Glaubenden

3₁₋₄ Trachtet nach droben!

[1] Wenn ihr nun mit Christus auferweckt seid, so trachtet nach dem, was droben ist, wo Christus ist, sitzend zur Rechten Gottes. [2] Richtet den Sinn auf das, was droben ist, nicht auf das, was auf Erden ist. [3] Denn ihr seid gestorben, und euer Leben ist verborgen mit Christus in Gott. [4] Wenn Christus, unser Leben, offenbar wird, dann werdet auch ihr mit ihm offenbar werden in Herrlichkeit.

Der paränetische Teil des Briefes wird durch eine Folgerung eingeleitet, mit der auf das Vorhergehende zurückgegriffen wird: εἰ οὖν συνηγέρθητε (V.1; vgl. 2₁₂: συνηγέρθητε); ἀπεθάνετε γάρ (V.3; vgl. 2₁₂: συνταφέντες αὐτῷ; 2₂₀: ἀπεθάνετε). Dabei wird zwar nicht mehr auf Schlagworte der falschen Lehre Bezug genommen, wohl aber ist die sachliche Auseinandersetzung durchaus noch im Blick behalten. War bisher ausgeführt worden, daß die Zugehörigkeit zum auferstandenen und erhöhten Christus Freiheit vom Zwang der Mächte und Gewalten bedeutet, so wird nun das neue Leben derer, die mit Christus auferstanden sind, als gehorsamer Wandel beschrieben, der sich im Herrschaftsbereich des Kyrios vollzieht. Damit wird entfaltet, was in den ersten beiden Kapiteln verschiedentlich bereits kurz gesagt worden war: Rechte Weisheit und Erkenntnis treten in der Erfüllung des göttlichen Willens in Erscheinung (1₉₋₁₁). In die βασιλεία τοῦ υἱοῦ τῆς ἀγάπης αὐτοῦ versetzt sein heißt, dem Herrn über das All unterstellt sein (1₁₂₋₂₀). Die empfangene Versöhnung will im ἐπιμένειν τῇ πίστει und im unverrückten Festhalten an der ἐλπὶς τοῦ εὐαγγελίου angeeignet und bewahrt werden (1₂₁₋₂₃). Ὡς οὖν παρελάβετε τὸν Χριστὸν Ἰησοῦν τὸν κύριον, ἐν αὐτῷ περιπατεῖτε (2₆). Diese Aufforderung wird nun in den paränetischen Ausführungen konkretisiert. Die ersten beiden Kapitel des Briefes sind also mit den beiden folgenden sachlich eng verbunden. Im Eingang der Paränese wird daher auf die Taufe als den Grund des neuen Lebens verwiesen und damit eine christologische Begründung der Ethik den Einzelanweisungen vorangestellt. Das Leben mit Christus wird verwirklicht, indem man dem Kyrios zu eigen gehört und seinem Gebot folgt.

V. 1: Der Übergang zur Paränese[1] wird durch οὖν bezeichnet (vgl. Röm 12₁ Eph 4₁); damit wird an den bisher entwickelten Gedankengang angeknüpft: Ihr seid mit Christus zum neuen Leben auferweckt worden![2] Gottes eschatologische Tat ist schon geschehen, er hat aus dem Tod zum Leben gerufen. Dieses Leben ist freilich nicht als göttliche Fülle und Kraft der Unsterblichkeit übereignet. Sondern aus der geschehenen Zueignung des Heils wird der Aufruf zur gehorsamen Aneignung abgeleitet: τὰ ἄνω[3] ζητεῖτε. Mit der Wendung τὰ ἄνω, die in den paulinischen Briefen nicht wiederkehrt, ist die himmlische Welt gemeint, in der ἡ ἄνω Ἰερουσαλήμ ist (Gal 4₂₆), aus der die ἄνω κλῆσις kommt (Phil 3₁₄)[4]. Wie schon von der ἐλπίς gesagt worden war, sie liege in den Himmeln für die Glaubenden bereit (1₅), so ist auch hier in räumlichen Vorstellungen gedacht[5]. Die Blicke sollen hinaufgehoben werden, um dem Wandel der Christen klare Richtung zu verleihen. Dem Suchen und Streben ist damit sein Ziel vor Augen gehalten, dem ζητεῖν[6] der Weg gewiesen. Nach droben, das heißt: dorthin, wo Christus ist, der zu Gott erhöht ist und zu seiner Rechten thront[7]. Mit der Partizipialwendung wird eine bekenntnisartige Aussage aufgenommen, die im Anschluß an Ps 110₁ formuliert worden ist[8]. Die messianische Verheißung, daß Gott den Gesalbten auf den Ehrenplatz zu seiner Rechten setzen werde, ist in der Auferstehung und Inthronisation Christi in Erfüllung gegangen (vgl. Mk 12₃₆ Par. 14₆₂ Par. Act 2₃₄ 1Kor 15₂₅ Röm 8₃₄ Eph 1₂₀ Hebr 1₃. ₁₃ 8₁ 10₁₂f. 12₂). Im Aufblick nach droben bekennt sich die Gemeinde zu

---

[1] Zum Abschnitt 3₁₋₄ sei verwiesen auf P. Th. Camelot, Ressuscités avec le Christ, VieSp 84 (1951), S. 353—363; F. W. Grosheide, Kol 3,1—4; 1Petr 1,3—5; 1Jo 3,1—2, GThT 54 (1954), S. 139—147; F. J. Schierse, "Suchet, was droben ist!", GuL 31 (1958), S. 86—90; E. Gräßer, Kol 3,1—4 als Beispiel einer Interpretation secundum homines recipientes, ZThK 64 (1967), S. 139—168.

[2] Daß dieser Satz über die paulinischen Aussagen von Röm 6 hinausgeht, ist oben zu 2₁₂ (S. 155—157) gezeigt worden. Vgl. Reitzenstein, Mysterienreligionen, S. 269; Gräßer a.a.O. S. 148 und siehe unten S. 195 Anm. 3.

[3] Zum Gebrauch des Artikels vor ἄνω vgl. Moulton-Turner S. 14.

[4] Vgl. weiter Joh 8₂₃: ὑμεῖς ἐκ τῶν κάτω ἐστέ, ἐγὼ ἐκ τῶν ἄνω εἰμί, und siehe F. Büchsel, ThWB I, S. 376f. Zur Gegenüberstellung von oberer und unterer Welt im rabbinischen Schrifttum vgl. die Belege bei Billerbeck I, S. 395. 977; II, S. 116. 133. 430f.

[5] Zu den hellenistischen Voraussetzungen der Gegenüberstellung von irdischer und himmlischer Welt, unten und oben, vgl. Schweizer a.a.O. (S. 90 Anm. 2) S. 145—155.

[6] Vgl. H. Greeven, ThWB II, S. 894—896.

[7] ἐστίν ist nicht mit καθήμενος zur conjugatio periphrastica zu verbinden, sondern durch ein Komma vom Partizip zu trennen.

[8] Durch das Zitat der Bekenntnisformulierung zeigt der Verfasser des Briefes an, daß er mit dem Satz τὰ ἄνω ζητεῖτε aussagen will, was das christliche Bekenntnis enthält: Christus ist über die Mächte erhöht und zur Rechten Gottes inthronisiert. Wer zu ihm gehört, der ist daher zum neuen Leben befreit. Vgl. auch Gräßer a.a.O. S. 156—158.

ihm als dem Christus, den Gott in sein herrscherliches Amt eingesetzt hat. Mitten in dieser Welt sind daher die Seinen schon mit der himmlischen Welt verbunden; denn das Haupt ist droben, und die Seinen halten an ihm fest, indem sie sich von allem, was nach unten ziehen möchte, befreit wissen.

V. 2: Mit den Worten τὰ ἄνω φρονεῖτε wird der Aufruf ein zweites Mal ausgesprochen und dabei φρονεῖν an die Stelle von ζητεῖν gesetzt. φρονεῖν bezeichnet das Denken und Trachten[1], von dem das Handeln geleitet werden soll. So ermahnt Paulus, μὴ ὑπερφρονεῖν παρ' ὃ δεῖ φρονεῖν (Röm 12₃), und hält die Gemeinde dazu an, ἵνα τὸ αὐτὸ φρονῆτε (Phil 2₂) bzw. τοῦτο φρονεῖτε ἐν ὑμῖν ὃ καὶ ἐν Χριστῷ 'Ιησοῦ (Phil 2₅). Indem zum nüchternen φρονεῖν aufgefordert wird, ist jeder Art von schwärmerischem Enthusiasmus gewehrt. Die rechte Erkenntnis Gottes will im sachgemäßen Prüfen dessen, was als sein Gebot hier und jetzt gilt, vollzogen werden[2]. Dieses φρονεῖν ist geleitet von der ἀνακαίνωσις τοῦ νοός (Röm 12₂) und empfängt seine Bestimmung von oben. Dorthin soll der Sinn gerichtet sein; denn dort ist die Heimat der Glaubenden (Phil 3₂₀f.). Daher wird τὰ ἄνω durch die negative Abgrenzung genauer bestimmt: μὴ τὰ ἐπὶ τῆς γῆς. Das bedeutet jedoch keineswegs, daß die Christen dieser Welt entrückt sind[3]. Sie sollen vielmehr bedacht sein auf τὰ ἄνω und so den Alltag im Gehorsam gegenüber dem Kyrios gestalten. Darum ist ihr ζητεῖν und φρονεῖν nach oben gelenkt und darf nicht mit schwerem Gewicht nach unten gezogen werden, wo der Mensch in seinem ungehorsamen Sinnen und Treiben gefangengehalten wird (V. 5ff.).

V. 3: Was einst war, das gilt nun nicht mehr. Das alte Leben ist ein für allemal durch den Tod, der mit Christus gestorben wurde, abgetan. Bestimmende Wirklichkeit ist allein das Leben, das durch Gottes schaffende Macht zuteil geworden ist. Dieses Leben ist gegenwärtig; denn Gott συνεζωοποίησεν ὑμᾶς σὺν αὐτῷ (2₁₃). Doch die ζωή ist nur da Wirklichkeit, wo sie διὰ τῆς πίστεως angenommen und geführt wird (2₁₂). Damit ist die schwärmerische Vorstellung, als wäre das Heil in ungebrochener Fülle sichtbar vorhanden, der Tod bereits verschwunden und die Auferstehung der Toten schon geschehen (2Tim 2₁₈), entschieden abgewehrt[4]. Das alte Leben ist mit dem Tod, der mit Christus gestorben

---

[1] Vgl. Bauer Sp. 1712f.

[2] Vgl. Bornkamm, Aufsätze II, S. 136: Wahre Erkenntnis „bedeutet immer zugleich die rechte Klugheit auch im Blick auf die Situation des Menschen vor Gott und das nüchterne, vernünftige Prüfen, was vor Gott und dem Nächsten ‚gut und wohlgefällig und vollkommen' ist (Röm 12₂)".

[3] Die Gnosis dagegen lehrt, daß das wahre Selbst des Menschen in die himmlische Welt aufsteigt, die Übel beim Aufstieg durch die Sphären abstreift und so zu seiner eigentlichen Bestimmung gelangt. Vgl. Corp. Herm. I, 25f.

[4] Paulus sagt niemals, die Christen seien bereits mit Christus auferstanden. Der Christ ist mit Christus gestorben und geht der zukünftigen Auferstehung ent-

wurde, zu Ende, so daß die Vergangenheit keinen Anspruch mehr stellen kann. Die ζωή aber, die Gott in der Auferstehung mit Christus schuf, ist und bleibt ganz an Christus gebunden und wird daher nicht in die Verfügung des Menschen gegeben[1]. Er hat die ζωή nur da und dort, wo er mit Christus lebt, seinem Herrn gehorsam ist und ihm vertraut[2]. Wenn hier statt συνηγέρθητε (V.1) ἀπεθάνετε gesagt wird, so soll damit angezeigt werden, daß die Vollendung noch nicht erfüllt ist, sondern noch in der Zukunft liegt[3]. Die ζωή ist verborgen mit Christus in Gott, den Blicken der Menschen entzogen und kann nicht greifbar vorgewiesen werden. Sie wird vielmehr als eschatologische Gabe im Glauben empfangen und festgehalten im Aufblick nach droben[4].

V. 4: Was jetzt verborgen gegenwärtig ist, soll dereinst offenbar werden[5], wenn Christus erscheinen wird. φανερωθῆναι ist hier nicht wie 1₂₆ von der schon geschehenen Offenbarung gesagt (vgl. auch Röm 3₂₁ 16₂₆ 1Tim 3₁₆ 1Petr 1₂₀), sondern von der Parusie, bei der der Schleier fortgezogen wird, so daß in hellem Licht erstrahlt, was jetzt vor unseren Augen verhüllt ist[6]. Auf die Parusie Christi, von der sonst im Kolosser-

---

gegen, um dann allezeit bei dem Herrn zu weilen. Die paulinische Paränese ist daher nicht durch den Blick nach oben bestimmt, sondern ruft zum Gehorsam in der Erwartung des Kommenden auf. H. Köster, The Purpose of the Polemic of a Pauline Fragment (Philippians III), NTSt 8 (1961/62), S. 329 hebt den Unterschied zum Kolosserbrief in scharf formulierter Gegenüberstellung hervor: „This fundamental exhortation (sc. Kol 3₁f.) refers to the theological presupposition 'if you are risen with Christ' (III.1) — a presupposition which would have been as unacceptable to Paul as the exhortation itself." Der Kolosserbrief bleibt jedoch darin der paulinischen Theologie verbunden, daß er eine schwärmerische Ausdeutung des συνηγέρθητε τῷ Χριστῷ ausschließt. Denn ἡ ζωὴ ὑμῶν κέκρυπται σὺν τῷ Χριστῷ ἐν τῷ θεῷ. Vgl. auch Tannehill a.a. O. (S. 156 Anm. 3) S. 47—54.

[1] Der Begriff der ζωή, mit der die Gabe des Heils schlechthin gemeint ist, ist von den Aussagen συνηγέρθητε/ἀπεθάνετε her verstanden. Das Verständnis der gegenwärtigen ζωή, wie es an unserer Stelle vorliegt, kommt dem johanneischen Begriff der ζωή sehr nahe. Paulinisch ist jedoch der ausdrückliche Vorbehalt, daß das Leben noch verborgen sei mit Christus in Gott. Erst wenn Christus, ἡ ζωὴ ἡμῶν, offenbar wird, τότε καὶ ὑμεῖς σὺν αὐτῷ φανερωθήσεσθε ἐν δόξῃ (V.4). Vgl. auch Gräßer a.a. O. S. 160—166.

[2] Dieser Sachverhalt kann nicht als Mystik bezeichnet werden. Gegen Dibelius-Greeven z. St.: „Das neue Leben, dessen Kräfte der Mystiker schon spürt, ist in der Gegenwart nur latent vorhanden."

[3] „Aber es ist bezeichnend, daß unser Verfasser eben nicht wie Paulus apokalyptisch von der Totenauferstehung spricht, sondern absolut von der ζωή als der eschatologischen Gabe schlechthin." (Gräßer a.a. O. S. 161)

[4] Vgl. Bornkamm, Aufsätze I, S. 46: „Die Glaubenden haben das ihnen geschenkte neue Leben nirgend anders als in Christus ... Haec vita non habet experientiam sui, sed fidem (Luther); der Getaufte ist nichts als ein Glaubender und Hoffender."

[5] Vgl. R. Bultmann, ThWB II, S. 867.

[6] Vgl. auch 2Kor 5₁₀: τοὺς γὰρ πάντας ἡμᾶς φανερωθῆναι δεῖ ἔμπροσθεν τοῦ βήματος τοῦ Χριστοῦ.

brief nicht die Rede ist, wird mit einer überlieferten Wendung hingewiesen (vgl. 1 Joh 2₂₈ 3₂: ἐὰν φανερωθῇ)[1], an die ein kurzes Bekenntnis angeschlossen wird: ὅταν ὁ Χριστὸς φανερωθῇ, ἡ ζωὴ ἡμῶν. Zwar ist die Lesart ἡ ζωὴ ὑμῶν durch p⁴⁶ ₰D*G pm lat sehr stark vertreten. Gleichwohl wird ἡ ζωὴ ἡμῶν, wie es B₰sy und etliche Minuskeln bezeugen, als ursprünglicher Text zu gelten haben, der dann schon sehr früh abgeändert und an die den Abschnitt bestimmende Form der Anrede in der zweiten Person angeglichen wurde. Christus ist unser Leben[2]; wer zu ihm gehört, der ist schon aus dem Tod zum Leben gelangt (vgl. Joh 5₂₄f. 11₂₅f. u. ö.). Wenn aber Christus, der jetzt zur Rechten Gottes thront, am Ende der Tage erscheinen wird, dann wird auch offenbar werden, daß die Seinen mit ihm[3] im Leben sind. Die Gemeinschaft σὺν τῷ Χριστῷ, die bereits durch die Taufe begründet ist und das Leben der Christen erfüllt, wird dann ἐν δόξῃ, in nicht endender Herrlichkeit, ihre Vollendung erfahren.

Dient der Hinweis auf die Parusie, der aus der urchristlichen Überlieferung übernommen ist, dazu, das Jetzt vom Dann der sichtbaren Offenbarung zu unterscheiden, so liegt der Ton der Aussage doch auf dem σὺν τῷ Χριστῷ, in dem das Leben der Christen gegründet ist. Zwar befindet sich Christus droben und die Seinen wandeln auf Erden. Da sie aber mit ihm gestorben und auferweckt sind, sind sie jetzt schon mit dem himmlischen Herrn zu unlöslicher Gemeinschaft verbunden. Weil sie ihm zu eigen gehören, ist bereits über ihren Weg und ihr Ziel entschieden: τὰ ἄνω ζητεῖτε — τὰ ἄνω φρονεῖτε. Doch das Leben derer, die mit Christus auferstanden sind, ist noch verborgen; darum bedürfen sie des ermahnenden Zuspruchs, durch den sie im Festhalten am Evangelium bestärkt und zur Bewährung im Wandel angehalten werden. Dabei dient nun die räumliche Unterscheidung zwischen τὰ ἄνω und τὰ ἐπὶ τῆς γῆς dazu, das Entweder-Oder der Entscheidung zu verdeutlichen, die den gehorsamen Wandel ständig bestimmt. Im Sterben und Auferstehen σὺν τῷ Χριστῷ ist diese Entscheidung schon in bindender Gültigkeit gefallen; deshalb ist im Handeln der Glaubenden nichts anderes zu tun, als den alten Menschen, der mit Christus schon gestorben ist, abzulegen und den neuen Menschen anzuziehen, den Gott geschaffen und in der Auferstehung mit Christus ins Leben gerufen hat.[4]

---

[1] In dem Satz ὅταν ὁ Χριστὸς φανερωθῇ liegt ein Nachklang urchristlicher Eschatologie vor. Vgl. Bornkamm a. a. O. (S. 47 Anm. 3) S. 61.

[2] Zur Formulierung „Christus unser Leben" vgl. Phil 1₂₁: ἐμοὶ γὰρ τὸ ζῆν Χριστός; 1 Joh 5₁₂: ὁ ἔχων τὸν υἱὸν ἔχει τὴν ζωήν; IgnEph 7₂: Christus ἐν θανάτῳ ζωὴ ἀληθινή; 3₂: Ἰησοῦς Χριστός, τὸ ἀδιάκριτον ἡμῶν ζῆν; Smyrn 4₁: Ἰησοῦς Χριστός, τὸ ἀληθινὸν ἡμῶν ζῆν; Magn 1₂: Ἰησοῦ Χριστοῦ, τοῦ διὰ παντὸς ἡμῶν ζῆν.

[3] A läßt σὺν αὐτῷ aus.

[4] Christliche Ethik ist daher „eine Ethik, die aus dem gnädigen Handeln Gottes die Folgerung im Vollzug der Lebensführung zieht" (W. Nauck, Das οὖν- paräneticum, ZNW 49 [1958], S. 134 f.).

3₅₋₁₇ Zieht den neuen Menschen an!

⁵So tötet nun die irdischen Glieder, Unzucht, Unreinheit, Leidenschaft, böse Gier und die Habsucht, die Götzendienst ist; ⁶um solcher Dinge willen kommt der Zorn Gottes. ⁷Darin seid auch ihr einst gewandelt, als ihr noch darin lebtet. ⁸Jetzt aber legt auch ihr das alles ab, Zorn, Grimm, Bosheit, Lästerung, Schmährede aus eurem Munde. ⁹Belügt einander nicht; zieht den alten Menschen aus mit seinen Taten, ¹⁰und zieht den neuen Menschen an, der erneuert wird zur Erkenntnis nach dem Bilde seines Schöpfers, ¹¹wo nicht mehr Grieche und Jude ist, Beschneidung und Unbeschnittenheit, Barbar, Skythe, Freier, sondern alles und in allen Christus.

¹²So zieht nun an als Auserwählte Gottes, heilige und geliebte, herzliches Erbarmen, Güte, Demut, Sanftmut, Langmut; ¹³ertragt einander und vergebt, wenn einer gegen jemanden eine Beschwerde hat; wie auch der Herr euch vergeben hat, so auch ihr. ¹⁴Zu dem allen die Liebe, welches das Band der Vollkommenheit ist. ¹⁵Und der Friede Christi walte in euren Herzen, zu welchem ihr auch berufen seid in einem Leibe. Und seid dankbar! ¹⁶Das Wort Christi wohne reichlich unter euch, in aller Weisheit lehrt und ermahnt einander; mit Psalmen, Hymnen und Liedern, die vom Geist gewirkt sind, singt - die ihr in Gnaden seid - Gott in euren Herzen. ¹⁷Und alles, was ihr tut in Wort oder Werk, das (tut) alles im Namen des Herrn Jesus; sagt Dank Gott dem Vater durch ihn!

Die Aufforderung τὰ ἄνω ζητεῖτε — τὰ ἄνω φρονεῖτε wird in der Reihe der folgenden Imperative entfaltet: νεκρώσατε (V.₅), ἀπόθεσθε (V.₈), μὴ ψεύδεσθε (V.₉) und ἀπεκδυσάμενοι (V.₉) geben negative Abgrenzungen, denen erst mit καὶ ἐνδυσάμενοι . . . (V.₁₀) die positive Bestimmung gegenübergestellt wird. Die Paränese ist weithin in traditionellen Aufzählungen und Wendungen gehalten und nimmt nirgendwo auf bestimmte Gemeindeverhältnisse Bezug. Das überlieferte Gut aber ist durch interpretierende Bemerkungen auf die Thematik des ganzen Briefes bezogen worden: Weil die Glaubenden in der Taufe mit Christus gestorben sind (2₁₂f. 3₃), lautet ihre Aufgabe: νεκρώσατε (V.₈). Die ἀπέκδυσις τοῦ σώματος τῆς σαρκός (2₁₁) wird im ἀπεκδύεσθαι des alten Menschen vollzogen (V.₁₀). Diesem aber korrespondiert das Anlegen des neuen Menschen, der erneuert wird εἰς ἐπίγνωσιν κατ᾽ εἰκόνα τοῦ κτίσαντος αὐτόν (V.₁₁).

Die Fortführung der Paränese legt positiv dar, was es heißt, den neuen Menschen anzuziehen (ἐνδυσάμενοι V.₁₀ — ἐνδύσασθε οὖν V.₁₂). Daher wird nach den beiden Lasterkatalogen (V.₅. ₈) nun ein Tugendkatalog angeführt, dessen Aufzählung durch die Aufforderung ἀνεχόμενοι ἀλλήλων καὶ χαριζόμενοι ἑαυτοῖς (V.₁₃) erläutert wird. In der Liebe gelangt das Leben der Gemeinde zu seiner vollkommenen Gestalt (V.₁₄). Das Leben, wie es sich in der Gemeinde als dem Ort der Herrschaft Christi entfaltet, wird dann als Friede (V.₁₅), dankender Lobpreis (V.₁₅b), Annehmen und Bezeugen des Wortes in Lehre und Lied (V.₁₆) sowie Wirken im Namen des Kyrios Jesus (V.₁₇) beschrieben. Dabei sind die drei Verse durch die

Stichworte εὐχάριστοι (V.16), ἐν χάριτι (V.16) und εὐχαριστοῦντες (V.17) miteinander verbunden: Bei allem, was sie tun, stimmen die, die ἐν ἑνὶ σώματι zusammengehören, den von Dank erfüllten Lobpreis an.

V. 5: Tötet also, das heißt: Laßt den alten Menschen, der in der Taufe schon gestorben ist, tot sein: οὕτως καὶ ὑμεῖς λογίζεσθε ἑαυτοὺς εἶναι νεκροὺς μὲν τῇ ἁμαρτίᾳ ζῶντας δὲ τῷ θεῷ ἐν Χριστῷ ᾽Ιησοῦ (Röm 6₁₁); παραστήσατε ἑαυτοὺς τῷ θεῷ ὡσεὶ ἐκ νεκρῶν ζῶντας (Röm 6₁₃; vgl. auch Röm 8₁₀). Das in der Taufe erlittene Sterben mit Christus soll nun an-geeignet werden[1], indem die μέλη τὰ ἐπὶ τῆς γῆς getötet werden. Mit seinen Gliedern handelt der Mensch, indem er sie entweder als ὅπλα ἀδικίας der ἁμαρτία unterstellt oder aber als ὅπλα δικαιοσύνης τῷ θεῷ (Röm 6₁₃). Je nachdem, wen er als Herrn über sich hat, sind seine Glieder entweder Sklaven der ἀκαθαρσία und ἀνομία oder gehorsame Knechte der δικαιοσύνη (Röm 6₁₉). Doch wenn nun dazu aufgefordert wird, die μέλη[2] τὰ ἐπὶ τῆς γῆς zu töten und als diese dann fünf verschiedene Laster genannt werden, so können mit den μέλη kaum die leiblichen Glieder des Menschen gemeint sein[3]. Sondern offensichtlich wird an eine vor-gegebene Ausdrucksweise angeknüpft. Nach iranischen Vorstellungen sind die Glieder des Menschen seine guten oder bösen Taten, aus denen sein himmlisches Selbst gebildet und damit sein jenseitiges Geschick entschieden wird[4]. Da in der iranischen Überlieferung jeweils fünf gute und fünf schlechte Taten angegeben werden, wird die Fünfzahl, die im Kolosserbrief sowohl den beiden Lasterkatalogen (3₅.₈) als auch der Reihe der Tugenden (3₁₂) zugrunde liegt, auf das Pentadenschema zu-rückzuführen sein, nach dem schon in der iranischen Anthropologie die Taten als Glieder des Menschen aufgezählt wurden[5]. Dem Verfasser des Kolosserbriefes wird jedoch schwerlich der Mythus von den beiden kosmischen ἄνθρωποι, die jeder fünf Glieder haben, vor Augen gestanden

---

[1] Paulus verwendet in diesem Zusammenhang sonst nicht das Verbum νεκροῦν. Röm 8₁₃ steht θανατοῦν: εἰ δὲ πνεύματι τὰς πράξεις τοῦ σώματος θανατοῦτε. In νεκροῦν wirkt jedoch sicherlich der paulinische Gebrauch von νεκρός in bezug auf die Taufe nach. Vgl. R. Bultmann, ThWB IV, S. 898f.

[2] A℘DG pl latt Ir fügen ὑμῶν ein und gleichen damit an den paulinischen Sprachgebrauch an. Vgl. Röm 6₁₃. ₁₉: τὰ μέλη ὑμῶν.

[3] So möchte mit anderen J. Horst, ThWB IV, S. 570 erklären, „daß auch hier die Glieder gemeint sind, die die konkrete, tätige, unter der Sünde stehende Leib-lichkeit ausmachen". Masson z. St. dagegen schlägt unter Berufung auf Blaß-Debr. § 147,2 vor, τὰ μέλη als Vokativ zu fassen und von den Christen als Gliedern am Christusleib zu verstehen. Doch diese Erklärung wäre „nur dann möglich, wenn der Kontext sich ausgesprochenermaßen im Bildkreis Haupt-Leib-Glieder bewegte" (Dibelius-Greeven z. St.).

[4] Vgl. R. Reitzenstein, Das iranische Erlösungsmysterium, Bonn 1921, S. 152—163; ders., Mysterienreligionen, S. 265—275; Dibelius-Greeven, Con-zelmann z. St.

[5] Vgl. Bornkamm, Aufsätze I, S. 151.

haben[1]. Ihm sind vermutlich die religionsgeschichtlichen Zusammenhänge überhaupt nicht bewußt gewesen, sondern er übernahm eine traditionelle Ausdrucksweise über falsches und rechtes Verhalten und bediente sich des vorgegebenen Fünferschemas, um in der Paränese die dem Christen aufgegebene Entscheidung zu verdeutlichen[2]. Die Worte (μὴ) τὰ ἐπὶ τῆς γῆς (3₈) werden wiederholt, indem nun zum Töten der μέλη τὰ ἐπὶ τῆς γῆς aufgerufen wird. Der Mensch kann sich von seinem Tun nicht distanzieren, sondern ist mit diesem so sehr verwachsen, daß seine Taten ein Stück von ihm selbst sind. Nur durch den Tod, in dem das alte Selbst stirbt, kann deshalb der Weg zum neuen Leben aufgetan werden. Was im einzelnen unter dieses Todesurteil fällt, wird in der folgenden Reihe von fünf Begriffen beschrieben.

Die Aufzählung der Laster ist nicht durch die Situation veranlaßt, in der sich die angeredete Gemeinde befindet, sondern in der Überlieferung vorgegeben[3]. Werden geschlechtliche Sünden, Habgier und Götzendienst angeführt, so handelt es sich um die Laster, die vornehmlich der Jude dem Heiden vorhält[4]. Zuerst wird die πορνεία genannt, der illegitime Geschlechtsverkehr, der stets nachdrücklich verboten wird (vgl. 1Thess 4₃ Gal 5₁₉-₂₁ 1Kor 5₁₀f. 6₉f. 2Kor 12₂₁ Eph 5₃ 1Tim 1₉f.). Ebenso wird Gal 5₁₉ die πορνεία als erstes der ἔργα τῆς σαρκός erwähnt; 1Thess 4₃ wird eingeschärft, ἀπέχεσθαι ὑμᾶς ἀπὸ τῆς πορνείας, und 1Kor 6₁₈ entschieden gemahnt: φεύγετε τὴν πορνείαν. Denn kein πόρνος wird an der βασιλεία τοῦ θεοῦ teilbekommen (1Kor 6₉; vgl. 5₉-₁₁ Eph 5₅). Im Unterschied zur laxen Haltung, wie sie in der hellenistischen Welt nahezu allgemein

---

[1] Gegen Käsemann, Leib Christi, S. 150.

[2] Vgl. Dibelius-Greeven z. St.: „das Auftreten einer anderen, eigentlich mit der ersten konkurrierenden Liste von gleichfalls fünf Lastern 3₈" erinnere „daran, daß es sich bei Pls wirklich nur um ein Schema handelt und nicht um den . . . ausgebildeten Mythos von den beiden kosmischen Anthropoi, von denen jeder 5 Glieder" habe, „nämlich die Tugenden bzw. Laster".

[3] Vgl. B. S. Easton, New Testament Ethical Lists, JBL 51 (1932), S. 1—12; A. Vögtle, Die Tugend- und Lasterkataloge im Neuen Testament. Exegetisch, religions- und formgeschichtlich untersucht, NTAbh XVI, 4.5, Münster i. W. 1936; S. Wibbing, Die Tugend- und Lasterkataloge im Neuen Testament und ihre Traditionsgeschichte unter besonderer Berücksichtigung der Qumran-Texte, BZNW 25, Berlin 1959. Reiches Vergleichsmaterial zu den neutestamentlichen Lasterkatalogen findet sich auch in den Schriften des Lukian von Samosata. Vgl. Betz a. a. O. (S. 48 Anm. 4) S. 185—194. — Wibbing a. a. O. S. 112f. weist zu Kol 3₅ auf CD IV, 17—19 hin: הזנות = πορνεία; ההון = πλεονεξία; (המקדש) טמא = ἀκαθαρσία; הלכו אחרי צו = εἰδωλολατρία. Es wird der Zusammenhang von geschlechtlichen Sünden, Besitzgier und Götzendienst betont. CD IV, 17—19 liegt aber weder eine Fünferreihe noch eine genaue Entsprechung — πάθος fehlt! — vor. Vgl. auch Braun, Qumran I, S. 232.

[4] Die jüdische Polemik argumentiert: Die Heiden sind Götzendiener und daher in alle Laster verstrickt (vgl. SapSal 13—14). Auf die Voraussetzungen hellenistisch-jüdischer Apologetik, die hinter den neutestamentlichen Tugend- und Lasterkatalogen sichtbar werden, hat Easton a. a. O. aufmerksam gemacht.

üblich war, wird in der christlichen Unterweisung uneingeschränkter Gehorsam gegenüber dem Verbot der πορνεία verlangt[1]. Diese Forderung wird durch die Hinzufügung von ἀκαθαρσία noch unterstrichen[2]. ἀκαθαρσία steht häufig mit πορνεία zusammen und bezeichnet die sittliche Unreinheit, das unsittliche geschlechtliche Verhalten (vgl. 1Thess 4₇ Gal 5₁₉ 2Kor 12₂₁ Röm 1₂₄ Eph 5₃. ₅)[3]. Wie die πορνεία ist die ἀκαθαρσία ein ἔργον τῆς σαρκός (Gal 5₁₉), das mit dem Wandel im Geist unvereinbar ist[4].

An dritter Stelle folgt πάθος, ein spezifisch griechischer Begriff, durch den der Stoiker das eigentliche Versagen des Menschen beschreiben würde, der sich von den Affekten bestimmen läßt und zur ἀπάθεια unfähig ist[5]. In der urchristlichen Paränese wird πάθος jedoch nicht in stoischer Bedeutung verwendet, sondern zur Bezeichnung der schändlichen Leidenschaft (vgl. 1Thess 4₅ Röm 1₂₆), die zur geschlechtlichen Ausschweifung hinreißt[6]. Das folgende Wort ἐπιθυμία[7] ist durch das Adjektiv κακή[8] in negativem Sinne charakterisiert als der böse Trieb, die schlechte Begierde, die ἐπιθυμία σαρκός (Gal 5₁₆), der die Menschen im Ungehorsam gegen Gott folgen (vgl. Gal 5₂₄ Röm 1₂₄ 6₁₂ 7₇ꜰ. 13₁₄)[9]. Das fünfte Glied ist von den vorhergehenden durch καί und den Artikel, der auf den anschließenden Relativsatz hinweist[10], ein wenig abgehoben. Neben den geschlechtlichen Sünden und dem bösen Begehren wird die πλεονεξία als besonders arge Sünde gekennzeichnet[11]. Vor dieser Gefährdung wird — auch in katalogartigen Aufzählungen (vgl. Mk 7₂₂ Röm 1₂₉ Eph 5₃) — immer wieder eindringlich gewarnt: φυλάσσεσθε ἀπὸ πάσης πλεονεξίας (Lk 12₁₅). Habsucht und Besitzgier beschlagnahmen das Herz des Menschen, ziehen es von Gott ab und verleiten zum Götzendienst:

---

[1] Vgl. Vögtle a.a.O. S. 223—225; F. Hauck-S. Schulz, ThWB VI, S. 592—594.

[2] Da die Heiden den Juden als unrein gelten, hängt nach jüdischem Urteil mit der Unreinheit der Heiden auch ihre Unsittlichkeit zusammen. Voller Stolz weist der Jude auf die sexuelle Reinheit hin, die im Judentum gewahrt wird. Vgl. die Belege bei Billerbeck III, S. 62—74.

[3] Vgl. F. Hauck, ThWB III, S. 430—432.

[4] Auf die Berührungen, die zwischen Kol 3₅₋₁₁ und Gal 5₁₉₋₂₁ bestehen, macht P. Joüon, Note sur Colossiens III, 5—11, RechSR 26 (1936), S. 185—189 besonders aufmerksam.

[5] Vgl. Vögtle a.a.O. S. 208—210; W. Michaelis, ThWB V, S. 926—929.

[6] Damit wird der jüdische Gebrauch des Wortes aufgenommen. Vgl. Ps.-Phokylides 194: οὐ γὰρ ἔρως θεός ἐστι, πάθος δ' ἀΐδηλον ἀπάντων.

[7] ἐπιθυμία kann gelegentlich auch in bonam partem gebraucht werden, so z.B. Lk 22₁₅ 1Thess 2₁₇ Phil 1₂₃; ἐπιθυμεῖν: Mt 13₁₇ Lk 17₂₂ 1Tim 3₁ Hebr 6₁₁ 1Petr 1₁₂. Vgl. F. Büchsel, ThWB III, S. 168—172.

[8] κακήν fehlt bei p⁴⁶ G.

[9] Auch 1Thess 4₅ stehen πάθος und ἐπιθυμία zusammen: μὴ ἐν πάθει ἐπιθυμίας καθάπερ καὶ τὰ ἔθνη τὰ μὴ εἰδότα τὸν θεόν.

[10] Vgl. Blaß-Debr. § 258,1: „Der Zusatz ἥτις usw. veranlaßt die Setzung des Artikels."

[11] Vgl. G. Delling, ThWB VI, S. 266—274.

ἡ φιλαργυρία πρὸς εἴδωλα ὁδηγεῖ, ὅτι ἐν πλάνῃ δι' ἀργυρίου τοὺς μὴ ὄντας θεοὺς ὀνομάζουσι (TestJud 19₁)[1]. Der kritischen Bewertung, die die πλεονεξία schon in der jüdischen Paränese erhielt[2], entspricht auch der kurze Relativsatz, mit dem auf die Folge hingewiesen wird, die sich un- ausweichlich mit der πλεονεξία einstellt: ἥτις ἐστιν ἡ εἰδωλολατρία. Der Mensch kann nur einem Herrn dienen — Gott oder dem Mammon (Mt 6₂₄ par. Lk 16₁₃)[3]. Hat er sein Herz an den Besitz gehängt, so betet er Götzen an und verleugnet den allein wahren Gott. Ein πλεονέκτης ist daher ein εἰδωλολάτρης (Eph 5₅). Obwohl im Zusammenhang des Ko- losserbriefes nicht mehr vom Gegensatz zu den Lastern der Heiden die Rede ist, wird die überlieferte Warnung vor der εἰδωλολατρία festgehalten[4]. Wenn auch geschlechtliche Vergehen und böses Wollen den Menschen Gott entfremden und den Götzen zutreiben können, so wird doch auf die Gefahren der πλεονεξία besonders eindringlich hingewiesen, weil sie so eng mit der εἰδωλολατρία zusammenhängt[5].

V. 6: Gott aber wird das alles[6] strafen und dem verdienten Urteil zuführen. Wie mehrfach am Ende von Lasterkatalogen auf das zukünftige Gericht hingewiesen wird (vgl. 1Thess 4₃-₆ 1Kor 5₁₀f. 6₉ Röm 1₁₈-₃₂), so wird auch hier daran erinnert, daß um der bösen Taten der Menschen willen Gottes Zorngericht kommt. Mit der ὀργή ist nicht ein Affekt Gottes gemeint — angesichts der vielen Laster der Menschen müßte ihn zorniges Aufwallen schon längst gepackt haben! Die ὀργή ist vielmehr Gottes

---

[1] Vgl. die negative Qualifizierung des רוה in den Schriften der Gemeinde von Qumran. Mit Gewalt und Lüge streben die Gottlosen, die Kittäer und der Frevel- priester nach רוה (1QpHab VI, 1; VIII, 11f.; IX, 5f.; 1QS X, 19; XI, 2 u. ö.). Die Glieder der Gemeinde aber verzichten auf eigenen Besitz und bringen ihre Habe in den רוה, der für die Gemeinde als ganze verwaltet wird, mit ein (1QS I, 12f.; III, 2; V, 2f.; VI, 17—19. 22 u. ö.).

[2] Vgl. auch den scharfen Tadel gegen die Geldgier bei Philo, de spec. leg. I, 23—27; weitere Belege aus den Schriften Philos bei Delling a.a.O. S. 270.

[3] Direkte Abhängigkeit vom Wort Jesu, wie sie mit anderen Delling a.a.O. S. 271 vermutet, ist kaum anzunehmen. Die Bewertung der πλεονεξία schließt sich an die im Judentum und Urchristentum allgemein vertretene Beurteilung an. Vgl. die Belege bei Billerbeck II, S. 190; III, S. 606f.

[4] Easton a.a.O. S. 6 vermutet, ursprünglich habe der Katalog die εἰδωλο- λατρία als sechstes Glied aufgeführt. Da die Kolosser jedoch einer Warnung vor Götzendienst nicht bedurften, habe Paulus den Götzendienst nur noch im Neben- satz genannt. Die Annahme, die Liste sei ursprünglich sechsgliedrig gewesen, ist jedoch unwahrscheinlich (vgl. oben S. 198 zum Fünferschema). Sicher aber ist der im Relativsatz ausgesprochene Gedanke, πλεονεξία und εἰδωλολατρία hingen auf das engste zusammen, aus der Tradition übernommen worden.

[5] Vgl. auch Polykarpbrief 11,2: Si quis non se abstinuerit ab avaritia, ab ido- latria coinquinabitur et tamquam inter gentes iudicabitur, qui ignorant iudicium domini. In Lasterkatalogen wird häufig die εἰδωλολατρία genannt. Vgl. Gal 5₂₀ 1Kor 5₁₀f. 6₉ 10₇. ₁₄ Eph 5₅ 1Petr 4₃ Apk 21₈ 22₁₅ und siehe F. Büchsel, ThWB II, S. 377.

[6] δι' ἅ bezieht sich auf die in V.₅ genannten Laster. Die Lesart δι' ὅ (D*G) ist eindeutig sekundär.

Zorngericht (vgl. 1Thess 1₁₀ 2₁₆)[1], das über alles sündige und böse Treiben der Menschen hereinbricht und Heiden und Juden vor seine Schranken fordert (Röm 1₁₈-3₂₀)[2].

V. 7: Einst lebten auch die Glaubenden in solchen Lastern[3]. Durch die Worte καὶ ὑμεῖς wird die traditionelle Aufzählung auf die Leser angewendet[4] und an ihre vorchristliche Vergangenheit erinnert. Sie wandelten[5] in bösem Tun, lebten in schändlichem Treiben[6] und waren tot in ihren Sünden (vgl. 2₁₃ Eph 2₁f.). Doch was einst war, ist nun endgültig durchgestrichen und durch den Tod erledigt, der in der Taufe mit Christus gestorben wurde. Daher ist an die Stelle des Einst das Jetzt getreten, das fortan allein Gültigkeit hat.

V. 8: Darum wird dem, was einst das Leben ausmachte, gegenübergestellt, was nun zu geschehen hat (vgl. 1₂₁f.)[7]: alles abzulegen, was einst in böser Gesinnung und schlechtem Tun des alten Menschen geschah[8]. Der Imperativ ἀπόθεσθε entspricht der paulinischen Taufparänese: ἀποθώμεθα οὖν τὰ ἔργα τοῦ σκότους (Röm 13₁₂; vgl. Eph 4₂₂ 1Petr 2₁).

Die Laster, die abgetan werden sollen, werden abermals in einem fünf Glieder umfassenden Katalog aufgeführt, der aus der Überlieferung herrührt. Durch die wiederholte Anrede καὶ ὑμεῖς wird den Lesern gezeigt, was sie im Gegensatz zu ihrer Vergangenheit jetzt zu tun haben. Die Sünden, die abgelegt werden sollen, betreffen zornige Leidenschaft, böse Gesinnung und schlechte Nachrede, durch die das Verhältnis zum Mitmenschen vergiftet und zerstört wird. Wer seinem Bruder zürnt, ἔνοχος ἔσται τῇ κρίσει (Mt 5₂₂)[9]. Darum soll der ὀργή abgesagt werden[10] und mit der ὀργή auch der θυμός, die leidenschaftliche Wut, verschwinden

---

[1] Vgl. G. Stählin, ThWB V, S. 422—448.

[2] In Anlehnung an Eph 5₆ fügen 𝔖𝔎G pl lat sy ein: ἐπὶ τοὺς υἱοὺς τῆς ἀπειθείας. Doch die lectio brevior, wie sie p⁴⁶ B d sa ClemAlex EphrAmbst bezeugen, bietet zweifellos den ursprünglichen Text.

[3] ἐν οἷς ist von den in V.₅ genannten Lastern gesagt. Wenn man aber am Ende von V.₆ ἐπὶ τοὺς υἱοὺς τῆς ἀπειθείας liest, würde ἐν οἷς auf die υἱοὶ τῆς ἀπειθείας zu beziehen sein.

[4] Vgl. Vögtle a.a.O. S. 19; Jervell, Imago Dei, S. 235.

[5] Zu περιπατεῖν (= הלך) vgl. oben S. 59 zu 1₁₀.

[6] Durch ἐν τούτοις (𝔎G pm: ἐν αὐτοῖς) wird abermals auf die Laster zurückverwiesen.

[7] V.7. 8a sind in chiastischer Ordnung einander gegenübergestellt: ἐν οἷς (a) καὶ ὑμεῖς (b) περιεπατήσατέ (c) ποτε (d) · νυνὶ δὲ (d) ἀπόθεσθε (c) καὶ ὑμεῖς (b) τὰ πάντα (a). Vgl. Tachau a.a.O. (S. 104 Anm. 2) S. 126.

[8] Auch Hebr 12₁ Jak 1₂₁ 1Petr 2₁ steht ἀποτίθεσθαι mit πᾶς/πᾶν zusammen. „Das Objekt des Ablegens ist stets als etwas Ganzes gekennzeichnet, es geht um die gesamte sündige Natur, die dabei bezeichnet werden soll." E. Kamlah, Die Form der katalogischen Paränese im Neuen Testament, WUNT 7, Tübingen 1964, S. 183.

[9] Der ὀργή entspricht קצור אפים im Lasterkatalog 1QS IV, 10. Vgl. Wibbing a.a.O. S. 93.

[10] Zur negativen Beurteilung des menschlichen Zorns im NT vgl. Stählin a.a.O. S. 420—422.

(vgl. Eph 4₃₁). Zwischen ὀργή und θυμός besteht kein sachlicher Unterschied[1]. Der Zornesgrimm gehört zu den ἔργα τῆς σαρκός (Gal 5₁₉f.), die es in der Gemeinde Jesu Christi nicht mehr geben darf (2Kor 12₂₀). Mit ihnen soll auch jede Art von Bosheit verschwinden, die das Zusammenleben der Menschen verdirbt (1Kor 5₈ 14₂₀ Röm 1₂₉ Eph 4₃₁)[2]. Schlechte Gesinnung äußert sich in böser Rede. Das Wort βλασφημία, das in Lasterkatalogen mehrfach erscheint (vgl. Mk 7₂₂ Par. Eph 4₃₁ 1Tim 6₄ 2Tim 3₂), meint die Lästerung, mit der bewußt die Unwahrheit gesagt wird[3]. Das aber darf der Christ unter keinen Umständen tun; deshalb gilt das Gebot: μηδένα βλασφημεῖν (Tit 3₂). Damit aber ist auch die αἰσχρολογία[4], jede Art von schmähender Rede aus dem Munde des Menschen, untersagt[5]. Da in der Taufe das Einst dem Jetzt weichen mußte, soll und muß diese schon gefallene Entscheidung nun gehorsam verwirklicht werden. Darum: Legt auch ihr das alles ab!

V. 9: Die Reihe der Imperative wird durch μή ψεύδεσθε[6] εἰς ἀλλήλους fortgeführt und damit an die eben genannten Begriffe βλασφημία und αἰσχρολογία angeknüpft. Innerhalb der christlichen Gemeinde hat allein die Wahrheit das Wort[7]. Durch εἰς ἀλλήλους soll keineswegs gesagt werden, gegenüber den Außenstehenden komme es nicht so genau auf die rechte Rede an; es wird vielmehr auf den unmittelbaren Lebensbereich verwiesen, in dem der Christ steht und sich zu bewähren hat. Hier hat er im täglichen Umgang mit den Brüdern der Forderung unbedingter Wahrhaftigkeit zu entsprechen.

Der Bezug auf die Taufe wird durch ἀπεκδυσάμενοι und ἐνδυσάμενοι nachdrücklich hervorgehoben[8]. Da beide Partizipien im Aorist stehen, könnten sie das vergangene Geschehen der Taufe bezeichnen, an dem nun die Gegenwart orientiert werden soll, und also als echte Partizipien angesehen werden[9]. Weit näher liegt es jedoch, sie in der Reihe der Auf-

---

[1] Vgl. F. Büchsel, ThWB III, S. 167f.

[2] Vgl. W. Grundmann, ThWB III, S. 483—485. Der κακία entspricht רוע im Lasterkatalog 1QS IV, 11. Vgl. Wibbing a.a.O. S. 94.

[3] Vgl. H. W. Beyer, ThWB I, S. 620—624. Zu βλασφημία ist לשון גדופים 1QS IV, 11; CD V, 12 zu vergleichen. Vgl. Wibbing a.a.O. S. 93.

[4] Das Wort ist Hapaxlegomenon im NT (vgl. Bauer Sp. 49) und erfährt durch den Katalog von Zungensünden, die Jak 3₁-₁₂ aufgezählt werden, eine Veranschaulichung.

[5] G aeg Ambst fügen die Worte μή ἐκπορευέσθω hinzu.

[6] p⁴⁶ setzt nach μή den Konjunktiv: ψεύδησθε. Vgl. Blaß-Debr. § 364,3.

[7] Gott kann nicht lügen (vgl. Hebr 6₁₈); deshalb darf es auch der Christ nicht (vgl. Gal 1₂₀ 2Kor 11₃₁ Röm 9₁ 1Tim 2₇ u. ö.).

[8] Zu 3₉-₁₁ ist besonders zu verweisen auf Käsemann, Leib Christi, S. 147—150; Eltester a.a.O. (S. 86 Anm. 2) S. 156—164; Jervell, Imago Dei, S. 231—256.

[9] So Abbott, Masson z. St.; Ch. Maurer, ThWB VI, S. 644 Anm. 5; Jervell, Imago Dei, S. 236; O. Merk, Handeln aus Glauben. Die Motivierungen der paulinischen Ethik. Mar Th St 5, Marburg 1968, S. 205. Joüon a.a.O. S. 186f. sieht ἀπεκδυσάμενοι und ἐνδυσάμενοι als dem Imperativ

forderungen gleichfalls als Imperative aufzufassen, geht doch μὴ ψεύδεσθε voran (V. 9) und folgt ihnen der Aufruf ἐνδύσασθε (V. 12)[1]. Die Parallele Eph 4₂₄ vertritt eindeutig die imperativische Auflösung: ἐνδύσασθαι[2] τὸν καινὸν ἄνθρωπον τὸν κατὰ θεὸν κτισθέντα und folgt damit dem Gebrauch von ἐνδύεσθαι im Zusammenhang der Taufparänese: ἐνδύσασθε τὸν κύριον Ἰησοῦν (Röm 13₁₄); ἐνδυσώμεθα δὲ τὰ ὅπλα τοῦ φωτός (Röm 13₁₂)[3]. Das Dikompositum ἀπεκδύεσθαι findet sich nur im Kolosserbrief (vgl. 2₁₅) und nimmt hier interpretierend den Begriff ἀπέκδυσις τοῦ σώματος τῆς σαρκός (2₁₁) auf[4]. Sonst steht meist ἀποτίθεσθαι im Gegensatz zu ἐνδύεσθαι, das häufiger in paränetischen Zusammenhängen erscheint (vgl. 1Thess 5₈ Gal 3₂₇ Röm 13₁₂. ₁₄ Eph 4₂₄ 6₁₁. ₁₄).

Das Bild vom Ablegen und Anziehen eines Gewandes war in der alten Welt verbreitet und wurde in den Mysterienreligionen zur Deutung des mit der Initiation bewirkten Geschehens verwendet. So wird in der Schilderung, die Apulejus in den Metamorphosen über die Isisweihe gibt, berichtet, daß der Myste in der Weihehandlung zwölfmal bekleidet wird und ein Gewand empfängt, das mit Tierbildern geschmückt ist[5]. Durch das Anlegen der Gewänder wird er geheiligt, das bedeutet: Er wird mit den Kräften des Kosmos erfüllt und erfährt eine physisch-sub-stantielle Veränderung an sich, durch die er göttlicher Lebenskraft teil-haftig wird[6]. In gnostischen Texten wird das Bild vom Anlegen bzw. Empfangen des Gewandes als Ausdruck für die Verwirklichung der Erlösung verstanden, die sich vollzieht, indem der Mensch in die gött-liche Welt aufgehoben und mit deren Licht und Kraft durchströmt wird[7]. Wenn Paulus sich des Bildes vom Ablegen und Anziehen bedient, so beschreibt er damit weder eine seinshafte Veränderung des Menschen noch die Freilegung eines göttlichen Kernes, der nun zu voller Entfaltung

---

ἀπόθεσθε (V. 8) untergeordnet an, so daß sie geradezu präsentische Bedeutung er-halten. Das Ablegen und Anziehen ist ein Akt, der das ganze Leben hindurch währt.

[1] Zur Verwendung des Partizips in imperativischer Bedeutung vgl. oben S. 66 Anm. 1 zu 1₁₂, ferner die Erklärung bei Lightfoot z. St. und Larsson a.a.O. (S. 85 Anm. 1) S. 197f., der freilich die Partizipien als Conjuncta-Partizipien auffassen möchte.

[2] Bzw. ἐνδύσασθε p⁴⁶B*ℵK 69 al lat sy ClemAlexpt.

[3] Vgl. ferner 1Thess 5₈: ἐνδυσάμενοι θώρακα πίστεως καὶ ἀγάπης; Eph 6₁₁: ἐνδύσασθε τὴν πανοπλίαν τοῦ θεοῦ; 6₁₄: ἐνδυσάμενοι τὸν θώρακα τῆς δικαιοσύνης.

[4] Eph 4₂₂ heißt es: ἀποθέσθαι ὑμᾶς ... τὸν παλαιὸν ἄνθρωπον.

[5] Vgl. Lohse a.a.O. (S. 155 Anm. 6) S. 316f.

[6] Apulejus, Metamorph. XI, 24.

[7] Belege bei Käsemann, Leib Christi, S. 87—94; Eltester a.a.O. S. 160; A. Oepke, Der Brief des Paulus an die Galater, in: Theologischer Handkommentar zum NT 9, ²Berlin 1957, S. 89f.; ders., ThWB II, S. 319—321; Schlier a.a.O. (S. 147 Anm. 4) S. 173f. Die Gnosis kann jedoch nicht vom Ausziehen des alten und Anziehen des neuen Menschen reden. Denn es geht ihr um die Freilegung des Pneuma-Ichs, das aus dem Gefängnis und Schlaf geweckt und zu seiner Verwirk-lichung gebracht werden muß.

gelangt und den Menschen zum Besitz des Heils kommen läßt. Sondern es wird der Herrschaftswechsel veranschaulicht, der in der Taufe stattgefunden hat. Der Getaufte ist in den Herrschaftsbereich Christi hineingestellt worden und darum zum gehorsamen Wandel in seinem Leben gerufen, so daß er des mahnenden Zuspruchs und der tröstenden Stärkung auf seinem Wege bedarf. Daher muß neben die Aussage ὅσοι γὰρ εἰς Χριστὸν ἐβαπτίσθητε, Χριστὸν ἐνεδύσασθε (Gal 3₂₇) der Aufruf treten: ἀλλὰ ἐνδύσασθε τὸν κύριον Ἰησοῦν Χριστόν (Röm 13₁₄), durch den der Christ aufgefordert wird zu tun, was schon geschehen ist, anzunehmen, was durch Gott an ihm getan ist, um nun im Gehorsam das in der Taufe ihm zugeeignete neue Leben zu ergreifen[1].

Abzulegen ist der alte Mensch, der — darin wird das Bild nahezu gesprengt — nicht nur als ein Gewand dem Menschen anhaftet, sondern der er selbst ist. Er muß in den Tod gegeben werden, weil ὁ παλαιὸς ἡμῶν ἄνθρωπος συνεσταυρώθη (Röm 6₆)[2]. Da er schon gestorben ist, soll er nun abgetan sein[3] σὺν ταῖς πράξεσιν αὐτοῦ[4], mit seiner Weise des Handelns und Tuns (vgl. Röm 8₁₃), wie sie in den Lasterkatalogen beschrieben worden war.

V. 10: Anstelle des alten Menschen aber soll der νέος ἄνθρωπος angezogen werden[5]. νέος meint hier im Gegensatz zu παλαιός nichts anderes als καινός[6]. Wo einer ἐν Χριστῷ ist, da ist καινὴ κτίσις (Gal 6₁₅ 2Kor 5₁₇). Gottes

---

[1] Vgl. Bornkamm, Aufsätze I, S. 34—50.

[2] Zum Gebrauch von παλαιός bei Paulus vgl. H. Seesemann, ThWB V, S. 715f.

[3] Vgl. 1Kor 5₇: Weil mit dem Opfertod Christi das eschatologische Passahfest schon begonnen hat, darum ist es hohe Zeit, τὴν παλαιὰν ζύμην auszufegen.

[4] Zum Begriff πρᾶξις vgl. Ch. Maurer, ThWB VI, S. 643—645.

[5] Es ist wichtig, „feststellen zu können, daß zu dieser eigentümlichen Konzeption keine Parallelen in außerchristlichen Quellen gefunden worden sind" (Jervell, Imago Dei, S. 240). Aus der Gnosis (vgl. Käsemann, Leib Christi, S. 147f.) kann das Bild nicht abgeleitet werden. Denn in gnostischen Texten „gibt es nicht und kann es auch nicht geben eine Vorstellung von einem alten und einem neuen Menschen. Denn der innere Mensch, die Pneuma-Eikon im Menschen, ist der Anthropos schlechthin" (Jervell, Imago Dei, S. 241). Das Judentum kennt die Erwartung, daß am Ende der Tage Glanz und Herrlichkeit, die durch Adams Fall verlorengingen, wiederhergestellt werden sollen (Belege bei Billerbeck I, S. 11), nicht aber die Gegenüberstellung von altem und neuem Menschen. Vgl. auch R. Scroggs, The last Adam, Philadelphia 1966, S. 29—32. 54—58. Kamlah a.a.O. (S. 202 Anm. 8) S. 204 weist auf den idealen und den irdischen Menschen bei Philo hin. Doch kommt diese Vorstellung sicher nicht als direktes Vorbild für die paulinische Gegenüberstellung von altem und neuem Menschen in Betracht, zumal bei Philo keinerlei eschatologischer Bezug vorliegt. Vgl. auch Merk a.a.O. (S. 203 Anm. 9) S. 206.

[6] Vgl. Eph 4₂₄: ἐνδύσασθαι τὸν καινὸν ἄνθρωπον. Wenn Kol 3₁₀ νέος statt καινός steht, so liegen vermutlich lediglich stilistische Gründe vor, da das Partizip τὸν ἀνακαινούμενον unmittelbar folgt. Vgl. auch 1Kor 5₇, wo νέον φύραμα der παλαιὰ ζύμη gegenübergestellt wird. Zu νέος ἄνθρωπος vgl. J. Jeremias, ThWB I, S. 366f.; J. Behm, ThWB IV, S. 899—903; R. A. Harrisville, The Concept of Newness in the New Testament, JBL 74 (1955), S. 69—79.

eschatologische Neuschöpfung wird hier in Anlehnung an Gen 1₂₆f.
beschrieben — freilich nicht durch ein ausdrücklich angeführtes Schriftzitat, sondern durch Übernahme katechetischer Tradition, in der auf
Gen 1₂₆f. zurückgegriffen wurde[1]. Dabei ist nicht wie Gal 3₂₇ und Röm 13₁₄
vom Anziehen Christi die Rede, sondern es wird zum Anlegen des νέος
ἄνθρωπος aufgefordert, der nach der εἰκών[2] des Schöpfers, die kein anderer
als Christus ist (vgl. 1₁₅), gebildet ist und sich erneuern muß εἰς ἐπίγνωσιν.
Die in der Taufe vollzogene Neuschöpfung wird also in der ständigen
ἀνακαίνωσις verwirklicht: ὁ ἔσω ἡμῶν (sc. ἄνθρωπος) ἀνακαινοῦται ἡμέρᾳ καὶ
ἡμέρᾳ (2Kor 4₁₆)[3]. Der neue Mensch ist κατ᾽ εἰκόνα τοῦ κτίσαντος αὐτόν
geschaffen[4]. Während es Röm 8₂₉ von der zukünftigen Vollendung heißt
οὓς προέγνω, καὶ προώρισεν συμμόρφους εἶναι τῆς εἰκόνος τοῦ υἱοῦ αὐτοῦ, ist
hier die Ebenbildlichkeit bereits als gegenwärtige Wirklichkeit beschrieben. Diese ist jedoch dem auf Christus Getauften nicht als ein
fester Besitz zu eigen gegeben, sondern sie stellt ihn unter den Auftrag,
das Bekenntnis zu Christus als der εἰκὼν τοῦ θεοῦ im Wandel zu bewähren[5].
Durch das Partizip τὸν ἀνακαινούμενον wird der Nachdruck auf die Paränese gelegt. Wie der alte Mensch samt seinen Praktiken zu verschwinden
hat, so soll der neue Mensch erneuert werden im Vollzug der ihm aufgegebe-
nen Verpflichtung zum Gehorsam. Die ἐπίγνωσις[6], zu der der neue Mensch
gelangt, begreift, welches Gottes Wille und Gebot ist (vgl. 1₉)[7]. Der

---

[1] Vgl. Jervell, Imago Dei, S. 232.

[2] Zum Begriff εἰκών siehe oben S. 85—87 zu 1₁₅.

[3] Erneuert wird nicht der alte Mensch bzw. der Urmensch, sondern der in der
Taufe geschaffene neue Mensch. Jervell, Imago Dei, S. 244f. weist daher mit Recht
Käsemanns Interpretation ab: „Der Sinn des ‚Erneuerns‘ wird deutlich, wenn
man daran denkt, daß die Eikon ja der gefallene Urmensch ist. Sofern der Urmensch zugleich Erlöser ist, wird er zur echten Eikon Gottes erneuert und hat nun
das Wissen um Gott und um sich selbst als ‚innerer Mensch‘, der zugleich der alles
in allem erfüllende Christus ist." (Käsemann, Leib Christi, S. 148) Weder grammatisch noch sachlich kann das Partizip ἀνακαινούμενον mit τὸν παλαιὸν ἄνθρωπον
verbunden werden. Vgl. Jervell, Imago Dei, S. 244 Anm. 254.

[4] Die Bezeichnung Gottes — denn Gott, nicht Christus ist gemeint (vgl. Jervell, Imago Dei, S. 249; Larsson a.a.O. [S. 85 Anm. 1] S. 205f.) — als ὁ
κτίσας entspricht traditioneller Redeweise (1Kor 11₉ Röm 1₂₅ Eph 2₁₀ 3₉ 1Tim 4₃
u. ö.). Vgl. G. Delling, Partizipiale Gottesprädikationen in den Briefen des Neuen
Testaments, StTh 17 (1963), S. 25. Die Wendung ist hier jedoch nicht auf die erste
Schöpfung (so W. G. Kümmel, Das Bild des Menschen im Neuen Testament,
AThANT 13, Zürich 1948, S. 39; Merk a.a.O. [S. 203 Anm. 9] S. 207), sondern
auf die Erschaffung des neuen Menschen bezogen.

[5] Vgl. Jervell, Imago Dei, S. 248—250; J. Behm, ThWB III, S. 455: „Der
Christ soll neuer Mensch werden, wie Christus der neue Mensch ist."

[6] εἰς ἐπίγνωσιν steht hier absolut wie Phil 1₉: ἵνα ἡ ἀγάπη ὑμῶν ἔτι μᾶλλον καὶ
μᾶλλον περισσεύῃ ἐν ἐπιγνώσει καὶ πάσῃ αἰσθήσει.

[7] Die ἐπίγνωσις kann weder als „Sittlichkeit" (Dibelius-Greeven z. St.)
bestimmt noch mit der Ebenbildlichkeit identifiziert werden, sondern sie ist als
deren Folge (vgl. Jervell, Imago Dei, S. 255f.) ἐπίγνωσις τοῦ θελήματος αὐτοῦ (1₉).

alte Mensch besaß diese Erkenntnis nicht[1], der neue Mensch aber soll leben und wandeln, wie es dem Willen des Schöpfers entspricht.

V. 11: In der Gemeinde Jesu Christi ist aufgehoben, was in der Welt — die freilich noch da ist! — die Menschen voneinander trennt. Unter denen, die zu Christus gehören, οὐκ ἔνι Ἰουδαῖος οὐδὲ Ἕλλην, οὐκ ἔνι δοῦλος οὐδὲ ἐλεύθερος, οὐκ ἔνι ἄρσεν καὶ θῆλυ· πάντες γὰρ ὑμεῖς εἷς ἐστε ἐν Χριστῷ Ἰησοῦ (Gal 3₂₈). Denn ἡμεῖς πάντες εἰς ἓν σῶμα ἐβαπτίσθημεν, εἴτε Ἰουδαῖοι εἴτε Ἕλληνες, εἴτε δοῦλοι εἴτε ἐλεύθεροι (1Kor 12₁₃). Von der in der Taufe begründeten Einheit in Christus handelt auch die hier angeführte Reihe, in der der Überlieferung entsprechend zuerst Griechen und Juden genannt werden[2]; dabei steht freilich im Unterschied zu Gal 3₂₈ und 1Kor 12₁₃ Ἕλλην voran[3]. Der Jude weiß sich als Glied des erwählten Gottesvolkes von den Heiden geschieden, deren hervorragende Vertreter die Griechen sind; das Evangelium aber ist an alle gerichtet, Ἰουδαίῳ τε πρῶτον καὶ Ἕλληνι (Röm 1₁₆; vgl. weiter 1Kor 1₂₂₋₂₄ 10₃₂ Röm 2₉f. 3₉ 10₁₂ Act 14₁ 18₄ 19₁₀.₁₇ 20₂₁)[4]. Denn in Christus gilt weder die Grenze, die durch die Zugehörigkeit zu verschiedenen Völkern gezogen ist, noch die Unterscheidung zwischen Israel und den Heiden[5]. Daher haben auch περιτομή und ἀκροβυστία ihre Bedeutung verloren[6]; οὔτε γὰρ περιτομή τί ἐστιν οὔτε ἀκροβυστία, ἀλλὰ καινὴ κτίσις (Gal 6₁₅)[7]. βάρβαρος und Σκύθης, die in der Reihe folgen, sind nicht mehr als Antithese, sondern als aufzählende Fortführung der Reihe nebeneinandergestellt. Der βάρβαρος ist der Nichtgrieche[8]; aber der Gegensatz zwischen Griechen

---

Eltester a.a. O. (S. 86 Anm. 2) S. 162 bemerkt richtig, daß die Verbindung von Ebenbildlichkeit und Ethik von judischen Voraussetzungen her zu verstehen sei.

[1] Vgl. Eph 4₁₇f.: μηκέτι ὑμᾶς περιπατεῖν καθὼς καὶ τὰ ἔθνη περιπατεῖ ἐν ματαιότητι τοῦ νοὸς αὐτῶν, ἐσκοτισμένοι τῇ διανοίᾳ ὄντες, ἀπηλλοτριωμένοι τῆς ζωῆς τοῦ θεοῦ, διὰ τὴν ἄγνοιαν τὴν οὖσαν ἐν αὐτοῖς.

[2] Der Gegensatz zwischen Griechen und Juden beschäftigt den Kolosserbrief sonst nicht. Zu περιτομή/ἀκροβυστία ist 2₁₁.₁₃ zu vergleichen. Die Erwähnung von Barbaren und Skythen steht ebenfalls ohne jede Verbindung zur Gedankenführung des Briefes. Zu δοῦλος/ἐλεύθερος vgl. die an die Sklaven gerichtete Ermahnung (3₂₂₋₂₅). Die Reihe ist also zweifellos aus der Tradition übernommen worden. Vgl. auch Klein a.a.O. (S. 34 Anm. 2) S. 195.

[3] Die Adressaten des Briefes sind, wie auch hier erkennbar wird (vgl. 1₂₁f. 2₁₃), Heidenchristen.

[4] D*G it vg⁸ stellen ἄρσεν καὶ θῆλυ (vgl. Gal 3₂₈) an die Spitze des Katalogs.

[5] Zu Ἕλλην bei Paulus vgl. II. Windisch, ThWB II, S. 509—514; zu Ἰουδαῖος bei Paulus vgl. W. Gutbrod, ThWB III, S. 382—384.

[6] Zu ἀκροβυστία vgl. K. L. Schmidt, ThWB I, S. 226f.; zu περιτομή vgl. R. Meyer, ThWB VI, S. 82f.

[7] Vgl. ferner Gal 5₆ 1Kor 7₁₉ Röm 2₂₅₋₂₉ 4₉₋₁₂. Die Gegenüberstellung περιτομή/ἀκροβυστία ist sicherlich traditionell und wird jedenfalls im unmittelbaren Kontext nicht ausgewertet. Vgl. Klein a.a.O. S. 195; gegen Jervell, Imago Dei, S. 251: „Der Verfasser hat die Formel aufgegriffen, nutzt sie jedoch für seine besonderen Zwecke aus."

[8] Vgl. H. Windisch, ThWB I, S. 544—551. Th. Hermann, Barbar und Skythe. Ein Erklärungsversuch zu Kol 3,11, ThBl 9 (1930), Sp. 106f. führt Belege dafür an,

und Barbaren ist in der christlichen Gemeinde aufgehoben¹. Die Skythen
werden als besonders fremdartige Vertreter der Barbaren angeführt,
von denen man sagte: βραχὺ τῶν θηρίων διαφέροντες (Josephus, contra
Apionem II, 269)². Mit den Unterschieden, die in der Welt die Menschen
voneinander scheiden, ist schließlich in der christlichen Gemeinde auch
der Gegensatz der sozialen Stellung überwunden. Ob Sklave oder³
Freier — das wird besonders nachdrücklich betont —, hier gilt nur die
καινὴ κτίσις in Christus. ὁ γὰρ ἐν κυρίῳ κληθεὶς δοῦλος ἀπελεύθερος κυρίου
ἐστίν· ὁμοίως ὁ ἐλεύθερος κληθεὶς δοῦλός ἐστιν Χριστοῦ (1Kor 7₂₂)⁴. Dabei
wird nicht von einer natürlichen Gleichheit aller Menschen⁵ oder von
einer alle Menschen verbindenden Sittlichkeit⁶ gesprochen. Sondern
Menschen ganz verschiedener Herkunft sind durch die Zugehörigkeit
zum einen Herrn zur Einheit in Christus zusammengeschlossen. Zwar
leben sie auch weiterhin in den Bezügen, die in der Welt gelten, als Griechen oder Juden, Freie oder Sklaven. Aber die Unterschiede, die die
Menschen voneinander trennen, sind da aufgehoben, wo der Leib Christi
ist und seine Glieder zur Gemeinschaft miteinander verbunden sind.

---

daß Βαρβαρία gelegentlich zur Bezeichnung der Somaliküste und eines Teils Äthio-
piens dient, so daß dann hier ein Gegensatz „Südvolk/Nordvolk", vielleicht auch
„Weißfarbige/Schwarzfarbige" vorliegen könnte. Doch es bleibt wenig wahrscheinlich, daß βάρβαρος, nachdem Ἕλλην vorangegangen ist, ein bestimmtes Volk
und nicht den „Nichtgriechen" bezeichnen sollte. Vgl. Windisch a.a.O. S. 550.

¹ Vgl. Röm 1₁₄: Ἕλλησίν τε καὶ βαρβάροις . . . ὀφειλέτης εἰμί. Die Bezeichnung
βάρβαρος findet sich ferner 1Kor 14₁₁ Act 28₂. ₄.

² Die Skythen werden im NT sonst nicht genannt, doch siehe 2Makk 4₄₇
3Makk 7₅ und vgl. O. Michel, ThWB VII, S. 448—451. Die Erwähnung des
Namens Σκύθης ist sicher nicht „in der Besonderheit der kolossischen Verhältnisse
begründet" (so Michel a.a.O. S. 450), sondern gehört zu der aus der Überlieferung übernommenen Aufzählung.

³ AD*G pc fügen καί zwischen δοῦλος und ἐλεύθερος ein, um die Gegenüberstellung zu verdeutlichen; vgl.: Ἕλλην καὶ Ἰουδαῖος; περιτομὴ καὶ ἀκροβυστία.

⁴ Vgl. K. H. Rengstorf, ThWB II, S. 274—276; H. Schlier, ThWB II,
S. 498.

⁵ Zum stoischen Gedanken der natürlichen Gleichheit aller Menschen vgl.
Seneca, Epist. 31,11: Animus . . . rectus, bonus, magnus . . . tam in equitem Ro-
manum quam in libertinum quam in servum potest cadere. Quid est eques Romanus
aut libertinus aut servus? nomina ex ambitione aut iniuria nata. In der Himmels-
stadt, die Lukian, Ver. hist. II, 32—35 beschreibt, besteht vollständige Gleichheit
unter ihren Bürgern: τὸ δὲ χείρων ἢ κρείττων ἢ εὐπατρίδης ἢ ἀγεννὴς ἢ δοῦλος ἢ ἐλεύθερος οὐδὲ ὅλως εἶναι ἢ λέγεσθαι ἐν τῇ πόλει. Vgl. Betz a.a.O. (S. 48 Anm. 4)
S. 95f.

⁶ In dem — freilich erst im 10. Jahrh. n. Chr. abgefaßten (vgl. H. L. Strack,
Einleitung in Talmud und Midrasch, ⁵München 1920, S. 220) — Seder Elijjahu
rabba 10 (ed. Friedmann, Wien 1902) heißt es: „Ich rufe Himmel und Erde zu
Zeugen an, daß sowohl der Heide als der Israelit, sowohl der Mann als das Weib,
sowohl der Knecht als die Magd durch sittliche Handlungen in den Besitz des heiligen Geistes kommen können." Vgl. G. Klein, Der älteste christliche Katechismus
und die jüdische Propaganda-Literatur, Berlin 1909, S. 73; Dibelius-Greeven
z. St.

Mit den Worten ἀλλά¹ πάντα καὶ ἐν πᾶσιν Χριστός wird dem, was in der Welt die Menschen voneinander scheidet, die neue Wirklichkeit, die in Christus gilt, gegenübergestellt. Nicht erst von der zukünftigen Vollendung, in der Gott alles in allem sein wird (1Kor 15 28), sondern bereits von der gegenwärtigen Christusherrschaft kann gesagt werden, sie eröffne die Fülle des Heils, so daß Christus alles in allem ist². Seine Herrschaft umgreift alles (vgl. 1 15-20). In ihm ist daher die Einheit der neuen Menschheit begründet, die πάντες εἰς ἓν σῶμα getauft wurden (1Kor 12 13) und darum εἰς ἐν Χριστῷ Ἰησοῦ (Gal 3 28) sind³.

Die Entfaltung des Imperativs durch Rückgriff auf den Indikativ, wie sie in der Paränese des Kolosserbriefes vorliegt, entspricht durchaus paulinischer Theologie⁴. Auf der einen Seite wird in indikativischen Aussagen auf die schon geschehene Zueignung des Heils hingewiesen: συνηγέρθητε τῷ Χριστῷ (3 1); ἀπεθάνετε (3 3); Gott hat den neuen Menschen geschaffen (3 10); in der neuen Schöpfung ist nicht Ἕλλην καὶ Ἰουδαῖος, περιτομὴ καὶ ἀκροβυστία, βάρβαρος, Σκύθης, δοῦλος, ἐλεύθερος, ἀλλὰ πάντα καὶ ἐν πᾶσιν Χριστός (3 11)⁵. Weil das gilt, darum wird nun zum Vollzug dessen aufgerufen, was Gott bereits vollzogen hat: τὰ ἄνω ζητεῖτε (3 1); τὰ ἄνω φρονεῖτε, μὴ τὰ ἐπὶ τῆς γῆς (3 2); νεκρώσατε οὖν τὰ μέλη τὰ ἐπὶ τῆς γῆς (3 5); ἀπόθεσθε (3 8); μὴ ψεύδεσθε εἰς ἀλλήλους (3 9); ἀπεκδυσάμενοι τὸν παλαιὸν ἄνθρωπον . . . καὶ ἐνδυσάμενοι τὸν νέον (3 9f.); ἐνδύσασθε οὖν (3 12).

---

¹ B🅐DG pl stellen vor πάντα den Artikel τά.

² Vgl. 1Kor 15 28: ἵνα ᾖ ὁ θεὸς πάντα ἐν πᾶσιν; Eph 1 23: τὸ πλήρωμα τοῦ τὰ πάντα ἐν πᾶσιν πληρουμένου. Die Frage, ob ἐν πᾶσιν maskulinisch oder neutrisch zu verstehen sei, ist nicht zu entscheiden. Von 1 15-20 her würde sich neutrisches Verständnis nahelegen. Vom unmittelbaren Kontext her ließe sich aber auch maskulinische Auffassung rechtfertigen: In allen, die ἐν Χριστῷ sind — woher sie auch kommen —, ist Christus. Der Verfasser des Kolosserbriefes will mit dem vollklingenden Ausdruck auf die alles umfassende Christusherrschaft hinweisen. Daher kommt es ihm nicht auf die Unterscheidung — ob maskulinisch oder neutrisch — an. Vergleichbare Formeln aus der hellenistischen Umwelt sind oben S. 91 zu 1 16 angeführt.

³ A. Wikenhauser, Die Kirche als der mystische Leib Christi nach dem Apostel Paulus, ²Freiburg i. B. 1940, S. 163 möchte von mystischer Einheit sprochen, zu der die Gläubigen und Christus zusammengeschlossen sind: „Die Formel ‚Christus ist alles und in allen' (Kol 3,11) identifiziert fast die Christen mit Christus . . . Christus ist ‚alles' (τὰ πάντα), insofern er als der mystische Christus alle Erlösten in sich faßt, und er ist ‚in allen', insofern er als ihr innerer Mensch, als das ‚Gottwesen' in ihnen, ihr neues Lebensprinzip darstellt." Es bleibt jedoch bei aller Betonung des Einsseins in Christus das Gegenüber zwischen den Glaubenden und ihrem Herrn streng gewahrt. Daher trifft der Begriff Mystik den Sachverhalt nicht. Vgl. oben S. 195 Anm. 2 zu 3 3.

⁴ Vgl. Bornkamm, Aufsätze I, S. 34—50. Der Abschnitt 3 5-11 weist Berührungen mit verschiedenen paulinischen Tauftexten auf; er setzt also paulinische Tradition voraus. Sanders a.a.O. (S. 119 Anm. 1) S. 42f. nimmt literarische Abhängigkeit vom Römerbrief, den Korintherbriefen und vom Galaterbrief an. Vgl. dazu unten S. 255f.

⁵ Vgl. auch 3 13: χαριζόμενοι ἑαυτοῖς . . . καθὼς καὶ ὁ κύριος ἐχαρίσατο ὑμῖν οὕτως καὶ ὑμεῖς.

Wird in den indikativischen Sätzen auf die in der Taufe schon geschehene
Wende vom Tod zum Leben zurückgeblickt, so weisen die imperativischen Aufforderungen vorwärts zur Verwirklichung des neuen Lebens
derer, die mit Christus auferstanden sind. Während jedoch Paulus im
Römerbrief sagt, in der Taufe seien wir der Sünde gestorben, τοῦ μηκέτι
δουλεύειν ἡμᾶς τῇ ἁμαρτίᾳ (Röm 6₆), heißt es im Kolosserbrief: ἀπεθάνετε
σὺν Χριστῷ ἀπὸ τῶν στοιχείων τοῦ κόσμου (2₂₀). Von der knechtenden Gewalt der ἁμαρτία, deren Herrschaft wir durch die Taufe entrissen worden
sind, ist aber nicht die Rede[1]. Paulus verbindet im Römer- und im 1. Korintherbrief die Gottebenbildlichkeit mit der zukünftigen Auferstehung
der Toten (1Kor 15₄₉ Röm 8₂₉). Nach dem Kolosserbrief dagegen ist in
der Taufe der neue Mensch κατ' εἰκόνα τοῦ κτίσαντος αὐτόν geschaffen
(3₁₀)[2]. Die Auferstehung mit Christus ist schon geschehen; das Leben
σὺν Χριστῷ ist schon da — freilich nicht als verfügbares Eigentum,
sondern als Gottes neue Schöpfung, die ständig erneuert wird zu Erkenntnis und gehorsamem Vollzug seines Willens. Den neuen Menschen
anzuziehen, bedeutet daher: Ἐνδύσασθε οὖν, ὡς ἐκλεκτοὶ τοῦ θεοῦ ἅγιοι καὶ
ἠγαπημένοι, σπλάγχνα οἰκτιρμοῦ, χρηστότητα, ταπεινοφροσύνην, πραΰτητα,
μακροθυμίαν (3₁₂).

V. 12: Die Aufforderung ἐνδύσασθε wird durch οὖν als Folgerung aus
der vorangegangenen Reihe der Ermahnungen eingeführt und von diesen
durch eine Anrede der Leser leicht abgehoben: ὡς ἐκλεκτοὶ τοῦ[3] θεοῦ
ist nicht als ein Vergleich gemeint, als gälte es, den himmlischen Erwählten gleich zu werden[4], sondern die Gemeinde wird als das erwählte,
heilige und geliebte Volk Gottes angesprochen. Wie Israel von Gott
als sein Eigentum ausgesondert worden war (Dt 4₃₇ 7₇ Ps 33₁₂ u. ö.)
und die Gemeinde von Qumran sich als die Schar der Auserwählten
verstand[5], so heißt es nun von der christlichen Gemeinde: ὑμεῖς δὲ γένος
ἐκλεκτόν, βασίλειον ἱεράτευμα, ἔθνος ἅγιον, λαὸς εἰς περιποίησιν (1Petr 2₉).
Die Glaubenden, die aufgrund der Taufe dem Herrn zu eigen sind, sind
die ἐκλεκτοὶ θεοῦ (Röm 8₃₃)[6]. Zu ἐκλεκτοί sind die Parallelbegriffe ἅγιοι

---

[1] Im Kolosserbrief fehlt auch der Hinweis darauf, daß das πνεῦμα den Wandel
des Christen bestimmt. πνεῦμα steht nur 1₈ 2₅, πνευματικός nur 1₉ 3₁₆. Vom περιπατεῖν ἐν πνεύματι bzw. κατὰ πνεῦμα ist nicht die Rede. Vgl. dagegen Gal 5₂₅: εἰ
ζῶμεν πνεύματι, πνεύματι καὶ στοιχῶμεν.

[2] Vgl. Jervell, Imago Dei, S. 236 Anm. 232.

[3] Der Artikel fehlt in AD*G pc.

[4] So nach Lohmeyer z. St., der ἐκλεκτοί auf die himmlische communio sanc-
torum und damit auf die ἄγγελοι beziehen möchte. ὡς soll aber nicht etwa eine Distanz (= wie), sondern vielmehr die Identität feststellen (= als).

[5] Vgl. 1QpHab X, 13: „die Auserwählten Gottes"; V, 4: „seine Auserwählten";
1QH XIV, 15: „deine Auserwählten"; 4QpPs37 II, 5: „die Gemeinde seiner
Auserwählten".

[6] Vgl. ferner Mk 13₂₀. ₂₂. ₂₇ Par. Mt 20₁₆ v. l. 22₁₄ Lk 18₇ Röm 16₁₃ 2Tim 2₁₀
Tit 1₁ 1Petr 1₁ und siehe G. Schrenk, ThWB IV, S. 186—197; Delling a.a.O.
(S. 36 Anm. 2) S. 305.

und[1] ἠγαπημένοι als Attribute hinzugefügt[2]. Die von Gott Geheiligten[3] werden zum ἁγιασμός gerufen (1Thess 4₃). Sie haben Gottes Liebe als sein erwählendes Handeln erfahren[4] und sollen daher nun in der ἀγάπη den anderen Menschen begegnen[5]. Waren oben zweimal fünf Laster genannt, die mit dem alten Menschen verschwinden müssen (V.₅.₈), so werden nun in einer katalogartigen Reihe fünf Tugenden aufgezählt, die angezogen werden sollen. Dabei wird der Ton nicht auf eine bestimmte Gesinnung[6], sondern auf das Tun gelegt, in dem der neue Mensch sich zu erkennen gibt. Dazu ist er freilich nicht aus eigenem Vermögen, sondern allein aufgrund der ihm zuteil gewordenen Erwählung, Heiligung und Liebe Gottes fähig. Die fünf Begriffe, die das Wirken des neuen Menschen beschreiben, dienen alle an anderen Stellen dazu, das Handeln Gottes oder Christi zu bezeichnen[7]: οἰκτιρμοί steht Röm 12₁ und 2Kor 1₃ vom Erbarmen Gottes. Von seiner χρηστότης ist Röm 2₄ 11₂₂ Eph 2₇ Tit 3₄ die Rede. Phil 2₈ heißt es: Christus ἐταπείνωσεν ἑαυτόν; auf die πραΰτης τοῦ Χριστοῦ weist der Apostel 2Kor 10₁ hin[8]. Gott übt μακροθυμία mit den Menschen (Röm 2₄ 9₂₂ u. ö.). Im Anlegen der Tugenden, die ausnahmslos Frucht des Geistes sind, tritt daher die Erneuerung in Erscheinung, die der von Gott geschaffene neue Mensch zugleich erfährt und vollzieht.

An erster Stelle wird das liebevolle Erbarmen[9] genannt[10], an zweiter die χρηστότης, die Güte, in der man anderen Menschen begegnet (vgl.

---

[1] καί fehlt in B pc.   [2] Vgl. O. Procksch, ThWB I, S. 108.

[3] Zu ἅγιος vgl. oben S. 35f. zu 1₂.

[4] Röm 1₇ stehen nebeneinander ἀγαπητοῖς θεοῦ, κλητοῖς ἁγίοις; vgl. ferner Eph 1ᵤ.: ἐξελέξατο ἡμᾶς ἐν αὐτῷ πρὸ καταβολῆς κόσμου, εἶναι ἡμᾶς ἁγίους καὶ ἀμώμους κατενώπιον αὐτοῦ, ἐν ἀγάπῃ προορίσας ἡμᾶς εἰς υἱοθεσίαν διὰ Ἰησοῦ Χριστοῦ εἰς αὐτόν. ἠγαπημένοι heißt es nur noch 1Thess 1₄ 2Thess 2₁₃ Jud 1, sonst stets ἀγαπητοί.

[5] Vgl. E. Stauffer, ThWB I, S. 49.

[6] Die rechte Gesinnung, die als solche auch abgesehen von der Tat verdienstvoll wird, wird in vergleichbaren Katalogen der Stoa betont. Vgl. Epiktet, Diss. II, 22,36: ἔσται ... τῷ μὲν ὁμοίῳ παντὶ ἁπλῶς, τοῦ δ' ἀνομοίου ἀνεκτικός, πρᾶος πρὸς αὐτόν, ἥμερος, συγγνωμικὸς ὡς πρὸς ἀγνοοῦντα, ὡς πρὸς διαπίπτοντα περὶ τῶν μεγίστων· οὐδενὶ χαλεπός. Kynisch-stoische Überlieferung ist auch in den Tugendkatalogen aufgenommen, die Lukian von Samosata in seinen Schriften anführt. Vgl. Betz a.a.O. (S. 48 Anm. 4) S. 206—211.

[7] Vgl. Lohmeyer z. St.; Jervell, Imago Dei, S. 252f.; Larsson a.a.O. (S. 85 Anm. 1) S. 210—220. Merk a.a.O. (S. 203 Anm. 9) S. 210 macht mit Recht darauf aufmerksam, man dürfe die Aussage von 3₁₂ „nicht mit dem Gedanken der Nachahmung oder Vorbildlichkeit Gottes oder Christi für die Gläubigen belasten". Es wird vielmehr der durch Gottes Tat eröffnete neue Lebensraum beschrieben, in dem der Glaubende existieren soll.

[8] Vgl. auch Mt 11₂₉: πραΰς εἰμι καὶ ταπεινὸς τῇ καρδίᾳ.

[9] Zu οἰκτιρμός vgl. R. Bultmann, ThWB V, S. 161—163.

[10] Vgl. Phil 2₁: εἴ τις σπλάγχνα καὶ οἰκτιρμοί. H. Köster, ThWB VII, S. 557 vermutet zu Kol 3₁₂: „Diese Formulierung ist wohl kaum ohne literarische Abhängigkeit von σπλάγχνα καὶ οἰκτιρμοί Phil 2,1 entstanden." σπλάγχνα οἰκτιρμοῦ läßt sich aber auch als Parallelbildung zu σπλάγχνα ἐλέους (TestSeb 7₃) er-

Gal 5₂₂ 2Kor 6₆ Eph 2₇)[1]. Es folgt die ταπεινοφροσύνη[2], in der einer zum anderen hinaufsieht und keiner auf das Seine, sondern jeder auf das des anderen bedacht ist (vgl. Phil 2₃f.). In der πραΰτης[3] hilft einer dem anderen zurecht (vgl. Gal 6₁)[4], kraft der μακροθυμία[5] vermag er mit langem Atem zuzuwarten und Geduld zu üben (vgl. 1₁₁)[6]. Alle fünf Begriffe zeigen an, wie der Christ dem Mitmenschen gegenübertreten soll. Er soll darauf verzichten, sich selbst zu behaupten und den eigenen Vorteil zu wahren, und sich ganz dem Nächsten öffnen, der seiner verstehenden Bereitschaft und helfenden Tat bedarf.

V. 13: Daß es auf die rechte Tat der Christen ankommt, wird noch einmal durch die angefügten Partizipien ἀνεχόμενοι und χαριζόμενοι unterstrichen, die die Reihe der Imperative fortsetzen[7]. Dabei wird nicht auf eine bestimmte Gemeindesituation angespielt[8], sondern es wird eine Mahnung ausgesprochen, die allgemein in jeder Lage für das Zusammenleben in der Gemeinde Gültigkeit hat: einander[9] zu ertragen[10] und Vergebung zu üben, wenn einer dem anderen etwas vorzuwerfen[11]

---

klären (vgl. Köster a.a.O. S. 557 Anm. 51). Im Tugendkatalog der Gemeinderegel von Qumran ist רוב רחמים (1QS IV, 3) zu vergleichen (vgl. Wibbing a.a.O. [S. 199 Anm. 3] S. 105), in den Katalogen von Eph 4₃₂ und 1Petr 3₈ das Adjektiv εὔσπλαγχνος.

[1] Vgl. auch Eph 4₃₂: γίνεσθε δὲ εἰς ἀλλήλους χρηστοί. Zum Begriff χρηστότης vgl. L. R. Stachowiak, Chrestotes. Ihre biblisch-theologische Entwicklung und Eigenart, Studia Friburgensia NF 17, Freiburg/Schweiz 1957, bes. S. 91f. 98—102.

[2] Vgl. W. Grundmann, ThWB VIII, S. 22—24. Zu ταπεινοφροσύνη und πραΰτης vgl. רוח ענוה (1QS IV, 3). Eine genaue Parallele zum Tugendkatalog 1QS IV, 3 (vgl. Wibbing a.a.O. S. 104) liegt jedoch nicht vor. Es differiert nicht nur die Reihenfolge der aufgezählten Begriffe, sondern es fehlt auch 1QS IV das Bild vom Anziehen des neuen Menschen. „Die Parallele bleibt also im allgemeinen Rahmen spätjüdischer Paränese-Inhalte und entbehrt des Typischen." (Braun, Qumran I, S. 233)

[3] Vgl. F. Hauck/S. Schulz, ThWB VI, S. 645—651.

[4] Vgl. ferner Gal 5₂₃ 1Kor 4₂₁ Eph 4₂ 2Tim 2₂₅ Tit 3₂.

[5] Vgl. J. Horst, ThWB IV, S. 377—390.

[6] Vgl. ferner Gal 5₂₂ 2Kor 6₆ Eph 4₂ 2Tim 3₁₀ 4₂. Vgl. auch אורך אפים 1QS IV,3; Wibbing a.a.O. S. 104.

[7] Zur imperativischen Bedeutung der Partizipien vgl. oben S. 204 zu ἀπεκδυσάμενοι (V.₉) und ἐνδυσάμενοι (V.₁₀).

[8] Es ist also nicht an Auseinandersetzungen gedacht, die der φιλοσοφία wegen in der Gemeinde geführt worden sind. Kap. 2 zeigt, daß die falsche Lehre abgewehrt, nicht etwa geduldet werden soll.

[9] Zum Wechsel von ἀλλήλων zu ἑαυτοῖς vgl. Xenophon, Memor. III, 5, 16: ἀντὶ μὲν τοῦ συνεργεῖν ἑαυτοῖς τὰ συμφέροντα, ἐπηρεάζουσιν ἀλλήλοις καὶ φθονοῦσιν ἑαυτοῖς μᾶλλον ἢ πρὸς ἄλλοις ἀνθρώποις... καὶ προαιροῦνται μᾶλλον οὕτω κερδαίνειν ἀπ' ἀλλήλων ἢ συνωφελοῦντες αὐτούς; Lk 23₁₂: μετ' ἀλλήλων... πρὸς αὐτούς; siehe auch Blaß-Debr. § 287.

[10] Zu ἀνέχεσθαι vgl. H. Schlier, ThWB I, S. 360f.

[11] Das Wort μομφή (vgl. W. Grundmann, ThWB IV, S. 576—578) kommt selten und nur in poetischem Sprachgebrauch vor. Vgl. Aristophanes, Pax 664: ἀκούσαθ' ὑμεῖς ὧν ἕνεκα μομφὴν ἔχει; Euripides, Orestes 1069: ἓν μὲν πρῶτά σοι

hat. Denn wie der Herr euch vergeben hat, so sollt auch ihr einander vergeben! Mit dem καθώς-Satz wird eine Wendung aus der Unterweisung der Gemeinde aufgenommen[1] und auf das Handeln des Herrn verwiesen, das für die Glaubenden Grund und Richtung ihres Tuns bestimmt[2]. Der Kyrios ist Christus[3], nicht Gott; doch ist dabei nicht an Jesu Erdenwirken gedacht, in dem er sich der Verlorenen annahm und ihnen die Vergebung der Sünden zusprach. Sondern der Kyrios ist der erhöhte Herr, der an seinem Volk handelt[4]. Durch die Taufe ist die Vergebung der Sünden zuteil geworden (2₁₃). Die in der Taufe empfangene Vergebung aber befreit zur Bereitschaft, nun auch in der Gemeinde dem anderen nicht nachzutragen und nachzurechnen, wenn er Anlaß zur Klage und Beschwerde gegeben hat.

V. 14: Die ἀγάπη übertrifft alles andere, was der neue Mensch anzulegen und zu tun hat (vgl. 1Kor 13 Röm 13₈. ₁₀). Darum[5] wird sie σύνδεσμος τῆς τελειότητος genannt. σύνδεσμος bedeutet die Verbindung von Getrenntem, das nun zur Einheit zusammengebracht wird[6]. Es könnte daher daran gedacht sein, daß die Liebe als das vollkommene Band[7] alle anderen Tugenden zur organisatorischen Einheit zusammenschließe[8]. Dieser Gedanke ist jedoch im Zusammenhang der neutestamentlichen

---

μομφὴν ἔχω. In LXX findet es sich nicht, im NT nur an unserer Stelle. D* setzt statt dessen μέμψιν, G ὀργήν ein.

[1] Vgl. Dahl a.a.O. (S. 104 Anm. 2) S. 6f.

[2] Vgl. Röm 15₇f.: Διὸ προσλαμβάνεσθε ἀλλήλους, καθὼς καὶ ὁ Χριστὸς προσελάβετο ἡμᾶς; ferner Eph 4₃₂ 5₂. ₂₅. ₂₉.

[3] C⁎pl sy ClemAlex verdeutlichen sachlich richtig durch Χριστός; א* dagegen bietet θεός; 33 arm Aug haben θεὸς ἐν Χριστῷ (vgl. Eph 4₃₂). Merk a.a.O. (S. 203 Anm. 9) S. 211 meint, man werde nicht an Christus, sondern an Gott denken müssen. Doch diese Auffassung kann nicht mit dem Hinweis auf 1₁₀ begründet werden, da dort mit dem κύριος gleichfalls Christus gemeint ist.

[4] Vgl. Jervell, Imago Dei, S. 252f.

[5] ὅ ἐστιν steht ohne Rücksicht auf das grammatische Geschlecht des Beziehungswortes. Zu diesem dem Kolosserbrief eigenen Gebrauch der Wendung ὅ ἐστιν (vgl. 1₂₄. ₂₇ 2₁₀. ₁₇) vgl. oben S. 137 und Blaß-Debr. § 132,2. א*D* ändern hier in ὅς, ⁎pl in ἥτις. Wie im Kolosserbrief wird ὅ ἐστιν auch Eph 5₅ und bei Ignatius verwendet. Vgl. IgnRöm 7₃: ἄρτον θεοῦ θέλω, ὅ ἐστιν σὰρξ Ἰησοῦ Χριστοῦ ... τὸ αἷμα αὐτοῦ, ὅ ἐστιν ἀγάπη ἄφθαρτος; Trall 8₁: ἀνακτίσασθε ἑαυτοὺς ἐν πίστει, ὅ ἐστιν σὰρξ τοῦ κυρίου, καὶ ἐν ἀγάπῃ, ὅ ἐστιν αἷμα Ἰησοῦ Χριστοῦ; Magn 10₂: μεταβάλεσθε εἰς νέαν ζύμην, ὅ ἐστιν Ἰησοῦς Χριστός; Eph 17₂: λαβόντες θεοῦ γνῶσιν, ὅ ἐστιν Ἰησοῦς Χριστός.

[6] Vgl. oben S. 178f. zu 2₁₉ und G. Fitzer, ThWB VII, S. 854—857.

[7] Vgl. Simplicius, Commentarius in Epicteti Enchiridion 30 (ed. F. Dübner [1840], p. 89, 16f.): Die Pythagoreer schätzten die φιλία als höchste der Tugenden καὶ σύνδεσμον αὐτὴν πασῶν τῶν ἀρετῶν ἔλεγον. Platon, Politikos 310a sagt von der wahren Vorstellung vom Gerechten, Schönen und Guten, τοῦτον θειότερον εἶναι τὸν σύνδεσμον ἀρετῆς μερῶν φύσεως ἀνομοίοις καὶ ἐπὶ τὰ ἐναντία φερομένων.

[8] Auch nach den iranischen Vorstellungen, die oben S. 198 zu 3₅ angeführt wurden, kann zu den fünf Tugenden eine sechste hinzutreten, die das ganze Selbst repräsentiert. Vgl. Reitzenstein a.a.O. (S. 198 Anm. 4) S. 160f.

Aussagen über die Liebe nirgendwo vertreten¹ und wird auch hier nicht vorliegen². Da der Begriff τελειότης durch den Artikel angeschlossen ist, wird der Genitiv nicht qualitativ, sondern final aufzufassen sein, so daß er die Folge bzw. den Zweck angibt³. Dann wird die Liebe als das Band verstanden, das zur Vollkommenheit führt⁴. Sie bindet die Glieder der Gemeinde, die in der Einheit des σῶμα Χριστοῦ leben⁵, zusammen und schafft so die τελειότης in der Gemeinschaft des einen Leibes⁶.

V. 15: Die Paränese mündet in den Friedenswunsch, wie er wiederholt in den paulinischen Briefen in der Zuversicht ausgesprochen wird, daß Gott die Bitte erhören wird und daß die εἰρήνη τοῦ θεοῦ ἡ ὑπερέχουσα πάντα νοῦν φρουρήσει τὰς καρδίας ὑμῶν καὶ τὰ νοήματα ὑμῶν ἐν Χριστῷ Ἰησοῦ (Phil 4₇; vgl. ferner 1Thess 5₂₃ Gal 6₁₆ 2Kor 13₁₁ Röm 16₂₀ Phil 4₉ 2Thess 3₁₆). Dieser Friede wird hier mit dem singulären Ausdruck ἡ εἰρήνη τοῦ Χριστοῦ⁷ benannt, zu dem sich jedoch einige vergleichbare Wendungen anführen lassen. So sagt der johanneische Christus zu den Jüngern: Εἰρήνην ἀφίημι ὑμῖν, εἰρήνην τὴν ἐμὴν δίδωμι ὑμῖν (Joh 14₂₇), und Eph 2₁₄ heißt es: Αὐτὸς γάρ ἐστιν ἡ εἰρήνη ἡμῶν. Er ist der κύριος τῆς εἰρήνης, der den Glaubenden Frieden schenkt (2Thess 3₁₆). Sein Friede soll die Seinen erfüllen. Das Verbum βραβεύειν ist Hapaxlegomenon in den neutestamentlichen Schriften und steht hier in der Bedeutung

---

¹ 1Kor 13 wird die Liebe nicht als Inbegriff der Charismen oder Tugenden verstanden, sondern als sie alle überragend. Der Apostel zeigt im Hohen Lied die καθ' ὑπερβολὴν ὁδόν auf (1Kor 12₃₁).

² Vgl. G. Delling, ThWB VIII, S. 79f.

³ Vgl. G. Rudberg, Parallela. 2. Syndesmos (Col 3,14) ConiectNeot 3 (1939), S. 19—21; A. Fridrichsen, Charité et perfection. Observation sur Col. 3,14, SymbOsl 19 (1939), S. 41—45; Percy, Probleme, S. 407; Dibelius-Greeven z. St.; Blaß-Debr. § 163; H. Chadwick, 'All Things to All Men' (I Cor. IX. 22), NTS 1 (1954/55), S. 273; Moulton-Turner S. 212: "the bond producing perfection"; Delling a.a. O. S. 79f.; Larsson a.a.O. (S. 85 Anm. 1) S. 221.

⁴ Vgl. Plutarch, Numa 63e: Numa soll τῇ . . . πατρίδι καὶ παντὶ τῷ Σαβίνων ἔθνει σύνδεσμος εὐνοίας καὶ φιλίας . . . γενέσθαι. Weitere Belege bei Rudberg und Fridrichsen a.a.O. Als sachliche Parallele führen Dibelius-Greeven z. St. Plutarch, aqua an ignis utilior 7 (p. 957a) an, wo es vom Meer heißt: ἄγριον οὖν ἡμῶν ὄντα καὶ ἀσύμβολον τὸν βίον τοῦτο τὸ στοιχεῖον (nämlich das Meer) συνῆψε καὶ τέλειον ἐποίησε, διορθούμενον ταῖς παρ' ἀλλήλων ἐπικουρίαις καὶ ἀντιδόσεσι, κοινωνίαν δ' ἐργαζόμενον καὶ φιλίαν.

⁵ Den Gedanken der Einheit betont die Variante τῆς ἑνότητος D*G it, die jedoch von Eph 4₁₃ her sekundär in die Textüberlieferung eingedrungen ist.

⁶ Käsemann, Leib Christi, S. 151 möchte die ἀγάπη als den die Tugenden zusammenfassenden Aion bestimmen. Dagegen mit Recht Dibelius-Greeven z. St.: Diese Erklärung „kann nicht damit begründet werden, daß ἀγάπην noch von ἐνδύσασθε abhänge und also ebenso ,angezogen' werden solle wie der Christus selbst. Das gleiche würde nämlich von σπλάγχνα οἰκτιρμοῦ, χρηστότητα κτλ. gelten, denen Käsemann jedoch nicht die gleiche Bedeutsamkeit zuerkennt".

⁷ Der Reichstext gleicht an Phil 4₇ an: ἡ εἰρήνη τοῦ θεοῦ.

„herrschen", „walten"[1]. Soll die εἰρήνη τοῦ Χριστοῦ in den Herzen regieren, so ist nicht an die Innerlichkeit des Seelenfriedens und der Stimmung des Herzens gedacht. Sondern in hebraisierender Redeweise ist mit der καρδία das Innerste des Menschen gemeint, der Sitz seines Empfindens, Denkens und Wollens[2]. Der ganze Mensch also wird vom Frieden Christi erfaßt[3], so daß die εἰρήνη τοῦ Χριστοῦ geradezu den Bereich darstellt, in dem er als der neue Mensch existiert. In diesen Raum des Friedens hat die Berufung, die sie durch das Wort des Evangeliums getroffen hat, die Glaubenden hineingeführt. Sie leben ἐν ἑνὶ[4] σώματι, in der Kirche, die als der Leib Christi der Ort der gegenwärtigen Herrschaft des erhöhten Herrn ist (vgl. 1₁₈. ₂₄)[5].

Die Aufforderung καὶ εὐχάριστοι[6] γίνεσθε zielt nicht lediglich darauf, daß die Menschen dankbare Gesinnung empfinden und diese im Gebet zu Gott aussprechen möchten. Sondern die Gemeinde soll Dank sagen, indem sie preisend und lobend sich zu Gott bekennt[7], der sie aus der Gewalt der Finsternis errettet und in den Herrschaftsbereich seines geliebten Sohnes versetzt hat (1₁₂ᵣ.). Im Bereich des einen σῶμα, d.h. in der ἐκκλησία, soll die εὐχαριστία laut werden, indem der hymnische Lobpreis angestimmt wird, durch den Christus als εἰκὼν τοῦ θεοῦ τοῦ ἀοράτου und Herr über alles verherrlicht wird (1₁₅₋₂₀)[8].

---

[1] βραβεύειν bezeichnet ursprünglich die Tätigkeit des Schiedsrichters und ist seit Euripides bezeugt, in LXX nur SapSal 10₁₂ von der Weisheit als Schiedsrichterin. An unserer Stelle ist nicht gemeint, daß der Friede „allen Streit schlichtet" (so E. Stauffer, ThWB I, S. 636), sondern daß er in den Herzen der Glaubenden herrscht. In der Bedeutung „entscheiden", „leiten" steht βραβεύειν bei Philo, vita Mosis I, 163: Ἐπειδὴ τοίνυν παρ' ἑκόντων ἔλαβε τὴν ἀρχήν, βραβεύοντος καὶ ἐπινεύοντος τοῦ θεοῦ. Spricht Philo von der ἀλήθεια βραβεύουσα (rer. div. her. 95), so ist die entscheidende Funktion der Wahrheit gemeint. Vgl. ferner PapMasp II, 67151, 221—223 (6. Jahrh. n. Chr.): δικαία δ[ιαθ]ήκ[η] . . . [ὑπὸ] Ἰ(ησο)ῦ τοῦ κ(υρί)ου κ(αὶ) θ(ε)οῦ ἡμῶν βραβευομένη καὶ [φυλαττομένη].

[2] Vgl. J. Behm, ThWB III, S. 614—616.

[3] ἐν ταῖς καρδίαις ὑμῶν wird in V.₁₆ durch ἐν ὑμῖν fortgesetzt. Vgl. W. Foerster, ThWB II, S. 412: Der Friede erscheint Kol 3₁₅ „wie eine Macht . . ., die im Menschen herrscht, . . . wie ein Bereich, in dem der Gläubige geschützt ist".

[4] ἑνὶ fehlt in p⁴⁶ B 1739.

[5] Vgl. auch oben S. 151f. 179f. zu 2₉. ₁₉.

[6] Das Adjektiv εὐχάριστος wird selten gebraucht, in LXX nur Prov 11₁₆ (γυνὴ εὐχάριστος), im NT nur hier. Vgl. Bauer Sp. 650.

[7] Vgl. Schlier, Epheser, S. 249: „καὶ εὐχάριστοι γίνεσθε. Das heißt hier nicht nur: seid dankbar, sondern: seid Dank-Sagende."

[8] Vgl. Robinson a.a.O. (S. 68 Anm. 6) S. 225: „Die Stelle Col 3₁₆ wird mit einer Art Überschrift eingeführt V. 15ᵦ: καὶ εὐχάριστοι γίνεσθε, die eben an IThess 5₁₈ erinnert, und sie schließt V. 17ᵦ mit εὐχαριστοῦντες τῷ θεῷ πατρὶ δι' αὐτοῦ. Nach dem Vorbild von 1₁₂ εὐχαριστοῦντες τῷ πατρί ist dieser Schluß als eine Anspielung an die in dieser Gemeinde geläufige Abart der Hodajot-Formel zu sehen. So kann man anhand der Begriffe für Danksagung das Singen von 3₁₆ mit 1₁₂ff. verbinden und dadurch in den Strom der Danksagung im Frühchristentum stellen."

V. 16: Rechte Danksagung, zu der V. 15b anhält, geschieht im Hören und Bedenken des Wortes und in den von der Gemeinde zur Ehre Gottes gesungenen Liedern. Statt ὁ λόγος (4₃), ὁ λόγος τοῦ θεοῦ (1₂₅) bzw. λόγος κυρίου (1Thess 4₁₅ 2Thess 3₁)[1] heißt es hier — dem in V. 15 gebrauchten Ausdruck ἡ εἰρήνη τοῦ Χριστοῦ entsprechend — ὁ λόγος τοῦ Χριστοῦ. Dieses Wort ist das εὐαγγέλιον τοῦ Χριστοῦ (Gal 1₇ 1Kor 9₁₂ 2Kor 2₁₂ u. ö.), das ἐν τῷ λόγῳ τῆς ἀληθείας τοῦ εὐαγγελίου zur Gemeinde gekommen ist und bei ihr Boden gewonnen hat (1₅f.). Diese Botschaft soll in ihrer Mitte heimisch sein. Wie die Weisheit in Israel Bleibe fand (Sir 24₈) und der Geist Gottes in den Glaubenden wohnt (1Kor 3₁₆ Röm 8₉. 11)[2], so soll der λόγος τοῦ Χριστοῦ in reicher Fülle in der Gemeinde Platz haben und seine Wirkung entfalten. Diesem vom Geist getragenen Walten des Wortes soll das Verhalten der Gemeinde entsprechen, indem sie lehrend und ermahnend das Wort bedenkt und auslegt[3]. διδάσκειν und νουθετεῖν[4], die 1₂₈ als Tätigkeit des Apostels genannt waren, sind nicht an ein bestimmtes Amt gebunden, sondern werden von den Gliedern der Gemeinde kraft der ihnen verliehenen Charismen ausgeübt (1Kor 12₂₈ 14₂₆). Die Worte ἐν πάσῃ σοφίᾳ werden mit den Partizipien διδάσκοντες καὶ νουθετοῦντες zu verbinden sein; sie betonen erneut das nüchterne, auf praktische Bewährung gerichtete Verständnis der Weisheit[5]. Kraft der vom Geist gewirkten σοφία begreift die Gemeinde, welches Gottes Wille ist (1₉f.), weiß sie, daß in Christus πάντες οἱ θησαυροὶ τῆς σοφίας καὶ γνώσεως ἀπόκρυφοι sind (2₃), versteht sie zu entlarven, was nur λόγον σοφίας hat (2₂₃), und findet sie den Weg, wie sie recht wandeln soll (4₅). Der Verkündigung und Auslegung des Wortes antwortet die Gemeinde in dem von ihr angestimmten Gesang[6]. Als ψαλμοί werden häufig die alttestamentlichen Psalmen bezeichnet (Lk 20₄₂ 24₄₄ Act 1₂₀ 13₃₃). In der Gemeinde ist die Gabe des Geistes lebendig, in neu formuliertem Lobgesang dem dankenden Jubel Ausdruck zu geben, der gleichfalls ψαλμός genannt werden kann (1Kor 14₂₆). ὕμνος ist der festliche Lobgesang (LXX Jes 42₁₀ 1Makk 13₅₁ Act 16₂₅ Hebr 2₁₂), ᾠδή das Lied, in dem Gottes Taten gepriesen und verherrlicht werden (Apk 5₉ 14₃ 15₃)[7]. Die drei

---

[1] Vgl. die Übersicht bei G. Kittel, ThWB IV, S. 115f. Die Varianten gleichen an die geläufigen Ausdrücke an: ὁ λόγος τοῦ κυρίου ℵ* I ClemAlex; ὁ λόγος τοῦ θεοῦ AC* 33 al.

[2] Vgl. auch die Wendung ἡ ἐνοικοῦσα ἐν ἐμοὶ ἁμαρτία (Röm 7₁₇) und siehe O. Michel, ThWB V, S. 137f.

[3] Die angeschlossenen Partizipien stehen hier wieder in imperativischer Bedeutung. Vgl. oben S. 66 Anm. 1 zu 1₁₂ sowie S. 204 Anm. 1. 212 Anm. 7 zu 3₉f. 13.

[4] Zu beiden Begriffen siehe oben S. 123 zu 1₂₈.

[5] Vgl. Sir 19₂₀: καὶ ἐν πάσῃ σοφίᾳ ποίησις νόμου.

[6] Eph 5₁₉ werden die beiden Teile unseres Verses zusammengefaßt, indem λαλοῦντες sofort auf den Gesang bezogen wird: λαλοῦντες ἑαυτοῖς ψαλμοῖς καὶ ὕμνοις καὶ ᾠδαῖς πνευματικαῖς, ᾄδοντες καὶ ψάλλοντες τῇ καρδίᾳ ὑμῶν τῷ κυρίῳ.

[7] Vgl. Schlier, Epheser, S. 247.

Begriffe ψαλμοί, ὕμνοι und ᾠδαί[1] lassen sich nicht deutlich voneinander abgrenzen[2]; sie beschreiben miteinander die Fülle des vom Geist getragenen[3] Gesanges[4]. Heißt es von diesem Gott[5] dargebrachten Gesang, er solle ἐν ταῖς καρδίαις[6] ὑμῶν angestimmt werden, so soll wie in V.₁₅ mit der hebraisierenden Wendung angezeigt werden, daß nicht nur der Mund sich öffnen, sondern der ganze Mensch vom lobenden Gesang erfüllt sein soll[7]. Die Worte ἐν τῇ χάριτι sind nicht „mit Anmut" zu übersetzen und als nähere Charakterisierung zu den vorhergehenden Begriffen zu ziehen[8]; denn die Lieder sollen schwerlich unter ästhetischen Gesichtspunkten bewertet werden. Eher könnte ἐν τῇ χάριτι als ein Hinweis auf die dankerfüllte Gesinnung verstanden werden[9], in der die Gemeinde ihre Lieder singt. Doch dieser Übersetzung steht der Artikel hindernd im Wege, der die χάρις als Gottes Gnadenerweis bestimmt, von

---

[1] (A)ℜ pm verbinden die drei Wörter jeweils durch καί miteinander.

[2] Versuche, die drei Begriffe genauer zu differenzieren, sind immer wieder unternommen worden. Vgl. z.B. Gregor von Nyssa, In Psalm. II, 3: ψαλμὸς μὲν γάρ ἐστιν ἡ διὰ τοῦ ὀργάνου τοῦ μουσικοῦ μελῳδία, ᾠδὴ δὲ ἡ διὰ στόματος γινομένη τοῦ μέλους μετὰ τῶν ῥημάτων ἐκφώνησις ... ὕμνος δὲ ἡ ἐπὶ τοῖς ὑπάρχουσιν ἡμῖν ἀγαθοῖς ἀνατιθεμένη τῷ θεῷ εὐφημία. Siehe auch Lightfoot z. St. Doch eine sichere Unterscheidung der drei Begriffe ist nicht möglich. Vgl. J. Kroll, Die christliche Hymnodik bis zu Klemens von Alexandria, in: Verzeichnis der Vorlesungen an der Akademie zu Braunsberg im Sommer 1921, S. 4f.: „Was versteht man unter christlichem Hymnus? Schon gleich bei dieser Frage beginnen die Schwierigkeiten. Im Kolosserbriefe spricht Paulus an einer bekannten Stelle von ψαλμοί, ὕμνοι und ᾠδαὶ πνευματικαί, Worte, die danach der Epheserbrief wiederholt. Was soll hier Hymnus neben den beiden anderen Begriffen bedeuten? Wie sollen die drei sich voneinander unterscheiden? Das ist eine Streitfrage, die seit Hieronymus bis in die neuesten Tage immer wieder erörtert worden ist, ohne daß sie eine endgültige Lösung gefunden hätte. Wir stehen diesen miteinander verbundenen Termini ratlos gegenüber." Vgl. Robinson a. a. O. S. 224; ferner G. Delling, ThWB VIII, S. 502: „Daß sich ψαλμός und ὕμνος auf gattungsmäßig unterschiedene Texte bezögen, ist nicht erkennbar."

[3] πνευματικαῖς ist der Sache nach auf alle drei Begriffe zu beziehen.

[4] Beispiele solcher Lieder bieten hymnische Texte wie Phil 2₆₋₁₁ Kol 1₁₅₋₂₀ 1Tim 3₁₆. Vgl. G. Delling, Der Gottesdienst im Neuen Testament, Berlin/Göttingen 1952, S. 81—88.

[5] Kol 3₁₆ ist also noch nicht von carmina die Rede, die Christo quasi deo gesungen werden. Vgl. Plinius d. J., Epist. X, 96, 7. — Der Reichstext (ℜ pm) ändert nach Eph 5₁₉ zu τῷ κυρίῳ; p⁴⁶ tritt vermutlich mit den ägyptischen Zeugen für τῷ θεῷ ein.

[6] I ℜ pm ClemAlex wandeln zum Singular τῇ καρδίᾳ ab.

[7] Vgl. Theodoret z. St.: Τὸ δὲ ‘ἐν ταῖς καρδίαις' ἀντὶ τοῦ ‘μὴ μόνον τῷ στόματι'.

[8] So in Luthers Übersetzung: „in geistlichen lieblichen Liedern". Liest man mit ℌℜ pm ἐν χάριτι ohne Artikel, so könnte diese Übersetzung in Betracht gezogen werden. Die von p⁴⁶BD*G al ClemAlex bezeugte Fassung ἐν τῇ χάριτι wird jedoch als Urtext anzusehen sein.

[9] Vgl. Moule z. St.: "On the whole, the easiest sense, at any rate, is 'gratefully singing' ...". Zu χάρις in der Bedeutung „Dank" vgl. Bauer Sp. 1737.

dem die Glaubenden leben[1]. Durch ἐν τῇ χάριτι wird an das sola gratia
erinnert, das allein das Christsein begründet und ihm den Raum schafft,
in dem es existieren und sich entfalten kann[2]. Darum wird Gott gepriesen;
denn er hat die Glaubenden bevollmächtigt zur Teilhabe am Los der
Heiligen im Licht (1₁₂).

V. 17: Mit einer alles zusammenfassenden Aufforderung wird geschlossen. πᾶν ὅ τι ἐάν steht in semitisierender Ausdrucksweise[3] voran
und wird dann durch πάντα wieder aufgenommen. Dadurch wird nachdrücklich betont, daß schlechthin alles, was die Glaubenden tun, ἐν
ὀνόματι κυρίου Ἰησοῦ[4] geschehen soll[5]. Mit dieser urchristlichen Wendung
(vgl. 1Kor 5₄ 6₁₁ Phil 2₁₀ u. ö.) wird das ganze Leben der Christen unter
den Gehorsam gegenüber dem Herrn gestellt[6]. Was sie auch reden
oder handeln, stets haben sie sich in Wort und Tat zu ihrem Herrn zu
bekennen[7]. Das an den Anfang gestellte Wort πᾶν wird durch ἐν λόγῳ ἤ

---

[1] Vgl. G. P: son Wetter, Charis. Ein Beitrag zur Geschichte des ältesten
Christentums, UNT 5, Leipzig 1913, S. 77f.; Dibelius-Greeven z. St.

[2] Zum absoluten Gebrauch von χάρις vgl. Kol 4₁₈: ἡ χάρις μεθ᾽ ὑμῶν; Gal 5₄:
τῆς χάριτος ἐξεπέσατε; vgl. ferner 2Kor 4₁₅.

[3] Vgl. K. Beyer, Semitische Syntax im Neuen Testament I,1, StUNT 1, Göttingen 1962, S. 169. Vgl. auch Blaß-Debr. § 466,3.

[4] κύριος Ἰησοῦς heißt es auch 1Kor 5₄ 11₂₃ 12₃ Röm 10₉; an anderen Stellen
κύριος Ἰησοῦς Χριστός (Phil 2₁₁ Röm 13₁₄ u. ö.). Statt κυρίου Ἰησοῦ bieten an unserer
Stelle ℵ*pc vg^cl: κυρίου Ἰησοῦ Χριστοῦ; ACD*G: Ἰησοῦ Χριστοῦ.

[5] Vgl. Sir 47₈ von David: ἐν παντὶ ἔργῳ αὐτοῦ ἔδωκεν ἐξομολόγησιν ἁγίῳ ὑψίστῳ
ῥήματι δόξης; Abhoth II, 12: „R. Jose (der Priester, um 100 n. Chr.) sagte ...
Alle deine Taten sollen geschehen im Namen Gottes לְשֵׁם שָׁמַיִם (d.h. im Hinblick
auf Gott oder um Gottes willen)." (Billerbeck III, S. 631) Der fromme Jude
spricht täglich bei jeder Gelegenheit, die Anlaß zum Dank gegen Gott bietet, eine
B^erakha, mit der er sich lobend zum Gott Israels bekennt.

[6] Die Wendung ἐν ὀνόματι κυρίου Ἰησοῦ (Χριστοῦ) wird zwar verschiedentlich
in bezug auf die gottesdienstliche Versammlung (1Kor 5₄) bzw. die Taufe (1Kor 6₁₁)
gebraucht, deutet deshalb aber keineswegs notwendig auf „die Situation des Kultes"
(Schlier, Epheser, S. 248) hin. Wie πάντα anzeigt, wird vielmehr das ganze Leben
der Christen in den Blick genommen. Vgl. auch H. Bietenhard, ThWB V, S. 273:
„Das ganze Leben des Christen steht unter dem Namen Jesu."

[7] W. Heitmüller, „Im Namen Jesu." Eine sprach- und religionsgeschichtliche Untersuchung zum Neuen Testament, speziell zur altchristlichen Taufe,
FRLANT 2, Göttingen 1903, S. 68 bemerkt dazu: „Alles was ein Christ thut,
jede Lebensäußerung des Christen soll sich vollziehen unter Nennung, Anrufung
des Namens des Herrn Jesu." Dieses Anrufen, das das Tun begleitet, kann im Gebet
geschehen (vgl. Heitmüller a.a.O. S. 70), aber auch im Ausrufen oder Bekennen.
„Die Christen sollen also bei allem Thun und Sagen den Namen des Herrn Jesus
irgendwie gebrauchen, nennen. Nach dem näheren Zusammenhang haben wir uns
dieses Nennen genauer als ein dankendes, dankbar frohes Nennen, Ausrufen oder
auch Bekennen vorzustellen." (Heitmüller a.a.O. S. 260) G. Delling, Die Zueignung des Heils in der Taufe, Berlin 1961, S. 54: „Sachlich differiert die Wendung
‚im Namen' in Kol, 3,17 nicht sehr von l^eschem: in der Beziehung auf das Herrsein
Jesu (der seine Herrenstellung eben durch das Heilsgeschehen in Kreuz und Auferstehung gewonnen hat) geschieht alles Tun der Christen."

ἐν ἔργῳ erläutert; dabei ist zweifellos nicht in erster Linie an den Gottesdienst gedacht[1]. Sondern gerade der Alltag des Christen, in dem er zu
wirken und sich zu mühen hat, wird unter den Befehl gestellt, das Bekenntnis zum Kyrios zu bewähren[2]. Mitten im Treiben der Welt hat er die
λογικὴ λατρεία (vgl. Röm 12₁f.) zu üben, indem er im Hören und Weiter-
sagen des Wortes, in Lied und Gebet, aber gerade auch in der täglichen
Arbeit und im Umgang mit den Mitmenschen das Lob Gottes hörbar
werden läßt[3]. Dieses wird Gott dem Vater[4] dargebracht δι᾽ αὐτοῦ, d. h.:
διὰ Χριστοῦ[5]. Denn Christus ist der Herr, der dem Leben der Glaubenden
Grund und Ziel gibt[6], daher können sie nur so den Vater dankend preisen,
daß sie sich zu Christus als dem Kyrios bekennen[7].

------

[1] So nach W. Bousset, Kyrios Christos. Geschichte des Christusglaubens von
den Anfängen des Christentums bis Irenaeus, FRLANT 21, ²Göttingen 1921 =
⁵1965, S. 86f.; L. G. Champion, Benedictions and Doxologies in the Epistles of
Paul, Diss. Heidelberg 1934, S. 38—40. Schlier, Epheser, S. 249 will λόγος
und ἔργον auf „alles kultische Wort und alles kultische 'Werk'" beziehen und meint:
„Das ἐν ἔργῳ verweist auf den Vollzug des Herrenmahles, bei dem die Eucharistia
ergeht." Von der Feier der Eucharistie, wie sie IgnPhilad 4 Magn 6₁ vorausgesetzt ist (vgl. Dibelius-Greeven z. St.), ist an unserer Stelle jedoch nicht die
Rede.

[2] Vgl. Chrysostomus z. St.: ἐὰν ἐσθίῃς, ἐὰν πίνῃς, ἐὰν γαμῇς, ἐὰν ἀποδημῇς,
πάντα ἐν ὀνόματι τοῦ θεοῦ πρᾶττε· τουτέστιν, αὐτὸν καλῶν βοηθόν.

[3] Vgl. Röm 12₁f. und dazu E. Käsemann, Gottesdienst im Alltag der Welt,
in: Judentum — Urchristentum — Kirche, Festschrift für J. Jeremias, BZNW 26,
Berlin 1960 = ²1964, S. 165—171 = Aufsätze II, S. 198—204.

[4] Zu der vornehmlich in liturgischen Wendungen gebrauchten Bezeichnung
θεὸς πατήρ vgl. oben S. 43f. 70 zu 1₃ und 1₁₂. — I𝕽DG pl ClemAlex fügen καί
ein: τῷ θεῷ καὶ πατρί (vgl. Eph 5₂₀).

[5] Heitmüller a.a.O. S. 260—262 wollte δι᾽ αὐτοῦ antithetisch zu δι᾽ ἀγγέλων
verstehen: „Jesus Christus ist als der gedacht, welcher den Dank an Gott über-
mittelt." (S. 261) Ähnlich erklärte schon Theodoret z. St.: καὶ τῷ θεῷ καὶ πατρὶ τὴν
εὐχαριστίαν δι᾽ αὐτοῦ, φησίν, ἀναπέμπετε, μὴ διὰ τῶν ἀγγέλων. Doch hier liegt sicher
keine Polemik gegen die von der φιλοσοφία vertretene θρησκεία τῶν ἀγγέλων vor.
Vor allem aber spricht gegen diese Erklärung, „daß die Formel 'durch Christus'
nirgends in Verbindung mit Verben des Bittens auftritt" (A. Oepke, ThWB II,
S. 68). Die Wendung „durch Christus" bringt vielmehr „die konstitutive Bedeutung
Christi für den gesamten Christenstand höchst prägnant zum Ausdruck" (Oepke
a.a.O.). Vgl. auch W. Thüsing, Per Christum in Deum, NTAbh NF 1, Münster
1965, S. 164—237, wo jedoch nur auf die Aussagen der paulinischen Hauptbriefe,
nicht auf die des Kolosser- und Epheserbriefes eingegangen wird.

[6] Die Wendung διὰ Χριστοῦ hat jedoch keinen mystischen Sinn (gegen Dibelius-Greeven z. St.).

[7] Durch διὰ Χριστοῦ wird ἐν ὀνόματι κυρίου Ἰησοῦ aufgenommen. Vgl. Eph 5₂₀,
wo es heißt: εὐχαριστοῦντες πάντοτε ὑπὲρ πάντων ἐν ὀνόματι τοῦ κυρίου ἡμῶν Ἰησοῦ
Χριστοῦ (Kol 3₁₇: δι᾽ αὐτοῦ) τῷ θεῷ καὶ πατρί.

3₁₈-4₁ Die Haustafel

¹⁸ Ihr Frauen, seid den Männern untertan, wie es sich schickt im Herrn. ¹⁹ Ihr Männer, liebt eure Frauen und seid nicht bitter gegen sie. ²⁰ Ihr Kinder, gehorcht den Eltern in allen Dingen; denn das ist wohlgefällig im Herrn. ²¹ Ihr Väter, reizt eure Kinder nicht, damit sie nicht scheu werden. ²² Ihr Sklaven, gehorcht in allen Dingen den irdischen Herren, nicht in Augendienerei, um Menschen zu gefallen, sondern mit Einfalt des Herzens in der Furcht des Herrn. ²³ Was ihr auch tut, das tut von Herzen als dem Herrn und nicht den Menschen; ²⁴ wißt ihr doch, daß ihr vom Herrn als Vergeltung das Erbe empfangen werdet. Dem Herrn Christus dient. ²⁵ Denn wer Unrecht tut, wird den Lohn für sein Unrecht empfangen; und es gibt kein Ansehen der Person. ⁴'¹ Ihr Herren, gewährt den Sklaven, was recht und billig ist; wißt ihr doch, daß auch ihr einen Herrn im Himmel habt.

Die Haustafeln[1]

Die Ermahnungen, die nacheinander an Frauen und Männer, Kinder und Väter, Sklaven und Herren gerichtet werden, setzen ohne verbindende Überleitung ein und stellen innerhalb des Briefes einen in sich geschlossenen und abgerundeten Abschnitt dar[2], zu dem sich Parallelen in Eph 5₂₂–6₉ 1 Tim 2₈₋₁₅ 6₁₋₂ Tit 2₁₋₁₀ 1 Petr 2₁₃–3₇ und in den Schriften der Apostolischen Väter finden[3]. In diesen Sätzen ist also offensichtlich paränetische Tradition verwertet worden, die in der Belehrung der Gemeinden eine wichtige Rolle gespielt hat. In der zweiten und dritten christlichen Generation mußte man Antwort auf die vielen Fragen geben, die dem Christen im Alltag gestellt sind. Dabei wandte man sich nicht voller Entsagung von der Welt ab, sondern kehrte sich ihr zu und suchte aus den Lebensregeln zu lernen, wie sie von der hellenistischen Popularphilosophie dargelegt und eingeübt wurden. Man übernahm manche Anweisungen, die als bewährte Lebenshilfen weite Verbreitung gefunden hatten, um sich ihrer in Predigt und Unterricht der Gemeinde zu bedienen. Wie man sich in der Paränese vielfach an hellenistische oder jüdische Überlieferungen anschloß, so griff man insbesondere zur Ausbildung der sogenannten Haustafeln auf Vorbilder zurück, die man als bereits erprobte Beispiele sittlicher Unterweisung vorfand[4].

[1] Vgl. die Kommentare zu 3₁₈–4₁, besonders Dibelius-Greeven, ferner: K. Weidinger, Die Haustafeln. Ein Stück urchristlicher Paränese, UNT 14, Leipzig 1928; H.-D. Wendland, Zur sozialethischen Bedeutung der neutestamentlichen Haustafeln, in: Die Leibhaftigkeit des Wortes, Festschrift für A. Köberle, Hamburg 1958, S. 34—46 = Die Botschaft an die soziale Welt, Hamburg 1959, S. 104—114; D. Schroeder, Die Haustafeln des Neuen Testaments. Ihre Herkunft und ihr theologischer Sinn, Diss. Hamburg 1959; Merk a.a.O. (S. 203 Anm. 9) S. 214—224.

[2] 4₂ (γρηγοροῦντες . . . ἐν εὐχαριστίᾳ) würde glatt an 3₁₇ (εὐχαριστοῦντες τῷ θεῷ) anschließen.

[3] Vgl. Did 4₉₋₁₁ Barn 19₅₋₇ 1 Clem 21₆₋₉ Polykarpbrief 4₂–6₃.

[4] Die Haustafeln sind ihrem Inhalt nach nicht „eine genuin christliche Schöpfung" und können daher nicht ohne weiteres als „angewandtes Kerygma" angesehen werden (so K. H. Rengstorf, Die neutestamentlichen Mahnungen an die Frau, sich dem

In der zeitgenössischen popularphilosophischen Unterweisung gab es ein festes Schema, in dem die Pflichten aufgeführt wurden, denen ein verantwortungsbewußter Mensch zu entsprechen hatte. So schildert Polybius das vorbildliche Verhalten des Attalus in seinem Familienkreis und sagt: σωφρονέστατα μὲν ἐβίωσε καὶ σεμνότατα πρὸς γυναῖκα καὶ τέκνα, διεφύλαξε δὲ τὴν πρὸς πάντας τοὺς συμμάχους καὶ φίλους πίστιν (XVIII, 41, 8 f.). Einen ausführlichen Katalog sittlicher Belehrungen bieten die Exzerpte des Hierokles bei Stobaeus: vom Verhalten gegenüber den Göttern, dem Vaterland, den Eltern, den Brüdern, den Verwandten, zur Arbeit, zur Ehe und zu den Kindern[1]. In verschiedenen Abwandlungen kehrt dieses Schema in der allgemeinen Morallehre der Stoa wieder[2]. So sagt Epiktet, ein rechter Schüler möchte zu ihm sprechen: θέλω δ' ὡς εὐσεβὴς καὶ φιλόσοφος καὶ ἐπιμελὴς εἰδέναι τί μοι πρὸς θεούς ἐστι καθῆκον, τί πρὸς γονεῖς, τί πρὸς ἀδελφούς, τί πρὸς τὴν πατρίδα, τί πρὸς ξένους (Diss. II, 17, 31). In der ethischen Unterweisung ist dann zu entfalten, was jeweils als das καθῆκον gegenüber den Göttern, Eltern, Freunden, dem Vaterland und den Fremden zu gelten hat: καθήκοντα μὲν οὖν εἶναι ὅσα λόγος αἱρεῖ ποιεῖν, ὡς ἔχει τὸ γονεῖς τιμᾶν, ἀδελφούς, πατρίδα, συμπεριφέρεσθαι φίλοις (Diogenes Laertius VII, 108). In stoischer ἀταραξία wird man das Rechte zu finden und zu befolgen wissen: μετὰ τῶν κοινωνῶν τηροῦντα τὰς σχέσεις τάς τε φυσικὰς καὶ ἐπιθέτους, τὸν υἱόν, τὸν πατέρα, τὸν ἀδελφόν, τὸν πολίτην, τὸν ἄνδρα, τὴν γυναῖκα, τὸν γείτονα, τὸν σύνοδον, τὸν ἄρχοντα, τὸν ἀρχόμενον (Epiktet, Diss. II, 14, 8). Jedermann hat zu bedenken, welches die ihm in seinem Stand zugewiesene Aufgabe ist, und wird dazu die rechte Anleitung durch die Philosophie bekommen, quae dat propria cuique personae praecepta nec in universum componit hominem, sed marito suadet quomodo se gerat adversum uxorem, patri quomodo educet liberos, domino quomodo servos regat (Seneca, Epist. 94, 1)[3].

Dieses Schema sittlicher Unterweisung hat das hellenistische Judentum aus der antiken Popularphilosophie übernommen und es nach geringen Veränderungen in der Lehre der Synagoge verwendet[4]. Statt von der Verehrung

Manne unterzuordnen, in: Verbum Dei manet in aeternum, Festschrift für O. Schmitz, Witten 1953, S. 136. 141 Anm. 24; ders., Mann und Frau im Urchristentum, in: Arbeitsgemeinschaft für Forschung des Landes Nordrhein-Westfalen 12, Köln/Opladen 1954, S. 24 f. 32). Es muß vielmehr zwischen den ethischen Weisungen, die in der Umwelt ausgebildet wurden, und deren Übernahme und neuen Motivierung durch die christliche Gemeinde unterschieden werden. Als eine genuin christliche Bildung, die in Aufnahme des im AT und Judentum ausgebildeten Gottesrechts entstanden sei, möchte Schroeder a.a.O. S. 79—107 die neutestamentlichen Haustafeln erklären. Zur Kritik vgl. unten S. 224 Anm. 1 und Merk a.a.O. S. 215 f.

[1] Vgl. die Inhaltsangabe bei Weidinger a.a.O. S. 27—33.

[2] Vgl. das bei Dibelius-Greeven S. 48—50 und Weidinger a.a.O. S. 34—39 zusammengestellte Material.

[3] Zur ethischen Belehrung in der hellenistischen Popularphilosophie vgl. weiter A. Dihle, Die goldene Regel. Eine Einführung in die Geschichte der antiken und frühchristlichen Vulgärethik, Studienhefte zur Altertumswissenschaft 7, Göttingen 1962.

[4] Im palästinischen Judentum und insbesondere in der rabbinischen Literatur finden sich keine Haustafeln. Daube a.a.O. (S. 66 Anm. 1) S. 90—105 handelt unter der Überschrift „Haustafeln" über die Bedeutung des imperativisch gebrauch-

der Götter wird nun vom Gehorsam gegenüber dem einen Gott gesprochen, dessen Gebote zu befolgen sind. Im Lehrgedicht des Ps.-Phokylides werden nacheinander die Pflichten aufgeführt, die in der Ehe, in der Aufzucht und Erziehung der Kinder, im Verhältnis zu Freunden und Verwandten sowie in der Behandlung der Sklaven zu erfüllen sind (175—227). Philo von Alexandria leitet aus dem Gebot, die Eltern zu ehren, eine Vielzahl darin eingeschlossener Gebote ab, nämlich τοὺς ἐπὶ πρεσβύταις καὶ νέοις ἀναγραφέντας (sc. νόμους), τοὺς ἐπ' ἄρχουσι καὶ ὑπηκόοις, τοὺς ἐπ' εὐεργέταις καὶ εὖ πεπονθόσι, τοὺς ἐπὶ δούλοις καὶ δεσπόταις (de decal. 165). Denn die Eltern gehören zur Gruppe der Höherstehenden — den Herrschenden, Wohltätern und Herren —, die Kinder dagegen mit den Jüngeren, Untergebenen, Empfängern von Wohltaten und Sklaven zur niederen Klasse. Haben diese jene zu ehren, so jene für diese zu sorgen (de decal. 165—167)[1]. Josephus gibt eine Aufzählung der jüdischen Gesetze und Verbote, indem er mit der Verehrung Gottes beginnt, dann das rechte Verhalten in der Ehe, die Erziehung der Kinder, die Bestattung Verstorbener, die Liebe zu den Eltern nennt und mit den Pflichten schließt, die den Umgang mit Freunden und mit Fremden betreffen (contra Apionem 198—210).

In der Ethik der hellenistischen Popularphilosophie, die vermutlich durch die hellenistische Synagoge den christlichen Gemeinden vermittelt wurde, fand man eine reiche Materialsammlung vor, aus der man entnehmen konnte, was allgemein als schicklich und geboten anzusehen war. Wie im Judentum war von kultischen Pflichten, die gegenüber den Göttern zu erfüllen waren, natürlich nicht mehr die Rede. Aber auch vom Vaterland und politischen Aufgaben wurde nicht gesprochen; hier und da wurden freilich kurze Anweisungen über das rechte Verhalten gegenüber den staatlichen Behörden erteilt (Röm 13₁₋₇ 1Tim 2₂ Tit 3₁ 1Petr 2₁₃₋₁₇). Im übrigen aber konzentrierte sich die sittliche Unterweisung auf das angemessene Verhalten im unmittelbaren Lebensbereich, in dem man sich mit den Angehörigen der Familie, Sklaven und Herren vorfand. Man entwickelte kein Programm christlicher Weltgestaltung, sondern ließ gelten, was allerorten als recht und billig betrachtet wurde; hatte doch Paulus die Gemeinde angewiesen: ὅσα ἐστὶν ἀληθῆ, ὅσα σεμνά, ὅσα δίκαια, ὅσα ἁγνά, ὅσα προσφιλῆ, ὅσα εὔφημα, εἴ τις ἀρετὴ καὶ εἴ τις ἔπαινος, ταῦτα λογίζεσθε (Phil 4₈). Es wurde nicht versucht, die Welt zu verändern und neu zu ordnen, sondern vielmehr nüchtern anerkannt, daß auch der Christ an seinem Platz zu tun hat, was man von einem Menschen erwarten kann, der in sittlicher Verantwortung zu handeln bemüht ist. Wohl aber wurde den aus der Umwelt übernommenen Weisungen ein grundlegend neuer Sinn gegeben, indem ihre Befolgung als dem Kyrios erwiesener Gehorsam verstanden wurde[2].

---

ten Partizips (vgl. dazu oben S. 66 Anm. 1), nicht aber über Inhalt und Aufbau der neutestamentlichen Haustafeln, die zweifellos aus der hellenistischen Umwelt übernommen worden sind.

[1] Weitere Belege aus Philos Schriften bei Weidinger a.a.O. S. 25f.

[2] Vgl. W. Schrage, Die konkreten Einzelgebote in der paulinischen Paränese, Gütersloh 1961, S. 222: „Gerade die Einordnung in den οἶκος und die Erfüllung der den einzelnen weltlichen 'Ständen' eigenen Aufgaben und Pflichten ist dem Herrn wohlgefällig (Kol 3,20) und entspricht dem 'Im-Herrn'-Sein des Christen (Kol 3,18). Der Gehorsam gegenüber dem himmlischen Herrn bekundet und er-

An dem Abschnitt Kol 3₁₈–4₁ — der ältesten christlichen Haustafel — läßt sich deutlich ablesen, in welcher Weise Übernahme und Verchristlichung der ethischen Belehrung erfolgt ist. Nicht nur die einzelnen Mahnungen, sondern auch der Hinweis auf das Schickliche und allgemein Gültige entsprechen der hellenistischen Morallehre (ὡς ἀνῆκεν 3₁₈; εὐάρεστον 3₂₀; τὸ δίκαιον καὶ τὴν ἰσότητα 4₁). Doch die Weisungen sind nun durch die Wendung ἐν κυρίῳ mit einer völlig neuen Begründung versehen, so daß es heißt: ὡς ἀνῆκεν ἐν κυρίῳ (3₁₈); τοῦτο γὰρ εὐάρεστόν ἐστιν ἐν κυρίῳ (3₂₀); es wird an die Gottesfurcht erinnert (3₂₂), das Handeln als Wirken ὡς τῷ κυρίῳ betrachtet (3₂₃), auf sein vergeltendes Urteil hingewiesen (3₂₄f. 4₁) und aufgefordert: τῷ κυρίῳ Χριστῷ δουλεύετε (3₂₄). Ist der Inhalt der Weisungen weithin aus der Umwelt übernommen worden, so bedeutet doch das als Begründung hinzugefügte ἐν κυρίῳ nicht lediglich eine formelhafte Wendung, die nur zur Verchristlichung des überlieferten Gutes dient[1]. Sondern alles Leben, Denken und Handeln der Glaubenden wird der Herrschaft des Kyrios unterstellt. Mit den Worten ἐν κυρίῳ ist zugleich ein kritisches Prinzip gegeben, um darüber befinden zu können, welche ethischen Weisungen für die Gemeinde als verbindlich anzusehen sind. Die zwischenmenschlichen Beziehungen sind das Feld, auf dem der Christ den Gehorsam gegenüber dem Kyrios bewährt, indem er in der ἀγάπη handelt[2]. Der Inhalt der einzelnen Sätze ist durch die damaligen Verhältnisse bedingt. Sie bieten weder zeitlos gültige Gesetze noch verleihen sie einer bestimmten Gesellschaftsordnung unverlierbare Würde. Im Wandel der Zeit ändert sich auch das allgemeine Urteil über das, was sich schickt und gebührt. Christliche Paränese aber hat unwandelbar die Forderung einzuprägen, dem Kyrios gehorsam zu sein. Wie dieser Gehorsam jeweils konkret zu verwirklichen ist, wird jedoch stets neu zu prüfen und zu entscheiden sein[3].

Nacheinander werden zunächst Frauen und Männer, dann Kinder und Väter und schließlich Sklaven und Herren angeredet. Jeweils wird der untergeordnete Teil zuerst angesprochen, um ihn zum ὑποτάσσεσθαι bzw. ὑπακούειν zu ermahnen. Dann aber werden die Übergeordneten an ihre Verantwortung erinnert, die sie gegenüber den Menschen, die ihnen

---

eignet sich zum Beispiel im ὑπακούειν gegenüber den Eltern oder den irdischen Herren (Kol 3,20 und 3,22) und also innerhalb der irdischen Über- und Unterordnungen."

[1] So Weidinger a.a.O. S. 51; vgl. dagegen Schroeder a.a.O. S. 154f.; Schrage a.a.O. S. 202.

[2] Eph 5₂₂–6₉ werden in derselben Reihenfolge wie Kol 3₁₈–4₁ Frauen, Männer, Kinder, Väter, Sklaven und Herren angesprochen; aber den Mahnungen wird eine ausführliche christologische Begründung (Eph 5₂₅–₃₃) und der Hinweis auf die Schrift (Eph 6₂f.) hinzugefügt.

[3] Vgl. Conzelmann S. 153: „Diese Tafeln bieten nicht eine zeitlose ‚christliche' Ethik. Sie setzen die damaligen gesellschaftlichen Ordnungen und Anschauungen voraus. Die Gültigkeit liegt vielmehr in den Voraussetzungen, aus welchen diese bürgerlichen Sätze übernommen werden. Wer diese Anweisungen mechanisch in die heutige Sozialordnung übertragen wollte, würde sie in Wirklichkeit nach Sinn und Inhalt völlig verändern und würde ihre theologische, nämlich eschatologische Voraussetzung kraß verkennen. Das zeigt sich sogleich an der ersten Forderung, der Unterordnung der Frauen. Diese bedeutete damals einfach das Einhalten einer selbstverständlichen gesellschaftlichen Stellung, des Schicklichen."

anvertraut sind, zu bewähren haben. Die Weisung, die Untergeordneten sollten sich fügen, kann und darf daher nicht mißverstanden oder gar mißbraucht werden. Sind die einen zum Gehorsam verpflichtet, so werden die anderen angehalten, sich in die Lage der Untergeordneten hineinzuversetzen, „passiv" zu denken und sich vom Gebot der Liebe leiten zu lassen[1].

V. 18: Die Frauen[2] sollen sich ihren Männern[3] unterordnen. Damit wird von ihnen verlangt, sich der allgemein geltenden Ordnung entsprechend zu verhalten[4]. Es wird also weder eine spezifisch christliche Forderung an sie gerichtet[5] noch zu einer freien Entscheidung aufgerufen[6]. Sondern die Frauen sollen sich ihren Männern fügen (vgl. 1Kor 14₃₄ Eph 5₂₂₋₂₄ Tit 2₅ 1Petr 3₁)[7], weil es sich so gehört[8]. Was sich ziemt,

---

[1] Die Mahnungen werden in Form von Imperativen gegeben. Deshalb kann aber nicht von apodiktischem Gottesrecht gesprochen werden (gegen Schroeder a. a. O. S. 95) — schon gar nicht mit Berufung auf das Zitat aus dem Dekalog Eph 6₂f. (so Schroeder a.a.O. S. 92f.). Denn die Haustafel des Epheserbriefes stellt eine Erweiterung der kürzeren Haustafel im Kolosserbrief dar. Diese bezieht sich aber nicht auf Sätze heiligen Rechtes aus der alttestamentlich-jüdischen Überlieferung.

[2] In LXX wird der determinierte semitische Vokativ durch den Nominativ mit Artikel wiedergegeben. Vgl. M. Johannessohn, Der Gebrauch der Kasus und der Präpositionen in der Septuaginta I, Diss. Berlin 1910, S. 14f. Doch ist die Anrede im Nominativ mit Artikel auch im Griechischen durchaus möglich. Vgl. Blaß-Debr. § 147,3.

[3] L pm fügen ἰδίοις vor ἀνδράσιν ein (vgl. Eph 5₂₂), D*G it sy hängen ὑμῶν an.

[4] Vgl. Plutarch, praecepta coniugalia 33 (p. 142d): ὑποτάττουσαι (sc. αἱ γυναῖκες) μὲν γὰρ ἑαυτὰς τοῖς ἀνδράσιν ἐπαινοῦνται, κρατεῖν δὲ βουλόμεναι μᾶλλον τῶν κρατουμένων ἀσχημονοῦσι; Ps.-Callisthenes I, 22, 4: πρέπον γάρ ἐστι τὴν γυναῖκα τῷ ἀνδρὶ ὑποτάσσεσθαι.

[5] So nach Rengstorf a.a.O. (Festschrift für O. Schmitz), S. 132.

[6] E. Kähler, Die Frau in den paulinischen Briefen, unter besonderer Berücksichtigung des Begriffes der Unterordnung, Zürich/Frankfurt a. M. 1960 möchte ὑποτάσσεσθαι als „den freien Akt der Anerkennung der Ordnung, die durch das Wort Gottes in Jesus Christus gegeben ist" verstehen (S. 156). Das ὑποτάσσεσθαι werde aufgrund innerster Einsicht freiwillig vollzogen. „Wo immer ὑποτάσσεσθαι steht, ist jedweder Zwang ausgeschlossen." (S. 179) „Der Mensch als Mann oder Frau, Kind, Sklave oder Staatsbürger wird immer neu zu der Entscheidung hinsichtlich der Unterordnung aufgerufen." (S. 201f.) In den Mahnungen zum ὑποτάσσεσθαι ist jedoch weder von Entscheidung noch von freiwilligem Vollzug die Rede, sondern es wird die Anerkennung der bestehenden Ordnung verlangt.

[7] Diese Forderung darf nicht mißverstanden werden, als sollte die Würde der Frau herabgesetzt werden. Durch ὑποτάσσεσθαι wird allgemein das Verhältnis von Über- und Unterordnung bezeichnet: Πᾶσα ψυχὴ ἐξουσίαις ὑπερεχούσαις ὑποτασσέσθω (Röm 13₁). Christus wird Gott, der seine κεφαλή ist (1Kor 11₃), untertan sein: αὐτὸς ὁ υἱὸς ὑποταγήσεται τῷ ὑποτάξαντι αὐτῷ τὰ πάντα (1Kor 15₂₈). Fordert Paulus das ὑποτάσσεσθαι der Frauen gegenüber ihren Männern (1Kor 14₃₄), so weiß er doch um die Einheit aller in Christus: οὐκ ἔνι Ἰουδαῖος οὐδὲ Ἕλλην, οὐκ ἔνι δοῦλος οὐδὲ ἐλεύθερος, οὐκ ἔνι ἄρσεν καὶ θῆλυ· πάντες γὰρ ὑμεῖς εἷς ἐστε ἐν Χριστῷ Ἰησοῦ (Gal 3₂₈).

[8] Vgl. G. Delling, ThWB VIII, S. 44; J. Foster, St. Paul and Women, ExpT 62 (1950/51), S. 376—378; H. Baltensweiler, Die Ehe im Neuen Testa-

ist durch Sitte und Tradition festgelegt[1]. Die verpflichtende Begründung der Aufforderung zum ὑποτάσσεσθαι wird jedoch erst durch die hinzugefügten Worte ἐν κυρίῳ gegeben. Schließt sich der Inhalt der Mahnung an die allerorten geltenden Regeln des Verhaltens an, so wird nun darauf hingewiesen, daß die Innehaltung der als recht erkannten Ordnung von den Gliedern der Gemeinde als Ausdruck ihres Bekenntnisses zu Christus als dem Herrn vollzogen werden soll. Denn es gibt keinen Bereich menschlichen Lebens, in dem sie ohne ihren Herrn leben könnten[2].

V. 19: Die Frauen wurden zum ὑποτάσσεσθαι gegenüber den Männern angehalten; die Männer aber werden nun angewiesen, ihre Frauen[3] zu lieben. Ihnen wird verwehrt, sich überheblich zu gebärden oder erhaben zu dünken. Sie sind für ihre Frauen verantwortlich und haben mit ihnen in der ἀγάπη als der allein rechten Verhaltensweise zusammenzuleben[4]. Einer Begründung bedarf dieser Befehl nicht[5]; denn das Gebot der ἀγάπη gilt schlechthin[6]. Negativ gewendet bedeutet das: μὴ πικραίνεσθε πρὸς αὐτάς[7]. Den Hinweis, man solle seiner Frau nicht gereizt

---

ment. Exegetische Untersuchungen über Ehe, Ehelosigkeit und Ehescheidung, AThANT 52, Zürich 1967, S. 210—217.

[1] τὸ ἀνῆκον ist das Geziemende, die Pflicht. Vgl. Bauer Sp. 131; H. Schlier, ThWB I, S. 361. Der Ausdruck wird aus der hellenistischen Popularphilosophie über die hellenistische Synagoge in die christliche Paränese Eingang gefunden haben. Vgl. Aristeasbrief 227: τὸ καθῆκον; Ps.-Phokylides 80: καθήκει (vgl. auch H. Schlier, ThWB III, S. 440—443); Eph 5₄: ἃ οὐκ ἀνῆκεν. Das Imperfekt ἀνῆκεν steht statt des im klassischen Griechisch gebräuchlichen Präsens und weist auf das hin, was als geziemend gilt. Vgl. Blaß-Debr. § 358,2; Moulton-Turner S. 90.

[2] Galt damals das ὑποτάσσεσθαι der Frauen als durch Sitte und Herkommen geboten, so kann doch diese Weisung, die die Gesellschaftsordnung der Antike voraussetzt, ebensowenig wie das Verhältnis von Sklaven und Herren als zeitlos gültiges Gesetz betrachtet werden. Es ist vielmehr zu beachten, wie sich jeweils die Ordnung menschlichen Zusammenlebens wandelt, und aufs neue zu prüfen, in welcher Weise der Christ den Gehorsam gegenüber dem Kyrios in den Ordnungen der Welt zu vollziehen hat (vgl. oben S. 223).

[3] D*G it vg^cl setzen ὑμῶν hinzu.

[4] In den Haustafeln wird dagegen den Frauen nicht die ἀγάπη, sondern stets das ὑποτάσσεσθαι aufgegeben. Tit 2₄ jedoch heißt es, die jungen Frauen sollten dazu angehalten werden, φιλάνδρους εἶναι.

[5] Zu der knappen Weisung, die Frauen zu lieben, wird Eph 5₂₅-₃₃ eine ausführliche christologische Begründung hinzugefügt.

[6] Die vorchristliche Antike kennt zwar die Begriffe ἀγαπᾶν/ἀγάπη (vgl. Merk a.a.O. [S. 203 Anm. 9] S. 216 Anm. 114), aber in den Haustafeln der hellenistischen Umwelt kommen sie nicht vor.

[7] πικραίνεσθαι in ethischem Zusammenhang findet sich im NT nur an dieser Stelle, ist jedoch in dieser Bedeutung seit Platon durchaus gebräuchlich. Vgl. Bauer Sp. 1303. Vgl. sonst Apk 8₁₁ 10₉f. und W. Michaelis, ThWB VI, S. 122—125.

oder zornig begegnen[1], wird ein einsichtiger Mann befolgen[2]. Hier aber wird nicht nur ein guter Rat erteilt, sondern die Forderung μὴ πικραίνεσθε ist Ausdruck des Liebesgebotes, das den Wandel der Christen bestimmt[3].

V. 20: Den Kindern[4] wird befohlen, den Eltern in allen Dingen gehorsam zu sein. Der Gehorsam ist Vater und Mutter in der ihnen geschuldeten Unterordnung zu erweisen (vgl. 3₂₂ Eph 6₁. ₅)[5]. Zur Begründung wird gesagt, das sei εὐάρεστον; damit wird ursprünglich an das gedacht sein, was jedermann recht erscheint[6]. Durch ἐν κυρίῳ wird jedoch wiederum angezeigt, wie in der Gemeinde der Begriff des Wohlgefälligen zu verstehen ist[7]. Der Herr gebietet, und sein Befehl will ohne Widerrede befolgt sein[8].

V. 21: Haben die Kinder beiden Elternteilen zu gehorchen, so tragen doch die Väter besondere Verantwortung. Sie haben achtzugeben, daß

---

[1] Vgl. b. Babha Mᵉzi'a 59a: „Rabh († 247) hat gesagt: Immer sei der Mensch vorsichtig, daß er sein Weib nicht kränke; denn da ihre Träne (bald) sich findet, ist die Ahndung ihrer Kränkung nahe" (vgl. Billerbeck III, S. 631); Plutarch, de cohibenda ira 8 (p. 457a): πρὸς γύναια διαπικραίνοντα; Hermas, Mand. X, 2, 3: πικραίνεσθαι als Wirkung der ὀξυχολία.

[2] πρός nach πικραίνεσθαι, das in LXX und bei Philo nicht belegt ist, „deutet vielleicht an, daß auch eine nicht durch die Ehefrauen veranlaßte, sondern anderswie entstandene πικρία nicht an ihnen ausgelassen werden soll" (Michaelis a.a.O. S. 125 Anm. 16).

[3] Vgl. Schrage a.a.O. S. 260: „Alle Bezüge und Ordnungen der Welt werden für den Christen Raum und Rahmen liebenden Verhaltens und erfahren durch diese Unterstellung unter das Gesetz Christi oft genug eine tiefgreifende Verwandlung."

[4] τέκνον bezeichnet „das Kind unter dem Gesichtspunkt der Abkunft" (A. Oepke, ThWB V, S. 637) und kann auch vom erwachsenen Kind gesagt werden (Belege bei G. Delling, Nun aber sind sie heilig, in: Gott und die Götter, Festgabe für E. Fascher, Berlin 1958, S. 84—93; ders., Lexikalisches zu τέκνον. Ein Nachtrag zur Exegese von I. Kor. 7, 14 in: „. . . und fragten nach Jesus", Festschrift für E. Barnikol, Berlin 1964, S. 35—44). Hier ist jedoch sicherlich an Kinder im heranwachsenden Alter gedacht, die noch von den Eltern erzogen werden (vgl. Eph 6₄: ἐκτρέφετε αὐτά [sc. τὰ τέκνα]).

[5] ὑπακούειν entspricht ὑποτάσσεσθαι und bringt die Forderung unbedingter Unterordnung zum Ausdruck. Vgl. 1 Petr 3₅f.: αἱ ἅγιαι γυναῖκες . . . ὑποτασσόμεναι τοῖς ἰδίοις ἀνδράσιν, ὡς Σάρρα ὑπήκουσεν τῷ Ἀβραάμ. War den Frauen gesagt: ὑποτάσσεσθε (V.₁₈), so werden Kinder und Sklaven zum ὑπακούειν (V.₂₀.₂₂) angehalten. Vgl. G. Kittel, ThWB I, S. 224f.

[6] Vgl. Dibelius-Greeven z. St.: εὐάρεστον gilt „offenbar als fixierter gesellschaftlicher Wert".

[7] Da es nicht — wie man eigentlich erwarten sollte und wie 81 al ClemAlex (vgl. Eph 5₁₀) den Text tatsächlich bieten — τῷ κυρίῳ (vgl. Moulton-Turner S. 263), sondern ἐν κυρίῳ heißt, liegt hier offensichtlich christliche Umprägung einer allgemein gebräuchlichen Wendung vor. Vgl. Weidinger a.a.O. S. 51; Dibelius-Greeven z. St. Zu εὐάρεστος = was Gott wohlgefällt vgl. 2 Kor 5₉ Röm 12₁ 14₁₈ Phil 4₁₈ Eph 5₁₀ (εὐάρεστον τῷ κυρίῳ).

[8] Eph 6₂f. wird zur Begründung auf das göttliche Gebot, Vater und Mutter zu ehren, verwiesen.

sie die Kinder nicht reizen oder herausfordern[1], damit sie nicht mutlos und scheu werden[2]. Worin sie den Mut verlieren könnten, ist nicht gesagt; aber offensichtlich ist an das Zusammenleben von Kindern und Eltern gedacht, das nicht durch unbedachtes oder unbeherrschtes Verhalten der Väter beeinträchtigt werden soll[3].

V. 22: Die ersten vier Sätze der Haustafel waren in äußerster Kürze gehalten; nun aber wird ein längeres Wort an die christlichen Sklaven gerichtet[4]. Die Frage, wie sich die in Christus geschenkte Freiheit zu der δουλεία verhält, in der die Sklaven ihren irdischen Herren weiterhin zu dienen haben, mußte beantwortet werden (vgl. 1Kor 7₂₁₋₂₄)[5]. Die Sklavenparänese kann daher nicht auf Sätze überlieferter Morallehre zurückgreifen, sondern wird als spezifisch christliche Unterweisung neu formuliert. Den Sklaven, die Christen geworden sind, wird gesagt, daß sie die irdische Knechtschaft als die ihnen bestimmte Ordnung anzuerkennen und ihren irdischen Herren in allen Dingen[6] zu gehorchen haben. Als οἱ κατὰ σάρκα κύριοι werden sie von dem einen Kyrios unterschieden, dem die Sklaven als Glieder der Gemeinde zu eigen gehören. Der Gehorsam, den sie ihren irdischen Herren zu erweisen haben, soll echt sein und nicht ἐν ὀφθαλμοδουλίαις[7] geleistet werden. Mit diesem Wort, das

---

[1] ἐρεθίζειν steht im NT nur noch 2Kor 9₂, dort bono sensu vom ermunternden Beispiel. Vgl. Bauer Sp. 610. Zu ἐρεθίζειν in der Bedeutung „herausfordern", „erbittern" vgl. Epiktet, Enchiridion 20: Mit ὅταν οὖν ἐρεθίσῃ σέ τις werden die vorhergehenden Worte ὁ λοιδορῶν ἢ ὁ τύπτων aufgenommen. — Statt ἐρεθίζετε heißt es in Anlehnung an Eph 6₄ in 𝔖 D*GKL pm: παροργίζετε.

[2] ἀθυμεῖν ist Hapaxlegomenon im NT, kommt jedoch in LXX häufiger (z. B. Dt 28₆₅ 1Baσ 1ϐₜ. 15₁₁ 2Baσ 6₉) vor und ist seit Aeschylus belegt. Vgl. Bauer Sp. 42. Zum hellenistischen Sprachgebrauch vgl. PapAmh II, 37, 7: μὴ ἀθυμεῖ; PapGießen I, 79, 3, 11: οὐδ[εὶ]ς ἀθυμεῖ πωλεῖν κτῆμα; 14f.: ἀθυμή[σουσι].

[3] Eine positive Weisung, wie sie dann Eph 6₄ gegeben wird, fehlt. Doch wird das Fehlen dieser Mahnung nicht „mit der Erwartung des baldigen Endes" zu erklären (Dibelius-Greeven z. St.), sondern durch die knappe Formulierung der Sätze bedingt sein. Zu den Pflichten, die den Vätern nach der hellenistischen Morallehre eingeprägt werden, vgl. die Kapitelüberschrift bei Stobaeus, Anthol. IV, 26: ὁποίους τινας χρὴ εἶναι τοὺς πατέρας περὶ τὰ τέκνα, καὶ ὅτι φυσική τις ἀνάγκη ἀμφοτέρους εἰς διάθεσιν ἄγει. Jüdische Texte führen ausdrücklich das Verbot der Kindesaussetzung auf: Ps.-Phokylides 185; Philo, de spec. leg. III, 110; Josephus, contra Apionem II, 202; Barn 19₅ als christliche Mahnung.

[4] Fast ohne Ausnahme bringen die Kommentatoren die ausführliche Sklavenparänese mit dem Vorfall des Onesimus in Verbindung. Zwar wird Kol 4₉ der Name des Onesimus genannt; über sein Geschick wird jedoch kein Wort verloren. Es besteht daher keine Veranlassung, Kol 3₂₂₋₂₅ mit dem Philemonbrief unmittelbar zu verknüpfen. Wohl aber stellt dieser Brief ein anschauliches Beispiel dafür dar, daß es in den christlichen Gemeinden eines besonderen Wortes an die Sklaven dringend bedurfte.

[5] Vgl. weiter Eph 6₅₋₈ 1Petr 2₁₈₋₂₅.

[6] κατὰ πάντα fehlt in p⁴⁶81 pc.

[7] Der Singular ὀφθαλμοδουλίᾳ ist stark bezeugt (p⁴⁶BADG al), wird jedoch als Angleichung an den Eph 6₆ gebrauchten Singular anzusehen sein.

15*

außerhalb des Neuen Testamentes nicht bezeugt ist, ist ein Dienst gemeint, der nicht der Sache wegen oder um Gottes willen geschieht, sondern nur in der Absicht getan wird, in die Augen zu fallen[1]. Die ἀνθρωπάρεσκοι[2] aber rechnen nur mit den Menschen und ihrer Macht, nicht jedoch mit Gott[3]. Vor solcher unaufrichtigen Verhaltensweise sollen sich die christlichen Sklaven hüten und ihren Herren ἐν ἁπλότητι καρδίας dienen[4]. Das Herz als das Innere des Menschen, das sein Denken und Handeln bestimmt[5], soll schlicht und lauter sein. Dann wird auch alles, was er tut, nicht von falschen Hintergedanken geleitet sein, sondern in der Furcht Gottes geschehen. Die alttestamentliche Wendung φοβεῖσθαι τὸν θεόν (LXX Ex 1₁₇. ₂₁ Lev 19₁₄. ₃₂ 25₁₇ ψ 54₂₀ u. ö.) wird auch im Neuen Testament häufig gebraucht (Lk 18₂. ₄ Act 10₂. ₂₂. ₃₅ 13₁₆. ₂₆ 1Petr 2₁₇ Apk 11₁₈ 14₇ 19₅). Mit den Worten φοβούμενοι τὸν κύριον[6] wird hier nicht wie im Alten Testament (LXX Lev 14₃₁ 19₁₄ ψ 14₄ 21₂₄ u. ö.) und Apk 15₄ auf Gott, sondern auf Christus hingewiesen. Er ist der Herr, und seinem Wort ist Folge zu leisten. „Den Herrn fürchten" wird als Leitsatz christlichen Verhaltens genannt[7], der von allen zu befolgen ist, insbesondere aber den Sklaven zeigt, wie sie ihren täglichen Dienst willig tun und dem himmlischen Herrn zu Ehren verrichten können.

V. 23: Daher kann die allgemeine Regel, alles, was in Wort oder Werk getan werde, solle im Namen des Kyrios Jesus geschehen (3₁₇), nun auf das den Sklaven gebotene Verhalten angewendet werden[8]. Was ihnen aufgetragen ist, sollen sie von ganzem Herzen[9] tun in dem

---

[1] Vgl. K. H. Rengstorf, ThWB II, S. 283; Blaß-Debr. § 115,1; Bauer Sp. 1188. Vgl. Theodoret zu Eph 6st. (MPG 82, Sp. 552): ὀφθαλμοδουλείαν δὲ καλεῖ τὴν οὐκ ἐξ εἰλικρινοῦς καρδίας προσφερομένην θεραπείαν, ἀλλὰ τῷ σχήματι κεχρωσμένην.

[2] ἀνθρωπάρεσκος findet sich in LXX ψ 52₆ PsSal 4₇.₈.₁₉; im NT nur noch Eph 6₆; ferner 2Clem 13₁. Vgl. Bauer Sp. 134.

[3] Vgl. W. Foerster, ThWB I, S. 456.

[4] Vgl. Diodorus Siculus V, 66, 4: τὴν ἁπλότητα τῆς ψυχῆς; TestRub 4₁; Sim 4₅: ἐν ἁπλότητι ψυχῆς; 1Chr 29₁₇; SapSal 1₁: ἐν ἁπλότητι καρδίας; TestLev 13₁: ἐξ ὅλης τῆς καρδίας ... ἐν ἁπλότητι. Vgl. O. Bauernfeind, ThWB I, S. 385f.; C. Spicq, La vertu de simplicité dans l'Ancien et le Nouveau Testament, RSPhTh 22 (1933), S. 1—26; Bauer Sp. 169f.

[5] Zu καρδία vgl. oben S. 215 zu 3₁₅.

[6] p⁴⁶ℜpm d vg^cl schließen sich an den geläufigen biblischen Ausdruck an und schreiben θεόν statt κύριον.

[7] Vgl. Bultmann, Theologie, S. 562.

[8] Der Reichstext sucht genauer an 3₁₇ anzugleichen, indem er den Vers gleichfalls mit καὶ πᾶν ὅ τι beginnen läßt.

[9] ἐκ ψυχῆς (vgl. Eph 6₆) entspricht ἐκ καρδίας. Vgl. Mk 12₃₀ (Par.): καὶ ἀγαπήσεις κύριον τὸν θεόν σου ἐξ ὅλης τῆς καρδίας σου καὶ ἐξ ὅλης τῆς ψυχῆς σου κτλ. In der alttestamentlich-jüdischen Paränese finden sich an vielen Stellen vergleichbare Wendungen, so z.B. LXX Prov 11₁₇: τῇ ψυχῇ αὐτοῦ ἀγαθὸν ποιεῖ ἀνὴρ ἐλεήμων; Sir 6₂₆: ἐν πάσῃ ψυχῇ σου; 7₂₉: ἐν ὅλῃ ψυχῇ σου; ferner 14₄ 19₁₆ 37₁₂ u. ö.

Wissen, daß sie ihren Dienst dem Kyrios[1] und nicht den Menschen erweisen[2].

V. 24: Denn der Kyrios wird über jedes Werk urteilen. Darum dürfen auch die Sklaven nicht vergessen, daß sie vom Kyrios[3] Urteil und Vergeltung empfangen werden. Der Begriff ἀνταπόδοσις, der im Neuen Testament nur an dieser Stelle vorkommt, wird wie ἀνταπόδομα meist sensu malo gebraucht[4]. Hier wird jedoch nicht auf das göttliche Strafgericht, sondern auf die Vergeltung verwiesen, die in der κληρονομία besteht[5]. In den Himmeln liegt das ewige Erbteil[6] schon bereit (vgl. 1₅. ₂₇ 3₁₋₄). Niemand wird sich dieses kostbare Gut durch Ungehorsam verscherzen wollen; wer aber im Gehorsam sein Werk verrichtet, der wird die κληρονομία empfangen. Darum: τῷ κυρίῳ Χριστῷ δουλεύετε. Dieser kurze Satz ist nicht als Aussage[7], sondern als Aufforderung zu verstehen, die den Imperativ ἐργάζεσθε (V.₂₃) aufnimmt[8]. Christus ist der Kyrios[9]; wenn aber der Sklave in Treue seinem irdischen Herrn dient, so ist er damit dem einen Kyrios gehorsam, der der Herr über alles ist.

---

[1] ὡς steht häufig beim Partizip, um anzuzeigen, im Blick worauf bzw. im Gedanken woran etwas geschieht. „Dasselbe ὡς steht auch in der Verkürzung, bei der das Ptz. verschwindet: z. B. C 3,23." (Blaß-Debr. § 425,4)

[2] A al ClemAlex fügen in Anlehnung an Eph 6₇ hinter τῷ κυρίῳ das Partizip δουλεύοντες ein, p⁴⁶B 1739 lassen das verbindende καί aus.

[3] Obwohl ἀπὸ κυρίου ohne Artikel steht, kann kein Zweifel darüber aufkommen, daß der eine Kyrios gemeint ist, der richten und vergelten wird.

[4] Das Wort ἀνταπόδοσις ist seit Thukydides bezeugt. Vgl. F. Büchsel, ThWB II, S. 171; Bauer Sp. 145. Zu ἀνταπόδομα vgl. Röm 11₉ Lk 14₁₂.

[5] Vgl. Bauer Sp. 860.

[6] Zur Wortgruppe κληρονομεῖν/κληρονομία im NT vgl. W. Foerster, ThWB III, S. 781—786 und R. Hammer, A Comparison of KLERONOMIA in Paul and Ephesians, JBL 79 (1960), S. 267—272.

[7] Indikativische Bedeutung, für die vor allem Lightfoot z. St. eintritt, die aber auch Dibelius-Greeven und Conzelmann z. St. in Betracht ziehen, würde sicher vorliegen, wenn mit dem Reichstext γάρ einzufügen und der Satz als Begründung an das Vorhergehende anzuschließen wäre. Eine glättende Verbindung suchen auch (D)G (it Ambst) herzustellen: τῆς κληρονομίας τοῦ κυρίου ἡμῶν Ἰησοῦ Χριστῷ, ᾧ δουλεύετε. Die unverbundene Anreihung des Satzes τῷ κυρίῳ Χριστῳ δουλεύετε stellt jedoch sicher den Urtext dar.

[8] Vgl. auch Röm 12₁₁: τῷ κυρίῳ δουλεύοντες (imperativisches Partizip).

[9] Die Verbindung κύριος Χριστός wird in den paulinischen Briefen sonst nicht gebraucht. Vgl. Kramer a. a. O. (S. 44 Anm. 1) S. 213 f.: „Paulus spricht vom κύριος Ἰησοῦς Χριστός, vom κύριος ἡμῶν Ἰησοῦς Χριστός, vom κύριος Ἰησοῦς, nicht aber vom κύριος Χριστός... In all diesen Wendungen stehen der Kyriostitel und 'Christos' nie unmittelbar nebeneinander... Beachtet man ferner die Tatsache, daß 'Kyrios' ein Titel ist, 'Christos' als Übersetzung von 'Messias' ursprünglich auch titulare Bedeutung hatte, so ist es verständlich, daß die beiden Termini nicht unmittelbar nebeneinander gesetzt wurden." An unserer Stelle ist Χριστῷ zu τῷ κυρίῳ offensichtlich hinzugefügt, um eindeutig zu bestimmen, welchem Herrn allein das δουλεύειν gilt.

V. 25: Falls jemand diese Weisung mißachten wollte, wird er an das eherne Gesetz erinnert: Wer unrecht tut[1], wird den verdienten Lohn für seine Tat empfangen. Denn er wird genau die Strafe bekommen, die dem entspricht, worin er sich vergangen hat[2]. Wem soll nun aber dieser schlechthin gültige Satz gelten? Es wäre möglich, ihn auf den Herrn des Sklaven zu beziehen; dann würde er vor Unrecht gewarnt und der Sklave getröstet, falls sein Herr schlecht an ihm handeln sollte[3]. Da die κύριοι aber erst 4₁ angeredet werden, liegt es näher, V. 25 noch zu den an die Sklaven gerichteten Worten zu zählen[4]. Wenn sie sich gegen ihre Herren vergehen, werden sie von Gott zur Rechenschaft gezogen werden. Sie sollen nicht meinen, als arme Sklaven würden sie sich nicht zu verantworten brauchen oder mildernde Umstände zugebilligt bekommen. Vor Gottes Gericht gibt es kein Ansehen der Person[5]: Weder werden die Herren bevorzugt, noch wird der Sklave ungestraft gegen Gottes Gebot verstoßen dürfen[6]. Gott vergilt Sklaven und Herren, die vor seinem Richtstuhl erscheinen müssen, in gerechtem Urteil nach ihren Taten[7].

V. 4,1: An die Herren wird nur ein kurzes Wort gerichtet. Es wird damals nur wenige Christen gegeben haben, die über größeren Besitz verfügten und Sklaven besaßen. Daher bedarf es keiner langen Ausführungen über das Verhalten der κύριοι. Von ihnen wird nicht verlangt, die Sklaven zu entlassen[8]; wohl aber werden sie dazu angehalten, ihre

---

[1] ἀδικεῖν ist das Verstoßen gegen das Recht, das rechtswidrige Handeln. Vgl. G. Schrenk, ThWB I, S. 157—161; Bauer Sp. 33f.

[2] Der Satz entspricht genau dem ius talionis. Vgl. E. Käsemann, Sätze heiligen Rechtes im Neuen Testament, NTS 1 (1954/55) S. 248—260 = Aufsätze II, S. 69—82.

[3] Eph 6₉ werden die κύριοι angehalten, die Sklaven anständig zu behandeln, εἰδότες ὅτι καὶ αὐτῶν καὶ ὑμῶν ὁ κύριός ἐστιν ἐν οὐρανοῖς, καὶ προσωπολημψία οὐκ ἔστιν παρ' αὐτῷ.

[4] Vgl. Schrenk a.a.O. S. 160 Anm. 11; Masson z. St. Lightfoot z. St. meint — schwerlich mit Recht —, V. 25 sei sowohl an die Sklaven als auch an die Herren gerichtet.

[5] Das Substantiv προσωπολημψία ist im Anschluß an die alttestamentliche Wendung πρόσωπον λαμβάνειν gebildet worden. Es ist zwar erst im NT belegt, möglicherweise aber schon im hellenistischen Judentum gebräuchlich gewesen. Vgl. E. Lohse, ThWB VI, S. 780f.

[6] GI it vg^cl fügen in Anlehnung an Eph 6₉ παρὰ τῷ θεῷ hinzu.

[7] Vgl. Abhoth II, 14: „R. El'azar (b. 'Arakh, um 90 n. Chr.) sagte: Wisse, vor wem du dich mühst, und wer dein Arbeitgeber ist"; II, 16: „R. Tarphon (um 110) sagte: Dein Arbeitgeber ist treu, daß er dir den Lohn für deine Arbeit bezahlt. (Aber wisse, daß die Auszahlung des Lohnes an die Gerechten der Zukunft angehört)."

[8] Es zeugt von ungeschichtlichem Denken, wenn man deshalb Paulus und das Urchristentum tadeln wollte; so G. Kehnscherper, Die Stellung der Bibel und der alten christlichen Kirche zur Sklaverei, Halle 1957. Vgl. dazu die Kritik der Rezensenten: H. v. Campenhausen, ZKG 69 (1958), S. 328f. und E. Fascher, ThLZ 85 (1960), Sp. 521—524. Zum ganzen Problemkreis vgl. H.-D. Wendland, Artk. Sklaverei und Christentum, RGG³ VI, Sp. 101—104; H. Gülzow, Kirche und Sklaverei in den ersten zwei Jahrhunderten, Diss. Kiel 1966.

Pflichten gegenüber den δοῦλοι gewissenhaft zu erfüllen. Jeglichem Mißbrauch ihrer Rechte wird gewehrt und befohlen, daß sie den Sklaven zu gewähren haben, was recht und billig ist. Die gegenseitige Beziehung von δίκαιον und ἰσότης ist in der Morallehre der popularphilosophischen Unterweisung immer wieder bedacht worden[1]. Jedermann weiß daher, was unter diesen Begriffen als Norm sittlichen Handelns zu verstehen ist. Für Christen aber gewinnt der Grundsatz von Recht und Billigkeit ganz neue Bedeutung; denn sie haben dem Kyrios über ihr Handeln Rechenschaft abzulegen. Ihm sind daher die Herren dafür verantwortlich, wie sie die Sklaven behandeln. Denn auch über ihnen steht der Herr im Himmel[2]. Damit aber hat das Verhältnis von Herren und Sklaven eine grundlegende Wandlung erfahren. Wissen beide darum, daß sie dem einen Herrn Gehorsam schuldig sind, so ist ihnen auch das rechte Maß für den Umgang miteinander gegeben[3].

Durch die Reihe der nüchternen Mahnungen, die in der Haustafel zusammengefaßt sind, wird der Gemeinde gezeigt, wie jeder Christ an dem Platz, an dem ihn die κλῆσις getroffen hat (vgl. 1Kor 7₂₀₋₂₄), den Gehorsam gegenüber dem Kyrios, dem er zu eigen gehört, zu bewähren hat. Sind alle einer in Christus (vgl. 3₁₁), so daß hier weder Jude noch Grieche, weder Sklave noch Freier, weder Mann noch Frau ist (vgl. Gal 3₂₈ 1Kor 12₁₃), so sind sie durch die Liebe als dem σύνδεσμος τῆς τελειότητος aneinander gebunden und aneinander gewiesen. Doch diese in Christus begründete Einheit darf nicht mißverstanden werden, als dürften die in der Welt nach wie vor vorhandenen und gültigen Unterschiede im Rausch der Begeisterung übersprungen oder eingeebnet werden. Der Christ hat vielmehr eben an der Stelle, an der er steht,

---

[1] Aristoteles, Topica VI, 5 (p. 143a) definiert die δικαιοσύνη als ἕξιν ἰσότητος ποιητικὴν ἢ διανεμητικὴν τοῦ ἴσου. Lysias, Orat. II, 77 sagt vom Tode: οὔτε γὰρ τοὺς πονηροὺς ὑπερορᾷ, οὔτε τοὺς ἀγαθοὺς θαυμάζει, ἀλλ' ἴσον ἑαυτὸν παρέχει πᾶσιν. Plutarch, quaestiones convivales VIII, 2,2 (p. 719b) erörtert das Verhältnis von δικαιοσύνη und ἰσότης. Philo handelt ausführlich über die ἰσότης (rer. div. her. 141 206) und bezeichnet sie als μήτηρ δικαιοσύνης (de spec. leg. IV, 231). Zu δίκαιον vgl. G. Schrenk, ThWB II, S. 189f.; zu ἰσότης G. Stählin, ThWB III, S. 355f.

[2] Es wird wieder in räumlich bestimmten Vorstellungen gedacht. Der Herr ist droben und sieht, was auf Erden geschieht. — ℵDG pm lesen den Plural οὐρανοῖς (vgl. 1₅: ἐν τοῖς οὐρανοῖς).

[3] Vgl. Schrage a.a.O. S. 266: „Die Liebe verzichtet auf ihr Recht, nicht auf das Recht. Der Christ selbst wird allen Recht und Billigkeit zukommen lassen (Kol 4,1), er wird aber für sich selbst die Liebe immer über das Recht stellen. So gewiß also die bestehenden gesellschaftlich-sozialen Gefüge und rechtlichen Ordnungen nicht annulliert werden, so werden sie doch auch nicht als starre Institutionen sanktioniert, sondern im Licht der Liebe kritisch geprüft, verwandelt, zurechtgerückt und in Bewegung gebracht, und dort, wo sie nicht zur Verwirklichung und Praktizierung der Liebe dienen, wird auf sie verzichtet. Dadurch erweist sich die Liebe nochmals als die auch den schöpfungsmäßigen Normen überlegene, ja schlechthin höchste Norm christlicher Lebensführung."

dem Gebot des Herrn zu folgen und danach zu handeln. Es wird kein Programm einer neuen Sozialordnung entworfen, aber die verwandelnde Kraft der Liebe soll das Verhältnis der Menschen zueinander bestimmen. Indem sie in der ἀγάπη handelt, hat die Gemeinde in der Wirklichkeit des Alltags des Herrn würdig zu wandeln und alles, was sie tut, im Namen des Kyrios Jesus zu tun — Gott zu Lob und Ehre.

4₂₋₆ Letzte Mahnungen

² Haltet an am Gebet, wacht dabei mit Danksagung; ³ betet zugleich auch für uns, daß Gott uns eine Tür für das Wort auftue, das Geheimnis Christi zu sagen, um dessentwillen ich ja gebunden bin, ⁴ damit ich es kundmache, wie ich reden muß. ⁵ Wandelt in Weisheit gegen die draußen; kauft die Zeit aus. ⁶ Euer Wort sei allezeit voll Anmut, mit Salz gewürzt, daß ihr wißt, wie ihr einem jeden zu antworten habt.

In lockerer Folge schließen sich einige Mahnungen an, die wieder an die ganze Gemeinde gerichtet sind. Dabei wird zunächst der Zusammenhang, der durch die Haustafel unterbrochen worden war, wieder aufgenommen. Wurde 3₁₇ mit den Worten εὐχαριστοῦντες τῷ θεῷ πατρὶ δι' αὐτοῦ geschlossen, so wird nun erneut zu treuem Gebet aufgefordert, γρηγοροῦντες ἐν αὐτῇ (sc. beim Gebet) ἐν εὐχαριστίᾳ (4₂). Wenn die Gemeinde betet, soll sie fürbittend des gefangenen Apostels gedenken, damit er das μυστήριον τοῦ Χριστοῦ offenbar machen kann (V. 3f.). Den Versen 2-4, die zu Gebet, Danksagung und Fürbitte anhalten, folgen in den letzten beiden Versen Hinweise über das Verhalten gegenüber den Außenstehenden: in Weisheit zu wandeln, die Zeit auszukaufen (V. 5) und in rechter Rede jedem, der sich fragend an die Gemeinde wendet, Antwort zu erteilen (V. 6).

Dieser Gedankenfolge liegt vermutlich ein in der Tradition vorgegebenes Schema zugrunde, wie es auch Mk 4₁₁ Par. sichtbar wird: Den Jüngern ist das μυστήριον τῆς βασιλείας τοῦ θεοῦ gegeben, ἐκείνοις δὲ τοῖς ἔξω ἐν παραβολαῖς τὰ πάντα γίνεται. Der Begriff μυστήριον ist seinem Inhalt nach ganz von der Christologie her bestimmt: Christus ist als das offenbar gemachte Geheimnis zu verkündigen (vgl. 1₂₆f.). Dem missionarischen Gedanken, den der Kolosserbrief hervorheben möchte, entspricht es, daß er nicht bei der Feststellung stehenbleibt, den ἔξω sei das μυστήριον verhüllt. Das Verhalten der Gemeinde soll vielmehr auf die, die draußen stehen, Rücksicht nehmen, damit sie durch den ἐν σοφίᾳ geführten Wandel der Glaubenden und durch die rechte Antwort, die die Christen auf die an sie gerichteten Fragen zu geben wissen, gewonnen werden.

V. 2: Zu treuem Gebet wird aufgerufen. Diese Mahnung gehört zum festen Bestand der Gemeindebelehrung und wird daher in der Paränese wiederholt eingeprägt (vgl. Röm 12₁₂ Act 1₁₄ 2₄₂. ₄₆ 6₄ u. ö.)[1]. Mit nicht nachlassender Beharrlichkeit will Gott angerufen werden (vgl. Lk 18₁₋₈)[2]. In solchem Gebet[3] wird die Gemeinde auf der Wacht sein. Das Partizip γρηγοροῦντες schließt sich als selbständige Aufforderung an[4]. Beten ist die rechte Art und Weise, in der die Wachsamkeit geübt wird[5]. Der Aufruf zum γρηγορεῖν wird hier nicht durch den Hinweis auf den Tag des Herrn begründet, der unvermutet plötzlich hereinbrechen wird (vgl. 1Thess 5₆ Mk 13₃₄f. Par. Mt 25₁₃ u. ö.)[6]; er beschreibt vielmehr die Haltung der Glaubenden schlechthin. Allezeit sollen sie wachen und beten; ihr Gebet aber soll ständig von Dank und Lob erfüllt sein, durch das sie preisend Gott rühmen (vgl. 1₁₂ 2₇ 3₁₅. ₁₇)[7].

V. 3: Wann immer die Gemeinde Gott anruft, darf sie die Fürbitte für den Apostel nicht vergessen[8]. Er betet unablässig für sie (1₃. ₉); darum soll auch sie für ihn die Hände zu Gott erheben. Wird wie 1Thess 5₂₅ vom προσεύχεσθαι περὶ ἡμῶν gesprochen, so weist das „Wir" auf den gemeinsamen Auftrag zur Verkündigung hin, der dem Apostel und den anderen Boten des Evangeliums erteilt ist. Da im folgenden gleich wieder zum Singular zurückgelenkt wird (δι᾽ ὃ δέδεμαι; ἵνα φανερώσω), ist jedoch auch hier mit περὶ ἡμῶν kein anderer als der Apostel gemeint, dem Gott die θύρα τοῦ λόγου öffnen möchte. Von der Tür, die ihm aufgetan worden sei, spricht Paulus 1Kor 16₉ und 2Kor 2₁₂ und denkt dabei daran, daß seine Predigt auf seiten der Hörer offene Bereitschaft gefunden hat (vgl. auch Act 14₂₇). Hier dagegen ist gemeint, daß es dem gefangenen Apostel überhaupt wieder ermöglicht werden möchte, die Verkündigung auszurichten[9]. Als deren Inhalt wird das μυστήριον τοῦ Χριστοῦ[10] genannt;

---

[1] An προσκαρτερεῖν wird das Objekt im Dativ angeschlossen. Vgl. PapAmh II, 65, 1, 2f.: τῇ ἑαυτῶν γεωργίᾳ προσκαρτερεῖν; PapLondon III, 904, 24—27: ἵν[α] . . . τῇ προσ[ηκού]σῃ αὐτοῖς γεωργίᾳ προσκαρτερήσω[σιν]. Zu προσκαρτερεῖν vgl. W. Grundmann, ThWB III, S. 620—622, Dauei Sp. 1119.

[2] Vgl. H. Greeven, ThWB II, S. 806f.

[3] Vgl. Moulton-Turner S. 265: "ἐν = occupied in."

[4] Das Partizip ist also wiederum in imperativischer Bedeutung zu verstehen. Vgl. oben S. 66 Anm. 1. 204. 212. 216 Anm. 3 zu 1₁₂ 3₉f.₁₃.₁₆.— I 33 69 vg^codd pc Or setzen auch für προσκαρτερεῖτε das Partizip προσκαρτεροῦντες.

[5] Vgl. Haupt z. St.

[6] Vgl. A. Oepke, ThWB II, S. 337.

[7] Die Worte ἐν εὐχαριστίᾳ sind von D*Ambst fortgelassen worden.

[8] προσευχόμενοι ist gleichfalls in imperativischer Bedeutung zu verstehen. Vgl. oben Anm. 4. ἅμα hat hier die Bedeutung „zugleich"; vgl. Blaß-Debr. § 425, 2.

[9] Vgl. Haupt z. St.; J. Jeremias, ThWB III, S. 174. Rabbinische Belege zum Gebrauch des Bildes der Tür für eine sich bietende Gelegenheit bei Billerbeck III, S. 631. — A fügt hinzu: ἐν παρρησίᾳ (vgl. Eph 6₁₉: ἐν παρρησίᾳ).

[10] B*L pc ändern Χριστοῦ in θεοῦ (vgl. 2₂: τοῦ μυστηρίου τοῦ θεοῦ, Χριστοῦ).

dabei ist μυστήριον geradezu als terminus technicus für die christliche Heilsbotschaft verstanden (vgl. 1₂₆ 2₂)[1]. Um ihretwillen[2] muß der Apostel Leiden und Gefangenschaft erdulden, wie es den Boten Jesu Christi bestimmt ist (vgl. Eph 6₁₉f.). Aber Gott weiß, wie trotz Gefangenschaft und Bedrängnis die Tür für den ungehinderten Lauf des Wortes aufgestoßen werden kann.

V. 4: Er möge es fügen, daß der Apostel das Geheimnis Christi offenbar mache, wie er davon reden muß. Als Gottes zwingendes Gebot liegt auf ihm die Pflicht, das Wort weiterzusagen (vgl. 1Kor 9₁₆). Für dieses Ausrufen ist hier nicht wie sonst vom καταγγέλλειν (1Kor 2₁), λαλεῖν (1Kor 2₇) oder εὐαγγελίζεσθαι (Eph 3₈), sondern vom φανεροῦν des μυστήριον die Rede. Zwar wird sonst wiederholt gesagt, das Geheimnis sei offenbar gemacht worden (1₂₆ Röm 16₂₆ 1Tim 3₁₆), und damit auf Gottes Offenbarung hingewiesen; niemals aber braucht Paulus sonst φανεροῦν, um seine Verkündigung zu beschreiben. Wird hier mit diesem Wort die apostolische Predigt bezeichnet, so wird sie als Kundgabe der göttlichen Offenbarung in ihrer einzigartigen Bedeutung hervorgehoben. Durch sein Leiden und durch seinen Dienst am Wort wirkt der Apostel für die ganze Kirche (1₂₄f.). Das eine ist für sie so notwendig wie das andere. Daher wird auch kein Wort der Klage über die Gefangenschaft verloren. Die Gemeinde aber soll darum bitten, daß Gott dem apostolischen Wort freien Lauf gewähre. Dieses Wort muß unter allen Umständen gesagt werden (vgl. 1₂₆₋₂₈); und für das Gelingen dieses apostolischen Auftrags soll sich die Gemeinde mitverantwortlich wissen.

Die Gefangenschaft des Paulus

Seit den Tagen der alten Kirche hat man sich darum bemüht, die Frage zu beantworten, wo sich der Apostel befand, als der Kolosserbrief geschrieben wurde. Der Brief sagt nicht mehr, als daß Paulus um des Geheimnisses Christi willen gebunden sei (4₃f.), daß sich Aristarch als sein Mitgefangener bei ihm befinde (4₁₀) und daß die Gemeinde seiner Gefangenschaft gedenken möchte (4₁₈). In diesen Sätzen ist aber keine Bemerkung darüber enthalten, an welchem Ort Paulus gefangengehalten wurde.

Die später zum Brief hinzugefügte subscriptio behauptet: ἐγράφη ἀπὸ Ῥώμης διὰ Τυχίκου καὶ Ὀνησίμου (KL al). Danach soll Paulus während der römischen Gefangenschaft das Schreiben an die Kolosser diktiert und an die Gemeinde abgeschickt haben. Zwar liegt Rom von Kolossae weit entfernt, aber nicht zu weit, als daß nicht ein Bote zur Gemeinde hätte reisen und die Verbindung zwischen ihr und dem Apostel hätte herstellen können.

---

[1] In dieser Bedeutung wird μυστήριον vornehmlich in den Deuteropaulinen gebraucht. Vgl. Eph 6₁₉: ἵνα μοι δοθῇ λόγος ἐν ἀνοίξει τοῦ στόματός μου, ἐν παρρησίᾳ γνωρίσαι τὸ μυστήριον τοῦ εὐαγγελίου; 1Tim 3₉: τὸ μυστήριον τῆς πίστεως; 3₁₆: τὸ τῆς εὐσεβείας μυστήριον. Vgl. G. Bornkamm, ThWB IV, S. 828.

[2] BG lesen δι' ὅν und weisen damit auf Χριστοῦ hin.

Neben Rom ist auch Ephesus als Ort genannt worden, an dem Paulus im Gefängnis gelegen habe, als er an die Gemeinde in Kolossae schrieb. Im marcionitischen Prolog zum Kolosserbrief heißt es: Apostolus iam ligatus scribit eis ab Epheso[1]. Nun ist zwar weder in den paulinischen Briefen noch in der Apostelgeschichte expressis verbis von einer ephesinischen Gefangenschaft des Apostels die Rede. Paulus weist jedoch den Korinthern gegenüber darauf hin, daß er wiederholt Gefangenschaft habe erdulden müssen (2Kor 11_23); und während seines langen Aufenthaltes in Ephesus hat er schweres Leid erfahren (1Kor 15_32). Man wird daher mit hoher Wahrscheinlichkeit annehmen dürfen, daß er dort auch für kürzere Zeit ins Gefängnis geworfen worden ist[2]. Wenn der Kolosserbrief in Ephesus geschrieben worden wäre, müßte er vor dem 2. Korinther- und dem Römerbrief, vielleicht auch vor dem 1. Korintherbrief verfaßt worden sein. Eine so frühe Entstehung des Briefes muß aber als schlechterdings ausgeschlossen bezeichnet werden, da der Kolosserbrief seiner Theologie wegen unbedingt nach den paulinischen Hauptbriefen angesetzt werden muß[3].

Einige Exegeten haben vorgeschlagen, Caesarea als Abfassungsort für den Kolosserbrief in Betracht zu ziehen[4]. Diese Hypothese hält jedoch genauerer Prüfung nicht stand. Zwar wäre bei dieser Datierung der Kolosserbrief nach den großen Gemeindebriefen geschrieben worden. Aber die Angaben des Kolosserbriefes stimmen in keiner Weise mit dem Bericht der Apostelgeschichte überein. Im letzten Abschnitt des Briefes werden Tychikus, Onesimus, Aristarch, Markus, Jesus Justus, Epaphras, Lukas und Demas als Gefährten des Apostels genannt, die sich bei ihm befinden (4_7-14). Keiner dieser Namen wird in den Kapiteln der Apostelgeschichte erwähnt, die die Gefangenschaft des Paulus in Caesarea beschreiben (Act 23_23–26_32). Es läßt sich überdies kaum vorstellen, daß es in der kleinen Hafenstadt Caesarea genügend Raum für die missionarische Wirksamkeit eines so großen Mitarbeiterkreises gegeben haben sollte[5]. Weder Ephesus noch Caesarea kommen daher als Abfassungsort in Betracht, wohl aber könnte Rom der Ort gewesen sein, an dem Paulus gegen Ende seines Lebens den Kolosserbrief verfaßt haben könnte[6].

---

[1] Vgl. E. Preuschen, Analecta. Kürzere Texte zur Geschichte der Alten Kirche und des Kanons II, Sammlung ausgewählter kirchen- und dogmengeschichtlicher Quellenschriften I, 8, [2]Tübingen 1910, S. 87.

[2] Vgl. insbesondere A. Deißmann, Zur ephesinischen Gefangenschaft des Apostels Paulus, in: Anatolian Studies presented to Sir W. M. Ramsey, Manchester 1923, S. 121—127; ders., Licht vom Osten, S. 201f.; ders. a.a.O. (S. 113 Anm. 4) S. 15—17; W. Michaelis, Die Gefangenschaft des Paulus in Ephesus und das Itinerar des Timotheus. Untersuchungen zur Chronologie des Paulus und der Paulusbriefe, NTF I, 3, Gütersloh 1925; ders. a.a.O. (S. 34 Anm. 3) S. 215—218 (dort sind auf S. 218 weitere Vertreter dieser Auffassung genannt).

[3] Vgl. Kümmel, Einleitung, S. 249f.

[4] Diese These wurde vor allem vertreten von Haupt S. 4—6; Lohmeyer S. 14f.; Dibelius-Greeven S. 52; M. Dibelius-W. G. Kümmel, Paulus, Sammlung Göschen 1160, [3]Berlin 1964, S. 127. 134f.

[5] Vgl. Kümmel, Einleitung, S. 250.

[6] Wenn die paulinische Verfasserschaft angenommen wird, muß der Kolosserbrief während der römischen Gefangenschaft verfaßt worden sein. Vgl. E. Käsemann, Artk. Kolosserbrief, RGG[3] III, Sp. 1728: „Die Datierung des Briefes steht

Doch mit dieser traditionellen Ansicht, die von vielen Exegeten geteilt wird[1], sind keineswegs alle Probleme gelöst. In den Mitteilungen und Grüßen des Kolosserbriefes werden fast ohne Ausnahme dieselben Namen angeführt wie im Philemonbrief. Sollte auch dieses kleine Schreiben in Rom entstanden sein? Der entlaufene Sklave Onesimus hätte eine lange und gefahrvolle Reise bis Rom überstehen müssen, ehe er dort beim Apostel Zuflucht fand. Phm 22 bittet Paulus um Bereitstellung eines Quartiers für einen Besuch, den er nach der Entlassung aus der Gefangenschaft bei Philemon machen möchte. Röm 15₂₄. ₂₈ aber schreibt er, er wolle von Rom nach Spanien reisen. Nun mag Paulus während seiner Gefangenschaft seine Pläne geändert haben; es bleibt jedoch recht fraglich, ob der Philemonbrief wirklich in Rom entstanden ist. Was seine Theologie betrifft, so besteht keinerlei Anlaß, ihn an das Ende der paulinischen Briefe zu setzen. Es läßt sich vielmehr mit guten Gründen annehmen, daß er während einer Gefangenschaft in Ephesus geschrieben wurde. Dorthin konnte Onesimus in wenigen Tagereisen gelangen, und von dort konnte Paulus rasch an den Herrn des Sklaven die Bitte überbringen lassen, Onesimus als christlichen Bruder wieder anzunehmen. Empfiehlt es sich mithin, für den Philemonbrief Ephesus als Abfassungsort anzusehen[2], so kann doch der Kolosserbrief aus den oben genannten Gründen keinesfalls schon zu einem so frühen Zeitpunkt entstanden sein. Daß Paulus der Autor des Philemonbriefes ist, wird mit Recht nicht bezweifelt. Es sind jedoch eine Reihe von Gründen geltend zu machen, die die paulinische Verfasserschaft des Kolosserbriefes zweifelhaft erscheinen lassen[3]. Die Übereinstimmungen in den Grußlisten der beiden Briefe wären dann darauf zurückzuführen, daß der Verfasser des Kolosserbriefes den Philemonbrief gekannt und benutzt hat[4]. Durch einen Vergleich mit dem Philemonbrief kann dann aber keine Antwort auf die Frage nach dem Abfassungsort des Kolosserbriefes gewonnen werden. Die Entstehungsverhältnisse der beiden Briefe müssen vielmehr unabhängig voneinander erörtert werden.

Zwar wird die Gefangenschaft des Paulus dreimal im Kolosserbrief erwähnt (4₃. ₁₀. ₁₈); aber es fehlt jeglicher Hinweis, der eine anschauliche Vorstellung von der Lage des Apostels vermitteln könnte. Der Brief sagt lediglich, daß der Apostel leidet und gebunden liegt. Paulus hatte den Philemon- und den Philipperbrief im Gefängnis geschrieben. In nachpaulinischer Zeit verallgemeinerte man diese Situation und stellte sich den Apostel als ständig leidend vor. Während er gefangengehalten wird, spricht er seinen Gemeinden und seinen Mitarbeitern durch Briefe sein Wort zu. Dieses typische Bild wird schon im Kolosserbrief mit wenigen Strichen angedeutet und ist dann sowohl im Epheserbrief (Eph 3₁) als auch in den Pastoralbriefen (2Tim 1₈. ₁₆f. ₂₉) vorausgesetzt. So wird der Apostel als im Leiden vollendeter Zeuge des Evangeliums dar-

---

unter der Alternative: Wenn echt, um des Inhalts und Stiles willen so spät wie möglich, wenn unecht, so früh wie denkbar."

[1] Vgl. Percy, Probleme, S. 467—474; Moule S. 21—25; Kümmel, Einleitung, S. 250. 252 (dort sind weitere Vertreter dieser Auffassung genannt).

[2] Vgl. weiter S. 264.

[3] Vgl. hierzu den zusammenfassenden Exkurs „Die paulinische Theologie im Kolosserbrief" S. 249—257.

[4] Zur näheren Begründung vgl. unten S. 246—248.

gestellt[1], der als Offenbarer des Geheimnisses Christi in seinem Leiden das Zeichen unantastbarer Beglaubigung vorweist[2].

V. 5: Die Gemeinde soll ἐν σοφίᾳ wandeln. Mit dieser Aufforderung wird noch einmal das auf praktische Bewährung ausgerichtete Verständnis der Weisheit betont. In rechter Erkenntnis weiß man, was Gottes Wille ist, und folgt diesem in treuem Gehorsam (vgl. 1₉₁. 1₂₈ 2₃ 3₁₆). Wer sein Leben in solcher σοφία führt, die von allem, was nur den äußeren Anschein von Weisheit besitzt (2₂₃), grundlegend unterschieden ist, wird sich nicht wie die Anhänger spekulativer Weisheit auf einen engen, abgeschlossenen Kreis zurückziehen. Er wird vielmehr in allem Tun und Handeln darauf bedacht sein, daß das von Gott offenbar gemachte μυστήριον τοῦ Χριστοῦ bezeugt wird. Von den Außenstehenden wird die Gemeinde kritisch betrachtet, ob ihr Wandel glaubwürdig erscheint oder nicht. οἱ ἔξω werden diejenigen genannt, die nicht Christen sind (vgl. 1Thess 4₁₂ 1Kor 5₁₂f. Mk 4₁₁)[3]. Wie werden sie über das Verhalten der Gemeinde urteilen?[4] Daran müssen die Christen denken und sich ihrer hohen Verpflichtung bewußt sein: ἀπρόσκοποι καὶ ᾽Ιουδαίοις γίνεσθε καὶ ῞Ελλησιν καὶ τῇ ἐκκλησίᾳ τοῦ θεοῦ (1Kor 10₃₂)[5].

Kauft die Zeit aus — lautet die folgende Mahnung, die unverbunden angeschlossen wird[6]. Unter dem καιρός ist hier nicht der bestimmte Zeitpunkt[7], sondern der Zeitraum verstanden, der mit allen sich bietenden Möglichkeiten voll ausgenutzt werden soll. Der καιρός ist weder als heils-

---

[1] Zur Exegese von 1₂₄ vgl. oben S. 112—117.

[2] Wenn die Entstehung des Kolosserbriefes nicht auf Paulus, sondern einen später schreibenden Pauliner zurückgeführt wird, besteht keine Veranlassung, an Rom als Abfassungsort festzuhalten. Mit hoher Wahrscheinlichkeit wird vielmehr der Verfasser des Briefes im Kreis paulinischer Theologen in Ephesus zu suchen sein. Vgl. unten S. 253—257.

[3] Diese Bezeichnung entspricht dem rabbinischen Begriff הַחִיצוֹנִים — die, die draußen stehen; diejenigen, die einer anderen religiösen Gemeinschaft angehören. Belege bei Billerbeck III, S. 362, vgl. auch J. Behm, ThWB II, S. 572f und W. C. van Unnik, Die Rücksicht auf die Reaktion der Nicht Christen als Motiv in der altchristlichen Paränese, in: Judentum — Urchristentum — Kirche, Festschrift für J. Jeremias, BZNW 26, Berlin 1960 = ²1964, S. 221—234.

[4] Vgl. Theodoret z. St.: μηδεμίαν, φησίν, αὐτοῖς πρόφασιν δίδοτε βλάβης, πάντα ὑπὲρ τῆς αὐτῶν μηχανᾶσθε σωτηρίας.

[5] Vgl. Eph 1₁₅: Βλέπετε οὖν ἀκριβῶς πῶς περιπατεῖτε, μὴ ὡς ἄσοφοι ἀλλ᾽ ὡς σοφοί; ferner Sent. 16 aus den Sprüchen des Sextus (ed. H. Chadwick, The Sentences of Sextus, Text and Studies 5, Cambridge 1959, S. 14): „Biete dich der Welt nicht tadelnswert dar." Vgl. G. Delling, Zur Hellenisierung des Christentums in den „Sprüchen des Sextus", in: Studien zum Neuen Testament und zur Patristik, Festschrift für E. Klostermann, TU 77, Berlin 1961, S. 215f.

[6] Das Partizip steht wieder in imperativischer Bedeutung. Vgl. oben S. 233 Anm. 4.

[7] So z.B. Gal 6₉: καιρῷ γὰρ ἰδίῳ θερίσομεν μὴ ἐκλυόμενοι; 1Petr 1₅: ἐν καιρῷ ἐσχάτῳ; 5₆: ἐν καιρῷ. Zum Begriff καιρός vgl. G. Delling, ThWB III, S. 456—465.

geschichtlich ausgezeichnete Zeit charakterisiert[1], noch wird auf die
Kürze der zur Verfügung stehenden Frist verwiesen[2]. Sondern es wird
eine Lebensregel ausgesprochen, die schlechthin gültig ist[3]: jeden Tag,
den Gott schenkt, dankbar und fröhlich hinzunehmen[4] und die Zeit,
die einem gegeben ist, nicht leer verstreichen zu lassen[5].

V. 6: Zum Abschluß heißt es, das Wort, das die Christen reden, solle
allezeit ἐν χάριτι gesprochen werden. χάρις könnte auch hier in der Bedeutung „Gnade" gebraucht sein (vgl. 3₁₆). In der Auskunft, die die
Christen Außenstehenden über ihren Glauben geben, würde sich dann
geradezu die göttliche Gnade den Hörern darbieten[6]. Da aber auf ἐν
χάριτι die Worte ἅλατι ἠρτυμένος folgen, wird sich die Formulierung des
Satzes an eine allgemein gebräuchliche Redewendung anlehnen[7]. Dann
wird durch ἐν χάριτι angezeigt, daß die Rede lieblich sein soll[8], mit Salz
gewürzt (vgl. Mk 9₄₉f. Mt 5₁₃)[9]. Inwiefern diese geläufige Beschreibung
eines treffenden Wortes[10] nun gerade vom λόγος der Christen gelten soll,

---

[1] Gegen O. Cullmann, Christus und die Zeit. Die urchristliche Zeit- und
Geschichtsauffassung, ³Zürich 1962, S. 53f. 201f.
[2] So geschieht es 1Kor 7₂₉: ὁ καιρὸς συνεσταλμένος ἐστίν; auch Gal 6₁₀: ὡς
καιρὸν ἔχομεν, ἐργαζώμεθα τὸ ἀγαθόν.
[3] Vgl. Seneca, Epist. 1,1: Tempus . . . collige et serva.
[4] Zur Formulierung vgl. LXX Dan 2₈: καιρὸν ὑμεῖς ἐξαγοράζετε; dort besagt
freilich der Ausdruck: Ihr sucht Zeit zu gewinnen. Vgl. F. Büchsel, ThWB I,
S. 128. ἐξαγοράζειν hat hier die Bedeutung „intensives Kaufen, ein Kaufen, das die
vorhandenen Möglichkeiten ausschöpft" (Büchsel ebd.) — nicht jedoch „frei-
kaufen" oder „ablösen" bzw. „zufriedenstellen", als erhöbe der böse καιρός „grim-
mige Anforderungen (1Kor 7,29–32), die es zu befriedigen gilt" (Bauer Sp. 537).
[5] Eph 5₁₆ wird zur Mahnung ἐξαγοραζόμενοι τὸν καιρόν der Hinweis hinzugefügt:
ὅτι αἱ ἡμέραι πονηραί εἰσιν. Der Gebrauch des Wortes καιρός in Kol 4₅ und Eph 5₁₆
entspricht also dem Bild, das sich auch aus der Verwendung anderer eschatologischer
Begriffe ergibt. Vgl. oben S. 47. 155—159. 193—196 zu 1₅ 2₁₂ 3₁-₄. Die Naherwartung
ist zurückgetreten; es wird nicht in zeitlich, sondern in räumlich bestimmten Vorstellungen gedacht.
[6] So nach Haupt z. St.   [7] Vgl. Dibelius-Greeven z. St.
[8] Zu ἐν χάριτι in der Bedeutung „lieblich" vgl. Paulusakten PapHamb (ed.
C. Schmidt [1936]) p. 3,13: εἰσῆλθεν παῖς λείαν εὐειδὴς ἐν χάριτι.
[9] Zu ἅλας vgl. F. Hauck, ThWB I, S. 229.
[10] Es lassen sich sowohl hellenistische als auch rabbinische Belege anführen.
Vgl. Plutarch, de garrulitate 23 (p. 514f): χάριν τινὰ παρασκευάζοντες ἀλλήλοις ὥσπερ
ἁλσὶ τοῖς λόγοις ἐφηδύνουσι τὴν διατριβὴν καὶ τὴν πρᾶξιν (dabei wird freilich nicht vom
Würzen der Worte mit Salz gesprochen, sondern es heißt, daß die Menschen durch
die Rede wie mit Salz den Gegenstand zu würzen suchen, mit dem sie sich gerade
beschäftigen; vgl. Moule z. St.); Plutarch, quaestiones convivales V, 10, 2 (p. 685a):
κινδυνεύουσι γὰρ οἱ ἅλες τῶν ἄλλων ὄψων ὄψον εἶναι καὶ ἥδυσμα, διὸ καὶ 'χάριτας' ἔνιοι
προσαγορεύουσιν αὐτούς, ὅτι τῆς τροφῆς τὸ ἀναγκαῖον ἡδὺ ποιοῦσιν; siehe auch quaestiones convivales V, 10, 4 (p. 685e.f). Aus der rabbinischen Literatur sei genannt:
b. Ber. 34a Bar.: „Wer vor das Vorbeterpult tritt, der soll sich weigern (vorzutreten),
und wer sich nicht weigert, der gleicht einer Speise, in der kein Salz ist. Wenn er
sich aber über Gebühr weigert, so gleicht er einer Speise, die das (Übermaß von)

wird erläutert, indem der herkömmlichen Charakterisierung eine spezifisch christliche Bestimmung hinzugefügt wird: Jedem, der sich fragend an die Gemeinde wendet, soll man die rechte Antwort zu geben wissen (vgl. 1Petr 3₁₅)[1]. Daher darf die Rede der Christen nicht fad, sondern muß gewürzt und richtig gewählt sein[2]. Dann wird die σοφία, in der die Glaubenden πρὸς τοὺς ἔξω wandeln sollen, auch in ihrem Wort den angemessenen Ausdruck finden[3].

4₇₋₁₈ Mitteilungen und Grüße

[7] Wie es mir geht, wird euch Tychikus, der geliebte Bruder und treue Diener und Mitknecht in dem Herrn, berichten; [8] eben dazu schicke ich ihn zu euch, damit ihr erfahrt, wie es uns geht, und er eure Herzen tröste, [9] zusammen mit Onesimus, dem treuen und geliebten Bruder, der von euch ist; sie werden euch alles berichten, wie es hier steht.

[10] Es grüßt euch Aristarch, mein Mitgefangener, und Markus, der Vetter des Barnabas - seinetwegen habt ihr schon Aufträge erhalten; wenn er zu euch kommt, nehmt ihn auf - [11] und Jesus, genannt Justus; diese sind die einzigen Mitarbeiter am Reich Gottes aus der Beschneidung; sie sind mir ein Trost geworden. [12] Es grüßt euch Epaphras, der von euch ist, ein Sklave Christi Jesu, der sich allezeit für euch einsetzt in seinen Gebeten, daß ihr vollkommen dasteht und erfüllt seid von allem, was Gottes Wille ist. [13] Denn ich bezeuge ihm, daß er viel Mühe um euch hat und um die in Laodizea und Hierapolis. [14] Es grüßt euch Lukas, der geliebte Arzt, und Demas. [15] Grüßt die Brüder in Laodizea und Nympha und ihre Hausgemeinde. [16] Und wenn dieser Brief bei euch verlesen ist, dann sorgt dafür, daß er auch in der Gemeinde der Laodizener verlesen wird, und daß ihr auch den aus Laodizea verlest. [17] Und sagt dem Archippus: Achte auf deinen Dienst, den du im Herrn empfangen hast, daß du ihn erfüllst.

[18] Der Gruß mit meiner, des Paulus, eigener Hand. Gedenket meiner Bande. Die Gnade sei mit euch!

Wie in allen paulinischen Briefen stehen Mitteilungen (V. 7-9), Grüße (V. 10-15) und kurze Anweisungen (V. 16-17) am Ende des Briefes. Mit dem eigenhändig geschriebenen Schlußgruß, der Bitte, der Bande des Apostels zu gedenken, und dem Gnadenwunsch (V. 18) wird der Brief abgeschlossen.

Salz verdorben hat"; Traktat Sopherim 15,8: „Die Thora gleicht dem Salz." Weitere Belege bei Billerbeck I, S. 232—236; II, S. 21—23; III, S. 631.

[1] Vgl. Abhoth II, 14: „R. El 'azar (b. 'Arakh, um 90 n. Chr.) sagte: Sei eifrig darauf bedacht, die Thora zu lernen, und wisse, was du den Freidenkern antworten magst." Vgl. Billerbeck III, S. 765; dort weitere Belege.

[2] Vgl. Mk 9₅₀: ἔχετε ἐν ἑαυτοῖς ἅλα; IgnMagn 10₂: ἁλίσθητε ἐν αὐτῷ (sc. Χριστῷ).

[3] Vgl. Photius von Konstantinopel z. St.: ὥσπερ οὖν οὐδὲν τῶν σῶμα τρεφόντων σχεδὸν χωρὶς ἅλατος ἡδύνει καὶ εἰς τροφὴν εὔχυμον ἀναδίδοται, οὕτως ὁ διδασκαλικὸς λόγος ὁ τὴν ψυχὴν τρέφων, ἂν μὴ ᾖ χάριτι ἠρτυμένος, οὔτε θρέψει οὔτε ἀναδοθήσεται.

V. 7: Vom persönlichen Ergehen des Apostels wird nicht gesprochen; darüber werden die Boten, die zur Gemeinde reisen, berichten[1]. τὰ κατ᾽ ἐμέ meint wie Phil 1₁₂ Eph 6₂₁ u. ö. die Lage, in der Paulus sich befindet[2], und wird im folgenden durch τὰ περὶ ἡμῶν (V. 8)[3] und τὰ ὧδε (V. 9) wieder aufgenommen. Tychikus[4], der sich auf den Weg nach Kolossae machen soll, wird Act 20₄ als ein aus Asien stammender Begleiter des Paulus auf der Kollektenreise erwähnt. Eph 6₂₁ wird er mit denselben Worten wie an unserer Stelle der Gemeinde empfohlen und 2Tim 4₁₂ Tit 3₁₂ gleichfalls als Bote des Apostels genannt. Er wird nicht nur wie alle Glieder der Gemeinde als ἀγαπητὸς ἀδελφός (vgl. 1₂) bezeichnet, sondern darüber hinaus als πιστὸς διάκονος. Der διάκονος ist nicht Inhaber eines festen Amtes in der Gemeinde, sondern jemand, der einen bestimmten Dienst leistet. Ob Tychikus diesen an den Gemeinden oder aber an Paulus erwiesen hat[5], wird nicht gesagt. Es wird aber hervorgehoben, daß er sich als treuer und zuverlässiger[6] διάκονος bewährt hat (vgl. 1Thess 3₂). Sein Dienst betrifft nicht etwa untergeordnete Aufgaben, sondern er tut letztlich nichts anderes als der Apostel. Daher wird er diesem wie Epaphras (vgl. 1₇) als σύνδουλος an die Seite gestellt. Durch die Wendung ἐν κυρίῳ, die der Sache nach auch mit ἀδελφός und διάκονος zu verbinden ist, wird darauf hingewiesen, daß er als Christ am Werk ist.

V. 8: Ihn schickt[7] der Apostel zur Gemeinde mit dem Auftrag, ihr Bericht zu geben[8]. Denn sie soll wissen, wie es um Paulus steht[9]. Tychikus hat nicht nur Nachrichten zu überbringen, sondern auch als Mitknecht des Apostels die apostolische Lehre der Gemeinde einzuprägen, indem er sie[10] tröstet[11] und ermahnt (vgl. 2₂).

---

[1] γνωρίσει wird in V. 9 durch γνωρίσουσιν wieder aufgenommen. Durch γνωρίζειν wird auf wichtige Mitteilungen hingewiesen (vgl. Gal 1₁₁ 1Kor 12₃ 15₁ 2Kor 8₁ u. ö.).

[2] τὰ κατ᾽ ἐμέ ist eine gebräuchliche Wendung zur Bezeichnung der Situation, in der man sich befindet. Vgl. z.B. Herodot VII, 148: τὰ κατ᾽ ἑωυτούς; Diodorus Siculus I, 10, 6: ἐν τοῖς καθ᾽ ἡμᾶς ἔτι χρόνοις; 1Esr 9₁₇: τὰ κατὰ τοὺς ἄνδρας; Tob 10₉: τὰ κατὰ σέ; Act 24₂₂: τὰ καθ᾽ ὑμᾶς; 25₁₄: τὰ κατὰ τὸν Παῦλον. Vgl. Moulton-Turner S. 15; Schlier, Epheser, S. 306.

[3] Trotz des Plurals ist also nur von der Situation des Apostels die Rede.

[4] Der Name Tychikus ist verschiedentlich auf Inschriften bezeugt. Vgl. Bauer Sp. 1645f.

[5] Vgl. Act 19₂₂: δύο τῶν διακονούντων αὐτῷ.

[6] Zu πιστός in der Bedeutung „zuverlässig" vgl. oben S. 38. 54 zu 1₂ und 1₇.

[7] ἔπεμψα ist Aorist des Briefstils. Vgl. Phm 12.

[8] εἰς αὐτὸ τὸ τοῦτο weist also zurück auf γνωρίσει V. 7.

[9] Tychikus soll der Gemeinde Nachricht bringen, nicht Nachrichten von ihr einholen. Die Variante ἵνα γνῷ τὰ περὶ ὑμῶν p⁴⁶C𝕸 pm f vg sy verkehrt den Sinn des Satzes daher in sein Gegenteil. Eph 6₂₂ heißt es genau gleichlautend: ἵνα γνῶτε τὰ περὶ ἡμῶν καὶ παρακαλέσῃ τὰς καρδίας ὑμῶν.

[10] τὰς καρδίας ὑμῶν steht in hebraisierender Redeweise (vgl. oben S. 215 zu 3₁₅f.) statt ὑμᾶς. Vgl. 2₂: ἵνα παρακληθῶσιν αἱ καρδίαι ὑμῶν.

[11] Vgl. Bjerkelund a.a.O. (S. 127 Anm. 5) S. 92.

V. 9: Tychikus soll von Onesimus[1] begleitet werden, der als treuer und geliebter Bruder (vgl. 1₂), nicht aber als διάκονος und σύνδουλος bezeichnet wird. Über seine Person wird lediglich bemerkt, er stamme aus Kolossae[2]. Kein Wort wird darüber verloren, daß der Sklave Onesimus seinem Herrn davongelaufen war und diesem durch Paulus wieder zurückgeschickt wurde (vgl. Phm 10—12). Da die Namen, die im letzten Abschnitt des Kolosserbriefes genannt werden, enge Berührungen mit dem Philemonbrief aufweisen, ist anzunehmen, daß es sich um ein und denselben Onesimus handelt[3]. Doch der Vorfall, der sich mit seiner Flucht und der durch Paulus veranlaßten Heimkehr zugetragen hat, interessiert hier nicht[4]. Beide, Tychikus und Onesimus, werden gemeinsam im Auftrag des Apostels zur Gemeinde kommen, ihr die Botschaft des Apostels überbringen und erzählen, in welcher Lage er sich befindet[5].

Die Grußliste ist ihrem Umfang nach nur mit Röm 16 zu vergleichen[6]. Die lange Reihe von Namen soll offensichtlich dazu dienen, mit der Gemeinde engere Verbindung herzustellen. Zunächst werden einzelne Männer aus der Umgebung des Apostels genannt, die der Gemeinde bereits bekannt sind (V. 10-14), dann trägt der Apostel Grüße auf (V. 15-17). Im Unterschied zu Röm 16 treten also seine Mitarbeiter stärker in den Vordergrund.

V. 10: Auf das Prädikat ἀσπάζεται folgen drei Namen, als erster der des Aristarch[7], der auch Phm 24 erscheint und in der Apostelgeschichte als Begleiter des Paulus auf der Kollektenreise (Act 19₂₉ 20₄) und auf der

---

[1] Der Name Onesimus erscheint häufig auf Inschriften, oft auch als Sklavenname, so z. B. Claudius Galenus, de optima doctrina liber 1: Ὀνήσιμος ὁ Πλουτάρχου δοῦλος. Weitere Belege bei Bauer Sp. 1129f.

[2] Zu der Wendung ὁ ἐξ ὑμῶν vgl. 4₁₂: Ἐπαφρᾶς ὁ ἐξ ὑμῶν; Röm 16₁₀f.: τοὺς ἐκ τῶν Ἀριστοβούλου ... τοὺς ἐκ τῶν Ναρκίσσου; Phil 4₂₂: οἱ ἐκ τῆς Καίσαρος οἰκίας.

[3] Calvin z. St. äußert Bedenken: Vix est credibile hunc esse servum illum Philemonis, quia furis et fugitivi nomen dedecori subiectum fuisset. Ganz ungewiß ist es, ob der hier genannte Onesimus mit dem bei Ignatius erwähnten Bischof Onesimus in Ephesus identisch sein könnte (IgnEph 1₃ 2₁ 6₄). Vgl. auch S. 262 Anm. 1.

[4] Es braucht nicht taktvolle Rücksichtnahme zu sein, derentwegen davon nicht gesprochen wird (so Dibelius-Greeven z. St.). Dem Verfasser des Kolosserbriefes war wohl der Name des Onesimus wichtig, nicht aber seine Lebensgeschichte. Für ihn ist allein von Bedeutung, daß er aus Kolossae stammte, so daß mit seinem Namen die Verbindung mit der Gemeinde bekräftigt wird.

[5] G ergänzt zu τὰ ὧδε — vielleicht in Anlehnung an die lateinische Überlieferung — πραττόμενα.

[6] Es ist umstritten, ob Röm 16 Bestandteil des nach Rom gesandten Briefes war. Vgl. Kümmel, Einleitung, S. 225—229 (mit ausführlichen Literaturangaben und sorgfältiger Prüfung der verschiedenen Ansichten). Doch selbst wenn Röm 16 ursprünglich nach Ephesus gerichtet war und zusammen mit einer Abschrift von Röm 1—15 der Gemeinde überbracht wurde, so hat doch zum Römerbrief, den man in Ephesus kannte und studierte, auf jeden Fall die Grußliste hinzugehört.

[7] Der Name Ἀρίσταρχος war weit verbreitet. Vgl. Bauer Sp. 211.

Fahrt nach Rom (Act 27₂) erwähnt wird. Als Mitgefangener[1] befindet er sich in der Umgebung des Paulus[2]. An zweiter Stelle steht der Name des Markus, des Vetters[3] des Barnabas[4]. Es wird also Johannes Markus gemeint sein, der aus Jerusalem stammte (Act 12₁₂. ₂₅), mit Barnabas und Paulus reiste, sich dann von Paulus trennte (Act 13₁₃ 15₃₇. ₃₉), später aber wieder Mitarbeiter des Paulus (Phm 24 2Tim 4₁₁) und dann auch des Petrus (1Petr 5₁₃) gewesen ist. Die Gemeinde habe seinetwegen schon Aufträge erhalten. Wenn er kommt, möge man ihn gut aufnehmen. Es wird nicht gesagt, von wem jene ἐντολαί erteilt wurden; vermutlich nicht vom Apostel, da es dann kaum einer Wiederholung bedürfte, sondern von anderer Seite. Deren Weisung wird nun durch die für Markus ausgesprochene Empfehlung bestätigt[5].

V. 11: Jesus, der auch Justus heißt, wird als dritter aufgeführt. In der hellenistisch-römischen Welt trägt er nicht den jüdischen Namen ᾽Ιησοῦς[6], sondern nennt er sich Justus[7]. Über ihn sind keine weiteren Nachrichten erhalten[8]. Von diesen drei Männern wird bemerkt, sie seien die einzigen Judenchristen, die dem Apostel als Mitarbeiter am Reich Gottes treu geblieben sind. Die βασιλεία τοῦ θεοῦ wird als formelhafter Ausdruck genannt, dessen Bedeutung abgeschliffen ist, so daß der eschatologische Charakter des Begriffes nicht mehr hervortritt[9]. In der knappen Feststellung klingen von fern die harten Auseinandersetzungen nach, die Paulus um das Gesetz, das in Christus als Heilsweg abgetan ist (vgl. Röm 10₄), hat führen müssen. Manche haben sich vom Apostel abgewandt, diese drei Judenchristen aber haben bei ihm ausgeharrt und stehen

---

[1] Phm 23 wird nicht Aristarch, sondern Epaphras συναιχμάλωτος genannt.

[2] συναιχμάλωτος bezeichnet jemanden, der die Gefangenschaft teilt (vgl Röm 16₇ Phm 23). Das Wort könnte freilich auch in übertragener Bedeutung gebraucht sein: einer, der wie Paulus Gefangener Christi ist. Vgl. G. Kittel, ThWB I, S. 196f. Da συναιχμάλωτος jedoch ohne weitere Erklärung steht (Χριστοῦ o. ä.), liegt es am nächsten, das Wort im eigentlichen Sinne zu verstehen.

[3] ἀνεψιός bezeichnet den Vetter, nicht den Neffen. Vgl. Bauer Sp. 131.

[4] Der Name des Barnabas ist als bekannt vorausgesetzt. Vgl. Gal 2₁. ₉. ₁₃ 1Kor 9₆ Act 4₃₆ 9₂₇ 11₂₂. ₃₀ u. ö. Zu den Namen Μᾶρκος und Βαρναβᾶς vgl. Bauer Sp. 973 und 265.

[5] Zu solcher Empfehlung ist Act 18₂₇ zu vergleichen.

[6] Zum Namen ᾽Ιησοῦς vgl. W. Foerster, ThWB III, S. 284—294.

[7] Es wurde damals von vielen Juden auch ein hellenistisch-römischer Name angenommen, der ihrem hebräischen bzw. aramäischen Namen ähnlich war. Vgl. oben S. 33 zu 1₁. Der Name Justus wurde häufiger von Juden geführt. Vgl. Act 1₂₃ 18₇ und siehe Bauer Sp. 751.

[8] Wenn man der ansprechenden Konjektur von Zahn, Einleitung I, S. 321 folgt, wäre Phm 23 statt ᾽Ιησοῦ der Name ᾽Ιησοῦς zu lesen. Vgl. auch Foerster a.a.O. S. 286 Anm. 18 und unten S. 288 Anm. 2.

[9] Vgl. K. L. Schmidt, ThWB I, S. 589, der darauf aufmerksam macht, daß trotz des Ausdrucks συνεργοί kein Synergismus vorliegt. Phm 24 heißt es nur οἱ συνεργοί μου. Zu συνεργός vgl. 1Kor 3₉ 2Kor 1₂₄ 8₂₃ Röm 16₃. ₂₁ Phil 2₂₅ 4₃ Phm 1 und G. Bertram, ThWB VII, S. 869—875.

mit ihm in demselben Dienst[1]. Daher sind sie ihm ein rechter Trost geworden[2].

V. 12: Einen besonderen Gruß läßt Epaphras der Gemeinde sagen. Er ist ihr von Anfang an verbunden (vgl. 1₇ₗ.) und gehört auch jetzt zu ihr. War er in der einleitenden Danksagung des Briefes dem Apostel als ἀγαπητὸς σύνδουλος ἡμῶν an die Seite gestellt worden (1₇), so erhält er hier das Ehrenprädikat δοῦλος Χριστοῦ Ἰησοῦ (vgl. Phil 1₁). Als gehorsamer Knecht seines Herrn steht er in dessen Dienst und übt diesen auch in der räumlichen Entfernung ständig für die Gemeinde aus, indem er sich fürbittend für sie einsetzt (vgl. 2₁)[3]. Der Inhalt seines Gebetes lautet, die Gemeinde möge vollkommen dastehen (vgl. 1₂₈ 2₇ 1Kor 15₅₈) und erfüllt sein von allem, was Gottes Wille ist[4]. Vollkommenheit ist auch hier als Gehorsam gegenüber Gottes Gebot verstanden (vgl. 1₂₈)[5]. Das selten gebrauchte Verbum πληροφορεῖσθαι[6] könnte die Bedeutung „überzeugt sein" haben; dann wäre gemeint, die Gemeinde möge über alles, was Gottes Wille ist, volle Gewißheit erlangt haben (vgl. Röm 4₂₁ 14₅)[7]. Wahrscheinlicher ist es jedoch, daß πληροφορεῖσθαι hier an die Stelle des mehrfach erwähnten πληροῦσθαι tritt (vgl. 1₉. ₁₉ 2₉. ₁₀). Dann wird in der Formulierung der an Gott gerichteten Bitte noch einmal an die Auseinandersetzung mit der φιλοσοφία erinnert. Nicht durch spekulative Erkenntnis kosmischer Zusammenhänge, geheimnisvolle Weihehandlungen und Verehrung der Weltelemente erlangt der Mensch Zugang zum πλήρωμα. Sondern indem die Glaubenden an Christus als dem Haupt über alle Mächte und Gewalten festhalten, sind sie ἐν αὐτῷ πεπληρωμένοι (2₉ₗ.) und erkennen sie, was Gottes Wille ist (1₉ₗ.). So allein

---

[1] Die Formulierung ist etwas umständlich geraten. Man hat den Eindruck, als sei ursprünglich beabsichtigt gewesen, οἱ ὄντες ἐκ περιτομῆς συνεργοί zu schreiben, und als sei dann οὗτοι μόνοι noch hinzugefügt worden. Vgl. Haupt, Dibelius-Greeven z. St. Jedenfalls erhalten die Worte οὗτοι μόνοι nun eine starke Betonung: Sie sind dabei geblieben, die anderen nicht.

[2] παρηγορία findet sich sonst nicht im NT, doch siehe 4Makk 5₁₂: τὴν φιλάνθρωπον παρηγορίαν; 6₁: ταῖς τοῦ τυράννου παρηγορίαις; Plutarch, de exilio 1 (p. 599ᵇ): δεῖ δὲ τὸν παρὰ τῶν φίλων καὶ τῶν βοηθούντων λόγον παρηγορίαν εἶναι μὴ συνηγορίαν τοῦ λυποῦντος. Oft ist auf Grabinschriften von der παρηγορία die Rede, so z.B. EpigrGraec 204, 12: ὡς σὲ παρηγορίην κἂν φθιμένοισιν ἔχω; ferner 261, 19; 502, 4; Pap Oxyrh I, 115, 11: παρηγορεῖτε οὖν ἑαυτούς. Weitere Belege bei Bauer Sp. 1243.

[3] ἀγωνιζόμενος steht hier wie 2₁ nicht vom Kampf, sondern von der Anstrengung, dem Einsatz, der für die Gemeinde geleistet wird. Vgl. oben S. 126 zu 1₂₉ 2₁.

[4] Statt des zweifellos ursprünglichen σταθῆτε (p⁴⁶Bℵ*1912 pc) lesen ACℜDG pm στῆτε, I 327 al ἦτε. πεπληροφορημένοι wird von p⁴⁶ℜ pm durch das geläufigere πεπληρωμένοι ersetzt.

[5] Zur Bestimmung des Begriffs τέλειος siehe oben S. 124 zu 1₂₈.

[6] Vgl. G. Delling, ThWB VI, S. 307f. Zum Substantiv πληροφορία siehe oben S. 128 zu 2₂.

[7] Vgl. Dibelius-Greeven, Moule z. St.

können sie daher als τέλειοι festen Stand haben, daß sie ganz und ungeteilt erfüllt sind ἐν παντὶ θελήματι τοῦ θεοῦ[1].

V. 13: Epaphras wird ausdrücklich bezeugt, daß er sich unermüdlich für die Gemeinde müht[2]. Warum er πολὺν πόνον für sie hat, wird nicht angedeutet. Hat es Schwierigkeiten gegeben, die dazu führten, daß er für längere Zeit das Feld hat räumen müssen? Sollten die Auseinandersetzungen um die φιλοσοφία die Ursache dafür gewesen sein, daß er sich zurückziehen mußte? Kein Wort wird darüber gesagt, sondern nur ein hervorragendes Zeugnis für Epaphras ausgestellt, das ihn auch in den Nachbargemeinden in Laodizea und Hierapolis[3] als bevollmächtigten Vertreter des Apostels beglaubigt (vgl. 1₇f.)[4]. Epaphras hat offensichtlich in allen drei Gemeinden gewirkt. Er setzt sich auch weiterhin für die ganze Kirche im Lykustal ein, zumal die Gefährdung, die von der φιλοσοφία ausging, nicht nur eine einzige Gemeinde, sondern die Christenheit im weiteren Umkreis betroffen haben wird.

V. 14: Als Grüßende schließen sich Lukas und Demas an. Lukas[5] wird auch Phm 24 und 2Tim 4₁₁ als Mitarbeiter des Paulus erwähnt, jedoch nur hier als ὁ ἰατρὸς ὁ ἀγαπητός[6]. Doch liegt auf dieser Bezeichnung keinerlei Betonung, so daß sie weder einen Rückschluß auf ärztliche Hilfe, die Lukas dem Apostel habe zuteil werden lassen, noch auf den Ort, an dem dieser sich befindet, zuläßt[7]. Demas (vgl. Phm 24)[8] ist der letzte in der Reihe derer, die der Gemeinde Grüße auszurichten haben[9].

V. 15: Nun erst spricht der Apostel seine eigenen Grüße aus, zunächst an die Gemeinde in Laodizea (vgl. V.₁₃), obwohl sie noch einen besonderen Brief erhält, dann an Nympha und die Hausgemeinde, die sich bei ihr ver-

---

[1] Zu ἐν nach πεπληροφορημένοι in der Bedeutung „erfüllt mit" vgl. Blaß-Debr. § 172.

[2] πόνον steht in den ägyptischen Zeugen und ist eindeutig als Urtext zu erkennen. Die Varianten setzen an die Stelle dieses Wortes, das sonst im Corpus Paulinum nicht gebraucht wird, geläufigere Ausdrücke: D*G: κόπον; 104 1912 pc: πόθον; 33 pc (𝔖 sy): ζῆλον; 6 1739: ἀγῶνα.

[3] Zur Schreibung ἐν Ἱεραπόλει bzw. ἐν Ἱερᾷ Πόλει vgl. Blaß-Debr. § 115,2.

[4] Zur Lage der drei benachbarten Gemeinden vgl. oben S. 36—38 zu 1₂.

[5] Zum Namen Λουκᾶς vgl. Bauer Sp. 949.

[6] ὁ ἀγαπητός fehlt nur in einigen Minuskeln (33 pc).

[7] Lukas ist nicht etwa wie ein Leibarzt um Paulus bemüht. Keineswegs läßt sich aus seiner Erwähnung auf Caesarea als Aufenthaltsort des Paulus schließen, weil nach dem Bericht der Apostelgeschichte deren Verfasser (= Lukas) sich bei Paulus in Caesarea befunden haben sollte. Lohmeyer vollführt eine Rechnung mit lauter Unbekannten, wenn er z. St. bemerkt: „Lukas hat Paulus auf der letzten Reise nach Jerusalem wie zwei Jahre später auf der nach Rom begleitet; so wird er auch seine Gefangenschaft in Cäsarea geteilt haben."

[8] Zum Namen Δημᾶς (vielleicht eine Kurzform von Δημήτριος, vgl. Blaß-Debr. § 125,1) vgl. Bauer Sp. 354.

[9] Demas wird noch einmal 2Tim 4₁₀ genannt: Δημᾶς γάρ με ἐγκατέλιπεν ἀγαπήσας τὸν νῦν αἰῶνα.

sammelt. Ob bei dem Gruß an Νυμφαν an einen Mann namens Νυμφᾶς oder eine Frau, die Νύμφα hieß, gedacht ist, kann nicht sicher entschieden werden. Liest man mit B 6 1739 syʰ αὐτῆς, so ist eine Frau gemeint; der Reichstext und westliche Zeugen (ℵ DG pm) denken an einen Mann, da sie die Lesart αὐτοῦ bieten[1]. Es könnte sein, daß die Erwähnung einer Frau als ungewöhnlich betrachtet und daher durch die Änderung von αὐτῆς zu αὐτοῦ der Name der Frau in den eines Mannes verwandelt worden ist. Eigene Gebäude besaß die erste Christenheit nicht; man fand sich zu Gottesdienst, Unterweisung und Feier des Herrenmahls in den Häusern einzelner Gemeindeglieder zusammen (vgl. 1Kor 16₁₅ Röm 16₅ Phm 2)[2].

V. 16: Der Inhalt des Briefes soll in der Gemeindeversammlung bekanntgemacht werden. Wenn das geschehen ist, soll man[3] mit der Gemeinde in Laodizea, an die ebenfalls ein Schreiben abgegangen ist[4], die Briefe austauschen und verlesen[5]. Aus dieser Aufforderung läßt sich ersehen, wie es schon früh zur Verbreitung und Sammlung der paulinischen Briefe gekommen ist. Der Kolosserbrief soll nach Laodizea gelangen, damit die Warnung vor der Gefährdung durch die φιλοσοφία auch von der benachbarten Gemeinde vernommen wird.

---

[1] Im ägyptischen Text (ℵ 1912 al) heißt es αὐτῶν. Dann wären entweder Nymphas und seine Frau oder Nymphas und seine Freunde gemeint. Lightfoot z. St. hält diese Lesart für den ursprünglichen Text; der Plural αὐτῶν wird jedoch eher eine zwischen αὐτῆς und αὐτοῦ vermittelnde Lösung darstellen. Zur textkritischen Frage vgl. auch Moule S. 28 Anm. 1, der der Annahme zuneigt, Nymphas und αὐτοῦ zu lesen. Das Problem, ob der Name einen Mann oder eine Frau meint, läßt sich jedenfalls nicht aus der Welt schaffen, indem man mit Mußner z. St. erklärt, gemeint sei wohl ein Ehepaar, in dessen Haus sich die christliche Gemeinde oder ein Teil von ihr zum Gottesdienst versammelte.

[2] Vgl. G. Delling, Zur Taufe von 'Häusern' im Urchristentum, NovTest 7 (1965), S. 285—311, bes. S. 306f.

[3] Zu ποιεῖν ἵνα vgl. Joh 11₃₇ Apk 13₁₅.

[4] Mit τὴν ἐκ Λαοδικείας ist nicht ein Brief, den die Gemeinde in Laodizea an Paulus geschickt hätte, gemeint, sondern ein Brief, den der Apostel dorthin gesandt hat. ἐκ ist gesagt, weil dieser Brief von Laodizea nach Kolossae gebracht werden soll. Vgl. Blaß-Debr. § 437. — Ch. P. Anderson, Who Wrote "The Epistle from Laodicea"?, JBL 85 (1966), S. 436—440 entwirft ein Bild, das lediglich auf Vermutungen gegründet ist. Er nimmt an, der Laodizenerbrief müsse eine ähnliche Situation der Gemeinde voraussetzen wie in der Gemeinde von Kolossae, da zum Austausch der Briefe aufgefordert wird. Wenn aber Paulus den Kolossern Grüße an die Christen in Laodizea aufträgt (Kol 4₁₅), so werde er nicht gleichzeitig selbst einen Brief an die Laodizener geschrieben haben. Also sei wahrscheinlich Epaphras der Verfasser des Laodizenerbriefes gewesen.

[5] Von dem Laodizenerbrief ist keine Spur erhalten. Nichts deutet darauf hin, daß etwa an den Epheserbrief, in den die Worte ἐν Ἐφέσῳ erst nachträglich eingefügt wurden (Eph 1₁), zu denken sei. Um dem Mangel abzuhelfen, hat man später aus Sätzen, die man anderen Paulusbriefen entnahm, einen sog. Laodizenerbrief zusammengestückt. Vgl. den ausführlichen Exkurs bei Lightfoot S. 272—298; ferner Hennecke-Schneemelcher II, S. 80—84, W. Foerster, Artk. Laodicenerbrief, RGG³ IV, Sp. 231.

V. 17: Eine besondere Mahnung soll Archippus[1] ausgerichtet werden. Phm 2 wurde Archippus ὁ συστρατιώτης ἡμῶν genannt. Woran bei der διακονία gedacht ist, die er übernommen hat und treu erfüllen soll, ist nicht mehr auszumachen. Weder von der Funktion eines Diakons[2] noch von der Sammlung einer Kollekte[3] oder gar der Angelegenheit des entlaufenen Sklaven Onesimus[4] ist auch nur mit einer Andeutung die Rede.

Die Grußlisten im Philemon- und Kolosserbrief

Nahezu alle Namen, die im letzten Abschnitt des Kolosserbriefes erscheinen, sind auch im Philemonbreif erwähnt[5]:

	Phm		Kol 4
2	καὶ Ἀρχίππῳ τῷ συστρατριώτῃ ἡμῶν	17	Ἀρχίππῳ
10f.	Ὀνήσιμον τόν ποτέ σοι ἄχρηστον νυνὶ δὲ καὶ σοὶ καὶ ἐμοὶ εὔχρηστον	9	σὺν Ὀνησίμῳ τῷ πιστῷ καὶ ἀγαπητῷ ἀδελφῷ, ὅς ἐστιν ἐξ ὑμῶν
23	Ἀσπάζεταί σε Ἐπαφρᾶς ὁ συναιχμάλωτός μου		Ἀσπάζεται ὑμᾶς
		12	Ἐπαφρᾶς ὁ ἐξ ὑμῶν, δοῦλος Χριστοῦ Ἰησοῦ
	Ἰησοῦ(ς?)	11	Ἰησοῦς ὁ λεγόμενος Ἰοῦστος
24	Μᾶρκος	10	Μᾶρκος ὁ ἀνεψιὸς Βαρναβᾶ
	Ἀρίσταρχος	10	Ἀρίσταρχος ὁ συναιχμάλωτός μου
	Δημᾶς	14	Δημᾶς
	Λουκᾶς	14	Λουκᾶς ὁ ἰατρὸς ὁ ἀγαπητός
	οἱ συνεργοί μου	11	συνεργοὶ εἰς τὴν βασιλείαν τοῦ θεοῦ.

---

[1] Ἄρχιππος ist als Eigenname häufig bezeugt. Vgl. Bauer Sp. 224.

[2] διακονία bezeichnet die Dienstleistung, nicht die Ausübung des Diakonenamtes. Vgl. H. W. Beyer, ThWB II, S. 88.

[3] Gegen Michaelis a.a.O. (S. 34 Anm. 3) S. 152—154, dessen zeitlicher Ansatz des Kolosserbriefes unhaltbar ist. Vgl. oben S. 235.

[4] Gegen J. Knox, Philemon among the Letters of Paul, ²New York/Nashville 1959, der den Philemonbrief als ein an Archippus gerichtetes Schreiben ansehen möchte. Mit der διακονία soll dann der Inhalt der Bitte gemeint sein, die Paulus im Philemonbrief ausspricht. Vgl. unten S. 261f.

[5] Wie Phm 1 wird auch Kol 1₁ Timotheus als Mitabsender genannt.

Wie im Philemonbrief werden auch im Kolosserbrief Archippus und Onesimus außerhalb der eigentlichen Grußliste genannt. Onesimus soll als Begleiter des Tychikus nach Kolossae reisen (4₉). Phm 2 wird Archippus als Mitempfänger des Briefes und als συστρατριώτης aufgeführt; im Kolosserbrief aber steht sein Name ganz am Ende: Er soll ermahnt werden, die διακονία, die er im Herrn übernommen hat, treu zu erfüllen (4₁₇). Die Namen, die sich in der Grußliste des Philemonbriefes finden (Phm 23f.), kehren ohne Ausnahme Kol 4₁₀-₁₄ wieder[1]. Während jedoch Phm 23 Epaphras als συναιχμάλωτος bezeichnet wird, ist nach Kol 4₁₀ Aristarch ein Mitgefangener des Apostels[2]. Phm 23f. werden im übrigen lediglich die Namen aufgeführt und wird von allen gesagt, sie seien die συνεργοί des Paulus; Kol 4₁₀-₁₄ dagegen ist außer bei Demas zu jedem Namen noch eine Bemerkung hinzugefügt: Epaphras gehört zur Gemeinde von Kolossae, er ist Sklave Christi Jesu (4₁₂f.); Jesus heißt auch Justus (4₁₁); Markus ist der Vetter des Barnabas (4₁₁), Lukas der geliebte Arzt (4₁₄). Von Aristarch, Markus und Jesus Justus wird gesagt, sie seien die einzigen Judenchristen, die als συνεργοί εἰς τὴν βασιλείαν τοῦ θεοῦ treu geblieben sind (4₁₁).

Da in den beiden Grußlisten so weitgehende Übereinstimmungen vorliegen, müssen zwischen beiden Briefen nahe Beziehungen bestehen. Diese wären rasch erklärt, wenn beide Schreiben zur selben Zeit entstanden sind. Doch während der Philemonbrief ohne Zweifel von Paulus geschrieben worden ist, erheben sich starke Bedenken, Paulus auch für den Autor des Kolosserbriefes zu halten[3]. Wenn daher der Kolosserbrief von einem Paulusschüler abgefaßt worden ist, dann muß dieser den Philemonbrief gekannt und benutzt haben[4]. Jedenfalls ist aus dem Vergleich der beiden Grußlisten zu ersehen, daß der Philemonbrief vor dem Kolosserbrief geschrieben worden sein muß[5]. Seine knappe Grußliste hat im Kolosserbrief eine erhebliche Ausweitung erfahren, indem sie um Nachrichten und Daten aus dem Kreis der Mitarbeiter des Apostels bereichert wurde. Während Paulus Röm 16 eine lange Reihe von Namen einzelner Gemeindeglieder aufführt und ihnen Grüße sagt, aber erst am Schluß einige Grüße anderer Männer erwähnt (Röm 16₂₁-₂₃), sind es im letzten Kapitel des Kolosserbriefes die Gehilfen des Apostels, die Grüße an die Gemeinde ausrichten. Dann erst folgen Grüße des Apostels (Kol 4₁₅-₁₈). Seine Mitarbeiter haben das Werk des Apostels fortzusetzen; daher ist von ihnen ausführlicher

---

[1] Die Reihe wäre ganz vollständig, wenn man sich der Konjektur Zahns anschließt und Phm 23 Ἰησοῦς statt Ἰησοῦ liest. Vgl. oben S. 242 Anm. 8 zu 4₁₁. Ohne Parallele im Philemonbrief sind nur die Namen des Tychikus (4₇f.) und der Nympha (4₁₅).

[2] Dieser Wechsel könnte bedeuten, daß verschiedene Mitarbeiter nacheinander die Gefangenschaft des Apostels geteilt haben. Wenn aber συναιχμάλωτος in übertragenem Sinn verstanden wird, könnte einmal der eine, einmal der andere als ein Mitgefangener (Christi?) bezeichnet worden sein. Doch vgl. oben S. 242 Anm. 2 zu 4₁₀.

[3] Vgl. unten S. 253—257.

[4] Wenn wirklich beide Briefe zur gleichen Zeit geschrieben wurden, warum wird dann im Philemonbrief mit keinem Wort auf die Gefährdung durch die φιλοσοφία aufmerksam gemacht? Weit wahrscheinlicher ist es, daß zur Zeit der Abfassung des Philemonbriefes dieses Problem noch nicht akut war.

[5] Vgl. die bewährte Regel, daß der kürzere Text als der ältere anzusehen ist.

die Rede und werden sie der Gemeinde als vom Apostel legitimierte Diener des Herrn empfohlen. Tychikus ist nicht nur ein geliebter Bruder, sondern auch ein πιστὸς διάκονος καὶ σύνδουλος ἐν κυρίῳ (4₇), begleitet von Onesimus, τῷ πιστῷ καὶ ἀγαπητῷ ἀδελφῷ (4₉). Aristarch ist ὁ συναιχμάλωτός μου (4₁₀). Die ἐντολαί, die des Markus wegen ergangen sind, werden ausdrücklich bestätigt (4₁₀). Aristarch, Markus und Jesus sind treue συνεργοὶ εἰς τὴν βασιλείαν τοῦ θεοῦ (4₁₁). Epaphras steht als δοῦλος Χριστοῦ Ἰησοῦ allezeit in unermüdlichem Einsatz für die Gemeinden (4₁₂f.). Und Archippus wird noch einmal daran erinnert, auf die διακονία achtzuhaben (4₁₇).

So dienen die Mitteilungen und Grüße sowie die mit ihnen verbundenen Angaben über die einzelnen Mitarbeiter des Apostels dem Verfasser des Kolosserbriefes dazu, dieses sein Schreiben als apostolisches Wort auszuweisen und zugleich die namentlich genannten Männer als treue Diener und Helfer des Apostels den Gemeinden zu empfehlen[1]. Indem er die Grußliste des Philemonbriefes benutzt und diese anschaulicher ausgestaltet, trägt er dafür Sorge, daß sein Brief als Äußerung des Paulus Gehör findet. Darum verbindet er mit den Grüßen die Aufforderung, mit der Gemeinde in Laodizea die Briefe auszutauschen (4₁₆), damit seine Botschaft als apostolisches Wort rasch in Umlauf kommt und bei den Gemeinden verbreitet wird[2].

V. 18: Der Schluß des Briefes enthält nur wenige Worte. Es entsprach allgemeinem Brauch, einem Brief, der diktiert worden war (vgl. Röm 16₂₂), die letzten Worte mit eigener Hand hinzuzufügen[3]. Daher heißt es hier wie Gal 6₁₁ 1Kor 16₂₁ und 2Thess 3₁₇, der letzte Gruß sei von Paulus selbst geschrieben. Noch einmal wird dazu aufgerufen, die Gemeinde solle der Bande des Apostels gedenken (vgl. 4₃). Diese Mahnung zum μνημονεύειν (vgl. 1Thess 2₉ 2Thess 2₅) bezieht sich auf das gesamte Werk des Apostels, das er in seiner Verkündigung und in seinem Leiden für die ganze Kirche tut (vgl. 1₂₄f.). Dessen soll sich die Gemeinde bewußt sein, sich zu ihm bekennen[4] und darum seine Autorität anerkennen (vgl. Phm 9)[5]. Der Gnadenwunsch, durch den der einleitende Gruß wieder aufgenommen wird (1₂), ist in formelhafter Knappheit gehalten[6], kürzer

[1] Grußliste und Nachrichten können daher nicht als Beweis für die paulinische Verfasserschaft des Briefes geltend gemacht werden. (Anders G. Schille, Die urchristliche Kollegialmission, AThANT 48, Zürich 1967, S. 52—54.) Denn einem später schreibenden Verfasser mußte daran gelegen sein, durch Angaben über einzelne Personen und nähere Mitteilungen die Autorität seines Schreibens zu stärken. Zum Problem vgl. Dibelius-Conzelmann a.a.O. (S. 47 Anm. 4) S. 96f.

[2] Auch der sog. Laodizenerbrief wird durch die Aufforderung in Umlauf gebracht: Et facite legi Colosensibus et Colosensium vobis (V.₂₀).

[3] Vgl. Deißmann, Licht vom Osten, S. 137f.

[4] μνημονεύειν bedeutet nicht nur „sich erinnern", sondern zugleich „sich bekennen". Vgl. O. Michel, ThWB IV, S. 685—687.

[5] Vgl. Moule z. St.: "The reference to 'bonds' is not chiefly a matter of pathos but of authority."

[6] Spätere Abschreiber haben noch ἀμήν hinzugefügt (ℵD pl lat sy). KL al bemerken in einer abschließenden subscriptio: ἐγράφη ἀπὸ ῾Ρώμης διὰ Τυχίκου καὶ Ὀνησίμου.

als in allen anderen Paulusbriefen mit Ausnahme der Pastoralbriefe (vgl. 1Tim 6₂₁ 2Tim 4₂₂ Tit 3₁₅; ferner Hebr 13₂₅). Von Gottes χάρις allein ist die Gemeinde getragen; daher ist das letzte Wort ein Hinweis auf das sola gratia[1].

Der Kolosserbrief und die paulinische Theologie

Einer Gemeinde, die sich an ihr Bekenntnis gebunden weiß, macht der Verfasser des Kolosserbriefes klar, was dieses Bekenntnis für Glauben und Lehre der Kirche sowie für Leben und Wandel der Glaubenden bedeutet. Daher stellt er an den Anfang seines Briefes den Christushymnus, der der Gemeinde bekannt sein wird, und entwickelt dann die Folgerungen, die sich aus dem Bekenntnis für eine Gemeinde ergeben, die dem apostolischen Wort treu bleiben, falsche und rechte Lehre, scheinbare und wahre Weisheit unterscheiden und dem Gebot ihres Herrn gehorsam sein will. Dabei werden in reichem Maße überlieferte Wendungen und Sätze herangezogen, um im Rückgriff auf die Tradition die Gemeinde in der Wahrheit des Evangeliums zu unterweisen. Der spekulativ ausgerichteten Weisheit und Erkenntnis, wie man sie in Kreisen der sogenannten φιλοσοφία vertritt, wird die aus palästinischer Überlieferung herrührende praktische Orientierung der σοφία und ἐπίγνωσις entgegengehalten, um das Streben nach Erkenntnis höherer Welten durch die Bindung an den Willen Gottes zu korrigieren (1₉f. 2₈. ₂₃ 3₁₀. ₁₆). Statt mysterienartige Weihehandlungen zu vollziehen, wird in der Kirche die gemeinchristliche Praxis der Taufe geübt, die als Sterben und Auferstehen mit Christus verstanden wird (2₁₁₋₁₃). Wie der Christ das neue Leben, zu dem er mit Christus auferweckt wurde, verwirklichen soll, wird ihm gezeigt, indem durch den Kontrast der Tugend- und Lasterkataloge dargestellt wird (3₅. ₈. ₁₂), daß der alte Mensch abgelegt, der neue aber angelegt werden muß (3₁₀). In der Haustafel, deren Inhalte weitgehend hellenistischer Popularphilosophie entnommen sind, wird dann veranschaulicht, wie sich der Wandel ἐν κυρίῳ in tätigem Gehorsam zu vollziehen hat (3₁₈–4₁). Das übernommene Gut, dessen sich der Verfasser des Kolosserbriefes an vielen Stellen bedient, ist dem leitenden Motiv untergeordnet, das den Brief vom Anfang bis zum Ende durchzieht: Christus ist der Herr über alles — über die Mächte und Gewalten, aber auch über den Alltag des Christen.

Auch in den paulinischen Hauptbriefen wird des öfteren auf das gemeinchristliche Bekenntnis und traditionelle Formulierungen Bezug genommen. So verweist Paulus im Eingang des Römerbriefes auf das Evangelium, zu dessen Verkündigung er als Apostel berufen wurde (Röm 1₃₋₄), schließt den ausführlichen Schriftbeweis für die Glaubensgerechtigkeit mit dem Hinweis auf das Bekenntnis zum sühnenden Sterben und Auferstehen Christi (Röm 4₂₅) und erinnert die Korinther zu Beginn der Auseinandersetzung über die Auferstehung der Toten an den gemeinsamen Glauben an den gekreuzigten und

---

[1] Vgl. Photius von Konstantinopel z. St.: χάριτος εἰς τὸ σωθῆναι δέονται. τί γὰρ ἂν ποιήσοι ἄνθρωπος ἄνευ χάριτος;

auferstandenen Christus (1Kor 15₃₋₅). Wohl kann Paulus Worte der Schrift eingehend exegesieren, um die Wahrheit seiner Evangeliumspredigt darzulegen, und greift er auf Sätze gemeinchristlichen Bekenntnisses zurück, um den Gemeinden zu zeigen, daß er ihnen nichts anderes gebracht hat als die von allen Christen verkündigte und geglaubte frohe Botschaft. Doch was diese Predigt bedeutet, führt er aus, indem er seine Gedanken in der ihm eigenen Sprache und Terminologie entwickelt und damit den Inhalt des Evangeliums neu auszusagen versteht. Im Kolosserbrief dagegen fehlen eine ganze Reihe von charakteristischen Begriffen paulinischer Theologie wie ἁμαρτία (Sing.), νόμος, ἐπαγγελία, δικαιοσύνη, πιστεύειν u. a. An ihre Stelle ist eine viel stärker durch die Tradition bestimmte Redeweise getreten, in der mit geprägten Worten und Wendungen die Gültigkeit des Bekenntnisses begründet und erläutert wird[1].

Die Christologie des Kolosserbriefes wird im Anschluß an den Christushymnus entfaltet, der Christus sowohl als den Erstgeborenen vor aller Kreatur bezeichnet, in dem das All geschaffen wurde und seinen Bestand hat, als auch den Erstgeborenen aus den Toten nennt, durch dessen Kreuzesblut die kosmische Versöhnung gestiftet wurde (1₁₅₋₂₀). Nicht von dem Sieg Christi über die zwingende Macht von Sünde, Gesetz und Tod ist die Rede, sondern von dem Triumph über die kosmischen Gewalten. Am Kreuz hat Gott die ἀρχαί und ἐξουσίαι entmachtet, sie zur Schau gestellt und im Triumphzug aufgeführt (2₁₅). Der erhöhte Christus ist das Haupt über alle Mächte und Gewalten (2₁₀) und wird als Herr über alles unter den Völkern verkündigt (1₂₇). In seinen Herrschaftsbereich sind die Glaubenden schon versetzt worden (1₁₃). In diesen Sätzen wird der weltweite Horizont des Christusgeschehens aufgewiesen. Auch in den anderen paulinischen Briefen wird mit der ganzen Christenheit bekannt, Gott habe Christus erhöht und ihm einen Namen gegeben, der über alle Namen ist, daß sich im Namen Jesu alle Knie beugen sollen — derer, die im Himmel, die auf Erden und die unter der Erde sind — und alle Zungen bekennen sollen: Herr ist Jesus Christus — zur Ehre Gottes des Vaters (Phil 2₉₋₁₁). Mag es im Himmel und auf Erden viele sogenannte Götter und sogenannte Herren geben, ἀλλ' ἡμῖν εἷς ὁ θεὸς ὁ πατήρ, ἐξ οὗ τὰ πάντα καὶ ἡμεῖς εἰς αὐτόν, καὶ εἷς κύριος Ἰησοῦς Χριστός, δι' οὗ τὰ πάντα καὶ ἡμεῖς δι' αὐτοῦ (1Kor 8₆). Paulus zitiert diese Sätze, um Christus als den Herrn seiner Gemeinde zu verkündigen, der sie vom Zwang des Gesetzes frei gemacht hat und sie zum Dienst gegenseitiger Liebe ruft. Weil Gott für uns ist, kann nichts — auch keine Engelmächte oder kosmischen Gewalten — uns scheiden von der Liebe Gottes in Christus Jesus, unserem Herrn (Röm 8₃₁₋₃₉). Der Kolosserbrief geht über diese Aussagen hinaus, indem er lehrt, in Christus wohne die ganze Fülle der Gottheit σωματικῶς (2₉) und er sei die κεφαλὴ πάσης ἀρχῆς καὶ ἐξουσίας (2₁₀). Nicht erst am Ende des apokalyptischen Geschehens wird Christus als der Herr über alles eingesetzt werden. Sondern bereits jetzt führt der erhöhte Christus das Regiment (1₁₅₋₂₀ 2₉f. 3₁f. 11). Eben deshalb ist dem Völkerapostel der Auftrag zur weltweiten Mission erteilt. Weil Christus zur Rechten Gottes thront (3₁),

---

[1] Es ist für Paulus charakteristisch, daß er „im Zuge seiner Briefe seine theologischen Gedanken vor seinen Lesern und Hörern sozusagen immer erst entstehen läßt, während im Col . . . von Anfang an mit geprägten und festen Anschauungen und Vorstellungen operiert wird" (Bornkamm a.a.O. [S. 47 Anm. 3] S. 63).

muß er als der Kyrios proklamiert werden, damit jeder Mensch in aller Weisheit unterwiesen und vollkommen dargestellt werde in Christus (1₂₇f.).

Mit der Christologie ist die Ekklesiologie auf das engste verknüpft: Christus ist die κεφαλὴ τοῦ σώματος; das aber bedeutet: τῆς ἐκκλησίας (1₁₈). Christus ist Herr über alles, aber der erhöhte Herr übt sein Regiment über alle Welt aus als das Haupt seines Leibes, der die Kirche ist (1₂₄). Weder wird damit an das stoische Bild vom lebendigen Organismus mit den vielen verschiedenen Gliedern angeknüpft noch wie Röm 12 und 1Kor 12 die Einzelgemeinde mit einem Leib und der Vielfalt seiner Glieder verglichen. Sondern der kosmologischen Aussage, Christus sei die κεφαλὴ τοῦ σώματος, gibt der Verfasser des Kolosserbriefes eine neue Wendung, indem er die Kirche als den Ort bezeichnet, an dem Christus seine weltweite Herrschaft hier und jetzt verwirklicht[1]. Die ἐκκλησία ist daher das Gottesvolk in aller Welt, das Gott aus der Gewalt der Finsternis befreit und in die βασιλεία τοῦ υἱοῦ τῆς ἀγάπης αὐτοῦ versetzt hat (1₁₃). Zugleich aber wird die örtliche Gemeinde, ja sogar die kleine Hausgemeinde mit demselben Wort ἐκκλησία bezeichnet (4₁₅f.). Denn der weltweite Christusleib tritt als der Bereich der Herrschaft des Christus überall da in Erscheinung, wo die Heiligen und gläubigen Brüder in Christus sind (1₂), die durch die Liebe als das Band der Vollkommenheit zusammengeschlossen sind (3₁₄), in der gottesdienstlichen Versammlung den Lobpreis anstimmen (3₁₆), an Christus festhalten, wie sie ihn in der apostolischen Überlieferung empfangen haben (2₆f.), und in Weisheit ihren Wandel führen (4₅). So wird der urchristliche Kirchenbegriff, den Paulus in seinen Briefen aufgenommen hat, im Kolosserbrief in den Zusammenhang einer wahrhaft ökumenischen Theologie hineingestellt[2], indem die Kirche als der die Welt umspannende Leib Christi bestimmt wird, der als σῶμα seiner κεφαλή untergeordnet ist[3].

διάκονος der weltweiten ἐκκλησία ist der Apostel, der im Leiden und in der Predigt des Evangeliums ἐν πάσῃ κτίσει τῇ ὑπὸ τὸν οὐρανόν (1₂₃) sein ihm von Gott übertragenes Amt versieht (1₂₄). Er muß das von Gott enthüllte Mysterium in aller Welt verkündigen, indem er Christus unter den Völkern predigt (1₂₆f. 4₃f.). Jerusalem und die Zwölf werden nicht erwähnt, Paulus ist der eine Apostel schlechthin, der Apostel der Völker. Außer seiner apostolischen διακονία wird überhaupt kein anderes Amt genannt. Verkündigung und Unterweisung sind nicht auf einen Kreis von Amtsträgern begrenzt, sondern alle Glieder der Gemeinde haben einander zu ermahnen und zu belehren (3₁₆). In dieser Auffassung stimmt der Kolosserbrief mit den paulinischen Hauptbriefen überein, in denen zwar gelegentlich neben dem Apostel auch Lehrer, Propheten und Diener am Wort erwähnt werden, gleichzeitig aber die Lehre als Auftrag der ganzen Gemeinde beschrieben wird, den jeder Christ kraft des ihm verliehenen Charisma erfüllen darf und soll. Die Pastoralbriefe setzen dagegen eine feste Ordnung der Ämter von ἐπίσκοποι, πρεβύτεροι und διάκονοι voraus; und der Epheserbrief führt Apostel, Propheten und Evangelisten, Hirten und Lehrer als diejenigen auf, denen Christus die Verkündigung des Wortes anvertraut hat,

---

[1] Vgl. oben S. 95f. zu 1₁₈.
[2] Vgl. E. Schweizer, Gemeinde und Gemeindeordnung im Neuen Testament, AThANT 35, Zürich 1959, S. 94—96.
[3] Vgl. Lohse, Christusherrschaft und Kirche, S. 204—207.

um die Heiligen zum Dienst zu bereiten und den Leib Christi zu erbauen (Eph 4₁₁f.). Im Kolosserbrief aber wird die Gemeinde nicht an eine bestimmte Ordnung des Amtes und der Ämter gebunden[1], sondern allein an das apostolische Wort, durch das der Apostel seinen Dienst ausführt. Dieses Wort wurde als die rechte Lehre durch die beglaubigten Boten des Evangeliums den Gemeinden gebracht und ist bei ihnen heimisch geworden (1₅₋₈). An dieser Botschaft soll die Gemeinde unentwegt festhalten (2₆f.). Denn an der apostolischen Überlieferung hat sie den festen Anhaltspunkt, um falsche Lehre und arglistige Verführung abwehren zu können. Die Gemeinde wird daher auf das überlieferte Wort verpflichtet, wie es dem apostolischen Amt aufgetragen ist und von ihm ausgerichtet wurde, so daß Bekenntnis und Apostolat einander zugeordnet sind und eines nicht ohne das andere begriffen werden kann[2].

Dieser Betonung der apostolischen Lehre entspricht es, daß die Eschatologie im Kolosserbrief in den Hintergrund tritt. Die Erwartung, der Herr werde bald kommen, ist geschwunden. Zwar ist davon die Rede, Christus werde dereinst erscheinen (3₄), und wird die Hoffnung als Inhalt der Predigt und des Glaubens erwähnt (1₅. ₂₃. ₂₇). Aber unter der ἐλπίς ist nun das Hoffnungsgut verstanden, das in den Himmeln schon für die Glaubenden bereitliegt (1₅). An die Stelle der hoffenden Erwartung, die der zukünftigen Erfüllung der göttlichen Zusage entgegenharrt, ist ein räumlich bestimmtes Denken getreten. Der Kairos ist nicht mehr der Zeitpunkt, dem sich die Glaubenden voller Sehnsucht entgegenstrecken, sondern der Zeitraum, den es auszukaufen gilt (4₅). Wie der Begriff der πίστις die Bedeutung der „fides quae creditur" annimmt (2₇; vgl. auch 1₂₃), so wird auch die ἐλπίς als „spes quae speratur" verstanden. Während bei Paulus die Hoffnung auf den Glauben gegründet ist (vgl. Röm 4₁₈), ist im Kolosserbrief die ἐλπίς geradezu zum Inhalt des Evangeliums geworden, das allerorten verkündigt wird[3].

Infolge des Zurücktretens der Eschatologie hat das Verständnis der Taufe eine nicht unwesentliche Veränderung erfahren. Paulus sagt im Römerbrief, in der Taufe seien wir der Sünde ein für allemal gestorben, so daß wir ihr nicht mehr zu dienen haben. Der getaufte Christ lebt im Glauben an den auferstandenen Herrn und ist von der Hoffnung auf die Auferstehung der Toten erfüllt (Röm 6₁₋₁₁). Der Kolosserbrief aber spricht nicht nur davon, daß wir in der Taufe mit Christus gestorben und mit ihm begraben worden sind, sondern setzt hinzu: Ihr seid mit ihm auferstanden (2₁₂); Gott hat euch mit ihm lebendig gemacht (2₁₃); ihr seid mit Christus auferweckt (3₁). Die Auferstehung zum neuen Leben ist schon erfolgt, so daß das zukünftige Geschehen nicht mehr Auferweckung der Toten, sondern Offenbarwerden des Lebens genannt wird, das schon zuteil geworden ist und noch σὺν Χριστῷ ἐν τῷ θεῷ verborgen ist (3₃). Der Bedeutungsgehalt der formelhaften Wendungen ἐν Χριστῷ und σὺν Χριστῷ rückt daher eng zusammen. Denn durch σὺν Χριστῷ

---

[1] Vgl. Schweizer a.a.O. S. 96: „Den Gefahren, die in Kolossae aufgetaucht sind, wird von der Sache her, nicht durch Rückgriff auf Ämter und Ordnung begegnet." Vgl. auch Lohse, Christusherrschaft und Kirche, S. 215.

[2] Vgl. Käsemann, Aufsätze I, S. 49.

[3] Vgl. Bornkamm a.a.O. S. 56—64, bes. S. 64; Conzelmann, Theologie, S. 344—346.

wird auf das in der Taufe zugeeignete neue Leben mit Christus hingewiesen, das im Wandel ἐν Χριστῷ in Erscheinung tritt. In der Paränese wird dazu aufgerufen, den alten Menschen abzulegen und den neuen anzuziehen, τὸν ἀνακαινούμενον εἰς ἐπίγνωσιν κατ' εἰκόνα τοῦ κτίσαντος αὐτόν (3ₗₒ). Dabei ist der Imperativ streng auf den Indikativ bezogen, um die Verwirklichung der ζωή derer zu beschreiben, die mit Christus auferstanden sind. Während aber Paulus im Römerbrief sagt, wir seien der Sünde gestorben, τοῦ μηκέτι δουλεύειν ἡμᾶς τῇ ἁμαρτίᾳ (Röm 6₆), heißt es im Kolosserbrief: ἀπεθάνετε σὺν Χριστῷ ἀπὸ τῶν στοιχείων τοῦ κόσμου (Kol 2₂₀). Ist bei Paulus der Wandel der Glaubenden ausgerichtet auf die zukünftige Auferstehung der Toten, so wird im Kolosserbrief die Paränese durchgehend im Rückgriff auf die Taufe entfaltet. Die Auferstehung mit Christus ist schon geschehen, das Leben σὺν Χριστῷ ist schon da; darum gilt nun: εἰ οὖν συνηγέρθητε τῷ Χριστῷ, τὰ ἄνω ζητεῖτε — τὰ ἄνω φρονεῖτε (3ₗₗ.)[1].

Zwar trägt die Gedankenführung des Kolosserbriefes durchaus paulinische Züge; doch die Unterschiede, die gegenüber der Theologie der paulinischen Hauptbriefe bestehen, sind nicht zu übersehen. Diese treten keineswegs nur in der Auseinandersetzung mit der φιλοσοφία auf, sondern finden sich auch in den Abschnitten, die frei von Polemik sind. Das Vorkommen andersartiger Begriffe und Wendungen kann deshalb nicht einfach dadurch erklärt werden, daß man sic auf die aktuelle Veranlassung, durch die sie bedingt seien, zurückzuführen sucht. Es hat sich vielmehr ein tiefgreifender Wandel der paulinischen Theologie vollzogen, der in allen Teilen des Briefes abzulesen ist und zu neuen Formulierungen in der Christologie, der Ekklesiologie, dem Apostelbild, der Eschatologie und dem Verständnis der Taufe geführt hat[2]. Daher kann Paulus

----

[1] Vgl. Köster a.a.O. (S. 194 Anm. 4) S. 329 Anm. 2: "There is not a single instance in the genuine epistles of Paul in which the resurrection of the Christians in the past or present is referred to as the basis of the imperative. On the contrary, the resurrection of the believer remains a future expectation, or it is contained in the imperative itself, that is, it is only present in the dialectical demand to walk in the newness of life."

[2] Das damit gestellte Problem wird nicht gelöst, sondern nur verdeckt, wenn man den Kolosserbrief als ein Werk des alternden Paulus bezeichnet, der seine Theologie fortentwickelt habe und nun sein Denken um das Geheimnis des göttlichen Heilsplanes kreisen lasse. So A. Wikenhauser, Einleitung in das Neue Testament, ⁴Freiburg 1961, S. 298f.; L. Cerfaux, Le Christ dans la théologie de saint Paul, Lectio Divina 6, ²Paris 1954, S. 314 = Christus in der paulinischen Theologie, Düsseldorf 1964, S. 257: „Die Gefangenschaftsbriefe bezeichnen in Liturgie und Theologie eine höhere Stufe der Offenbarung und Erkenntnis, und zwar in Richtung auf die johanneische Theologie." Vgl. auch ders., En faveur de l'authenticité des épîtres de la captivité. Homogénité doctrinale entre Éphésiens et les grandes épîtres, in: Littérature et Théologie Pauliniennes, Recherches Bibliques 5 (1960), S. 60—71; ders., Le Chrétien dans la théologie paulinienne, Paris 1962, S. 472—494: Der Kolosser- und Epheserbrief stellen die letzte Phase der paulinischen Theologie dar und geben gleichsam eine Zusammenfassung ihrer Themen. Die Theologie der beiden Briefe „est comme le point d'arrivée d'un mouvement qui commence à se dessiner dans les grandes épîtres . . . Le progrès consiste dans un enrichement du thème de la révélation, avec ses deux pôles, le mystère de la sagesse de Dieu et sa connaissance par les chrétiens" (S. 492). Hatte

weder als direkter noch als indirekter Autor des Kolosserbriefes angesehen werden[1]. Sondern ein paulinisch geschulter Theologe hat den Brief in der Absicht verfaßt, das Wort des Apostels in der Situation zu Gehör zu bringen, die mit dem Auftreten der „Philosophen" in den kleinasiatischen Gemeinden entstanden war. Wie Paulus durch Briefe Verbindung mit den Gemeinden hielt, so war auch für seine Schüler der Brief die gegebene Form, um verbindliche Stellungnahmen und Äußerungen den Gemeinden zur Kenntnis zu bringen. In Briefen lag das Vermächtnis des Apostels vor, das im Kreis seiner Schüler bewahrt und sorgfältig studiert wurde. Wenn der Kolosserbrief mehrfach auf die rechte Lehre und Überlieferung hinweist (1 5-8. 23. 28 2 6f. 3 16 u. ö.) und an vielen Stellen überlieferte Wendungen und liturgische Formulierungen aufnimmt[2], so setzt er eine paulinische Schultradition voraus. Diese wird in Ephesus als dem Mittelpunkt der paulinischen Mission in Kleinasien ihren Ort gehabt haben und im Kreise der Schüler des Apostels gepflegt und weiterentwickelt worden sein[3].

War das Formular durch die paulinischen Briefe vorgegeben, so fand der Verfasser des Kolosserbriefes im Philemonbrief eine Reihe von Namen und Daten vor, die er übernehmen und um Nachrichten aus dem Kreis der Mitarbeiter des Apostels erweitern konnte[4]. Da der Empfänger des Philemon-

---

H. Schlier einst den Standpunkt vertreten, der Kolosser- und der Epheserbrief unterschieden sich „wesentlich von den paulinischen Briefen" (a.a.O. [S. 97 Anm. 6] S. 39 Anm. 1), so meint er nun, den Epheserbrief als Alterswerk des Apostels erklären zu können, das Paulus gegen Ende seines Lebens geschrieben habe (Epheser, S. 27f.). Vgl. dazu die Kritik Käsemanns, Aufsätze II, S. 255f.: „Bei Schlier enttäuscht die Billigkeit des Arguments, Altersweisheit verursache solche Modifikationen (sc. von der paulinischen Theologie zu der des Kolosser- und Epheserbriefes). Denn damit wird, um nicht mehr zu sagen, Entscheidendes in der ursprünglichen Botschaft und Theologie des Paulus verkürzt und bagatellisiert."

[1] Als eine Verlegenheitslösung mutet die Auskunft an, ein Sekretär des Paulus habe in seinem Auftrag den Brief abgefaßt, so daß auf seine Hand die Abweichungen in Sprache und Stil, aber auch in der sachlichen Argumentation zurückzuführen seien. So Benoit a.a.O. (S. 31 Anm. 1) S. 21f. Vgl. auch oben S. 140.

[2] Siehe den Exkurs „Sprache und Stil des Kolosserbriefes" S. 133—140. Die Tatsache, daß sich im Kolosserbrief eine Reihe auffallender Parallelen zu Sprache und Stil der Qumrantexte aufweisen lassen (vgl. oben S. 136f.), ist hier von besonderem Gewicht. Hymnische Prosa, liturgische Wendungen und lehrhafte Formulierungen sind hier wie dort durch eine Schultradition bedingt, die der schriftlichen Fixierung der Überlieferung vorangegangen ist. An direkte Abhängigkeit des Kolosserbriefes von den Qumrantexten ist sicher nicht zu denken. Doch könnte die hellenistische Synagoge das Bindeglied sowohl für die Übernahme bestimmter Vorstellungen (vgl. oben S. 75 Anm. 1f.) als auch für die Einwirkung vergleichbarer Erscheinungen in Sprache und Stil darstellen.

[3] Zum Problem einer paulinischen Schultradition vgl. H. Conzelmann, Paulus und die Weisheit, NTS 12 (1965/66), S. 231—244, bes. S. 233f. Die Entstehung der deuteropaulinischen Schriften setzt eine solche Schultradition voraus. Es ist jedoch eine andere (hier nicht zu erörternde) Frage, ob man auch in den zweifellos authentischen Briefen — wie Conzelmann zu bedenken gibt — bereits Spuren einer paulinischen Schule erkennen kann.

[4] Vgl. oben S. 246—248.

briefes in Kolossae gewohnt haben wird, ist vermutlich auch die Wahl der Adressaten durch das Vorbild des Philemonbriefes bedingt. In der kleinen Stadt Kolossae wird es nur eine kleine Gemeinde gegeben haben; und es ist ungewiß, ob nach der Erdbebenkatastrophe des Jahres 60/61 n. Chr., durch die die Orte des Lykustales schwer getroffen wurden, Kolossae überhaupt wiederaufgebaut wurde und eine Gemeinde dort geblieben ist[1]. Jedenfalls aber hat der Verfasser des Kolosserbriefes nicht nur die Verhältnisse einer kleinen Gemeinde vor Augen, sondern er entwirft ein typisches Bild vom Leben einer christlichen Gemeinde. Sein Brief ist daher für einen größeren Leserkreis bestimmt, um die kleinasiatische Christenheit zu belehren, wie sie sich gegenüber der Bedrohung durch den Synkretismus in rechtem Gehorsam gegen ihren Herrn verhalten soll.

In den paulinischen Gemeinden und im Kreise der Schüler des Apostels sind seine Briefe immer wieder gelesen und studiert worden, vor allen anderen der Römerbrief. In wie starkem Maße die paulinische Schultradition gerade durch den Römerbrief geprägt wurde, ist an vielen Stellen des Kolosserbriefes deutlich zu erkennen[2]. Der klare Aufbau des Briefes, in dem auf den lehrhaften der ermahnende Teil folgt, liegt dem Kolosserbrief wie dem Römerbrief zugrunde (Röm 1–11. 12–15 [16] Kol 1–2. 3–4; vgl. auch Eph 1–3. 4–6). Beide Schreiben sind an Leser gerichtet, die den Apostel nicht persönlich kannten. Die Christen in Rom werden als ἀγαπητοὶ θεοῦ, κλητοὶ ἅγιοι, nicht als ἐκκλησία angeredet (Röm 1₇), die Kolosser ἅγιοι καὶ πιστοὶ ἀδελφοί genannt (Kol 1₂). Steht ein judenchristliches Bekenntnis im Eingang des Römerbriefes (Röm 1₃f.), so wird an den Anfang des Kolosserbriefes ein hymnisches Christusbekenntnis gestellt (Kol 1₁₅-₂₀). Wie Röm 1₈-₁₅ wird auch im Kolosserbrief nachdrücklich auf den apostolischen Auftrag, das Evangelium unter den Völkern zu verkündigen, verwiesen (Kol 1₅-₈. ₂₄-₂₉) und dadurch zugleich erklärt, daß der Apostel auch für die Gemeinde, die er nicht persönlich kennt, die zuständige Autorität ist. Von der in der Taufe begründeten Verbundenheit des Christen mit dem Tod und der Auferstehung Jesu Christi ist sowohl Röm 6₁-₁₁ als auch Kol 2₁₁-₁₃ die Rede. Der Imperativ der ethischen Forderung ist auf den Indikativ der Heilszusage bezogen (Röm 6₁-₁₁ Kol 3₅-₁₁). Der Inhalt der Paränese wird weitgehend im Rückgriff auf überliefertes Gut entfaltet (Röm 12–13 Kol 3₁-4₆). Schließlich dient die Grußliste am Ende der Briefe dazu, die Beziehungen zur Gemeinde zu festigen (Röm 16 Kol 4₇-₁₈).

Wie zum Römerbrief so bestehen auch mancherlei Beziehungen zwischen dem Kolosserbrief und den anderen paulinischen Briefen. Im Galaterbrief heißt es, daß der Christ, der seinem Herrn gehört, sich nicht den ἀσθενῆ καὶ πτωχὰ στοιχεῖα beugen kann und darf (Gal 4₉; vgl. Kol 2₈. ₂₀). Weil Christus uns vom Fluch des Gesetzes befreit hat (Gal 3₁₃), darum können dessen Satzungen nicht mehr zwingende Gewalt für den Christen haben (Gal 4₈-₁₀ u. ö.;

---

[1] Vgl. oben S. 37f. In den Sendschreiben der Johannesapokalypse wird die Gemeinde von Kolossae nicht genannt. Da jedoch nur sieben Gemeinden aufgeführt werden (Apk 1₁₁ 2–3), ist daraus keine sichere Schlußfolgerung zu ziehen.

[2] Beziehungen zu den paulinischen Hauptbriefen hat Sanders a.a.O. (S. 119 Anm. 1) S. 28—45 richtig beobachtet, diese jedoch zu einseitig auf literarische Benützung zurückführen wollen.

vgl. Kol 2₂₀f.). Im 1. Korintherbrief ist die Weisheit dieser Welt der Torheit der Kreuzespredigt gegenübergestellt, um Christus als Gottes Weisheit zu verkündigen (1Kor 1₁₈-₃₁; vgl. Kol 2₃ u. ö.), und im 2. Korintherbrief werden der Auftrag des Apostels und die παθήματα τοῦ Χριστοῦ, die er um der Gemeinden willen trägt (2Kor 1₃-₇; vgl. Kol 1₂₄), hervorgehoben. Mancherlei Aussagen, die Sätzen des Kolosserbriefes vergleichbar sind, finden sich auch im Philipperbrief. Hier wie dort liegt der Apostel im Gefängnis (Phil 1₇. ₁₃. ₁₇; vgl. Kol 4₃. ₁₀. ₁₇), wird die Gemeinde zur Freude gerufen (Phil 3₁ 4₄ u. ö.; vgl. Kol 1₁₁), zur rechten Weisheit und Erkenntnis aufgefordert (Phil 1₉; vgl. Kol 1₉ u. ö.), an den hymnischen Lobpreis des Werkes Christi erinnert (Phil 2₆-₁₁ Kol 1₁₅-₂₀) und auf die Überlieferung verpflichtet, wie sie ihr durch das Wort des Apostels anvertraut ist (Phil 4₉; vgl. Kol 2₆).

Aus den genannten Beispielen[1] geht eindeutig hervor, daß der Verfasser des Kolosserbriefes mit den Grundthemen der paulinischen Theologie wohlvertraut ist. Diese Vertrautheit hat er durch das gründliche Studium der paulinischen Schultradition erworben. Die Briefe des Paulus sind ihm zweifellos bekannt; aber er schreibt nicht unter ständiger Benützung der anderen Briefe, um aus ihnen Einzelheiten zu übernehmen. Sondern er antwortet auf die Herausforderung, die durch die φιλοσοφία gegeben ist, indem er die paulinische Theologie auf die neue Fragestellung anwendet. Nur zum Philemonbrief besteht sicherlich ein Verhältnis literarischer Abhängigkeit; denn seine Grußliste ist im Kolosserbrief verwendet und ausgestaltet worden.

Die paulinische Überlieferung ist im Kolosserbrief mit mancherlei Traditionsgut der hellenistischen Christenheit verbunden worden, aus dem Stücke des Bekenntnisses, des hymnischen Lobpreises und der katechetischen Unterweisung übernommen wurden (1₁₂-₁₄. ₁₅-₂₀ 2₉f. ₁₄f. 3₁₈-₄₁ u. a.). An mehreren Stellen des Briefes aber werden diese Überlieferungen im Sinn paulinischer Theologie interpretiert, indem auf das Kreuz als den Ort verwiesen wird, an dem Gott die Versöhnung gestiftet (1₂₀) und an den Gott die Schuldurkunde geheftet hat (2₁₄). Diese Verknüpfung von paulinischer Lehre und gemeinchristlicher Tradition hat zur Folge, daß manche spezifisch paulinischen Begriffe fehlen oder in den Hintergrund treten, andere eine inhaltliche Veränderung erfahren, wie sich am Schwinden der Naherwartung, der Neufassung des Verständnisses der Taufe, der Verbindung von Apostolat und Bekenntnis, rechter Lehre und apostolischer Unterweisung zeigt. In die veränderte Lage, wie sie einige Zeit nach dem Tode des Paulus gegeben war[2], spricht der Verfasser des Kolosserbriefes in kraftvoller Neuformulierung das Wort des Apostels den Gemeinden zu[3]. Wie Paulus den Galatern klarmachte, daß der Christ dem Gesetz

---

[1] Die Reihe vergleichbarer Aussagen läßt sich — wie die im Kommentar genannten Parallelstellen belegen — unschwer erheblich verlängern.

[2] Der Kolosserbrief ist sicher früher als der Epheserbrief und zweifellos auch vor den Pastoralbriefen geschrieben worden. Seine Entstehungszeit ist daher nicht zu weit vom Lebensende des Paulus abzurücken. Als Datum wird man an die Jahre um 80 n. Chr. zu denken haben. Als Abfassungsort kommt am ehesten Ephesus in Betracht als Stätte, an der die paulinische Schultradition lebendig war.

[3] Vgl. auch P. Stuhlmacher, Christliche Verantwortung bei Paulus und seinen Schülern, EvTh 28 (1968), S. 165—186, bes. S. 174—181.

gestorben ist, so wird nun dargelegt, daß der Christ in der Taufe den στοιχεῖα τοῦ κόσμου gestorben ist. Er gehört Christus, der der Herr über alles ist, zu eigen, so daß ihn die Mächte und Gewalten nichts mehr angehen. Indem der Verfasser des Kolosserbriefes der Gemeinde den weiten Horizont der Heilswirklichkeit erschließt, die das Bekenntnis zu Christus umfaßt, bindet er sie an die verpflichtende Kraft des Bekenntnisses[1]. Wo Christus als der Herr geglaubt und bekannt wird, wo von ihm Vergebung der Sünden empfangen wird, da ist Leben und Seligkeit[2]. Denn der in aller Welt verkündigte Christus ist nicht nur die ἐλπὶς τῆς δόξης (1₂₇), sondern auch ἡ ζωὴ ἡμῶν (3₄)[3].

---

[1] Vgl. Bornkamm, Aufsätze II, S. 200.

[2] Die Betonung der gegenwärtigen ζωή stellt in der Tat eine gewisse Nähe zur johanneischen Theologie dar. Vgl. oben S. 195 Anm. 1.

[3] In der altkirchlichen Literatur ist der Kolosserbrief zuerst bei Irenaeus sicher bezeugt: Et iterum in epistola quae est ad Colossenses ait: 'Salutat vos Lucas medicus dilectus' (adv. Haer. III, 14, 1). Für die Folgezeit vgl. Clemens Alexandrinus, Strom. I, 15, 5; Origenes, contra Celsum 5, 8. Im Kanon Muratori wird der Kolosserbrief unter den paulinischen Briefen aufgeführt: ad Colossenses quarta. Keiner der Anklänge, die sich in den Schriften der apostolischen Väter und bei Justin finden, kann mit Sicherheit als Zitat erwiesen werden. Es handelt sich ausschließlich um Berührungen, die formelhafte Wendungen betreffen. Vgl. Ign Trall 5₂: ὁρατά τε καὶ ἀόρατα (vgl. Kol 1₁₆); Röm 5₃: τῶν ὁρατῶν καὶ ἀοράτων (vgl. ebd.); Smyrn 6₁: τὰ ἐπουράνια ... ὁρατοί τε καὶ ἀόρατοι (vgl. ebd.); Eph 10₂: ἑδραῖοι τῇ πίστει (vgl. Kol 1₂₃); Polykarpbrief 10₁: firmi in fide et immutabiles (vgl. ebd.); Barn 12₇: ὅτι ἐν αὐτῷ πάντα καὶ εἰς αὐτόν (vgl. Kol 1₁₆); Justin, Dial. 84,2: τὸν πρωτότοκον τῶν πάντων ποιημάτων (vgl. Kol 1₁₅); ferner 85,2; 100,2; 125,3; 138,2: ὁ γὰρ Χριστὸς πρωτότοκος πάσης κτίσεως ὤν.

Der Brief an Philemon

Einleitung

1. Der Empfänger des Briefes

Paulus hat seinen Brief an Philemon gerichtet, den er seinen Geliebten und Mitarbeiter nennt. Mitempfänger des Briefes sind die Schwester Apphia, der Mitstreiter Archippus und die Gemeinde, die sich im Hause des Philemon versammelt. Da der Kolosserbrief von Onesimus (Kol 4₉) und Archippus (Kol 4₁₇) ausdrücklich bemerkt, daß sie zur Gemeinde von Kolossae gehören, wird anzunehmen sein, daß auch Philemon, aus dessen Haus der Sklave Onesimus entlaufen war, in Kolossae wohnte. Philemon war offensichtlich ein begüterter Mann, der durch die Begegnung mit Paulus — mit dem er in Ephesus zusammengetroffen sein könnte — Christ geworden ist (V.₁₉). Er hat der Gemeinde sein Haus als Stätte der Versammlung zur Verfügung gestellt (V.₂) und den Heiligen tätige Liebe erwiesen (V.₅.₇). Vielleicht war Apphia, deren Name neben dem seinen genannt wird, seine Frau. In welchem Verhältnis Archippus zu ihm stand, bleibt ungewiß.

Nach J. Knox[1] soll nicht Philemon, sondern Archippus der Herr des Onesimus und daher auch der Empfänger des Briefes gewesen sein. Zu dieser These gelangt Knox, indem er von der Voraussetzung ausgeht, der Philemon- und der Kolosserbrief seien zur selben Zeit geschrieben worden. Da es sehr unwahrscheinlich sei, daß der Kol 4₁₆ erwähnte Laodizenerbrief verlorengegangen sei, könne man vermuten, mit jenem Schreiben sei kein anderes als unser Philemonbrief gemeint. Onesimus stammt nach Kol 4₉ aus Kolossae, ebenso auch Archippus, dem die Gemeinde ausrichten soll, er möge seine διακονία erfüllen (Kol 4₁₇). Nach Kol 4₁₆ soll der Laodizenerbrief der Gemeinde in Kolossae übersandt werden. Philemon, dessen Name zu Beginn des Briefes steht, müsse daher ein angesehenes Glied der Gemeinde in Laodizea gewesen sein. An ihn habe Paulus zunächst den Brief geschickt, damit er ihn nach Kolossae weitergeben und seine Autorität bei Archippus einsetzen sollte,

---

[1] J. Knox, Philemon among the Letters of Paul. A New View of its Place and Importance, Chicago 1935,²New York/Nashville 1959; ders., Philemon and the Authenticity of Colossians, JR 18 (1938), S. 144—160; vgl. schon J. Pommier, Autour du billet à Philémon, RHPhR 8 (1928), S. 180f. Zur Auseinandersetzung mit Knox vgl. P. N. Harrison, Onesimus and Philemon, AThR 32 (1950), S. 268—294; H. Greeven, Prüfung der Thesen von J. Knox zum Philemonbrief, ThLZ 79 (1954), Sp. 373—378; W. Schmauch, EKL III, Sp. 183; Kümmel, Einleitung, S. 251f.

um auf die Erfüllung der apostolischen Bitte zu dringen. Mit der διαχονία, an die Archippus mahnend erinnert werden soll (Kol 4₁₇), sei nichts anderes gemeint als der Dienst, um den ihn der Apostel in der Angelegenheit des Onesimus bittet[1].

Zur Begründung dieser Auffassung werden von Knox die Aussagen des Kolosser- und des Philemonbriefes in willkürlicher Weise miteinander vermengt. Doch weder bietet der Philemonbrief auch nur den geringsten Anhaltspunkt, ihn mit dem Kol 4₁₆ erwähnten Laodizenerbrief in Zusammenhang zu bringen, noch kann aus Kol 4₁₇ herausgelesen werden, die διαχονία des Archippus gelte seinem Verhältnis zu Onesimus. Aus dem Eingang des Philemonbriefes geht in keiner Weise hervor, daß nicht Philemon, sondern Archippus der Herr des entlaufenen Sklaven Onesimus sei. Werden neben Philemon Apphia, Archippus und die Hausgemeinde als Mitempfänger des Briefes aufgeführt, so ist doch zweifellos allein der an erster Stelle genannte Philemon gemeint, wenn der Apostel dann im Singular den Empfänger des Briefes anredet (V. 2. 4)[2]. Die Hypothese von Knox bricht zusammen, wenn man — wie es methodisch geboten ist — das Schriftstück zunächst aufgrund seiner eigenen Aussagen zu erklären sucht, ehe man andere Dokumente zum Vergleich heranzieht[3]. Der Philemonbrief selbst gibt keinerlei Veranlassung zu der Vermutung, Archippus statt Philemon als den Empfänger des Briefes anzusehen.

---

[1] Knox knüpft an diese Darstellung der Entstehungsverhältnisse des Philemonbriefes eine weitere Hypothese, die er durch Verbindung höchst unsicherer Vermutungen gewinnt (a. a. O. S. 91—108: The Historical Importance of Philemon): Onesimus habe dafür gesorgt, daß der kleine Philemonbrief des Paulus nicht verlorenging; er sei später Bischof in Ephesus geworden und habe dort eine Sammlung der Gemeindebriefe des Apostels veranstaltet. Hier schließt sich Knox an Goodspeed an, nach dessen Auffassung der Epheserbrief an erster Stelle der Sammlung der Paulusbriefe gestanden hat (E. J. Goodspeed, The Meaning of Ephesians, Chicago 1933; ders., The Key to Ephesians, Chicago 1956). Es sei Onesimus, dem Bischof in Ephesus, zu danken, daß der Epheserbrief an diesen hervorragenden Platz in der Reihe der Apostelbriefe gelangte. (Harrison a. a. O. S. 290—294 stimmt dieser Hypothese von Knox weitgehend zu.) Ob aber der von Ignatius erwähnte Bischof Onesimus (IgnEph 1₃ 2₁ 6₂) mit dem Onesimus des Philemonbriefes identisch war, muß ganz ungewiß bleiben. Berührungen mit dem Philemonbrief, die Knox in den Kapiteln 1–6 des Epheserbriefes des Ignatius aufweisen will (a. a. O. S. 99—103), gehen nicht über Anklänge oder gemeinchristliche Wendungen hinaus. Sie können keinesfalls beweisen, daß Ignatius aus dem Philemonbrief zitiert und damit hervorheben will, der Bischof von Ephesus sei eben jener Onesimus, der vor Jahrzehnten seinem Herrn entlaufen war und für den der Apostel Paulus sich verwendet hatte. Zur Kritik vgl auch Moule S. 14—18.

[2] Vgl. unten S. 267 f. zu Phm 2.

[3] Diese Regel muß unter allen Umständen eingehalten werden — unabhängig von der Frage, ob der Kolosserbrief als paulinisch oder deuteropaulinisch angesehen wird. Entscheidet man sich für die letztere Ansicht, so fallen ohnehin sämtliche Voraussetzungen, von denen Knox ausgegangen ist, dahin.

2. Der Anlaß des Briefes

Paulus schreibt an Philemon, weil er für seinen Sklaven Onesimus Fürsprache einlegen will. Welche Gründe diesen zur Flucht veranlaßt haben, wird nicht gesagt. Ein Sklave, der sich selbst die Freiheit genommen hatte, konnte in einem Heiligtum Asyl finden[1] oder versuchen, in der Großstadt unterzutauchen und dort durch Bettel und Diebstahl sein Dasein zu fristen. Wurde er ergriffen, so mußte er zu seinem Herrn zurückgebracht werden. Dann wartete erneut das Geschick der Sklaverei auf ihn, es konnte ihm aber auch weit Schlimmeres widerfahren. Denn der Eigentümer durfte ihn nach seinem Gutdünken strafen, er konnte ihn weiterverkaufen oder, wenn er wollte, sogar töten. Onesimus hatte beim gefangenen Apostel Zuflucht gesucht. Sicherlich war er nicht von der Polizei verhaftet und ins Gefängnis gebracht worden. Denn dann wäre es Sache der Behörden gewesen, ihn zu seinem Herrn zurückzubringen[2]. Vielleicht hatte er im Hause seines christlichen Herrn den Namen des Apostels gehört und war nun zu ihm geeilt, um bei ihm in seiner Ratlosigkeit Hilfe zu erhalten. Paulus hatte sich seiner angenommen, ihn zum christlichen Glauben bekehrt (V.10), ihn lieb gewonnen und sich seines treuen Dienstes erfreuen können (V.13). Doch konnte und durfte er ihn nicht bei sich behalten. Darum sendet er ihn zu Philemon zurück und gibt ihm den Brief mit auf den Weg, durch den er sich bei seinem Herrn für ihn verwendet, damit er als ein geliebter Bruder empfangen (V.16), ja wie der Apostel selbst aufgenommen wird (V.17). Paulus verzichtet darauf, Philemon einen Befehl zu geben oder eine bestimmte Forderung — etwa die, Onesimus die Freiheit zu schenken — geltend zu machen. Er stellt es vielmehr Philemon anheim, wie er entscheiden wird; nur bindet er ihn an das Gebot der Liebe, in der er zu handeln hat.

3. Der Aufbau des Briefes

Auf den Eingangsgruß (V.1-3) folgt die Danksagung (V.4-7), die zum Hauptteil des Briefes überleitet (V.7). In diesem trägt der Apostel seine Bitte für Onesimus vor (V.8-20). Wenige Sätze, Grüße und der Gnadenwunsch bilden den Abschluß des Briefes (V.21-25).

In seinem Brief an Philemon hat sich der Apostel an das Formular gehalten, das er in allen Briefen verwendet hat. Neben seinen Namen

---

[1] Zur Lage, wie sie nach dem geltenden Recht gegeben war, vgl. E. R. Goodenough, Paul and Onesimus, HThR 22 (1929), S. 181—183; ferner P. J. Verdam, St. Paul et un serf fugitif. Étude sur l'épître à Philémon et le droit, in: Symbolae ad Jus et Historiam Antiquitatis Pertinentes, J. C. van Oven dedicatae, Leiden 1946, S. 211—230; zum Asylrecht vgl. H. Gülzow, Kirche und Sklaverei in den ersten zwei Jahrhunderten, Diss. Kiel 1966, S. 204—209.

[2] Vgl. Th. Preiss, Vie en Christ et éthique sociale dans l'Épître à Philémon, in: Aux sources de la tradition chrétienne, Festschrift für M. Goguel, Neuchâtel/Paris 1950, S. 173 = La Vie en Christ, Neuchâtel/Paris 1951, S. 67.

setzt er den des Timotheus als Mitabsender und führt nicht nur Philemon, dem der Inhalt des Briefes gilt, sondern auch Apphia, Archippus und die Hausgemeinde als Mitempfänger auf. Ihnen allen gilt der Gruß am Eingang (V. 3) und Schluß (V. 25) des Briefes. Es handelt sich daher nicht um ein reines Privatschreiben[1] — ohnehin übersteigt die Länge des Briefes den sonst üblichen Umfang eines Privatbriefes[2] —, sondern um eine verbindliche Botschaft des Apostels. Obwohl Paulus darauf verzichtet, seine amtliche Titulatur anzugeben, rechnet er darauf, daß man sein Wort achtet und gehorsam befolgt (V. 21). Er wendet sich daher nicht nur an Philemon, sondern zugleich an die mit ihm genannten Personen, damit die ganze Gemeinde das apostolische Wort vernehme und darauf bedacht sei, daß der heimkehrende Onesimus in die von der Liebe getragene Gemeinschaft der Brüder aufgenommen werde[3].

4. Die Abfassung des Briefes

Paulus ist gefangen (V. 1. 9f. 13. 22f.)[4], hofft jedoch, in absehbarer Zeit die Freiheit wiederzuerlangen. Der Brief enthält keinerlei Angaben über den Ort, an dem der Apostel festgehalten wird. Manche Exegeten folgen der traditionellen Ansicht, daß Paulus sich in Rom befinde[5]; andere sehen Caesarea als Abfassungsort an[6]. Beide Städte sind jedoch von Kolossae recht weit entfernt, so daß man sich schwer vorstellen kann, wie ein entlaufener Sklave einen so weiten Weg unbehelligt zurückgelegt haben sollte. Überdies würde Paulus, wenn er in Rom oder Caesarea im Gefängnis lag, kaum einen Besuch in Kolossae für die nächste Zeit in Aussicht gestellt haben. Deshalb wird anzunehmen sein, daß Ephesus die Stadt war, in deren Gefängnis Paulus den Onesimus kennenlernte. Hier hat er in der Mitte der fünfziger Jahre den Brief an Philemon geschrieben[7].

---

[1] So nach J. Müller-Bardorff, RGG[3] V, Sp. 331f.

[2] Der Philemonbrief ist um mehr als die Hälfte länger als der vergleichbare Brief Plinius d. J. an Sabinianus. Zu diesem vgl. unten S. 274f.

[3] Vgl. U. Wickert, Der Philemonbrief — Privatbrief oder apostolisches Schreiben?, ZNW 52 (1961), S. 230—238; ferner Preiss a.a.O. S. 172 (= S. 66): "Dans le corps du Christ les affaires personnelles ne sont plus privées."

[4] Zur Ansicht der Exegeten, die δέσμιος Χριστοῦ Ἰησοῦ in übertragener Bedeutung verstehen wollen, siehe unten S. 266 Anm. 3.

[5] So Lightfoot S. 310f.; Vincent S. 161f.; Bieder S. 5; Percy, Probleme, S. 467—474; Moule S. 24f.

[6] So Haupt S. 5; Dibelius-Greeven S. 52. 102; Lohmeyer S. 172.

[7] Vgl. oben S. 234—236 zu Kol 4₄ und die dort genannten Arbeiten von Deißmann und Michaelis, ferner Friedrich S. 189; L. Kh. Jang, Der Philemonbrief im Zusammenhang mit dem theologischen Denken des Apostels Paulus, Diss. Bonn 1964, S. 7 und Harrison a.a.O. S. 271—274. Zur Auffassung, die Harrison in diesem Zusammenhang über die Entstehung des Kolosserbriefes vertritt, siehe oben S. 139 Anm. 3.

Der Philemonbrief ist von Anfang an als paulinischer Brief anerkannt worden; er findet sich schon im Kanon des Marcion[1] und ist auch im Kanon Muratori verzeichnet. Die alte Kirche hat den Brief zwar nicht sonderlich beachtet, weil er sich mit Fragen des Lebens in dieser Welt befaßt und „de minimis non curat evangelium"[2]. Aber da die paulinische Abfassung unbestritten war, blieb ihm sein Platz im Corpus Paulinum erhalten. Lediglich F. C. Baur und die Tübinger Tendenzkritik haben die paulinische Verfasserschaft in Zweifel gezogen. Der Philemonbrief wolle in romanhafter Darstellung veranschaulichen, wie in nachpaulinischer Zeit in den christlichen Gemeinden die Sklavenfrage geregelt worden sei[3]. Diese Auffassung hat mit Recht keine Zustimmung gefunden und wird heute von niemandem mehr vertreten[4]; liegt doch im Philemonbrief weder die Einkleidung einer Idee noch eine allgemein gültige Regelung der Sklavenfrage vor, sondern vielmehr die Fürsprache des Apostels angesichts einer konkreten Situation, in der durch Entscheid und Tat der ἀγάπη geholfen werden muß.

„Diße Epistel zeygt eyn meysterlich lieblich exempel Christlicher liebe. Denn da sehen wyr, wie S. Paulus sich des armen Onesimos annympt und yhn gegen seynen herrn vertrit, mit allem das er vermag, vnd stellet sich nicht anders, denn als sey er selbs Onesimus, der sich versundigt habe. Doch thut er das nicht mit gewalt odder zwang, als er wol recht hette, ßondern eussert sich seynes rechten, damit er zwingt, das Philemon sich seynes rechten auch vertzeyhen muß. Eben wie vns Christus than hatt gegen Gott dem vatter, alßo thut auch S. Paulus fur Onesimo gegen Philemon. Denn Christus hat sich auch seynes rechten geeussert, vnd mit lieb vnd demut den vatter vbirwunden, das er seynen zorn vnd recht hat mussen legen, vnd vns zu gnaden nemen, vmb Christus willen, der also ernstlich vns vertrit, vnd sich vnser so hertzlich annympt. Denn wyr sind alle seine Onesimi, so wyrs glewben."[5]

---

[1] Vgl. Tertullian, adv. Marc. V, 21: Soli huic epistolae brevitas sua profuit, ut falsarias manus Marcionis evaderet.

[2] Vgl. Lightfoot S. 314f. In der syrischen Kirche wurde der Philemonbrief teilweise als unpaulinisch übergangen oder abgelehnt. Vgl. Kümmel, Einleitung, S. 369.

[3] Vgl. Kümmel, Einleitung, S. 252.

[4] H. J. Holtzmann, Der Brief an den Philemon, kritisch untersucht, ZwTh 16 (1873), S. 428—441 urteilt ähnlich wie über die Entstehung des Kolosserbriefes (vgl. S. 138): ein von Paulus verfaßter Philemonbrief sei später durch einen Einschub in den Versen 4-6 vom Redaktor des Kolosserbriefes überarbeitet worden.

[5] M. Luther, Vorrede auff die Epistel sanct Pauli zu Philemon (zur Septemberbibel 1522), in: D. Martin Luthers Werke, Kritische Gesamtausgabe, Deutsche Bibel 7, Weimar 1931, S. 292.

V. 1-3 Eingangsgruß

¹ Paulus, Gefangener Chrifti Jefu, und Timotheus, der Bruder, an Philemon, unferen Geliebten und Mitarbeiter, ²und Apphia, die Schwefter, und Archippus, unferen Mitftreiter, und die Gemeinde in deinem Haufe: ³Gnade fei mit euch und Friede von Gott unferem Vater und dem Herrn Jefus Chriftus.

Im Eingang werden, wie es dem Formular der paulinischen Briefe entspricht¹, nach Angabe des Absenders und Mitabsenders der Adressat und seine Mitempfänger genannt. Ihnen allen gelten Gruß und Gnadenwunsch.

V. 1: Zu seinem Namen fügt Paulus keine amtliche Titulatur hinzu; er bezeichnet sich weder als ἀπόστολος noch als δοῦλος Χριστοῦ, sondern lediglich als δέσμιος Χριστοῦ Ἰησοῦ². Damit wird gleich zu Beginn des Schreibens auf die Situation hingewiesen, in der sich der Apostel befindet. Er liegt ἐν τοῖς δεσμοῖς τοῦ εὐαγγελίου (V. 13) und versteht seine Gefangenschaft als das Geschick, das dem Boten des Evangeliums eben um dieses ihm erteilten Auftrags willen beschieden ist³. Der Bote des Kyrios muß leiden wie sein Herr, dem er zum Gehorsam verpflichtet ist. Daher bestimmen letztlich nicht die äußeren Umstände, sondern allein Christus Jesus, in dessen siegreichem Triumphzug Gott den Apostel mit aufführt (2Kor 2₁₄), den Weg, den Paulus zu gehen hat. Sein Leiden aber, das er im Dienst seines Herrn zu erdulden hat, läßt ihn mit um so größerem Gewicht zur Gemeinde sprechen⁴. Obwohl er auf jede Hervorhebung seiner apostolischen Autorität verzichtet, wird doch bereits mit den Worten δέσμιος Χριστοῦ Ἰησοῦ angedeutet, daß das Schreiben nicht lediglich als Privatbrief betrachtet sein will, sondern eine Botschaft enthält, die die Empfänger zum Gehorsam gegenüber dem apostolischen

---

¹ Vgl. oben S. 32f. zu Kol 1₁.

² 322 und 605 gleichen mit δοῦλος, D* mit ἀπόστολος an die Titulatur der anderen Paulusbriefe an.

³ Reitzenstein, Mysterienreligionen, S. 214 möchte δέσμιος Χριστοῦ Ἰησοῦ vom Sprachgebrauch der Mysterienreligionen her erklären. Vor der Einweihung unterwarf sich der Myste einer Haft (κατοχή; vgl. κατέχειν Phm 13), in der er Gefangener der Kultgottheit war. Paulus verstehe sich dementsprechend im Gefängnis als δέσμιος seines Herrn, der auf die Vereinigung mit ihm warte (vgl. Phil 1₂₃). Die Annahme, es liege eine Anknüpfung an Mysterienterminologie vor, wird jedoch weder durch den Begriff δέσμιος noch durch den Kontext gestützt. Vgl. Dibelius-Greeven z. St. und G. Kittel, ThWB II, S. 42.

⁴ Vgl. Eph 3₁: ἐγὼ Παῦλος ὁ δέσμιος τοῦ Χριστοῦ Ἰησοῦ ὑπὲρ τῶν ἐθνῶν; 4₁: ἐγὼ ὁ δέσμιος ἐν κυρίῳ; 2Tim 1₈: μὴ οὖν ἐπαισχυνθῇς ... ἐμὲ τὸν δέσμιον αὐτοῦ (sc. τοῦ κυρίου).

Wort verpflichtet[1]. Auf den amtlichen Charakter des Briefes weist auch die Angabe eines Mitabsenders hin. Als bewährter christlicher Bruder (vgl. 2Kor 1₁) steht Timotheus dem Apostel zur Seite. An der Gestaltung des Briefes ist der Mitabsender jedoch nicht beteiligt[2]. Das Schreiben ist von Paulus allein verfaßt. Daher spricht er von V. 4 an im Singular und nennt dann noch zweimal seinen Namen (V. 9. 19), ohne den des Timotheus zu erwähnen.

Der Empfänger des Briefes heißt Philemon[3]. Er wird zunächst mit dem Ausdruck ἀγαπητός bedacht. Verwendet Paulus dieses Wort auch sonst zur Charakterisierung der Adressaten (Röm. 1₇) und in der Anrede der Gemeinde (1Kor 10₁₄ 15₅₈ 2Kor 7₁ 12₁₉ Phil 2₁₂ 4₁), so liegt hier auf dieser Bezeichnung besonderer Nachdruck. Schon im Eingang des Briefes wird Philemon daran erinnert, daß er in der Gemeinschaft der gegenseitigen Liebe steht (vgl. V. 5. 7. 9. 16). Die ἀγάπη, in der er als Christ lebt und die er tätig erweist, wird er daher auch einem Sklaven, den der Apostel ἀδελφὸν ἀγαπητόν nennt (V. 16), nicht versagen dürfen[4]. Philemon wird darüber hinaus als Mitarbeiter des Apostels angeredet[5]. Wie die in der Grußliste des Briefes aufgeführten Männer (V. 24) ist auch er als tätiges Glied der Gemeinde am gemeinsamen Werk beteiligt, das Evangelium im Wort und in der Tat der Liebe zu bezeugen.

V. 2: Neben Philemon werden Apphia und Archippus sowie die ganze Hausgemeinde als Mitempfänger des Briefes genannt. Ihre Namen werden aufgeführt, weil es sich in der Angelegenheit, von der der Apostel zu reden hat, nicht nur um eine persönliche Frage handelt, die allein mit Philemon auszumachen ist. Der Entscheid, den es zu treffen gilt, geht vielmehr die ganze Gemeinde an. Apphia ist als ἀδελφή[6] Christ wie Philemon[7]. Da ihr Name dem des Philemon unmittelbar folgt, darf man vermuten, daß sie seine Gattin ist[8]. Die Hausfrau hatte täglich mit den

---

[1] Vgl. Wickert a. a. O. (S. 264 Anm. 3).

[2] Vgl. oben S. 34 zu Kol 1₁.

[3] Zum Namen des Philemon vgl. Ovid, Metamorph. VIII, 631; weitere Belege bei Lightfoot S. 303 f.; Zahn, Einleitung I, S. 326 f.

[4] Schon durch die Bezeichnung τῷ ἀγαπητῷ — D*Ambst fügen ἀδελφῷ hinzu — ist also Philemon als Adressat des Briefes kenntlich gemacht, an den sich der Apostel des entlaufenen Sklaven Onesimus wegen wendet. Zur Auseinandersetzung mit der anders lautenden Hypothese von Knox vgl. oben S. 261 f.

[5] Zu συνεργός als Bezeichnung von Mitarbeitern des Apostels vgl. ferner 1Thess 3₂ 2Kor 8₂₃ Röm 16₃.₉.₂₁ Phil 2₂₅ 4₃ Kol 4₁₁.

[6] Der Reichstext gleicht an die Bezeichnung des Philemon an, indem er ἀγαπητῇ bietet (ℜ pl syᵖ). Beide Lesarten sind von vgᶜˡsyʰ Ambst zu ἀδελφῇ ἀγαπητῇ verbunden worden.

[7] Der Name Ἀπφία ist häufig bezeugt (vgl. Lightfoot z. St.; Zahn, Einleitung I, S. 327); er findet sich auch auf einer antiken Grabinschrift für eine Apphia aus Kolossae (vgl. Dibelius-Greeven S. 111 Beilage 6): Ἑρμᾶς Ἀ[π]φιάδι, τῇ ἰδίᾳ γυναικί, τῇ Τρύφωνος θυγατρί, γένει Κολοσσηνῇ, [μνήμ]ης ἕνεκα. CIG III, 4380 k³.

[8] Vgl. Theodoret z. St.: Paulus ... marito ... iungit uxorem.

Sklaven umzugehen. Darum hat auch sie ihr Wort abzugeben, wenn es sich darum handelt, einen entflohenen Sklaven wieder aufzunehmen. Von Archippus, dessen Name[1] dem der Apphia folgt, heißt es, er sei συστρατιώτης des Apostels. Spricht Paulus von ihm als seinem Kampfgenossen, so verwendet er das Wort in übertragener Bedeutung, um auf die Mitarbeit des Archippus hinzuweisen[2]. Damit ist jedoch weder gesagt, daß in seiner Hand die Leitung der christlichen Gemeinde in Kolossae gelegen habe[3], noch etwa angezeigt, daß er — und nicht Philemon — der Herr des Onesimus sei, der ihn nun als seinen christlichen Bruder empfangen solle[4]. Sondern da er als Mitstreiter des Apostels Verantwortung für das Leben der Gemeinde trägt, soll er auch erfahren, was Paulus von Philemon erwartet[5].

Die Reihe der Adressaten[6] wird mit der Erwähnung der Gemeinde, die sich im Hause des Philemon zusammenfindet[7], abgeschlossen. Nahm man in antiken Briefen bisweilen auf gute Bekanntschaft Bezug, die von Haus zu Haus bestand[8], so wird hier die Gemeinde angesprochen, damit sie Zeuge dessen sei[9], was der Apostel Philemon zu sagen hat[10].

---

[1] Zum Namen Ἄρχιππος vgl. oben S. 246 Anm. 1 zu Kol 4₁₇.

[2] Aus der Verwendung des Wortes συστρατιώτης (vgl. Bauer Sp. 1574) ist jedoch nicht herauszulesen, Paulus könne in seiner jüdischen Zeit durch das Prädikat συστρατιώτης „andere angefeuert und geehrt haben, ohne diesen 'zelotischen' Ausdruck später aus seinem Vokabular ganz auszumerzen" (O. Bauernfeind, ThWB VII, S. 711 Anm. 37). Als συστρατιώτης wird der Mitarbeiter bezeichnet, wie aus der Charakteristik des Epaphroditus als τὸν ἀδελφὸν καὶ συνεργὸν καὶ συστρατιώτην μου (Phil 2₂₅) hervorgeht.

[3] So Lohmeyer z. St., der — ohne begründeten Anhalt am Text — vermutet, Archippus sei anstelle des Epaphras Leiter der Gemeinde in Kolossae geworden.

[4] Zur Hypothese von Knox, Archippus sei der eigentliche Empfänger des Briefes, vgl. oben S. 261f.

[5] Daß er der Sohn des Philemon und der Apphia gewesen sei (vgl. Lightfoot S. 308f.), ist schon von Theodor von Mopsueste z. St. behauptet worden (υἱῷ αὐτοῦ λέγει, τόν τε Φιλήμονος καὶ τῆς Ἀπφίας), doch „Vermutungen über seine Stellung im Hause des Philemon sind müßig" (Dibelius-Greeven z. St.).

[6] Die spätere Überlieferung macht aus den Personen, die im Philemonbrief genannt werden, Bischöfe verschiedener Gemeinden: Const. Apost. VII, 46, 12f.: τῆς δὲ ἐν Φρυγίᾳ Λαοδικείας (sc. ἐπίσκοπος) Ἄρχιππος, Κολασσαέων δὲ Φιλήμων· Βεροίας δὲ τῆς κατὰ Μακεδονίαν Ὀνήσιμος ὁ Φιλήμονος.

[7] Zu den urchristlichen Hausgemeinden vgl. oben S. 244f. zu Kol 4₁₅.

[8] Vgl. BGU I, 33, 16–19: Ἀσπ[άζο]υ τὴν ἀδελφήν σου καὶ τὸν ἀδελφόν σου καὶ τὴν μικρὰν καὶ τοὺς ἐν οἴκῳ πάντες (sic); I, 261, 32–34: ἀσπάζεταί σε Ἡροὶς καὶ οἱ ἐν οἴκῳ πάντες κατ' ὄ(νο)μα.

[9] In antiken Briefen werden gelegentlich auch sonst neben dem Empfänger weitere Namen aufgeführt, obwohl nur der an erster Stelle genannten Person der Inhalt des Briefes gilt. So lautet der Eingang des Briefes, den der ägyptische Lohnarbeiter Hilarion an seine Frau Alis schrieb (1 v. Chr.): Ἱλαρίων Ἄλιτι τῆι ἀδελφῆι πλεῖστα χαίρειν καὶ Βεροῦτι τῇ κυρίᾳ μου καὶ Ἀπολλωνάριν. Der Brief fährt dann im Singular fort: γίνωσκε... PapOxyrh IV, 744; vgl. Deißmann, Licht vom Osten, S. 134.

[10] Auf ihn als den Empfänger des Briefes weist auch σου in dem Ausdruck τῇ κατ' οἶκόν σου ἐκκλησίᾳ hin.

V. 3: Der Gruß ist in den Worten gehalten, mit denen Paulus stets im Briefeingang der Gemeinde Gnade und Friede wünscht[1]. Nicht nur Philemon, sondern der ganzen Gemeinde, die das Wort des Apostels vernehmen soll, wird dieser Gruß entboten.

V. 4—7 Dankſagung und Fürbitte

[4]Ich danke meinem Gott allezeit, wenn ich deiner gedenke in meinen Gebeten; [5]höre ich doch, wie du Liebe und Glauben an den Herrn Jeſus Chriſtus und für alle Heiligen haſt; [6]möchte dein Anteil am Glauben wirkſam werden in Erkenntnis alles Guten, das in uns iſt, auf Chriſtus hin. [7]Denn ich hatte viel Freude und Troſt an deiner Liebe, weil die Herzen der Heiligen durch dich, Bruder, erquickt worden ſind.

Der Dank, mit dem sich Paulus am Anfang des Briefes betend an Gott wendet, wird durch εὐχαριστῶ τῷ θεῷ μου eingeleitet. Es schließt sich das Zeitadverb πάντοτε an, das durch μνείαν σου ποιούμενος ἐπὶ τῶν προσευχῶν μου erläutert wird. Durch eine zweite Partizipialwendung wird der Grund, der den Apostel zum Dankgebet veranlaßt, angegeben. Er hat gute Nachrichten über Liebe und Glauben des Empfängers erhalten (V. 4: ἀκούων κτλ.). Es liegt in diesen Versen also die ausführlichere Fassung der Danksagung vor, die sich ähnlich auch in anderen Briefen des Apostels findet (vgl. 1Thess 1₂₋₅ Phil 1₃₋₁₁ Kol 1₃₋₈ u. ö.)[2]. Ihre Struktur ist in der knappen Formulierung der Verse besonders deutlich zu erkennen[3].

Die Fürbitte, die stets eng mit dem Dankgebet verknüpft ist, beginnt mit dem ὅπως-Satz in V. 6. Zwar fehlt ein entsprechendes Verbum, durch das die Fürbitte eingeführt würde (προσευχόμενος o. ä.; vgl. Phil 1₉ Kol 1₃.₉ u. ö.). Aber aus dem Vergleich mit dem Aufriß der Danksagung in den anderen paulinischen Briefen ergibt sich eindeutig, daß durch ὅπως der Anfang der Fürbitte bezeichnet ist[4]. Sie bezieht sich darauf, daß der Glaube des Philemon sich weiterhin tätig erweisen möchte. Damit aber wird die Überleitung zum eigentlichen Gegenstand des Briefes gewonnen, indem in V. 7 noch einmal auf die Liebe, die Philemon den Heiligen erzeigt hat, mit besonderem Lob verwiesen wird[5].

---

[1] Vgl. oben S. 39f. zu Kol 1₂.

[2] Vgl. oben S. 41f. zu Kol 1₃.

[3] Vgl. Schubert, Pauline Thanksgivings, S. 12.

[4] Vgl. Dibelius-Greeven z. St.: Paulus wird aus μνείαν ποιούμενος ἐπὶ τῶν προσευχῶν μου „ein προσεύχομαι oder ähnliches herausgefühlt" haben, „an das sich der ὅπως-Satz anschließt".

[5] Nicht nur das Wort ἀγάπη (vgl. V.₅.₇.₉.₁₆), sondern eine Reihe weiterer Ausdrücke, die in der Danksagung gebraucht sind, kehren im folgenden wieder: προσευχῶν (V.₄—V.₂₂); κοινωνία (V.₆–V.₁₇); ἀγαθόν (V.₆–V.₁₄); τὰ σπλάγχνα (V.₇–V.₁₂.₂₀); ἀναπέπαυται (V.₇–V.₂₀); ἀδελφέ (V.₇–V.₂₀). Die Danksagung und der

V. 4: Wie die Beter in den alttestamentlichen Psalmen (vgl. ψ 3₈ 5₃ 21₂ u. ö.) sagt Paulus betend „mein Gott" (vgl. Phil 1₃). An Gott, nicht an einen Menschen, ist der Dank dafür gerichtet, daß Philemon sich als Christ recht verhalten hat[1]. Denn Gott hat Liebe und Glauben gewirkt, daher gebührt ihm allein aller Dank. Diesen stattet der Apostel πάντοτε ab, das heißt: immer dann, wenn er im Gebet des Philemon gedenkt. Entsprach es hellenistischem Briefstil, den Empfänger dessen zu versichern, daß man treulich an ihn denke[2], so weiß Paulus sich den Gemeinden und ihren einzelnen Gliedern nah verbunden, indem er ihre Namen vor Gott nennt[3]. Im Gebet aber wird jedes Gedenken zum Dank und zur Fürbitte.

V. 5: Paulus hat gute Nachrichten über das Verhalten des Adressaten empfangen, die ihn veranlassen, Gott Dank zu sagen[4]. Der Inhalt dessen, was er vernommen hat, wird als die ἀγάπη und die πίστις des Philemon kurz angegeben. Wird sonst stets der Glaube, dem die Liebe entspringt, an erster Stelle genannt[5], so steht hier die ἀγάπη vor der πίστις[6]. Vom Glauben heißt es, er habe das Bekenntnis zu Jesus als dem Kyrios zum Inhalt (vgl. Röm 10₉)[7]. Die formelhaft gehaltene Aussage über den Glauben aber ist umschlossen von den Worten über die Liebe, die Philemon εἰς πάντας τοὺς ἁγίους[8] erzeigt hat. Durch die betonte Voran-

---

Hauptteil des Briefes sind auf diese Weise eng miteinander verbunden. Vgl. Knox a.a.O. S. 22.

[1] Zur Danksagung in der Einleitung hellenistischer Briefe vgl. oben S. 40 f. zu Kol 1₃.

[2] Vgl. z. B. BGU II, 632, 3—6 (= Deißmann, Licht vom Osten, S. 150): Der Soldat Apion schreibt an seine Schwester Sabina (2. Jahrh. n. Chr.): πρὸ μὲν πάντων εὔχομαί σε ὑγιαίνειν, καὶ 'γὼ γὰρ αὐτὸς ὑγιαίν[ω]. Μνίαν σου ποιούμενος παρὰ τοῖς [ἐν]θάδε θεοῖς . . .

[3] Vgl. O. Michel, ThWB IV, S. 682.

[4] Dibelius-Greeven z. St. weisen darauf hin, daß sich „ἀκούων oder Ähnliches zur Begründung des Dankes gegen Gott . . . bei Paulus sonst nur in Briefen an ihm unbekannte Gemeinden" findet (Kol 1₄ Eph 1₁₅; vgl. ferner Röm 1₈). Nach Kolossae, wo Philemon und seine Hausgemeinde gewohnt haben werden, ist Paulus nicht gekommen. Aber Philemon wird dem Apostel an anderem Ort — vermutlich Ephesus — begegnet sein, da er durch ihn für den christlichen Glauben gewonnen wurde (V. 19). Aus der Verwendung des Wortes ἀκούειν läßt sich also nicht folgern, Philemon sei dem Apostel persönlich unbekannt gewesen. Anders Greeven a.a.O. (S. 261 Anm. 1) Sp. 376: „So wird auch Phm 5 ἀκούων hier als Zeichen dafür anzusehen sein, daß bisher kein persönliches Band zwischen Paulus und dem eigentlichen Briefempfänger bestanden hat."

[5] Vgl. oben S. 45 f. zu Kol 1₄.

[6] D 69 1739 al syᵖ kehren die Reihenfolge zu der üblichen Ordnung τὴν πίστιν καὶ τὴν ἀγάπην um.

[7] Zum Hoheitstitel κύριος vgl. oben S. 44 Anm. 1 zu Kol 1₃. Der Inhalt der πίστις ist hier nicht wie gewöhnlich durch εἰς, sondern durch πρός angeschlossen (vgl. 1Thess 1₈: ἡ πίστις ὑμῶν ἡ πρὸς τὸν θεόν). Mit εἰς wird dagegen auf die Personen verwiesen, denen Philemon seine ἀγάπη zuwandte.

[8] Zu ἀγάπη εἰς vgl. 2Kor 2₈ Röm 5₈ 2Thess 1₃ Kol 1₄ Eph 1₁₅. Der Wechsel der Präpositionen geschieht „for mere stylistic variation" (Moulton-Turner

stellung der ἀγάπη ist also eine chiastische Anordnung entstanden[1]. Mit der πίστις wird auch ihr Grund und Gegenstand angegeben; dann erst wird mitgeteilt, daß allen Heiligen die ἀγάπη des Philemon galt[2]. Auf diese Weise erhält der Hinweis auf die ἀγάπη besonderen Nachdruck[3]. Da die ἀγάπη hier ganz im Vordergrund steht, ist neben Liebe und Glauben von der Hoffnung nicht mehr die Rede. Denn es handelt sich nicht um die Bewährung der ἐλπίς, sondern der ἀγάπη, die allen Heiligen, also allen Christen, erwiesen wird[4] — nicht nur denen, mit denen man in Haus und Familie zusammenlebt, sondern allen Gliedern des Volkes Gottes.

V. 6: Die Danksagung geht unmittelbar in die Fürbitte über[5], die κοινωνία τῆς πίστεως des Philemon möge sich auch in Zukunft wirksam erzeigen. κοινωνία bedeutet daher hier nicht die Gemeinschaft, sondern die Teilhabe[6]. Philemon hat am gemeinsamen Glauben teil[7], und dieser sein Glaube soll tätig sein als die πίστις δι' ἀγάπης ἐνεργουμένη (Gal 5₆), indem er erkennt, welches Gut dem Glaubenden geschenkt ist und nun in tätiger Liebe in Erscheinung treten soll[8]. Dabei wird zunächst auf die ἐπίγνωσις hingewiesen[9], durch die der Glaube zum Handeln angehalten

---

S. 256). Innerhalb eines Satzes wechselt Paulus gern im Gebrauch der Präpositionen, um der Aussage mehr Farbe und Nachdruck zu verleihen. Vgl. z. B. Röm 3₃₀: ἐκ πίστεως — διὰ τῆς πίστεως; Gal 2₁₆: διὰ πίστεως Χριστοῦ Ἰησοῦ — ἐκ πίστεως Χριστοῦ.

[1] Zum chiastischen Aufbau, den Haupt z. St. freilich bestreiten möchte, vgl. besonders Lightfoot, Vincent, Lohmeyer, Moule, Friedrich z. St.; ferner R. Bultmann, ThWB VI, S. 213 Anm. 277; Blaß-Debr. § 477. Spicq a. a. O. (S. 46 Anm. 3) II, S. 265—269 bezweifelt, daß eine chiastische Ordnung vorliege und argumentiert: „Conformément à la théologie paulinienne, il ne faut pas dissocier πίστις et ἀγάπη ... La foi et la charité s'adressent au Christ comme à leur objet propre ... mais leur activité conjugée 'aboutissent' au prochain." (S. 266f.)

[2] Die Worte εἰς πάντας τοὺς ἁγίους sind also nicht mehr mit τὴν πίστιν zu verbinden. πίστις müßte sonst schon in der Bedeutung „Treue" verstanden werden. Paulus kann zwar gelegentlich πίστις von der Treue Gottes sagen (vgl. z. B. Röm 3₃). In Verbindung mit ἀγάπη aber bedeutet πίστις stets Glaube.

[3] Der durch die chiastische Stellung entstandene Ausdruck ist folgendermaßen aufzulösen: τὴν ἀγάπην, ἣν ἔχεις εἰς πάντας τοὺς ἁγίους, καὶ τὴν πίστιν, ἣν ἔχεις πρὸς τὸν κύριον Ἰησοῦν. Vgl. Lohmeyer z. St.

[4] Zu ἅγιος als Selbstbezeichnung der Christen vgl. oben S. 35f. zu Kol 1₂.

[5] Zur Gliederung vgl. oben S. 269. Der ὅπως-Satz ist also weder von μνείαν ποιούμενος (so Lightfoot z. St.) noch von ἣν ἔχεις (so Haupt z. St.) abhängig, sondern gibt den Inhalt der Fürbitte an.

[6] Vgl. H. Seesemann, Der Begriff KOINΩNIA im Neuen Testament, BZNW 14, Gießen 1933, S. 79—83; F. Hauck, ThWB III, S. 805. Zur Bedeutung κοινωνία = Teilhabe vgl. 1Kor 10₁₆: κοινωνία τοῦ σώματος; ₁₇: ἐκ ἑνὸς ἄρτου μετέχομεν; vgl. weiter V. 18. 20f.

[7] Vgl. Phil 1₅: ἐπὶ τῇ κοινωνίᾳ ὑμῶν εἰς τὸ εὐαγγέλιον.

[8] Vgl. R. Bultmann, ThWB I, S. 707f.; Chrysostomus z. St.: εἰ κοινωνὸς εἶ, φησί, κατὰ τὴν πίστιν, καὶ κατὰ τὰ ἄλλα ὀφείλεις κοινωνεῖν.

[9] Zum Begriff ἐπίγνωσις vgl. oben S. 56—58 zu Kol 1₉.

wird, und dann der Inhalt der Erkenntnis mit den Worten παντὸς ἀγαθοῦ τοῦ ἐν ἡμῖν[1] angegeben. Damit ist eine recht allgemein klingende Formulierung gewählt: Alles Gute, das in uns ist, das heißt: das Gott uns gegeben hat. (τὰ) ἀγαθά ist das Heil, das in der Verkündigung angeboten wird (Röm 10₁₅). Gott selbst hat — so schreibt der Apostel — ἐν ὑμῖν ἔργον ἀγαθόν angefangen; er wird es auch vollenden (Phil 1₆; vgl. Röm 8₂₈). Als τὸ ἀγαθόν wird aber nicht nur Gottes gute Gabe bezeichnet, sondern auch sein Wille, der das schlechthin Gute gebietet[2]. Daher gilt die Aufforderung: πάντοτε τὸ ἀγαθὸν διώκετε εἰς ἀλλήλους (1Thess 5₁₅) bzw. ἐργαζώμεθα τὸ ἀγαθὸν πρὸς πάντας, μάλιστα δὲ πρὸς τοὺς οἰκείους τῆς πίστεως (Gal 6₁₀). In der Gemeinde soll jedermann τῷ πλησίον ἀρεσκείτω εἰς τὸ ἀγαθόν (Röm 15₂)[3]. Wenn daher Philemon τὸ ἀγαθόν erkennt, das Gott uns gegeben hat und das daher ἐν ἡμῖν ist, so wird er auch den Willen Gottes begreifen und der Mahnung des Apostels entsprechen: ἵνα μὴ ὡς κατὰ ἀνάγκην τὸ ἀγαθόν σου ᾖ ἀλλὰ κατὰ ἑκούσιον (V. 14)[4].

Der Satz endet mit den Worten εἰς Χριστόν[5], die weder mit ἐν ἐπιγνώσει noch mit παντὸς ἀγαθοῦ τοῦ ἐν ἡμῖν verknüpft sind[6], sondern zum Abschluß hervorheben sollen, daß alles tätige Wirken des Glaubens, der

---

[1] An dieser schwer verständlichen Wendung ist in der handschriftlichen Überlieferung viel geändert worden: G al vg^cl fügen ἔργου hinter παντός ein (vgl Kol 1₁₀: ἐν παντὶ ἔργῳ ἀγαθῷ); AC lassen τοῦ aus; p⁶¹ אGP 33 69 pm lat sy setzen ὑμῖν an die Stelle von ἡμῖν, um auch hier die Form der Anrede beizubehalten. Das von AC א D al bezeugte ἡμῖν wird jedoch als ursprünglich anzusehen sein, da es aus der Anrede des Kontextes herausfällt und von Paulus gewählt ist, weil er sich mit den Empfängern in der einen ἐπίγνωσις verbunden weiß.

[2] Erkenntnis des Guten bedeutet nach jüdischem Verständnis Erkenntnis des göttlichen Willens. Vgl. 1QS IV, 26: [ורע] בדעתו; 1QSa I, 10f.: [לדעת טוב [ורע] 1QSa I, 10f.: ורע [טוב]; ferner 1QS I, 2: [לעשות הטוב].

[3] Zu τὸ ἀγαθόν bei Paulus vgl. ferner Gal 6₆ 2Kor 5₁₀ Röm 2₁₀ 5₇ 7₁₃.₁₉ 9₁₁ 12₂.₉.₂₁ 13₃ 14₁₆.

[4] Vgl. Kol 1₉: τὴν ἐπίγνωσιν τοῦ θελήματος αὐτοῦ.

[5] P א DG pl lat sy fügen Ἰησοῦν hinzu.

[6] Dann würde man vor εἰς Χριστόν den Artikel τῇ bzw. τοῦ erwarten. Da die Ausdrucksweise dieses „most obscure verse in this letter" (Moule z. St.) äußerst knapp und schwer verständlich ist, versuchen alle Exegeten, den Sinn durch Paraphrase zu ertasten. Lohmeyers Wiedergabe ist jedoch zu allgemein gehalten: „auf Christus. Er ist Inbegriff aller Herrlichkeit, auf den alles Erkennen und Wirken des Glaubens gerichtet bleibt, so lange es sich noch in Zeit und Raum regt." Dibelius-Greeven z. St. erläutern: „Die von Philemon schon erlangte Gemeinschaft des Glaubens mit Christus (I Cor 1₉) möge durch fortschreitendes sittliches Wachstum zu einer immer engeren Verbundenheit mit Christus (εἰς Χριστόν) führen." Percy, Probleme, S. 125 will εἰς Χριστόν auf die unmittelbar vorhergehenden Worte beziehen und übersetzt: „die Erkenntnis alles Guten bei uns und in Beziehung auf Christus". Die Bedeutung von εἰς Χριστόν kommt dann der von ἐν Χριστῷ gleich. Der Glaube des Philemon solle dadurch wirksam werden, daß seine Erkenntnis dessen, was er als Glaubender in Christus besitzt, vertieft wird. Doch die Begründung, wegen des vorangegangenen ἐν ἡμῖν habe Paulus εἰς Χριστόν statt ἐν Χριστῷ gesagt, um eine stilistische Abwechslung in den Satz hineinzulegen, überzeugt nicht.

in der Erkenntnis des Guten, das Gott uns hat zuteil werden lassen, handelt, zur Ehre Christi geschehen soll[1]. Dabei wird Paulus schwerlich auf Christus als den Richter hinweisen wollen, vor dessen Richtstuhl wir alle einst erscheinen müssen[2]. Denn wie in V. 5 nur von ἀγάπη und πίστις, nicht aber von der ἐλπίς die Rede war, so ist auch hier weder auf die zukünftige Vollendung noch auf das Gericht der Blick gerichtet, sondern allein darauf, daß der christliche Glaube in der Liebe sichtbar wird und werden muß.

V. 7: Bisher hat Paulus in Worten, die auf jeden rechten Christen angewendet werden könnten, vom Verhalten des Philemon gesprochen. Nun aber läßt er erkennen, daß er von einer bestimmten Tat erfahren hat, durch die Philemon der Gemeinde geholfen hat. Diese Nachricht habe ihm χαρὰν[3] πολλὴν καὶ παράκλησιν gebracht[4]. Ähnlich schreibt Paulus auch den Korinthern von der Freude (2Kor 7₄) und dem Trost (2Kor 7₇), die ihm widerfahren seien, ἐπὶ δὲ τῇ παρακλήσει ἡμῶν περισσοτέρως μᾶλλον ἐχάρημεν ἐπὶ τῇ χαρᾷ Τίτου, ὅτι ἀναπέπαυται τὸ πνεῦμα αὐτοῦ (2Kor 7₁₃). χαρά und παράκλησις[5] sind dem Apostel in reichem Maße aus der Liebestat des Philemon[6] erwachsen. Paulus führt nicht aus, worum es dabei gegangen ist. Er sagt lediglich, durch Philemon seien τὰ σπλάγχνα τῶν ἁγίων ἀναπέπαυται. Mit τὰ σπλάγχνα bezeichnet Paulus den ganzen Menschen, sofern er als Christ Zuneigung und Liebe von Mensch zu Mensch wirksam werden läßt und erfährt (vgl. 2Kor 6₁₂ 7₁₅ Phil 1₈ 2₁)[7]. Durch den Ausdruck τὰ σπλάγχνα weist Paulus darauf hin, daß die ἅγιοι in der Tiefe ihres Empfindungsvermögens erquickt worden sind[8]. Durch die Zuwendung seiner Liebe hat Philemon die brüderliche Gemeinschaft gestärkt; darum wird er als Bruder noch einmal angesprochen. Hat er durch seinen persönlichen Einsatz die Herzen der anderen Christen mit tiefer Freude erfüllt, so wird er sich der Bitte des Apostels, der für Onesimus als τὰ ἐμὰ σπλάγχνα eintritt, nicht verschließen: ἀνάπαυσόν μου τὰ σπλάγχνα ἐν Χριστῷ (V. 20)[9].

---

[1] Vgl. 2Kor 1₂₁: ὁ δὲ βεβαιῶν ἡμᾶς σὺν ὑμῖν εἰς Χριστόν; 11₃: τῆς ἁπλότητος [καὶ τῆς ἁγνότητος] τῆς εἰς Χριστόν; Röm 16₅: ἀπαρχὴ τῆς Ἀσίας εἰς Χριστόν.

[2] So Wickert a.a.O. (S. 264 Anm. 3) S. 231: „Bei εἰς Χριστόν Phlm 6 dürfte also der Gedanke an den Richter mitschwingen."

[3] Pℜ al ändern χαράν in χάριν.

[4] D*pc setzen statt ἔσχον den Plural ἔσχομεν; ℜ al sy bieten: ἔχομεν.

[5] Zu παράκλησις vgl. O. Schmitz, ThWB V, S. 795 z. St. und Schlier a.a.O. (S. 127 Anm. 5) S. 75: „Am Substantiv παράκλησις freilich haftet der Gedanke des tröstenden Zurufs fester als der der Ermahnung und der Bitte."

[6] Zu ἐπί in der Bedeutung „wegen", „aus" vgl. Bauer Sp. 568f.

[7] Vgl. H. Köster, ThWB VII, S. 555.

[8] Vgl. Köster ebd. Zu ἀναπαύειν bei Paulus vgl. 1Kor 16₁₈: ἀνέπαυσαν γὰρ τὸ ἐμὸν πνεῦμα καὶ τὸ ὑμῶν.

[9] Köster a.a.O. stellt mit Recht fest: „Das häufige Vorkommen des Wortes (sc. τὰ σπλάγχνα) in diesem kleinen Briefe ist bezeichnend für den persönlichen Einsatz des Paulus in dieser Angelegenheit."

V. 8-20 Fürsprache für Onesimus

8 Darum, obwohl ich in Christus volles Recht habe, dir zu gebieten, was sich gebührt, 9 bitte ich doch lieber um der Liebe willen. Da ich der nun bin, Paulus, ein alter Mann, nun aber auch Gefangener Christi Jesu, 10 bitte ich dich für mein Kind, das ich in den Banden gezeugt habe, Onesimus, 11 der dir einst unnütz war, nun aber dir und mir sehr nützlich; 12 den ich dir schicke, ihn, das heißt mein eigenes Herz. 13 Ich wollte ihn bei mir behalten, damit er mir an deiner Statt in den Banden des Evangeliums diene, 14 aber ohne dein Einverständnis wollte ich nichts tun, damit deine gute Tat nicht aus Zwang, sondern freiwillig geschehe. 15 Denn vielleicht ist er deshalb eine Zeitlang von dir getrennt worden, damit du ihn ewig wiederhättest, 16 nicht mehr als Sklaven, sondern als einen, der viel mehr als ein Sklave ist - als geliebten Bruder, besonders für mich, um so mehr aber für dich, sowohl im Fleisch als auch im Herrn. 17 Wenn du mich nun zum Genossen hast, so nimm ihn auf wie mich. 18 Wenn er dich geschädigt hat oder dir etwas schuldet, das setze mir auf die Rechnung - 19 ich, Paulus, schreibe es mit eigener Hand, ich will es bezahlen -, um dir nicht zu sagen, daß du auch dich selbst mir schuldig bist. 20 Ja, Bruder, ich möchte deiner froh werden im Herrn. Erquicke mein Herz in Christus.

War ein Sklave entlaufen, so konnte steckbrieflich nach ihm gesucht werden[1]. Gelang es, ihn zu ergreifen, dann mußte er zu seinem Herrn zurückgebracht werden, der ihn nach seinem Ermessen bestrafen konnte. In solcher Lage war die Fürsprache eines Mannes, der mit dem Herrn bekannt oder befreundet war, für den Sklaven von größter Bedeutung. So schreibt Plinius d. J. an einen gewissen Sabinianus[2], um sich bei ihm

---

[1] Ein derartiger Steckbrief ist PapPar 10 (UPZ 121) erhalten (aus der Mitte des 2. Jahrh.s v. Chr.): In Alexandria wurde öffentlich angeschlagen, einem gewissen Aristogenes sei ein Sklave namens Hermon entlaufen. Dann werden Merkmale, an denen er erkannt werden kann, angegeben: Er ist Syrer, stammt aus Bambyke, 18 Jahre alt, von mittlerer Größe. Es folgt die Aufzählung besonderer körperlicher Kennzeichen, die Angabe, daß er drei Mnaieia (Goldmünzen) hat, zehn Perlen und einen Eisenring, sowie der Hinweis, er sei mit einem Mantel und mit einem Untergewand bekleidet. Für denjenigen, der ihn ergreift und zurückbringt bzw. der anzeigt, daß er in einem Tempel Zuflucht gesucht hat, wird eine Belohnung ausgesetzt. Wer zweckdienliche Angaben machen kann, soll das bei der Behörde des Statthalters tun. Zusammen mit diesem Sklaven ist auch der Sklave Bion, der dem Kallikrates gehört, entflohen. Er wird gleichfalls kurz beschrieben, ebenso wird eine Belohnung für seine Ergreifung ausgesetzt (Text bei Dibelius-Greeven S. 111 f.; Text, Übersetzung und Erläuterung des Dokuments bei Moule S. 34—37).
[2] Plinius d. J., Epist. IX, 21: C. Plinius Sabiniano suo S. Libertus tuus, cui suscensere te dixeras, venit ad me advolutusque pedibus meis tamquam tuis haesit. Flevit multum, multum rogavit, multum etiam tacuit, in summa fecit mihi fidem paenitentiae. Vere credo emendatum, quia deliquisse se sentit. Irasceris, scio, et irasceris merito, id quoque scio; sed tunc praecipua mansuetudinis laus, cum irae causa iustissima est. Amasti hominem et, spero, amabis: interim sufficit, ut exorari te sinas. Licebit rursus irasci, si meruerit, quod exoratus excusatius facies. Remitte aliquid adulescentiae ipsius, remitte lacrimis, remitte indulgentiae tuae. Ne torseris illum, ne torseris etiam te; torqueris enim, cum tam lenis irasceris. Vereor, ne vi-

für einen libertus zu verwenden, der ihm entflohen und zu Plinius gekommen war, von Reue erfüllt ist und nun fürchten muß, sein Herr
werde ihm bitter zürnen. Plinius räumt ein, Sabinianus habe volles Recht
zum Zorn. Doch er hält ihm vor Augen, daß der Sanftmut um so höheres
Lob gebührt, je mehr Anlaß zum Zürnen besteht, und bittet, er möge
vergeben. Dabei möge er bedenken, wie jung der libertus sei und daß er
viele Tränen über seine Tat vergossen habe. Die Bitte, den schuldigen,
aber reumütigen libertus freundlich aufzunehmen und ihn nachsichtig
zu behandeln, wird noch einmal wiederholt, um ihr Nachdruck zu verleihen. In einem späteren Brief dankt Plinius dem Sabinianus dafür[1], daß
er seiner Bitte Folge geleistet und den libertus nicht im Zorn empfangen,
sondern sich versöhnlich gezeigt hat[2].

Auch Paulus tritt für einen entlaufenen Sklaven ein. Doch er sagt
nicht, sein Herr möge die stoische Tugend der Sanftmut an den
Tag legen und Milde walten lassen, sondern er spricht ihn auf Liebe
und Glauben des Christen an. Der Apostel wählt seine Worte mit Bedacht und gestaltet den Aufbau des Hauptteils so, daß der Adressat
behutsam an den Inhalt der Bitte herangeführt wird[3]. Zunächst schickt
er eine kurze Beschreibung der Situation voran (V. 8-12). Ehe er den
Namen des entflohenen Sklaven nennt, spricht er von ihm als seinem
Kind, das er in den Banden gezeugt habe (V. 10), und hebt damit hervor,
wie lieb und wert er ihm ist. Dann blickt Paulus zurück (V. 13-16), indem

---

dear non rogare, sed cogere, si precibus eius meas iunxero: iungam tamen tanto
plenius et effusius, quanto ipsum acrius severiusque corripui districte minatus
nunquam me postea rogaturum. Hoc illi, quem terreri opportebat, tibi non idem;
nam fortasse iterum rogabo, impetrabo iterum: sit modo tale, ut rogare me, ut
praestare te deceat. Vale. (Vgl. auch Dibelius-Greeven S. 111.)

[1] Plinius d. J., Epist. IX, 24: C. Plinius Sabiniano suo S. Bene fecisti, quod
libertum aliquando tibi carum reducentibus epistulis meis in domum, in animum recepisti. Iuvabit hoc te: me certe iuvat, primum quod te tam tractabilem video,
ut in ira regi possis, deinde quod tantum mihi tribuis, ut vel auctoritati meae pareas
vel precibus indulgeas. Igitur et laudo et gratias ago; simul in posterum moneo,
ut te erroribus tuorum, etsi non fuerit, qui deprecetur, placabilem praestes. Vale.
(Vgl. auch Dibelius-Greeven S. 111.)

[2] Aus dem 4. Jahrh. n. Chr. ist der Brief eines christlichen Priesters in Hermupolis an einen christlichen Offizier im Fajjum erhalten, in dem er für einen desertierten Soldaten bittet: γινόσκιν σε θέλω, κύριε, π[ερὶ] Παύλω τοῦ στρατιότη περὶ τῆς
φυγῆς, συνχωρῆσε αὐτοῦ τοῦτω τὸ ἄβαξ = „Wissen lassen möchte ich dich, Herr,
ü[ber] den Soldaten Paulus, über seine Flucht. Vergib ihm doch dieses eine Mal!"
PapLondon II, 417, 5—8; vgl. Deißmann, Licht vom Osten, S. 183—188.

[3] Aus der Einsicht in den planvollen Aufbau des Hauptteils zieht Lohmeyer
die Folgerung, der Abschnitt sei in poetisch gehaltenen Zeilen gestaltet: „Diese
Sätze und Zeilen sind aramäisch gedacht, aber griechisch gesprochen." (S. 183)
Vgl. auch P.-L. Couchoud, Le style rhythmé dans l'épître de Saint Paul à Philémon, RHR 96 (1927), S. 129—146, der den ganzen Brief als eine Komposition
aus acht Strophen zu acht Zeilen darstellen möchte. Paulus schreibt zweifellos
in wohldurchdachten Wendungen, von einer poetischen Gestaltung des ganzen
Abschnittes kann jedoch keine Rede sein.

er erwähnt, wie Onesimus zu ihm gekommen ist und bei ihm Zuflucht gesucht hat. Da er den christlichen Glauben angenommen hat, schickt Paulus ihn dem Philemon zurück οὐκέτι ὡς δοῦλον ἀλλὰ ὑπὲρ δοῦλον, ἀδελφὸν ἀγαπητόν (V. 16). Erst nach dieser sorgfältigen Vorbereitung wird die Bitte ausgesprochen (V. 17-20), ihn anzunehmen ὡς ἐμέ (V. 17). Der Apostel ist gewiß, daß Philemon tun wird, worum er ihn bittet, und legt ihm am Ende noch einmal mahnend ans Herz: ἀνάπαυσόν μου τὰ σπλάγχνα ἐν Χριστῷ (V. 20).

V. 8: Durch διό[1] wird eine lockere Verknüpfung mit der vorangegangenen Danksagung hergestellt[2]. Der Apostel könnte von dem ihm zustehenden Recht Gebrauch machen und gebieten, was sich schickt. Mit παρρησία ist die Offenheit gemeint, in der Paulus Menschen gegenübertritt[3]. Diese Freimütigkeit gründet in der παρρησία, die er Gott gegenüber hat (vgl. 2Kor 3₁₂ Phil 1₂₀). Weil er sich in unverhüllter Offenheit Gott zuwenden darf, kann er auch Menschen in aller Freiheit und Unerschrockenheit begegnen. Wird durch παρρησία bisweilen angezeigt, daß das Verhältnis zu anderen Menschen von Offenheit im Sinne von Zuneigung bestimmt ist, so kommt hier die Bedeutung von παρρησία der von ἐξουσία nahe[4]. Paulus hätte das volle Recht, Befehle zu erteilen. Und über eine ἐπιταγή, die kraft apostolischen Rechtes ergeht, wäre kein weiteres Wort zu verlieren, sondern ihr ist als bindender Weisung unbedingt zu gehorchen (vgl. 1Kor 7₆. ₂₅ 2Kor 8₈ Röm 16₂₆)[5]. Der Apostel könnte daher auch in der Angelegenheit, derentwegen er an Philemon schreibt, einfach τὸ ἀνῆκον[6] anordnen. Der Hinweis auf das, was sich gebührt, meint hier nicht das allgemein geltende moralische Gebot, sondern die Pflicht, die dem Christen aufgegeben ist. Woran dabei konkret gedacht ist, ergibt sich aus dem Folgenden. Seinem Sklaven Onesimus gegenüber wird Philemon zu tun haben, was sich für einen Christen schickt.

V. 9: Aber der Apostel will die Befolgung seines Wortes nicht erzwingen, sondern er möchte, daß Philemon in freiem Entscheid die Tat der Liebe ausführt. Darum sagt Paulus, er wolle ihn lieber bitten[7] διὰ τὴν

---

[1] Vgl. Bauer Sp. 394; Blaß-Debr. § 451,5.

[2] Vgl. J. T. Sanders, The Transition from Opening Epistolary Thanksgivings to Body in the Letters of the Pauline Corpus, JBL 81 (1962), S. 348—362, bes. S. 355.

[3] Vgl. Bauer Sp. 1250; H. Schlier, ThWB V, S. 881f.

[4] Vgl. Schlier a.a.O. S. 881.

[5] Vgl. G. Delling, ThWB VIII, S. 37. Das Verbum ἐπιτάσσειν kommt bei Paulus sonst nicht vor; bei den Synoptikern bezeichnet es mehrfach den machtvollen Befehl Jesu, mit dem er den Dämonen gebietet. Vgl. Mk 1₂₇ Par. 9₂₅ Par.; Lk 8₂₅; ferner Mk 6₂₇. ₃₉ Lk 14₂₂ Act 23₂; vgl. auch IgnRöm 4₃: οὐχ ὡς Πέτρος καὶ Παῦλος διατάσσομαι ὑμῖν. ἐκεῖνοι ἀπόστολοι, ἐγὼ κατάκριτος· ἐκεῖνοι ἐλεύθεροι, ἐγὼ δὲ μέχρι νῦν δοῦλος.

[6] Zum Begriff vgl. oben S. 224f. zu Kol 3₁₈ und H. Schlier, ThBW I, S. 361.

[7] „Daß παρακαλεῖν, auch wo es mahnen meint, den Ton der Bitte hat, zeigt Phm 8f., wo es von ἐπιτάσσειν ausdrücklich unterschieden wird und als Ausfluß der

ἀγάπην. Damit wird weder auf die Liebe des Apostels noch auf die des
Philemon Bezug genommen[1], sondern schlechthin auf die ἀγάπη verwiesen, in der Christen einander begegnen und miteinander umgehen[2].
Mit dieser Ankündigung seiner Bitte verbindet Paulus einen Hinweis
auf die Situation, in der er sich befindet. Das voranstehende Wort τοιοῦτος[3]
wird zunächst durch den Namen Παῦλος erläutert, an den sich dann die
Bezeichnung als πρεσβύτης anschließt. πρεσβύτης könnte in der Bedeutung
„Gesandter" und damit als Ausdruck der Paulus verliehenen Vollmacht
verstanden werden. Um diese Wiedergabe zu rechtfertigen, bedarf es
nicht der Konjektur zu πρεσβευτής[4]; denn auch πρεσβύτης wird gelegentlich vom Boten und Gesandten gebraucht (vgl. 2Makk 11₃₄ LXX 2 Chr
32₃₁ B 1Makk 14₂₂ 15₁₇ א)[5]. Wenn man πρεσβύτης auf das Amt des Apostels
bezieht, würde Paulus hier geltend machen, daß er als Gesandter Christi[6]
spricht (vgl. 2Kor 5₂₀)[7]. Aber der Apostel hatte soeben ausdrücklich
versichert, er wolle auf seine παρρησία, in der er befehlen könnte, verzichten. Daher gibt Paulus mit seiner Bemerkung, er sei ein πρεσβύτης,
einen Hinweis auf sein Alter[8]. Nicht seine apostolische Autorität setzt
er ein, sondern als gealteter Mann spricht er zu Philemon[9]. Überdies hat

Liebe erscheint." O. Schmitz, ThWB V, S. 792 Anm. 166; vgl. ferner oben S. 127
zu Kol 2₂; Bjerkelund a.a.O. (S. 127 Anm. 5) S. 188: „παρακαλῶ kommt dann
bei Paulus zur Anwendung, wenn die Frage der Autorität kein Problem darstellen
darf und der Apostel sich an die Glieder der Gemeinde wie an seine Brüder wenden
kann in dem Bewußtsein, daß sie ihn als Apostel anerkennen wollen. Diese Aufforderung drückt also eine gewisse Zuversicht des Paulus gegenüber der betreffenden Gemeinde aus."
    [1] So Dibelius-Greeven z. St.: „im Vertrauen auf des Philemon in 7 er-
wähnte Liebe".
    [2] Vgl. Wickert a.a.O. (S. 264 Anm. 3) S. 236 Anm. 16: „Die gemeinsame
Liebe drängt zum Bitten."
    [3] τοιοῦτος ὤν — „der ich nun einmal bin". ὡς „führt die Eigenschaft einer
Person, Sache, Handlung u. a. ein, auf die es im Zusammenhang ankommt".
Bauer Sp. 1774; ders. Sp. 1625: Auf τοιοῦτος „folgt ὡς = in meiner Eigenschaft
als". Vgl. z. B. 1Kor 3₁₀: ὡς σοφὸς ἀρχιτέκτων.
    [4] Vgl. Lightfoot, Haupt z. St.
    [5] Vgl. G. Bornkamm, ThWB VI, S. 683 Anm. 2.
    [6] Vgl. auch Eph 6₂₀: ὑπὲρ οὗ (sc. das Evangelium) πρεσβεύω ἐν ἁλύσει; Ign
Smyrn 11₂: θεοπρεσβευτής.
    [7] Vgl. Lightfoot, Haupt, Lohmeyer, Moule z. St.; ferner Wickert
a.a.O. S. 235; Kümmel, Einleitung, S. 251.
    [8] Mit πρεσβύτης wird von Ps.-Hippokrates, περὶ ἑβδομάδων (bei Philo, de opif.
mundi 105) die sechste der sieben Altersstufen des Menschen beschrieben, die
zwischen ἀνήρ und γέρων liegt, d.h. das 49.—56. Jahr. Nach Hippokrates, Apho-
rismi III, 30f. bezeichnet πρεσβύτης die letzte Stufe in der Folge der Lebensalter
des Menschen. Vgl. F. Boll, Die Lebensalter, Neue Jahrbücher für das Klassische
Altertum 31 (1913), S. 89—145, bes. S. 114—118. Ein Rückschluß auf das genaue
Lebensalter des Paulus ist aus dieser Stelle nicht zu gewinnen. Vgl. Dibelius-
Greeven z. St.
    [9] So erklären u. a. Vincent, Dibelius-Greeven, Friedrich z. St.; ferner
Bornkamm a.a.O. S. 682f.

er als δέσμιος Χριστοῦ Ἰησοῦ (vgl. V.1) teil an der Schwachheit und
Niedrigkeit Christi, um dessentwillen er leidet[1]. Wenn er nun auf sein
Alter und seine Gefangenschaft aufmerksam macht, so darf er darauf
rechnen, daß Philemon seinen Worten die schuldige Achtung erweisen
wird.

V. 10: Noch einmal nimmt Paulus das Wort παρακαλῶ auf (vgl.
V.9) und gibt nun auch den Gegenstand seiner Bitte an. Sie betrifft[2] sein
Kind, das er in der Gefangenschaft gezeugt hat[3]. Erst auf diese Versicherung, wie eng der Apostel sich ihm verbunden weiß, folgt der Name des
Onesimus[4]. Dieser war also Sklave eines christlichen Herrn, selbst aber
noch nicht Glied der Gemeinde gewesen. Als er sich dann nach seiner
Flucht an Paulus gewandt hatte und bei ihm geblieben war, war er
Christ geworden. Diese Tatsache stellt Paulus voran, ehe er den Namen
angibt, an den Philemon sicherlich nicht gern erinnert wird[5]. Doch er kann
ihm nun nicht mehr grollen, wenn der Apostel von Onesimus als seinem
τέκνον spricht. Paulus bezeichnet sich gelegentlich als Vater der ganzen
Gemeinde, weil er sie in Christus Jesus gezeugt hat (vgl. 1Kor 4₁₅;
ferner Gal 4₁₉), und sagt, Timotheus sei sein τέκνον ἀγαπητὸν καὶ πιστὸν
ἐν κυρίῳ (1Kor 4₁₇). Das Bild von Vater und Kind wurde im rabbinischen
Judentum bisweilen auf das Verhältnis angewendet, in dem ein Lehrer
zu seinem Schüler steht, den er in der Thora unterwiesen hat[6]. In den
Mysterienreligionen galt der Mystagoge als Vater des Mysten, der ihm
verbunden bleibt[7]. Paulus bedient sich einer ähnlichen Ausdrucksweise[8].
Denn der Apostel spricht hier nicht nur deshalb von Onesimus als seinem
Kind, weil er wie ein Vater für den Sklaven eintritt (V.19)[9]; sondern er
nennt ihn sein τέκνον, weil er ihn gezeugt, d.h. für den Glauben an
Christus gewonnen hat. Dieses sein Kind ist daher der Bruder des Phile-

---

[1] Statt νυνί lesen A pc νῦν.

[2] περί bedeutet hier nicht „um", sondern „für". Vgl. 1Kor 16₁₂ 2Kor 12₈
2Thess 2₁ und siehe Greeven a.a.O. (S. 261 Anm. 1) Sp. 374. Paulus will nicht
um Onesimus bitten (so Knox a.a.O. [S. 261 Anm. 1] S. 23f. Anm. 8), sondern er
tritt für ihn ein. Vgl. Bjerkelund a.a.O. (S. 127 Anm. 5) S. 120f. 210 Anm. 4.

[3] Nach ὅν fügen A 69 al sy^h ἐγώ ein; zu ἐν τοῖς δεσμοῖς ergänzen C℘ pl sy μου.
Lectio brevior potior!

[4] Ὀνήσιμος ist häufig als Sklavenname bezeugt. Vgl. Lightfoot S. 308f.;
Bauer Sp. 1129f.

[5] Vgl. Theodoret z. St.: εἶτα μετὰ τὰ ἐγκώμια τὸ ὄνομα τέθεικεν.

[6] b. Sanh. 99b: „Wer den Sohn seines Nächsten Thora lehrt, dem rechnet es
die Schrift so an, als ob er ihn geschaffen hätte." Vgl. Billerbeck III, S. 340f.;
dort weitere rabbinische Belege. Vgl. auch F. Büchsel, ThWB I, S. 663f.

[7] Vgl. Apulejus, Metamorph. XI, 25: Ad istum modum deprecato summo
numine (sc. Isis) complexus Mithram sacerdotem et meum iam parentem. Vgl.
ferner die bei Dibelius-Greeven z. St. angeführten Belege: IG XIV, 1084,5f.;
CIL III, 882; VI, 2278. Der Eingeweihte gilt als Kind, das durch den Vater die
Weihe empfangen hat. Vgl. Reitzenstein, Mysterienreligionen, S. 40f.

[8] Vgl. Dibelius-Greeven z. St.

[9] So nach Deißmann, Licht vom Osten, S. 285.

mon (V. 16), der einst gleichfalls durch Paulus zum Glauben an Christus geführt wurde (V. 19)[1].

V. 11: Mochte Onesimus früher für seinen Herrn ein unbrauchbarer Sklave gewesen sein[2], jetzt ist er ein anderer geworden[3], der dem Apostel und auch Philemon wahrhaft nützlich ist[4]. Die Worte ἄχρηστον/εὔχρηστον[5], durch die dieser Gegensatz beschrieben wird, klingen an Χριστός an; denn Χριστός wurde gleichlautend mit χρηστός ausgesprochen[6]. Durch die Hinwendung zu Christus als dem Herrn hat sich dieser Wandel vollzogen, so daß nun durchgestrichen ist, was einst war, und allein die Gegenwart, die durch die Christuszugehörigkeit des Onesimus bestimmt ist, Gültigkeit besitzt[7]. Das wird auch Philemon bestätigen, in dessen Augen Onesimus einst ἄχρηστος[8] war, nun aber als εὔχρηστος gelten wird. Zwar kann Paulus für diesen Wandel zunächst nur sich selbst als Zeugen angeben, aber er stellt doch dem ἐμοί das σοί voran. Denn Philemon wird sich selbst davon überzeugen, daß Onesimus ein anderer geworden ist.

[1] Ὀνήσιμον, τόν ποτέ σοι κτλ. steht nicht mehr im Genitiv, wie man nach περὶ τοῦ ἐμοῦ τέκνου erwarten sollte. Es liegt also Attraktion an den Relativsatz ὃν ἐγέννησα κτλ. vor. Vgl. Moule z. St.

[2] Phrygische Sklaven galten weithin als unbrauchbar. Belege bei Lightfoot S. 310 Anm. 2.

[3] Das vor σοί stehende καί wird von AC𝔐D pm it sy^h ausgelassen, ist aber durch ℵ* G 33 al vg sy^p hinreichend bezeugt.

[4] Zum Anschluß durch den Artikel τόν ποτέ σοι ἄχρηστον κτλ. vgl. Radermacher, Grammatik, S. 116: „Ein folgendes Attribut oder eine Apposition wird durch den Artikel fester an das Bestimmungswort gebunden, das selbst nicht notwendig den Artikel haben muß."

[5] Vgl. Platon, Respubl. 411a: χρήσιμον ἐξ ἀχρήστου . . . ἐποίησεν. Ein vergleichbares Wortspiel ist auch von den Rabbinen überliefert: „Gleich einem, der einen Sklaven kaufen wollte. Er sprach zu dessen Herrn: Ist dieser Sklave, den du verkaufen willst, von schlechter Art קאקוגריס׳ (= κακὴ αἵρεσις) oder von guter Art קלוגריס׳ (= καλὴ αἵρεσις)? Er antwortete ihm: Er ist von schlechter Art, und darum verkaufe ich ihn." Ex. r. 43 (99c), vgl. Billerbeck III, S. 668. Auf den Gegensatz ἄχρηστος/εὔχρηστος wird mehrfach im Hirten des Hermas hingewiesen: Vis. III, 6, 1: οὐκ εἰσὶν εὔχρηστοι εἰς οἰκοδομήν . . .; III, 6, 2: ἄχρηστοί εἰσιν; III, 6, 7: ὅτε ἐπλούτεις, ἄχρηστος ἦς, νῦν δὲ εὔχρηστος εἶ . . . εὔχρηστοι γίνεσθε τῷ θεῷ; Mand. V, 1, 6: ἡ μακροθυμία . . . εὔχρηστός ἐστι τῷ κυρίῳ . . . ἡ δὲ ὀξυχολία . . . ἄχρηστός ἐστιν.

[6] Vgl. Justin, Apol. I, 4, 1: ἐκ τοῦ κατηγορουμένου ἡμῶν ὀνόματος χρηστότατοι ὑπάρχομεν; I, 4, 5: Χριστιανοὶ γὰρ εἶναι κατηγορούμεθα· τὸ δὲ χρηστὸν μισεῖσθαι οὐ δίκαιον. Vgl. auch Athenagoras, Supplicatio pro Christianis 2; Tertullian, Apol. 3, 5: „Christianus" vero, quantum interpretatio est, de unctione (sc. χρῖσις) deducitur. Sed et cum perperam „Chrestianus" pronuntiatur a vobis — nam nec nominis certa est notitia penes vos —, de suavitate vel benignitate (sc. χρηστότης) compositum est.

[7] Zum Gegensatz „einst" — „jetzt" in der urchristlichen Predigt und Unterweisung vgl. oben S. 104f. zu Kol 1₂₁f.

[8] Epiktet, Diss. I, 19, 19 erwähnt einen Schuster-Sklaven des Epaphroditus, ὃν διὰ τὸ ἄχρηστον εἶναι ἐπώλησεν.

V. 12: Der Apostel schickt[1] ihn zu seinem Herrn zurück[2]. Damit erfüllt er, was das Recht gebietet[3]. Aber Paulus sendet Onesimus an Philemon mit der ausdrücklichen Versicherung, eben dieser Sklave[4] sei so viel wie sein eigenes Herz[5]. Wenn Onesimus zu seinem Herrn zurückkehrt, dann wird es sein, als käme der Apostel selbst zu ihm[6]. Wie könnte er dann dem Sklaven vorenthalten, was er dem alternden und leidenden Paulus schuldig ist?[7]

V. 13: Mit kurzen Worten kommt Paulus nun auf die Vorgänge zu sprechen, die sich vor der Abfassung seines Briefes und der Rücksendung des Onesimus zugetragen haben. Gern wollte[8] er ihn bei sich behalten[9]. Denn Onesimus leistet ihm treue Dienste und könnte sie auch weiterhin

---

[1] ἀνέπεμψα ist Aorist des Briefstils, vgl. oben S. 240 Anm. 7 zu Kol 4₈. ἀνέπεμψα bedeutet nicht, Paulus schicke ihn hinauf, wie man jemanden zum zuständigen Gerichtshof sendet, damit sein Fall dort entschieden werde. So meint Knox a.a.O. Kap. 1, Paulus wolle Onesimus behalten, er schicke ihn aber über Philemon zu Archippus, damit dieser als sein Herr die Angelegenheit entscheide. Doch ἀναπέμπειν hat hier zweifellos die Bedeutung „zurückschicken". Vgl. Lk 23₇.₁₁.₁₅ Act 25₂₁.

[2] Der Satz ist in den Handschriften nicht einheitlich überliefert: Nach σοι fügen D*it vg^{cl}sy^p σὺ δέ ein, statt σοι lesen P𝔎G pl vg^{codd} σὺ δέ. An das Ende des Satzes setzen C𝔎D (69 al) pl lat sy προσλαβοῦ. „Diese Lesart entstammt offenbar dem Wunsche, den Inhalt der Bitte — von dem wir erst 17 hören — schon hier ausgesprochen zu finden." (Dibelius-Greeven z. St.)

[3] Zu den entsprechenden jüdischen Rechtsvorschriften vgl. Billerbeck III, S. 668—670. Zur Sache siehe auch oben S. 263.

[4] Die Konstruktion ὅν — αὐτόν ließe sich als Semitismus verstehen (vgl. Mk 7₂₅: γυνὴ ... ἧς εἶχεν τὸ θυγάτριον αὐτῆς). Denn im Hebräischen folgt auf das Relativum אֲשֶׁר im Satz stets noch ein Personalpronomen oder ein Suffix. Wahrscheinlich aber ist αὐτόν gesetzt, um das Relativpronomen noch einmal aufzunehmen und dann fortzufahren: Wenn ich ihn schicke, so schicke ich damit mein eigenes Herz. Vgl. Moule z. St.

[5] Die Bedeutung τὰ σπλάγχνα = „Kind", für die zu Unrecht bisweilen Philo, de Josepho 25 angeführt worden ist (vgl. H. Köster, ThWB VII, S. 553), kann hier nicht in Betracht kommen. Vgl. Lightfoot z. St. Denn oben ist Onesimus bereits τέκνον genannt worden, ὃν ἐγέννησα ἐν τοῖς δεσμοῖς (V.₁₀).

[6] Vgl. Köster a.a.O. S. 555.

[7] Zu dieser Fürsprache, die Paulus für Onesimus einlegt, vgl. das Empfehlungsschreiben PapOsl 55 (2./3. Jahrh. n. Chr.): Διογένης Πυθαγόρᾳ τῷ ἀνδελφῷ χαίρειν. Ἴσθι Θέωνα τὸν παράδοξον τὸν ἀναδιδόντα σοι ταῦτά μου τὰ γράμματα οἰκεῖόν μου ὄντα καὶ σχέσιν ἀδελφικὴν ἔχοντα πρός με. Καλῶς οὖν ποιήσεις, ἀδελφέ, τοῦτον ὑποδεξάμενος ὡς ἂν ἐμέ. Vgl. Bjerkelund a.a.O. (S. 127 Anm. 5) S. 121f.

[8] ἐβουλόμην drückt den tatsächlichen Wunsch aus, auf dessen Erfüllung Paulus aber verzichtet: Ich „wollte eigentlich, tue oder tat es aber nicht" (Blaß-Debr. § 359).

[9] Zwar kommt κατέχειν auch als terminus technicus im Zusammenhang der sakralen Asylrechtspflege vor, in der die κατοχή bedeutet, daß die Gottheit den Eintretenden mit Beschlag belegt. Doch: „Πρὸς ἐμαυτὸν κατέχειν kann im Zusammenhang des Paulus-Briefs zweifellos nur heißen ‚bei mir behalten'" (L. Delekat, Katoche, Hierodulie und Adoptionsfreilassung, Münchener Beiträge zur Papyrusforschung und Rechtsgeschichte 47, München 1964, S. 7f.).

anstelle des Philemon[1], der zweifellos gleichfalls gern dem Apostel helfen würde, erfüllen. Aber wenn er auch das Recht hätte, als Apostel diese Dienste in Anspruch zu nehmen[2], und sie gerade in der Gefangenschaft, die er um des Evangeliums willen leiden muß[3], nötig brauchte, so will Paulus doch unter keinen Umständen der Entscheidung vorgreifen, die nur Philemon als der rechtmäßige Herr seines Sklaven fällen kann.

V. 14: Ohne sein Einverständnis[4] will der Apostel nichts tun. Denn Philemon soll sich nicht gezwungen, sondern freiwillig zur guten Tat entschließen. Spricht Paulus hier von τὸ ἀγαθόν σου, so wählt er wieder einen recht allgemeinen Ausdruck, durch den der Empfänger des Briefes nicht auf die Ausführung einer genauen Anweisung festgelegt, sondern zum Wirken der Liebe ermutigt wird, die den rechten Weg, auf dem das Gute verwirklicht werden kann, wohl zu finden weiß (vgl. V. 6: ἐν ἐπιγνώσει παντὸς ἀγαθοῦ τοῦ ἐν ἡμῖν εἰς Χριστόν)[5]. Das aber kann nicht geschehen, wenn Philemon durch Zwang genötigt würde, gegen seinen eigenen Willen zu handeln; sondern nur aufgrund einer frei getroffenen Entscheidung kann die Liebe tätig werden[6]. Darum soll auch der geringste Anschein vermieden werden, als wollte Paulus vorwegnehmen, was allein Sache des Philemon sein kann[7].

V. 15: Im Rückblick auf die Flucht des Onesimus drückt Paulus sich behutsam aus und gibt zu bedenken, vielleicht[8] sei er eben deshalb auf

---

[1] ὑπὲρ σοῦ heißt: „stellvertretend für dich". In antiken Papyrusbriefen findet sich häufig ὑπὲρ αὐτοῦ, das ein Schreiber, der für einen Analphabeten schreibt, zum Zeichen der Stellvertretung setzt. Vgl. Deißmann, Licht vom Osten, S. 285 Anm. 2.

[2] Vgl. Act 13₅: εἶχον δὲ καὶ Ἰωάννην ὑπηρέτην; Phil 2₂₅ nennt Paulus Epaphroditus, der zur Gemeinde von Philippi gehörte und bei ihm weilte, ὑμῶν δὲ ἀπόστολον καὶ λειτουργὸν τῆς χρείας μου. Er hat sogar sein Leben aufs Spiel gesetzt, ἵνα ἀναπληρώσῃ τὸ ὑμῶν ὑστέρημα τῆς πρός με λειτουργίας (Phil 2₃₀).

[3] Vgl. oben zu V. 1 und IgnTrall 12₂: παρακαλεῖ ὑμᾶς τὰ δεσμά μου, ἃ ἕνεκεν Ἰησοῦ Χριστοῦ περιφέρω.

[4] Vgl. R. Bultmann, ThWB I, S. 717f.; Bauer Sp. 323f. Zu dieser Bedeutung von γνώμη, die in Papyrustexten häufig belegt ist (vgl. Preisigke Wb I, Sp. 301), vgl. z. B. PapOxyrh X, 1280, 4—6: ὁμολογῶ ἑκουσίᾳ καὶ αὐθαιρέτῳ γνώμῃ συντεθῖσθαί με πρός σέ . . .

[5] τὸ ἀγαθόν σου: Durch den Artikel wird das Adjektiv substantiviert. Vgl. Blaß-Debr. § 263 und Moulton-Turner S. 13; siehe auch V. 9: τὸ ἀνῆκον.

[6] Zum Gegensatz μὴ ὡς κατὰ ἀνάγκην — ἀλλὰ κατὰ ἑκούσιον vgl. Thukydides VIII, 27, 3: καθ' ἑκουσίαν (sc. γνώμην), ἢ πάνυ γε ἀνάγκῃ; ferner 1Petr 5₂: μὴ ἀναγκαστῶς ἀλλὰ ἑκουσίως; zu κατὰ ἑκούσιον — das Wort ἑκούσιος findet sich sonst nicht im Corpus Paulinum — vgl LXX Num 15₃: καθ' ἑκούσιον; Hebr 10₂₆: ἑκουσίως; PapOxyrh XII, 1426, 14: ἑκουσίᾳ γνώμῃ; PapLips I, 26, 5f.: ὁμολογοῦμεν [ἑκο]υσίᾳ καὶ α[ὐ]θαιρέτῳ καὶ ἀμε[τα]νοήτῳ γνώμῃ διη[ρ]ῆσθαι πρὸς [ἑ]αυτούς; zu PapOxyrh X, 1280, 4f. siehe oben Anm. 4.

[7] Deshalb ist hier ὡς vor κατὰ ἀνάγκην gesetzt. Vgl. Plinius d. J., Epist. IX, 21: Vereor, ne videar non rogare sed cogere. Vgl. oben S. 274 Anm. 2.

[8] τάχα hat hier die Bedeutung „vielleicht". Vgl. Xenophon, Anab. V, 2, 17; Röm 5₇ und Bauer Sp. 1596.

kurze Frist[1] von Philemon getrennt worden, damit er ihn nun auf ewig wieder bekommt. Mit der passiven Wendung ἐχωρίσθη wird geradezu angedeutet, daß hinter diesem für Philemon zunächst so ärgerlichen Vorgang Gottes verborgene Absicht stehen könnte. Denn nun soll er ihn erhalten[2], um nicht mehr von ihm geschieden zu werden. Hatte die Trennung nur von kurzer Dauer sein sollen, so wird das neue Verhältnis auf ewig währen[3].

V. 16: Philemon und Onesimus stehen einander nun als Brüder in Christus gegenüber. Onesimus wird daher für seinen Herrn weit mehr als ein Sklave sein[4]. Nennt der Apostel ihn ἀδελφὸν ἀγαπητόν, so wird diese Bruderschaft jetzt das Verhältnis zu seinem christlichen Herrn bestimmen[5]. Dabei wird nicht im stoischen Sinne von der Gleichheit aller Menschen gesprochen, die aus demselben Samen stammen und dieselbe Luft atmen[6], sondern es ist von der neuen, durch die Christuszugehörigkeit begründeten Gemeinschaft die Rede. Ist Onesimus ἐν σαρκί als Sklave Eigentum seines Herrn, so ist diese irdische Ordnung nun überboten durch die Verbundenheit ἐν κυρίῳ[7]. Zweifellos ist die irdische Freiheit ein hohes Gut. Doch für den Christen ist es letztlich nicht entscheidend, ob er Sklave oder Freier ist, sondern alles kommt darauf an, den Ruf Gottes vernommen zu haben und ihm zu folgen (1Kor 7,21-24). Diesem Ruf hat auch der Herr des Sklaven gehorsam zu sein; denn auch er untersteht dem Gebot des Kyrios. Damit aber hat das Verhältnis von Herr und Sklave eine grundlegende Verwandlung er-

---

[1] Zu πρὸς ὥραν = „auf kurze Frist" vgl. Gal 2,5: οἷς οὐδὲ πρὸς ὥραν εἴξαμεν τῇ ὑποταγῇ; ferner 2Kor 7,8 und Bauer Sp. 1771.

[2] ἀπέχειν ist terminus technicus für Ausstellung einer Quittung. Vgl. Phil 4,18: ἀπέχω δὲ πάντα καὶ περισσεύω. Weitere Belege bei Deißmann, Licht vom Osten, S. 88f.; Bauer Sp. 167f.

[3] αἰώνιον ist also πρὸς ὥραν gegenübergestellt. Der עֶבֶד עוֹלָם (Dt 15,17) ist der Sklave auf Lebenszeit. Doch ist sicher nicht daran gedacht, daß Onesimus οἰκέτης εἰς τὸν αἰῶνα sein sollte (vgl. H. Sasse, ThWB I, S. 209); sondern durch αἰώνιος soll das neue Verhältnis des Herrn zum Sklaven bezeichnet werden, das in der Bruderschaft in Christus begründet ist und nicht wieder aufgehoben wird. Er ist jetzt nicht mehr „res seines Herrn", „die er nach römischer Rechtsauffassung war" (Merk a.a.O. [S. 203 Anm. 9] S. 227).

[4] Zur Wendung οὐκέτι ὡς δοῦλον ἀλλὰ ὑπὲρ δοῦλον vgl. v. Soden z. St.: „ὡς drückt die subjective Auffassung des Verhältnisses aus, ohne die objective Form desselben in Frage zu stellen ... die Linie von 1Kor 7,20-24 (ist) also nicht überschritten."

[5] μάλιστα ist hier als Elativ in der Bedeutung „besonders" gebraucht und kann daher durch πόσῳ μᾶλλον gesteigert werden.

[6] Vgl. Seneca, Epist. 47,10: Vis tu cogitare istum, quem servum tuum vocas, ex eisdem seminibus ortum eodem frui caelo, aeque spirare, aeque vivere, aeque mori. Tam tu illum videre ingenuum potes quam ille te servum.

[7] Der Ausdruck ἐν σαρκὶ καὶ ἐν κυρίῳ (= „als Mensch und als Christ" [Dibelius-Greeven z. St.]) findet sich nur hier bei Paulus. Vgl. Conzelmann, Theologie, S. 195.

fahren. Mag es auch naheliegen, daß Philemon Onesimus die Freiheit schenkt[1], so kann ihm doch der Apostel anheimstellen, wie er entscheidet. Gebunden aber ist Philemon unter allen Umständen an das Gebot der Liebe, deren erneuernde Kraft in der brüderlichen Gemeinschaft mit dem heimkehrenden Sklaven wirksam wird.

V. 17: Nun erst[2] bringt Paulus die Bitte vor, Philemon möchte Onesimus aufnehmen, wie er den Apostel empfangen würde. Dabei geht Paulus davon aus, daß eine enge Verbundenheit zwischen ihm und Philemon besteht und er den Apostel zum κοινωνός hat. κοινωνοί sind Partner, die gemeinsame Interessen verfolgen oder als Genossen an demselben Unternehmen beteiligt sind[3]. Nennt Paulus sich κοινωνός, so ist weder an geschäftliche Angelegenheiten noch allein an freundschaftliche Beziehungen gedacht, sondern ihre κοινωνία gründet in der zutiefst verbindenden Zugehörigkeit zum einen Herrn, die zu gemeinsamem Handeln in Glaube und Liebe zusammenschließt[4]. Aufgrund dieser Verbundenheit spricht Paulus nun seine Bitte aus, in der er nicht nur ein gutes Wort der Fürsprache für Onesimus einlegt[5], sondern sich geradezu mit ihm identifiziert[6]. Was Philemon ihm an Liebe erweisen wird, wird gelten, als würde es dem Apostel selbst zugewandt.

V. 18: Freilich, es muß in Ordnung gebracht werden, was an Schaden entstanden war. Wenn Onesimus seinen Herrn geschädigt hat oder ihm etwas schuldig ist, so will der Apostel für ihn eintreten. Damit braucht nicht gesagt zu sein, daß der Sklave bei seiner Flucht seinem Herrn etwas entwendet hat. Denn nicht erst durch einen Diebstahl, sondern schon allein dadurch, daß er davonlief, hatte er den Besitz des Philemon beeinträchtigt. Was dabei an Verlust entstanden ist, das mag Philemon dem

---

[1] In den Mysterienreligionen wurde die Auffassung von der Gleichberechtigung aller Menschen vertreten. Daher galt der Sklave, der dieselben Weihen empfangen hatte wie sein Herr, nicht mehr als Sklave, sondern er blieb als freier Mann bei seinem bisherigen Herrn. Vgl. P. Seidensticker, Lebendiges Opfer, NTAbh XX, 1—3, Münster i. W. 1954, S. 15 Anm. 33.

[2] „Nach Zwischenbemerkungen bezeichnet οὖν die Rückkehr zum Hauptthema" (Blaß-Debr. § 451, 1).

[3] Vgl. Lightfoot z. St.: „Those are κοινωνοί, who have common interests, common feelings, common work." Vgl. z. B. PSI IV, 306, 3: προσειληφέναι τ[. . .]ϙην κοινωνὸν ἐξ ἴϙου; PapAmh II, 92, 18f.: οὐχ ἔξω δὲ κ[ο]ινωνὸν οὐδὲ μίσθιον; II, 100, 4: προσελάβετο τὸν Κορνήλιον κοινωνόν. Weitere Belege bei Bauer Sp. 869.

[4] Vgl. Theodor von Mopsueste z. St.: ob communem fidem; ferner F. Hauck, ThWB III, S. 808.

[5] Vgl. dazu den oben (S. 274 Anm. 2) angeführten Brief des Plinius d. J. an Sabinianus.

[6] Vgl. Friedrich z. St. Zur Wendung αὐτὸν ὡς ἐμέ vgl. PapOsl 55 (siehe oben S. 280 Anm. 7): Καλῶς οὖν ποιήσεις, ἀδελφέ, τοῦτον ὑποδεξάμενος ὡς ἂν ἐμέ und siehe Bjerkelund a. a. O. (S. 127 Anm. 5) S. 52.

Apostel auf die Rechnung setzen[1]. Hatte Paulus eben schon mit dem Ausdruck κοινωνός ein Wort von juristischer Bedeutung gebraucht, so bedient er sich jetzt erneut einer Wendung, durch die rechtliche Verpflichtungen beschrieben werden. Er bietet an, die unbezahlte Schuld auf seinem Konto verbuchen zu lassen[2]. Philemon wird wissen, daß der Apostel über keinen irdischen Reichtum verfügt, und daher verstehen, was er meint, wenn er sich bereit erklärt, den Verlust zu übernehmen.

V. 19: Mit eigener Hand[3] stellt Paulus die Erklärung aus, er wolle für den Schaden aufkommen[4]. Durch diese Schuldverschreibung, die in V.19a in einer Parenthese mitten in den Zusammenhang hineingestellt ist, verpflichtet er sich, den etwa geforderten Schadensersatz zu leisten[5]. Will man aber schon von Schuld sprechen — so wird in V.19b an den in V.18 ausgesprochenen Gedanken angeknüpft —, dann könnte Paulus auch eine Gegenrechnung aufmachen[6] und Philemon daran erinnern, daß er ja in der Schuld des Apostels steht[7]. Denn durch ihn[8] ist er für

---

[1] Nicht ἐλλόγει (Κpl; vgl. Röm 513), sondern ἐλλόγα lesen die ältesten Textzeugen.

[2] Zu ἐλλογάω (bzw. ἐλλογέω) = „aufs Konto setzen" vgl. PapStraßb I, 32, 9f.: δότω λόγον, τί αὐτῷ ὀφείλ[ε]ται καὶ ποῦ παρέσχεν, ἵνα οὕτως αὐτῷ ἐνλογηθῇ = „Er soll eine Rechnung darüber (sc. über einen Pflug) ausstellen, was ihm geschuldet wird, und (mit einer Angabe darüber,) wohin er geliefert hat, damit so die Abrechnung mit ihm erledigt werden kann." BGU I, 140, 28—33: ταύτην μου τὴν δωρεὰν καὶ τοῖς στρατιώταις ἐμοῦ καὶ τοῖς οὐετρανοῖς εὔγνωστόν σε ποιῆσαι δεήσει, οὐχ ἕνεκα τοῦ δοκεῖν με αὐτοῖς ἐνλογεῖν, ἀλλὰ ἵνα τούτῳ χρῶνται, ἐὰν ἀγνοῶσι; PapGrenf II, 67, 16—18: ἐντεῦθε[ν] δὲ ἔσχες ὑπὲρ ἀραβῶνος [τοῦ] μὴ ἐλλογουμέν[ο]υ σ[ο]ι (δραχμάς). Vgl. ferner Bauer Sp. 500; H. Preisker, ThWB II, S. 514f.; G. Friedrich, Ἁμαρτία οὐκ ἐλλογεῖται Röm. 5,13, ThLZ 77 (1952), Sp. 523—528.

[3] ἔγραψα ist Aorist des Briefstils. Die Parenthese V.19a ist sicherlich eigenhändig geschrieben worden. Ob der übrige Brief diktiert wurde (so Dibelius-Greeven z. St.) oder aber gleichfalls von Paulus selbst niedergeschrieben wurde, ist nicht mehr auszumachen.

[4] ἀποτίνειν = „die Schuld begleichen" ist wiederum ein juristischer Terminus. Vgl. PapOxyrh II, 275, 24—28: In einem Lehrlingskontrakt wird vereinbart: ὅσας δ' ἐὰν ἐν τούτῳ ἀτακτήσῃ (sc. der Lehrling) ἡμέρας ἐπὶ τὰς ἴσας αὐτὸν παρέξεται [με]τὰ τὸν χρόνον ἢ ἀ[πο]τεισάτω ἑκάσ[τ]ης ἡμέρας ἀργυρίου [δρ]αχμὴν μίαν. Für jeden Tag, den der Lehrling seine Arbeit versäumt, wird sein Vater also eine Silber-Drachme zu entrichten haben.

[5] Rechtlich handelt es sich bei dieser Erklärung des Apostels um eine private Interzession. Vgl. O. Eger, Rechtsgeschichtliches zum Neuen Testament, Rektoratsprogramm der Universität Basel für das Jahr 1918, Basel 1919, S. 44.

[6] Zu ἵνα μὴ λέγω vgl. 2Kor 94: ἵνα μὴ λέγωμεν. „Der Redner stellt sich, als übergehe er etwas, was er tatsächlich doch erwähnt." (Blaß-Debr. § 495,1)

[7] V.19b ist zu übersetzen: „um dir nicht zu sagen, daß du auch dich selbst mir schuldig bist". Haupt und Jang a.a.O. (S. 264 Anm. 7) z. St. dagegen wollen interpungieren: ἵνα μὴ λέγω· σοί (sc. ἐλλόγα). Vgl. auch Blaß-Debr. § 495,1. Doch „diese Verbindung nimmt dem unzweifelhaften Ernst der Haftungserklärung das Gewicht". Lohmeyer z. St.

[8] Es besteht daher ein Verhältnis gegenseitiger Schuldverpflichtung (vgl. Röm 1527). Zu προσοφείλεις vgl. PapPar 26,44—46: καὶ τίνα πρὸς τίνας χρόνους προσ-

den christlichen Glauben gewonnen worden[1]. Die Rede von der Schuld
bleibt damit nicht mehr im Bereich juristischer Verbindlichkeiten, sondern
wird als übertragene Ausdrucksweise benutzt, um das Verhältnis zu
beschreiben, in dem Philemon zum Apostel steht[2]. Er wird begreifen,
daß man hier nicht mehr Schuld gegen Schuld aufrechnen kann. Gottes
Barmherzigkeit, durch die er einst Christ geworden ist, ist auch Onesimus
zuteil geworden. Ihn hat er daher als christlichen Bruder aufzunehmen
und jede Regung des Zorns, mag sie auch noch so berechtigt sein, zu
vertreiben.

V. 20: Zur Bekräftigung[3] seiner Bitte fügt Paulus einen letzten Satz
hinzu, in dem er Philemon noch einmal als Bruder anredet und den
Wunsch ausspricht, er möchte seiner recht froh werden in dem Herrn[4].
Paulus verwendet dabei einen nahezu formelhaften Ausdruck[5]; aus
ὀναίμην ist daher weder ein Wortspiel mit dem Namen des Onesimus herauszulesen[6], noch zu entnehmen, der Apostel erwarte, daß
Philemon seinem Sklaven die Freiheit schenke, damit er bei Paulus
bleiben und ihm dienen könne. Philemon wird an die ἀγάπη erinnert,
in der er selbst finden wird, was als das Rechte zu tun ist und wie er den
Apostel froh machen kann. Die bestehende soziale Ordnung, in der es
Herren und Sklaven gibt, wird nicht angetastet[7]. Wohl aber wird darauf
hingewiesen, daß in Christus das Verhältnis der Menschen untereinander
grundlegend erneuert ist, so daß Sklave und Herr einer in Christus sind
(Gal 3₂₈ 1Kor 7₂₁₋₂₄ 12₁₃). An das Ende der beiden kurzen Sätze von V.20
stellt Paulus darum die Wendungen ἐν κυρίῳ und ἐν Χριστῷ[8]. Der Kyrios

---

ωφείληται καὶ ὑπὸ τίνων, ἐπαναγκάσῃ αὐτοὺς ἀποδοῦναι ἡμῖν; PapHibeh 63,14f.:
ὃ προσοφείλεις μοι.

[1] Vgl. oben S. 270 Anm. 4 zu V.5.

[2] D* fügt am Ende von V.19 ἐν κυρίῳ ein.

[3] ναί dient zur Bekräftigung der Aussage. Vgl. Phil 4₃: ναὶ ἐρωτῶ καὶ σέ. Weitere
Belege bei Bauer Sp. 1054f.

[4] ὀναίμην ist einer der seltenen Optative im NT. Vgl. Radermacher, Grammatik, S. 165; Blaß-Debr. § 65,2. 384; Moulton, Einleitung, S 308: „der
einzige eigentliche Optativ im N.T., welcher nicht die dritte Person ist".

[5] Vgl. Bauer Sp. 1130. Der Optativ ὀναίμην findet sich sechsmal bei Ignatius:
Eph 2₂ Magn 2 12₁ Röm 5₂ Pol 1₁ 6₂.

[6] Vgl. Blaß-Debr. § 488,1b: „Mit dem Namen des Sklaven Onesimus macht
P(aulus) kein Wortspiel, obwohl er ὀναίμην (hier allein) gebraucht (Phm 20);
höchstens könnte sich der Empfänger nach Ὀνήσιμον — ἄχρηστον 10f. das nahe-
gelegte Wortspiel selber machen."

[7] Zu ebenso unsachlichen wie unbilligen Kritik, die man deshalb an Paulus
geübt hat, vgl. oben S. 230 Anm. 7. Zur Frage Sklaverei und Urchristentum vgl.
K. H. Rengstorf, ThWB II, S. 264—283, bes. S. 272—276; H. D. Wendland,
Artk. Sklaverei und Christentum, RGG³ VI, Sp. 101—104; H. Gülzow, Kirche
und Sklaverei in den ersten zwei Jahrhunderten, Diss. Kiel 1966 (mit ausführlichen
Literaturangaben).

[8] Kal vg setzen auch an den Schluß des Satzes ἐν κυρίῳ.

gebietet, daß alle, die in Christus eins sind, einander in der ἀγάπη begegnen[1].
Darum bittet Paulus noch einmal, Philemon möge sein Herz erfreuen
in Christus. Hatte er die Danksagung mit den Worten geschlossen,
durch die Liebestat des Philemon seien τὰ σπλάγχνα τῶν ἁγίων ἀναπέπαυται
(V.₇), so nimmt der Apostel zum Schluß des Hauptteils diese Wendung
noch einmal auf, indem er der Erwartung Ausdruck gibt, Philemon werde
ebenso nun auch das Herz des Apostels erquicken. Damit gibt er ihm
zu verstehen, er sei dessen gewiß, daß er seiner Fürsprache folgen und
Onesimus aufnehmen wird, als käme der Apostel selbst zu ihm.

V. 21-25 Abschluß und Grüße

²¹ Im Vertrauen auf deinen Gehorsam schreibe ich dir; ich weiß, daß du mehr
tun wirst, als ich sage. ²² Zugleich aber bereite für mich gastliche Aufnahme vor; denn
ich hoffe, daß ich dank eurer Gebete euch wiedergeschenkt werde.

²³ Es grüßt dich Epaphras, mein Mitgefangener in Christus Jesus, ²⁴ Markus,
Aristarch, Demas, Lukas, meine Mitarbeiter. ²⁵ Die Gnade des Herrn Jesus Christus
sei mit eurem Geist.

Mit wenigen Sätzen bringt Paulus den Brief zum Abschluß. Auf die
Versicherung, Philemon werde gewiß tun, was recht ist (V.₂₁), folgt die
Ankündigung eines Besuches des Apostels (V.₂₂). Eine kurze Grußliste
(V.₂₃ f.) und der Gnadenwunsch (V.₂₅) stehen am Ende.

V. 21: Paulus hat Philemon eine Bitte vorgetragen und bewußt darauf
verzichtet, kraft seines Amtes einen Befehl zu erteilen. Gleichwohl haben
die Worte des Apostels nicht unverbindlichen Charakter, sondern binden
den Empfänger des Briefes an das Gebot der Liebe. Daher darf Paulus
fest darauf rechnen, daß seine Bitte erfüllt wird. Dieser Zuversicht gibt er
am Ende noch einmal mit der Versicherung Ausdruck, er habe im Vertrauen auf den Gehorsam des Philemon geschrieben. Gründet dieses
Vertrauen im gemeinsamen Glauben[2], so wird die ὑπακοή die allein
angemessene Antwort sein, die der Adressat auf das Wort des Apostels
geben kann[3]. Es wird also nicht in sein Belieben gestellt, ob er sich zum
Handeln in der Liebe bereitfinden will oder nicht[4], sondern er wird zum

---

[1] Vgl. Preiss a.a.O. (S. 263 Anm. 2) S. 171—179 bzw. S. 65—73.

[2] Vgl. Bultmann, Theologie, S. 324: „Auch das Vertrauen, das er (sc. Paulus)
auf die Gemeinde setzt (Gl 5, 10; 2. Kr 1, 15; 2, 3; vgl. auch 8, 22) oder auf seinen Freund
(Phm 21), wird man als aus seiner πίστις fließend verstehen dürfen, zumal es Gl 5, 10
als ein πεποιθέναι ἐν κυρίῳ . . . charakterisiert ist."

[3] ὑπακοή vom Gehorsam gegenüber dem Wort des Apostels auch 2Kor 7₁₅
10₅ f.; ferner Phil 2₁₂; vgl. Bultmann, Theologie, S. 308; vom Gehorsam des
Glaubens: Röm 1₅ 5₁₉ 6₁₆ 15₁₈ 16₁₉.₂₆; vgl. Conzelmann, Theologie, S. 193.

[4] Dibelius-Greeven z. St. geben ὑπακοή mit „Bereitwilligkeit" wieder.
Dagegen mit Recht Wickert a.a.O. S. 233.

Gehorsam gegenüber dem apostolischen Wort verpflichtet[1]. Paulus aber ist überzeugt, daß er mehr tun wird, als was[2] er ihm gesagt hat. Auch hier vermeidet es freilich der Apostel anzudeuten, worin dieses „mehr" bestehen könnte[3]. Mit keinem Wort ist davon die Rede, ob dem Sklaven die Freiheit geschenkt werden sollte[4]. Es bleibt Philemon überlassen, auf welche Weise er die ἀγάπη seinem heimkehrenden Bruder gegenüber wirksam werden lassen will.

V. 22: Paulus fügt hinzu[5], Philemon möge ihm Quartier bereiten, damit er bald bei ihm einkehren kann. Durch die Ankündigung seines Besuches verleiht der Apostel seiner Fürsprache für Onesimus einen gewissen Nachdruck. Denn er wird selbst kommen und sich davon überzeugen, was geschehen ist. Paulus hofft zuversichtlich, bald aus der Gefangenschaft entlassen zu werden. Wann und wie das sein mag, hängt allein von Gottes Entscheid ab, durch den er den Gemeinden wiedergegeben wird[6]. Der Fürbitte der Gemeinde, die für den gefangenen Apostel zu Gott fleht[7], kommt daher große Bedeutung zu. Denn das Rufen der Gemeinde dringt zu Gott und kann bewirken, daß die Bande gelöst werden und der Apostel die Freiheit erhält. Darauf ist seine Hoffnung gerichtet, nicht um seiner selbst willen, sondern um der Gemeinden willen, bei denen er sein möchte[8].

V. 23: Durch Grüße[9], die er auszurichten hat, sucht der Apostel die Verbundenheit mit Philemon zu festigen. Die Reihe der Namen, die ausnahmslos im Kolosserbrief wiederkehren[10], wird durch Epaphras eröffnet, der συναιχμάλωτός[11] μου ἐν Χριστῷ genannt wird. Während er im

---

[1] Zu den Phm 20f. verwendeten Begriffen vgl. 2Kor 7₁₃₋₁₅: ἀναπέπαυται τὸ πνεῦμα αὐτοῦ (sc. Τίτου) ἀπὸ πάντων ὑμῶν . . . καὶ τὰ σπλάγχνα αὐτοῦ περισσοτέρως εἰς ὑμᾶς ἐστιν ἀναμιμνησκομένου τὴν πάντων ὑμῶν ὑπακοήν, ὡς μετὰ φόβου καὶ τρόμου ἐδέξασθε αὐτόν. Vgl. auch oben S. 273 zu V.₇.

[2] Statt ἅ lesen 𝔎D pm latt sy^p ὅ.

[3] Harrison a.a.O. (S. 261 Anm. 1) S. 276—280 nimmt Gedanken von Knox a.a.O. auf und meint, Paulus habe erwartet, Philemon werde Onesimus freigeben und zu ihm zurückschicken; Philemon habe dann diese Erwartung erfüllt. Davon steht jedoch nichts im Text!

[4] Dibelius-Greeven z. St.: „Die juristische Seite der Sache ist überhaupt nicht in Sicht." Vgl. H. Greeven, Das Hauptproblem der Sozialethik in der neueren Stoa und im Urchristentum, NTF III, 4, Gütersloh 1935, S. 52—55.

[5] Zur Verwendung von ἅμα „zur Bezeichnung des zeitlichen Zusammenfallens zweier Handlungen" (Bauer Sp. 83) vgl. Blaß-Debr. § 425,2.

[6] Zu χαρισθήσομαι vgl. TestJos 1₆: ἐν φυλακῇ ἤμην, καὶ ὁ σωτὴρ ἐχαρίτωσέ με, ἐν δεσμοῖς, καὶ ἔλυσέ με.

[7] Zur Fürbitte der Gemeinde für den Apostel vgl. 1Thess 5₂₅ 2Kor 1₁₁ Röm 15₃₀ Phil 1₁₉ 2Thess 3₁.

[8] Vgl.: ὑμῶν — ὑμῖν!

[9] Statt ἀσπάζεται setzt der Reichstext wegen der Mehrzahl der folgenden Namen den Plural ἀσπάζονται.

[10] Zur Gegenüberstellung der Grußlisten des Philemon- und Kolosserbriefes vgl. oben S. 246—248.

[11] Zum Begriff συναιχμάλωτος vgl. oben S. 242 zu Kol 4₁₀.

Kolosserbrief als Gründer der Gemeinde in Kolossae bezeichnet wird (Kol 1₇f. 4₁₂f.), heißt es hier von ihm, daß er die Gefangenschaft des Apostels teilt[1]. Mit hoher Wahrscheinlichkeit darf angenommen werden, daß an zweiter Stelle der Name des Jesus zu lesen ist, von dem auch Kol 4₁₁ die Rede ist[2].

V. 24: Markus[3], Aristarch[4], Demas[5] und Lukas[6] werden als Mitarbeiter des Paulus (vgl. Kol 4₁₄) aufgeführt. Im Unterschied zu der weit ausführlicher gehaltenen Grußliste des Kolosserbriefes fehlen weitere Angaben zur Person der Genannten. Nur die Tatsache, daß sie dem Apostel als Mitarbeiter zur Seite stehen, wird erwähnt. Indem die συνεργοί des Paulus den συνεργός Philemon (V.₁) grüßen, heben sie die Gemeinschaft hervor, die sie als Gehilfen in demselben Werk verbindet.

V. 25: Der Gnadenwunsch, mit dem der Apostel Philemon und seine Hausgemeinde zu Beginn des Briefes gegrüßt hat, wird am Ende noch einmal ausgesprochen[7]. Er gilt auch hier der ganzen Gemeinde, die mit Philemon Wort und Bitte des Apostels vernimmt. Statt μεθ' ὑμῶν ist wie Gal 6₁₈ und Phil 4₂₃ der vollere Ausdruck μετὰ τοῦ πνεύματος ὑμῶν gewählt[8]. Die Gemeinde lebt aus dem Gnadenerweis Gottes und wird nur dann Bestand haben, wenn die χάρις τοῦ κυρίου Ἰησοῦ Χριστοῦ bei ihr bleibt.

---

[1] Kol 4₁₀ wird dagegen Aristarch συναιχμάλωτος des Paulus genannt. Das Wort συναιχμάλωτος ließe sich auch in übertragener Bedeutung verstehen = einer, der wie Paulus Gefangener Christi ist (vgl. oben S. 242 Anm. 2). Da jedoch Paulus wiederholt im Philemonbrief auf seine δεσμοί hinweist (V.₁.₉f.₁₃), liegt es näher, auch συναιχμάλωτος im eigentlichen Sinne zu fassen als Bezeichnung des Gefährten, der beim gefangenen Apostel weilt.

[2] Paulus gebraucht im Philemonbrief sonst nicht die Wendung ἐν Χριστῷ Ἰησοῦ, sondern sagt ἐν Χριστῷ (V.₈.₂₀) bzw. ἐν κυρίῳ (V.₁₆.₂₀). Vgl. E. Amling, Eine Konjektur im Philemonbrief, ZNW 10 (1909), S. 261f. Vermutlich ist der letzte Buchstabe des Namens Ἰησοῦς infolge eines Versehens ausgefallen. Vgl. Zahn, Einleitung I, S. 321 und siehe oben S. 242 Anm. 8 zu Kol 4₁₁. Der Name Jesus ist jedoch zur Zeit der Abfassung des Philemonbriefes sicherlich noch nicht als „nomen sacrum" bewertet und deshalb gemieden worden. Vgl. E. Dinkler, Signum Crucis. Aufsätze zum Neuen Testament und zur Christlichen Archäologie, Tübingen 1967, S. 30 Anm. 15.

[3] Vgl. oben S. 242 zu Kol 4₁₀.   [4] Vgl. oben S. 241f. zu Kol 4₁₀.
[5] Vgl. oben S. 244 zu Kol 4₁₄.   [6] Vgl. oben S. 244 zu Kol 4₁₄.

[7] Nach κυρίου fügen AC𝔡D pl lat syᵖ ἡμῶν ein; ℵC𝔡pl lat sy setzen ein abschließendes ἀμήν an das Ende. Später hinzugefügte subscriptiones geben Daten an, die teils aus dem Brief erschlossen (so hinsichtlich der Empfänger des Briefes und des Sklaven Onesimus), teils aus der Tradition übernommen sind (so die Angabe ἐγράφη ἀπὸ Ῥώμης LPal). Nach 42(390) soll Onesimus später in Rom als Märtyrer gestorben sein.

[8] πνεῦμα ist dabei in anthropologischem Sinn gebraucht. Daher liegt kein Bedeutungsunterschied gegenüber dem kürzeren Ausdruck μεθ' ὑμῶν vor. Denn „πνεῦμα ὑμῶν meint in den Schlußgrüßen (Gl 6,18; Phil 4,23; Phm 25) genau dasselbe wie ὑμεῖς (1Th 5,28)" (E. Schweizer, ThWB VI, S. 433). Vgl. auch Bultmann, Theologie, S. 207; Conzelmann, Theologie, S. 202.

Anhang

Seit Erscheinen dieser Erklärung des Kolosser- und des Philemonbriefs sind zu beiden Briefen zwei neue Kommentare vorgelegt worden, auf die in einem kurzen Nachwort hingewiesen sei. In der Reihe des Regensburger Neuen Testaments hat J. Ernst die Briefe an die Philipper, an Philemon, an die Kolosser und an die Epheser ausgelegt (Verlag Friedrich Pustet, Regensburg 1974). Und der neu begründete Evangelisch-katholische Kommentar zum Neuen Testament (EKK) ist mit den Bänden von P. Stuhlmacher, Der Brief an Philemon (Benziger Verlag/Zürich–Neukirchener Verlag/Neukirchen 1975) und E. Schweizer, Der Brief an die Kolosser (ebda. 1976) eröffnet worden.

Was zunächst den *Philemonbrief* angeht, so wird übereinstimmend die Hypothese gutgeheißen, dieses kleine Schreiben des Apostels sei während seiner ephesinischen Gefangenschaft „etwa 53–55 n. Chr." (Stuhlmacher S. 21) entstanden. Zur Problematik der Sklaverei wird — so führt Ernst aus — zwar kein Reformprogramm entwickelt. „Das umwälzend Neue ergibt sich vielmehr aus der Mitte der christlichen Verkündigung. Die Gleichheit aller Menschen ist nicht nur Folge der einen menschlichen Natur, sondern die notwendige Konsequenz aus der Unterordnung aller unter den einen Herrn Jesus Christus. Er hat Herren und Sklaven freigemacht zum ‚Gehorsam Christi'." (S. 124). Stuhlmacher nimmt in seiner Kommentierung den Ertrag der bisherigen Exegese des Phm. auf und bezieht sich dabei vielfach zustimmend auf diesen Kommentar. Mit Recht wird das Schreiben nicht als „apostolisches Manifest zum Thema der Sklaverei", sondern als „ein persönlich gehaltener, eindringlich argumentierender Brief der Fürsprache für den entlaufenen Sklaven Onesimus" beurteilt (S. 57). Zu seinem Verständnis ist die Bestimmung des paulinischen Freiheitsbegriffs wesentlich, der im Phm. auf den vorliegenden Fall angewandt wird. Dabei kann Paulus offen lassen, ob Philemon den Onesimus als Bruder wieder annimmt, ihn aber weiterhin Sklave sein läßt — oder ob er ihn dem Apostel zurückgibt und ihm die Freiheit schenkt. Denn die christologische „Verankerung der paulinischen Position" relativiert die weltlichen Maßstäbe (S. 48).

Über diesen Consensus der Exegeten möchte Stuhlmacher jedoch noch einen Schritt hinausgehen und meint annehmen zu können, Onesimus sei tatsächlich freigelassen worden. Dafür soll zunächst Kol 4₇–₉ sprechen (S. 57) — ein kaum zwingendes Argument! Denn bei der Erwähnung des Onesimus in Kol 4₉ ist dem Verfasser des Kol offensichtlich nur der Name des Onesimus wichtig, er ist aber nicht an der Lebensgeschichte des entlaufenen Sklaven interessiert und macht über sie keine Angaben. Sodann wird anfänglich nur vorsichtig, dann aber zuversichtlicher behauptet, Onesimus sei mit dem gleichnamigen späteren Bischof von Ephesus identisch (S. 19. 54. 57) — eine unbeweisbare Annahme (vgl. oben S. 241 Anm. 1; 262 Anm. 1). Und schließlich wird 1 Kor 7 21 herangezogen und folgendermaßen wiedergegeben: „Du bist als Sklave berufen? Laß dich das nicht anfechten! Falls du aber doch freikommen kannst, mache um so mehr daraus"; bzw. „nimm diese Gelegenheit erst recht (im Dienste Christi) wahr." (S. 45). Stuhlmacher will aus dieser Exegese folgern, Paulus sei für die Freiheit des Sklaven eingetreten — selbst auf das Risiko enthusiastischer Mißdeutung hin (S. 69). Damit wird jedoch 1 Kor 7 21 zuviel an Beweislast aufgebürdet. Mit der weitaus überwiegenden Zahl der Exegeten ist der Satz vielmehr so zu verstehen, daß Paulus den Sklaven dazu anhält, auch dann, wenn er frei werden könne, erst recht dabei (d. h. bei der Sklaverei) zu bleiben. Denn nicht auf die bürgerliche Freiheit kommt es an, sondern allein auf die Freiheit in Christus. Der Apostel denkt und redet sowohl 1 Kor 7 als auch im Phm in der kritischen Distanz zur Welt, die allein der christliche Glaube eröffnet und durchhalten läßt. Mit Recht wird von Stuhlmacher als Leitmotiv der paulinischen Argumentation im Phm hervorgehoben: „Fundament der Äußerungen des Apostels und des ihn mit Philemon und dessen Hausgemeinde verbindenden Glaubens ist das Evangelium von der rechtfertigenden, in und durch Christus zu einem neuen Leben führenden Gnade Gottes." (S. 66).

Die theologische und schriftstellerische Eigenart des *Kolosserbriefes* wird von J. Ernst deutlich herausgearbeitet und dabei auf die Unterschiede gegenüber traditionell-paulinischen Elementen aufmerksam gemacht. Die paulinische Christologie sei in der des Kol jedoch nicht verdrängt, sondern überlagert worden (S. 143). Die Entwicklung zur Lehre, zur Tradition und zum fixierten Glaubensgut werde vor dem Hintergrund der kolossischen Umtriebe verständlich, zumal das Nachlassen der Parusieerwartung eine gewisse Rolle spielte (S. 144). Das Ergebnis lautet: „Der Kolosserbrief benutzt zwar die paulinische Terminologie, aber das theologische Gesamtverständnis hat sich doch so sehr gewandelt, daß die gleichen Begriffe einen neuen Sinn erhalten." (ebda.). Welche Folgerungen sind aus diesem „Zusammentreffen von paulinischen und nichtpaulinischen Elementen" (S. 150) zu ziehen? Der Annahme, der Kol könne eine Fälschung sein, wird widersprochen und vermutet, noch zu Lebzeiten des Apostels habe sich in seiner unmittelbaren Umgebung eine Schultheologie entfaltet, aus der dann der Kol hervorgegangen sei (S. 152). Lassen sich aber mit dieser Hypothese die Unterschiede zwischen der Theologie des Kol und der Protopaulinen hinreichend verständlich machen? Als weit wahrscheinlicher wird es gelten müssen, daß der Kol nicht mehr zu Lebzeiten, sondern bald nach dem Tod des Apostels abgefaßt worden ist.

Ähnlich wie Ernst sucht auch Schweizer jenes eigentümliche Verhältnis zwischen paulinischen und nachpaulinisch anmutenden Aussagen im Kol zu erklären. Da seines Erachtens gegen eine nachpaulinische Abfassung zunächst die Tatsache spricht, „daß Kolossä nach 61 n. Chr. zerstört und nur in unbedeutendem Maße wieder besiedelt zu sein scheint" (S. 23), sucht er nach einer Lösung, nach der die Entstehung des Briefes noch zu Lebzeiten des Apostels denkbar sein könnte. Die Grußliste 4₇₋₁₈ trägt seines Erachtens authentische Züge, so daß die „eher nebenbei zugefügten Charakterisierungen der Gegrüßten und Grüßenden als Empfehlungen von Paulusschülern" nicht verständlich werden (S. 24). „Eine derart raffinierte Fälschung ausgerechnet bei einem Brief, der noch in nächster Nähe zu Paulus ... anzusetzen wäre", bliebe unbegreiflich (ebda.). „Ist der Brief demnach weder paulinisch noch nachpaulinisch, was ist er dann? Die Grenzen zwischen Echt und Unecht können nicht mehr mit gleicher Strenge gezogen werden, wie noch vor einigen Jahrzehnten." (S. 25). Die Antwort auf diese Fragen sucht Schweizer in dem Vorschlag zu finden, Timotheus, der Kol 1₁ als Mitabsender genannt ist, habe im Auftrag des Paulus zu seinen Lebzeiten den Brief abgefaßt. Da der Apostel durch seine Haft daran gehindert war, der Gemeinde zu schreiben, habe sein Schüler an seiner Stelle zur Feder gegriffen. Freilich sei „die Verfasserschaft des Timotheus nicht zu beweisen, sondern höchstens wahrscheinlich zu machen" (S. 27). Immerhin aber lasse diese Annahme verständlich werden, warum der Verfasser des Kol „weithin in theologischen Gedankengängen und im Stil des Paulus" lebt (S. 26), „aber gerne auch traditionelle Elemente wie den Hymnus und dessen liturgische Einführung oder die Haustafel aufgenommen" habe (S. 26f.). Für die Entstehung des Briefes wird dann wie für den Phm die ephesinische Gefangenschaft des Paulus als die wahrscheinlichste Situation angenommen (S. 28).

Mit dem Namen des Timotheus ist jedoch lediglich ein Vorschlag zur Diskussion gestellt, der nicht mehr als eine bloße Vermutung sein kann. Zu fragen bleibt, ob wirklich die Abfassung des Kol in die frühe Zeit Mitte der 50er Jahre angesetzt werden kann. Zurücktreten der Eschatologie, Fortentwicklung der Christologie, Ausführung der Ekklesiologie und Ausgestaltung der Paränese, u.a. durch die Haustafel, widersprechen der Annahme so früher Entstehung.

Sowohl in der Einzelexegese als auch in der Gesamtinterpretation, wie Schweizers Kommentar sie entwickelt, spielt diese Vermutung hinsichtlich der Abfassung und Entstehungszeit des Briefes praktisch keine Rolle. Mit Recht wird hervorgehoben, daß in der Forschung der letzten Jahre an drei Punkten neue Einsichten für das Verständnis des Kol gewonnen wurden: hinsichtlich der religionsgeschichtlichen Bestimmung der im Kol verhandelten Problematik; im Blick auf die Herkunft der ethischen Weisungen, insbesondere der Haustafel, aus dem Hellenismus und dem hellenistischen

Judentum und schließlich in der Unterscheidung von Tradition und Redaktion beim Hymnus 1 15-20 (S. 215). Gerade diese Unterscheidung ist für den
ökumenischen Dialog, zu dem der EKK einen Beitrag leisten möchte, von
Belang. Denn die nüchterne Erkenntnis der Zweischichtigkeit der Aussagen
in 1 12-23 bewahrt vor schwärmerischen Konstruktionen. Die Aussagen des
Hymnus mit ihrer „hochfliegenden Anschauung" sind als vorgegebene
Tradition zu verstehen, die der Schreiber des Briefes kritisch aufnimmt
(S. 204f.). „Die Erkenntnis, daß Sprache auf verschiedenen Ebenen lebt
und z. B. im Lobgesang anders formulieren muß als in der Lehre", führt
zum rechten Verständnis der hymnischen wie der lehrhaften Aussagen.
Eine Lehre von der Allversöhnung kann sich nicht auf den Kol gründen.
Wohl aber gilt, daß „die Gemeinde in ihrem Lobgesang gar nicht anders
kann als Gott immer wieder an seine unbegrenzte Gnade zu erinnern und
damit alle und alles in ihr Loben und Bitten einzuschließen" (S. 205).

Die Bestimmung des religionsgeschichtlichen Hintergrunds sowie die
Analyse des Briefes, wie sie von Schweizer vorgenommen werden, decken
sich weithin mit der Sicht, wie sie in diesem Kommentar dargelegt wurde:
daß der Kol in eine Zeit hineinspricht, die von Weltangst umgetrieben
wurde (S. 217), der Verf. aber mit der Gemeinde darin völlig einig ist,
daß man dieser Weltangst nicht anders als so begegnen kann, daß man im
Danklied die Hoheit Jesu Christi preist und damit von dem spricht, „der
der Herr der Schöpfung und der Neuschöpfung ist" (S. 218). Deshalb aber
ist den Christen asketischer Rückzug aus der Welt verwehrt. Denn „daß
in der Tat alle Welt Christus gehört, kann also nur recht gedacht, gesagt
und bekannt werden, indem man ihn Herr werden läßt in dieser Welt"
(S. 220).

Register

Griechische Wörter

Sachregister

EDUARD LOHSE

Die Einheit des Neuen Testaments

Exegetische Studien zur Theologie des Neuen Testaments
2., unveränderte Auflage. 355 Seiten, kartoniert

Das Problem des historischen Jesus, das Kerygma der Urgemeinde, die Botschaft der Evangelisten, die Theologie des Paulus und der nach- paulinischen Briefliteratur werden in diesen 23 exegetischen Studien unter Aufnahme der vollen Breite kritischer Diskussion daraufhin befragt, in welcher Weise in ihnen das eine Wort Gottes in der Vielfalt seiner Bezeugungen entfaltet wird.

„Es ist Lohses besondere Gabe, schwierigste theologische Sachver- halte leicht verständlich darzustellen. Und was im Streit der Meinungen (etwa betreffs der Apokalyptik oder der Gerechtigkeit Gottes bei Paulus) besonders hilfreich ist: Lohse bezieht jeweils eine eindeutige Position. Eine Aufsatzsammlung also, die jedem, der an den zentralen Sachfragen des Neuen Testaments interessiert ist, eine große Hilfe sein kann."

Deutsches Pfarrerblatt

„Lohse schreibt nicht nur einen einfachen, klaren Stil, sondern er verfügt auch über die besondere Gabe, ein breites Spektrum historisch-kritischer Exegese verschiedener Schulen in seinen Ausführungen für jedermann verständlich zur Geltung kommen zu lassen, ohne daß die Linie seiner eigenen Position sich dadurch verlöre. Man lernt bei ihm in erfrischen- der Einfachheit, wieviel gemeinsame Erkenntnisse in der so zerstrittenen neutestamentlichen Wissenschaft im Grunde doch gewonnen worden ist. Seine Arbeit darf darum mit vollem Recht als in hohem Grade repräsentativ für den gegenwärtigen Stand der neutestamentlichen Exegese gelten."

Deutsches Allgem. Sonntagsbl.

Vandenhoeck & Ruprecht · Göttingen und Zürich